面向"新工科"普通高等教育
工程管理与工程造价专业系列精品教材

国际工程管理(第2版)

主　编　李启明
副主编　邓小鹏　吴伟巍　袁竞峰

东南大学出版社
SOUTHEAST UNIVERSITY PRESS
·南京·

内容提要

本书根据国际建筑市场发展和国际工程管理的最新研究和实践,全面、系统地介绍了国际建筑市场的形成、特点和发展变化,国际建筑市场结构分析,国际大型承包商发展战略,国际建筑市场准入与技术壁垒,国际工程招标与投标,国际工程计量与估价,国际工程合同管理,国际工程风险管理,国际工程保险与担保,国际工程材料和设备采购管理以及国际工程项目现场管理。

本书可作为高等学校工程管理专业、土木工程专业本科生和研究生的教材使用,并可供相关专业的科技人员以及从事国际工程、国际贸易的技术、管理人员参考使用。

图书在版编目(CIP)数据

国际工程管理/李启明主编.—2版.—南京:东南大学出版社,2019.5(2025.7重印)
ISBN 978-7-5641-8349-3

Ⅰ.①国… Ⅱ.①李… Ⅲ.①国际承包工程—工程管理 Ⅳ.①F746.18

中国版本图书馆 CIP 数据核字(2019)第 058738 号

出版发行:东南大学出版社
社　　址:南京市四牌楼2号　邮编:210096
出 版 人:白云飞
网　　址:http://www.seupress.com
电子邮箱:press@seupress.com
经　　销:全国各地新华书店
印　　刷:南京玉河印刷厂
开　　本:787mm×1092mm　1/16
印　　张:27.75
字　　数:693千字
版　　次:2019年5月第2版
印　　次:2025年7月第6次印刷
书　　号:ISBN 978-7-5641-8349-3
定　　价:54.00元

本社图书若有印装质量问题,请直接与营销部联系。电话(传真):025-83791830

丛书编委会

主任委员

李启明

副主任委员
（按姓氏笔画排序）

王文顺　王卓甫　孙　剑　刘荣桂　刘　雁
李　洁　李德智　周　云　姜　慧　董　云

委　员
（按姓氏笔画排序）

邓小鹏　王延树　毛　鹏　付光辉　许长青
刘钟莹　张连生　张　尚　佘建俊　杨高升
陈　敏　陆惠民　吴翔华　李琮琦　周建亮
祝连波　徐　迎　袁竞峰　黄有亮　韩美贵
韩　豫　戴兆华

丛书前言

1999年"工程管理"专业刚列入教育部本科专业目录后不久,江苏省土木建筑学会工程管理专业委员会根据高等学校工程管理专业指导委员会制定的"工程管理"本科培养方案及课程教学大纲的要求,组织了江苏省十几所院校编写了全国第一套"工程管理"专业的教材。在大家的共同努力下,这套教材质量较高,类型齐全,并且更新速度快,因而市场认可度高,不断重印再版,有的书已出到第三版,重印十几次。系列教材在全省、全国工程管理及相关专业得到了广泛使用,有的书还获得了江苏省重点教材、国家级规划教材等称号,受到广大使用单位和老师学生的认可和好评。

近年来,随着国家实施新型城镇化战略、推动"一带一路"倡议,建筑业改革创新步伐加快,大力推行工程总承包、工程全过程咨询、BIM等信息技术,加快推动建筑产业的工业化、信息化、智能化、绿色化、国际化等建筑产业现代化进程,推动建筑业产业转型升级。建筑产业从中低端向现代化转变过程中,迫切需要大批高素质、创新型工程建设管理人才,对高等学校人才培养目标、知识结构、课程体系、教学内容、实践环节和人才培养质量等提出了新的更高的要求。因此,我们的教材建设必须适应建筑产业现代化发展的需要,反映建筑产业现代化的最佳实践。

进入新时代,党和国家事业发展对高等教育、人才培养提出了全新的、更高的要求和希望。提出"人才培养为本、本科教育是根",要求"加快建设一流本科、做强一流专业、打造一流师资、培养一流人才",要求"加强专业内涵建设,建设'金课'、淘汰'水课',抓好教材编写和使用,向课堂要质量"。同时,新工科建设蓬勃发展,得到产业界的积极响应和支持,在国际上也产生了影响。在这样的背景下,教育部新一届工程管理和工程造价专业指导委员会提出了专业人才培养的方向是"着重培养创新性、复合型、应用型人才",要"问产业需求建专业,问技术发展改内容,更新课程内容与培养方案,面向国际前沿立标准,增强工程管理教育国际竞争力"。工程管理和工程造价专业指导委员会制定颁发了《工程管理本科指导性专业规范》和《工程造价本科指导性专业规范》，对工程管理和工程造价知识体系和实践体系做出了更加详细的规定。因此，我们的教材建设必须反映这样的培养目标，必须符合人才培养的基本规律和教育评估认证的新需要。

20多年来，全国工程管理、工程造价教育和人才培养快速发展。据统计，2017年全国开设工程管理专业的高校有489家，在校生数139 665；工程造价专业全国布点数为262家，在校生数88 968；房地产开发与管理专业全国布点数为86家，在校生数11 396。工程管理和工程造价专业下一阶段将从高速增长阶段转向高质量发展阶段，从注重数量、规模、空间、领域等外延拓展，向注重调整结构，提高质量、效应、品牌、影响力、竞争力等内涵发展转变。基于新时代新要求，工程管理专业需要重新思考自身的发展定位和人才培养目标定位，完善知识体系、课程体系，建设与之相适应的高质量、高水平的教材体系。

基于上述时代发展要求和产业发展背景，江苏省土木建筑学会工程管理专业委员会、建筑与房地产经济专业委员会精心组织成立了编写委员会，邀请省内外教学、实践经验丰富的高校老师，经过多次认真教学研讨，按照现有知识体系对原有系列教材进行重装升级，适时推出面向新工科的新版工程管理和工程造价系列丛书。在本系列丛书的策划和编写过程中，注重体现新规范、新标准、新进展和新实践，理论与实践相结合，注重打造立体化、数字化新教材，以适应行业发展和人才培养新需求。本系列丛书涵盖工程技术类课程、专业基础课程、专业课程、信息技术课程和教学辅导等教材，满足工程管理专业、工程造价专业的教学需要，同时也适用于土木工程等其他工程类相关专业。尽管本系列丛书已经过多次讨论和修改，但书中必然存在许多不足，希望本专业同行们、学生们在使用中对本套教材中的问题提出意见和建议，以使我们能够不断改进、不断完善，将她做得越来越好。

本系列丛书的编写出版，得到江苏省各有关高校领导的关心和支持，得到国内有关同行的指导和帮助，得到东南大学出版社的鼎力支持，在此谨向各位表示衷心的感谢！

丛书编委会
2019年5月

第 2 版前言

国际工程承包市场早在 19 世纪中叶就已出现,如今已形成亚/澳、欧洲、北美(包括美国和加拿大市场)、中东、拉美(包括加勒比海地区)和非洲等六大主要地区市场。2018 年美国工程新闻纪录(ENR)统计国际工程市场营业额达到 4 820.35 亿美元。中国承包商自 20 世纪 70 年代末开始进入国际工程市场,随着国家对外贸易经营权下放,以及"走出去"战略和"一带一路"倡议的提出,基础设施互联互通是优先领域,中国承包商适逢千载难逢的重要战略机遇期。据商务部对外投资和经济合作司的统计数据,截至 2017 年 11 月,对外承包工程企业达到 4 353 家,业务领域遍布世界 200 多个国家和地区;2017 年我国对外承包工程业务完成营业额 1 685.9 亿美元,同比增长 5.8%,新签合同额 2 652.8 亿美元,同比增长 8.7%。2018 年度中国企业共有 69 家进入全球最大 250 家国际承包商名录,上榜企业数量蝉联各国榜首,7 家企业进入前 10 强。69 家中国上榜企业的国际营业额共计 1 140.97 亿美元,较上年增加 15.3%,占所有上榜企业国际营业总额的 23.7%,较上年提升 2.6 个百分点。中国承包商实现了跨越式发展,但同时存在很多急需解决的问题。全球经济的一体化,给国际承包商提供了重要的契机和广阔的空间,但与此同时,逆全球化动向、国际经贸规则重构、社会和文化分化加剧,以及全球合作承诺的恶化迹象使国际工程市场充满了更多的不确定性。合作中有冲突、冲突中有合作,机遇与挑战并存,如何在纷繁复杂的国际工程市场抓住机遇、应对挑战是个值得深思的问题。面对新世纪国际建筑市场的新形势、新任务和新挑战,培养大批高水平、具有全球视野和国际竞争力的国际工程管理人才,特别是外向型、复合型、开拓型的管理人才,从根本上提高我国企业的综合素质和核心竞争力,已成为高校和企业极为重要而紧迫的任务。

目前全国高校工程管理、工程造价等专业都为本科生和研究生开设了国际工程管理方面的课程。该课程属于工程管理本科专业的专业课程。通过本课程的教学,可使学生开拓国际视野,更好地了解国际建筑市场特点,熟悉国际工程建设国际惯例,掌握国际工程管理知识,为从事国际工程承包与管理奠定良好的发展基础。本书根据《高等学校工程管理本科指导性专业规范》的培养目标和规格以及核心知识领域、知识单元、知识点等要求,结合工程管理教育规律以及本课程的性质和特点,反映了作者团队多年从事国际建筑市场分析和国际工程管理研究、教学和实践的经验和成果。本书主要对国际建筑市场结构及分析、"一带一路"建筑市场分析、国际大型承包商发展战略、国际工程招标投标、国际工程项目管理等内容进行了更新、完善或修改。全书理论与实践紧密结合,具有较强的可读性。

  本书由李启明担任主编,负责总体策划及定稿,由邓小鹏、吴伟巍、袁竞峰担任副主编。全书共分11章,其中第1、2、3、6章由李启明、邓小鹏编写,第4、5章由吴伟巍编写,第7、8章由邓小鹏、杨松编写,第9、10、11章由袁竞峰编写。本书在编写过程中,查阅和检索了许多国际工程管理方面的信息、资料和有关专家的著述,在此一并表示感谢。由于国际工程管理的理论、方法和运作还需要在工程实践中不断丰富、发展和完善,加之作者水平所限,本书不当之处敬请读者、同行批评指正,以便再版时修改完善。

李启明
2018 年 10 月

第 1 版前言

中国企业开拓国际工程市场已有 30 多年历史。在国家"走出去"战略的指引下,随着中国对外投资的增加和国际化进程的加快,我国的国际工程事业发展十分迅速。国际工程业务领域不断拓展;承揽和实施项目的能力不断增强;国际市场份额不断提高;企业群体不断壮大,2008 年进入全球最大 225 家国际承包商名录的企业已达 50 家;对外承包工程和劳务合作已扩展到 180 多个国家和地区,逐渐成为全球对外承包工程的大国;基本形成了以亚太市场为重点、发展非洲市场、恢复中东市场、开拓欧美市场的多元化市场格局,并开始进入快速、良性的发展轨道。但在国际工程的实践中,我国公司与发达国家公司还存在着较大的差距,主要表现在市场份额不高、企业规模较小、承包的大型或超大型工程项目较少、工程咨询和设计的国际竞争力较弱、企业经济效益不理想等方面。产生上述问题的根本原因之一便是国际工程专门管理人才的缺乏。面对未来国际建筑市场的新形势、新任务和新挑战,培养大批高水平的国际工程管理人才,特别是外向型、复合型、开拓型的管理人才,从根本上提高我国企业的综合素质和核心竞争力,已成为高校和企业极为重要而紧迫的任务。

目前全国高校工程管理等专业都为本科生和研究生开设了国际工程管理方面的课程。该课程属于工程管理本科专业的专业课程。通过本课程的教学,可使学生了解国际建筑市场和国际工程管理的整体框架,掌握国际建筑市场分析,国际工程招标、投标、报价,国际工程合同管理和风险管理,国际工程材料和设备采购管理以及国际工程现场管理等主要知识,熟悉国际工程建设的国际惯例,为从事国际工程承包与管理打下良好的基础。

作者结合工程管理教育规律以及本课程的性质和特点,经过认真研究和讨论,确定了本教材的编写思想、大纲、内容和编写要求。本书作者全部在美、英等国和我国香港等地区开展过国际工程管理的国际合作研究或国际工程实践。本书反映了作者多年从事国际建筑市场分析和国际工程管理研究、教学和实践的经验和成果。全书理论与实践紧密结合,具有较强的可读性。

　　本书由李启明担任主编,负责总体策划及定稿,由邓小鹏、吴伟巍、袁竞峰担任副主编。全书共分10章,其中第1、6章由李启明博士、邓小鹏博士、吴伟巍博士、袁竞峰博士编写,第2、3、7章由邓小鹏博士编写,第4、5章由吴伟巍博士编写,第9、10章由袁竞峰博士编写,第8章由杨松博士编写。本书在编写过程中,查阅和检索了许多国际工程管理方面的信息、资料和有关专家的著述,并得到东南大学、香港理工大学等许多单位和学者的支持与帮助,在此一并表示感谢。由于国际工程管理的理论、方法和运作还需要在工程实践中不断丰富、发展和完善,加之作者水平所限,本书不当之处敬请读者、同行批评指正,以便再版时修改完善。

作　者

2010年5月

目　　录

1　国际工程管理导论 ·· 1
　1.1　国际工程的含义与特点 ·· 1
　1.2　国际建筑市场的形成与特点 ··· 3
　1.3　中国开拓国际建筑市场概要 ··· 5
　1.4　国际建筑市场的发展与变化 ··· 9
　1.5　国际工程管理人才的基本要求 ·· 15
　1.6　本课程的教学目标 ·· 18

2　国际建筑市场分析 ·· 20
　2.1　国际工程承包市场及其结构分析 ···································· 20
　　2.1.1　国际工程承包市场发展历程 ···································· 20
　　2.1.2　国际工程市场行业结构分析 ···································· 23
　　2.1.3　国际工程市场区域结构分析 ···································· 26
　　2.1.4　国际承包商划分国际工程市场态势 ························· 34
　　2.1.5　国际工程市场中的中国承包商 ································ 41
　2.2　国际工程设计市场及其结构分析 ···································· 54
　　2.2.1　国际工程设计市场行业结构分析 ····························· 54
　　2.2.2　国际工程设计市场区域结构分析 ····························· 55
　　2.2.3　国际设计商 225 强的结构分析 ································· 58
　　2.2.4　国际建筑市场中的中国设计商表现 ························· 59
　2.3　"一带一路"建筑市场分析 ··· 64
　2.4　国际建筑市场准入与技术性壁垒 ···································· 67
　　2.4.1　建筑市场准入制度 ·· 67
　　2.4.2　国际建筑市场技术性壁垒 ······································· 82

3　国际大型建设企业发展模式与战略 ································· 87
　3.1　国际大型施工承包商发展模式与战略 ···························· 87
　　3.1.1　国际大型承包商发展模式 ······································· 87
　　3.1.2　多元化与集中核心业务战略 ···································· 90
　　3.1.3　人才战略 ··· 93

  3.1.4 技术创新 ····················· 95
  3.1.5 兼并和收购 ··················· 97
  3.1.6 战略联盟 ····················· 100
 3.2 国际一流大型设计商发展模式与战略 ············ 101
  3.2.1 国际大型设计商发展模式 ············ 102
  3.2.2 多元化与集中核心业务战略 ··········· 106

4 国际工程招标与投标 ··················· 112
 4.1 国际工程的招标准备 ··················· 112
  4.1.1 澳大利亚招标准备 ··············· 112
  4.1.2 FIDIC 招标准备 ················ 122
  4.1.3 世界银行贷款项目招标准备 ··········· 125
 4.2 国际工程的招标与投标 ················· 126
  4.2.1 澳大利亚招标与投标 ·············· 126
  4.2.2 FIDIC 招标与投标 ··············· 129
  4.2.3 世界银行贷款项目招标与投标 ·········· 132
 4.3 国际工程的开标与评标 ················· 137
  4.3.1 澳大利亚开标与评标 ·············· 137
  4.3.2 FIDIC 开标与评标 ··············· 139
  4.3.3 世界银行贷款项目开标与评标 ·········· 140
 4.4 国际工程的中标与授标 ················· 142
  4.4.1 澳大利亚中标与授标 ·············· 142
  4.4.2 FIDIC 中标与授标 ··············· 142
  4.4.3 世界银行贷款项目中标与授标 ·········· 144

5 国际工程计量与估价 ··················· 146
 5.1 国际工程计量 ····················· 146
  5.1.1 计量原理 ····················· 146
  5.1.2 计量规则 ····················· 147
 5.2 国际工程估价 ····················· 156
  5.2.1 国际工程估价的原则与基本步骤 ········ 156
  5.2.2 国际工程标价的构成 ·············· 158
  5.2.3 国际工程标价的计算 ·············· 159
 5.3 国际工程报价决策 ··················· 168
  5.3.1 盈亏与风险分析 ················ 169

  5.3.2 报价技巧 ·· 171
  5.3.3 报价决策的影响因素 ··· 176
  5.3.4 报价决策方法 ·· 178
 5.4 案例分析 ·· 183
  5.4.1 项目背景与投标基本情况 ·· 183
  5.4.2 投标报价分析 ·· 184

6 国际工程合同管理 ··· 188
 6.1 国际工程合同参与方与合同安排 ·· 188
  6.1.1 国际工程合同参与方及其职责 ·· 188
  6.1.2 国际工程中的合同安排 ··· 195
 6.2 国际工程合同类型 ··· 196
  6.2.1 固定总价合同 ·· 197
  6.2.2 单价合同 ·· 202
  6.2.3 成本加酬金合同 ·· 205
 6.3 国际工程合同履行管理 ··· 212
  6.3.1 国际工程合同管理概论 ··· 212
  6.3.2 施工合同的订立 ·· 214
  6.3.3 施工准备阶段的合同管理 ··· 216
  6.3.4 施工阶段的合同管理 ··· 217
  6.3.5 索赔管理 ·· 225
  6.3.6 竣工验收管理 ·· 229
  6.3.7 合同解除 ·· 231
  6.3.8 工程保修阶段的合同管理 ··· 233

7 国际工程风险管理 ··· 235
 7.1 风险管理概述 ·· 235
  7.1.1 风险的概念 ·· 235
  7.1.2 风险管理内容 ·· 236
  7.1.3 风险的特征与效应 ··· 237
  7.1.4 风险因素的分类 ·· 240
 7.2 国际工程风险识别 ··· 242
  7.2.1 系统风险 ·· 242
  7.2.2 非系统风险 ·· 247
  7.2.3 EPC/BOT/联营体模式的风险识别 ································· 248

7.3 国际工程风险分析、评价与分担 252
7.3.1 单一因素的风险度量 253
7.3.2 整体风险的分析与评估 254
7.3.3 风险分担 255

7.4 国际工程风险防范 256
7.4.1 风险管理计划 257
7.4.2 风险规避 258
7.4.3 风险控制 259
7.4.4 风险自留与利用 260
7.4.5 风险转移 260
7.4.6 风险监控 261

7.5 国际工程政治风险管理 261
7.5.1 政治风险的涵义及形成过程 261
7.5.2 政治风险的影响因素 263
7.5.3 中国承包商所面临的政治风险状况 263
7.5.4 政治风险的应对措施 264

7.6 国际工程风险管理案例分析 269
7.6.1 某公司实施伊朗大坝项目的成功案例 269
7.6.2 某联合体承建非洲公路项目的失败案例 270
7.6.3 非洲某国际工程案例 272
7.6.4 某国际工程项目政治风险案例 273

8 国际工程保险与担保 275

8.1 国际工程保险及其案例分析 275
8.1.1 工程保险的内涵 275
8.1.2 工程保险主要险种及其标的 277
8.1.3 国际工程保险制度 278
8.1.4 工程保险合同与索赔 280
8.1.5 工程保险案例 281

8.2 国际工程担保及其案例分析 282
8.2.1 工程担保的内涵 282
8.2.2 工程担保模式 284
8.2.3 工程担保案例分析 292
8.2.4 工程保险与工程担保的比较 293

9 国际工程材料与设备采购管理 … 294
9.1 国际工程材料与设备采购种类 … 294
9.2 国际工程材料采购管理 … 294
9.2.1 国际工程材料采购流程与关键问题 … 294
9.2.2 材料采购合同 … 299
9.2.3 全球供应链环境下的材料采购管理 … 302
9.3 国际工程设备采购管理 … 308
9.3.1 设备采购程序 … 308
9.3.2 设备的质量控制 … 310
9.3.3 设备购买合同的特殊条款 … 311
9.3.4 设备采购案例分析 … 312
9.4 国际工程采购中的关键问题 … 316
9.4.1 国际贸易惯例 … 316
9.4.2 国际贸易中主要贸易术语 … 317
9.4.3 国际贸易货物交货与运输 … 325
9.5 国际贸易结算 … 332
9.6 国际工程采购管理案例分析 … 334

10 国际工程项目现场管理 … 341
10.1 现场设施计划与平面布置 … 341
10.1.1 施工现场临时设施计划 … 341
10.1.2 施工总平面图布置 … 342
10.2 现场资源计划与资源动员 … 349
10.2.1 资源计划 … 349
10.2.2 现场资源管理 … 351
10.3 现场组织结构与管理制度 … 353
10.3.1 组织机构的设置 … 353
10.3.2 施工现场的组织 … 354
10.3.3 案例分析 … 356
10.4 现场质量、工期与成本管理 … 357
10.4.1 概述 … 357
10.4.2 现场质量管理 … 357
10.4.3 现场工期管理 … 367
10.4.4 现场成本管理 … 371

10.5 现场健康、安全与环境管理 ································ 374
   10.5.1 概述 ·· 374
   10.5.2 国际工程现场的安全管理 ································ 376
   10.5.3 国际工程现场 HSE 管理体系 ···························· 389
   10.5.4 国际工程现场 HSE 管理应注意的问题 ················ 393
   10.5.5 HSE 风险管理案例分析 ····································· 395

11 国际工程合作与冲突管理 ·· 405
11.1 概述 ·· 405
11.2 国际工程中常见的冲突类型 ·· 405
   11.2.1 过程冲突 ··· 405
   11.2.2 文化冲突 ··· 406
   11.2.3 组织冲突 ··· 408
   11.2.4 沟通冲突 ··· 410
11.3 国际工程的冲突管理 ·· 411
   11.3.1 冲突管理策略分类 ··· 411
   11.3.2 冲突管理思路 ·· 411
   11.3.3 具体的冲突管理策略 ··· 412
11.4 国际工程合作体系 ··· 416
11.5 国际工程合作与冲突管理案例分析 ······························ 417
   11.5.1 伊朗塔里干水利枢纽工程项目 ··························· 417
   11.5.2 老挝南欧江梯级水电站项目 ······························· 418
   11.5.3 印度尼西亚巨港 150 MW GFCC 电站项目 ········· 419

参考文献 ·· 421

国际工程管理导论

1.1 国际工程的含义与特点

1) 国际工程的含义

国际工程(International Works)是指一个工程项目从咨询、融资、规划、设计、施工、管理、培训以及项目运营等各个阶段的参与者来自不同的国家,并且按照国际通用的项目管理模式和方法进行管理的工程。它可以是中国的设计师、承包商为国际业主设计或施工的工程,也可以是国外的承包商、供应商为中国业主施工或供应材料设备的工程。只要工程项目的参与方来自不止一个国家,并且按照国际惯例进行建设和管理的工程都可以称为国际工程,因此既有国际市场上的国际工程,也有国内市场上的国际工程。

由于各个国家的资源、技术、产品、生产成本等优势不同,并且存在着差异性,通过全球资源和优势的互补,能够促进生产力的高速发展,降低成本,取得高额利润,所以追求发展和利润是国际工程的原动力。简言之,国际工程可以在全球范围内合理选择最优的生产要素。国际工程承包业的发展是由于国际经济合作的发展带动的,国际工程(包括劳务、工程、咨询、设备供应)通常与跨国公司、国际投资、国际融资、技术贸易、国际旅游、国际租赁、加工贸易、合作合伙、合资经营、国际文化交流等紧密联系在一起。国际工程是综合性的国际合作业务,国际工程承包能够带动资金流动和材料设备、技术贸易等的出口与发展,因此应该从国际经济合作的高度和范围来认识和研究国际工程和国际工程承包业,而不能仅仅认为是微观的国际工程问题。

2) 国际工程的特点

一般项目的特点是一次性、唯一性、项目目标的明确性和实施条件的约束性。工程项目比一般项目复杂,其特点是技术复杂程度高、整体性强、工程建设周期长,不可预见因素和不确定性多;工程开工后很难逆转,受工程所在地的自然条件制约;还要受当地政府的管理和干预等。国际工程是在不同的法律环境、经济环境、社会环境、文化环境和技术环境下,按照国际惯例进行建设、管理和运作的特别复杂的工程活动,是在更大范围同时又是更加激烈的国际竞争环境中进行的。由于国内外工程管理理念的差异,对业主和承包商都有特殊的要求。国际工程的特点主要表现在以下方面:

(1) 跨国的经济活动(Transnational Economic Activity)。国际工程涉及资本、科技、劳动力、经济信息和现代化管理在国际的流动,这种流动实质上就是国际上的广泛合作。国际工程涉及不同的国家,不同的政治、经济、文化和法律背景,不同的民族和宗教信仰,不同的参与方及其国家利益,因而各方不容易相互理解,常常会产生矛盾和纠纷。

(2) 合同主体的多国性(The Different Nationalities of Contract Parties)。国际工程的

合同主体通常属于不同的国家,受多国不同法律的制约,而且涉及的法律范围极广,诸如招标投标法、建筑法、公司法、劳动法、投资法、外贸法、金融法、社会保险法、各种税法等。一个大型国际工程的参与者往往来自多个不同的国家,虽然它们之间的责、权、利由各自的合同来限定,但这些合同中的条款并不一定与各自国家的法律、法规或惯例相一致,这就使得项目各方主体对合同条款的理解易于产生歧义。

(3) 严格的合同管理(Strict Management of Contract)。国际工程的参与者不能完全按某一国的法律法规或靠某一方的行政指令来管理,而是采用国际上多年形成的严格的合同条件和国际惯例来进行管理。来自不同国家当事人的权利、义务和职责规定全部体现在合同中,因而一般均采用国际上权威性组织或项目所在国编制的英文合同范本,而合同中的未尽事宜通常应受国际惯例的约束,以使产生争端的各方尽可能取得一致和统一,因而合同管理要求十分严格。

(4) 风险和利润共存(Coexisting of Risk and Profit)。国际工程受到政治、军事、经济等因素影响明显增多,风险相对增大。如国际政治经济关系变化引起的制裁和禁运,某些资金来源或国外的项目资金减少或中断,某些国家对承包商实行地区和国别限制或歧视政策,工程所在国与邻国发生边境冲突,由于政局形势失稳而可能发生内乱或暴乱,导致工程和人身安全问题凸显。由于经济状态不佳而可能出现金融危机等,都有可能使工程中断或造成损失。由于在一个相对陌生的国家,每次接触不同的业主、工程师、承包商和供货商,各国法律、各国政府对外国承包商管理规章和要求不同,再加上陌生或恶劣的自然条件,因而国际工程项目存在的风险更大,但获利的可能性和空间也相应增大。

(5) 技术规范、标准庞杂。国际工程中材料、设备、工艺等的技术要求,通常采用国际上被广泛接受的标准、规范和规程,如 ANSI(美国国家标准协会标准)、BS(英国国家标准)等,但也会涉及工程所在国使用的标准、规范和规程。还有些发展中国家经常使用自己的尚待完善的"暂行规定"。技术规范、标准的庞杂性无疑会给工程的实施带来一定的困难。

(6) 货币和支付方式的多样性。国际工程支付将会涉及多国货币。例如承包商要使用国内货币来支付国内应缴纳的费用和开支,要使用工程所在国的货币支付当地费用,还要使用多种外汇(对工程所在国和承包商的总部注册国而言,都是属于外汇的第三国货币)用于支付材料、设备采购费用等。国际工程除现金和支票支付手段外,还有银行信用证、国际委托、银行汇付等多种支付方式。由于业主支付的货币和承包商使用的货币不同,而且是在整个工期内按时间或按工程形象逐步支付,这就使承包商时刻处于货币汇率浮动、利率变化和货币贬值等的复杂国际金融环境中。不熟悉或者不善于审度和分析国际金融形势变化的承包商,即使其施工技术和施工能力很强,也可能因国际金融财务管理对策不当而造成亏损。

(7) 发达国家市场占有率较高(High Market Rate Occupied by the Developed Countries)。由于发达国家进入国际市场早,加上理念、规则、标准、技术、设备、资金、人才等方面的优势,发达国家(主要包括欧洲、美国等国家)的国际市场占有率较高,尤其是国际工程咨询业务,其他国家要经过艰苦的努力才能在国际建筑市场上占有一席之地。而由于市场准入和技术壁垒等原因,外国承包商进入发达国家建筑市场难度也相当大。

3) 国际工程的范围和作用

国际工程的范围主要包括工程咨询(Consulting)和工程施工(Construction)两大部分。

工程咨询主要包括项目可行性研究、项目评估和分析、项目规划和设计、项目招标及文件编制、工程监理、项目管理等工作内容;工程施工主要包括材料设备采购、生产施工、工程分包、工程劳务等工作内容。对上述工作内容业主或总承包商可以是单项发包,也可以是组合或成套发包。例如业主可以将项目的规划、设计单独发包给设计师,将项目的施工单独发包给承包商;也可以将项目的设计和施工组合发包给设计—施工承包商(Design+Builder)。愈来愈多的国际工程都采用成套发包的做法,即由承包商承包工程项目的设计、物资采购、施工、试生产等工程建设的全过程工作。

国际工程的作用可分为宏观和微观、社会和企业的作用。国际工程是一种高层次的国际经济合作方式,包括资本、商品、技术、设备、劳务的输出;是世界范围的生产要素的优化组合,优势互补,能够实现参与方的双赢或多赢。加入 WTO 后中国的建筑市场也是国际市场的重要组成部分,同时也为中国的承包商开拓国际市场提供一个广阔的国际空间和舞台。承包商可以学习国际承包商的先进技术和管理经验,争取与国际跨国企业合作的机会,解决我国劳动力过剩的问题,取得战略资源和合理利润,促进我国经济、社会、环境的全面可持续发展。

4) 国际工程承包的含义和方式

国际工程承包(International Contracting for Construction Projects)是业主(The Owner,或 The Client,或 The Employer)和承包商(The Contractor)之间的一种经济合作关系,是通过国际招标、投标或其他协商途径,由国际承包商以自己的资金、技术、劳务、设备、材料、管理、许可权等,为业主实施、完成工程项目或办理其他经济事务,并按事先商定的合同条件收取费用的一种国际经济合作方式。

国际工程承包按承包人对发包人承担的责任不同,可分为以下几种:①独立承包或总承包。即从投标报价、谈判、签订合同到组织合同实施,不论是否有对内、对外转包或分包,都由总承包人或第一承包人对业主或发包人负全部责任。②分包。即在整个工程项目中只承包单项工程或其子项,或某项工程的承包业务,分包人只对合约方负责。③合作承包。指合作双方事先达成合作承包协议,以各自的名义对外参加投标,不论哪家中标,都按合作协议共同完成项目的承包形式。④转让或转包。经业主或工程师同意,在不改变已签订合同内容的条件下,把工程项目的全部或部分转让给另一承包人的承包方式。⑤承包代理。以承包人的名义和利益,代表承包人向第三者招揽生意,代办投标和有关承包的其他事项等服务,并按代理协议收取佣金的中介方式。

1.2 国际建筑市场的形成与特点

1) 国际建筑市场的形成

国际建筑市场早在19世纪中叶就已出现,资本主义发达国家为争夺生产原料、追求利润最大化并占领市场,向殖民地和一些经济不发达国家或地区输出大量资本,带动了发达国家的设计师和承包商进入这些国家的建筑市场,同时也带动了先进施工技术、材料设备出口以及以竞争为核心的工程承包管理体制的完善。第二次世界大战期间,国际建筑市场一度受战争的影响而衰落。战后,许多国家为恢复经济大力发展建筑业,国际工程承包得到了迅速的发展。20世纪90年代以来，随着科学技术的进步和各国经济的飞速发展，国际工程承包市场遍及世界各地。就目前来看，世界上已形成了亚太、欧洲、北美、中东、拉美和非洲六大地区工程承包市场。其中，亚太、欧洲、北美地区市场规模较大，集中了大部分的国际承包商。

国际建筑市场是随着一个国家建筑市场的不断发展而逐步形成的。一个国家的国民经济发展、社会生活水平的提高，会从各个方面促进本国建筑市场和建筑业的发展。由于建筑业在带动经济发展和就业方面的特殊作用，政府往往对建筑市场进行保护，限制外国承包商参与国内建筑市场的竞争，使国内的建筑市场优先满足国内承包商的要求。当国民经济发展到一定程度，会出现本国承包商不能满足建筑市场需要的情况，这时政府就会允许外国承包商直接参与本国的建设项目。促使一国向外国承包商开放本国建筑市场的原因主要有以下几个方面：

① 引进先进技术和管理经验的需要。当一个国家的经济实力发展到一定程度后，需要建设一些特殊的工程，如超高层建筑、特大型桥梁、填海造地、管道输送等。完成这些工程需要一些特殊的设备和技术，而本国的承包商没有能力购买这些设备和掌握相关技术，需要引进先进的技术和管理经验。

② 引进外部投资的需要。在经济发展过程中，建设资金不足是各国政府面临的主要问题之一。为解决建设资金问题，政府允许外部资金投资于本国的基础设施建设。外部投资的项目往往要求政府允许外国承包商承担项目的建设工作，特别是外国政府和国际金融组织贷款的项目。私人资本投资的项目往往也希望外国承包商参与竞争，以达到降低成本、控制工期和工程质量的目的。

③ 自然资源开发的需要。自然资源的开发对促进国家经济的发展有非常重要的作用。当一国的经济实力、技术力量等方面无力开发自然资源的时候，政府就需要以各种方式引进外国承包商进行资源的开发。

④ 市场竞争的需要。为保持承包工程市场的竞争态势，满足基础设施建设的需要，政府对外开放承包工程市场，让外国承包商参与国内的建设。

⑤ 国际贸易规则的需要。世界贸易组织、世界银行等国际组织和机构通常要求其成员相互开放本国建筑市场，允许外国企业参与本国建筑市场或特定项目的竞争。

2）国际建筑市场发展阶段

自第二次世界大战以来，由于受到全球或区域的政治、经济、军事、资源等重大影响，国际建筑市场的基本格局也在发生重要变化，经历了不同的发展阶段，主要有战后恢复期（二战后到20世纪60年代）、第一次繁荣发展期（20世纪70年代到80年代初）、经济危机调整期（20世纪80年代到90年代初）、相对稳定发展期（20世纪90年代到2001年）、第二次繁荣发展期（2002年至2013年）和市场衰退期（2014年至今）等六个发展阶段。具体内容详见第2章。

3）国际建筑市场的特点

国际建筑市场规模巨大，2018年美国工程新闻纪录（ENR）统计国际工程市场营业额达到4 820.35亿美元，而且随着世界经济的发展而进一步扩大。据《环球建筑观察》和《牛津经济报》2010年9月发布的《2020年全球建筑业》预测报告称，全球建筑业总产值将会从2010

年的7.5万亿美元增长到2020年的12.7万亿美元,增幅为70%。从2009年到2020年期间,亚太地区的新兴建筑市场产值预计会增长125%。到2018年,中国将超越美国,成为全球最大的建筑市场;到2020年,中国的建筑市场产值预计为2.4万亿美元。而全球基础设施中心(GIH)发布的《全球基础设施建设展望》报告显示,2016年至2040年全球基础设施投资需求将增至94万亿美元,年均约投资3.7万亿美元,为了满足这一投资需求,全球势必将增加基础设施投资占GDP的比值。亚洲将在未来几年主导全球基础设施市场,到2040年,亚洲的基础设施投资约占全球的54%,中国约占30%,美国约占22%。在基础设施投资中,公路和电力是两个最重要的行业,目前约占全球投资需求的65%。

2013年中国政府提出了建设"新丝绸之路经济带"和"21世纪海上丝绸之路"(简称"一带一路",One Belt and One Road)的合作倡议。世界经济论坛发布的《2015—2016年全球竞争力报告》显示,"一带一路"沿线地区53个国家中,新加坡、阿联酋、日本、韩国、卡塔尔、马来西亚、巴林、沙特、以色列、爱沙尼亚等国家的基础设施较为完善,不丹、老挝、柬埔寨、波黑、塔吉克斯坦、黎巴嫩、巴基斯坦、孟加拉国、尼泊尔、缅甸等国家的基础设施薄弱和落后,在全球中的排名分别为92、98、101、103、111、116、117、123、131、134。中国的基础设施在53个国家中的排名位于14,在全球中的排名位于39。国务院发展研究中心出版的《构建"一带一路"设施联通大网络》一书中的专题报告预测,2016年到2020年,"一带一路"沿线国家(不计埃及)基础设施合意投资需求(合意投资需求指能保持经济较快增长的基础设施投资)至少在10.6万亿美元以上,其中中国之外的沿线国家投资需求约为1.4万亿美元。

国际工程承包市场近来呈现以下特点:①工程规模大型化。国际建筑市场发包的单项工程规模正在向大型化方向发展。具体表现为:发包项目的投资规模扩大;发包形式发生变化,项目总承包形式被越来越多的业主所采用。②投资结构多元化,建筑市场的开放度逐步提高。③高附加值、高技术含量、综合性项目逐渐增多,承包模式复杂化、多样性。如EPC(设计—采购—建设)、BOT(建设—运营—移交)、DDB(开发—设计—建设)、DBFM(融资—设计—建设—设施经营)、PDBFM(融资—采购—设计—建设—设施经营)等方式逐渐增多。④带资承包已成为普遍现象。国际工程承包市场总的趋势是需要承包商带资承包的项目越来越多,即便是原先不需要垫付资金的国际金融机构贷款项目,也需要承包商垫付相当于工程合同20%的流动资金。据有关专家初步估算,带资承包项目约占国际工程承包市场的65%。⑤国际工程承包市场步入规范化管理。随着国际工程承包市场风险系数的加大,国际承包商的风险防范意识也在增强,加之国际竞争的需要,国际工程承包业务的技术创新、信息化管理、质量管理体系标准(ISO 9000)、环境管理体系标准(ISO 14000),以及安全标准等都在走向规范化,并且成为进入市场的条件因素。

1.3　中国开拓国际建筑市场概要

20世纪50年代到70年代,中国政府以贷款和赠送形式,先后向74个国家和地区提供了经济技术援助,帮助第三世界国家建成各类建设项目945个。中国真正进入国际工程承包市场是从20世纪70年代末、80年代初开始,30多年来中国国际工程承包事业得到了蓬勃发展。截止到2017年11月,中国对外承包工程企业达到4 353家,业务领域遍布世

200多个国家和地区,初步形成了多元化格局,承揽的工程项目从原来的房建、道路等单纯土木工程项目,逐渐进入到冶金、石化、地铁、机场、港口、供排水、通信、电站、矿山建设等国民经济的各个领域,并逐渐进入环保、航空航天、和平使用核电等高科技领域。此外,中国所承建的国际工程项目档次明显提高,大型项目和技术含量高的项目逐渐增多,2016年境外新签合同额20亿美元以上大型项目8个,主要集中在电力、铁路、水利、房建、石化等领域。大型项目投资建设运营一体化发展、全产业链通力"走出去"成为新的发展趋势。承包方式正在向EPC总承包、"交钥匙"项目以及PPP项目转变,企业探索以BOT或PPP等模式参与大型国际项目初见成效,行业内一批有实力的企业凭借在技术储备、运营管理、资源整合等方面的竞争优势,加大了对BOT/PPP的探索和尝试,主要集中在电力和公路投资开发领域。承包工程相关投资和综合开发类项目逐渐增多,在工业园区开发建设方面,企业凭借市场资源,积极参与境外经贸合作区投资和建设。2017年我国对外承包工程业务完成营业额1 685.9亿美元,同比增长5.8%,新签合同额2 652.8亿美元,同比增长8.7%。2018年度中国企业共有69家进入全球最大250家国际承包商名录,上榜企业数量蝉联各国榜首,7家企业进入前10强,69家中国上榜企业的国际营业额共计1 140.97亿美元,较上年增加15.3%,占所有上榜企业国际营业总额的23.7%。中国承包商实现了由小变大、由弱变强、由单一业务向综合业务转变的跨越式发展。

2013年中国政府提出"一带一路"合作倡议五年来,得到了众多国家的参与和支持,互联互通、互利共赢的理念逐渐深入人心,各领域合作取得了累累硕果。到2018年8月,我国同"一带一路"沿线国家贸易总额超过5万亿美元,年均增长1.1%。五年来,我国对沿线国家直接投资年均增长7.2%;在沿线国家建设境外经贸合作区82个,累计投资289亿美元,入区企业3 995家,上缴东道国税费累计20.1亿美元,为当地创造24.4万个就业岗位;已与13个沿线国家签署或升级5个自贸协定。2017年中国企业对"一带一路"沿线的59个国家有新增投资,合计143.6亿美元,主要投向新加坡、马来西亚、老挝、印度尼西亚、巴基斯坦、越南、俄罗斯、阿联酋和柬埔寨等国家。2017年中国企业在"一带一路"沿线61个国家新签对外承包工程项目,新签合同7 217份,合同额1 443.2亿美元,占同期中国对外承包工程新签合同额的54.4%,同比增长14.5%;完成营业额855.3亿美元,占同期总额的50.7%,同比增长12.6%。2017年中国境内企业对"一带一路"沿线国家实施并购62起,投资额88亿美元,同比增长32.5%。中石油集团和中国华信投资28亿美元联合收购阿联酋阿布扎比石油公司12%股权为其中最大项目。

1) 中国对外承包企业的优势

(1) 价格的比较优势。建筑业属于劳动密集型产业,人工成本对工程总造价影响较大。我国人力资源丰富,人工费相对较低,在一些对自然人移动比较开放的国家和地区,相对于欧美日等发达国家企业,我国企业具有一定的价格优势。此外,我国制造的电站设备、传动设备、农机和纺织等设备、工程车辆、高铁设备等在国际市场上都具有一定的竞争力,使用国产设备材料也是实现价格优势的重要因素。

(2) 技术的比较优势。改革开放以来,大规模的现代化建设事业给我国建筑业带来了历史性的发展机遇,举世瞩目的三峡工程、青藏铁路、大亚湾及秦山核电站、京沪高速铁路以及北京奥运场馆、上海金贸大厦等一大批技术难度高、社会影响大的重大工程建设,标志着我国建筑业在施工技术和项目管理水平方面已取得了长足的进步。同时,技术规范不断完善,企业质量管理体系不断健全,逐步形成了综合性的技术优势。此外,我国技术人员专业水平较高、工人技能娴熟也是技术优势的重要因素。在房屋建筑、道路、桥梁、电力设施等专业领域,我国建筑业企业已具备与发达国家承包商开展竞争的能力。

(3) 地缘的比较优势。我国开展对外承包工程的地缘优势首先体现在华人较集中的国家和地区,相同的语言、文化以及亲缘关系是我国企业的地缘优势的根本因素。地缘优势体现在我国的友好国家和地区,在这些友好国家里,我国企业不仅承包了许多工程,而且在项目实施过程中,还得到了当地多方面的协助和支持。此外,在我国传统的市场,如中东地区,地缘优势也比较明显。我国企业已建立了一定的人际资源、物质资源的基础以及承包工程的经验。另外,我国在北美、欧洲等国家逐步开展的国际工程承包业务,也大多是以中国跨国企业的海外投资为起点而发展起来的。

(4) 投资的比较优势。"一带一路"沿线国家业务快速增长,到2018年8月,我国同"一带一路"沿线国家贸易总额超过5万亿美元,在沿线国家建设境外经贸合作区82个,累计投资289亿美元。中国企业参与"一带一路"沿线国家市场开拓更加活跃,2016年项目投标议标数量同比增长58%,金额同比增长52%。在"一带一路"沿线国家新签承包工程项目合同8158份,合同总额1260.3亿美元,占同期行业新签合同总额的51.6%,同比增长36%;完成营业额759.7亿美元,占同期总额的47.7%,同比增长9.7%。在"一带一路"建设倡议的影响下,我国对外承包工程企业在交通、电力和房建等优势领域的竞争优势更加明显。2016年交通、电力及房建新签合同额占到了行业新签合同总额的63.7%。2016年交通运输建设领域新签合同额557.4亿美元,业务占比达到了22.8%。电力工程领域稳步发展,新签合同额达535.9亿美元。房屋建筑领域新签合同额461.7亿美元,同比增长25.3%。

目前在全球市场上,中国企业在水利工程、电力工程及通信工程等领域的竞争力尤为突出,在2016年ENR业务领域前10强中分别占据4席、3席和2席。在大型桥梁隧道、大型港口、高铁和高层建筑等领域优势也很明显,竞争力强。大型项目投资建设运营一体化发展、全产业链通力"走出去"成为新的发展趋势。业务由传统工程承包向产业前端的规划、设计、咨询和后端的运营、维护和管理等领域扩展。投资、设计、建设、装备、运营等全产业链上下游企业共同"走出去",实现优势互补、互利共赢、共同发展,推进全产业链的价值创造。

2) 中国对外承包企业面临的主要问题

相对于欧美等国际一流承包商来说,中国对外承包企业在发展策略、市场开拓、人才培养、技术创新、风险管控和融资能力等方面还存在迫切需要解决的问题。

(1) 市场集中在传统领域,企业规模仍然偏小。承包市场集中在亚洲、非洲、拉丁美洲和中国境内等发展中国家或地区。中国企业在这些地方获得的营业额占国际工程承包总营业额的比例接近95%,其中在亚洲和非洲,两者之和超过80%,而在欧洲、北美洲等发达国家的业务量很少。从行业来看,中国国际工程承包收入集中在房屋建筑、道路桥梁、石油化工、电力等传统行业,而在环保、核能、石化等高科技领域内,由于技术薄弱、缺少专利技术支持,所占市场份额较少。我国对外承包企业中除少数中央企业和部分发展较快的省市大公司外,大量的工程承包企业规模较小,结构单一,经营范围狭窄。以2016年为例,中国4000余家承包商的海外工程承包营业额为1594.2亿美元,进入ENR的51家承包商营业额为

987.2亿美元,占了其中61.92%的份额。中国承包商的海外业务是由大型承包企业所主导,1%的大型承包企业占据了60%左右的市场份额。1997年,入围ENR的中国承包商平均规模只有1.57亿美元,不及225/250强的平均规模的1/3。2008年入围的中国承包商平均规模达到8.64亿美元,接近225/250强的平均规模的1/2。2016年入围的中国承包商平均规模达到15.19亿美元,达到225/250强的平均规模的81.1%。

(2) 企业专业单一,专业人才缺乏,为业主提供全方位服务的总承包能力不强。企业规模小,专业单一,缺乏实施包括规划、设计、施工一体化工程服务的工程总承包能力。企业融资能力低,很难实施大型复杂项目、高科技项目、大型PPP项目等,而这些工程项目已经成为当前国际工程承包市场的发展趋势。对国际通用的技术标准不熟悉,管理理念、管理水平和管理手段还有待提高,项目管理信息化程度不高,本地化管理水平低下,缺少复合型国际工程管理人才。

(3) 资金短缺,金融支持力度不够。由于新的承包方式要求承包商提供从设计、采购到建设、管理、运营等全程服务,拥有雄厚的资金和很强的融资能力已成为能否赢得工程项目的重要因素。我国对外工程承包企业融资能力普遍较弱,已成为我国工程承包企业承揽大型国际工程的"瓶颈"。对于大多数以承包工程为主的企业来说,在海外项目开拓过程中,缺乏为业主服务的融资理念;不了解项目建设资金的来源、进展和落实情况;对金融支持政策了解不足;缺乏有执行力的融资团队;融资渠道单一、经验不足,对境外金融资源的掌握和使用非常有限。中国对外承包企业应加强企业自身融资能力建设;做好项目前期的融资可行性分析;从融资角度选择和策划项目;充分掌握和利用金融支持政策;善于利用国际金融机构资源;选择利用外部的融资顾问服务。

(4) 恶性竞争较严重,经营秩序不规范。我国工程承包企业之间缺乏合作,相互压价、恶性竞争现象比较严重。有的企业仅以中标为目的,不计成本和利润,报价远低于合理的价格水平,严重损害国家利益和行业利益。国际市场的低价竞争也引起了其他国家承包商的担心。大部分国际承包商表示担心新的竞争者出现,特别是低成本国家的承包商进入国际市场,投标正在变得不公正和不适当。他们认为投标价格过度低于建筑业平均水平,虽能中标,但结果往往导致不完整的或低质量的产品。此外,低价竞标可能导致业主担心工程质量无法保证而拒绝授标,使承包商中标困难,并影响到今后的进一步合作。随着越来越多的我国工程承包企业走出国门,如果不能正确引导和管理,低价竞标的现象将更加突出。中国企业之间的恶性竞争和低水平竞争,最后还可能会受到国际多边贸易机制的制裁。

(5) 面临市场准入障碍和技术壁垒。我国在标准、技术和法律等方面仍未与国际市场完全接轨。国内的设计标准、材料设备标准自成一体,尚未与国际市场接轨。而欧美等发达国家普遍实施专业执照或企业许可、人员注册资格等制度。其他国家的市场准入条件和管理法规往往制约了我国企业进入市场。发达国家和跨国公司想方设法地控制国际标准的制定,力求将自己的专利变为国际标准,并通过标准建立贸易技术壁垒以获取最大的经济利益。预期未来几年,国际服务贸易的标准化对工程承包商的资格要求和对服务的质量标准要求,将成为市场准入新的技术壁垒。此外,少数国家还对我国的国有公司参加国际工程投标进行限制,有可能对我国企业进入竞争性领域造成严重障碍。

(6) 安全和风险问题日益突出。由于国际地缘政治环境不容乐观,政治失衡、种族矛盾、恐怖威胁、社会封闭、法律薄弱、金融动荡等导致国际安全形势不稳定和持续恶化的因素仍将存在。突发事件和地缘政治动荡不安带来的风险,给企业造成了巨大的经济损失。如一些企业因海湾战争遭受巨大损失,至今仍未能解决。近年来一系列针对中国公民的恐怖袭击事件有增加的趋势。如2006年2月15日中国建筑材料集团总公司所属合肥水泥工业设计研究院6名工作人员在巴基斯坦遭不明身份歹徒袭击,造成3名中国工程师遇害。2007年4月24日200名持枪歹徒袭击了我国中原油田驻埃塞俄比亚工地,造成65名当地雇员和9名中国工人被杀害,还有7名中国工人被绑架。纵观国际市场,一方面受石油价格低落及地区安全形势不明朗等因素影响,许多业主取消或延缓了项目;另一方面工程项目的安全成本和保险成本不断提高,严重地影响了企业的经济效益和社会效益。

1.4 国际建筑市场的发展与变化

人类进入21世纪后,经济发展和技术进步取得了巨大的成就,特别是经济全球化、信息化与网络化,以及管理理念的变革和人类对可持续发展目标的不断追求。这些变化与发展趋势对建筑业的发展有本质上的影响,会带来包括思想观念、产品服务需求、建筑市场运作和建筑业企业经营等一系列变化。这些变化是相互关联的,可以用一个发展变化链来描述,见图1-1。

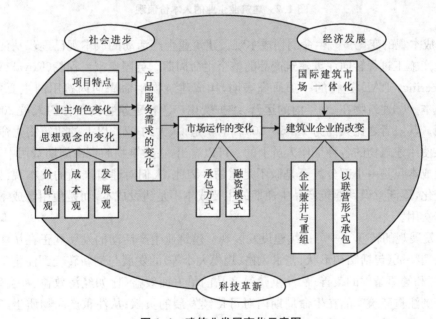

图1-1 建筑业发展变化示意图

1) 思想观念的发展变化

经济全球化和信息化的发展趋势使传统的建筑企业管理理念和价值体系受到空前冲击,进而发生深刻的变化。这些变化主要体现在价值观、成本观和发展观三个方面。

(1) 价值观的变化——人本价值观。建筑业已从注重建筑产品本身价值转向注重产品的社会价值。传统的经济理论以"物本"经济为其基础,用物质资源和实物商品来解释物质资料生产和再生产的经济现象与经济规律。因此传统的建筑业注重建筑物产品本身的施工生产目标,包括质量、工期和成本。然而,随着"人本"价值观的发展,建筑业生产活动的价值观也发生了变化。英国建筑业提出"对人的承诺,人是最宝贵的资源",反映了建筑业的活动从"物本"向"人本"的价值观的转变。"人本"价值观坚持对人的承诺,认为人的因素才是实现企业良性发展的保证。"人本"价值观强调建筑活动中人的价值,例如强调建筑工人的安全、工作环境、收入等,以最终达到建筑活动使项目相关各方满意、与环境协调,以及项目可持续发展的目标。建筑活动"人本"价值观的主要特征可用图1-2表示。

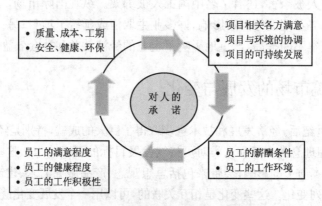

图1-2 建筑业企业的人本价值观

(2) 成本观的变化——生命周期成本观。建筑业生产活动的成本观已逐步从注重建筑产品的生产施工过程转向注重建筑产品的整个生命周期。英国皇家工程院(Royal Academy of Engineering, RAE)进行的一项研究表明,构成建筑物生命周期内费用的主要要素为:①建设成本。②建筑物在20年内的运营、维护费用。③在建筑物内工作的人员20年内发生的费用。其三者之比大约为1:5:200。也就是说,大约97%以上的建筑物生命期费用是发生在使用建筑物的各种工作人员上的。可以看出,在建筑物的生命周期费用中,建筑产品的建设成本只是一小部分甚至是微不足道的。因此,人们对建筑产品的成本观已发生了根本性变化,逐渐意识到建筑产品生命期的主要成本不是建设成本,而是使用者成本以及运营和维修费用。

(3) 发展观的转变——可持续建设发展观。建筑业生产活动的发展观正在从注重建筑产品的物理特征(包括结构形状、艺术风格、规模大小等)的发展与创新转变到注重使用者的安全、环境和健康条件的改善;从注重建筑产品的单方面效益(比如经济效益、社会效益)的追求转变到注重建筑产品在生命周期内对可持续发展的贡献;从注重产品物质生产过程的效率提高转向注重对人的尊重以及与自然和谐的追求。建筑业活动发展观转变的实质是走可持续建设的道路。

建筑业是一个资源和能源高消耗的产业,建筑业的所有活动与人类的可持续发展密切相关。只有人类社会的可持续发展才有建筑业的可持续发展,因此建筑业必须注重其对可持续发展的贡献,只有走可持续建设的道路才能得以生存和发展。可持续建设发展观要求建筑业活动能够为人类社会可持续发展的使命作出贡献。人类社会可持续发展的核心内容是既要考虑当前的发展需要,又要考虑未来的生存需要;不应以牺牲后代人的利益为代价来满足当代人的短期利益和发展;既要达到发展经济和改善人们生活的目的,又要对自然环境的负面影响最小。可持续建设是建筑业发展的必然趋势,对当代建筑业的实践与发展提出了新的挑战。

当建筑业发展观转变为可持续建设观时,建筑业活动的目标也发生了本质上的变化,从传统的工程项目成本降低、质量控制和工期控制目标发展到包括更多方面的可持续建设的目标。这一目标发展转变可用图 1-3 来表示。

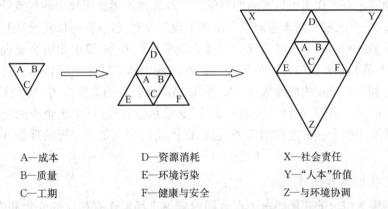

A—成本　　　　　　D—资源消耗　　　　　　X—社会责任
B—质量　　　　　　E—环境污染　　　　　　Y—"人本"价值
C—工期　　　　　　F—健康与安全　　　　　Z—与环境协调

图 1-3　从传统产品优质建设发展观向可持续建设发展观的转变

建筑业活动价值观和发展观的转变促进了建筑业内涵的改变。对建筑业的再思考和再评价,就是在新的发展时期对建筑业重新定位的过程。建筑业新的定位必将对建筑产品的生产过程、技术支撑体系、建筑市场的格局以及建筑产品交易的制度安排产生深远影响。

2) 产品服务需求的变化

建筑业的兴衰依附于整个国民经济发展的变化,建筑业的管理和技术进步与建筑产品服务的需求发展变化紧密相关。建筑产品服务的需求变化是社会发展的必然结果,是建筑业企业的生产要素配置和企业组织结构调整的原动力。在不同的社会经济条件下,对建筑产品及其服务的需求也是不同的。经济发展水平越低,对建筑产品生产及服务的需求也会越低,相应的建筑产品和服务的提供者(即建筑企业)的服务水平也会越低。例如,在过去中国社会经济发展水平还不高时,社会对建筑业生产和服务的需求特点是规模大、标准低、模式较单一。然而,随着中国社会经济的发展,对建筑产品和服务的单一需求模式正在演变成一种金字塔形结构的多种需求模式,在这个金字塔式的市场需求结构中,其顶端是以资信、专利技术和综合管理能力为核心竞争力的项目管理服务,逐步向下是总承包、分包,直至提供纯粹的劳务服务,相应的,服务的利润率也从金字塔自上而下呈下降趋势。

另一方面,随着经济、技术的发展,现代建设工程项目的主要特征已表现为规模大、工期长、投入资金量大、技术复杂、管理难度增大等方面。例如大型化工工程、大型水利工程、城市地铁、高速铁路、长距离输送管道、社区重建、城镇建设等。横跨英吉利海峡的英法海底隧道,中国的三峡工程、西气东输工程和南水北调工程等,都是现代大型建设项目的典型例子。伴随着科技日新月异的发展,现代建设项目在施工过程中的难度相对降低,而项目投资管理、经营管理和资产管理的难度加大;工程建设施工过程中的风险相对减小,而项目融资风险、市场经营风险却不断增加。

建筑产品服务需求的变化,从宏观上讲是社会经济发展与进步的必然,从微观讲是科技发展的结果，然而连接这两方面的原动力是建设项目业主和建筑产品顾客。因此，建筑产品及服务市场需求的变化反映了建设项目业主和建筑产品顾客在不同的经济、社会及科技环境下追求的产品和服务。例如，在中国目前的社会经济条件下，建设项目业主和建筑产品顾客呈现以下特点：①更注重产品使用功能和迅速实现投资目的或回报，而不是以工程本身的建设来增加固定资产作为项目实施的目标。②越来越希望雇用较少的建筑业企业来完成一个项目，要求一个或较少的承包商承担全部工程建设责任，从而可以消除项目组织过多而出现责任盲区的现象。③越来越要求建筑业企业多元化服务，要求建筑企业提供全过程的服务，对建筑产品和服务保持管理的连续性。在实践中越来越多的项目业主通过合同安排将建筑企业的利益与工程的最终效益相联系，以消除承包商的短期行为，减少工程建设的风险。④越来越广泛地采用"设计—施工—供应"的总承包方式，对建筑企业的要求已从单一的施工服务转变为整个项目过程的服务，包括提供长期的或是全过程的保修和运行中的维护服务。

3）建筑市场运作的变化

建筑产品服务需求的变化要求工程合同内容与市场运作有相应的变化和发展，具体主要表现在两方面：承包方式和融资模式的变化与发展。

(1) 承包方式的变化与发展。建设工程承包方式经历了许多发展阶段，有早期的综合型工程承包方式，采取设计和施工简单一体化；然后发展到平行承包方式，即设计、施工、供应、管理等进行专业化分工，实行项目分阶段、分专业的平行承包；再发展到近十几年来新型的综合型工程承包方式。在实践中，简单的工程施工合同的经济效益和利润在逐渐降低，促使承包业务逐渐朝着项目前期策划和设计阶段以及项目建成后的营运阶段拓展，利润重心也就向产业链前端和后端转移。单纯的专业工程施工承包方式正在转变为工程施工总承包、"设计—施工—供应"总承包、项目咨询（策划）、项目管理、运营管理、项目融资等承包方式。建筑企业参与建设项目的时间已向前延伸到项目的策划、可行性研究和设计阶段，向后拓展到项目运营和维护阶段。

正确采用适应市场变化的承包方式是建筑企业提高竞争力和抗风险能力的重要手段。实践中有各种不同的项目承包方式，典型的有设计施工总承包模式、总承包交钥匙模式，以及快速施工管理模式等。在设计施工总承包模式（D+B模式）中，建筑企业承担工程项目从规划审批、初步设计审批、施工图审批、项目施工许可证等所有审批手续，承担项目的全部设计和施工任务。项目施工结束后，D+B承包商还需负责获得政府有关部门的工程竣工验收证书，最终为雇主获得"产权证"。项目总承包交钥匙模式（EPC模式）是为业主提供一揽子服务的承包模式，通常由一家承包商或承包商联合体承担工程的设计、设备采购、工程施工直至交付使用的"交钥匙"模式的承包任务。EPC项目多应用于资金投入量大、技术要求高、管理难度大的工业建筑项目，如石油化工、电力、供水等工程项目。采用这种模式除了要求总承包商具备融资能力、复杂项目管理能力外，还应具备所涉及的工业领域中专有技术和成套设备采购能力的优势。EPC模式在国外，特别是在美国建筑业中已被广泛地应用。快速施工管理模式（CM模式）被广泛地应用于大型建筑项目的采购和项目管理，CM承包商一般是大型的建筑施工企业，它们既不从事设计，也不具体施工，而主要从事设计和施工的协调、项目管理及分包商管理等。在这一模式中，项目的设计过程被看做一个由业主和设计人员共同连续地进行项目决策的过程。这些决策从粗到细,涉及项目各个方面,而某个方面的主要决策一经确定,即可进行这部分工程的施工。

此外,随着建筑市场需求的发展和变化,建筑工程的承包活动也逐渐向工程项目的后期活动拓展,包括项目的运营管理(物业管理)和维护服务。事实上,作为建筑产品的生产者,建筑企业对建筑产品的结构性能最为熟悉,由其承担工程的维护管理应是最经济的。由此出现集融资、采购、设计、建造、物业管理为一体的承包模式。为适应这一发展的需要,已经出现越来越多的承包商采取资产重组、并购以及纵向重组等改革措施。因此,未来具有竞争能力的承包商将不是单纯的施工承包,而是参与项目策划、设计、融资,以及运营管理的综合企业。

(2) 融资模式的变化与发展。建设项目融资一般发生在与公共事业有关的工程项目上,包括交通、能源、供水、电力、化工、通信等领域的建设项目。公共项目融资不是以项目业主的信用或项目有形资产的价值作为担保来获取资金,而主要以项目建成后的经营业绩及其产生的现金量作为偿还债务的资金来源,并作为融资的保证基础,而项目资产主要作为借入资金的抵押。传统的建设项目融资主要由项目业主负责,这种模式近年来已发生了根本变化。在各种新的融资模式下,项目建设的承包商被要求参与项目融资。典型的建设项目融资模式有建设—运营—移交模式(Build-Operate-Transfer, BOT)、私人融资计划模式(Private Finance Initiative, PFI)、公私伙伴模式(Public Private Partnership, PPP)等。

BOT 模式一般应用于政府公共工程项目,特别是基础设施项目,是政府吸引非官方资本加入公共工程建设的一种项目融资及实施模式。BOT 运作模式有多种变体形式,如建设—拥有方式(Build-Own, BO)、建设—拥有—运营—移交方式(Build-Own-Operate-Transfer, BOOT)、建设—拥有—运营方式(Build-Own-Operate, BOO)、建设—租用—移交方式(Build-Rent-Transfer, BRT)、建设—出租—移交方式(Build-Lease-Transfer, BLT)等。BOT 融资模式在国际建筑市场上得到了广泛应用,如全长约 50 公里、耗资 520 亿法郎、历时 7 年建成的英法海底隧道便是最有名的 BOT 项目。其他的还有澳大利亚的悉尼港隧道、英国的 Darford 大桥、香港东区海底隧道,以及全长 345 公里、总工程费用达 1 741 亿新台币的台湾高铁等大型项目。许多国际大型建筑企业为此设立有相应的 BOT 研究部,进行有关 BOT 项目的市场调查和可行性研究。可以看出,以融资带动承包是建筑市场发展的必然趋势。

PFI 以及 PPP 模式是 BOT 模式的进一步发展,扩大了传统 BOT 模式应用的范畴,包括一般公共设施及财产的运作及管理等活动。在发达国家,PPP 模式已被广泛应用于公共项目的开发、运作与管理。在新的建设项目融资模式下,建筑企业在项目融资和经营方面的参与程度有了很大的提高。伴随这一发展趋势,公共工程建筑市场上的竞争将逐步发展成为建筑企业之间的融资、运营和管理等综合能力的竞争。

4) 建筑市场全球化的发展

在 20 世纪的最后 20 年中,经济全球化以前所未有的速度、广度和深度得到发展,从根本上影响着世界各国的经济、政治和社会发展,可以肯定,21 世纪将是一个经济全球化的新世纪。伴随着这一发展,世界贸易组织(WTO)已把专业服务贸易列为商业服务贸易的一种,其中内容包括建筑服务、工程服务、综合工程服务、城市规划与环境美化服务及其他专业服务。因此,建筑与工程服务变成了国际服务贸易的重要内容之一,这为建筑工程服务国际化和自由化提供了制度上的条件。这不仅为中国建筑业企业走向国际市场提供了机会,也将促进中国建筑市场国际化的发展。

WTO对建筑市场全球化发挥了重要作用。WTO的成员要遵守《服务贸易总协定》(GATS)的最惠国待遇原则、透明原则、发展中国家更多参与原则、市场准入原则、国民待遇原则和逐步自由化原则等WTO基本原则。中国已成为WTO成员方,一些传统上保护国内建筑企业的政策法规将被逐步废止,这将使中国建筑市场发生崭新的变化,越来越多的外国承包商会进入中国建筑市场,对中国建筑业的发展将起到巨大的推动作用,同时也将使中国建筑市场的竞争更加激烈。随着国际资本的进入,国内建筑生产要素市场将与国际市场接轨,国际资本凭借资金、管理、技术和人才等方面的优势,将可能按市场经济的规律对国内建筑业企业实施兼并和重组的"本土化"战略,可能使国内建筑业企业的传统优势逐渐消失。因此,在建筑市场全球化的发展过程中,中国的建筑业企业正面临着来自国内与国外企业的多重竞争压力,因此寻求提高企业核心竞争力的方法和措施对中国建筑企业显得尤为迫切和重要。

5)承包商组织形式的变化和发展

建筑市场国际化发展的趋势给承包商既带来了发展机会也带来了竞争压力,促使他们改革自身的组织结构,以适应这种市场发展变化的要求。典型的企业组织结构改革包括资产重组与企业并购,以及以联营体组织形式经营。

(1)资产重组与企业并购。随着建筑市场的发展,建设工程项目规模越来越大,技术要求越来越复杂,多种技术的综合性也越来越高,同时,工程承发包模式也在发展和改变。这些发展变化对建筑企业提出了新的挑战,也加大了工程项目实施中的风险。面对这些发展和挑战,越来越多的承包商通过资产重组与企业并购来改变企业组织,由此扩大企业的经营规模以达到规模效应,提高抵抗风险的能力。事实上,近年来,许多大型工程承包企业的经营规模和资产规模在迅速扩大。典型的例子有著名的国际承包商瑞典Skanska公司、西班牙的Grupo ACS公司、日本的Sumitomo Mitsui Construction公司,它们都是通过兼并使公司的规模和经营额大大增加。

(2)以联营体组织形式承包工程。以联营体组织承包是相对一家承包商独立承包工程而言的工程承包经营方式,是指两家以上具有法人资格的承包商以协议方式组成联营体,以联营体名义参加某项工程的资格预审、投标、签约并共同完成承包合同的一种承包方式。联营体内的承包商可能来自于不同的国家和地区。由于联营体内的企业间可以进行资质互补,提高融资能力,在技术、管理、报价与投标策略上可以集各家之长,从而提高竞争优势。因此联营体组织可以借此承接单独一家公司很难独立完成的工程项目。2003年6月,来自世界各地的40多个联营体承包商参与苏丹麦洛维大坝工程的竞标,最终由中国水利电力对外公司和中国水利水电建设集团公司组成的联营体胜出,该项目合同金额为6.5亿美元。采取联营体的形式还可以使承包商避免相互间过度竞争,增加抵御风险的能力。联营体承包是承包商在投标策略上的一种选择,是承包商冲破地区、行业、国界的界限,拓展市场、提高投标竞争优势的有效手段。特别是在国际工程项目招标中,外国承包商与工程项目所在国的承包商组成联营体往往还能享受到工程项目所在国给予的优惠政策,同时也是国际承包商进入该国建筑市场的一条捷径。

1.5 国际工程管理人才的基本要求

1) 国际工程市场发展对专门人才的需求

中国承包企业走向国际工程承包和咨询市场已有近四十载春秋。在国家"走出去"战略和"一带一路"倡议的指引下,国际工程事业发展十分迅速,目前,我国已成为全球对外承包工程的大国,并开始进入了快速、良性的发展轨道。尽管如此,也应看到我国与发达国家公司存在的差距,尤其是国际工程咨询市场,欧、美、日等发达国家公司垄断市场的程度很高,2015年全球最大225家设计公司中,美国、加拿大、欧洲、澳大利亚、日本等共158家,占总数70.2%;在海外营业额方面,上述国家和地区占国外营业总额的86%。同期的发展中国家和新兴工业化国家只拥有225家中的67家,其国外营业额占其营业总额的比重只有14%。全球最大的10家国际工程设计公司中,只有排名第9位的一家埃及企业来自发展中国家。相比于发达国家,我国企业在国外承包的大型或超大型工程项目较少,工程咨询设计的国际竞争力较弱,设计—建造、交钥匙总承包、PPP项目较少,经济效益也不理想。产生上述问题的根本原因之一是缺乏高素质的国际工程专门管理人才。

由于历史的原因,我国工程技术人才总体素质比较高,理论基础好,实践经验丰富,但最缺乏的是工程管理人才,特别是高水平的国际工程管理人才。中国公司在开拓国际工程市场过程中培养了一批人才,但数量和质量均有较大差距,远远跟不上形势要求。面对这些机遇和挑战,培养大批高水平的国际工程管理人才更显得迫切和重要,特别是外向型、复合型、开拓型的管理人才,这样才能从根本上提高我国企业的综合素质和核心竞争力。

2) 国际工程管理人才的素质要求

国际工程是一项跨国经济活动,涉及多个专业和多个学科,因此对国际工程管理人才的素质提出了很高的要求。国际工程管理人才应是具有国际视野和中国情结的复合型、外向型、开拓型、创新型的高级管理人才。

(1) 复合型。复合型是指人才的知识结构要硬、软结合,即一方面应具备某一个专业领域的工程技术理论基础及实践经验,另一方面要具有管理学和经济学的理论基础。我国过去的人才知识结构单一,很多人仅是某一领域的技术专家,然而参与国际工程咨询或承包,常常要求一个人既懂技术又懂管理和经济,否则将不能胜任。工程技术理论基础一般指在一个专业领域具有工程师的知识结构和基础,这个领域可以是土建,也可以是化工、水利、电力、通信等。管理学基础包括管理学、运筹学、组织行为学、市场学、管理信息系统、工程项目管理、合同管理、工程估价以及有关法律知识等。经济学基础包括经济学、会计学、工程经济学、国际贸易、国际金融、保险以及公司理财等。

(2) 外向型。外向型不仅指人才必须具有一定的外语水平,更包括了解和熟悉有关的国际惯例。具体表现在:①技术方面。熟悉国外通用的设计规程、技术规范、试验标准等,能看懂外文的有关技术文件。②经济方面。了解国际上有关贸易、融资、工程保险以及财务的要求。③管理方面。掌握国际工程项目管理原理,特别要熟悉合同管理以及工程进度、质量和成本管理。能够使用国际上通用的计算机软件进行项目管理。④外语方面。除具有熟练的外语听说、阅读能力和较好的信函、合同书写能力外,还应熟悉和理解国际通用的项目管理专业用语和合同文本。

(3) 开拓型。开拓型主要指从事国际工程的高级管理人才必须具备开拓精神和相应能力。①判断决策能力。具有战略发展眼光,能把握国际工程市场的发展趋势,从而对企业和项目进行目标管理。从事国际工程管理不仅要熟悉本行业的知识,更要有敏锐的洞察力,对新事物敏感,善于抓住机遇,主动寻找机会,开拓新的市场。国际工程情况复杂,瞬息万变,具有此种能力显得尤为重要。②拼搏奋斗精神。国际工程是一项充满风险的事业,在国外工作不仅常常在不熟悉的国家和地区,更主要是和完全陌生的合同各方以及外国政府机构、群众团体打交道,因而会遇到许多想象不到的困难。这就要求具备善于管理风险、利用风险,百折不挠、不怕困难的精神,同时还要心胸开阔,遇到挫折时要有很强的心理承受能力,具有较高的情商。③组织管理能力。由于在国外实施项目具有一定的复杂性,更需要依靠领导班子的集体力量和发挥各级人员的积极性,民主决策、科学决策、虚心好学、不固执己见。④注重公关技巧。有快速反应能力,能随机应变,懂得"双赢"原则,善于按照"伙伴关系"和"团队精神"来与合同各方及政府、群众团体进行交往、谈判,解决棘手问题。

(4) 创新型。创新型是指高级管理人才必须具备下列两项条件:①创新意识和创新能力。国际工程项目往往是跨多种文化的项目,其参与方具有各自国家和民族的文化背景和工作习惯,工作中将会遇到许多想象不到的新问题,因而要求国际工程管理人才应具有独立分析问题、解决问题的能力和创新精神。②自我完善和自我发展的能力。国际工程管理人才还应善于不断总结经验,善于通过实践和多种渠道进行学习,不断提升自身的工作能力。最重要的是每一个从事国际工程管理的人员都应该具有国家振兴感和民族责任感,应该意识到自己在海外的一言一行,不仅代表个人,代表所在的企业,更是代表了中华民族,代表了中国的形象,因而应该在各方面自觉地严格要求自己。这样经过海外工作的锻炼,才能将自己锻造成高水平的国际工程管理人才。

3) 大力培养各种类型的国际工程管理专家

国际工程市场是一个竞争非常激烈而潜力巨大的市场,人才资源对于国际工程企业的发展具有基础性、战略性和决定性的意义。作为重要的战略发展措施,国际工程企业应有意识地培养一大批各种类型的国际工程管理专家,这样才能提升企业的国际工程市场竞争力。

(1) 国际工程企业家。企业家应是技术专家和社会学家相结合的领导。国际工程企业家首先要具有战略管理眼光,即从企业的整体和长远利益出发,根据本企业的经营目标、内外环境和资源条件进行谋划和决策;还要善于研究市场,注重国内市场的同时,将开发国际工程市场列为企业的重要战略目标;敢于面对风险,善于管理风险,同时也会实事求是冷静地分析处理问题。国际工程企业家还必须十分重视塑造企业品牌。日趋激烈的国际工程市场竞争要求企业除具有管理优势、技术优势之外,还应具有品牌优势。品牌塑造的核心部分之一便是企业的形象。如果每个成员都能做到"诚信为本,一诺千金"并长期坚持,则能大大提高公司的形象。品牌是一种宝贵的无形资产,对国际工程公司和人员长期立足国际工程市场具有非常重要的意义。

(2) 国际工程项目经理。除了应具备复合型、外向型、开拓型和创新型的基本条件外,必须对国际工程项目管理的知识体系有深入的理解,应具有使用外语与有关各方直接沟通的能力,善于建立适应国际工程项目管理的组织机构;善于发挥项目组每一个人的业务才能和管理才能,特别是面对来自多国的管理和施工人员时,要具有能管理好"国际化团队"的能力和胸怀;对项目的重大问题及时决策;善于分析和管理项目风险;善于做好与项目有关各方的沟通和协调,注重诚信和守约,用"双赢"的思想去解决矛盾和纠纷。

(3) 国际工程咨询专家。国际工程咨询专家指能从事国际工程项目的策划、可行性研究、评估、设计、监理等咨询工作的专家,熟悉国际通用的各种技术规范,并具备工程项目管理的能力。国际工程咨询专家进入国际工程市场,可以帮助企业得到更多设计建造及交钥匙等总承包的大型项目。投标时如果有设计专家参与,既可以帮助理解招标文件的设计方案和规范要求,又可以帮助提出"备选方案"(Alternative Bid),有利于中标。

(4) 国际工程合同管理专家。国际工程合同是工程合同中最复杂、最严格的合同,一个工程项目往往有数十个合同。合同专家既应该会编写投标文件,又应能很快地理解和掌握对方的招标文件,提出问题,并在合同谈判中进行解决。合同管理是工程项目实施中最核心的工作,包含对技术、进度、质量、成本、健康、安全、环境等多方面的管理,还包括风险和索赔管理,因为这些内容都需要遵循合同中的要求。具备在各种复杂情况下运用合同保护自身合理、合法权益,提高企业综合效益的能力。

(5) 国际工程投标报价专家。投标报价时既要熟悉市场行情,又能很快地阅读理解外文招标文件,并发现其中隐含的问题,会运用各种投标报价技巧,编制出高水平的投标报价文件。投标报价专家还要善于在投标过程中分析业主方的心理状态、投标对手的动向,以便及时采用相应的策略争取中标。投标报价的水平是项目能否盈利的重要基础。

(6) 国际工程施工专家。国际工程的施工专家绝不仅仅是指熟悉施工技术、善于进行现场施工组织管理的工程师,还应该了解和熟悉国际上通用的技术规范和规程,能独立阅读理解合同中的外文技术规范和图纸,懂得项目管理,特别是合同中对施工进度、质量控制、环境、安全等方面的管理要求。能用外文在现场处理各类施工技术问题,还应善于防范风险,具备索赔意识。

(7) 国际工程采购管理专家。工程项目中物资采购常占到工程总支出的50%~70%,把好物资这一关对项目经费的开源节流、保证工程质量以及项目的顺利实施和盈利都非常重要。物资管理专家应十分熟悉各种外贸环节,了解物资市场行情、物资品种、规格、性能、各种运输方法、海关手续、保险事项以及如何进行验收、支付和索赔等。

(8) 国际工程财务管理专家。应熟悉项目内部的财务管理,特别是工程结算有关问题,懂得国外对项目的各项财务报表和审计的要求,熟悉外汇管理、了解国外有关财会和税收的法律,并能合理避税。从公司财务管理角度还应懂得投资决策和投资风险,特别是海外投资有关事宜。

(9) 国际工程融资专家。融资是进行国际工程咨询和承包不可或缺的重要环节,对外企业要注重培养懂得融资理论、了解融资途径、熟悉融资手续和掌握融资方法的融资专家。他们应广交国内外金融界的朋友,使公司在需要时能及时得到资金支持。融资能力是能否承揽大型工程总承包项目和BOT/PPP项目的重要基础和前提。

(10) 国际工程风险管理和保险专家。工程项目的风险是客观存在的,如何识别、分析和评估风险,管理好风险,包括合理分担、回避、转移和有计划的自留风险都是风险管理专家的任务。国外也有专门的风险管理公司提供这方面的专业服务。保险是风险对策的一项重要工具。了解和熟悉各类(如设计、施工、运输、人员等)保险的有关规定,以顺利策划和购买保险,并在保险事故发生后及时进行保险索赔等都是非常重要的。

(11) 国际工程索赔专家。索赔是一种正当的权利要求,一方面应该使项目的每个人都具有索赔意识,善于捕捉索赔机遇;另一方面要有专门的索赔专家自始至终管理索赔。索赔专家应十分熟悉有关法律、法规和项目的合同(特别是合同条件),掌握国际上有关索赔的案例和索赔的计算方法。索赔专家还应具有"敏感、深入、耐心、机智"的品质。一个项目索赔专家小组的人员最好不要轻易变动,因为索赔是一个连贯性很强的工作,要固定人员坚持到底才有可能成功。

(12) 国际工程信息管理专家。国际工程公司的信息资源管理应该包含下列三个方面的内容:一是公司内部网络,不同等级具备不同的权限,能实现内部信息资源的流通及共享;二是公司和国内外各个分公司以及项目经理部的网络联系,通过这个网络可以及时传递信息、请示汇报和传递决策意见;三是电子商务网,包括市场信息、招标投标、货物采购等均可在网上进行。公司应有信息管理专家,以便负责设计、更新和维护信息管理系统,保证公司在一个高效率的信息平台上运行。

(13) 国际工程安全管理专家。安全管理工作贯穿于国际工程项目的始终,涉及从投标中的安全评估至提出施工安全方案和现场的安全管理等环节。所以安全管理专家应具有完整的、多方面的工程专业技术知识,熟悉安全评估、防范、救助等工作内容,并且还应熟悉国际劳工组织(ILO)的职业安全健康管理体系(OSH 2001)系列标准以及合同适用法律国有关工程安全、福利、防火等相关法律及国际惯例。

(14) 国际工程环境保护专家。环境保护专家应在规划、设计和施工之前提出环保方案,在施工中监控对健康有害的各种因素;对供应商、分包商的环保资质进行审查;同时还应熟悉环境管理体系(ISO 14000)系列标准以及工程所在国与环保有关的法律。

(15) 国际工程法律专家。一般的国际工程项目多半在工程所在国聘请当地的律师协助了解当地法律,进行诉讼或仲裁。从长远考虑,中国企业应该下大工夫培养一些复合型、外向型的本公司的法律专家,使他们不但懂得国际上与工程相关的法律,而且也了解本公司主要从事的专业技术知识,还应具有很高的外语水平。一方面可以提高公司成员特别是领导层的法律意识,协助制定、审查重要的国际工程合同;另一方面可以协助项目经理聘请合适的本地律师。如发生较大的纠纷提交仲裁时,一个案子可能拖延几年时间,依靠当地律师十分不便,价格昂贵,本公司的律师此时将会发挥巨大作用。

1.6 本课程的教学目标

1) 课程性质和目的

本课程属于工程管理、土木工程本科专业的专业方向性课程或研究生的专业选修课程。通过本课程的教学,可使学生了解国际工程管理的整体框架,熟悉国际工程管理流程和程序,熟悉国际工程建设的国际惯例,掌握国际建筑市场分析、国际工程招标投标、计量与报价、合同管理和项目管理等主要内容,为本专业学生从事国际工程管理奠定良好的基础。本课程教学过程中应注意理论与实践相结合,采用案例教学、多媒体教学和课堂主题讨论等多种形式,以增加课堂教学的活跃度和强化课堂思考氛围。教学中最好采用双语教学,使学生熟悉国际工程设计、材料设备、施工工艺、招标投标、计量与报价、合同管理、国际商务等方面的专业词汇和用语，熟悉国际工程有关文件的格式和内容，并能利用国际工程交流的语言平台，提高从事国际工程管理的通信交往能力和表达能力。

2) 本课程的教学重点、难点及解决办法

(1) 教学重点：①国际建筑市场结构分析；②国际工程招标投标；③国际工程计量与报价；④国际施工合同重要条款的理解和应用；⑤国际工程索赔方法。

(2) 教学难点：国际工程管理具有涉外性强、综合性强、实践性强等特点，并与项目管理、工程造价、工程技术等相关课程联系紧密，对学生的综合运用能力要求很高。因此本课程教学难点主要有：①课程内容听得懂、看得懂，但不容易理解和掌握；②没有出国经历，缺乏实践体验，不知道如何应用所学知识分析和解决实际问题；③涉及众多相关课程知识，不容易建立相关课程和教学内容之间的有机联系。

(3) 解决方法：主要可通过图形化教学、案例教学、专题讲座和课堂专题讨论等方式来解决本课程教学的重点和难点问题。①图形化教学：将大量枯燥、难以理解的条款规定，绘制成操作图、流程图等直观形式，容易理解和便于实际操作；②案例教学：通过典型案例分析，增加感性认识，加深对教学内容的理解和应用，同时建立教学案例资源库，便于学生课后研习；③专题讲座：邀请工程界知名专家学者剖析实际案例，提高分析实际问题能力；④课堂专题讨论：针对教学重点和难点内容，选择问题和案例，学生参与讨论、回答，教师点评，课堂上形成师生互动的活跃气氛。

国际建筑市场分析

2.1 国际工程承包市场及其结构分析

2.1.1 国际工程承包市场发展历程

国际建筑市场早在19世纪中叶就已出现,资本主义发达国家为争夺生产原料、追求利润最大化并占领市场,向殖民地和一些经济不发达国家或地区输出大量资本,带动了发达国家的设计师和承包商进入这些国家的建筑市场,同时也带动了施工技术先进、材料设备出口、以竞争为核心的工程承包管理体制的完善。第二次世界大战期间,国际建筑市场一度受战争的影响而衰落。战后,许多国家为恢复经济大力发展建筑业,国际工程承包得到了迅速的发展。20世纪90年代以来,随着科学技术的进步和各国经济的飞速发展,国际工程承包市场遍及世界各地。就目前来看,世界上已形成了亚太、欧洲、北美、中东、拉美和非洲六大地区工程承包市场。其中,亚太、欧洲、北美地区市场规模较大,集中了大部分的国际承包商。

美国工程新闻纪录(Engineering News Record, ENR)长期对国际顶级承包商业务进行统计。在顶级承包商数量的选取上,在1980—1992年期间选取了250家,在1993—2013年期间选取了225家,在2013年至今选取了250家。在每年的八月份会公布上一年度进入225/250强企业的经营业绩。1980—2016年度全球最大225/250家承包商及中国承包商的国际工程营业额如表2-1所示。

表2-1 国际工程市场及中国承包商在国际工程市场的业绩表现

年份	国际工程市场		中国承包商在国际工程市场		
	营业额(亿美元)	增幅(%)	营业额(亿美元)	增幅(%)	市场份额(%)
1980	1 083.0				
1981	1 299.0	19.9	1.7		0.1
1982	1 231.0	−5.2	3.48	104.7	0.3
1983	936.0	−24.0	4.52	29.9	0.5
1984	805.0	−14.0	6.23	37.8	0.8
1985	816.0	1.4	8.35	34.0	1.0
1986	739.0	−9.4	9.73	16.5	1.3
1987	740.0	0.1	11	13.1	1.5
1988	941.0	27.2	14.3	30.0	1.5

(续表)

年份	国际工程市场		中国承包商在国际工程市场		
	营业额（亿美元）	增幅(%)	营业额（亿美元）	增幅(%)	市场份额(%)
1989	1 126.0	19.7	16.9	18.2	1.5
1990	1 203.0	6.8	18.7	10.7	1.6
1991	1 520.0	26.4	19.7	5.3	1.3
1992	1 465.0	−3.6	18.2	−7.6	1.2
1993	1 552.0	5.9	21	15.4	1.4
1994	922.0	−40.6	29	38.1	3.1
1995	1 050.0	13.9	29.7	2.4	2.8
1996	1 268.0	20.8	40.6	36.7	3.2
1997	1 102.2	−13.1	40.8	0.5	3.7
1998	1 163.9	5.6	50.3	23.3	4.3
1999	1 186.8	2.0	61.0	21.3	5.1
2000	1 159.1	−2.3	53.8	−11.8	4.6
2001	1 064.7	−8.1	59.5	10.6	5.6
2002	1 165.2	9.4	71.3	19.8	6.1
2003	1 398.2	20.0	83.3	16.8	6.0
2004	1 672.4	19.6	88.3	6.0	5.3
2005	1 894.1	13.3	100.7	14.0	5.3
2006	2 244.3	18.5	162.9	61.8	7.3
2007	3 097.8	38.0	226.8	39.2	7.3
2008	3 900.1	25.9	432.0	90.5	11.1
2009	3 837.3	−1.6	505.7	17.1	13.2
2010	3 835.1	−0.1	570.6	12.8	14.9
2011	4 529.0	18.1	627.1	9.9	13.8
2012	5 108.8	12.8	670.7	7.0	13.1
2013	5 438.4	6.5	790.1	17.8	14.5
2014	5 212.0	−4.2	896.8	13.5	17.2
2015	4 863.2	−6.7	936.7	4.4	19.3
2016	4 679.2	−3.8	987.2	5.4	21.1

数据来源：www.enr.com 1981—2017

1980—2016年国际工程市场营业额及增幅走势如图2-1所示。从总的走势来看，国际工程市场呈震荡上行趋势，其增幅的振幅大约在−40%～40%之间。

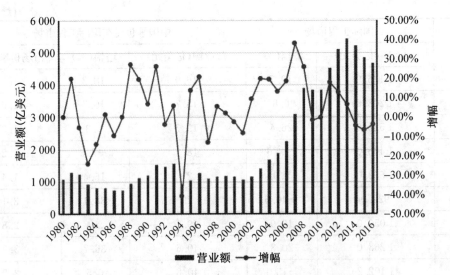

图 2-1 1980—2016 年国际工程市场营业额及增幅走势

从 20 世纪 80 年代开始到现在,国际工程市场大致可以分为四个阶段:

(1) 第一阶段(1980—1993 年):波动上升阶段

1981 年 ENR 225/250 家国际大承包商的合同成交额(营业额)达 1 299 亿美元,达到历史最高水平。1982 年以后,石油供过于求,价格暴跌,产油国收入锐减,西方发达国家经济低速增长,拉美发展中国家债务沉重,非洲地区连续遭受自然灾害,经济困难,国际承包市场逐渐收缩。1988 年,世界经济开始进入新一轮景气循环,国际直接投资迅猛增长,国际建筑市场也随之出现较大增长,在 1993 年 225/250 家国际大承包商的合同额达到历史最高纪录的 1 552.0 亿美元。在此阶段,虽然世界经济增长速度趋缓,且时有反复,但总体保持增长势头未变。

(2) 第二阶段(1994—2001 年):低位徘徊阶段

世界经济增长和全球化水平的日益提高推动了国际工程承包市场的发展,国际工程承包市场经历了 20 世纪 90 年代前期的短暂增长,中期的基本稳定后,由于亚洲金融危机所引发的新兴市场经济衰退而在 20 世纪末期发生动荡。及至 2001 年发生在美国华盛顿州纽约城"9·11"的恐怖袭击事件,作为全球经济增长火车头的美国经济陷入了衰退,殃及发展中国家,国际工程市场进一步收缩。

(3) 第三阶段(2002—2013 年):高速增长阶段

2002 年之后,由于国际经济的持续繁荣发展,种种不确定的因素开始明朗化,被压抑的需求开始释放,被推迟的项目逐渐解禁。整体经济形势的好转带动了国际建筑业的增长。尽管也面临着各种问题,如石油价格的不确定,全球反恐战争的开展而导致针对政治和商业目标的恐怖袭击的可能性上升,以及大规模 SARS 疫病的流行,但国际工程市场仍呈现出高速增长态势。但在 2008 年次贷危机的爆发,使得建筑业陷入倒退的危险,全球范围内的许多工程被取消或延迟,使得这种持续增长放缓。在 2010 年,随着世界经济的复苏,国际工程市场摆脱了世界性的经济衰退的不利影响,再现高速增长的态势。到 2013 年达到历史的顶峰(营业额为 5 438.4 亿美元)。

(4) 第四阶段(2014年至今)：衰退阶段

2014年至今，国际工程市场陷入了一个新的低潮期，营业额连续三年持续下滑，下滑幅度分别为4.2%、6.7%和3.8%。2016年，225/250家国际承包商新签海外工程合同额与上一年度同比下降2.3%。这表明国际工程市场在未来还会继续萎缩下去。值得一提的是，在这三年中，中国的国际承包商逆市上扬，仍然保持着13.5%、4.4%、5.4%的增幅。

国际工程市场的萎缩源于国际政治和经济环境的多重因素的共同作用，主要在于以下几个方面：

① 受中东政局动荡、英国脱欧、加泰罗尼亚的公投，民粹主义在西方发达国家的兴起等政治环境波动的影响，国际承包市场的不确定性骤然增加。

② 世界经济处于缓慢增长轨道。大宗金属价格的走低抑制了采矿业的发展；原油价格的低位运行，使得石油化工行业处于低迷期。

③ 国际金融市场的波动，造成了融资成本及风险的增加。尤其是通货膨胀，拉丁美洲地区的市场受到的影响最为显著。

但从发展趋势看，如果排除一些突发因素的影响，世界建筑市场的总体规模基本稳定，并且随着全球经济一体化的程度不断提高，国际工程承包的比例仍将不断加大。

2.1.2 国际工程市场行业结构分析

ENR对于行业市场的划分有些变化(如表2-2所示)：在1999年(即2000年的ENR报告)及以前，分为房屋建筑、交通、制造、工业、石化、水利、排水/废弃物、有害废物处理及电力等九大行业市场；2000年以后，增加了电讯行业，成为十大行业市场；在2006年，将工业和石化两大行业合并，形成九大行业市场；但在2010年以后，又将工业和石化两大行业分开，去掉了电讯行业；在2013年以后，又重新增加了电讯行业，但去掉了有害废物处理这个行业。

表2-2 ENR统计的行业类型变化

序号	行业类型	1999年及以前	2000—2005年	2006—2009年	2010—2012年	2013年至今
1	房屋建筑	✓	✓	✓	✓	✓
2	制造	✓	✓	✓	✓	✓
3	工业	✓	✓		✓	✓
4	石化	✓	✓	✓	✓	✓
5	水利	✓	✓	✓	✓	✓
6	排水/废弃物	✓	✓	✓	✓	✓
7	交通	✓	✓	✓	✓	✓
8	有害废物处理	✓	✓	✓	✓	
9	电力	✓	✓	✓	✓	✓
10	电讯		✓	✓		✓
类型数量(合计)		9类	10类	9类	9类	9类

为便于统计分析，在2017年ENR的行业市场划分的基础上，将工业和石化两大行业市场合并，去掉电讯行业，分为7个行业类型进行分析。2007—2016年国际工程市场行业市场结构营业额及市场份额走势分别如表2-3和表2-4所示。

表2-3　2007—2016年国际工程市场行业市场结构走势(营业额)　　　单位：亿美元

	房屋建筑	制造	工业/石化	水利	排水/废弃物	交通	电力
2007	739.6	70.8	953.7	86.4	48.2	793.8	171.8
2008	940.7	69.2	1 138.4	142.3	58.1	1 040.9	267.2
2009	859.9	38.1	1 120.2	112.2	62.9	1 123.4	356.9
2010	830.3	46.5	1 102.7	123.8	63.9	1 090.1	386.0
2011	911.0	60.8	1 338.0	153.5	70.9	1 214.4	470.4
2012	1 032.6	79.5	1 618.9	154.1	71.7	1 307.1	519.0
2013	1 127.2	96.0	1 610.5	157.7	70.7	1 369.0	573.2
2014	1 167.0	98.1	1 522.1	135.4	69.4	1 357.2	544.1
2015	1 068.4	107.1	1 350.0	138.8	49.6	1 395.6	541.4
2016	1 014.3	101.0	1 192.1	122.2	60.1	1 443.8	455.5

数据来源：www.enr.com 2008—2017

表2-4　2007—2016年国际工程市场行业市场结构走势(市场份额)　　　单位：%

	房屋建筑	制造	工业/石化	水利	排水/废弃物	交通	电力
2007	23.80	2.30	30.70	2.80	1.80	25.60	5.50
2008	24.10	1.80	29.20	3.60	1.60	26.70	6.90
2009	22.40	1.00	29.20	2.90	1.70	29.30	9.30
2010	30.46	2.17	17.82	2.29	2.25	29.97	8.90
2011	20.10	1.30	29.50	3.40	1.80	26.80	10.40
2012	20.20	1.60	31.60	3.00	1.80	25.60	10.20
2013	20.70	1.80	29.60	2.90	1.50	25.20	10.50
2014	22.40	1.90	29.20	2.60	1.50	26.00	10.40
2015	34.30	2.60	14.78	2.23	1.53	28.94	8.18
2016	21.68	2.16	25.48	2.61	1.28	30.86	9.74

数据来源：www.enr.com 2008—2017

国际工程承包市场呈现明显的金字塔形状。其中，房屋建筑、工业/石化及交通等三大行业始终居于金字塔的顶端部位。从2016年的市场份额来看(如图2-2所示)。房屋建筑、交通、工业/石化三大行业占据了78.02%的市场份额，三大行业十年间的平均份额为

78.22%,牢牢占据着建筑业传统优势行业的地位。三大行业成为了国际工程承包市场居于金字塔顶端的20%的行业,掌握着约80%的市场和收益,而居于金字塔中部和底部的80%的行业,却只掌握约20%的市场和收益。电力工程比较稳定,市场总量保持在每年500亿美元左右,近年来市场份额基本保持在10%左右。制造业工程和水利工程的市场容量基本相同,保持在每年100亿美元左右,市场份额约2%~3%。排水/废弃物工程虽然在整个国际工程承包市场中所占份额很小(1%~2%),但也是不容忽视的特殊市场。

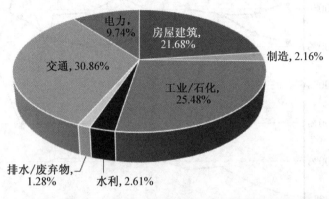

图 2-2 2016 年国际工程行业市场份额

从行业发展趋势来看(如图 2-3 所示),近十年期间,交通行业一直保持着强劲的增长势头,而工业/石化和房屋建筑则在前期增长以后逐渐有所回落。电力行业市场营业额经过前期的波动、中期的缓速增长后,在末期也有所回落。水利、制造、排水/废弃物等行业市场的营业额则在 200 亿美元以下低位徘徊。

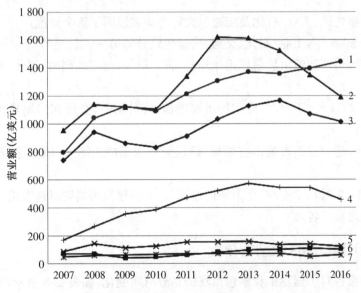

图 2-3 2007—2016 年国际工程市场行业市场营业额走势

从十年间各行业所占的份额来看（如图2-4所示），七大行业市场形成三大阵营：第一阵营为交通、工业/石化和房屋建筑；第二阵营为电力；第三阵营为水利、制造和排水/废弃物。

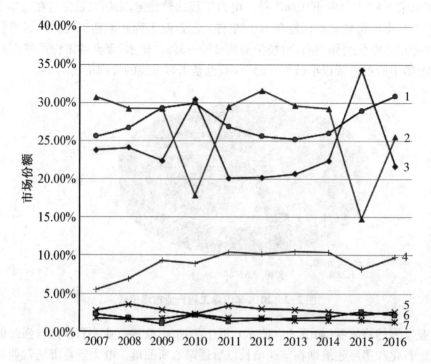

1—交通　2—工业/石化　3—房屋建筑　4—电力
5—水利　6—制造　7—排水/废弃物

图2-4　2007—2016年国际工程市场行业市场结构走势（市场份额）

十年来，房屋建筑、工业/石化及交通三大行业排名经历了五个阶段：

(1) 2007—2009年，工业/石化、交通、房屋建筑分列第一、二、三名。

(2) 2010年，房屋建筑市场份额迅速增长，位居第一，而与此同时，工业/石化急剧萎缩，排名第三。

(3) 2011—2014年，工业/石化市场迅速增加，排名第一，交通和房屋建筑则有所回落，分列第二、三名。

(4) 2015年，房屋建筑市场迅速增加，超过交通市场成为第一；而工业/石化急剧萎缩，排名第三。

(5) 2016年，交通和工业/石化市场迅速增长，房屋建筑市场则迅速萎缩，交通、工业/石化、房屋建筑分列前三名。

2.1.3　国际工程市场区域结构分析

历年ENR报告对于国际工程承包市场的划分有所变化，如表2-5所示。同时对于亚洲和澳大利亚市场的划分表述上有所区别：1998年以前为亚洲；1999—2003年为亚/澳；2004—2005年为亚洲；2006—2010年为亚/澳；2011年以后为亚洲。在本书中，一律以亚/澳市场表示。

表 2-5 ENR 统计的区域市场划分变化

序号	统计区域	1997年及以前	1998年	1999—2001年	2002—2008年	2009年	2010年至今
1	亚洲	√	√	√	√	√	√
2	欧洲	√	√	√	√	√	√
3	美国	√	√	√	√	√	√
4	中东	√	√	√	√	√	√
5	拉丁美洲	√	√	√	√	√	√
6	加勒比海			√			√
7	加拿大		√	√	√	√	√
8	北非					√	
9	南非/中非	√	√	√	√	√	√
10	其他			√		√	
区域数量（合计）		6	7	10	7	10	7

区域市场分析以 2010 年以后的 ENR 研究报告为基础，划分为七大市场：亚洲、欧洲、美国、中东、拉丁美洲（以后简称拉美）/加勒比海、加拿大和非洲，将以前相关区域的数据进行合并进行统计分析。1997—2016 年间国际工程市场主要区域市场营业额及市场份额如表 2-6 和表 2-7 所示。

表 2-6 1997—2016 年国际工程市场主要区域市场营业额　　　　单位：亿美元

年份	欧洲市场	亚/澳市场	美国市场	中东市场	非洲市场	加拿大市场	拉美/加勒比海
1997	295.2	347.6	136.0	104.5	94.2	21.9	96.5
1998	306.6	338.3	126.9	142.8	112.5	295.4	106.0
1999	349.4	311.2	157.6	111.0	99.3	49.0	108.6
2000	315.6	250.3	233.9	101.9	76.6	64.5	116.2
2001	282.5	219.8	217.0	85.4	88.2	65.3	106.3
2002	330.9	226.8	231.1	97.4	111.4	44.6	95.5
2003	466.6	260.3	227.8	164.6	126.6	47.6	98.8
2004	602.7	304.7	228.0	254.2	142.8	49.6	90.5
2005	685.8	337.8	249.7	281.6	151.4	63.1	120.8
2006	718.6	401.9	291.3	413.8	179.1	79.9	158.7
2007	964.5	554.0	369.1	628.9	286.0	82.8	212.6
2008	1 141.1	685.3	417.6	774.7	508.9	134.0	238.4
2009	1 008.1	731.8	348.8	775.6	568.1	133.8	271.1
2010	941.8	766.4	326.1	724.3	605.9	130.0	340.5
2011	1 014.6	1 121.9	367.1	830.7	581.5	202.0	411.1

(续表)

年份	欧洲市场	亚/澳市场	美国市场	中东市场	非洲市场	加拿大市场	拉美/加勒比海
2012	1 022.6	1 388.1	441.1	913.2	568.6	274.9	500.2
2013	1 118.6	1 464.7	484.1	841.3	622.4	342.0	565.3
2014	998.1	1 374.1	511.5	790.3	709.5	295.8	532.8
2015	934.2	1 208.4	533.8	765.1	645.2	229.5	547.2
2016	959.9	1 203.1	536.0	840.2	615.4	187.2	337.5

数据来源：www.enr.com 1998—2017

表 2-7　1997—2016 年国际工程市场主要区域市场份额　　　　　（单位：%）

年份	欧洲市场	亚/澳市场	美国市场	中东市场	非洲市场	加拿大市场	拉美/加勒比海
1997	26.8	31.5	12.3	8.5	8.5	2.0	8.8
1998	26.3	29.1	10.9	12.3	9.7	2.5	9.1
1999	29.4	26.2	13.3	9.4	8.4	4.1	9.1
2000	27.2	21.8	20.2	8.8	6.6	5.6	10.0
2001	26.5	20.6	20.4	8.0	8.3	6.1	10.0
2002	28.4	19.5	19.8	8.4	9.6	3.8	8.2
2003	33.4	18.6	16.3	11.8	9.0	3.4	7.1
2004	36.2	18.2	13.6	15.2	8.5	3.0	5.4
2005	36.2	17.8	13.2	14.9	8.0	3.4	6.3
2006	32.0	17.9	13.0	18.4	7.9	3.6	7.1
2007	31.1	17.9	11.9	20.3	9.2	2.7	6.8
2008	29.3	17.6	10.7	19.9	13.0	3.4	6.1
2009	26.3	19.1	9.1	20.2	14.8	3.5	7.1
2010	24.5	20.0	8.5	18.9	15.8	3.4	8.8
2011	22.4	24.8	8.8	18.3	12.5	4.5	9.1
2012	20.0	27.2	8.6	17.9	11.1	5.4	9.7
2013	20.6	26.9	8.9	15.5	11.5	6.3	10.3
2014	19.1	26.3	9.8	15.2	13.6	5.7	10.2
2015	18.7	24.2	10.7	15.3	12.9	4.6	11.0
2016	20.5	25.7	11.4	18.0	13.1	4.0	7.2

数据来源：www.enr.com 1998—2017

以2016年来看,国际工程市场份额分布如图2-5所示,亚/澳市场以25.70%的市场份额排名第一,其后依次是欧洲市场(20.50%)、中东市场(18.00%)、美国市场(11.40%)、非洲市场(13.10%)、拉美/加勒比海(7.20%)和加拿大市场(4.00%)。

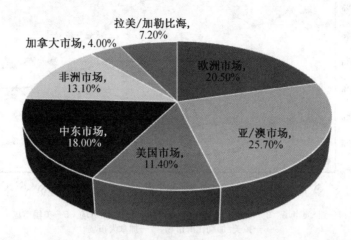

图2-5 全球最大225/250家国际承包商2016年主要区域市场份额

国际工程市场按其发展趋势可分为三类市场:成长型、衰退型和乏力型。近20年国际工程主要区域市场营业额及市场份额走势如图2-6和图2-7所示。就发展趋势而言,七大国际工程市场可划分为如下三类市场:

(1)成长型市场:亚/澳市场、非洲市场。
(2)衰退型市场:欧洲市场、北美市场(美国市场、加拿大市场)。
(3)乏力型市场:中东市场、拉美/加勒比海市场。

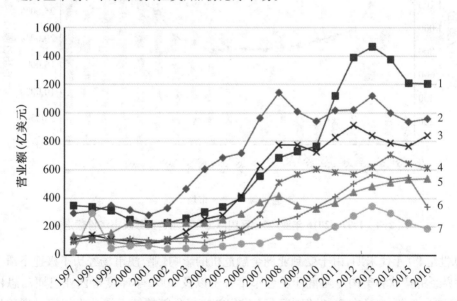

1—亚/澳市场 2—欧洲市场 3—中东市场 4—非洲市场
5—美国市场 6—拉美/加勒比海市场 7—加拿大市场

图2-6 1997—2016年国际工程主要区域市场营业额

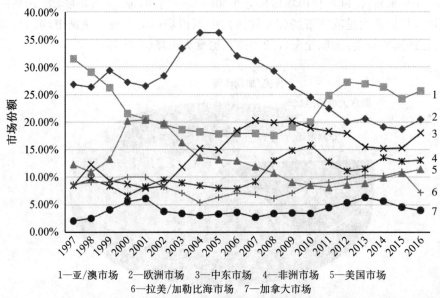

1—亚/澳市场　2—欧洲市场　3—中东市场　4—非洲市场　5—美国市场
6—拉美/加勒比海市场　7—加拿大市场

图 2-7　1997—2016 年国际工程主要区域市场份额

1）亚/澳市场

亚/澳市场是指亚洲和澳洲等地区，包括东南亚、西北亚、东亚、南亚和澳大利亚、新西兰等地区。该地区近 20 年的国际工程营业额及市场份额走势如图 2-8 所示。

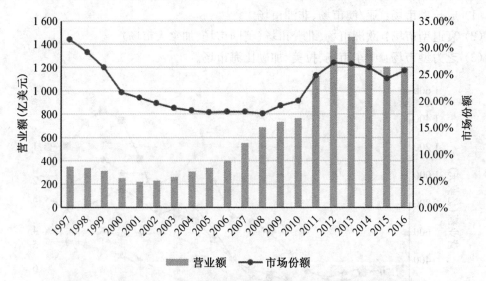

图 2-8　1997—2016 年亚/澳地区国际工程市场营业额及市场份额走势

20 世纪 90 年代末期，由于受到亚洲金融危机的影响，亚/澳市场经历了极速下滑。2001 年受世界经济疲软和美国对阿富汗反恐军事打击以及 2002 年印度尼西亚巴厘岛恐怖袭击事件的影响，亚/澳市场在 20 世纪末至 21 世纪初市场份额持续下滑。十年间呈现逐年萎缩的态势，直至 2008 年到达谷底。其市场份额从 1997 年的 31.5% 迅速下降到 2008 年的 17.6%，从原本的世界第一大国际工程市场一度沦落到第三大市场。

亚/澳市场经历过次贷危机之后实现了 4 年的持续增长,在 2011 年以后,超过欧洲市场,成为全球第一大区域市场(占比 24.8%)。亚/澳地区的国际工程市场份额在 2010 年后呈现高速增长的态势,在 2012 年达到历史的顶峰(营业额 1 464.7 亿美元)。虽然在 2012 年以后,其在国际工程市场中所占的份额有所回落,但仍然保持在 25% 左右,1/4 的市场份额使得亚/澳市场仍然是第一大区域市场。特别是在 2016 年全球市场继续下滑的情况下,亚/澳市场逆势上扬,市场份额达到 25.7%。这得益于亚/澳地区许多国家投入大量资金于基础设施建设,致使市场需求扩大,特别是受惠于"一带一路"的倡议。这使得亚/澳市场在未来的数年中成为具有巨大发展潜力的市场。

2) 欧洲市场

欧洲市场是最大的国际工程承包市场之一,其准入门槛较高。随着经济一体化和区域经济集团化浪潮的推动,欧盟统一大市场的建成和东欧新成员国的加入,欧洲市场在一个长时期一直保持较好的发展态势。该地区近 20 年的国际工程营业额及市场份额走势如图 2-9 所示。

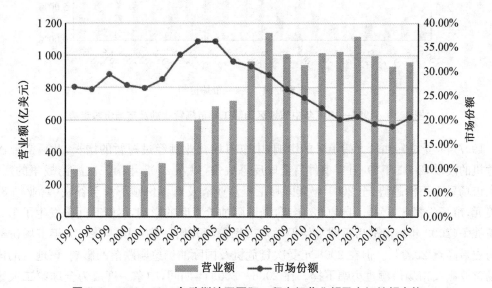

图 2-9　1997—2016 年欧洲地区国际工程市场营业额及市场份额走势

欧洲市场的国际工程营业额及市场份额在经历了 1997 年亚洲金融危机和 2001 年"9·11"恐怖袭击的两次小幅下滑之后,从 2002 年开始,随着欧洲一体化浪潮的推进、欧盟东扩和东欧市场的开发,欧洲工程承包市场迅速恢复了增长势头,并于 2005 年市场份额达到顶峰(营业额为 685.8 亿美元,市场份额占比 36.2%),欧洲以超过 1/3 的国际市场份额的绝对优势,继续作为拉动国际市场增长的主力军。在 1999—2010 年期间,成为全球第一大国际工程市场。但自 2005 年之后,受政府公共开支缩减、市场保护等因素,以及次贷危机的影响,其市场份额占比经历了 10 年的下滑(除 2013 年其市场占比略有提高外)跌至 18.7%,自 2011 年起再度成为第二大区域市场。在 2016 年,尽管全球工程市场出现萎缩,但欧洲市场的营业额小幅上扬达到 959.9 亿美元,其市场份额也比上一年度增加了 1.8%。1/5 的市场份额使得欧洲市场成为全球第二大区域市场。

3) 中东市场

中东市场是指从地中海东部到波斯湾的大片地区,主要包括伊朗、伊拉克、沙特、土耳其、叙利亚等国。中东市场存在着诸多不确定因素:社会稳定问题和地区冲突问题。战争的破坏,民族矛盾,使得中东成为国际工程市场的高风险区域。但战争造成毁坏,恢复和重建工作也带来巨大的市场需求。该地区近20年的国际工程营业额及市场份额走势如图2-10所示。

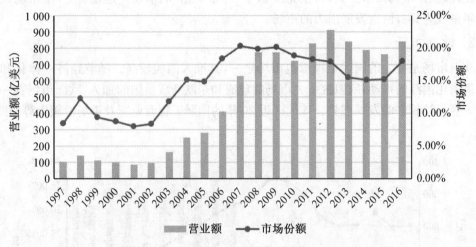

图2-10 1997—2016年中东地区国际工程市场营业额及市场份额走势

1997年,受国际油价大幅上升的影响,中东市场营业额经过短暂的增长,此后受亚洲金融危机的波及,2001年"9·11"事件后全球反恐战争,以及2002年第二次海湾战争的影响,中东市场呈现下滑趋势,至2001年其国际工程营业额及市场份额下滑至谷底(营业额85.4亿美元,市场份额8.0%)。自2002年起,受国际油价上升的影响,尽管其间曾发生了第二次海湾战争(2003年),但战后重建等使得中东市场份额开始一路上扬,至2007年市场份额达到历史最高点20.3%。但在2008年受次贷危机及国际油价急剧跌落的影响,该地区的国际市场营业额及市场份额也小幅下挫。在2006—2009年期间,中东一度成为全球第二大区域市场。2009年起国际油价快速回升且呈现高位震荡态势,并且由于地缘政治的影响,如2010年开始的中东动荡,始于2011年的叙利亚内乱,2013年伊拉克伊斯兰国(ISIS)引发的战争,以及2014—2015年国际油价暴跌等原因,导致该区域工程市场风险骤增,其国际工程营业额及市场份额呈下降趋势。但在2016年,中东地区的国际工程市场的营业额及市场份额均有所增加。接近1/5的市场份额使得中东市场成为全球第三大区域市场。

4) 非洲市场

非洲地区人口增长迅速、资源丰富、需求旺盛、市场庞大,但基础设施不完善,政府资金不足,非洲市场具有巨大的开发潜力。市场竞争相对不激烈,不仅吸引了发达国家的承包商,对发展中国家的承包商也有很大吸引力。该地区近20年的国际工程营业额及市场份额走势如图2-11所示。

非洲市场在20世纪90年代中期经过短暂的增长后,在90年代末期其国际工程营业额及市场份额开始下滑至2000年的谷底(营业额76.6亿美元,市场份额6.6%),在2000年之

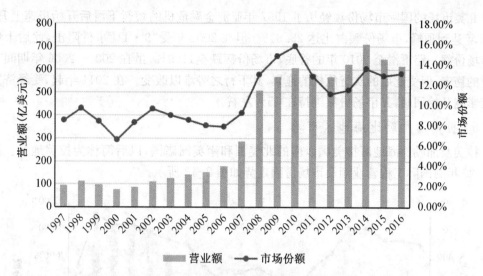

图 2-11 1997—2016 年非洲地区国际工程市场营业额及市场份额走势

后逐步增长,但受全球打击恐怖主义的影响,其国际市场份额自 2002 年后连续四年下降。在 2006—2010 年间,非洲许多国家为摆脱贫困,积极吸引外资,使得国际承包商大量进入非洲承揽工程,非洲市场出现了强劲的增长势头。到 2010 年市场份额达到历史最高点(营业额 605.9 亿美元,市场份额 15.8%)。但在 2011 年受利比亚战争的影响,其增长势头受到遏制,经过 2013—2014 年短暂的增长后,又呈现下滑趋势,其市场份额在 13% 左右。1/6 的市场份额使得非洲市场成为全球第四大区域市场。

5) 北美市场

北美市场主要是由美国和加拿大两个发达国家组成,工程项目的技术含量较高,因此,该市场历来被美、英、法、澳、日等发达国家的大型工程承包公司所垄断。就发展中国家公司目前的技术和资金实力而言,很难大规模进入该市场。北美市场近 20 年该地区的国际工程营业额及市场份额走势如图 2-12 所示。

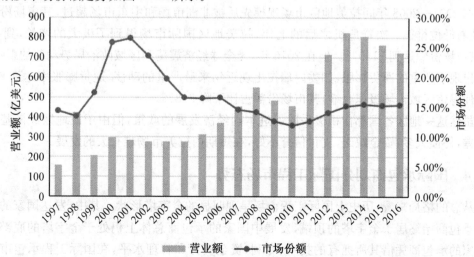

图 2-12 1997—2016 年北美地区国际工程市场营业额及市场份额走势

北美市场的国际市场份额经历了1997年亚洲金融危机的短暂下滑后开始极速上升,在2000年达到顶峰,市场份额占比达25.8%。但在2001年受"9·11"事件阻击,此后十年间其市场份额一路下滑至2010年的谷底,市场份额跌至11.9%。虽在2004—2006年期间有个短暂的稳定,但受此后的次贷危机的拖累,其下行之势难以改变。在2011年起,受经济复苏政策影响开始回暖,其市场份额维持在15%左右。

6)拉美及加勒比海地区市场

拉美及加勒比海地区指美国以南的北美洲和南美洲诸国,以后简称为拉美地区。该地区近20年的国际工程营业额及市场份额走势如图2-13所示。

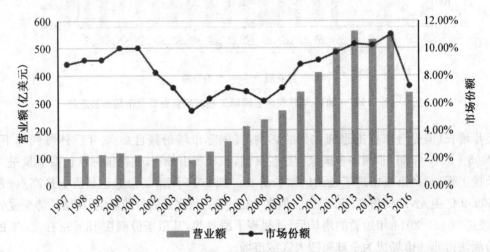

图2-13 1997—2016年拉美/加勒比海地区国际工程市场营业额及市场份额走势

拉美地区在20世纪90年代末期GDP年增长率达到4.1%,其国际市场营业额及份额也持续增长。但在2001年之后,由于与美国的经济关系密切、贸易往来频繁,受"9·11"事件影响,拉美地区的经济增长率下降,其营业额及市场份额在2004年跌落至谷底(营业额90.5亿美元,市场份额5.4%)。此后虽有短暂的上扬,但再次受挫于次贷危机的影响。在2001—2008年间拉美地区市场规模先后被非洲市场和中东市场超过,其市场份额在7%左右低位徘徊。次贷危机之后的七年,拉美地区国际市场得到了极大的增长,到2015年,其市场份额达到11.0%。但在2016年,受全球经济震荡和区域政治局势动荡的影响,该地区出现了严重的通货膨胀,如委内瑞拉出现近年来最严重的动荡,通货膨胀率达到60%。这些使得该区域市场极速收缩,其市场份额占比下降3.8%。

虽然这一地区各国都在积极采取促进本国经济发展的政策,但由于该地区经济基础环境较差,外债太多,资金缺乏,支付信誉不好,在短期内拉美市场难有大的发展。

2.1.4 国际承包商划分国际工程市场态势

从总的格局来看,历史上国际工程市场呈现明显的金字塔形状。其中,发达国家的大型跨国承包商始终居于金字塔的顶端,发展中国家的承包商总体上仍处于金字塔的底部。发达国家的承包商凭借其所拥有的技术、专利、资金实力和管理水平,在国际工程承包市场上占有绝对优势,在技术和资本密集型项目上形成垄断,在国际工程市场占有较高的市场份额。但是近年来,情况越来越发生了变化。

1) 主要国家承包商划分国际市场状况

1997—2016年主要国家承包商划分国际市场状况如表2-8和表2-9所示。以1997年为例,来自发达国家(美国、欧洲和日本)的承包商的营业额占比达到85.9%,而同期,来自发展中国家和新兴工业化国家的承包商在国际工程市场所占的比重为14.1%。但在2016年,发达国家(美国、欧洲和日本)的营业额占比下降到59.1%,而来自发展中国家和新兴工业化国家的承包商占比增加到40.9%。

表2-8 1997—2016年主要国家承包商划分国际市场状况(营业额:亿美元)

	中国	美国	日本	欧洲	法国	德国	英国	意大利	荷兰	西班牙	韩国	土耳其
1997	40.8	245.5	128.7	562.7	165.3	94.3	126.7	63.0	14.8		49.2	
1998	50.3	282.5	164.4	539.1	154.0	138.1	44.8	49.4	5.2		47.0	
1999	61.0	286.5	115.5	636.4	156.2	124.5	139.1	31.8	45.5		27.8	
2000	53.8	249.2	88.0	684.0	159.9	181.6	91.8	34.4	45.2		36.1	
2001	59.5	217.8	86.7	625.3	151.8	135.0	87.7	40.4	12.8		31.5	
2002	71.2	189.0	106.7	722.3	180.2	136.1	91.9	55.9	12.3		26.6	
2003	83.3	266.5	125.0	833.0	207.7	144.1	90.9	62.7	47.9		26.9	
2004	88.5	323.0	145.2	996.7	256.2	186.0	100.2	66.8	49.8	87.4	30.8	21.8
2005	100.7	348.4	160.3	1 156.3	289.7	218.4	127.3	58.9	51.7	125.9	24.0	36.9
2006	162.9	383.5	187.5	1 295.0	336.5	258.8	117.0	67.9	60.6	127.5	64.5	60.7
2007	226.8	427.4	238.6	1 795.8	386.9	320.9	113.1	253.4	67.6	251.6	80.2	85.1
2008	432.0	511.2	246.1	2 126.4	463.2	388.2	148.5	313.2	71.4	284.3	114.1	140.5
2009	505.7	497.3	175.7	2 000.1	427.2	352.5	129.1	284.1	78.5	283.8	163.4	141.1
2010	570.6	449.0	155.0	2 010.6	400.2	354.6	115.5	325.1	79.5	356.5	183.1	145.8
2011	627.1	579.7	188.3	2 402.9	408.4	408.8	127.5	333.8	71.1	602.1	257.7	159.0
2012	670.7	715.2	210.2	2 549.4	432.2	435.0	121.8	309.8	74.4	728.9	413.9	168.0
2013	790.1	709.6	222.4	272.0	507.4	465.5	59.5	289.0	99.7	798.5	424.2	204.1
2014	896.8	594.0	218.1	2 427.5	513.9	338.4	72.9	299.2	78.8	684.1	370.5	292.8
2015	936.7	473.1	251.7	2 122.6	345.6	291.1	78.3	256.2	97.5	598.0	405.8	225.9
2016	987.2	418.7	244.6	2 107.4	417.4	235.0	88.2	266.2	85.2	589.9	339.4	255.9

数据来源:www.enr.com 1998—2017

表2-9 1997—2016年主要国家承包商划分国际市场状况(市场份额:%)

	中国	美国	日本	欧洲	法国	德国	英国	意大利	荷兰	西班牙	韩国	土耳其
1997	3.7	22.3	11.7	51.1	15.0	8.6	11.5	5.7	1.3		4.5	
1998	4.3	24.3	14.1	46.3	13.2	11.9	3.8	4.2	4.4		4.0	
1999	5.1	24.1	9.7	53.6	13.1	10.5	11.7	2.7	3.8		2.3	
2000	4.6	21.5	7.6	59.0	13.7	15.7	7.9	3.0	3.9		3.1	
2001	5.6	20.5	8.1	58.7	14.3	12.7	8.2	3.8	1.2		3.0	

(续表)

	中国	美国	日本	欧洲	法国	德国	英国	意大利	荷兰	西班牙	韩国	土耳其
2002	6.1	16.6	9.1	61.7	15.4	11.7	7.9	4.8	1.1		2.3	
2003	6.0	19.1	8.9	59.6	14.9	10.3	6.5	4.5	3.4		1.9	
2004	5.3	19.3	8.7	59.6	15.3	11.1	6.0	4.0	3.0	5.2	1.8	1.3
2005	5.3	18.4	8.5	61.0	15.3	11.5	6.7	3.1	2.7	6.6	1.3	1.9
2006	7.3	17.1	8.4	57.7	15.0	11.5	5.2	3.0	2.7	5.7	2.9	2.7
2007	7.3	13.8	7.7	58.0	12.5	10.3	3.6	8.2	2.3	8.1	2.6	2.7
2008	11.1	13.1	6.3	54.5	11.9	10.0	3.8	8.0	1.8	7.3	2.9	3.6
2009	13.2	13.0	4.6	52.1	11.1	9.2	3.4	7.4	2.0	7.4	4.3	3.7
2010	14.9	11.7	4.1	52.4	10.4	9.2	3.0	8.5	2.1	9.3	4.8	3.8
2011	13.8	12.8	4.2	53.1	9.0	9.0	2.8	7.4	1.6	13.3	5.7	3.5
2012	13.1	14.0	4.1	49.9	8.5	8.5	2.4	6.1	1.5	14.3	8.1	3.3
2013	14.5	13.0	4.1	50.0	9.3	8.6	1.1	5.3	1.8	14.7	7.8	3.8
2014	17.2	11.4	4.2	46.6	9.9	6.5	1.4	5.7	1.5	13.1	7.1	5.6
2015	19.3	9.7	5.2	43.6	7.1	6.0	1.6	5.3	2.0	12.3	8.3	4.6
2016	21.1	8.9	5.2	45.0	8.9	5.0	1.9	5.7	1.8	12.6	7.3	5.5

数据来源：www.enr.com 1998—2017

从发展趋势看(如图 2-14 所示)，来自发展中国家和新兴工业化国家的承包商凭借劳动力成本的比较优势在劳动密集型项目上也获得了发展机会，并逐渐开始向技术和知识密集

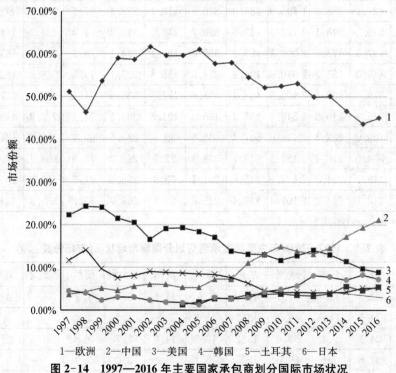

1—欧洲 2—中国 3—美国 4—韩国 5—土耳其 6—日本

图 2-14 1997—2016 年主要国家承包商划分国际市场状况

型项目渗透,总体实力不断加强,市场地位在不断提高,发达国家的顶级承包商的垄断地位受到削弱,其中尤以欧洲和美国的承包商下滑趋势最为明显。

就市场份额而言,可以分为三大层次:欧洲承包商(市场份额40%以上)、中国承包商(20%左右),以及美国、日本、韩国、土耳其(市场份额10%以下)。

(1) 二十年间,欧洲承包商由51.1%的市场份额(最高市场份额曾达到61.7%)跌落至45%左右,呈现波动下滑趋势。

(2) 中国承包商由最初的3.7%的市场份额增加到21.1%,呈现持续上升趋势。

(3) 韩国、土耳其承包商的市场份额在波动中缓步上升,近几年的市场份额维持在5%~8%左右。

(4) 美国、日本的承包商风光不再,市场份额逐年下滑,跌落在10%以下。

欧洲的承包商之间也呈现出分化的趋势,如图2-15所示。

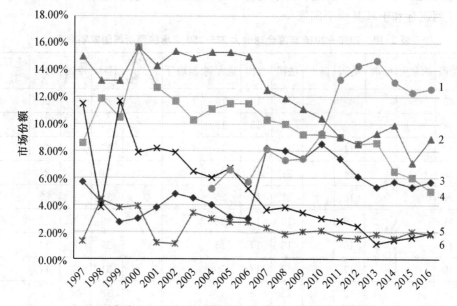

1—西班牙　2—法国　3—意大利　4—德国　5—荷兰　6—英国
图 2-15　1997—2016年欧洲国家承包商划分国际市场状况

(1) 西班牙承包商在2004年进入ENR统计之后,异军突起,经过10年的震荡上行,于2013年达到历史顶峰(14.7%),此后几年虽有回落,但仍然雄踞欧洲承包商第一位。

(2) 一直在欧洲市场位居第一的法国承包商的市场份额在2000年达到历史高点(15.7%)后呈震荡下跌态势,在2007—2012年期间加速下跌,此后在2013—2014年小幅回弹后加速探底,在2015年达到历史最低点(7.1%),2016年又有所回弹,目前在欧洲市场中居于第二位。

(3) 意大利承包商在前十年,其市场份额在3%~6%之间震荡,在2007年市场份额剧增到8.2%,此后稍有回落,到2010年市场份额达到历史最高点(8.7%)后加速回落,近几年其市场份额在5%~6%之间窄幅震荡,目前在欧洲市场位居第三。

(4) 德国承包商与法国承包商的市场份额走势颇为类似,在20世纪末期急剧上升,其市场份额在2000年达到历史最高点(15.7%)后持续下滑,在2016年达到历史最低点

(5.0%),16年间,其市场份额收缩了2/3,目前在欧洲市场沦落到第四位。

(5)英国承包商的市场份额在1998年由上一年度的11.5%猛跌到3.8%,跌幅达到66.96%,在欧洲承包商中由第二名跌落到第六名。但在1999年反弹到历史新高(11.7%)后,开始长达14年的震荡下跌,到2013年达到历史最低点(1.1%),此后开始缓步上升,目前在欧洲承包商中位居第五。

(6)荷兰承包商的市场份额在1997—2003年之间低位震荡(5%以下),之后也经历了长达13年的下行趋势。目前,荷兰承包商以1.8%的市场份额位居欧洲市场第六。

2)全球最大225/250家承包商所属国家分析

进入ENR 225/250强的企业数量反映了一个国家承包商在国际工程市场中的整体实力,1980—2016年度全球最大225/250家承包商所属国家明细如表2-10所示。几十年间,各国承包商发展各异,ENR在选取国家进行统计时也会有所变化。如在2004年,ENR统计中增加了西班牙和土耳其两个国家。

表2-10 1980—2016年度全球最大225/250家承包商所属国家明细表

年份	美国	加拿大	欧洲	英国	荷兰	法国	德国	意大利	西班牙	欧洲(其他)	日本	中国	韩国	土耳其	其他
1980	49					17	13	16			18		26		
1981	48			10		21	15	18			25		25		
1982	46			14		18	15	15			27		30		
1983	43			14		21	15	20			34		25		
1984	41			15		17	12	25			33	1	22		
1985	43			19		18	14	28			39	1	17		
1986	43			16		18	17	35			29	2	14		
1987	40			17		13	17	50			31	2	11		
1988	36			12		13	18	41			38	3	7		
1989	42		115	13		10	16	38			34	4	4		39
1990	63	8	108	14	5	10	13	38		20	32	3			
1991	59		95	13		10	13	27			28	4			
1992	72		80	10		7	13	24			27	4			
1993	54		92	14		10	17	23			28	9			26
1994	52	2	87	12	5	9	17	21		23	26	22	10		26
1995	49	3	87	11	4	10	14	23		25	29	23	10		28
1996	48	4	79	10		14	14	20		21	27	22	12		28
1997	65	7	70	7	2	13	15			23	19	26	10		28
1998	64	6	63	5	3	12	13	13		22	20	30	11		31
1999	74	4	67	6	2	19	12			26	18	33	7		22
2000	73	5	56	7	2	7	11	10		19	21	35	7		28

(续表)

年份	美国	加拿大	欧洲	英国	荷兰	法国	德国	意大利	西班牙	欧洲(其他)	日本	中国	韩国	土耳其	其他
2001	79	4	55	5	2	6	7	15		21	17	40	7		23
2002	76	4	55	5	2	5	6	14		23	18	43	5		25
2003	66	3	54	6	2	7	6	12		21	19	47	6		30
2004	55	4	56	5	2	8	6	12	7	16	18	49	8	14	21
2005	52	3	59	7	2	9	6	12	8	15	17	46	7	20	21
2006	51	3	54	5	2	8	6	11	8	14	15	49	10	22	21
2007	35	3	64	4	2	5	5	22	11	15	16	51	11	23	22
2008	25	2	65	5	1	5		26	11	13	15	50	13	31	24
2009	20	4	62	4	2	5	4	22	11	14	13	54	12	33	27
2010	22	3	67	4	3	5	4	23	13	13	13	51	13	31	27
2011	26	3	60	4	2	4	4	19	12	15	14	52	12	33	25
2012	33	3	58	3	2			17	12	16	15	55	13	38	33
2013	31	2	58	2	3	5	5	16	13	14	14	62	13	42	28
2014	32	2	52	3	3		4	15	11	12	14	65	12	43	30
2015	39	1	52	2	3	5	4	15	11	12	14	65	12	39	28
2016	43	3	46	2	3	3	2	14	11	11	13	65	11	46	23

据来源：www.enr.com 1981—2017

1997—2016年主要国家承包商进入全球最大225/250家承包商如图2-16所示。大致可以分为三大阵营：

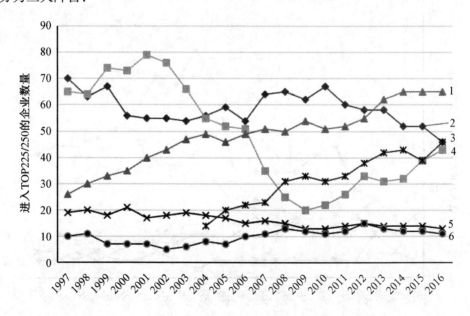

1—中国　2—欧洲　3—土耳其　4—美国　5—日本　6—韩国

图2-16　1997—2016年主要国家承包商进入全球最大225/250家承包商

(1) 第一阵营:中国承包商自1997年达到26家后,在波动中一路上扬,如今稳定在65家,入围225/250强的企业以1/4的比重雄踞榜首。

(2) 第二阵营:欧洲、美国和土耳其的承包商数量以接近1/5的比重占据第二阵营。欧洲的承包商自1989年的115家(占据了ENR的半壁江山)逐年下滑至如今的46家(历史最低点)。美国的承包商经过20世纪90年代末期增长以后,到2001年达到历史最高点(79家)后开始滑落,2006—2009年期间加速滑落,至2009年达到历史最低点(20家),此后逐步攀升至如今的43家。土耳其的承包商自2004年进入ENR统计后,入围数量增长迅猛,从最初的14家激增到如今的46家。

(3) 第三阵营:日本和韩国的承包商则位于第三阵营。日本承包商入围ENR 225/250强的企业数量一度达到39家(1985年),但如今风光不再,呈现缓步下滑趋势,如今在15家上下徘徊。韩国承包商入围ENR 225/250强的企业数量也曾一度达到30家(1982年),经过80年代末期的滑落,以及90年代的低位徘徊,至2002年跌至谷底(仅5家入围ENR 225/250强)后开始回升,但到2012年后又开始回落,目前仅11家企业入围ENR 225/250强。

欧洲主要国家承包商进入全球最大225/250家承包商如图2-17所示。

(1) 意大利承包商入围ENR 225/250强的数量在1987年达到历史巅峰(50家),此后逐渐跌落,至1999年跌落谷底,仅有9家入围。此后经过两年的爬升后再次回落直至2006年,在2007—2008连续冲高后再次回落。目前以入围企业14家位居欧洲承包商第一。

(2) 西班牙承包商自2004年进入统计名单后,稳步上升,由最初的7家上升到13家,之后回落稳定在11家左右。目前位居欧洲承包商第二。

(3) 法国承包商呈逐年下滑趋势,由曾经的21家(1981年和1983年)跌落至如今的3家。目前位居欧洲承包商第三。

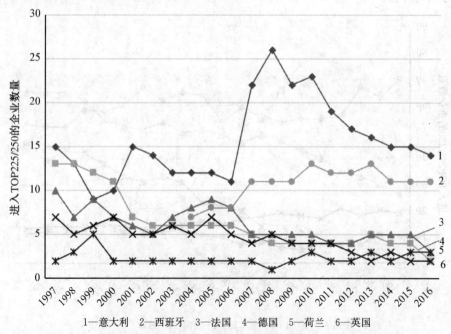

1—意大利　2—西班牙　3—法国　4—德国　5—荷兰　6—英国

图2-17　1997—2016年欧洲国家承包商进入全球最大225/250家承包商

(4) 荷兰承包商自 1990 年进入 ENR 统计以来,一直处于低位(2～3 家)徘徊,目前入围 3 家,与法国承包商并列欧洲市场第三。

(5) 德国承包商入围数量在 20 世纪 80 年代逐步提升,最高达到 18 家,此后逐年下滑,如今只有 2 家入围 ENR 225/250 强。

(6) 英国承包商与德国承包商类似,其入围企业数量在 20 世纪 80 年代逐步增加到 19 家后开始下滑,如今只有 2 家入围 ENR 225/250 强。

2.1.5 国际工程市场中的中国承包商

1) 中国承包商的国际工程市场拓展历程

中华人民共和国成立后,我国承包商所承接的国际工程业务主要为外援项目,如援非、援越、援朝、援阿等。从 1978 年开始正式进入国际工程承包市场。在 1978 年,江苏省成立国际合作公司。1979 年我国的国际工程承包商仅 4 家,80 年代,对外贸易经营权开始下放,主要为一些中央的专业性公司和省级的国际合作公司,到 1992 年邓小平南巡讲话后,对外贸易经营权进一步开放到一些实体企业。2004 年 7 月 1 日,中国对外贸易经营权全面放开。四十年间,中国承包商在国际工程市场上取得了惊人的成就(如图 2-18 所示)。基本形成了以亚/澳地区为重点,发展非洲市场和拉美市场,恢复中东市场,开拓欧美等其他地区市场的多元化市场格局。

如图 2-18 所示,中国的国际承包商的国际工程市场营业额除了 1992 年和 2000 年有所下降外,其他年份均在增加,由 1981 年的 1.7 亿美元增加到 2016 年的 987.2 亿美元。在 2006 年之前,国际工程市场营业额平均为 34.48 亿美元,自 2006 年之后其国际工程市场营业额平均为 617.78 亿美元,呈现高速增长态势。

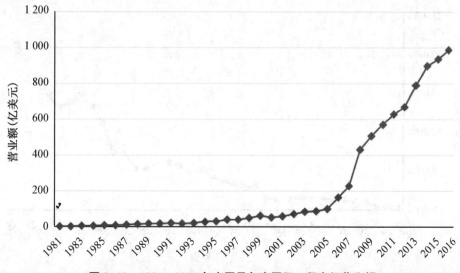

图 2-18　1981—2016 年中国承包商国际工程市场营业额

1982—2016 年,中国承包商国际工程市场营业额增幅如图 2-19 所示。中国承包商初期由于营业额基数较少,增幅较大(如 1982 年较上一年增加 104.7%),但随着基数增加,增幅出现明显回落,在 1992 年,首次出现负增长(-7.6%)。在 1993—1999 年之间,增幅以约

20%为均值反复震荡,至2000年再次出现负增长(-11.8%)。此后增幅在震荡上行至2008年(90.5%)后再次滑落,目前增幅维持在20%左右。

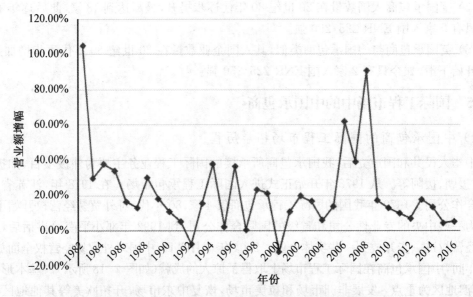

图 2-19 1982—2016 年中国国际工程市场营业额增幅

由图 2-20 所示,中国承包商的国际工程市场份额在波动中上升,由 1981 年的 0.1%增加到 2016 年的 21.1%。1981—1993 年市场份额低于 2%,之后市场份额增速加快,至 2002 年达到 6.1%,此后经短暂回落后,市场份额增速加快,至 2010 年达到 14.9%。2011—2012 年市场份额有所下降后,市场份额再次快速增加。

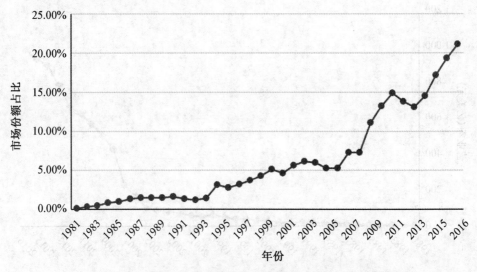

图 2-20 1981—2016 年中国国际工程市场营业额所占市场份额

综合中国承包商在国际工程市场的营业额、营业额的增幅及所占市场份额的比重来看,大致分为四个阶段:

(1) 起步阶段(1981—1993 年):营业额在 20 亿美元以下,营业额平均增幅在 25%左右,市场份额在2%以下。在此期间,中国对外经营权逐步下放,至1992年下发到一些实体企业。

(2) 爬坡阶段(1994—2001年):营业额在60亿美元以下,营业额平均增幅在15%左右,市场份额接近6%。在此期间,中国对外工程承包政策支持体系日趋完善,企业群体不断壮大,承揽和实施项目的能力不断增强,业务领域广泛。

(3) 起飞阶段(2002—2008年):营业额在500亿美元以下,营业额平均增幅在35%左右,市场份额增至10%。在"走出去"战略的指引下,中国政府出台一系列支持企业开展对外承包工程业务的鼓励政策,以及金融机构鼓励支持企业带资承包项目,中国承包商国际工程营业额得到快速增长。

(4) 腾飞阶段(2009年至今):营业额在1 000亿美元以下,营业额平均增幅在10%左右,市场份额增至20%。"一带一路"的倡议以及亚投行的设立,为中国承包商提供了巨大的发展机遇,中国承包商国际工程市场营业额继续保持稳定增长的速率。

另据商务部对外投资和经济合作司的统计数据(如表2-11所示),截止到2017年11月,对外承包工程企业达到4 353家,业务领域遍布世界200多个国家和地区。

表2-11 2002—2016年中国对外承包工程业务

年份	完成营业额			新签合同额	
	折合:亿美元	同比增长(%)	进入225/250强承包商占比(%)	折合:亿美元	同比增长(%)
2002以前	827.2			1 147.8	
2002	111.9	25.8	63.72	150.5	15.5
2003	138.4	23.6	60.19	176.7	17.4
2004	174.7	26.0	50.54	238.4	35.0
2005	217.5	24.5	46.30	296.0	24.2
2006	300.0	37.9	54.30	660.0	123.0
2007	406.0	35.3	55.86	766.0	17.6
2008	566.0	39.4	76.33	1 045.0	34.8
2009	777.0	37.3	65.08	1 262.0	20.7
2010	922.0	18.7	61.89	1 344.0	6.5
2011	1 034.2	12.2	60.64	1 423.3	5.9
2012	1 166.0	12.7	57.52	1 565.3	10.0
2013	1 317.4	17.6	59.97	1 716.3	9.6
2014	1 424.1	3.8	62.97	1 917.6	11.7
2015	1 540.7	8.2	60.79	2 100.7	9.5
2016	1 594.2	3.5	61.92	2 440.1	16.2
2017 1月—9月	1 024.5	2.3%		1 682.0	13.8

数据来源:商务部对外投资和经济合作司 http://hzs.mofcom.gov.cn

如图2-21所示,中国承包商对外承包工程完成营业额由2002年的111.9亿美元左右,飙升至2016年的1 594.2亿美元,十五年间增加了12.2倍,年均增幅约为20%。在2008年前,同比增长稳中有升,2008年后同比增速相对收窄,但仍保持着持续增长的势头。

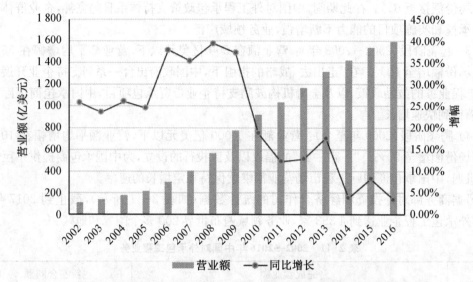

图2-21 2002—2016年中国对外承包工程营业额及其增幅走势

如图2-22所示,中国承包商对外承包工程新签合同额由2002年的150.5亿美元,飙升至2016年的2 440.1亿美元,十五年间增加了14.2倍,年均增幅为23.8%。其中增幅最大的为2006年,达到123.0%。

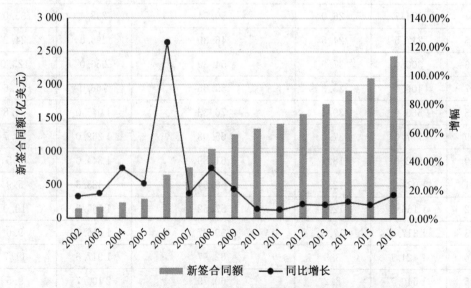

图2-22 2002—2016年中国对外承包工程新签合同额及其增幅走势

进入ENR的中国承包商在中国的国际工程承包业务中的占比平均达到60%。以2016年为例,中国4 000余家承包商的海外工程承包营业额为1 594.2亿美元,进入ENR的51家承包商营业额为987.2亿美元,占了其中61.92%的份额。这其中虽然可能存在商务部与ENR的统计口径上存在一定的差异,但也反映了一个不争的事实,即中国承包商的海外业务是由大型承包企业所主导的,约1%的大型承包企业占据了60%左右的市场份额。

2) 中国承包商的国际市场情况

根据 ENR 统计资料,入围 225/250 强公司数量逐年增加(如表 2-10 所示),1984 年中国有一家企业入围 225/250 强,此后逐年攀升,至 1994 年剧增到 23 家后稳步增长,到 2004 年达到 49 家。此后虽有些波折,但入围企业数量继续增加并稳定到 65 家,占据了 225/250 强的四分之一席位(如图 2-23 所示)。

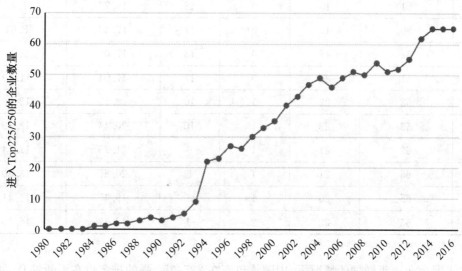

图 2-23　1980—2016 年中国承包商入围 2225/250 强企业数量

(1) 入围 225/250 强的企业数量逐年递增、排名稳步提升

如表 2-12 所示,中国承包商入围 100 强的企业也是逐年增加,稳定在 20 余家,占五分之一强。从 2011 年起,中国交通建设股份集团公司入围前 10 强(排名 10),2016 年更是有 2 家企业进入 10 强榜,其中中国交通建设集团有限公司排名第 3,中国电力建设集团有限公司排名第 10。

表 2-12　1997—2016 年中国承包商进入全球最大 225/250 家承包商

年份	入围			最佳排名	企业规模	
	入围 225/250 强	入围 100 强	入围 10 强		国际承包商（亿美元）	中国承包商（亿美元）
1997	26	4	0	29	4.90	1.57
1998	30	5	0	24	5.17	1.02
1999	33	13	0	20	5.27	1.85
2000	35	9	0	19	5.15	1.54
2001	40	12	0	22	4.71	1.49
2002	43	15	0	16	5.16	1.66
2003	47	13	0	17	6.21	1.77
2004	49	9	0	17	7.43	1.80

(续表)

年份	入围			最佳排名	企业规模	
	入围225/250强	入围100强	入围10强		国际承包商（亿美元）	中国承包商（亿美元）
2005	46	12	0	20	8.42	2.19
2006	49	14	0	14	9.97	3.32
2007	51	13	0	18	13.77	4.45
2008	50	16	0	17	17.33	8.64
2009	54	17	0	13	17.05	9.37
2010	51	20	0	11	17.04	11.19
2011	52	22	1	10	20.13	12.06
2012	55	23	1	10	20.44	12.19
2013	62	21	1	9	21.75	12.74
2014	65	21	1	5	20.85	13.80
2015	65	20	1	3	19.45	14.41
2016	65	22	2	3	18.72	15.19

数据来源：www.enr.com 1998—2017

在入围企业逐年增加的情况下，中国承包商在225/250强的排名也在不断攀升（如图2-24所示），最佳排名由1997年的第29名，上升到现在的第3名。

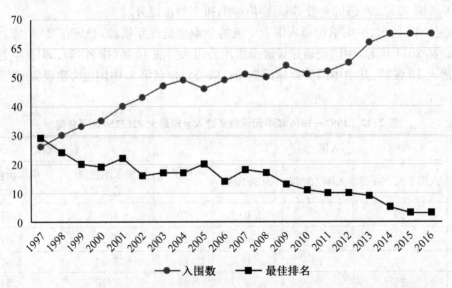

图2-24　1997—2016年中国承包商进入全球最大225/250家承包商数量及最佳排名

（2）企业规模逐渐扩大

就入围企业规模而言（如图2-25所示），中国承包商的平均规模除了在1998、2000、2001三年间出现负增长外，其余年份则显著增长。至2013年达到21.75亿美元，此后有所回落。

从企业平均规模来看,中国承包商增幅超过国际承包商。1997年,入围的中国承包商平均规模只有1.57亿美元,不及225/250强的平均规模的1/3。2008年,入围的中国承包商平均规模达到8.64亿美元,接近225/250强的平均规模的1/2。而在2016年,入围的中国承包商平均规模达到15.19亿美元,达到225/250强的平均规模的81.1%。

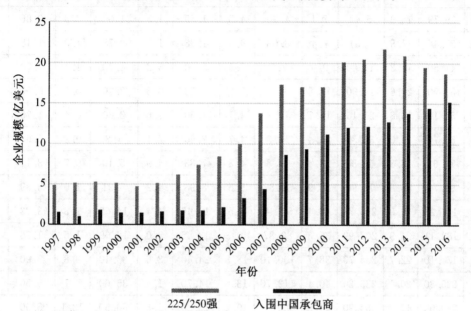

图2-25 1997—2016年国际承包商225/250强和入围的中国承包商企业平均规模

就全球总营业额而言,据ENR 2017年度报告,前十强中有七家企业为中国承包商,前五强更是为中国承包商所垄断。其中有2家公司突破1000亿美元大关,分别是:中国建筑工程总公司(1246.6亿美元,排名1)、中国铁路工程总公司(1142.3亿美元,排名2)。进入前十强的企业还有:中国铁建股份有限公司(947.5亿美元,排名3)、中国交通建设集团有限公司(707.8亿美元,排名4)、中国电力建设集团有限公司(433.2亿美元,排名5)、中国冶金科工集团有限公司(294.0亿美元,排名8)、上海建工集团股份有限公司(278.5亿美元,排名9)。中国建筑业的这些巨头已经成为国际承包商的超级"航母",占据了全球总营业额前十强的七成"江山"。

(3) 地区市场优势凸显,多元化深入发展

1997—2016年中国承包商在各区域市场营业额及所占份额如表2-13所示。中国承包商在亚洲、非洲、中东以及拉丁美洲市场的营业额都有不同程度的攀升,但从所占份额来看却呈现出不同的变化。

表2-13 1997—2016年中国承包商在各区域市场营业额及所占份额

区域	亚洲		非洲		中东		拉美		欧洲		北美	
年份	营业额(亿美元)	份额(%)	营业额(亿美元)	份额(%)	营业额(亿美元)	份额(%)	营业额(亿美元)	份额(%)	营业额(亿美元)	份额(%)	营业额(亿美元)	份额(%)
1997	27.81	8.0	7.07	7.5	4.15	4.0	0.29	0.3	0.86	0.3	0.56	0.4
1998	30.71	9.1	10.86	3.2	6.78	4.7	0.56	0.5	0.73	0.2	0.65	0.5
1999	30.42	11.0	14.14	14.2	6.65	6.0	3.01	2.8	2.15	0.6	0.90	0.6

(续表)

区域 年份	亚洲 营业额(亿美元)	份额(%)	非洲 营业额(亿美元)	份额(%)	中东 营业额(亿美元)	份额(%)	拉美 营业额(亿美元)	份额(%)	欧洲 营业额(亿美元)	份额(%)	北美 营业额(亿美元)	份额(%)
2000	39.79	15.9	5.40	7.1	4.90	4.8	1.69	1.5	1.00	0.3	0.86	0.4
2001	38.46	17.5	6.54	7.4	8.08	9.5	1.38	1.3	3.78	1.3	1.18	0.5
2002	41.50	18.2	11.00	9.9	7.3	7.5	5.00	5.2	4.70	1.4	1.70	0.8
2003	53.70	20.6	14.90	11.8	9.6	5.9	2.30	0.5	2.40	0.5	0.90	0.4
2004	51.10	16.8	21.10	14.7	10.3	4.1	1.50	1.6	2.60	0.4	1.70	0.8
2005	50.70	15.0	32.30	21.4	13.3	4.7	2.60	2.1	1.2	0.2	0.60	0.2
2006	75.63	18.8	50.84	28.4	19.8	4.8	7.83	4.9	5.10	0.7	3.11	1.1
2007	91.77	16.6	76.96	26.9	34.82	5.5	8.98	4.2	9.91	1.0	3.89	1.1
2008	137.24	20.0	215.78	42.4	50.48	6.5	10.46	4.4	14.62	1.3	3.23	0.8
2009	182.11	24.9	207.99	36.6	83.87	10.8	13.45	5.0	16.09	1.4	1.76	0.5
2010	174.10	22.7	234.70	38.7	100.10	13.8	24.40	2.6	33.40	9.0	3.90	1.2
2011	225.30	20.1	233.20	40.1	112.70	13.6	14.70	1.4	35.60	8.7	5.50	1.5
2012	240.00	17.3	254.90	44.8	93.10	10.2	16.20	1.6	60.50	12.1	5.90	1.3
2013	253.90	17.3	303.40	48.7	137.80	16.4	24.80	2.2	59.50	10.5	7.90	1.6
2014	282.14	20.5	350.20	49.4	151.45	19.2	24.55	2.5	68.80	12.9	17.56	3.4
2015	302.10	25.0	353.80	54.9	131.20	17.1	33.70	3.6	75.10	13.7	39.10	7.3
2016	382.60	31.8	345.60	56.2	134.20	16.0	77.03	22.8	27.20	2.8	19.86	3.7

数据来源：www.enr.com 1998—2017

就区域分布而言，中国承包商的国际工程业务主要集中在亚洲、非洲、中东和拉丁美洲地区。如图2-26所示，以2016年为例，四地的营业额达到了95.16%，特别是亚洲和非洲的营业额占了70%以上。

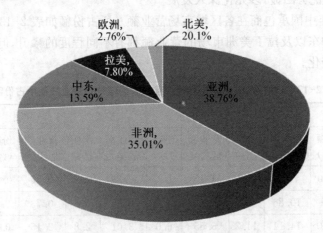

图2-26　2016年中国承包商在各区域的市场份额

就营业额而言,如图 2-27 所示,中国承包商在亚洲市场增长迅速,在 1997—2007 年,以及 2016 年亚洲成为中国承包商的第一大市场。以 2016 年为例,中国承包商在该区域市场以 31.8% 的市场份额雄踞第一,紧随其后的是欧洲承包商(27.6%)、韩国承包商(10.2%)、日本承包商(9.3%)、美国承包商(7.7%)和土耳其承包商(7.0%)。

中国承包商在非洲地区的营业额增长极快,特别是在 2008—2015 年间,该地区曾是中国承包商的第一大市场。这得益于中国政府积极支持企业参与非洲国家的基础设施建设,进一步扩大对非承包业务规模,逐步建立对非承包工程的多、双边合作机制。在 2016 年,该地区的营业额被亚洲地区超过而屈居第二。中国承包商在该区域以 56.2% 的市场份额遥遥领先,其后是欧洲的承包商(23.8%)、土耳其承包商(5.1%)、韩国承包商(4.4%)。

中国承包商在中东地区的营业额也在持续增加(2012 年营业额有所下降),尽管其增长幅度不如亚洲地区和非洲地区。在 2016 年,欧洲承包商在该区域的市场份额为 35.2%,韩国承包商为 18.3%,中国承包商以 16.0% 的市场份额居第三位。

中国承包商在拉美地区的营业额长期在低位徘徊,但在 2010 年及 2016 年增长较快,随着中国与拉美关系的日益密切,该地区目前已是中国承包商的第四大市场。在 2016 年,欧洲承包商在该地区以 52.1% 的市场份额遥遥领先,其中一半的贡献来自于西班牙(26.4%),中国承包商以 22.8% 的市场份额位居第二,巴西承包商(8.7%)排第三,美国承包商(8.2%)排第四。

而在发达地区,如北美和欧洲地区,营业额在低位缓慢增长,但在 2016 年均有大幅下降,北美地区下降了接近一半(49.2%),而在欧洲地区下降了 63.8%。

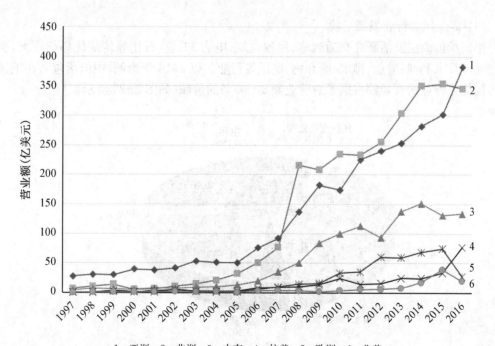

1—亚洲　2—非洲　3—中东　4—拉美　5—欧洲　6—北美
图 2-27　1997—2016 年中国承包商在各区域的市场营业额

就市场份额而言,如图2-28所示,中国承包商在非洲地区增加最快,获得了该地区一半以上的市场份额。在亚洲地区,也在波动中不断上升。中国承包商成为这两大市场的最大承包商。拉美市场成为中国承包商近年来市场份额增加最快的地区。在北美及欧洲地区,中国承包商的市场份额降幅明显,降幅分别为:49.3%和79.6%。

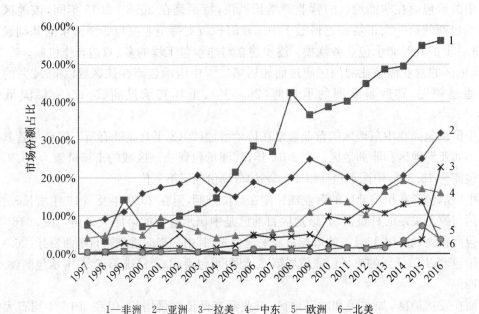

1—非洲 2—亚洲 3—拉美 4—中东 5—欧洲 6—北美

图2-28 1997—2016年中国承包商在各区域市场营业额所占份额

(4) 传统优势行业发展平稳

中国承包商主要活跃在交通运输、房屋建筑、电力、工业/石化等传统优势行业上,少数公司亦涉及水利、制造业、排水/废弃物、电讯等行业。以2016年为例,中国承包商在上述四大传统优势行业的营业额占据了总营业额90.05%的份额(如图2-29所示)。

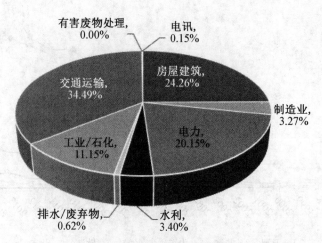

图2-29 2016年中国承包商国际工程行业市场分布

入围各行业前十位的中国承包商排名情况见表2-14所示。除石化行业外,均有中国承包商进入行业前十。其中,中国交通建设集团有限公司在交通行业和制造行业均排名第一,在水利行业排名第六;中国建筑工程总公司在竞争最激烈的房屋建筑行业排名第三;中国电力建设集团有限公司分别在电力、水利、排水/废弃物行业排名第一、三、七位;中国能源建设股份有限公司则在电力、排水/废弃物行业排名第二和第八位;中国机械工业集团有限公司在电力、水利行业排名第七和第九位;哈尔滨电气国际工程有限公司在电力行业排第八位;浙江省建设投资集团有限公司在电讯行业排名第四位。

中国承包商在电力行业(共有四家企业入围前十)和水利行业(共有三家企业入围前十)具有明显的优势。但在石化行业,没有一家企业进入前十的榜单。值得一提的是,中国交通建设集团有限公司连续四年雄踞交通行业榜首,并在2016年入围制造业前十并夺得第一,但与2015年相比,中交公司在2016年淡出水利、排水/废弃物及电讯三大行业市场的前十。

表2-14 入围各行业前十位的中国承包商排名情况

行业	企业名称	行业排名	总营业额(亿美元)	国际工程营业额(亿美元)	ENR排名
1. 交通	中国交通建设集团有限公司	1	707.80	212.01	3
2. 石化					
3. 房屋建筑	中国建筑工程总公司	3	1 246.57	103.59	11
4. 电力	中国电力建设集团有限公司	1	433.25	115.96	10
	中国能源建设股份有限公司	2	249.73	42.97	27
	中国机械工业集团有限公司	7	57.60	39.92	31
	哈尔滨电气国际工程有限公司	8	15.02	15.02	67
5. 工业工程	中国冶金科工集团有限公司	2	294.02	25.19	48
6. 水利	中国电力建设集团有限公司	3	433.25	115.96	10
	中国交通建设集团有限公司	6	707.80	212.01	3
	中国机械工业集团有限公司	9	57.60	39.92	31
7. 制造	中国交通建设集团有限公司	1	707.80	212.01	3
8. 排水/废弃物	中国电力建设集团有限公司	7	433.25	115.96	10
	中国能源建设股份有限公司	8	249.73	42.97	27
9. 电讯	浙江省建设投资集团有限公司	4	108.08	8.0	94

3) 中外国际承包商的比较分析

中国承包商与发达国家承包商相比仍然存在差距,这种差距首先体现在经营业绩上,更深层次地,暴露了中国承包商行业市场结构不合理、承包方式落后、劳动生产率和技术贡献率偏低的问题。

（1）经营业绩比较

以 ENR 2015 年度排名世界前五（中国承包商除外）的国际承包商和中国排名前五的国际承包商来进行经营业绩的比较，如表 2-15 所示。

表 2-15　2015 年中国主要国际承包商与国外主要国际承包商经营业绩对比表

国家	公司名称	ENR排名	总营业额	国际市场营业额	国际市场营业额占比	职工人数	人均营业额
西班牙	ACS	1	38 574.3	32 071.8	83.14%	127 362	30.29
德国	Hochtief	2	25 598.0	24 515.0	95.77%	70 657	36.23
法国	Vinci	4	43 448.8	17 957.6	41.33%	185 452	23.43
美国	Bechtel	5	23 372.0	16 881.0	72.23%	55 000	42.49
巴西	ODEBRECHT ENGENHARIA E CONSTRUÇÃO SA	6	17 107.7	14 939.7	87.33%	128 000	13.37
中国	中国交通建设股份有限公司	3	68 348.2	19 264.6	28.19%	136 655	50.02
中国	中国电力建设集团有限公司	11	39 341.6	11 354.6	28.86%	196 368	20.03
中国	中国建筑工程总公司	14	115 083.2	8 727.8	7.58%	241 474	47.66
中国	中国中铁股份有限公司	20	112 670.3	6 037.2	5.36%	281 824	39.98
中国	中国机械工业集团有限公司	23	6 701.4	5 303.5	79.14%	116 722	5.74

注：① 资料来源为 ENR 年报（2016）和各公司年报（2016）；
　　② 总营业额和国际市场营业额的单位是百万美元，职工人数的单位是人，人均营业额的单位是万美元。

从表 2-15 中可以看到，在总营业额方面，我国的中国建筑工程总公司和中国中铁股份有限公司可谓"一骑绝尘"，均突破了 1 100 亿美元，近乎是第三名中国交通建设股份有限公司的两倍。但是，在国际工程营业额上，我国承包商还远不如全球顶级承包商。我国国际市场营业额最多的中国交通建设股份有限公司不到 200 亿美元，与第一名西班牙 ACS 的 320 亿美元还有很大的距离。因此，可以说，我国大型国际承包商的营业额主要集中在国内，国外市场份额基本不超过 30%。在人均营业额方面，我国承包商却是遥遥领先国际顶级承包商，这是由国家工作和福利制度导致的，西方国家重视员工福利，员工按时上下班，而我国建筑企业员工节假日很少休息，很多工程 1 天 3 班倒，工地 24 小时不停工，所以人均营业额很高。

（2）行业市场结构比较

表 2-16 是中外国际承包商的行业市场结构对比表。从整体上看，中国承包商的业务过于集中于房屋建筑、能源、交通运输等传统行业，能同时涉足多种行业的企业比较少。以中国交通建设股份有限公司为例，其营业额的 87% 都来自于交通运输行业。尽管近年来这种情况得到了极大改善，但仍落后于许多优秀的国外承包商。后起之秀的巴西 ODEBRECHT ENGENHARIA E CONSTRUÇÃO SA 公司和老牌承包商法国 Vinci 公司是跨专业经营的典范，其业务范围不但包括传统工程项目，也涵盖了诸如高新制造、环保和通信等新兴行业，这样不但能够有效地规避市场风险，而且可以抢占新市场，获取新的利润增长点。

表 2-16 2015 年中国主要国际承包商与国外主要国际承包商行业结构对比表 （单位：%）

国家	公司名称	ENR排名	房屋建筑	制造	能源	水利	排污	工业/石化	交通运输	有害废弃物处理	电讯
西班牙	ACS	1	36	1	8	2	3	12	25	0	2
德国	Hochtief	2	49	1	1	1	0	1	47	0	1
法国	Vinci	4	8	0	15	1	0	5	47	1	10
美国	Bechtel	5	0	0	0	0	0	73	26	0	0
巴西	ODEBRECHT ENGENHARIA E CONSTRUÇÃO SA	6	2	0	26	8	1	26	38	0	0
中国	中国交通建设股份有限公司	3	6	0	1	4	1	1	87	0	1
中国	中国电力建设集团有限公司	11	11	0	59	6	1	3	17	0	0
中国	中国建筑工程总公司	14	55	0	2	0	0	0	27	0	0
中国	中国中铁股份有限公司	20	15	2	0	0	0	0	60	0	0
中国	中国机械工业集团有限公司	23	8	6	42	6	1	11	14	0	1

（3）承包方式比较

当前，施工业务的利润逐步降低，利润重心逐渐向产业链前端（前期策划和设计）和后端（项目运营）转移，国外承包商越来越多地选择工程总承包或设计施工一体化的服务方式。但是中国建筑企业经营业绩的增长还主要集中在产业链条低端、利润较低的施工领域，对设计、项目运营领域介入不够。我国近二十年的对外承包历程充分说明了这一点。根据国家统计局的统计，在 2000 年的对外承包额中，施工承包、劳务分包和设计分别占 81.0%、19.0% 和 0，在 2015 年分别是 91.0%、7.8% 和 1.2%，这个比例在 16 年里没有实质性的变化。

（4）劳动生产率比较

在人均营业额方面，我国承包商却是遥遥领先国际顶级承包商，这是由国家工作和福利制度导致的，西方国家重视员工福利，员工按时上下班，而我国建筑企业员工节假日很少休息，很多工程 1 天 3 班倒，工地 24 小时不停工，所以人均营业额很高。但是，根据国家统计局的统计，2015 年中国建筑企业技术装备率为 11 116 元/人，动力装备率为 5.2 kW/人，远远落后于发达国家水平，这说明中国承包商在建筑现代化的道路上还有很长的路要走。

（5）技术贡献率比较

我国建筑业技术贡献率仅为 25%～30%，远远落后于发达国家的 70%～80%。我国大多数建筑企业缺乏对科技投资的机制和热情，对研发投入不足。2006 年的数据显示，建筑业研发机构从业人员为 5 730 人，只占全国各行业研发机构总量的 1%；建筑业研发机构的研发经费为 4 663 万元，只占同年全国各行业研发机构总经费的 0.08%。另外，我国建筑企业的研发活动主要集中在专利施工工艺和核心施工技术方面，基础研究和应用研究严重缺乏。中国交通建设集团有限公司 2008 年所获得的 5 项国家科学技术进步奖均为施工技术类项目。相比之下，国外承包商对研发活动更为重视，投入更大，覆盖面也更广。法国 Vinci

公司2008年的研发预算超过3 000万欧元,研发课题涉及基础研究、应用研究和试验发展各个领域,从而形成了科技对企业竞争力的有效支撑。

总体而言,中国承包商近年来在国际承包市场上所取得的成功更多的是依靠价格优势、不断改进的技术以及在第三世界国家的政治影响力和文化亲和力,而在其他方面,与发达国家承包商相比还有很大的差距。此外,国外承包商在融资方式、人才培养、管理理念上也有可以作为借鉴之处。在当前国际承包市场竞争空前激烈的形势下,中国承包商只有不断地扬长避短,提高自身实力,制定正确合理的市场战略,才能谋求更大的发展。

2.2 国际工程设计市场及其结构分析

2.2.1 国际工程设计市场行业结构分析

近十年来,国际工程设计市场总体呈上升态势,但增长速度逐步放缓。2006—2015年,全球最大225家工程设计公司海外营业额年均增长率为7.8%,总体呈上升态势。受2008年金融危机以及欧债危机、能源价格下跌等因素影响,2009年以及2013—2015年上榜公司营业额均有所下滑。全球最大225家工程设计公司海外营业额同比增长率由2007年的30%下跌到2015年的-7.6%,总体呈下降趋势,增长速度趋缓。

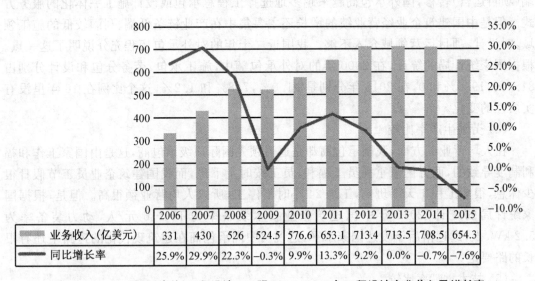

图2-30 ENR国际(海外)工程设计225强2006—2015年工程设计企业收入及增长率

ENR将国际工程分为房屋建筑、制造、工业、石化、水利、排水、交通、有害废物处理、电力及电讯等十大行业市场。在行业分布上,石油化工、交通运输、房屋建筑是最主要的工程设计领域,2015年度ENR统计数据显示,三大行业合计占营业总额的65.4%,电力和工业占营业总额的15.5%,与2014年相比,除危险废弃物处理、交通运输两个行业海外营业额同比分别增长5.8%和1.2%外,其他行业营业额均出现不同程度的下降。其中,石油化工和供水行业同比下降幅度最大,分别为20.2%和18.9%。

表2-17 2015年全球最大225家工程设计公司海外营业额行业分布

行业类别	国外营业额(亿美元)	占比(%)
石油化工	177.36	27.1
交通运输	135.26	20.7
房屋建筑	115.39	17.6
电力	67.5	10.3
工业	34.24	5.2
其他	33.6	5.1
供水	28.22	4.3
危险废弃物处理	26.54	4.1
污水垃圾处理	20.53	3.1
制造业	12.4	1.9
电讯业	3.25	0.5

从市场份额来看，石化、交通、房屋建筑三大行业以65%的平均份额，牢牢占据着建筑业传统优势行业的地位。而且，1999—2015年间，三者的排名没有变化，石化一直保持着第一的位置，交通运输和房屋建筑分居第二名和第三名。

从发展趋势来看，各行业所占份额在经历了20世纪90年代末期的动荡后，进入21世纪以来都较为稳定。在全球经济增速放缓、大宗商品价格低迷、油价下跌的大背景下，国际工程市场行业结构也进入调整期，除交通运输业呈现较快增长外，石化、供水行业出现下降的趋势，房屋建筑业在波动中有一定程度下降，工业项目出现逐年萎缩态势。

2015年，国际建筑市场的行业布局出现深度调整态势，交通运输、石油化工、房屋建筑业依然占据65.4%的市场份额，但是除交通运输业增长2.8%外，石油化工和房屋建筑行业均为负增长，降幅分别为8.7%和8.4%。从其他行业的增幅排序来看，危险废弃物处理行业增长22.7%、其他行业增长21.4%、制造业增长10.2%、供水行业增长2.5%；按降幅来看，电讯业下滑39.5%、污水垃圾处理业下降28.6%、工业下降23.3%、电力行业下降0.5%。

从总的格局来看，国际工程设计市场呈现明显的金字塔形状。其中房屋建筑、工业/石化及交通等三大行业始终居于金字塔的顶端部位，以年均将近65%的市场份额牢牢占据着建筑业优势行业的地位。粗略估计，居于金字塔顶端的30%的行业，掌握着约70%的市场和收益，而居于金字塔中部和底部的70%的行业，却只掌握约35%的市场和收益。

2.2.2 国际工程设计市场区域结构分析

ENR将国际工程承包市场按照地区分布划分为加拿大、美国、拉丁美洲、加勒比海地区、欧洲、中东、亚洲/澳大利亚、北非以及南非/中非等九个主要地区市场。十年来，各主要地区市场发展情况各异。2006—2010年这5年间，欧美市场所占国际市场份额逐年萎缩，美国市场几经沉浮，但总体来看有逐渐下降趋势，亚洲/澳大利亚市场在前4年平稳后在第5年大幅上涨。拉美市场持续上涨，中东、加勒比海、加拿大市场在波动中趋于稳定。

2011—2015这5年间,欧洲市场进一步下滑,虽然中间有过复苏,但整体还是呈逐渐萎靡的态势;美国市场在波动中有所复苏;亚洲/澳大利亚市场在上涨后进入低迷期,市场份额开始下滑;中东市场经历了波动,整体呈下滑态势,但近年来有复苏趋势;加拿大、拉美市场不稳定。参见图2-31。

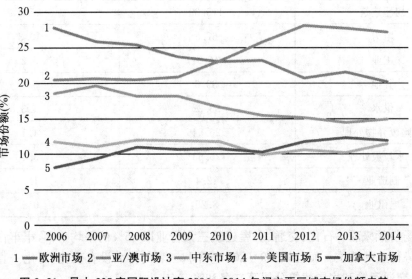

图2-31 最大225家国际设计商2006—2014年间主要区域市场份额走势

(1) 欧洲市场

欧洲市场历来是最大的设计承包市场之一,本世纪初10年一直是世界第一大地区市场。但是近10年欧洲市场逐渐萎缩,这种现象一方面由于欧洲市场传统项目的市场饱和,缺乏发展空间,导致资金流向发展中国家,开始向外拓展;另一方面由于受到金融危机的影响,欧洲经济下滑,欧洲工程市场呈现疲软的态势;此外,拉丁美洲、非洲开始大力发展,市场机遇增加,拥有大量的待开发的项目,吸引国际承包商的投资资金,从而增加了设计业务的承揽。

欧洲市场2010年的营业额为132.71亿美元,占整个国际市场的份额维持在23%左右,不敌亚洲/澳大利亚市场的23.1%,失去了第一大市场的位置,在2013年欧洲市场有所复苏,但是整体来看还是呈萎缩的态势。2015年,欧洲超过九成的市场份额被欧洲、美国和加拿大工程设计公司占据。其中,欧洲公司占44.6%,美国公司占36.4%,加拿大公司占13%,中国公司仅占0.5%。英国退出欧盟的行为给欧洲承包设计市场带来很多不确定性,至少在未来两三年内将影响企业决策。

(2) 亚太市场

亚太市场是指亚洲和太平洋地区,包括东南亚、西北亚、东亚、南亚和澳大利亚、新西兰等地区。亚太市场于20世纪80年代中期之后开始兴旺,由于该地区国家大都采用了适宜的外资政策,国际金融机构和发达国家投资者对该地区的投资不断增加,国际承包市场逐渐移向亚洲,包括东南亚、中国、印度,亚太市场成为具有巨大发展潜力的市场。1997年的东南亚金融危机一度影响该地区的工程承包市场。1999—2000年,市场明显复苏,其中马来西亚、新加坡、菲律宾、泰国的石化工程市场尤为活跃,韩国的建筑业投资增长较快,南亚承包市场呈发展趋势。2001年受世界经济疲软和美国对阿富汗反恐军事打击以及2002年印度尼西亚巴厘岛恐怖袭击事件的影响,亚太工程承包市场受到一定的影响。2010年亚太市场强势复苏,以23.1%的市场占有率重新夺回世界第一市场,随后的几年也呈上涨趋势。中国作为亚太地区大国,政治稳定,经济持续增长,有较充足的外资,对亚太地区工程承包市场的发展具有积极的推动作用。在全球经济危机中,中国国内经济的稳定增长和国内为拉动内需而开发的大量基础建设项目,令亚洲设计市场受到的冲击较欧美国家更小,同时亚太地区的政治风险也较中东地区更小,对亚太地区工程承包市场的发展具有积极的推动作用。

但是近几年来,亚洲/澳大利亚市场陷入一个低迷的时期,占整个国际市场的份额呈现逐年萎缩的态势,2015年亚洲/澳大利亚市场营业额同比下降16%。

(3) 北美市场

北美市场主要是由美国和加拿大两个发达国家组成,工程项目的技术含量较高,因此,该市场历来被美、英、法、澳、日等发达国家的大型工程承包公司所垄断。就发展中国家公司目前的技术和资金实力而言,短时间内还很难大规模进入该市场。近10年内,美国市场几经沉浮,最近有了上升的势头;加拿大市场总体呈上升态势。

(4) 中东市场

中东市场是20世纪70年代中期随着该地区石油美元收入的不断增加而发展起来的一个新市场。进入20世纪80年代后,由于中东各产油国石油收入锐减,以及两伊和海湾战争的冲击,该承包市场出现明显萎缩。战争结束后,战后重建及其他中东国家基础设施建设的大规模展开,给中东市场带来了活力。但在2000—2004年,中东市场出现许多不确定因素,社会稳定问题和地区冲突问题,特别是以色列和巴勒斯坦间的冲突使该地区局势持续动荡,经济和投资都受到严重冲击,以及海湾战争的影响都对中东市场带来很大的不利影响。政局不稳、战争破坏、民族矛盾等,使当地成为国际工程的高风险区。但战后恢复和重建中东带来了巨大的市场需求。中东市场经历了几番波动,但还是牢牢坐稳第三大市场的位置,受到油价下跌及极端主义的影响,中东市场在波动中呈下滑态势,但近年已有复苏的趋势。中东各国努力改进单一的石油经济状态,在公共设施建设、铁路、住房、医疗、教育等方面加大投入,带来了大量市场机会,2015年中东市场营业额上涨了6%。

(5) 非洲市场

非洲市场近20多年来一直处于比较消沉的状态。目前非洲各国政府都采取促进经济发展和吸引外资的政策,其市场具有资源丰富、工业基础薄弱、项目风险较小、竞争相对不激烈、可以带动设备材料出口等特点,不仅吸引了发达国家的设计商,对发展中国家的设计商也有很大吸引力。但是近年来受到发达国家经济不景气的影响,非洲市场的占有份额呈下降趋势,但落后的基础设施、较低的私人投资以及非常有限的外国投资使得非洲市场具有巨大的发展潜力。

(6) 拉美市场

就总体而言,拉美地区国际承包市场虽有增长势头,但长期以来处于落后状态,在全球各大承包市场中一直处于靠后的位置。拉美与美国的经济关系极为密切,因此拉美经济受美国的影响也最大。近年来,拉美市场不稳定,但变化趋势和美国市场有些类似。这一地区各国都在积极采取促进本国经济发展的政策,但由于该地区经济基础环境较差,外债太多,资金缺乏,支付信誉不好,在短期内拉美市场难有大的发展。该地区民族工业较差,但土建力量较雄厚,且已经被发达国家垄断。

2.2.3 国际设计商 225 强的结构分析

从总的格局来看,发达国家大型国际工程设计公司在公司数量和海外营业额两方面都仍占据优势地位。在公司数量方面,2015 年全球最大 225 家工程设计公司榜单中,美国、加拿大、欧洲、澳大利亚、日本等发达国家和地区的工程设计公司共 158 家,占总数的 70.2%;在海外营业额方面,上述国家和地区占国外营业总额的 86%。同期的发展中国家和新兴工业化国家只拥有 225 家中的 67 家,其国外营业额占其营业总额的比值只有 14%。全球最大的 10 家国际工程设计公司中,只有排名第 9 位的埃及达艾尔汉德莎(谢尔伙伴)公司来自发展中国家。

从发展趋势看,发展中国家和新兴工业化国家的地位在不断提高,总体实力不断加强。欧美等国家的大型设计企业都有自己的核心技术和专利,在国际工程承包市场上具有明显优势,资金实力、技术和管理水平远高于发展中国家的企业,在技术和资本密集型项目以及利润较高的地区(如欧美地区等)形成垄断。发展中国家设计商主要集中在风险较大、利润微薄的市场(如亚非市场)。

在国家分布上,2014 年 ENR 统计数据显示:国际(海外)工程设计企业 225 强分布于 33 个国家。北美地区收入所占比值首屈一指,占 42.87%,其余依次为西欧(33.57%)、大洋洲(10.04%)、亚洲(6.8%)、中东(3.68%)和欧洲其他地区(3.35%)。与全球排名相比,亚洲国家企业的国际(海外)工程设计竞争力有明显不足,西欧国家企业的国际(海外)工程设计竞争力有明显优势。

从各地区企业收入与企业数量来看,西欧、大洋洲国家的工程设计企业在海外工程设计上的表现都远优于其在国内的表现。西欧企业的海外经营效益最高,亚洲企业的海外经营效益最低。亚洲地区的上榜的设计企业数量较多,但是海外工程设计业务发展参差不齐,导致其总体经营效益较低。欧洲其他地区和中东地区企业的国际化程度还不高。

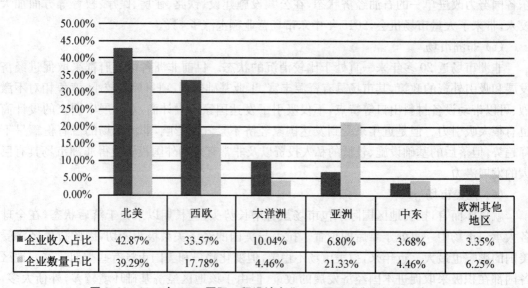

	北美	西欧	大洋洲	亚洲	中东	欧洲其他地区
■企业收入占比	42.87%	33.57%	10.04%	6.80%	3.68%	3.35%
■企业数量占比	39.29%	17.78%	4.46%	21.33%	4.46%	6.25%

图 2-32　2014 年 ENR 国际工程设计企业 225 强区域分布与收入情况

2.2.4 国际建筑市场中的中国设计商表现

1) 中国设计商的国际拓展历程

中国设计企业从 2001 年被 ENR 单独统计,之前一直被统归于其他地区中。根据美国 ENR 的统计资料,我国入围 200 强(之后为 225 强)的公司数量总体呈逐年递增趋势,从 1997 年的 4 家增至 2015 年的 23 家,但在 225 强中所占席位很少,仅为 10.2%。从排名来看,由中国电力集团建设有限公司在 2016 年获得的全球第 27 位的排名是目前中国公司的最好名次。在开拓海外设计业务过程中,央企独占鳌头,民营企业凤毛麟角。以 2016 年 ENR 统计数据为例:入围 225 强的 23 家中国企业中,央企 16 家,国企 2 家,民营企业 5 家。综上,中国设计商实际情况是进军海外道路艰难,而国外设计商进入中国市场的案例则比比皆是,这与中国承包商的海外迅速拓展形成鲜明反差。针对这种情况,国务院于 2017 年 2 月 28 日发文《关于促进建筑业持续健康发展的意见》中明确指出:我们必须提升建筑设计水平,培育有国际竞争力的建筑设计队伍;倡导开展建筑评论,促进建筑设计理念的融合和升华;引导对外承包工程企业向项目融资、设计咨询、后期运营维护等高附加值的领域有序拓展。

2) 中国设计商的国际市场情况

以 2015 年为例,世界经济艰难复苏,新兴经济体经济下行压力加大,能源价格持续下跌,油气市场需求疲软,国际工程设计市场增长乏力,进入深度调整期。

根据美国《工程新闻记录》杂志(ENR)2016 年 7 月发布的 2015 年全球最大 225 家工程设计公司排行榜,加拿大公司 WSP Global 以国外市场营业额 40.27 亿美元位居榜首。21 家中国内地公司入选榜单,排名第 27 位的中国电力建设集团有限公司位列中国内地公司榜首,海外营业额 6.51 亿美元,较上一年上升 3 个名次。从区域市场分布来看亚洲和澳大利亚、欧洲、中东是最主要的工程设计市场,分别实现营业额 138.23 亿美元、133.33 亿美元和 120.3 亿美元,合计占营业额总额的 59.9%。在行业分布上,石油化工、交通运输、房屋建筑依然是最主要的工程设计领域,三大行业合计占营业总额的 65.4%。

表 2-18　2015 年入选全球最大 225 家国际工程设计公司的中国内地公司

(单位:百万美元)

国内排名	公司名称	国际市场营业额	2015 年国际排名	2014 年国际排名
1	中国电力建设集团有限公司	651.2	27	30
2	中国交通建设集团有限公司	309.3	49	50
3	凯达建筑设计事务所	216.8	56	53
4	中国机械工业集团有限公司	205.2	58	62
5	中国中铁股份有限公司	177.4	64	75
6	中国石油天然气管道工程有限公司	162.7	68	73
7	中国石油工程建设(集团)公司	137.8	77	70
8	中石化炼化工程(集团)股份有限公司	126.5	80	94
9	中国天辰工程有限公司	112.0	86	* *

(续表)

国内排名	公司名称	国际市场营业额	2015年国际排名	2014年国际排名
10	中国石油集团工程设计有限责任公司	103.0	90	67
11	中鼎工程股份有限公司	99.6	92	103
12	中国电力工程顾问集团有限公司	66.9	105	96
13	中国寰球工程公司	65.1	106	98
14	华东建筑集团股份有限公司	47.1	119	123
15	中国水利电力对外公司	45.7	122	133
16	中国土木工程集团有限公司	27.5	148	**
17	山东科瑞是有装配有限公司	26.8	149	100
18	王董建筑师事务所有限公司	25.7	152	160
19	悉地国际有限公司	22.0	162	158
20	沈阳远大铝业工程有限公司	21.8	163	173
21	中钢设备有限公司	13.1	194	**
22	中国冶金科工集团有限公司	10.1	212	221
23	中国铁建股份有限公司	8.0	219	193
24	中国中建设计集团有限公司	7.9	221	218

注：**为未进入2014年度榜单公司。资料来源：美国《工程新闻纪录》(ENR)2016年7月18日。

(1) 国际市场深度调整、不确定性增加

在2015年，国际工程设计市场中，全球最大的225家公司总体营业额有所下降。在全球经济增速放缓、大宗商品价格低迷、油价下跌的大背景下，2015年全球最大225家工程设计公司海外营业额为654.3亿美元，同比下降7.70/%（2014年为708.5亿美元）；225家公司国内营业额为707.6亿美元，同比下降3.7%（2014年为734.8亿美元）。根据ENR对一部分工程设计企业经营情况的统计，在国外市场，有142家企业盈利，33家企业亏损；在国内市场，156家企业盈利，27家企业亏损。

(2) 发达国家占据优势、中企能力有待提升

发达国家大型国际工程设计公司在公司数量和海外营业额两方面都仍占据优势地位。在公司数量方面，2015年全球最大225家工程设计公司榜单中，美国、加拿大、欧洲、澳大利亚、日本等发达国家和地区的工程设计公司共158家，占总数的70.2%；在海外营业额方面，上述国家和地区占国外营业总额的86%。与发达国家相比，中国内地和香港地区公司企业数量上所占比重为10.2%，海外营业额占比仅为4%，存在较大增长空间。

(3) 中东市场份额增加、竞争日趋激烈

尽管受到油价下跌的影响，2015年中东市场和美国市场营业额仍分别上涨了6%和1.8%。然而，国际工程设计市场最大的两个区域市场的营业额在2015年均呈现不同程度的下降。其中，亚洲和澳大利亚市场同比下降16%，欧洲市场同比下降11.9%，低油价也使加拿大市场受挫，继上一年下降15%后，2015年再次同比下降14.2%。

中东各国努力改进单一的石油经济状态,在公共设施建设、铁路、住房、医疗、教育等方面加大投入,在带来大量市场机会的同时,EPC项目的市场竞争也日趋激烈。卡塔尔、阿联酋、沙特等国家成为大型国际工程设计公司重点关注的区域。沙特计划和在建工程项目总额预计超过1万亿美元,项目涵盖基础设施、教育、医疗卫生,以及公路、铁路和机场改造等。随着国际制裁的解除,伊朗成为新的大型油气EPC项目目标市场。伊朗油气资源享赋优异,天然气储量居全球首位,原油储量位居全球第四,而且油气开发成本低。伊朗急于将油气产量提至制裁前的水平以夺回市场份额。伊朗目前有10个海上油气项目在建,制裁期间由于脱离欧美技术和资金,项目进展缓慢,制裁解除后,这批项目将加速推进。同时,伊朗还有多个油气项目将于2025年之前投产。在阿联酋曼德油田EPC总承包项目公开招标过程中,中国石油工程建设(集团)公司在与十多家国际知名承包商的竞争中脱颖而出,是中国石油在中东高端市场上的又一重大突破。该项目合同金额3.3亿美元,是阿布扎比陆上石油公司(ADCO)实现原油日产量从140万桶提升至180万桶的重要战略工程项目之一。

亚洲自由贸易取得的进展也给国际投资者带来发展机遇。随着亚洲国家的城市化建设,对公共设施、桥梁、隧道、铁路等基础设施建设需求的增加,给国际承包设计公司参与当地基建带来长期市场机遇。俄罗斯和独联体国家市场则对工程设计中采用国际技术有较大需求。例如,韩国现代工程建设公司(Hyundai Engineering)在乌兹别克斯坦价值30亿美元的Kandym油气开发项目,以及在土库曼斯坦价值30亿美元的Kiyanly项目均属于这种情况。

欧洲超过九成的市场份额被欧洲、美国和加拿大工程设计公司占据。其中,欧洲公司占44.6%(营业额为59.42亿美元),美国公司占36.4%(营业额为48.53亿美元),加拿大公司占13%(营业额为17.27亿美元),中国公司仅占0.5%(营业额为0.61亿美元)。一些大型国际工程设计公司在欧洲获得了较好的发展,例如,瑞典公司SWECOAB的营业额在过去15年每年增长约15%,英国退欧给欧洲承包设计市场带来很多不确定性,至少在未来两三年内将影响企业决策。

石油价格下跌严重影响了非洲国家的财政收入,不少国家出现已签约项目难以顺利开工和实施或工程款支付延迟等问题。非洲市场本地公司实力较弱,同时又有较大的市场需求,在开发水电站、住房建设、道路修建等基建领域有巨大潜力。

表2-19　2015年全球最大225家工程设计公司所属国家/地区分布　　（单位:亿美元）

公司所属国家/地区	公司数量	国外营业额	占比(%)
美国	86	206.36	31.5
加拿大	6	82.33	12.6
欧洲	49	208.6	31.9
荷兰	4	64.62	9.9
英国	4	48.33	7.4
西班牙	9	25.31	3.9
法国	5	12.94	2
德国	6	6.62	1

(续表)

公司所属国家/地区	公司数量	国外营业额	占比(%)
意大利	6	6.85	1
其他欧洲国家/地区	15	43.93	6.7
澳大利亚	6	58.95	9
中国内地和香港地区	23	25.9	4
韩国	12	15.79	2.4
日本	11	6.86	1
其他国家/地区	32	49.45	7.6
合计	225	654.23*	100

注：* 不包括南北极或未分配地区的 512 万美元。资料来源：美国《工程新闻纪录》(ENR)2016 年 7 月 18 日。

(4) 基础设施建设提振全球市场信心

2015 年全球最大 225 家工程设计公司海外营业额行业分布的主要领域包括石油化工、交通运输、房屋建筑、电力和工业，以上五个行业占海外营业额总额的比重达 80.9%。与上年相比，除危废废弃物处理、交通运输两个行业海外营业额同比分别增长 5.8% 和 1.2% 外，其他行业营业额均出现不同程度的下降。其中，石油化工和供水行业同比下降幅度最大，分别为 20.2% 和 18.9%。

世界经济深度调整时期，全球应对危机的激励措施和城市化进程不断持续，各国积极改善民生，并且增加基础设施项目建设，以带动本国经济发展。据经合组织(OECD)预测，2013—2030 年全球基础设施投资需求达 55 万亿美元。亚洲、非洲、拉美等发展中国家对新建基础设施需求强烈。与此同时，随着区域一体化的发展，区域内改善基础设施和互联互通的需求巨大。发达国家市场则存在对现有基建设施进行维修和更新，以及对公共基建私有化的持续需求。基建项目规模大、投资金额多，许多国家放松了对外商投资基础设施项目的投资管控，投资主体呈多样化。基建项目的形式已经由政府主导并承担运行风险，逐步转向由私营企业筹集资金并承担风险的公私合营模式(PPP)，市场投资渠道更加多元化。越来越多的中国企业加大了对基础设施领域投资项目的开发力度，采用 PPP、投资入股、并购等模式参与项目，业务模式不断升级。根据 ENR 海外营业额按行业类别排名，中国电力建设集团有限公司位居电力行业第一名。2015 年，中国电力建设集团有限公司成功签署巴基斯坦卡西姆港应急燃煤电站、中老铁路、雅万高铁、孟加拉国全球最大河道整治工程等一批国际工程并顺利开工。

国际石油化工市场持续低迷，油服企业兼并重组势头加强。石油化工市场在 2015 年遭受较大损失，海外营业额由上一年的 222.3 亿美元降至 177.36 亿美元，下跌 20.2 个百分点。持续两年多的油价下滑使世界油服巨头也陷入困境，2016 年出现油服企业重组整合势头。位列上一年度 ENR 全球最大 225 家工程设计公司第 11 位的法国油服巨头 Technip 公司，于 2016 年 5 月宣布与美国水下设备生产商 FMC Technologies 整合，并购交易总额达 130 亿美元。油服企业通过兼并收购实现业务领域的拓展和经营方向的转换，扩大业务规模。

国际电力行业进展平稳，新能源业务发展可期。亚洲、非洲、拉美等地区发展中国家仍存在大量电力缺口;区域互联互通建设也为电力市场带来发展机遇。《巴黎气候协定》达成后,世界节能减排的需求加大,欧美发达国家对水电、核电、光伏发电等清洁能源需求不断加强。一部分石油生产大国出于改变对单一石油经济依赖的需要,积极开展新能源业务。沙特阿拉伯于 2016 年 6 月首次向全球投资者公开招标本国太阳能发电项目。沙特已有 2 000 MW(光热发电和光伏发电)太阳能发电在建项目,计划到 2030 年实现可再生能源发电 9 500 MW。

(5) 国际巨头加快整合、创新能力作用凸显

国际工程设计公司通过战略并购和重组不断扩大规模、增强国际竞争力。近三年先后出现美国 CB&I 公司出资 30.4 亿美元并购 Shaw 集团,阿美科与福斯特惠勒整合为新公司 Amec Foster Wheeler,美国艾奕康公司出资 40 亿美元并购 URS 公司,美国福陆公司(Fluor)以 6.95 亿欧元收购荷兰 Stork 技术服务公司,Technip 与 FMC Technologies 整合等数宗大额并购案例。通过强强联合,整合后的公司获得了更多的业务和客户,实力和影响力进一步增强。美国 JACOBS 公司于 1947 年创立,最初提供以咨询服务为核心的专业服务,随后将其优势领域在国内逐步拓展到 EC/EPC 总承包领域。形成一定规模后,JACOBS 公司于 1999 年开始高强度收购上下游产业链及各领域国际领先企业。目前,该公司在基础设施、航空、石油、通信、环境能源等多个行业领域,提供咨询、设计、项目管理、运营维护、设备安装等综合服务。2000 年至今,JACOBS 公司在 ENR 全球最大国际工程设计公司评选中连续 15 年进入榜单前 10 位。

创新能力在国际工程设计市场竞争中的作用凸显,自主技术成为提高企业核心竞争力的关键。国际工程市场以扩大规模为竞争优势的传统做法,已经逐步转向以创新为先导,依靠自主技术,提供专业化的技术服务来带动工程设计和总承包业务发展,掌握自主技术成为提高企业核心国际竞争力的关键。为适应低碳经济的发展,国际巨头着力提升绿色、环保、节能技术解决方案能力,并取得一定进展,为抢占下一轮产业竞争制高点奠定了基础。美国 KBR 公司、CB&I 公司日益重视创新能力的提高,通过建设专业化的技术服务板块带动国际工程业务。

3) 中外国际承包商的比较分析

与大型国际工程设计公司相比,中国公司在国际化程度、资源整合能力、盈利能力、创新能力等方面还存在较大差距。根据 2015 年 ENR 全球最大 225 家工程设计公司排名,有 21 家中国内地公司、2 家中国香港公司、1 家中国台湾公司上榜。其中,11 家中国内地公司排名进入榜单前 100 位,比上一年减少 2 家。有 3 家公司新进榜单,其中,中国天辰工程有限公司首次上榜便进入前 100 名。

(1) 营业总额比较

中国工程设计公司国外营业额占营业总额的比值相对较低,国际化程度有待提高。2015 年全球最大 225 家国际工程设计公司海外营业额占总额比值中位数为 49%,而中国公司海外营业额占总额比值中位数为 37%。排名前 100 位国际工程设计公司中,有 31 家公司海外营业额占比超过或等于 80%;进入前 100 位的 11 家中国企业中,仅有 1 家中国香港公司——凯达建筑设计事务所海外营业额占比超过 80%,其余中国内地企业海外营业额占比均低于 55%。

(2) 市场区域比较

中国工程设计公司主要集中在风险较大、利润微薄的亚非市场,在利润较高的欧美市场占有率较低。工程设计 225 强企业的国际市场主要集中在亚洲/澳大利亚、欧洲和中东地区,入围的中国内地和香港公司在中东市场占有率不足 4%,在欧洲市场占有率仅 0.5%。中国公司在非洲地区市场占有率达 10.5%,然而,非洲市场在 2015 年全球最大 225 家国际工程设计公司海外营业额地区分布中占比仅为 6.1%,尚未成为国际工程设计的主要市场。中国工程设计公司有待进一步提升企业竞争力,以利在国际市场中利润较高的区域获得一席之地。

(3) 业务领域比较

中国工程设计公司业务领域相对单一,需加快多元化进展,适应国际市场多样化需求。2015 年全球最大 225 家国际工程设计公司中,排名靠前的大型国际工程设计公司业务相对较为多元化。例如,加拿大公司 WSP Global 海外营业额的 47% 来自交通运输行业,27% 来自房屋建筑,14% 来自电力行业,并在石油化工等其他行业领域均有涉足。入榜的中国工程设计公司中,有 18 家公司业务集中度在 80% 以上,其中 10 家业务集中度为 100%。多元化的经营模式不仅能够提高企业的综合国际竞争力,更好满足国际市场需求,还可以平抑单一行业周期性变化带来的经营风险,降低产业、政策、文化等方面的影响,更好地规避风险。

(4) 技术、管理与创新水平比较

中国工程设计公司缺乏核心技术,高端业务能力有待提升。国际工程设计市场仍被西方发达国家垄断,高利润、高附加值业务掌握在发达国家手中。中国内地实力较强的工程设计公司大多为国有企业,具有成本、资金、劳动力等资源优势。然而,中国工程设计公司核心竞争力不强,缺乏创新能力和核心技术,高端业务开发少,咨询管理等高端人才匮乏。同时,中国公司业务结构相对单一,投融资、设计、管理等一体化综合服务能力较弱。企业在专业服务质量、管理能力、国际风险应对等方面难以与国际一流设计公司相抗衡。

2.3 "一带一路"建筑市场分析

1) 概况

2013 年 9 月和 10 月,中国国家主席习近平在访问哈萨克斯坦和印度尼西亚时,分别提出共建"丝绸之路经济带"和"21 世纪海上丝绸之路"(简称"一带一路")的战略构想,参见图 2-33,以政策沟通、设施联通、贸易畅通、资金融通、民心相通等为主要内容。共建"一带一路"倡议和共商共建共享的核心理念已经写入联合国等重要国际机制成果文件,已有 103 个国家和国际组织同中国签署 118 份"一带一路"方面的合作协议。2017 年首届"一带一路"国际合作高峰论坛在北京成功举办,29 个国家的元首和政府首脑出席,140 多个国家和 80 多个国际组织的 1 600 多名代表参会。"一带一路"战略从提出开始便受到世界各国的广泛关注,超过 60 个国家表现出了对于加入"一带一路"计划的浓厚兴趣。"一带一路"是世界跨度最长的经济大走廊和最具发展潜力的经济带,将东亚、东南亚、南亚、中东、中亚、欧洲南部、非洲东北部的广大地区联系在一起,该区域覆盖 64 个国家,沿线国家 26 个,总人口约 44 亿,经济总量 21 万亿美元,分别约占全球的 63% 和 29%。

综合比较"一带一路"沿线国家，可以发现"一带一路"沿线国家除欧洲部分地区外基础设施发展程度总体偏低，东欧、中亚、中东、非洲和亚洲的基础设施都还有很大的发展空间。中东和非洲的铁路公路发展程度还远远不够。2013—2030年间将需要大量基础设施投资，亚洲开发银行预测到2030年亚洲地区每年大概需要基础设施投资1.7万亿美元，非洲发展银行预测未来非洲每年需要基础设施投资1300亿到1700亿美元。据初步估计，全球将投入67万亿美元用于基础设施建设，而超过60%将集中于"一带一路"沿线区域，基础设施建设将成为我国实现"一带一路"战略的主要突破口。"一带一路"战略，是未来十年我国企业"走出去"的重大政策红利，将进一步推动能源、基础设施、高端制造等领域的合作，加快推进周边地区基础设施互联互通的建设，实施更多的政府框架和商贷项目，为中国企业的国际化经营和转型升级创造重大机遇。

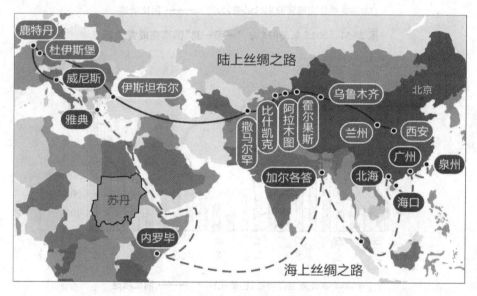

图2-33 "一带一路"示意图

2) "一带一路"建筑市场

"一带一路"沿线国家业务快速增长，到2018年8月，我国同"一带一路"沿线国家贸易总额超过5万亿美元，在沿线国家建设境外经贸合作区82个，累计投资289亿美元。中国企业参与"一带一路"沿线国家市场开拓更加活跃，2016年项目投议标数量同比增长58%，金额同比增长52%。与"一带一路"沿线国家新签承包工程项目合同8158份，合同总额1260.3亿美元，占同期行业新签合同总额的51.6%，同比增长36%；完成营业额759.7亿美元，占同期总额的47.7%，同比增长9.7%。在"一带一路"建设倡议的影响下，我国对外承包工程企业在交通、电力和房建等优势领域的竞争优势更加明显。2016年交通、电力及房建新签合同额占到了行业新签合同总额的63.7%。2016年交通运输建设领域新签合同额557.4亿美元，业务占比达到了22.8%。电力工程领域稳步发展，新签合同额达535.9亿美元。房屋建筑领域新签合同额461.7亿美元，同比增长25.3%。一批重大合作项目取得实质性进展，如中巴经济走廊建设进展顺利，中老铁路、中泰铁路、匈塞铁路建设稳步推进，雅万高铁部分路段已经开工建设，瓜达尔港已具备全作业能力等。

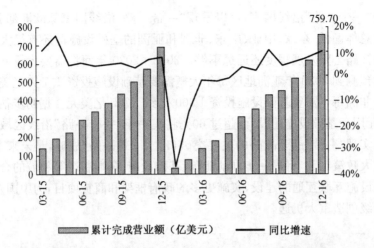

图 2-34　2015 年、2016 年"一带一路"国家完成营业额

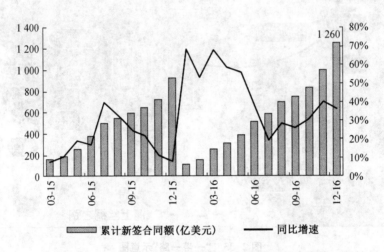

图 2-35　2015 年、2016 年"一带一路"国家新签合同额

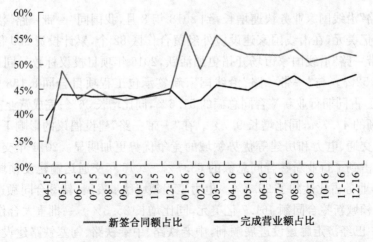

图 2-36　2015 年、2016 年"一带一路"新签合同额与完成营业额在全球占比

中国通过与"一带一路"沿线国家进行产能和装备制造合作，有利于我国企业对外输出技术与服务，推动企业转型升级、提高竞争力，形成新的经济增长点。2015年，国务院发布的《关于推进国际产能和装备制造合作的指导意见》(国发〔2015〕30号)提倡发挥传统工程承包优势，积极开展"工程承包＋融资"、"工程承包＋融资＋运营"等方式，向国外输出产能和开展装备制造合作。通过对外承包工程促进生产资料中间产品向国外转移，尤其是电路机车、工程机械、发电设备等大中型建设项目配套产品。

2.4 国际建筑市场准入与技术性壁垒

2.4.1 建筑市场准入制度

国际法意义上的市场准入是指一国允许外国货物、技术、服务和资本参与国内市场的范围和程度。它体现的是国家通过实施各种法律和规章制度对本国市场对外开放程度的一种宏观掌握和控制。

建筑市场准入包括市场客体和主体两个方面。对于客体而言，主要是规定什么样的项目可以进入市场交易（招标）并动工兴建；对于主体而言，主要是规定什么样的资质等级的公司能进入什么样的市场空间。这里所说的市场空间，是指针对工程类别、总分包角色和地域范围等条件所设定的壁垒。

2.4.1.1 建筑市场准入的分类

从不同的角度可以对市场准入进行不同的划分，市场准入大致可分为以下几类：

1）国际市场准入与国内市场准入

这是根据一国政府对市场准入的义务（职责）来区分，可以分为国际市场准入和国内市场准入。这是最基本也是最重要的划分。

国际建筑市场准入是指一国允许外国建筑服务参与国内市场的范围和程度。从市场准入障碍（或壁垒）看，可分为关税壁垒和非关税壁垒（反倾销、国内补贴、国内支持、技术壁垒、环境壁垒、争端解决机制、政府采购透明化等）。

国内建筑市场准入是指一国政府规制一国之内的建筑市场主体及交易对象进入市场的控制或干预。国内市场准入的条件和程序通常是一国主权范围内的事务，是政府履行管理职责，规制市场经济的一项重要内容，它是一国法定的权力。而国际市场准入通常是由一国政府对外国政府承诺而决定的，其效力来自于一国政府的承诺，这种权力（权利）是相对的权力（权利）。要注意的是国际市场准入是条约的义务而非一般的国际义务，即是约定义务而非法定义务。

国际市场准入与国内市场准入是相互联系的，并在一定条件下可以相互转化，在一国贸易高度自由化时则两者融为一体。国内市场准入是基础，国际市场准入是国内市场准入扩展的结果。根据WTO国民待遇要求，一旦外国服务或服务提供者准入一国市场，他们就不能受到低于本国服务和服务提供者的待遇。因此，如果一国在国际法意义上实现市场准入后，即依国民待遇原则转化为国内层面的市场准入。同时国内法意义上的市场准入在一定程度上决定国际法意义市场准入的深度和广度。从国际市场准入到国内市场准入，实质上是从国家间的约定义务转向国内政府的法定义务。根据贸易自由化的要求,各国要拆除贸易壁垒,最终达到贸易在全球范围内的自由流通,此时,国内市场准入则与国际市场准入达到了完全的统一。但是由于各国情况不同,各国承诺对外的开放度不同,市场准入也是渐进的,不可能一步达到国内市场准入与国际市场准入的完全统一。在国际市场准入中承诺的,则应与国内市场准入相统一,没有在国际市场准入承诺的,则实行国内市场准入。例如,当一国不实行对外开放,没有在加入WTO中承诺开放本国市场,则该国政府只履行本国政府管理职责,完全有权在主权范围内制定本国的市场准入的各项规定,此时外国投资、商品、服务的市场准入完全由一国的国内法决定,不存在履行国际义务问题。当该国加入WTO并承诺某些部门的市场准入,则该国应履行国际义务,制定或修改相应的国内市场准入规定,此时,制定国内市场准入的规定则必须考虑国际法的规定了。所以说,国际市场准入与国内市场准入的划分有利于我们考察如何制定适度的国内市场准入的条件和要求。

2) 一般市场准入与特殊市场准入

这是根据国内市场准入的宽严度进行的划分,通常在国内市场准入中作此划分。

一般市场准入即对建筑行业的所有微观主体进行注册登记,即只要符合有关法律、法规限定的微观经济主体具备规定的条件,经政府有关部门履行登记手续,领取营业执照,就可以进入市场。这部分一般由民商法进行调整。

特殊市场准入包括行政法中的行政许可和经济法中的市场准入,是指市场主体进入特殊市场有特殊要求,只有经过国家特许、审批等才能进入。即在一些行业中,企业需要履行特殊报批手续,经政府有关部门赋予特许经营的权利或某些特殊行业解禁,才允许其他企业进入这些行业开展经营活动。

这种区分有利于国家或政府对市场情况进行分析,并根据市场对政府管制需求情况的平衡而制定正确的市场准入规则。

3) 经济性的市场准入与社会性的市场准入

这是借鉴政府规制的方式的不同而对市场准入作出的划分,经济学者对政府规制常做这样的划分。

经济性的市场准入是指为了防止资源配置的低效,政府运用法律手段,通过许可、认可或是制定产量、数量或标准的方式,对企业进入市场进行规范和限制。

社会性的市场准入是为了确保公共利益和可持续发展的需要,政府准入机构针对经济活动中发生的外部性问题进行调节,通过设立相应的标准、发放许可证、收取各种费用等方式以达到控制,使符合社会公共利益的企业进入市场。

目前在国际上出现了经济性市场准入放松和社会性市场准入加强的趋势。

4) 形式市场准入与实质市场准入

这是根据准入对象是否实质上或结果上进入一国或某个领域所作的划分。这通常可以衡量市场准入的根本目标是否实现。形式市场准入是一国或政府虽然已允许货物、投资、服务等进入市场,但只是形式上、表面上的进入,真正的、实质的市场进入仍存在各种各样的隐形的壁垒,如"玻璃门制度"。形式上的市场准入可以表现在一般商业登记上,仅仅是市场主体一般资格的取得;也可以表现在特殊市场准入上,虽然允许进入,但其他的配套措施没有跟上,即口惠而实不至。在国际市场准入中存在的知识产权壁垒、技术壁垒、不公平的竞争等非关税壁垒也是隐形壁垒,这会导致所谓的市场准入成为空话。随着国际贸易竞争的越来越激烈,现在许多国家都开始设立这种隐形壁垒,以达到保护本国贸易的目的。一些发达国家还要求所谓"公平"待遇,不满足于国民待遇的市场上的进入,而要求对方开放市场,实施结果上的进入,即实质市场准入。因此,实质市场准入是要求能克服各种准入壁垒,在结果上达到市场的真正进入。这种区分有利于我们了解如何排除市场进入的种种障碍,达到真正的市场准入。

另外根据交易对象进入一国市场情况所作的区分,WTO有关市场准入主要指三种:贸易市场准入、投资市场准入、服务市场准入。就服务贸易的分类,WTO秘书处将其分为11大类142项。这种划分有利于针对不同的交易对象的特点制定不同的市场准入标准、条件和要求。而建筑市场准入归为服务市场准入。

2.4.1.2 建筑市场准入基本体系及构成

建筑市场准入基本体系涉及面广、构成复杂,它作为行业准入体系,可以作为国家行业市场准入体系的一个子系统,而一国的建筑市场准入基本体系可以归于国际建筑市场准入体系的一部分(见图2-37)。建筑市场准入体系的建立、构成和完善应与国家行业市场准入体系一脉相承,并反映出国际建筑市场准入体系的行业特征。

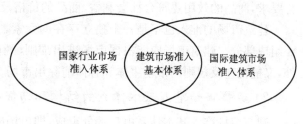

图2-37 建筑市场准入体系关系图

首先,建筑业作为国家建设中发展壮大的竞争性行业,在市场规模逐渐庞大的过程中,国家应该及时参照国内其他行业,如食品业、银行业等,尤其是一些垄断性行业的准入规则,从各个角度对建筑市场的各方面进行规范,防止建筑市场的无序扩张和任意操作,以形成一个既可以保证建筑业稳定,又具备竞争力的建筑业市场体系结构。

其次,任何一国的建筑市场准入应该依照国际惯例,促进效率的提高,积极鼓励各类资源参与经济活动,注重市场行为的监管,积极培育和规范市场主体,努力创造公开、公平、公正的竞争环境,为经济社会发展提供重要的微观基础。

1) 建筑市场准入基本体系的构成

概括来看,建筑市场准入体系主要由三大基本内容支撑。

(1) 建筑市场准入的对象

市场属于商品经济的范畴,市场的有效运转依赖于构成市场的各个要素的有机联系和相互作用。一般来说,市场的形成必须包括四个要素:市场主体、市场客体、市场价格及市场环境。

狭义的建筑市场仅包括交易最终建筑产品及其施工服务的市场。广义的建筑市场是指建筑商品供求关系的总和,包括建筑材料市场、建筑劳务市场、建筑技术市场、建筑资金市场、勘察设计市场、建筑施工市场、中介服务市场等,这些内容共同构成了广义建筑市场的体系。因此,在对建筑市场准入进行对象分析时,也应在广义的建筑市场层面上进行对象的选取与分析。

(2) 建筑市场准入的管理工具

建筑市场准入作为一种经济和行政规制手段，针对其主体和客体的不同部分一定存在不同的管理手段。政府通过某些具体的规制方式或市场调节方法来实现建筑市场的准入控制，称之为建筑市场准入的管理工具。

(3) 建筑市场准入全过程

市场进出制度，是指市场主体进入或退出整个市场或特定的生产经营行业和地区的行为。市场主体的进出行为是推动竞争而制约垄断的力量。一个市场体制越是能够允许比较自由地进出，它就越具有开放性，从而也就越具有竞争的活力。因此从市场经济发展的角度看，应当尽可能减少市场进出的障碍而扩大自由度。

一般来说，市场进出制度应该包括两个方面的主要内容：一是市场主体的进出规则，包括规范市场主体进行市场活动的资格，规范市场主体的经营功能，规范市场主体退出市场行为等。二是市场客体，也即市场交易对象，一般为商品市场进出规则，包括商品的质量要符合要求，商品的效用要符合社会利益，商品的价格及计量等都要符合要求等。

建筑市场的准入也不是一个独立存在的元素，它应成为建筑市场进出全过程的一个重要组成部分。建筑市场应能根据市场进出准则，既可将不够资格的市场主体和客体拒之门外，又能把违反规则的市场主体和客体清除出市场。

2) 建筑市场准入基本体系的结构和功能分析

建筑市场准入基本体系由三部分组成，即市场准入的对象、市场准入的管理工具和市场准入全过程。

市场准入的对象有主体和客体之分。对主体的准入主要是企业和从业人员，作为主体的建筑业相关企业主要有工程勘察设计企业、监理企业和施工企业；而作为主体的各从业人员也是不可忽略的重要部分，需要对各类人员设立相应的详细的从业资格认可制度。客体包括项目本身和建设过程中所使用的材料、设备等。

市场准入的管理工具即市场准入的手段，包括行政许可、标准认证、工程担保、保险制度和信用制度。这些管理工具都可以对应于不同的市场准入主体和客体，其中，行政许可包括针对主体的资质管理以及针对客体的许可证管理；标准认证制度主要对应于客体中的材料等规定；工程担保针对的是客体中的项目自身；工程保险针对的是主体人员和客体项目；信用制度针对的是主体中的项目参与者。

市场准入全过程包括市场的进入、过程监督及市场的退出。准备和刚刚进入建筑业的新企业在同原有企业的竞争过程中，可能会遇到不利因素，即障碍，这就是进入壁垒。建筑业进入壁垒体现在产业内已有企业对准备和刚刚进入建筑业的新企业所具有的优势。形成建筑业进入壁垒的因素有很多，主要包括规模经济壁垒、技术壁垒、人力资源壁垒、必要资本壁垒、绝对费用壁垒、政策法规壁垒等6种，前述的管理工具正是设置这些壁垒的具体基本手段。过程监督即是对进入该市场的主体和客体的动态管理，要通过法律文件的改善及其他行政手段随时考核市场的容量和市场中的主客体的现实状态，对于已不再符合要求的要及时改进，如由专业分包市场和劳务分包市场向施工总承包市场拓展，通过低级别资质向高级别资质移动来提高企业资质等级，在原有资质范围基础上增加资质增项来扩展资质业务范围等，或者进入下一步清出过程。

市场准入的总体结构如图 2-38 所示,这是在理想情况下的建筑市场准入基本体系。各国根据其建筑业及建筑市场准入发展阶段、政府宏观条件及社会经济的现实状况不同,采用体系中的一部分而构成本国的建筑市场准入体系结构。

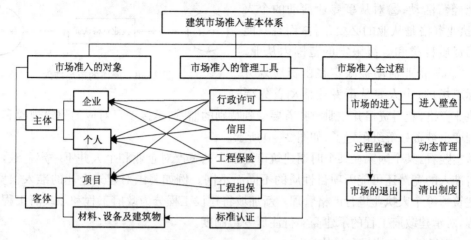

图 2-38　建筑市场准入的总体结构

2.4.1.3　建筑市场准入的模式

各国因经济、社会环境的不同而衍生出不同的建筑市场准入模式,即根据自身国情对市场准入工具采用不同的组合,以实现市场准入的控制。对各国建筑市场准入模式进行归纳和分析可以看清市场准入监管的全貌。评价我国建筑市场准入采用的模式,有助于总结不同市场经济条件下的市场准入机制,认清我国未来的发展方向。

对建筑市场准入的不同模式可以从很多角度进行比较,但在总体上均涉及市场交易的主体和客体两个方面。

1)针对市场主体

建筑市场主体是市场上最活跃的要素,可以从四个维度来衡量一个国家建筑市场主体准入的模式或路径,包括市场准入的宽严、市场准入的依据和机构、市场准入的手段、市场准入的侧重点。

(1)市场准入的宽严

宽松的市场准入的特点:①对企业而言,工商登记的要求较低,不存在资质管理或者资质管理的范围限制;②对从事专业活动的个人而言,执业资格不是从业资格或从业范围限定的必要条件。在这种情况下,企业在简单地注册成立后,就可以参与市场竞争,承揽工程,而且范围不限,最终是否能够获得项目,由市场上的业主来决定;而个人则可以自由地从事专业活动,在参与市场活动的资格上与获得执业资格认证的人士是平等的,如图 2-39 所示。

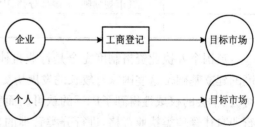

图 2-39　宽松的市场准入

严格的市场准入的特点：①对企业而言，除了进行基本的工商登记外还要申请获得相应的资质，而后才能在资质限定的范围内进行生产经营活动；②对从事专业活动的个人而言，执业资格是从业的必要条件，而且只能在所属资质种类和等级限定的范围内从业。在该模式下，企业活动被限定在由资质划分的目标市场内；个人要从事专业活动首先要

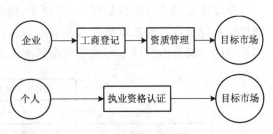

图 2-40　严格的市场准入

获得执业资格，获得资格并注册意味着要受到特别的监管，承接项目对应的建筑规模和工程复杂程度也被资格等级限定了，如图 2-40 所示。

从实践看，某个国家在某个时期建筑市场准入的宽严对企业和个人并不一定一致，而且对各自准入的宽严还可能因项目性质的不同而不同。例如美国对建筑企业的准入很宽松，但对建筑师等个人执业进行严格管理。新加坡将建设工程分为政府工程和除政府工程之外的工程，对承建政府工程的承建商实行注册登记制度。

（2）市场准入的依据和机构

从个人市场准入的管理依据和机构方面看，各国不同的执业资格管理模式大致可分为两类：法律管理模式和行业自律模式。英美两国所采用的模式分别是这两种模式的典型代表。两者的比较如表 2-20 所示。其他国家如加拿大、澳大利亚、法国、德国、日本、新加坡等则介于这两种模式之间。

表 2-20　建筑业执业资格制度比较

	法律管理模式	行业自律模式
管理权	国家	行业组织
管理依据	国家或地方法律规章	行业章程
强制性	强制	非强制（会员制）
注册管理机构	政府授权的非政府机构（如注册局）	行业协会或专业学会
范　　围	(1) 注册建筑师/工程师，如美国、加拿大、澳大利亚（或部分州）、日本和中国香港特区等； (2) 注册建造师，少数国家； (3) 景观设计师，如美国； (4) 城市规划师，美国部分州、中国香港特区	(1) 英国、德国、澳大利亚除律师、医生、建筑师外大部分执业资格； (2) 建造师、咨询工程师、城市规划师，大部分国家

英国个人执业资格制度完全是行业自律性管理，欧洲很多国家与之相似。这一管理制度的建立基础是这些国家有较长的发展历史，市场的成熟形成了比较规范的管理制度，行业协会、学会的权威性得到了广泛的认可。而美国是将执业资格分为法律管理类执业资格和行业自律管理类执业资格，进行分类管理的目的是强化对涉及卫生安全和人民生命财产的关键职业或岗位人员的准入控制。与其他有类似制度的国家相比，美国法律管理类执业资格的种类比较多，体现了其严格市场监管的一贯特点。英美两国两种不同的管理模式，反映了指导思想的不同：一个是借助成熟的市场，由业主来选择，让市场进行"准入"；一个是强

调保护人民生命财产安全,规范职业秩序,主要由政府进行准入。

（3）市场准入的手段

建筑市场准入监管可以采用行政手段或经济手段。行政手段是借助政府力量,采用各种行政许可（如资质资格管理）方式进行监管;经济手段是借助市场力量,让市场机制实现政府市场准入所起的控制作用。建筑市场准入根据其监管手段运用的不同,可以划分为三种模式:完全政府准入模式、完全市场机制模式和有选择的政府准入模式。如图2-41所示。

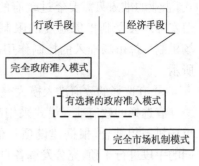

图2-41 按监管手段划分的市场准入模式

① 完全政府准入模式

完全政府准入模式由政府主导,采用法律和行政手段进行监管。该模式有利于国家对行业市场进行干预。对我国目前而言,诚信体系尚未充分建立,市场各方责任主体诚信普遍缺乏,政府部门代表公众利益进行市场准入管理,具有相当的公信力和制约力。另外,建筑市场的不成熟、过度竞争的存在和龙头企业的做大做强,也需要政策的引导。但是完全政府准入模式的作用仅在于克服当前市场的失灵,始终带有计划经济的色彩。

② 完全市场机制模式

完全市场机制模式由市场主导,充分让市场机制这一"看不见的手"来规范市场秩序、培育市场主体;政府在准入上不直接干预,以调控者的身份通过法律手段进行调节。发达国家的经验表明,市场机制能够充分发挥市场准入的控制作用将依赖于两个因素:信用和担保保险制度。

市场经济首先是信用经济。完善的信用体系,是市场经济长效发展的基石,同时也有利于在建设行业推行担保保险制度,提高市场主体风险抵御的能力。在市场经济发达国家,建筑企业的信用决定了其是否能够获得足额的担保或保险,参与项目的投标;对于大量存在的小型个人或合伙制建筑设计企业而言,企业信誉与其生存息息相关。在英国等市场准入宽松的国家,由于业主可以选择任何人进行设计、施工管理和咨询,因此个人信用在执业中非常重要。个人以往的经历是业主重点考察的内容。

担保保险制度由担保制度和保险制度组成。建筑市场的担保制度主要针对企业,保险制度则可针对企业、项目和个人。担保与保险不仅是风险转移的工具,也是促使建筑市场逐渐形成主体独立、相互制衡、规范有序的市场机制的一种经济手段,其优势就在于引入了另一个经济主体。该经济主体为保护自身的经济利益,在提供担保或保险时,必然要对申请人的资质、信誉、经济实力、履约记录等进行全面的审核,并在申请人履约过程中进行认真的监督检查。如果申请人资信差、经营行为不规范、履约记录不良,他将得不到担保或保险,或者要提供足额的反担保或支付高额的保费,使得申请人的履约成本大大增加,甚至无利可图。因此,担保保险制度间接起到了建筑市场准入的控制作用,即用经济手段设立门槛,阻挡没有能力的竞争者进入市场,保证市场竞争主体的品质,促使合格者、优秀者在市场上获胜,实现市场的优胜劣汰。

美国的工程担保制度比较有代表性,许多州均要求州政府投资的公共工程项目都要求承包商事先取得工程担保。虽然根据前述分析,美国对建筑企业的准入采用宽松的准入模式,企业的准入只需要经过政府的工商登记,但实际还会受到担保制度的限制,这属于市场机制发挥市场准入的控制作用,如图 2-42 所示。

③ 有选择的政府准入模式

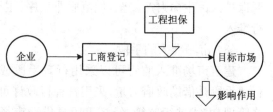

图 2-42　市场机制影响下的企业市场准入

有选择的政府准入模式采用政府准入和市场机制相结合,根据建设项目的特点用不同的手段进行干预,充分发挥各自的优势。对企业准入监管,这种模式以新加坡和中国香港特区为典型。新加坡对承建政府工程的承包商实行注册登记制度。不同注册等级允许投标的工程合约限额不同。中国香港特区政府工务局对承包政府工程的承建商实行认可制度,只有入选认可名册的承建商才有资格入围参与政府工程的投标。认可名册中的承建商根据规模和实力分为甲、乙、丙三个资质等级,并按资质等级进行管理。中国香港特区对私营工程的监管实行认可人士制度,不对承建商设立准入门槛。而对个人执业准入监管,以澳大利亚和美国为例。澳大利亚对专业人士的执业资格管理分为法律管理类和自律管理类。主要涉及与公众利益、生命财产相关的专业技术领域,如律师、医生、建筑师等,通过立法来管理;有较长发展历史,逐步形成比较规范化的管理制度,行业协会的权威性得到广泛认可的领域,如会计师、工程师等由行业协会自律管理。美国的执业资格管理分类与澳大利亚一致,但每一类划定的职业种类不同,法律管理类占比较大。

发达国家通常强化对政府投资项目的监管,弱化对民间经营性工程项目的监管。由于政府投资项目使用的是纳税人的钱,因此采用行政手段对参与项目的企业和专业人士进行准入监管,有助于保证具有合格实力的主体参与,保证国家的利益。对私人投资的工程项目,政府进行规划、安全、技术标准、建设程序、环保、消防等方面的控制,只要不违法就不必加以干预,遵循谁投资谁负责的原则,充分让市场机制在有效的领域充分发挥作用,成为行政手段监管的有力补充。

(4) 市场准入的侧重点

由于工程建设具有社会性,多数国家都对建筑市场主体设置准入门槛。但是在准入监管体系上,各国对企业和个人两者监管的重心不同,同一个国家在不同发展阶段对企业和个人监管的主导思想也有所不同。

欧美发达国家对企业的市场准入一般比较宽松,而对专业人士的执业准入却非常严格,属于"重个人资格、轻企业资质"型,与我国现阶段重企业、轻个人的情况截然相反。目前国际通行的个人执业资格制度一般包括五项基本制度:教育评估制度、考试制度、注册制度、继续教育制度和社会信用制度,如图 2-43 所示。该制度体系只代表一般情况,各国体系中制度安排的侧重点不同,而且可能还包含其他的制度。

欧美发达国家重视个人执业资格的管理,除了严格的考核外还体现在以下六个方面:

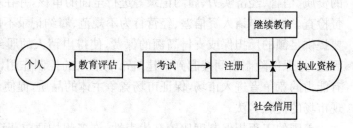

图 2-43　执业资格授予的基本程序

① 行业自律

行业自律的内容主要包括规章制定权、规则实施权和惩罚权。其中,规章制定权包括制定协会章程、行业规范(包括职业道德规范和行业准则)、惩罚规则、争端解决规则。行业准则和职业规范存在意义不仅在于行业组织内部的管理,还在于与法律法规一道,共同约束主体的市场行为。而道德调节是市场交易活动中成本最低的一种调节方式,远低于法律或行政手段调节。许多市场行为的职业道德约束比法律或行政约束有效。

在对个人市场准入监管采用行业自律模式的情况下,政府在行政上撤销了市场进入的门槛,把选择权交给业主,由行业自律组织完成信息传递,让市场机制替代政府市场准入的控制作用。由于市场准入属于政府监管行为,没有受到政府监管的行业自律模式并没有反映出真实的"准入"环境,此时市场准入的控制作用实际上是通过一系列因素的影响作用来实现的。如图2-44所示,个人能否在目标市场中生存实际上会受到这些因素的制约。

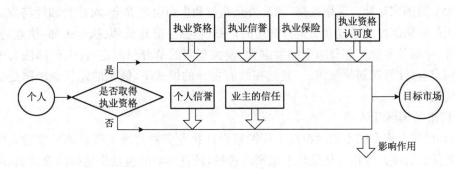

图 2-44　行业自律模式下"准入"的影响因素

在行业自律模式下,协会、学会等行业组织代表会员的利益,不仅代表行业或专业人士群体为其利益与政府争取权利,也为其会员进入市场提供服务。行业组织的社会信誉和权威性使执业资格及相关头衔的取得成为个人卓越能力的证明;行业组织负责成员的执业信用记录,方便了业主的考察;执业保险的获得又与执业信用紧密相关。因此得到行业组织的认可有助于个人得到业主的信任和市场机会。

② 责任落实

由于个人注册与企业没有关系,因此承担责任的主体可以直接落实到个人,专业人士对项目最终负责。责任和信誉的压力和自主权的保障,有利于专业人士提升自身水平,克服强制监管下难以克服的痼疾。另一方面,个人与企业没有挂钩,也不存在企业资质与专业人员数量相关联的问题,专业人士可以凭借自己的执业资格头衔自由流动,因此这种状态不仅有利于建筑师、工程师个人的发展,也使得建筑市场可以发挥对人才这一生产要素的调节,使人力资源得到优化配置。

③ 信用体系

建筑市场执业资格人员的信用,体现了授信方和受信方之间遵守契约能力,即是在建筑市场交易活动中,市场行为主体遵守承诺、实践成约,取得对方信任的行为和应该遵守的行业规范。建筑市场经济是契约经济,各个经济实体都围绕契约约定的各种关系和要素而运转。社会信用好坏是各种契约链正常履行的综合反映。因此,建筑市场执业资格人员信用主要是指契约信用和执业信用,包括市场交易信用、合同履约行为信用、守法执业信用,以及在履行合同中所应表现出的道德、伦理信用。可以看出,欧美发达国家及其行业组织的信用体系的健全之处,就在于这些个人信用涵盖的信息明显不限于基本的注册信息。而该信用体系的建立是以国家、行业组织和社会群体共同监督为基础的,这同时也创造了一个诚实信用的社会环境。

④ 个人执业保险

在国际上,个人执业保险主要针对建筑师、结构工程师、咨询工程师等专业人士,也称为职业责任保险(Professional Liability Insurance)。它是指由于个人的差错给工程项目带来的损失通过保险赔付。在英国等欧洲国家,个人执业保险和个人执业信用一样,也是个人实际执业的前提条件。而上述良好的信用体系又为这些国家推行个人的执业保险制度提供了前提。由于承担责任的主体为个人,因此发达国家个人执业保险制度的意义就在于为风险抵御能力较弱的个人提供了一个风险转移的渠道。

⑤ 立法

绝大多数国家对社会通用性强,涉及公众利益和生命财产安全,对社会和经济发展影响较大的执业资格制度是通过立法进行管理的,一般包括注册建筑师、执业医师、执业药师、注册会计师、律师等专业。部分国家如加拿大、澳大利亚的部分州制定有《工程师法》;中国香港特区制定有《注册规划师条例》。显然在政府主导的模式下,健全的建筑业法律是实现严格监管的基础。

⑥ 资格的国际互认

目前,世界上许多国家和组织在工程勘察设计执业资格管理上较多地采取融入国际市场之中的灵活态度。资格互认是许多国家的选择,较有影响的包括华盛顿协议成员、欧盟成员、工程师流动论坛成员和亚太经合组织工程师项目成员,而且这种多边互认形式已经成为当前国际上开展资格与认证的发展趋势。国际资格互认目前主要包括:美国与加拿大的资格互认,美国与英国的资格互认,英国工程师学会、澳大利亚工程师学会和中国香港工程师学会之间的资格互认,中国香港工程师学会结构专业与结构工程师学会(英国)的互认等。尽管以上互认仅仅是执业的资格互认,一般还要申请所在国的执业注册,但可以促进成员国注册执业人员承接任务范围的扩大和技术交流,对互认的国家都有好处。

2) 针对市场客体

(1) 建设项目

建设项目在开工前一般都要求通过城市规划、消防、卫生、节能、安全等方面的审查,取得两种许可证:规划许可证和施工许可证,如图 2-45 所示。有的国家不一定具有这两证,但其许可证核发的前提也是要通过上述多方面的政府审查,这体现了政府对工程建设这一影响公共利益的活动进行社会性

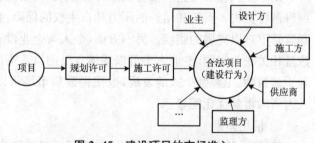

图 2-45 建设项目的市场准入

监管的基本职能,因此即使在英国、美国等市场经济发达国家,这些程序也是必不可少的。

(2) 建筑材料、构配件和设备

建筑材料、构配件和设备一般属于制造业产品,但用于建筑产品生产。在建材或设备市

场流通前,要取得质量、安全、节能和环保等标准的强制认证,如图 2-46 所示。没有获得强制性标准认证的产品,国家禁止生产、销售和进口,这体现了政府对涉及人民生命财产安全的产品进行社会性监管的基本职能。由于强制性标准与国家

图 2-46 建筑材料、构配件和设备的市场准入

的对外贸易政策、科技发展水平和公共利益的重视程度有关,因此发达国家与不发达国家在对建筑材料、构配件和设备的准入标准上体现出多与少、严与宽的差别。

3) 建筑市场准入控制作用的实现机制

对准入模式的归纳总结给出了建筑市场准入监管的一般结构,而且可以看出均是通过政府对准入工具的制度安排来体现。从市场经济调节的角度看,这些准入工具控制主客体进入市场的作用机制并不相同。正是由于各国政府从本国国情出发,总结历史经验教训并致力于不断发展,而对能够起到建筑市场准入控制作用的不同机制产生了不同的理解,最终衍生出对准入工具各不相同的制度安排,形成了各国不同的模式。

在建筑市场环境下,市场准入的控制作用主要由三种机制共同实现,即政府准入机制、市场机制和行业自律机制。不同市场经济条件下,这三种机制所发挥的作用不同。对于市场准入问题而言,即使是在公认的成熟市场经济条件下,市场机制虽然在资源配置中发挥主导作用,但是在某些领域,政府监管和行业自律这两种机制是不可或缺的。

反观英国、美国、德国等发达国家的发展历程,它们对本国市场的监管最初依赖的是市场机制,鼓励自由竞争。但自由竞争的市场经济发展到一定阶段后,市场机制由于外部效应、信息不对称、公共物品的存在,导致市场失灵,于是人们求助于国家的干预与调控,通过政府监管来解决市场机制的失灵。但是政府监管也不是万能的。由于经济人的假设、信息不对称、公共物品的垄断、政府官员的非专业性、政府监管法规的滞后性和僵硬性,从而造成政府监管的失败,即"政府失灵"。面对"市场失灵"和"政府失灵",行业自律以行业组织为主体,发挥行业组织的信息提供、协调行动的优势,成为政府监管以外的有力补充。

实际上上述三种机制分别对应不同的准入工具:市场机制对应的是工程担保保险,政府准入机制对应的是工商登记、许可证和企业资质,行业自律机制对应的是个人执业资格。在我国计划经济转型之初,工程担保保险和个人执业资格制度尚未建立,建筑市场的准入只依靠行政手段,如工商登记、许可证和企业资质管理。在这种计划经济背景下的市场状态中,政府准入机制是唯一的作用机制。随着社会主义市场经济的逐步建立,我国当前的市场状态介于政府准入资质主导型和三种机制共同作用的市场状态之间,如图 2-47 所示。

图 2-47 三种不同市场状态比较

2.4.1.4 建筑市场准入的管理工具

1) 行政许可

市场准入的目的是根据市场的需要控制进入市场的主体的数量和质量，既要保证市场的充分竞争，即成为一个理想的可竞争市场，又要控制竞争秩序，避免恶性竞争。市场准入制度的执行必须依靠行政机关。行政机关行使其行政职能，做出行政行为，实现对市场的监控。目前行政机关实行市场准入制度所依靠的主要手段就是行政许可。

(1) 行政许可的种类

根据性质、功能、适用事项的不同，我国的行政许可可以分为以下几种类型：

① 普通许可。普通许可是由行政许可主体确认公民、法人或者其他组织是否具备从事特定活动的条件。它是行政管理中运用最为广泛的一种行政许可，适用于直接关系国家安全、经济安全、公共利益、人民健康、生命财产安全的事项。普通许可的功能主要是防止危险、保障安全，一般没有数量限制。

② 特许。特许是由行政许可主体代表国家向被许可人授予某种权利，主要适用于有限自然资源的开发利用、有限公共资源的配置、直接关系公共利益的垄断性企业的市场准入等。矿藏开发许可、无线电频率许可、出租车经营许可等是典型的特许。特许的功能主要是分配稀缺资源，一般有数量限制，如飞机航线、无线电频率等。通过招标、拍卖等方式择优决定，被许可人取得特许权应当依法支付一定的费用。

③ 认可。认可是由行政许可主体对申请人是否具备特定技能的认定，主要适用于为公众提供服务、直接关系公共利益的事项，并且要求具备特殊信誉、特殊条件或者特殊技能的资格、资质。资格、资质认可的设定属于行政许可设定权范畴，主要解决某些职业、行业需要设定资格、资质。认可的主要功能是提高从业者的水平或者某种技能、信誉，一般没有数量限制。认可不可以转让。在我国，资格范围也存在过于失控、滥设的趋势。

④ 核准。核准是由行政许可主体对某些事项是否达到特定技术标准、经济技术规范的判断、确定，主要适用于直接关系公共安全、人身健康、生命安全的重要设备、设施的设计、建造、安装和使用，直接关系人身健康、生命财产安全的特定产品、物品的检验、检疫等事项。核准的功能也是为了防止危险、保障安全，没有数量限制。核准是通过检验、检测、检疫方式进行的。

⑤ 登记。登记作为行政许可的一种类型，是指行政机关通过形式审查确定个人、企业或者其他组织符合规定条件。申请人只要符合形式要件，有关行为便告完成。登记没有数量限制。登记适用于比较简单、只需对申请材料进行形式审查的行政许可中。法律、法规规定了相应的形式或者手续，只要符合就予以登记。

(2) 建筑许可

建筑许可是行政许可的一种，属于附文件许可。建筑许可是指建设行政主管部门或者其他有关行政主管部门准许、变更和终止公民、法人和其他组织从事建筑活动的具体行为。建筑许可的表现形式为施工许可证、批准证件(开工报告)、资质证书、职业资格证书等。实行建筑许可制度是国际上的通行做法，如日本、韩国、英国、挪威、德国以及我国台湾地区的建筑立法，都明确地规定了建筑许可制度。

① 建筑许可管理手段之一：资质管理

在行政法中，"资质"属于我国行政许可方式中"认可"的一种类型。在表述上，"资格"多用于对从业人员的认可,而"资质"多用于对企业的认可。建筑施工企业的资质是指企业在一定时间内,经建设市场或政府许可,具备的从事工程建设活动的资格(或称"入行条件")。

资质管理是针对建筑市场主体的准入规制,一般包含企业资质和个人执业资格两个方面,并包括对从业范围和禁止事项进行的规定。从政府规制的角度看,资质管理是一种规制工具;从企业的角度看,它由政府提供,充当了市场信息的信号。通过改善信息的不对称,可以降低市场主体信息甄别的成本,避免对信息劣势方利益的损害,优化市场资源的配置等。在产业组织理论的市场结构研究中,资质管理作为产业内市场准入的控制手段之一,通过限制企业数量,提高产业集中度,从而影响企业竞争的状况和市场秩序,特别对于作为竞争性行业的建筑业而言,能够避免恶性竞争或过度竞争。

信息不对称反映了市场信息传递的障碍,而资质管理就是规制机构使用的,用于实现信息传递,降低信息劣势方搜索、甄别信息成本的一种强制性手段。这是因为资质认证通过一系列条件的限定,将影响交易决策的信息包含在资质等级中,使得信息劣势方需要的复杂信息得到简化,直接通过资质等级了解对方的情况。

目前世界上许多在建筑市场施行资质管理的国家,对企业资质等级的评定条件通常包括注册资本、净资产、营业收入、企业信誉、承包业绩、人员构成、机械设备与质量检测手段拥有情况等。这些条件反映了一个建筑企业的资产规模、资源的配备以及市场行为。个人执业资格评定,按照我国现行规定,个人获得执业资格注册的要求通常包括:具有一定的学历,有一定从事专业工作的时间和业绩;参加全国统一组织的执业资格考试并考试合格;在专业执业工作中无重大过失,至申请之日起一段时间内没有受到过行政处罚或者撤职以上的行政处分;考试合格之后还要申请注册。

对于没有进行资质管理的国家,如美国,仍可看到上述一些与市场准入有关的条件限制。如南卡州规定公司净资产在 25 万美元以下的建筑公司所签合同有限制。更为普遍的是,多数州要求承包商投标的工程规模不得超过工程履约保函金额,实际上就是通过保险公司根据不同档次的建筑公司的工程经历确定为其出具的保函,如果无法提供足额保函就无法通过资格预审,从而实现了对市场的调节。在人员配备上,密歇根州要求建筑公司中必须有 2/3 的职员、合伙人或董事为该州的注册建筑师、注册专业工程师或测量师。南卡州、亚利桑那州、华盛顿州等地要求建筑公司要有一位主要职员通过该州的资格考试。该人作为公司的"资质员"后公司才能取得营业执照。而对从事上下水、消防喷淋、暖通、电气、锅炉、电梯、石棉消除等专业工种的专业承包商一律要专业执照。可以看出,美国建筑市场准入对资质的限定条件涉及企业净资产、业绩、人员配备,而在某些专业承包上,也存在与我国相似的专业承包资质类别划分(但类别数量少得多)。因此对于这个市场化程度极高的国家,建筑市场资质管理实际上仍然是"存在"的。

② 建筑许可管理手段之二:许可证管理

许可证管理主要是对建筑市场客体采取的准入规制,也属于行政许可制度的组成部分。从各国实践上看,许可证管理解决的主要是环境、安全和健康问题。从经济学原理分析,环境问题属于外部性问题。

许可制度通过严格的准入条件对引起负外部性的行为予以控制,有别于税收、补贴这些经济手段。污染物排放许可证、资源开采许可证是比较常见的。对于建筑行业,常见的有规划许可证、不当时间建筑施工许可证等。规划许可有助于查处违法占地和违法建设的问题,使城市建设规模和发展方向得以控制。不当时间建筑施工许可证主要是对噪声污染进行的控制。实际上,建筑业生产带来的污染包括噪声污染、废水污染、粉尘污染、垃圾污染等,而由建筑材料带来的有城市热岛效应、建筑物室内空气污染等。

2) 标准认证

根据我国有关规定,认证是指由认证机构证明产品、服务、管理体系符合相关技术规范、相关技术规范的强制性要求或者标准的合格评定活动。产品认证可分为强制性产品认证和自愿性产品认证。按照世贸有关协议和国际通行规则,国家对涉及人类健康和安全、动植物生命和健康以及环境保护和公共安全的产品实行强制性认证制度。

强制性认证与自愿性认证的性质有着本质的不同。自愿性认证只是一种有偿技术服务,而强制性认证实质上与行政许可的作用相近。强制性认证的实施机构就是认证机构,但并不是所有的认证机构都能从事强制性认证工作,而只有政府"指定"的认证机构才能从事强制性认证工作。这种指定实际上是行政机关将企业准入许可权委托认证机构执行。因此,强制性认证在市场准入中所起的作用极强。没有通过强制性认证,该产品禁止销售。

在我国建筑行业,要通过强制性认证的产品包括电线电缆、电路开关、消防产品等,而建筑材料、建筑产品涉及的自愿性产品认证较多。这主要是从安全方面进行考虑,减少了信息不对称带来危害的可能性。相比之下,国外建筑产品的节能环保性能越来越受到关注。经济分析上是为了减少外部性。国外发达国家为促进绿色建材的发展,都是从建材产品环保"绿色"标志认证制度入手的。近二十年来,欧美日等工业发达国家对建筑物绿色建材的研究及运用非常重视,因而凭借其技术上的优势限制对环境造成污染的材料使用。在节能方面,准入的限制比较突出。如美国的最低能效标准一般都以强制性的法律、法规的形式颁布执行。德国建筑保温节能技术规范控制的是单项建筑维护结构(如外墙、外窗和屋顶)的最低保温隔热指标。

3) 工程保证担保

保证担保的基本经济学意义就是完善市场信号机制,修正市场的信息不对称状态,增进市场信用,为发挥价格机制对市场的自动调节作用创造条件。

在市场经济发达国家,工程保证担保作为一种信用工具被广泛地运用于工程建设承发包中。没有担保,就没有了通往海外建筑市场的通行证。在中国推行工程担保保证制度可以完善市场信号机制、降低交易成本、规范市场竞争、保障合同履约、加速资金融通、转移信用风险、增强建筑业企业的竞争力和减少腐败。

从理论上讲,对建设工程承发包合同设定担保应该既包括对承包方的担保,也包括对业主方的担保。工程承包类保证担保主要包括投标担保、履约担保、付款担保、预付款担保、维修担保、保留金担保等。业主责任履行类保证担保在国际上有回垫担保、管辖地担保、完工担保和特许经营权担保等。国际惯例的工程保证担保主要是工程承包类保证担保。国际上,美国、加拿大、墨西哥、西班牙、意大利、日本、韩国等国家都有专门的立法要求对公共投资项目实行强制性担保,而在其他许多市场经济国家和地区,虽然不一定有强制性工程保证担保立法,但工程保证担保作为一种惯例,无论在公共投资项目还是私人项目中均普遍采用,如英国、新加坡、中国香港特区等都是如此。

工程担保保证行业的市场主体包括担保公司、担保代理人和理赔咨询等三种不同的市场角色。该行业的市场进入管理在国际上包括对偿付能力和从业人员的标准要求。

工程保证担保制度产生于美国,在美国已经形成了完善的法律法规体系。美国是全世界最早也是最大的保证担保市场。从美国工程保证担保制度的产生、发展、完善来看,工程保证担保制度在促进建筑业快速健康发展,保证工程质量,促使建筑企业优胜劣汰,保障建筑工人、材料供应商、分包商权益等方面都有极大的促进作用。

国际工程担保的详细内容可参见第8章。

4) 工程保险

工程保险和工程保证担保都是工程风险转移和经济损失补偿的重要手段。但是相比而言,工程保证担保通常实际是由保证人暂时承担风险,保证人可以通过反担保追回部分或全部损失;而工程保险则纯粹只涉及保险人和投保人,因此风险从业主、承包商或个人完全转移给保险公司,最终由保险公司承担风险损失。

在利益的驱动下,保险公司会更关注保险对象的信用和项目的风险控制。而投保人信用的取得又与信用评价机构有关。另外对于建设项目的融资,除了业主部分自有资金外可能还需要银行贷款。工程建设周期长、风险大,发生大的损失事故后往往会影响工程的按期完工和对银行贷款的偿还。因此银行为了防范借款人的还贷风险,往往将足够的保险作为工程贷款的先决条件。而对于业主,购买足够的工程保险可以保障还款的安全性,提高自己的信用水平,有利于获得较为优惠的贷款。总之,信用机构、保险公司和银行环环相扣,各自提供的服务都成了市场主体实际进入市场获得交易资格的前置条件,这体现了市场机制在建筑市场主体市场准入中的控制作用。

市场机制的运用属于经济手段,区别于政府经济性管制和社会性管制这一行政手段,其中前者适用于市场机制能够充分发挥作用的领域,后者则适用于发生市场失灵的领域。美、日、德、法等国法律规定:凡公共工程必须投保工程险。市场经济发达的国家很多实行政府、银行、市场"三重强制",即政府立法强制承包商必须有保险保障;银行对没有投保的项目不予贷款;竞标时,没有投保的承包商会被淘汰出局。

建筑市场的保险制度与企业、项目和个人均有关。建设工程保险按照标的的性质,可以分为人身保险、财产保险、信用保险与保证保险;按照法律性质上是否具有强制性可分为强制性保险和自愿性保险。强制性保险通常主要包括建筑工程一切险、安装工程一切险、雇主责任和人身意外险、十年责任和两年责任险、职业责任险。自愿性保险包括国际货物运输险、境内货物运输险、政治风险保险、汇率风险保险等。信用保险和保证保险则都是带有担保性质的保险业务项目。

国际工程保险的详细内容可参见第8章。

5) 信用

信用最初源于道德范畴,我国儒家思想中最早将"信"提到道德修养的地位。随着社会经济的不断发展,信用的道德因素逐渐上升并扩展为法律因素,并逐渐融合到各种法律制度中。在中国古汉语中,"信用"一词的本意是遵守诺言,实践成约,从而取得别人信任的意思。"信用"的英语词汇是 credit,起源于拉丁语动词 credo,意思是"我相信"或"我给予信任"等。信用的含义很丰富,在不同的领域包含的内容不同。

信用与相关的资信、诚信、信誉在含义上有所不同。资信、诚信和信誉是在信用基础上派生的概念,信用可以泛指。在狭义上,信用是履约状态和守信程度;资信是信用的履约能力和可信程度;诚信是信用的意愿、道德和价值观,具有社会文化的意义;信誉是信用的社会声誉,即通常所说的口碑或声誉。因此,政府的市场准入监管体系涉及的资质、资格属于资信的范畴,具有客观性。资信与具有主观性的诚信一道,共同决定了市场主体的信用和市场准入,而信誉则起到影响作用。

信用的作用主要体现在两个方面:其一是对工程担保、保险业的作用;其二是对市场主体进入、清出的作用。

① 对工程担保、保险业的作用

契约或合同是信用行为的制度保障,而信用则是使承诺得以履行和兑现。从结果上看,实现信用所作的实践成约会形成信用信息,它是工程担保和保险服务的前提。担保、保险业确定承保对象和费率的主要难点是对当事人信用的评估,即担保、保险工具能否有效地融入工程建设领域主要是看能否方便、可靠地获得市场主体的信用信息,如身份信息、市场行为信息、财务信息、公开信息等。工程建设市场中项目的投资规模和主体、施工工艺和条件、交易过程的差异决定了项目风险的不同,并最终决定计算保费的费率,这使得开展工程担保、保险业务对信用信息体系的依赖更加明显。

② 对市场主体进入、清出的作用

信用奖惩机制是建筑市场信用体系的重要组成部分,它通过对守信者进行保护和鼓励,对失信者进行惩罚,发挥社会监督和约束的制度保障。对建筑市场守信企业和人员给予鼓励和宣传,不仅有利于这些企业的发展,同时也树立了良好的信用风气,降低了政府市场监管的难度;对失信企业和人员的教育、曝光乃至处罚制裁,提高了其失信成本,有利于其自我改造或者退出。总之,信用仍然是市场经济条件下实现优胜劣汰的重要工具。

政府的市场准入监管体系涉及的资质和资格属于资信的范畴,具有客观性,其与具有主观性的诚信一道,共同决定了市场主体的信用和市场准入。获得信用信息是工程担保和保险服务的前提,且信用也是市场经济条件下实现优胜劣汰的重要工具,对市场主体的进入、清出起到约束保障的作用。

2.4.2 国际建筑市场技术性壁垒

2.4.2.1 国际服务贸易壁垒

国际服务贸易壁垒指一国政府对外国服务生产者(提供者)的服务提供或销售所设置的有障碍作用的政策措施。常见的国际服务贸易壁垒如表2-21所示。

表2-21 国际服务贸易壁垒的种类

壁垒类型	说明
产品移动壁垒	包括数量限制、当地成分或本地要求、补贴、政府采购、歧视性技术标准和税收制度,以及落后的知识产权保护体系等
资本移动壁垒	主要形式有外汇管制、浮动汇率和投资收益汇出的限制等
人员移动壁垒	主要涉及各国移民限制的法律。由于各国移民法及工作许可、专业许可的规定不同,限制的内容和方式也不同
开业权壁垒	又称生产创业壁垒。如禁止外国服务提供商进入某些行业或者地区设立机构或者提供服务,或者对某些行业实行政府垄断,或者禁止外国服务人员进入本国从事职业服务工作等

建筑业的技术性壁垒涉及很多方面,主要的有以下几个方面:企业设立及工商注册;企业资本金;经营者、技术管理人员、劳务人员;工程业绩、母公司海外业绩认同;设备、材料进出口;工程质量标准(建筑业标准和技术规范);外汇进出;安全标准、健康和卫生;环境和可持续发展等。

其中技术规范是最有效、最隐蔽的市场进入壁垒。安全问题有时也成为进入壁垒,如2006年中国集装箱(集团)公司下属的深圳天达空港公司参加了印度机场管理局17处机场廊桥工程的招标,并列商业标第一位,但印度有关部门以安全为由禁止中国公司参与印度民用机场工程。有时文字都可以成为对国外进入者的壁垒,如在丹麦,合同金额小于530万美元的工程标书以丹麦文写成。

本书仅对企业设立及管理、资质管理、企业经营等几个方面的技术性壁垒做一些介绍。

2.4.2.2 美国

1) 企业设立及管理

(1) 需要注册为美国当地公司。外国承包公司进入美国,通常应事先在某一州注册一家或多家公司,可以是独资、合资、合作等方式。如果以国外母公司名义直接承包工程,需在当地进行登记。但由于美国业主、公司以及个人希望与在美注册的公司打交道,有了纠纷可以在美依靠美国法律解决,而不希望与一个美国法律不易控制的公司打交道。因此,想要在美国开展承包业务的公司都在美国注册。

当外国公司成立了一家美国当地公司后,该公司的一切待遇就等同于当地公司,外国公司准入问题等同于外州公司准入问题。通常要求外州公司在当地政府部门进行登记,交纳一定的登记费(每年或几年续交一次)。而特别的是,华盛顿特区需要外州公司在当地有一位代理人或代理机构,并需出示原注册地开出的经营状况良好的证明文件。

(2) 要求受美国法律制约,一切依法办事。地方政府对建筑市场的管理政策、税收政策等都有不同规定,但这些规定对国内外所有公司一视同仁,各州对在本州内开展业务的工程承包商的执照管理不尽相同,但适用于任何建筑公司。

一般外国公司在美经营必须聘请律师、会计师、顾问公司等,所需费用较高。

(3) 当外国公司在美国成立的子公司或与当地公司合资成立的公司把经营利润汇回外国母公司时,美国税法要求扣留一部分。

2) 资质管理

(1) 多数州对建筑公司不实行分级资质管理,一般依靠保险公司对不同档次的建筑公司所提供保险金额的不同进行市场调节。但有些州也有资质管理规定,主要表现在对公司净资产的要求,如南卡州规定净资产在25万美元以下的公司所签合同的金额有所限制。

(2) 有些州要求建筑公司有一位主要职员通过该州的资格考试,该人作为公司的"资质员"后该公司才能取得营业执照。从事上下水、消防喷淋、暖通、电气、锅炉、电梯、石棉消除等专业工种的专业承包商一律要有专业执照。

(3) 无论是私人项目还是政府投资项目,业主都希望建筑承包商有在美国完成过类似项目的经验。

(4) 从事设计工作、有图纸签字权的设计师执业需要取得专业执照。

3) 业务经营

(1) 几乎所有的招标文件都要求投标者在美国注册,受美国法律制约。

(2) 外资建筑公司在美开展工程承包业务范围在法律上未受限制,只要能通过资格预审均可参与竞标,但往往难以满足资格预审表中的以往类似工程项目经历和保函额度等条件。(尤其是外国独资公司)

(3) 政府公共性工程对外国公司进行总承包有所限制,但对要求较高的大型项目或国内施工力量有限的项目,也进行国际招标。

(4) 对公共投资项目实行强制性保证担保,保函由经批准从事担保业务的保险公司和专业担保公司出具,主要担保品种为:投标担保+100%履约担保+100%付款担保。在联邦或州政府项目招标中,通常要求提供保函的保险公司是美国财政部授权的公司。

(5) 地方政府对工程的设计、施工安全和工程质量进行监管,整个项目实施过程特别注重环境保护(有一系列的建设项目管理法规及配套制度)。

(6) 国外的建筑材料和建筑机械长途运抵美国后价格优势不大,而且质量也会受到业主的质疑。

4) 其他

(1) 外国劳工很难进入美国,美国劳工法规定公司招收雇员必须优先考虑当地人,招收技术人员要先在当地报纸登广告,经面试本地人不合格后才能考虑从国外雇用。

(2) 地方工会组织的干扰影响正常施工安排。倘若与工会关系不紧密,则会遭到工会组织的示威游行和干扰,或者工会组织分包商报价高,造成总价高,不易中标。

2.4.2.3 日本

1) 企业设立及管理

(1) 须注册为日本当地公司,并接受日本政府的属地化管理。不论何种企业,要在日本两个以上地区设立机构,必须由建设大臣批准。

(2) 对企业高层管理人员有资历及业绩要求,如果达不到,则必须聘请有资历的日本人经营(今后没有足够的营业额,将被吊销营业执照)。

(3)《入境管理法》(下称《入管法》)规定,外国公司必须至少雇用2名当地人士参与管理事务,并且实发工资,必须真正雇用日本相关资格的人充当建筑技术责任者和土木技术责任者,否则吊销营业执照。

2) 资质管理

(1) 实行资质等级管理。承包商均须登记注册,申报注册资金,分28个工种工程,每个按造价分成A至E共5个等级,企业按等级参与相应级别的工程投标。

(2) 在相关专业人士执业认证制度中,规定高级人士的执业资格认证和执业要由建设大臣批准。

(3) WTO成员缔约国的承包商海外业绩可作为资历。

3) 业务经营

(1) 实施资格审查制度。

(2) 只有WTO缔约国的承包商才有条件进入日本建筑市场。允许外国公司参加投标的政府工程项目有基本额度的限制。对外国公司竞投公共工程承包权规定有投标程序,这种程序使得外国公司的中标可能性大大降低。

(3)大部分工程项目采用联合体(Joint Venture,JV)承包方式。对地方工程,要求联合体一定要接受地方政府指定,将工程的某些分部或整个工程工作量的一定比例分包给当地小企业施工。

4)其他方面

(1)《入管法》规定外国建筑技术工人严禁进入日本,外国的现地法人没有工程资历不能引进研修生。

(2)进入日本的外国建材,一般需经专设机构1～3个月的严格审查,才能颁发使用许可证。

(3)对安全的要求非常重视,投标时非常重视企业的建筑安全纪录。

(4)日本建筑业的传统习惯对外国建筑企业进入日本市场设置了极大的障碍,如"谈合"、"共同企业联合体"承包、政府在某些项目上"指名竞标",都使得外国公司处于弱势地位;日本建筑业世袭地盘和划分山头的特点也限制了外国公司承包工程。另外,日本建设领域的企业普遍采取了强强联合的方式,组建新的企业集团或联合体,取得了竞争优势。

2.4.2.4 中国香港特区

1)企业设立及管理

必须按照《商业登记条例》第二条的规定,设立公司及办事处。具体由公司注册处根据香港公司注册流程办理。

在香港承包工程要交纳所得税、印花税、事业登记税、消费税和机动车税。

在香港经营事业,不管是个人还是法人,必须进行事业登记,每年缴纳一定数额的事业登记税。

2)资质管理

(1)采用《公共工程认可物料供应商及专业承造商名册》、《公共工程认可承建商名册》对经营者进行管理,该名册每季度更新。该管理制度对承包商的最低占用资本和流动资本、最小技术和管理标准、最低全职技术和管理人员数量及资格标准提出了要求。

(2)要求名列承建商名册的申请,须附有一名认可人士、一名注册结构工程师或香港建造商会有限公司以指明的表格对申请者作出的批注。可参照香港《建筑物条例》。

3)业务经营

(1)必须符合保留承包商名录及接受投标要求的财务标准。

(2)政府《公共工程认可承建商名册》中成员可参与政府工程投标。

(3)经营者应获得质量管理体系认证(具体可参照香港 Works Bureau Technical Circular No. 13/2001)。

4)其他

(1)对从业人员有详细的分类和工作说明。承建商必须在香港聘用一定数目的全职管理及技术人员,这些人员必须具有一定学历及本地工作经验。

(2)对从业人员入境、从业保障有详细的要求和制度规定。

(3) 对健康和卫生以及对环境和可持续性发展的限制和要求较高。

2.4.2.5 新加坡

1) 企业设立及管理

(1) 承包商首先要进行注册。注册为个人所有或合伙制的企业,只能定位 G1 或 L1 级。

(2) 外国公司如想获得 G1 或 L1 级以上资质等级,其所在国家的司法制度应能为新加坡政府所接受。

(3) 对外国承包商征收所得税(个人和法人所得税)、工资税、印花税、消费税、关税等税种。

2) 资质管理

(1) 按资产规模、技术资质、人员情况、历史纪录、企业信誉将承包商资质分成 G1 至 G8 (建筑工程类)、L1 至 L6(其他工程类)共 14 个等级。对承包商的资质评定分为两部分:一是所从事的工程类型;二是承包商从事该工程类型的资质等级。

(2) 对于从事某些工程的承包商(如电力及通信工程承包商),还要求其人员或企业必须获得相关政府主管部门颁发的执照,方可进行资质评定。

(3) 技术人员需要执业注册。

3) 业务经营

(1) 承包商只能按评定的资质所允许的工程类型及范围进行投标,不得跨级、跨范围进行投标。

(2) 政府工程施工全部公开招标,有严格的管理体系。

4) 其他

新加坡的设计和施工企业大多雇用外国专业人才和外国劳工。当然对雇用外国劳工有限制。

2.4.2.6 德国

1) 企业设立及管理

可以设立公司、分公司、代表处。分公司有权处理一切公司业务,独立签订合同,独立地开展业务。分公司所有的权利和义务均由其总公司来承担。代表处不能签订合同,不需要纳税。

2) 资质管理

对注册资本有要求(公司的注册资本至少为 5 万德国马克,每个股东出资至少为 500 马克)。对从业人员资格亦有要求,如从事监理行业对个人的要求之一就是:为了了解必要的法律规定、专业任务和要求必须听课。监理行业的雇员也要具备这个条件。

3) 业务经营

从事一些特殊的经营活动,必须经国家的特殊批准。

4) 其他

来自欧洲经济区以外国家的公民在德国就业,必须持有工作许可证。

3 国际大型建设企业发展模式与战略

本章分别探讨国际一流大型施工承包商和设计商的发展模式和战略。

3.1 国际大型施工承包商发展模式与战略

经济全球化加剧了国际工程市场同业间的竞争,竞争力的不对称使国际分工达到"均衡互补"。经济全球化使世界成为一个大市场,并强烈地冲击着区域保护。在国际市场中,企业扬长避短、各展所长,同业公司之间短兵相接,在一个市场内搏击竞争;在国际分工中,企业按实力对号入座。在市场竞争日益激烈的压力下,国际知名建筑企业为保持和提升竞争实力,在联合重组的同时,还在企业的战略、管理和技术等方面进行了不懈的努力。

3.1.1 国际大型承包商发展模式

国际承包商的业务特征主要体现在:海外收入比例高、涉及行业多元化、国际业务分布重点突出。这些公司之所以形成现有的业务特征,与其发展历史有着密切的联系。这些公司都已经发展了至少半个多世纪,根据它们的发展历史,可以大致将其成长路径分为五个不同的阶段。通过进一步研究,还可以发现在每一个阶段各个公司都采用了类似的战略和发展模式。

1)第一阶段:公司成立初始阶段

这些公司最开始的组织形式都是私人公司或者合伙制。这个阶段一般采用的发展模式为专业化(差异化产品)、建立与业主的战略联盟等,见表3-1。

表3-1 国际顶级承包商成立初始阶段

国际承包商	年 代	主要事件	主要模式
Bechtel	1898—1906年	只负责铁路建造	专业化
Fluor	1912—1930年	专门从事石油天然气领域的建造	专业化
Technip	1958—1962年	负责炼油厂和石化厂的建造	专业化
Skanska	1887—1897年	从事建材业务和建筑工程	专业化
Hochtief	1873—1896年	住宅、工程、基础设施建造,成立合资公司	专业化、企业联盟
Vinci	1895—1908年	专门从事公共工程	专业化
AMEC	1883—1920年	从事石材业务以及房屋承建	专业化
JGC	1928—1944年	专门从事政府石化精炼厂建造	专业化、业主联盟
KBR	1919—1940年	专门从事基建,支持总统选举以获取订单	专业化、业主联盟
Bovis	1885—1900年	专门从事房屋修建	专业化

2)第二阶段:公司快速发展阶段

这一阶段,多数公司选择了在主营业务方面追求最大市场份额,具体通过设立分支机构,进行企业/业主联盟等方式;有不少企业开始多元化经营,以及尝试走出国门开拓海外业务;同时还有少数企业开始重视研发,以获得更大更有难度的项目(见表3-2)。

表3-2 国际顶级承包商快速发展阶段

国际承包商	年 代	主要事件	主要模式
Bechtel	1906—1940年	进入石化等多个领域,与6家公司联营造大坝	多元化、企业联盟
Fluor	1930—1950年	承担多项石化领域的大项目	追求最大市场份额
Technip	1962—1980年	迅速抢占炼油、化工领域市场	追求最大市场份额
Skanska	1897—1950年	迅速抢占房屋、道路市场,开发多种施工技术	追求市场份额,技术领先
Hochtief	1896—1966年	国内大量设立分公司、研发新技术,与另一大公司重组,第一次开拓法国业务失败	设分支机构、技术领先、企业联盟、拓展海外业务
Vinci	1908—1980年	进入工业、水利、电气领域,被CGE兼并	多元化、追求市场份额
AMEC	1920—1980年	进入咨询、电力、桥梁、交通等行业	多元化
JGC	1944—1960年	承担多项国内石化精炼厂建造的大项目	追求最大市场份额
KBR	1940—1960年	与美军队合作、设立子公司进入海上石油领域,承担第一单海外业务(关岛)	业主联盟、分支机构、拓展海外业务
Bovis	1900—1970年	施工、设计、物业运营多元化,被P&O收购	多元化、追求市场份额

3)第三阶段:海内外业务扩张阶段

这一阶段,公司普遍启动了海外拓展业务,在海外设立分支机构,并伴有少量的海外并购;同时为了获取更多的营业额,大部分公司开始涉足多个领域,进行多元化战略。值得注意的是,不少公司开始选择上市融资,进入资本市场,这也为它们开拓融资渠道,日后进行大规模兼并收购打下了坚实的基础(见表3-3)。

表3-3 国际顶级承包商海内外业务扩张阶段

国际承包商	年 代	主要事件	主要模式
Bechtel	1940—1975年	工程项目遍及全球,进入新兴核电厂领域	多元化、开拓海外业务
Fluor	1950—1977年	上市,进入澳洲等地区,涉及能源行业	多元化、开拓海外业务、上市
Technip	1980—1990年	抢占炼油、化工领域市场,并购CLE	追求市场份额、收购
Skanska	1950—1970年	开始进入中东、非洲、拉美,成功上市	专业化
Hochtief	1966—1989年	完成埃及项目,进入电厂、石油建造行业	多元化、开拓海外业务
Vinci	1980—1989年	被多次收购,重组命名为SGE(Sogea)、通过收购获得技术进入德国市场的基础	开拓海外业务、多元化、兼并重组
AMEC	1980—1990年	两公司合并成立AMEC上市,收购马修霍尔	合并、上市、开拓海外业务
JGC	1960—1970年	在东京上市,进入中国、南亚等多个国家和地区,专门设立研发机构	开拓海外业务、上市、技术创新
KBR	1960—1975年	进入加拿大、泰国等十多个国家多个领域	多元化、开拓海外业务
Bovis	1970—1990年	并购,进入美国、欧洲、亚洲	开拓海外业务、并购

4）第四阶段：全球化战略推进阶段

这一阶段，为了全面推进全球化扩张，一般采用兼并收购等方式进入目标国家，包括对竞争对手的横向并购，对产业链上企业的纵向并购，以及不同领域的综合并购。采用大量的兼并收购行为，公司快速进入多个国家多个领域，但同时由于扩张过快、领域过于分散，也隐藏了很多经营危机。这一阶段，也有公司开始在运营模式上开始创新，尝试为客户提供一站式服务，引进项目管理等经营理念，赢得了工程服务市场的先机（见表3-4）。

表3-4 国际顶级承包商全球化战略推进阶段

国际承包商	年代	主要事件	主要模式
Bechtel	1975—1985年	全面发展海外业务，为顾客提供融资	多元化、并购、一体化
Fluor	1977—2000年	收购Daniel，进入亚、非、欧多国的各个领域	多元化、并购
Technip	1990—2000年	收购Spechim，进入中国等多国的多个领域	多元化、并购
Skanska	1970—2001年	收购KKE、HaH、Slattery、Beers等公司	多元化、并购
Hochtief	1989—2001年	为客户提供一站式服务、涉足项目管理领域	项目管理、一体化
Vinci	1989—1997年	收购 Norwest、OBG、VU、MLTU、OBAG 等公司，开始涉足BOT	多元化、并购、运营
AMEC	1990—2006年	收购SPIE、AGRA、Lauren、NCC等公司	多元化、并购
JGC	1970—1985年	全面发展海外业务，实行项目管理	一体化
KBR	1975—1998年	兼并两大公司实现多元化与全球化	多元化、并购
Bovis	1990—2001年	重组合并，业务涉及全方位的项目建设服务	重组、业务一体化

5）第五阶段：战略调整与重组阶段

经历了几十年多元化、全球化的扩张，企业内部出现了很多运营方面的问题，再加上建筑业利润率下降，导致巨型工程企业开始进行战略调整与重组。各大企业以退为进，开始出售没有优势、利润较低的业务，集中核心业务，大量投入研发新技术，积极创新，从而制造业务机会（见表3-5）。

表3-5 国际顶级承包商战略调整与重组阶段

国际承包商	年代	主要事件	主要模式
Bechtel	1985年至今	重组分拆、专攻石油和交通领域	集中核心业务、技术创新
Fluor	2000年至今	分拆为两个经营实体，新公司主攻石油化工	集中核心业务
Technip	2000年至今	上市，合并Coflexip，主攻石化领域	集中核心业务、上市、合并
Skanska	2001年至今	重组调整，开拓多种运营模式，倡导绿色建筑	一体化、技术创新
Hochtief	2001年至今	把核心业务整合上市，设立研发部门	集中核心业务、技术创新
Vinci	1997年至今	SGE重组，子公司Vinci脱离SGE，收购GTM，业务一体化	集中核心业务、一体化
AMEC	2006年至今	出售多个项目以及建筑、设施服务全部出售	集中核心业务
JGC	1985年至今	降低成本、重点投入环保与新能源开发	技术创新
KBR	1998年至今	被母公司重组合并成立KBR，之后上市	集中核心业务、重组上市
Bovis	2001年至今	剥离房地产开发业务，专门从事项目建筑与管理服务	集中核心业务

国际典型承包商各阶段发展的战略模式选择可汇总如图3-1所示。

阶段Ⅴ: 战略重组	1983至今 GL	2000至今 L	2000至今 HI	1997至今 L	1201至今 KG	2001至今 L	1997至今 LG	2006至今 LK	1985至今 L	1998至今 G	2006至今 HJL	2001至今 L
阶段Ⅵ: 全球化战略	1975-1985 CIK	1977-2000 CI	1990-2000 CI	1990-2001 CI	1989-1997 K	1989-2001 CI	1990-2006 CI	1970-1985 CI	1975-1998 K	1990-2001 CI	1990-2001 KJ
阶段Ⅲ: 海内外扩张	1940-1975 CF	1950-1977 CFH	1980-1990 DI	1966-1970 A	1966-1989 CF	1970-1990 CFIJ	1980-1990 FHI	1960-1970 FGH	1960-1975 CF	1970-1990 FI
阶段Ⅱ: 快速发展	1906-1940 BC	1930-1950 D	1962-1980 D	1897-1950 DG	1896-1966 BEFG	1908-1980 BEF	1921-1980 CD	1944-1960 CD	1940-1960 BEF	1900-1970 CD
阶段Ⅰ: 成立初期	1898-1906 A	1912-1930 A	1958-1962 A	1887-1897 A	1873-1896 AB	1895-1908 A	1883-1920 AB	1928-1944 A	1919-1940 AB	1885-1900 A
	Bechtel	Fluor	Technip	Skanska	Hochtief	Vinci	AMEC	JGC	KBR	Bovis

战略模式:
A. 专业化; B. 联盟; C. 多元化; D. 追求市场份额; E. 设立分支机构; F. 拓展海外业务; G. 技术创新;
H. 上市; I. 并购; J. 重组; K. 一体化; L. 集中核心业务。

图3-1 国际典型承包商各阶段发展的战略模式选择

国际顶级工程承包商的成长路径以及发展模式如图3-2所示。中国承包商大多处于第二、三发展阶段,根据国际顶级承包商的成长路径来看,企业/业主联盟、多元化战略、积极拓展海外业务、上市融资是最值得推荐的发展模式。对于一些准备全球化战略推进的大型建筑公司,应该积极考虑采用并购的方式进入海外市场,同时注意技术和产品的创新,积极开拓服务一体化、项目管理等工程服务领域的业务。

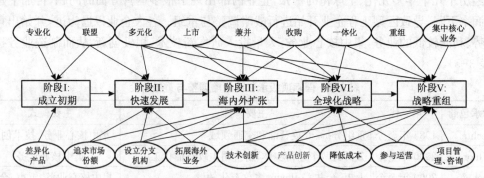

图3-2 国际顶级承包商的成长路径及发展模式

3.1.2 多元化与集中核心业务战略

1)多元化经营

多元化经营是企业发展到一定阶段的一种自然选择。目前世界500强企业中94%都实行多元化经营。多元化的优势体现在通过业务组合规避风险,能充分发挥核心竞争力的辐射作用,充分利用闲置资源和现有的生产、营销能力和渠道实现集团化规模增长。

国际许多大型承包商在十大国际工程承包行业(ENR划分)中均有涉及(如表3-6所

示)。除了业内多元化,很多国际承包商还采取了业外多元化的方式,使经营的范围更加广泛,如法国 Bouygues 除工程承包外,还经营电信服务和电视传媒业务;美国 Bechtel 工程承包的领域涉及石油化工、航空航天、国防、电信、公共工程等多个领域。

表 3-6 国际大型承包商涉及行业情况

	房屋	制造	电厂	供水	污水	工业	石油	交通	有害废物	电讯
Bechtel	√	√	√	√	√	√	√	√	√	√
Fluor		√	√	√			√	√	√	
Skanska	√		√	√	√			√		
Hochtief	√	√	√	√	√			√		
Vinci	√		√	√		√		√	√	
AMEC	√	√		√	√		√	√	√	

工程承包企业的纵向发展战略,就是根据工程承包业务的价值链,进行后向一体化或前向一体化的过程。在纵向发展中,全球主要承包商几乎都具有向业主提供从项目可行性咨询、工程设计、融资、项目施工管理、后期经营等一揽子服务能力,如图 3-3 所示。在经营宗旨中将其定义为"业主的合作者,并提供超过业主期望的全过程服务"。在后向一体化方面,Vinci 公司成为欧洲最大的公路材料生产商,Vinci、Skanska、Bouygues、Hochtief、Kajima 等承包商,几乎都涉足商业项目开发、特许经营和项目开发等业务。

图 3-3 承包商纵向发展战略模式

在横向发展方面,工程承包企业横向发展战略主要表现在市场规模的拓展、企业规模的扩大、多元化经营和创新四个方面(如图 3-4)。

在过去几十年里,国际建筑市场最流行的竞争是以各种"交钥匙"工程为代表的系统承包商模式,这种经营方式将企业的利润源泉从简单的工程承包环节扩展到从设计、施工,到工程的全部过程,使快速建立这种能力的企业获得了竞争的有利地位。经过几十年的竞争磨炼,越来越多的企业开始形成国际市场上的总承包能力,于是以总承包能力为核心的竞争力基础开始动摇,全方位价值链创新取而代之,正成为新形势下竞争力的核心基础。全方位价值链创新模式的实质是将企业放置于一个远超出竞争对手范围的大环境,将企业的客户、供应商、金融机构,以至于客户的客户都纳

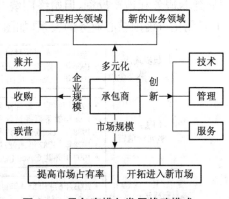

图 3-4 承包商横向发展战略模式

入企业的一个框架,通过企业自身价值链与这些密切关联的外部群体的价值链更有效地耦合,创造新的价值。如德国的 Hochtief 公司(2008 年国际市场营业额为 261.8 亿美元,ENR 排行榜第一)可以为各种类型的复杂工程项目提供全套的解决方案,涵盖范围包括项目开发、施工和与工程建设有关的各种服务,以及特许权项目的投资、运营管理服务等。Hochtief 公司通过提供"一站式"服务等解决方案,吸引了更多的客户,实现了迅猛的发展。

2)集中核心业务

在具体核心竞争优势方面:Vinci 公司在公路工程方面成为欧洲公路施工技术和材料生产的领头羊;Hochtief 公司在大型土木工程(公路、桥梁、隧道、地铁、机场等)基础设施方面具有核心专长;Bechtel 公司掌握世界领先的核电建设和石油化工技术,其拥有的冷反应堆技术、石化技术、火力发电技术,使其成为 ENR 全球 225 强中最大的技术输出型承包商;日本 Kajima 公司则致力于研发具有自主知识产权的新材料和新技术。

集中于核心业务是 Skanska 公司一项非常重要的战略原则。在公司 100 多年的经营中,建筑业务和项目开发始终是其核心业务和最主要的收入来源。和其他跨国集团一样,公司在利益驱使下,也曾进入了许多与建筑业务相关的产业(建材、物业管理、装饰材料、五金用品等),同时还以参股形式介入电信运营、IT、电力开发等非相关产业。但自 1997 年开始,在新战略指引下,公司将资源更多地集中于核心业务,对非核心业务进行剥离。公司集中于核心业务的另一个重要表现是收购了大量与核心业务有关且有发展潜力的资产,剥离、出售非核心业务资产,用所售资金进行大量并购,使公司规模急剧扩张。在区域市场方面,Skanska 公司卖掉了在拉脱维亚和立陶宛的子公司,将业务主要集中在"能够长期占据优势地位"的美国市场。

无论国际还是国内企业,尽管采取了多元化或专业化等不同的经营方式,但其最终目的是一致的,即以最适合企业自身发展的形式,实现企业利润最大化。协同作用可用来衡量企业内部各经营单位联合起来所产生的效益情况。全球主要承包商,无论是采取多元化还是专业化经营方式,协同作用往往是企业进行多元化布局或专业化延伸时考虑的主要因素。

在企业发展的不同阶段,企业应根据自身的情况确定采取何种发展战略。在这方面,美国的房地产巨头 Centex 业务范围横跨房地产的五大主要领域:住宅建设、金融服务、建筑产品、建筑服务和地产投资,但始终围绕"住宅开发"这一核心业务,在一加一减中很好地处理了多元化与集中核心业务的关系(如图 3-5 所示)。

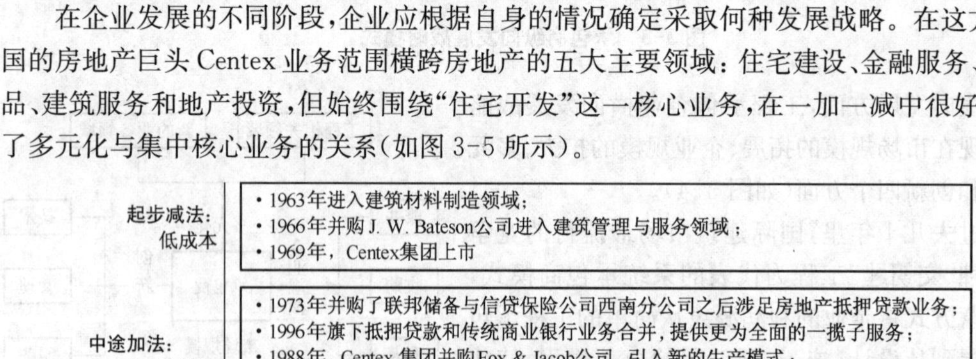

起步减法: 低成本	• 1963年进入建筑材料制造领域; • 1966年并购 J. W. Bateson 公司进入建筑管理与服务领域; • 1969年,Centex 集团上市
中途加法: 多元价值链	• 1973年并购了联邦储备与信贷保险公司西南分公司之后涉足房地产抵押贷款业务; • 1996年旗下抵押贷款和传统商业银行业务合并,提供更为全面的一揽子服务; • 1988年,Centex 集团并购 Fox & Jacob 公司,引入新的生产模式; • 1978年、1982年、1987年和1990年先后并购了建筑管理与服务领域的若干公司; • 1997年并购 Cavco Industries,进入工业化生产住房市场
复归减法: 专注盈利核心	• 2003年6月和2004年1月,将Cavco工业和建筑产品从集团中分拆出去; • 2004年,制定了加强主营业务,不断减少其他业务的目标:普通住宅业务由75%提高到83%,金融服务业务由18%减少到14%,同时其他业务由7%减少到3%; • 2003年收购了地区性房地产开发商 Jones Company

图 3-5 Centex 多元化发展之路

3.1.3 人才战略

企业的发展离不开"人",雇员是企业成功的基石。企业通过对雇员能力、创新精神、团队协作精神的培养,增强企业整体实力,应对不断变化的内外部环境的挑战。法国的 Bouygues 公司则认为"员工是最宝贵的财产"。欧美大型承包商非常重视人才管理,他们将全体员工视为公司实现持续发展和取得优良业绩的核心。

1) 引进人才

欧美承包商在招聘员工时非常关注员工的内在驱动力、多元性等特点。欧美承包商的人才招聘和录用不是为了填补职位的空缺而设计,而是以符合公司的长期发展战略为依据。他们从员工整个职业寿命周期来衡量员工对企业的贡献。因此,在招聘雇员时,雇员的硬性条件,如教育背景、学历、外语水平等固然重要,但是他们更加看重雇员的内在驱动力,比如兴趣、进取心、潜在能力、激情等。同时,强调雇员对企业文化的认同,要求雇员具备团队协作精神,能够适应项目型组织结构。

一个企业只有拥有多元化的人才,形成多元企业文化,才能满足全球多元化的顾客需求,进而成为真正的国际化企业。多元性能够激发创造性思维,营造和谐友好的工作环境,让每一位员工体现自我价值,并得到尊重。多元性能够满足日益多样化的顾客需求。同时,多元性也是公司吸引高水平人才的重要因素。因此,国际大型承包商特别注重构筑企业多元文化,因此在引进人才时,这些承包商注重雇员种族、性别、学历、语言、文化背景、经验等特点的差异化,并鼓励雇员工作时的思维方式和风格的多样化。

2) 开发、使用人才

经过一百多年的发展,欧美大型承包商内部已经形成了一套全面完善的人才培训体系。他们为员工提供持续培训的机会和终身学习的环境,保证员工及时进行知识更新,从而不落后于世界先进水平。企业每年都会在培训方面投入大量资源。例如,法国 Vinci 公司 2007 年的员工培训时间累计达 25.1 万人小时,培训费用高达 1.11 亿法郎。企业针对不同层次的员工制定一系列"自助式培训项目",员工可以根据自身情况向公司提出申请,符合条件者就可以参加培训。

德国 Hochtief 公司非常重视对其员工的培养,不只是技能培养,而且包括思想理念和行为模式的培养。公司还为经营管理人才设置了关于工程技术的培训项目,旨在为公司培养高级复合型人才。在 Vinci 公司,刚毕业的学生被称为"学徒",要经历两年的入职培训。在学徒阶段,公司为每一位学徒指定一个导师,学徒在导师的指导下学习技能。"导师制"不仅可以保证企业内部知识的代际传递,还使得新员工能够较快地融入企业。

欧美大型承包企业非常注重与高校、研究所、培训机构以及政府相关部门的有效合作。法国 Vinci 公司与一百余所世界知名工程类高校、培训中心保持合作关系。德国 Hochtief 公司与世界名校、培训机构联合举办培训班对员工进行培训,合格者不仅可以得到学位证书,还可以得到国际通用的执业资格证书。校企合作是企业整合利用外部资源的有效手段。企业不仅可以充分利用高校的专家、图书馆和试验室等优势资源来培训员工,还可以通过在高校设立"奖学金"和提供学生实习基地等方式提前吸引优秀人才。

"智者取其谋,愚者取其力,勇者取其威",人尽其才才能发挥人才资源的最大效能。国际承包商对这一点运用得非常成功。员工进入公司伊始,公司让员工接触公司各个业务流程,然后结合员工的潜力和兴趣,帮助员工制定职业发展规划。同时,公司积极鼓励雇员参与企业经营发展战略的拟定,充分激发雇员工作的积极性、主动性、创造性和挑战性,满足其成就感,营造雇员和企业共同的企业价值观、经营理念和企业文化,旨在使雇员更有效地工作。

3) 挽留人才

物质激励虽然不是企业激励雇员的唯一措施,却是挽留人才的基本保证,这些措施使得员工具有公平感、安全感、成就感。欧美大型承包商为员工提供舒适的工作环境,相当丰厚的薪资,良好的福利待遇。薪酬体系包括:工资+奖金+分红+其他激励措施。除此以外,"员工持股"逐渐成为欧美承包商挽留人才的重要手段,因为持股能够更好地激发员工的主人翁意识,促使他们努力工作以提高公司的业绩。法国 Vinci 公司每年拿出总收入约 17% 用于发放员工的工资,鼓励员工持股,5 万员工共持有公司 8.5% 的股份。除了丰厚的薪酬,企业还为公司员工提供全面的社会保障及福利措施。除了满足各分公司当地规定的社会保障措施以外,企业往往还为员工提供一系列福利保障措施供员工选择,如保险、医疗咨询、退休保障计划等。完善的福利保障措施解除了公司员工的后顾之忧,使其能全身心投入到工作中。

国际大型承包商关注员工的个人发展,为员工提供晋升和继续学习的机会是欧美大型承包商留住高级人才的有效手段。员工只要表现优异就可以获得晋升的机会,而不考虑员工的资质、年龄、性别、种族等因素。内部提拔是欧美承包商进行领导更替的主要手段。企业在公司内部发掘具有领导潜力的员工,对其进行专门的培训并纳入"人才储备库",他们将成为公司未来的领导。继续学习是员工实现个人发展的有效途径。自 2006 年起,德国 Hochtief 公司的员工可以去高校申请攻读与该公司业务相关的专业的博士学位。符合条件者将获得三年的假期,在读博期间照常领取工资。资助员工继续学习不仅使公司得到高素质的管理人才,同时,也有利于员工的个人职业发展,实现员工与企业共赢。

随着社会经济的发展,企业员工的角色不仅仅局限于负担家庭生计,他们开始更加关注生活、家庭等因素。层次越高的员工越是注重生活质量,追求工作—生活之间的平衡。领导参加员工的生日宴会,组织公益性的活动,如体育比赛、游戏等在欧美大型承包企业中非常流行,不仅丰富了员工的业余生活,同时增进了员工之间的感情,起到增强公司凝聚力的作用。为更好地促进员工工作—生活的平衡,他们开始着手研究如何更好地关注员工家庭,协助他们照顾家庭成员如老人、子女等。例如,德国 Hochtief 公司专门设立了非营利基金会 Hertie Foundation,用于研究如何促进员工工作—生活平衡。同时,还组织一些活动,例如,该公司每年都面向员工子女组织为期四天的 Easter Holiday Action Days 活动,有设计比赛、参观项目现场、参观体育比赛等丰富多彩的活动内容,取得了良好的效果。这些活动可以使员工赢得家人的尊重和支持,自然培育了员工对企业的忠诚和自豪感。

此外,Kvaerner 公司的一些做法也值得借鉴:

(1) 公司给员工提供一个稳定的工作机会,使员工安心服务企业。

(2) 公司鼓励员工上进,并与员工一起分享他们的进步。如果一个员工取得项目经理的证书,公司会专门拿出时间举办一个非正式的专题讨论会,让他为其他员工讲述自己学习的经历、心得。公司为长期服务于企业的员工颁奖,以增强员工对企业的归属感及忠诚度,这种奖励是没有职位界限的。

（3）公司还会对为项目、投标作出重大贡献的员工，不定期地给予奖励，使每个人感到自己的贡献得到了公司的认可。

3.1.4 技术创新

技术的先进性将会有助于吸引大批业主，并使承包商获得超额利润。许多国际大型承包商把技术开发与创新看做是企业发展过程中的一项重要使命。

1）完善的组织模式及管理协调

许多国际大型承包商为此专门设立了研究与发展部，全面负责企业的技术创新、产品开发和设计任务。在研究与发展部内部，又会作明确的职责分工。如日本清水建设集团研发部不仅设立了研发计划部和研发管理中心两大管理部门，而且还根据不同的专业领域设立了八个细分的研究部门。研发部在进行技术创新的同时还扮演以下角色：提高公司的劳动生产率（管理效率、现场生产力）、拓展公司的业务领域、提高公司的品牌影响力。

Hochtief 公司的技术创新包含三个层面：

（1）第一层面是中央创新管理。主要针对那些能长期影响公司行动的事宜，包括如何在建筑施工过程中采用可再生能源等。在此过程中，企业技术中心的任务是辨别可能的创新项目并审查其经济效益，而真正决定是否启动某个创新项目，则由创新委员会作最后的审查。创新委员会的成员包括各部门主管及执行委员会成员，这一方面可以保证企业在运营的各个环节都能协调发展，同时也可以有效监测各个创新项目的运作效率。

（2）第二层面是以市场为导向的技术创新。这部分的技术创新经费在各部门的预算中支出。如一家子公司在施工过程中使用激光扫描技术，设计了一个模拟的采矿业务模型，模拟在采矿过程中矿区内的卡车及其他运输车辆的运动路线及相互作用，从而优化项目的规划及建设，降低成本并保证在实际采矿过程中的安全。

（3）第三个层面是与项目相关的技术创新。作为一家国际领先的工程公司，研发成果不能仅停留在试验室或是研讨会的层面，必须在实地的工作场所凸显价值。在许多情况下，复杂的项目如高层建筑、桥梁、电厂等都会面临全新的挑战，因此必须为客户量身定制解决方案，包括技术、材料甚至后勤工作等。

2）研发经费及技术人员的保障

技术创新不是单纯的技术概念，而是技术经济的概念，是一种经济活动。从技术创新的生产要素来看，资金和人才是技术创新的基本要素。因此建筑施工企业的技术创新活动离不开资金，研发经费投入是企业技术创新的重要支撑；而人才作为生产力中最活跃的因素，是建筑施工企业技术创新的载体和关键，也是技术创新活动区别于其他生产活动之所在。

日本的建筑业之所以能够引领世界潮流，归功于日本建筑企业对技术创新的持久性投入，企业作为技术创新的主体，完全承担了技术创新的重任。日本的五大建设集团（清水、鹿岛、大成、大林组和竹中）的研发投入年均都在 100 亿日元左右。在稳定的研发经费投入基础上，五大建设集团都拥有充足的技术研发人才，形成了由专业技术带头人、技术骨干及一般技术人才组成的专业人才梯队，并且公司在各自擅长的领域配备了相应的技术设备，为技术创新工作顺利推进打下了坚实的基础。在进行技术创新的同时，五大建设集团也十分注重对创新成果的保护,平均每个公司年专利申请量就达300多项,大大调动了员工发明创造的热情,使技术创新活动走向良性循环。

3) 畅通的信息来源与创新合作

国际工程公司一般都非常重视相关技术及产品信息的收集与管理,并根据技术研发工作的性质和客观环境及条件的限制,选择适合企业自身特点的技术创新合作组织形式。这种合作不仅包括公司内部的各部门、产业链的各环节之间的充分沟通、交流与合作,同样包括与外部科研院所、高等院校等第三方的合作。Hochtief 公司创新的力量在很大程度上是基于密切的内部合作,这种集中的专业知识能够保证公司制定前瞻性的创新战略,不断优化公司的产品和工艺。如公司内部的"I know"信息系统,能实现各项目信息在公司内部网络的共享;"Screen Sharing"则是一个定制的屏幕共享系统,公司在召开远程会议时,该系统能将世界不同地点与会者的工作文件联网,实现远程的信息分享与交流。

在畅通的内部共享与合作的同时,Hochtief 公司还注重与外部机构的创新合作。公司开发了一个创新的网络,其中包括许多世界著名的大学及科研院所,为实现跨部门的合作打下基础。此外,公司还与达姆施塔特技术大学、卡塞尔大学、苏黎世理工大学开展了关于"建设服务商未来"的研究项目。为进一步激发公司的创新潜力,Hochtief 公司还为即将毕业的大学生提供在公司内完成毕业论文的机会。

4) 技术创新及科研成果的产业化

技术创新成果的市场化和产业化,是技术创新活动的关键环节,也是技术创新的根本目的。以技术为导向的企业在技术创新的过程中,往往只能实现技术领先,而对于重大的创新技术,企业只有具备推动全系统产业链发展的积极性及能力,高度重视知识产权和专利并不断推动标准演进,才能使技术创新成果最大限度地发挥商业价值。在日本清水建设集团内部,形成了一套完整的技术创新成果推广体系。在知识产权负责人及知识产权战略委员会的引导及管理下,全体员工都被赋予技术创新的职责,不断实现"独创—应用—再创"的良性循环,增强了公司的核心竞争优势。

5) 信息技术与现代管理的融合

近十年来,信息技术与现代管理手段的快速发展以及两方面力量的互相促进和融合,促使国际建筑业的管理方式发生了重大变化。现代信息技术的广泛应用,使企业管理过程中的信息流能够以更快捷和更低成本的方式进行传递,极大地减少了管理成本,同时提高了管理的效率。在此推动下,企业的组织结构开始出现扁平化的趋势,管理跨度不断增加。这一方面缩短了企业的管理流程,以及企业与市场之间的距离;另一方面也为企业在全球范围快速扩张创造了良好的条件。在国际工程承包中,大型跨国建筑企业运用信息技术和现代管理手段,能够以比传统管理手段更高的效率和更低的成本实现全球资源的配置,从而增强在国际市场的竞争力。从行业层面看,则促进了全球建筑市场一体化程度的提高。当然,这种作用过程不是单向的,随着建筑业国际化程度的不断提高,日益激烈的国际竞争也对企业的管理提出更高的要求,从而推动企业不断引进和吸收新的管理技术,最终促使信息技术和现代管理手段成为建筑企业竞争力的一个重要方面。

如 Kvaerner 已经建立和运作了 KINET,这是一个全世界同类型中最大的数据网络。对于近期的工程项目,Kvaerner 提供与工地的专门通信连接。Kvaerner 强大的计算机网络系统使其成为一个虚拟的办公室,做到24小时全球办公。

6）知识管理

Bechtel、Fluor公司是知识管理非常有效的国际承包商。Fluor公司将公司核心能力看做是公司员工的智慧、经验和知识的凝结,公司通过各种信息化的手段加强员工之间显性知识和隐性知识的积累、共享和融合与升华。1999年以来,Fluor公司投入巨资开发了知识管理信息系统,创立在线知识社区,共享即时市场信息、工程信息、管理知识等。Skanska公司也通过建立项目数据库、成立项目支持部和知识分享机制等方式促进个人经验和知识在公司范围内传播,使个人能力提升为公司整体能力。

3.1.5 兼并和收购

承包商的发展和业务模式主要包括：连锁、特许权、合作、合资/联营体、兼并收购。这些模式按照从"内部成长"到"外部成长"程度的不同如图3-6所示,可见兼并收购对实现外部增长是最重要的。单纯依靠企业内部积累存在着很大的局限性。企业在全球化扩张时,一般采用兼并收购等方式进入目标国家,包括对竞争对手的横向并购,对产业链上企业的纵向并购,以及不同领域的综合并购。利用大量的兼并收购行为,公司快速进入多个国家和多个领域。

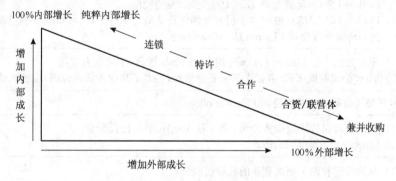

图3-6 国际公司发展模式图

进入21世纪后,大型承包商为了应对复杂的国际工程市场环境,展开了大规模的重组和并购,如表3-7所示。

表3-7 21世纪国际承包商重大重组、并购时间表

并购时间	并 购 事 件
2000年	(1) Vinci 并购了 GTM (2) Lend Lease 集团并购了英国的 Bovis 工程公司和美国的波士顿保险公司 (3) Nedeco 和 Nethconsult 两家公司合并 (4) Ws Atkins 收购了 Oklahoma City-based The Benham Cos (5) AECOM 收购了 U.K.-based Maunsell Group (6) Hochtief 收购了美国的 Turner 公司
2002年	(1) 英波基诺集团成功收购了德国 Babcock Environment 环境工程公司 (2) URS 咨询公司兼并 EG&G 技术服务公司 (3) Strabag SE 并购了德国沥青集团(Deutsche Asphalt Group)

(续表)

并购时间	并购事件
2003年	(1) 原铁道部直属的两家勘察设计企业和7个铁路局直属的8家勘察设计企业、12家施工企业并入中铁工程总公司 (2) 西班牙ACS公司收购了Grupo Dragados SA (3) 日本的Sumitomo和Mitsui合并为Sumitomo Mitsui Construction Co. Ltd. (4) 美国的Jacobs收购了苏格兰的Babtie Group Ltd. (5) Royal BAM Group收购了HBG公司
2005年	(1) Strabag SE并购了Walter-Bau Group和Ed. Züblin AG (2) Vinci收购了著名的公路特许经营商ASP (3) 中国港湾建设(集团)总公司和中国路桥(集团)总公司合并重组为中国交通建设集团
2006年	(1) Taylor Woodrow公司和Wimpey公司合并,成为欧洲最大的住宅建筑商 (2) FCC公司以6.43亿美元收购了奥地利最大的承包商Alpine Mayreder公司80.7%的股份 (3) OHL公司耗资1.43亿美元收购Community Asphalt Corp公司70%的股份和The Tower Group公司80%的股份
2007年	(1) 西班牙ACS公司以16.9亿美元的价格收购了Hochtief公司25%的股份 (2) Ferrovial公司以202亿美元收购BAA公司 (3) 法国PAI Partners合伙公司收购了Lafarge公司年营业额32亿美元的屋顶材料业务65%的股份,它还从美国住宅建筑公司KB Home手中收购了法国房屋建筑商Kaufman & Broad公司(年营业额17.1亿美元)49%的股份 (4) Hochtief以1.73亿欧元并支付利息的代价从荷兰Royal BAM Group手里收购了美国道路和桥梁建设公司Flatiron Construction公司
2008年	(1) ACS公司出售Umion Femosa,加大Iberdola股份,主攻电力市场 (2) Vinci公司收购ETF并扩大其采石业活动,扩大了其业务活动范围,覆盖到铁路项目
2009年	ACS公司收购美国建筑公司Picone、Pulice
2010年	(1) ACS公司出售环境服务公司SPL,为Abertis引入投资资金 (2) Vinci公司收购了Tarmac
2011年	(1) ACS公司收购了澳大利亚的礼顿控股公司 (2) Vinci公司收购了Carmacks,这是一家加拿大公司,负责建设、经营和维护道路基础设施 (3) Technip公司收购全球工业并大幅扩大其在海底工程领域的市场
2012年	Technip公司收购了Shaw集团的Stone&Webster工艺技术和相关的石油和天然气工程部门
2013年	Hochtief公司售出机场业务板块,专注于核心建筑业务
2014年	Vinci公司收购了Imtech ICT和Electrix公司,前者专注于信息和通信技术,并在多个欧洲国家运营,后者是大洋洲电力传输和配电基础设施的主要参考者
2015年	Vinci公司在大洋洲收购HEB建筑公司

  ACS公司是西班牙最大的建筑企业,其主要业务涉及五大领域:建筑、特许经营、环保与物流、工业服务和能源,是一个多元化发展的公司。其中,建筑业务包括土木工程、住宅建筑、房屋建筑(非住宅);环保与物流业务包括环保服务、港口和物流服务、设施管理等;工业服务包括电信网络、能源工程和控制系统等。该公司拥有12万多名员工,在全球75个国家开展各项业务。ACS公司的发展史,就是一部企业并购史(如图3-7所示)。ACS公司的并购历史可以分为三个时期。第一时期:20世纪80年代,通过对建筑企业OCISA和SEMI

公司的收购,完成了在行业内的立足以及多元化发展策略。第二时期:20 世纪 90 年代。进入 20 世纪 90 年代后,ACS 公司开始了大规模的企业并购活动,这一系列大规模的并购活动快速壮大了公司规模,大大提升了公司的市场地位和影响力。第三时期:21 世纪初,主要通过战略性投资增加公司的盈利能力。

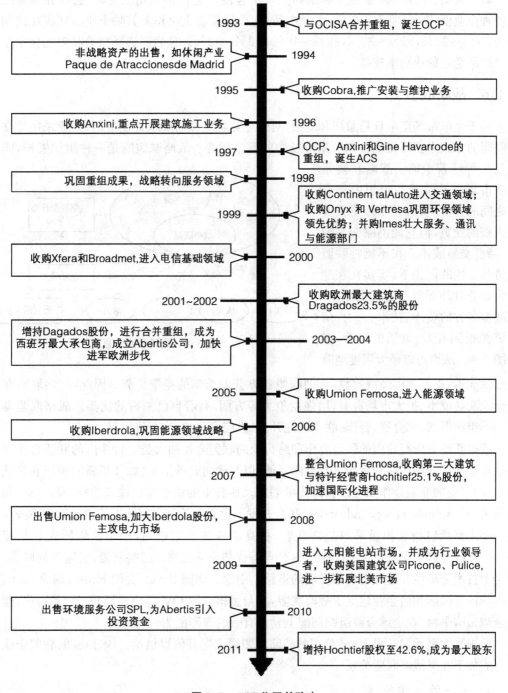

图 3-7　ACS 公司并购史

类似的企业还有 Skanska 公司,先收购了新泽西的 Karl Koch 安装公司,1989 年并购了纽约的 Slattery Associates 公司,后来又先后收购了 Hanson 集团、Aalex J. Etkin、Gottlieb Group、Baugh Enterprise 和 Barclay White Inc. 等美国公司。Skanska 通过这一系列的兼并收购活动,成功地进入了美国本土市场。

研究表明:世界 500 强企业和国际工程承包商在进行多元化经营时,选择并购重组的有四种企业模式:单项业务企业、主导产品企业、相关联企业和无关联企业。其成功比例分别为:7%～28%,35%～38%,29%～46% 和 3%～12%。这表明选择相关联多元化企业和主导产品企业的成功率较高。

3.1.6 战略联盟

由于全球市场竞争日趋激烈和复杂,对企业竞争资源的要求日益苛刻,企业采用建立战略联盟的方式来获得在现在和未来市场中的竞争优势。战略联盟既是一种组织安排,同时也是一种经营策略。战略联盟是介于市场交易关系和组织内部合作之间的合作关系,它不涉及企业所有权的变更,但它能消除交易障碍,降低交易成本。在不牺牲联盟成员独立性的前提下,实实在在地扩大企业对外部资源的支配能力,使联盟各方的资本、技术、人力、信息资源得到有效、灵活的组合,参见图 3-8。从而可以最大限度地降

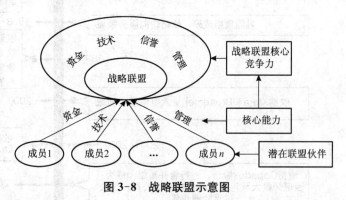

图 3-8 战略联盟示意图

低产品成本、提高规模经济效益,帮助联盟各方获取长期的竞争优势。因此,战略联盟在减少企业交易成本、扩大市场占有、增强竞争力等方面,有着自己独特的优势。战略联盟具有不同的组织形式,如合资、合作、联合研究开发、供应商契约、交互许可等。

战略联盟分为行业内的联盟合作和跨行业的联盟合作两大类。行业内的联盟合作可以使企业在产业链的前端和后端进行纵向延伸,以及横向业务拓展(如开拓新的领域和区域市场)。跨行业的联盟合作则可以获得技术创新。如日本的清水建设株式会社(Shimizu)和三菱重工(Mitsubishi Heavy Industries)联合开发了世界上首例高层施工的自动智能系统。我国一些大型承包商也积极采取战略联盟,提高企业核心竞争力,如中铁集团先后与德国 Siemens、沙特苏维克公司、印度 Maytas 公司等优势企业建立了战略联盟,实施强强联合,逐步走上技术密集型和管理密集型发展的道路。中建与德国 Bayer、美国 Hines、瑞典 ABB、芬兰 Nokia 等国际知名企业建立了战略联盟,并与美国 AECOM 等公司展开了大量合作,建立了全球采购平台,在全球资源组织调配上具备有效的保障能力。

而国际大型承包商 Bechtel 公司的战略联盟模式尤其值得借鉴。Bechtel 的联盟企业可划分成如下几类战略联盟关系:

1) 当地的合作伙伴

这样的合作伙伴通常是针对海外市场所建立的联合体,往往基于战略互补而形成,但

是,合作伙伴不一定要有相同的目标。例如 Bechtel 和 Metodo 的联盟 BMT 公司,美国的 Bechtel 是为了扩大在巴西的电信市场份额,而 Metodo 是期望从 Bechtel 引进先进的工程技术。Bechtel 在全球范围内的重点工程的分布主要集中在美国本土、智利、秘鲁及加勒比海地区、埃及、英国、挪威、俄罗斯、马来西亚、中国和阿拉伯海地区等区域,与此相对应,在伦敦、埃及、土耳其、中国、加拿大、加勒比海地区、智利、秘鲁、巴西各有一个 Bechtel 的战略联盟伙伴。

2) 与美国政府的合作

主要针对国内市场,采用合作伙伴关系。政府对于建筑业企业的影响是不可小视的,例如在对伊战争后,布什政府将伊拉克战后重建的首份大额合同授予了 Bechtel,合同总额达到 6.8 亿美元。Bechtel 与政府的合作项目共有四个,其中有两个是服务于美国海军,它们是 AMWTP 公司和 BPMI 公司。其中 AMWTP 公司主要服务于爱德华州,致力于清除预计在爱德华州的铀污染。在 1995 年就与美国海军达成相关协议,扶助美国海军处理污染问题。BPMI 主要服务于国家舰队及海军,通过提供卓越的设计、采购及技术服务成为美国安全系统的重要组成部分。另外两家公司中,一家是 Bechtel Jacobs 公司,是一家环境管理方面的承包公司,主要为美国能源管理部门提供服务,主要职责是帮助 Oak Ridge 做好环境治理和垃圾再利用的管理服务,并且帮助该地区重振工业项目,以寻求更多更广的商业用途;另一家是 LOS ALAMOS 公司。另外,值得一提的是 Bechtel 参与的与政府联盟的合作,它是由四家机构共同构成的,除 Bechtel 之外,还有加利福尼亚大学、BWX 技术公司和华盛顿国际小组。这是一个典型的风险高,需要技术互补形成战略联盟的项目。该项目的目标是将此机构建成 21 世纪全球最先进的国家安全试验室,这四个企业共同承担此目标的风险和责任。在经营这四家联盟合作企业时,Bechtel 的主要目标并非盈利,甚至有可能要花费一些资金,但这种与政府部门的合作却是必不可少的。它带来的技术支持比短期的盈利来得更为重要,并为以后更多地与政府部门的合作打下了良好的基础。

3) 咨询服务、技术支持类的战略联盟

这通常是依据互补技能选择伙伴。在 Bechtel 的第三类战略联盟中,有三家企业是独立于 Bechtel 公司而为其提供独立的咨询、技术服务。它们是:EPCglobal 公司、APX 公司和 Bentley 公司。其中 EPCglobal 公司是一家很有代表性的提供人力资源信息服务的企业,目前有超过 10 万家土木建筑企业与其合作。比如 Bechtel 在沙特阿拉伯的一个项目,由于其历时较长,需要不断供给劳动力。EPCglobal 也就成为它的主要劳务提供机构,而减少了 Bechtel 不必要的麻烦。另外还有三家公司 PECL、Nexant 和 BSC 公司,Bechtel 都参与其经营管理,并为其提供专业领域的技术支持。

3.2 国际一流大型设计商发展模式与战略

经济全球化加剧了国际工程市场同业间的竞争,竞争力的不对称使国际分工达到"均衡互补"。经济全球化使世界成为一个大市场,并强烈地冲击着区域保护。在国际市场中,企业扬长避短、各展所长,同业公司之间短兵相接,在一个市场内搏击竞争;在国际分工中,企业按实力对号入座。在市场竞争日益激烈的压力下,国际知名设计企业为保持和提升竞争实力,在联合重组的同时,还在企业的战略、管理和技术等方面进行了不懈的努力。

3.2.1 国际大型设计商发展模式

国际设计商的业务特征主要体现在:海外收入比例高、涉及行业多元化、国际业务分布重点突出。这些公司之所以形成现有的业务特征,与其发展历史有着密切的联系。根据它们的发展历史,可以大致将其成长路径分为五个不同的阶段。通过进一步研究,还可以发现在每一个阶段各个公司都采用了类似的战略和发展模式。

1) 第一阶段:公司成立初始阶段

这些公司最开始的组织形式是私人公司或合伙制,这个阶段一般采用专业化发展模式,见表3-8。

表3-8 国际顶级设计商成立初始阶段

公司名称	年代	主要事件	主要模式
美国 AECOM	1990—1997 年	亚什兰(Ashland)公司的几名员工买断了该公司的工程类业务。AECOM 成为由五家亚什兰实体合并而成的独立公司	专业化
澳大利亚沃利帕森斯 WorleyParsons	1971—1987 年	1971 年,由约翰格尔为总裁的 Wholohan Grill and Partners 工程咨询公司在悉尼成立	专业化
荷兰凯迪斯 (ARCADIS)	1988—1990 年	一直到20世纪90年度之前,这家公司主要从事城市和乡村开发,环境工程等;1925 年企业到农村发展;1959 年开始向发展中国家出口的水和基础设施服务;1960 年进入城市发展	专业化
荷兰辉固 (FUGRO)	1962—1982 年	1962 年 5 月 2 日,基础技术与土力学咨询公司成立,即辉固国际公司的前身,主要负责岩土工程方面的设计和咨询	专业化
美国雅克博斯 (JACOBS)	1947—1964 年	1947 年,约瑟夫·雅克博斯最早创立了雅克博斯工程公司,主营工程咨询和工程设备代理业务。之后的十多年里,公司一直从事化学工程建造项目,并慢慢开始发展壮大	专业化
美国福陆(FlUOR)	1912—1914 年	1912 年在美国西海岸城市圣地亚哥,创建了真正意义上的福陆建筑公司,开始承揽建筑工程项目	专业化
埃及达尔艾-哈达萨 (Dar Al-Handasah)	1956—1970 年	1956 年 11 月,贝鲁特美国大学的四位教授开设了一家专门的工程公司,以满足不断增长的区域需求	专业化

2) 第二阶段:公司快速发展阶段

这一阶段,公司为追求更大的市场份额,开始设立分支机构;尝试着走出国门开拓海外业务;重视研发,以获得更大更有难度的项目(见表3-9)。

表 3-9 国际顶级设计商快速发展阶段

公司名称	年代	主要事件	主要模式
美国 AECOM	1997—2002 年	在主营业务追求最大市场份额,并开始多元化经营,这期间超过 50 家公司加入了 AECOM	追求最大市场份额
澳大利亚沃利帕森斯 WorleyParsons	1987—2002 年	1987 年,Wholohan Grill and Partners 工程咨询公司收购了沃利工程公司在澳大利亚的分公司,并从此更名为沃利工程公司。从那以后,沃利公司在地域和业务拓展上都有了长足发展。首先,公司将触角延伸到了东南亚地区,随后是北美、中东地区。多元化策略使 Worley 开始涉及电力、基础设施和环境以及矿产和金属行业。2002 年 Worley 成为澳大利亚证券交易所的上市公司	多元化策略
荷兰凯迪斯(ARCADIS)	1990—1997 年	1990 年,ARCADIS 前身决定开始在欧洲扩张,它先是和已经在美国上市的一家做环境和水系统工程的公司 Geraghty& Miller 合并,紧接于于 1995 年在阿姆斯特丹股票交易所上市,直到 1997 年公司才正式更名为 ARCADIS	多元化策略
荷兰辉固(FUGRO)	1982—1987 年	公司尝试着多元化经营,走出国门开拓国际市场,例如在 1983 年起开始涉足中国市场,主要为中国的海洋石油提供平台和管线的定位导航、工程物探和工程地质调查	多元化策略
美国雅克博斯(JACOBS)	1964—1970 年	1964 年,公司承揽了约旦阿拉伯碳酸钾公司 5 亿美元"死海"项目的可行性研究工作。这是雅克博斯工程公司拓展海外市场的尝试,最终取得了成功。1966 年公司开始着手硅藻土设备的研发工作,并致力于硅藻土工厂的设计和建造,在接下来的十年间,雅克博斯工程公司设计的硅藻土工厂遍布全美。1967 年,雅克博斯工程公司在新泽西设立了第一个分支办事处	追求最大市场份额
美国福陆(FlUOR)	1914—1940 年	20 世纪 40 年代中期,第二次世界大战爆发,福陆公司从美国和欧洲同盟国的参战,看到了公司更多的发展机会。他们的人员扩充了十倍,并在商业中心洛杉矶新辟了东部总部,在美国国内市场发展稳定的同时,也为公司向海外进击做准备	追求最大市场份额
埃及达尔艾-哈达萨(Dar Al-Handasah)	1970—1980 年	1970 年,Dar Al-Handasah 成为 Dar Al-Handasah Shair 的合作伙伴。Dar 采取了革命性的步骤,将 60%的所有权转让给高级员工。Dar Al-Handasah 成立不到十年,便成为该地区领先的公司之一	追求最大市场份额

3) 第三阶段:海内外业务扩张阶段

这一阶段,公司开始大规模海外拓展业务,在海外设立分支机构,同时开始涉足其他领域,进行多元化战略;选择上市融资,进入资本市场(见表 3-10)。

表 3-10　国际顶级设计商海内外业务扩张阶段

公司名称	年代	主要事件	主要模式
美国AECOM	2002—2007年	2007年成为纽约证券交易所(NYSE:ACM)上市公司	追求最大市场份额,收购
澳大利亚沃利帕森斯WorleyParsons	2002—2006年	2006年与以中国为基地的国际项目管理及工程承包商 Maison Engineering & Constructors 共同投资组建了合资公司——美盛沃利帕森斯(北京)工程技术有限公司,简称MWP	多元化策略,收购,开拓海外业务
荷兰凯迪斯(ARCADIS)	1997—2007年	1993年开始公司就开始大规模收购,收购的公司开始主要来自基建、环境工程行业,慢慢地扩张到项目测算管理,以及建筑设计领域。收购的公司来自世界各地,欧洲各国,美国,巴西,最近几年触角也伸到了亚洲地区	多元化策略,收购,开拓海外业务
荷兰辉固(FUGRO)	1987—1994年	1987年,与其最大的竞争对手——美国海洋岩土技术服务公司合并;1991年,收购了美国海洋勘察服务公司,此次收购增加了400名员工的劳动力,最重要的是,获得了最先进的专业知识和准确的海上卫星定位技术;1992年公司在荷兰阿姆斯特丹证券市场上市;1994年公司正式命名为辉固国际集团(FUGRO N.V.)。在1994年,海上勘察定位服务取得大突破,与1993年相比营业额翻了一倍,卫星定位系统完成	多元化策略,收购,开拓海外业务
美国雅克博斯(JACOBS)	1970—2000年	1971年,雅克博斯工程公司在美国股票交易所成功上市;进入生物、能源、电力等领域,除了美国本土,公司的业务已经拓展到了欧洲、亚洲、中东、南美洲等诸多国家	开拓海外业务
美国福陆(FlUOR)	1940—2000年	二战期间,福陆公司的名号渐渐向北美、南美地区扩散。他们先后在加拿大、委内瑞拉承揽炼油厂、天然气厂的工程建筑项目 二战结束,又吹响了向国内的化学品、能源工业进军的号角,力求通过外围的进击仗,来增补石油领域可能出现业绩下滑的趋势 与此同时,福陆公司没有停止主营的石油炼油业务继续向海外延伸的步伐。这一回他们走得更远,跨出了美洲版图,足迹遍及苏格兰、南非、澳大利亚以及波斯湾等地区 1946年,福陆公司开始和美国政府在核能源领域展开广泛合作,还和美国空军签订了一份在沙特阿拉伯建设美国空军基地的项目合同,不久后又赢得了在波多黎各建设炼油厂的项目。自此,福陆公司完成了在全球六大洲石化建筑的基本布局,并创下了不菲的业绩	多元化策略,开拓海外业务
埃及达尔艾-哈达萨(Dar Al-Handasah)	1980—1990年	在20世纪70年代和80年代期间增加新服务并扩大其客户群。新项目开始流动,不仅来自中东,而且来自阿尔及利亚、尼日利亚和其他地区的新市场	多元化经营,开拓海外市场

4) 第四阶段:全球化战略推进及调整阶段

这一阶段,为了全面推进全球化扩张,公司采取兼并收购等方式进入多个国家领域;同时重视质量和信誉,与客户建立长期合作(见表3-11)。

表 3-11　国际顶级设计商全球化战略推进阶段

公司名称	年代	主要事件	主要模式
美国 AECOM	2007—2014 年	在 2007—2014 年间,公司几乎每年都有多个并购项目。为保持核心竞争优势并完善业务体系,拓展服务的终端市场,公司通过收购 EllerbeBecket,将业务拓展至全球医疗设施和专业体育设施市场;通过收购 Tecsult,拓展水力发电工程业务;为进入新兴市场,在 2007 年收购城脉进入中国市场,在 2011 年收购 Spectral 进入印度市场,在 2012 年收购 BKS 和 KPK,分别进入南非和马来西亚市场,以并购的方式推动企业的多元化扩张和区域扩张	收购,开拓海外业务
澳大利亚沃利帕森斯 WorleyParsons	2006—2014 年	2008 年初收购 Pangea 的 50% 股权,然后更名为 Pangea Worley Parsons,成功进入非洲市场。随后通过进一步并购先后进入南美市场、澳大利亚、中国、加拿大市场	收购,开拓海外业务
荷兰凯迪斯（ARCADIS）	2007—2014 年	2007 年公司收购了在建筑设计领域具有较高造诣的 RTKL 公司,同时获得了其在美国、英国和亚洲的市场	多元化策略,收购,开拓海外业务
荷兰辉固（FUGRO）	1994—2016 年	1999 年,在加拿大、澳大利亚和南非收购了四家公司,增加了其在航空勘探的实力;2002 年,通过收购杰森信息服务有限公司和罗宾森研究所开始进入地球科学行业领域;2003 年完成了辉固历史上最大一笔收购,接管了 Thales Geosolutions 公司,这一收购加强了辉固在海上调查的实力,也增加了新的业务	收购,开拓海外业务
美国雅克博斯（JACOBS）	2000—2007 年	进入 21 世纪以后,雅克博斯工程公司开始寻求规模上的扩大,进行了一系列大手笔的收购行为。2004 年,公司通过收购 Babtie 有限公司而使其在全球范围内基础设施建设领域的业务有很大发展;2006 年,雅克博斯工程公司收购了创立于 1977 年的加拿大 Techna-West 工程公司以及美国本土以离岸技术见长的 W. H. Linder 公司;2007 年,雅克博斯工程公司收购了创立于 1946 年,业务全面的 Edwards and Kelcey 公司,以及创立于 1973 年,在航空管理咨询领域和金融、商务咨询领域非常杰出的 John F. Brown 公司;同年,公司还完成了对 Carter & Burgess 公司的全面收购	收购,开拓海外业务
美国福陆（FlUOR）	2000—2012 年	2012 年签署全球 EPC 协议	多元化策略,开拓海外业务
埃及达尔艾-哈达萨（Dar Al-Handasah）	1990—2000 年	1990 年,Dar 收购 Penspen（英国伦敦）,Dar Al-Handasah 率领多家公司开启黎巴嫩重建的里程碑式建设规划	收购,开拓海外市场

5) 第五阶段:战略调整与重组阶段

经历了几十年多元化、全球化的扩张,企业内部出现了很多运营方面的问题,再加上建筑业利润率下降,导致巨型工程企业开始进行战略调整与重组,以退为进,开始出售没有优势、利润较低的业务,集中核心业务,大量投入研发新技术,积极创新,从而制造业务机会(见表 3-12)。

表 3-12 国际顶级设计承包商战略调整与重组阶段

公司名称	年代	主要事件	主要模式
美国 AECOM	2014 年至今	2015 年公司收购 URS 公司之后，把公司原有的专业技术服务和管理支持服务两大主营业务调整为设计咨询服务、建造服务和管理服务三大块，积极推进 VR 技术、3D 打印技术创新	集中核心业务、技术创新
澳大利亚沃利帕森斯 WorleyParsons	2014 年至今	2018 年计划收购新西兰石油服务有限公司 (NZOSL) 50%的股权，作为与英国石油巨头 BP Plc 旗下新西兰子公司合资企业的一部分	公司重组
荷兰凯迪斯 (ARCADIS)	2014 年至今	集中城市规划与可持续发展	集中核心业务
荷兰辉固 (FUGRO)	2016 年至今	2016 年以 1400 万欧元将其亚太海底服务业务出售给澳大利亚海洋装备公司 Shelf Subsea，后者获得其 25%的股权	集中核心业务
美国雅克博斯 (JACOBS)	2007 年至今	2007 年宣布两换一股，2016 年宣布首次股票股利计划	公司重组
美国福陆 (FlUOR)	2012 年至今	2015 年 Fluor 与 COOEC 组建新的制造合资企业	集中核心业务
埃及达尔艾-哈达萨 (Dar Al-Handasah)	2000 年至今	2017 年 Dar 成为 WorleyParsons 大股东	集中核心业务

国际顶级工程设计商的成长路径以及发展模式如图 3-9 所示。中国设计商大多处于第二、三发展阶段，根据国际顶级设计商的成长路径来看，企业/业主联盟、多元化战略、积极拓展海外业务、上市融资是最值得推荐的发展模式。对于一些准备全球化战略推进的大型建筑公司，应该积极考虑采用并购的方式进入海外市场，同时注意技术和产品的创新，积极开拓服务一体化、项目管理等工程服务领域的业务。

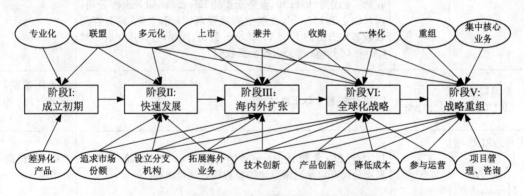

图 3-9 国际顶级设计商的成长路径及发展模式

3.2.2 多元化与集中核心业务战略

1) 多元化经营

多元化经营是企业发展到一定程度的自然选择。目前世界 500 强企业中，94%都实行多元化经营。多元化的优势体现在通过业务组合规避风险,能充分发挥核心竞争力的辐射作用,充分利用闲置资源和现有的生产、营销能力和渠道实现集团化规模增长。国际许多大型承包商在国际工程承包行业中均有涉及(如表 3-13)。除了业内多元化,很多国际设计商还采取业外多元化的方式,如荷兰辉固公司进入电讯行业,使经营范围更加广泛。

表 3-13 2015 年 ENR 前 10 强国际设计承包商涉及行业占比 单位:%

排名	公司名称	建筑	制造	能源	供水	污水处理	工业/石油	交通	有毒物处理	电讯
1	美国 AECOM	22	2	11	8	3	14	32	7	0
2	澳大利亚沃利帕森斯(WorleyParsons)	1	0	8	1	1	84	2	0	0
3	荷兰凯迪斯(ARCADIS)	34	6	2	10	2	5	11	31	0
4	荷兰辉固(FUGRO)	9	0	3	2	0	78	3	0	5
5	美国雅克博斯(JACOBS)	9	2	6	3	2	55	17	3	0
6	美国福陆(FlUOR)	0	1	1	0	0	97	0	1	0
7	加拿大科进丨柏诚(WSP丨Parsons Brinckerhoff)	30	0	13	1	1	1	46	1	5
8	埃及达尔艾-哈达萨(Dar Al-Handasah)	51	0	3	3	1	5	32	0	2
9	英国艾铭(AMEC plc)	5	0	15	1	1	49	5	2	0
10	美国西图(CH2M HILL Cos.,Ltd)	8	5	1	13	10	18	37	5	0

2) 集中核心业务

大部分公司有着自己的核心业务,这些业务也是公司的主要收入来源。表 3-14 为 2015 年 ENR 前 10 强国际设计承包商的核心行业领域。

表 3-14 2015 年 ENR 前 10 强国际设计承包商核心行业领域

排名	公司名称	核心行业领域
1	美国 AECOM	交通行业、建筑行业
2	澳大利亚沃利帕森斯(Worley Parsons)	工业/石油行业
3	荷兰凯迪斯(ARCADIS)	有毒物质处理行业、建筑行业
4	荷兰辉固(FUGRO)	工业/石油行业
5	美国雅克博斯(JACOBS)	工业/石油行业
6	美国福陆(FlUOR)	工业/石油行业
7	加拿大科进丨柏诚(WSP丨Parsons Brinckerhoff)	建筑行业、交通行业
8	埃及达尔艾-哈达萨(Dar Al-Handasah)	建筑行业、交通行业
9	英国艾铭(AMEC plc)	工业/石油行业
10	美国西图(CH2M HILL Cos.,Ltd)	交通行业

从表 3-14 中,可以看出烃类部门是沃利帕森斯公司最为主要的业务部门;美国 AECOM 的核心行业主要是交通行业、建筑行业等。在前 10 名国际设计承包商中,核心行业领域集中在工业/石油行业的国际设计商占 5 个,达到一半。主要原因是建筑行业及交通等传统基础设施行业存在激烈的竞争,而工业/石油行业的设计咨询与公司的核心技术、地域政策等有关,比较容易形成一定程度的垄断。

3) 人才战略

几乎所有国际设计公司都非常注重人才的培养和挖掘,正如英国艾铭公司的现任行政执行总裁 Jonathan Lewis 所言:"人是我们最重要的资产。是我们的员工的技能实现了员工的需求,让我们能够安全、准时、按预算交付复杂项目。"因此这些公司在开发、使用人才方面和留住人才方面都采用了类似的战略。

(1) 开发、使用人才方面,公司提供各种各样的活动、辅导、培训、协作讨论,帮助新员工快速融入。雅克博思公司提供继续教育、培训等来提高员工各方面能力,包括:雅克博斯学院、继续教育课程、工作经验分享、年度业务会议等。AECOM 认为设计员工应该是来自不同的背景,这样才会有文化的多元性的状况。AECOM 在收购一个企业后,首先投入的就是将其员工进行交流,以形成不同区域、不同思想进行交流的氛围,这样更好地促进员工在市场多元化、客户要求高端化的趋势中,企业还能保持一种创新的精神。

重视员工培训,关注职业发展。AECOM 的培训理念认为人都是有抱负有理想的,员工希望得到充实和提高,而不仅仅是追求产值和奖金。AECOM、辉固等一直通过实践来培养员工,使员工不仅在技术上过关,而且营造一个卓越的平台,关注员工职业发展计划,让员工能追求更高尚的目标。通过这种方式来促进员工的全身心投入。

(2) 挽留人才方面,公司有许多福利政策,例如:学费补助、退休福利、员工入股计划、伤残津贴、人寿保险和意外保险和有薪休假和带薪假期等。AECOM 注重优质人才的配比,在涉及的每个行业中都有一批有非常影响力的核心人物。AECOM 通过各种方式去留住这些人物,重要的一点就是建立了合理的薪酬体系。在留住优秀人才的基础上通过激励措施去提高员工的投入度。许多公司采用股权激励的方式,例如埃及达尔艾-哈达萨将 60% 的所有权转让给他们高级员工。西图公司也是如此,它是一家 100% 的员工拥有的公司,不公开上市,有一个内部的股票市场,员工持股。在美国《财富》杂志的评选中,西图入选全美 100 家最适合工作的企业(100 Best Companies to Work for in America)。

4) 技术创新

创新能力在国际工程设计市场竞争中的作用凸显,自主技术成为提高企业核心竞争力的关键。国际工程市场以扩大规模为竞争优势的传统做法,已经逐步转向以创新为先导,依靠自主技术,提供专业化的技术服务来带动工程设计和总承包业务发展,掌握自主技术成为提高企业核心国际竞争力的关键。

(1) 美国 AECOM

AECOM 抓住可持续发展的机遇,率先研发了可持续系统整合模型(SSIM),可以定量评估多个可持续发展指标的成本效益,包括水、能源、绿色建筑、经济学、交通、社区文化、区域生态等可持续发展指标,从而为社区和校园选择并确定最佳的可持续发展方案。

AECOM借助可持续系统整合模型(SSIM)推出的服务包括：气候变暖应对规划、智能建筑、低能耗景观、水资源规划、再生能源、生态修复、自然资源管理、土地开发规划、可持续社区。

(2) 澳大利亚沃利帕森斯(WorleyParsons)

在工程设计中采用国际上先进的 Intergraph 自动工程设计系统（包括 PDS，Intools，Smart Plant，PID，EE Raceway）及其他先进的工程设计软件系统。公司还有配置先进设施的工程软件应用中心(CAE Center)。

(3) 美国雅克博斯(JACOBS)

采用先进的蒸馏技术，使纯苯回收装置产能达 1.5 万吨/年纯苯和 2 500 吨/年甲苯，装置可以满足该公司在沙特 Al-Jubail 地区现有的直链烷基苯(LAB)装置的50%的原料需求。

(4) 荷兰辉固(FUGRO)

3D冰山映射技术：定义了复杂的冰山特性，采用高精度海底成像系统及水成像技术，对于未来的冰工程，可以在北极设置固定和移动的平台，获取相关数据，对相关的风险管理起到帮助。

深层地下水收集技术：引入"智能管道"和"智能冲浪"来改进工艺和提高深海数据采集的准确性。

(5) 英国艾铭(AMEC plc)

英国的核废料的处置和核电站退役是走在世界前列的，而且英国是最早设计、建设核电站的国家，主要成果就是 Sellafield 核电站的退役经验。核电站全周期的项目管理也很强大。同时能够中长期储存核废料，这方面无论是方法还是技术他们都走在前沿。英国在设计、建造新的核电站的时候，也考虑到了未来核电站的退役，这也是英国政府监管方的要求。Sellafield 是整个欧洲最大的核废料储存地。这个项目主要有三家公司一起工作，英国的艾铭，还有美国的 Aecom 和法国的阿海珐，处理期长达 75 年。

除此之外，AMEC 从 1999 年开始开发潮汐能发电，有丰富的经验。

(6) 美国西图(CH2M HILL Cos., Ltd)

西图公司在水环境领域能够为公共事业客户在水体、废水系统、运输、水资源、供水监控、流域规划、湿地改造、规划、科学决策、水力、信息管理以及管理咨询等方面提供非常综合、全面的服务。西图中国区的水业务范围也非常广泛，提供的服务也并非仅限于咨询，而是全程式的服务。在水领域的服务项目主要包括：给水和废水方面有关的建设项目；水资源综合利用项目。西图公司将承揽技术含量高的项目作为在中国市场的突破口，通过公司先进的技术来寻求在中国市场更大的发展。

5) 兼并和收购

企业在全球化扩张时一般采用兼并收购等方式进入目标国家，包括对竞争对手的横向并购、对产业链上企业的纵向并购以及不同领域的综合并购。利用大量的兼并收购行为公司快速进入多个国家和多个领域。进入21世纪后，大型国际设计承包商为了应对复杂的国际工程市场环境展开了大规模的重组和并购，表3-15 为 2005 年后的主要并购与重组事件。

表 3-15　2005 年后大型设计承包商的并购与重组

时间	事件
2005	AMCE 公司宣布重整,出售 2003 年兼并的法国 AMEC SIPE 公司,并将集团现行业务一分为二 西图公司收购了美国论坛公司(俄亥俄州环境工程公司)
2006	WorleyParsons 通过与圣地亚哥 ARA 的合资企业进入南美市场
2007	AECOM 公司在 2007 年收购城脉进入中国市场 凯迪斯公司收购 RTKL 雅克博斯收购了 Edwards and Kelcey 公司、John F. Brown 公司和 Carter & Burgess 公司 西图公司购买了 VECO 的大部分股票,一家位于阿拉斯加的专门从事石油、天然气和能源领域的公司 西图公司收购了 Trigon EPC
2008	WorleyParsons 收购 Pangea 的 50% 股权,然后更名为 PangeaWorleyParsons,成功进入非洲市场 西图公司收购了美国德克萨斯州的 Goldston 工程,该公司专门从事海洋和沿海交通工程服务
2009	凯迪斯公司收购了在全球水资源领域具有领先地位的 Malcolm Pirnie
2011	AECOM 公司收购 Spectral 进入印度市场 辉固公司收购了澳大利亚 TSMarine,荷兰的 De Regt Marine Cables 等 西图公司完成收购博思艾伦州和地方政府的交通咨询(储贷协会交通)业务
2012	AECOM 公司在 2012 年收购 BKS 和 KPK,分别进入南非和马来西亚市场 凯迪斯公司与 Langdon&Seah 的合并在亚洲的成本和项目管理方面创造了领先地位
2014	WorleyParsons 于 2014 年实施改组,将该集团划分为服务部、重大项目部和"完善项目"部 凯迪斯公司收购建筑设计公司 Callison,同年还收购了工程咨询公司 Hyder 和项目管理公司 inProjects;AMEC 与福斯特惠勒合并,正式改名为 AMEC Foster Wheeler,并在伦敦和纽约证券交易所上市
2015	AECOM 公司收购 URS 公司

研究表明:世界 500 强企业和国际工程设计商在进行多元化经营时,选择并购重组有四种企业模式:单项业务企业、主导产品企业、相关联企业和无关联企业。其成功比例分别为 7%~28%,35%~38%,29%~46% 和 3%~12%,这表明选择相关联多元化企业和主导产品企业的成功率较高。

6) 战略联盟

由于全球市场竞争日趋激烈和复杂,对企业竞争资源的要求日益苛刻,企业采用建立战略联盟的方式来获得在现在和未来市场中的竞争优势。战略联盟既是一种组织安排,同时也是一种经营策略。战略联盟是介于市场交易关系和组织内部合作之间的合作关系,它不涉及企业所有权的变更,但它能消除交易障碍,降低交易成本。在不牺牲联盟成员独立性的前提下,实实在在地扩大企业对外部资源的支配能力,使联盟各方的资本、技术、人力、信息资源得到有效、灵活的组合(见图 3-10)。从而可以最大限度地降低产品成本、提高规模经济效益,帮助联盟各方获取长期的竞争优势。因此,战略联盟在减少企业交易成本、扩大市场占有、增强竞争力等方面,有着自己独特的优势。战略联盟具有不同的组织形式,如合资、合作、联合研究开发、供应商契约、交互许可等。

战略联盟分为行业内的联盟合作和跨行业的联盟合作两大类。行业内的联盟合作可以使企业在产业链的前端和后端进行纵向延伸,以及横向业务拓展(如开拓新的领域和区域市场)。跨行业的联盟合作则可以获得技术创新。

AECOM 一直通过战略联盟的形式获得、巩固和加强自

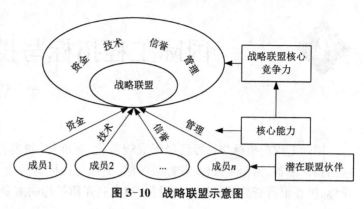

图 3-10 战略联盟示意图

身的竞争优势。如:AECOM 把与并购类似的参股设计院或建立战略合作协议的模式应用在中建、港湾和路桥等中国著名的大型建筑企业之中;AECOM 指定 Bentley 为战略合作伙伴;WorleyParsons 与中石油达成战略合作协议。辉固国际集团一直积极采用战略联盟的方式来获得现在和未来市场中的竞争优势,例如:与中国电建签署战略合作协议,未来将在海上风电和水利水电领域开展勘察、设计、咨询、施工、EPC、运行维护等方面的合作,并建立长期紧密的合作关系;与澳大利亚政府合作,在南印度洋重启马来西亚航空 MH370 航班搜寻工作。MEC 集团在 2009 年与韩国天然气公司与韩国开发银行签订了一份两年期的合作协议,约定共同开发韩国与国际上的能源开发业务等。

除了与企业间的战略联盟,大型设计承包商还寻求与政府之间的合作。雅克博斯公司一直积极采用与政府间的战略联盟的方式来获得现在和未来市场中的竞争优势,例如:自从 1982 年,雅克博斯工程公司首次为联邦政府提供服务以来,为美国能源部重组其分布在 10 个州的 24 个低放射性设施,与政府形成良好的合作关系。核心业务在污水处理的西图公司也与新加坡公用事业局(PUB)有多项合作计划等。Worley Parsons 发展路径参见图 3-11。

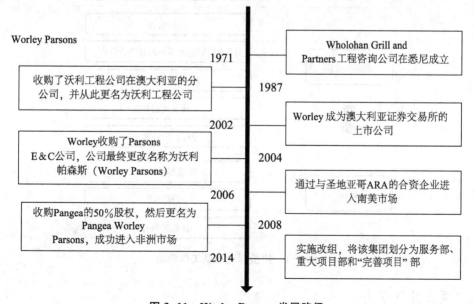

图 3-11 Worley Parsons 发展路径

4 国际工程招标与投标

国际工程的招标与投标已经形成规范化、标准化、制度化和可操作的文件范本及程序，包括招标准备、招标与投标、开标与评标、中标与授标等阶段。本章主要介绍 FIDIC 招标与投标、世界银行贷款项目招标与投标、澳大利亚招投标的主要程序和工作内容。

4.1 国际工程的招标准备

4.1.1 澳大利亚招标准备

1) 招投标过程

在正常情况下，工程项目招投标过程包括招标准备、招标与投标、评标三个不同的阶段，这些阶段的活动如图 4-1 所示。

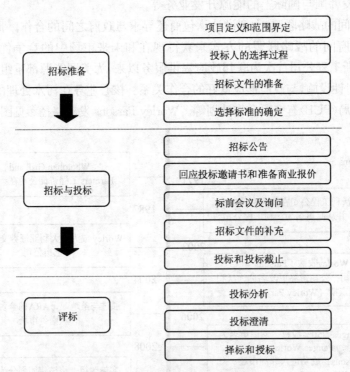

图 4-1 招投标过程及工作内容

2) 项目发包方法

(1) 项目发包方法介绍

在招标过程开始之前,业主(Client)应该选择最适合项目的发包(Delivery)方法。项目的发包方法有很多种,这些方法被方便地分组成六大种类,如图4-2所示。

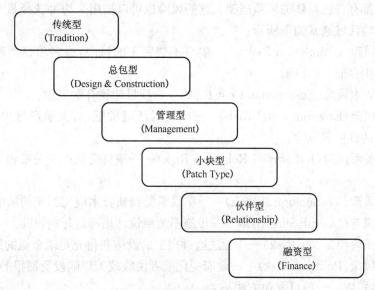

图4-2 发包方法的六个种类

这些种类并没有包括所有的发包方法,但是它们对常用的方法起到了指导作用。表4-1提供了这些方法的简单描述以及每种方法的例子。

表4-1 项目发包方法

发包方法	简单描述	例 子
传统型	业主雇用设计单位设计一个工程项目后,再通过招标选择承包商进行建设	如固定总价;不同阶段不同费率;工程量清单
总包型	业主只和一个实体(公司或者国际财团)签订合同,由这个实体负责工程项目的设计和建设	如设计开发(Design Development)&建设;设计、更新&建设;设计&建设;EPC;设计、建设&维护(Maintain)
管理型	业主雇用项目经理(Manager)的服务来完成工程建设过程,但是同时也承担一些风险,并根据成本的控制效果给予奖赏	如CM;EPCM;PM;成本加酬金(Cost Plus)
小块型	业主因为具体功能需要,按照地理区域的划分(或者时间阶段的划分)雇用很多承包商来进行工程项目的基本建设和维护工作。合同是多种多样的,从不同阶段不同费率到基于成果或者基于绩效的合同	如小块型合同;维护合同(包括基于绩效的维护合同)
伙伴型	这种方法尝试着将业主和承包商(以及其他相关各方)的利益统一起来,从而使得所有的决策都是为了整个项目受益	如联盟合同
融资型	这种采购方法包括全部或部分由业主以外的人投资的项目	如项目融资;PPP;BOO;BOT;BOOT

(2) 项目发包方法选择

① 风险框架

每个项目都有自己具体的风险框架。这些风险也可以被用来协助选择最合适的发包方法。主要的风险区域通常如下所示：

Ⅰ．完工风险(Completion Risk)——项目不能完工的风险，或者项目严重推迟完工以至于影响项目生存能力的风险。

Ⅱ．建设成本风险(Costruction Cost Risk)——项目超预算的风险。

Ⅲ．环境风险(Environmental Risk)——项目对环境敏感、有关遗产保护问题，或需要获得环境条件的许可等风险。

Ⅳ．产业关系风险(Industraial Relations Risk)——项目受到产业关系相关问题的影响的风险。

Ⅴ．技术风险(Technological Risk)——项目易受到新技术应用影响的风险。

Ⅵ．运行风险(Operational Risk)——设施不按照设计指标运行的风险。

Ⅶ．市场风险(Market Risk)——无法通过完工的设施获得充足现金流的风险。

Ⅷ．政策风险(Political Risk)——政府变化或者税收政策影响投资回报的风险。

② 适合性矩阵——项目发包方法

只有当按照整个项目的总体要求选择了最合适的发包方法时，业主和投标人才能够最满意。作为协助业主选择最合适的发包方法的第一步，应该根据招标项目的特殊情况确定其具体的风险框架。一个典型的使用上文所提到的风险框架来分析发包方法的例子如表4-2所示。这个方法是来自于ACA(澳大利亚土木工程师协会)的"伙伴型合同"出版物(1999)。

表4-2 计算示例

风险类别	权重(%)	等级				
		1	2	3	4	5
完工风险	15				0.6	
建设成本风险	20				0.8	
环境风险	10		0.2			
产业关系风险	10		0.2			
技术风险	5		0.1			
运行风险	10			0.3		
市场风险	15				0.6	
政策风险	15			0.45		
小计	100	0.0	0.5	0.75	2	0.0
				总得分＝3.25		

"权重"(Weighting)是业主对某一个具体风险的重要性的测量。"等级"(Rating)是业主对某一个具体的风险可能发生所带来的后果的测度，是同时从发生的可能性以及可能的后果考虑的。在表4-2的例子中，有5个等级，从1(低)到5(高)。"得分"(Score)是同一个风险的"权

重"和"等级"的乘积的结果。(例如在表4-2的例子中,完工风险的权重是15%,等级是4,得分即是0.15×4=0.60。)

应当注意的是,这个方法只应当被看成一般的指导性方法。每个项目都有各自的特点,这些特点应该在考虑风险分担和选择最合适的发包方法的过程中起到重要作用。

③ 用于选择的"气压"表

作为业主初步选择合适的项目发包方法的指导,应当参照图4-3中所列的"适合性矩阵",即"气压"表,用总得分进行选择。

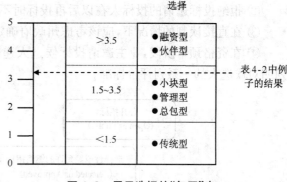

图4-3 用于选择的"气压"表

3) 招标准备

(1) 项目定义和范围界定

项目定义和范围的确定是项目招投标过程的开始,也是整个过程成功的开端。为了项目的利益,建议业主要解决以下问题:

① 应该准备项目概况,清楚地定义项目的范围,这也是将来招标文件的基础。这个文件应该定义项目利益相关者(Stakeholders)所有的要求(包括设计的功能目标、性能、技术标准、完工日期或者支付日期要求等)。所有影响项目交付的已知的条件都应当先期确定,比如公共道路的要求、土地的可获性、工作限制等。没有能够包括所有的要求将很有可能导致各方的期望得不到满足,也可能会导致后期的争议。

② 知识产权可能是项目设计或项目移交系统中至关重要的一个因素。因此参与各方应该在可能产生各种知识产权的初步建议阶段就识别各种知识产权,处理任何一个在整个项目讨论过程中产生的知识产权问题。

③ 应该开展相关的初始调查(例如市场分析、可行性研究等)。这些调查应该达到能够实际确定影响项目成功移交的重要相关风险的程度。

④ 成本估计应该根据考虑了风险分担因素的项目简介(Project Brief)中确定的项目范围去确立。成本估计应该包括所有和项目有关的资源,包括劳动力、材料和各种设备。这样,在符合预算的基础上,建议的范围可以得到调整。

⑤ 工期估计也应该是根据项目简介中确定的项目范围去确立。包括定义、顺序和单独的项目活动持续时间的估计。

⑥ 在考虑了初始成本估计、工期估计和期望的成本/利润分析的基础上,成本/效益分析也是应该开展的活动。这样,建议项目的财务生存能力(Financial Viability)得到了检验。应当注意的是,在一些情况下,即使没有财务收益的项目也可能会得到支持,例如一些政府工程。

⑦ 分配合适的预算,安排融资,以开展这个项目。

⑧ 应该允许用合理的时间执行以上提到的活动。

(2) 投标人的选择过程

主要的投标人的五种选择过程,如图4-4所示。表4-3简明介绍了这些选择过程。

在所有的投标人的选择过程中,推荐业主应确认以下几点:
① 确定竞争性的投标(当然,除了直接谈判的情况)。
② 拒绝投标邀请的投标人在以后再投标时不被歧视。
③ 在直接谈判的情况下,应该考虑州政府确定的标准。
④ 在资格预审阶段,业主邀请投标候选人递交兴趣表的情况下,业主应该在邀请书中列明对候选人的一系列评价标准。

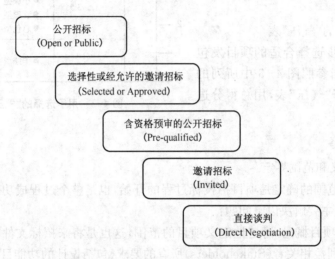

图 4-4 主要的投标人的五种选择过程

表 4-3 投标人的选择过程

选择过程	简明介绍	例子
公开招标	业主通过公共广告的形式招标,并且不限制投标人的数量	简单工程——低风险和低成本
选择性或经允许的邀请招标	为了某一个特定的工程,业主邀请一定数量的投标人。在一些情况下,针对某一类特定的工程业主会有一个已经确立的、经过允许的承包商的名单,这些承包商已经满足承接这些工程的最低要求和标准。通常情况下,每次的邀请都是基于一个变动的依据。注册或登记需要经过评审,而且是根据适当的依据定期更新的	业主经常进行重复的一种类型的工程;"滚动类型"的项目
含资格预审的公开招标	业主通过资格预审的公共广告,为了某个具体项目或具体类型的项目邀请递交兴趣表(Expressions of Interest)	复杂项目——高风险和高成本
邀请招标	业主邀请具有被认可的能力、能够承接计划中的项目的投标人	特殊工程
直接谈判	业主和一个单独的投标人直接谈判	高度复杂的特殊工程,只有一个实体有能力承接这个工程

(3) 招标文件的准备

因为项目规模、复杂性、发包方法等因素的影响,不同项目的招标文件是不同的。然而,下列这些关键文件通常情况下是必须包含的部分,如图 4-5 所示。表 4-4 对必须包含的部分都提供了简单的描述。

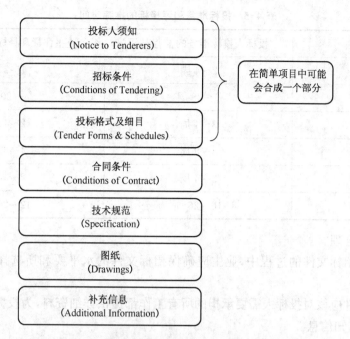

图 4-5　通常情况下招标文件的必要组成文件

表 4-4　招标文件中必须包含的文件的简单描述

文件类型	简　单　描　述
投标人须知	包括项目概况（Project Summary）、招标文件内容清单、关键日期、投标有效期（Validity Period）、详细联系方式、要求的复印件的份数、投标地点和时间的详细信息
招标条件	详细描述整个招投标的过程，包括发包方法、公证事项、交流事项、选择标准和评标过程
投标格式及细目	要求投标人递交有关工程的具体信息。例如，通常情况下投标人会被要求递交总费用（Overall Cost）、总费用的构成、计划（Program）、劳动力、材料、机械设备、管理人员（Personnel）、分包商和施工方法（Methodologies）的详细信息
合同条件	包括合同的一般条款（General Conditions of Contract），设定了执行合同的基础。此外，有时也包括业主或这个工程所特有的专用条款（Special Conditions）
技术规范	该部分取决于选择的发包方法，可能是这个工程的项目简介或详细的技术规范要求。这些文件设定了项目的性能和技术标准
图　纸	提供图纸的数量和标准也取决于选择的发包方法
补充信息	项目的补充信息可能包括环境影响评价（Environmental Impact Study，EIS），EIS 的工作文件和有关项目开展的其他文件

考虑到程序事宜，作如下建议：

① 从行业角度和社会角度考虑招投标的成本问题要给予足够的关心。资格预审和递交兴趣表程序的设置是确保这个问题得以考虑的方法。允许投标人准备投标文件的时间，以及允许业主评标和择标的时间应该是合理的。表 4-5 列出了能够保证专业地并合适地完成这些活动而推荐的时间。当然，由于不同的项目规模、复杂程度以及政治敏感性等因素的影响，时间也会作相应变化。

表 4-5　投标准备和评择标的推荐时间

发包方法	投标人投标准备的推荐时间	业主评标和择标的推荐时间
传统型	2～4 周	1～2 周
总包型	6～26 周	4～20 周
管理型	3～4 周	2～4 周
小块型	4～8 周	4～6 周
伙伴型	2～4 周	2～4 周
融资型	16～26 周	12～20 周

② 工期应合理。

③ 在准备招标文件的过程中,业主应确保招标文件的水平要和所选择的发包方法相适应。

④ 招标文件应该对投标人需要承担的所有工作都提供详细资料,为投标人评价项目风险提供所有的已知信息。

⑤ 招标文件应该清楚、简明,并且避免不必要的重复。整个招标文件使用语句的意思也应该前后一致。

⑥ 招标文件应该包括要求投标人遵守的程序、标准或指引。

⑦ 招标文件应避免包含任何可能在建设阶段导致争议的含糊不清的陈述。

⑧ 招标文件应说明业主是否提供"标底"价,作为招标程序的一个部分。特别是上市公司(Public Company)还需要考虑公司法对该问题的有关要求。

⑨ 招标文件应清楚地说明通信形式,如哪些文件应该或者可以通过电子文件形式递交等。应该说明业主方的联系人,由此人负责处理招投标过程中出现的相关问题,以及安排现场踏勘等事宜。这个联系人应该非常熟悉招标文件,而且能够回答招投标过程中的询问。建议该联系人同样在合同问题、公证要求方面也有相关经验。

⑩ 招标文件清楚地说明要求的投标文件的份数。

⑪ 招标文件清楚地说明标书存放的方法和时间、投标文件递交确认以及投标有效期(Tender Validity Period)。

⑫ 招标文件清楚地说明选择的标准、评价过程和选择过程。

⑬ 招标文件包含一页可返回的封面,突出文件的主要部分,这样便于投标人书面正式确认其收到了招标文件。这些封面应该在收到招标文件后三个工作日内返回。

⑭ 招标文件在合理的风险分配的基础上,清楚地确定参与各方的合同义务。作为指导,建议风险一般被分配给有能力控制和处理的那一方去承担。

⑮ 招标文件清楚地确定业主或工程特有的特殊条款。这对于一些不同于业主常规实践的项目尤其重要。

⑯ 应该指明任何由第三方规定的合同特殊条款,比如环境评价过程、环境影响许可或者是开发申请过程。

⑰ 招标文件清楚地说明业主方的任何合同变更(Novation of Agreements)的安排,包括

招标文件中相关的协议(在不违反正常保密要求的条件下)。

⑱ 招标文件应该清楚地确定投标文件被要求完成的格式和存放的要求。这些内容通常情况下应该在投标格式及细目中。

虽然不是必须的,但为投标人提供递交多方案报价(Alternate Tenders)的机会可能是合适的,前提是同时递交了一个符合招标文件要求的标书(Conforming Tender)。应该清楚地说明可以递交备选报价的情况。备选报价可能包括一些创新,因而可能为业主带来更好的"物有所值"(Value for Money)。

关于招标文件中描述的保密义务,不应该不合理地限制投标人开展准备投标文件的步骤,例如向第三方咨询法律、财务和技术问题,以及向可能的合作伙伴或者分包商咨询。

(4) 选择标准的确定

招标文件中必须清楚地说明选择的标准,而且这个标准应该覆盖项目成功所依赖的关键因素。典型的选择标准如图 4-6 所示。

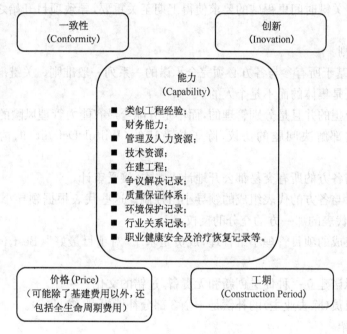

图 4-6 典型的选择标准

因此,选择标准包含"价格"和"非价格"两个部分。根据业主和项目性质的不同,以上每个因素都有不同的权重和优先性。建议业主确保在开标和评标之前就应确定好选择标准的权重。权重最好不要向投标人泄露。

4) 伙伴型(联盟)合同

伙伴型合同,常被称为联盟合同,是另外一种可供选择的、通过招投标过程的传统合同采购形式。

(1) 一般标准

联盟将业主方、设计方和承包方联合成一个身份(联盟),因为交付重要的基本建设(Capital Works)工程,对任何一方来说都具有复杂和高风险的特征。项目联盟最适合于当传统的风险转移策略不合适的项目。

联盟合同的主要目的在于：促进创新，增进参与各方之间的合作，减少争议，分享利润，分担成本和风险。

项目联盟是20世纪90年代早期在澳大利亚西部首次被用来交付石油和天然气项目。从那时开始，在公共部门的应用开始增多。例如，悉尼的水资源北线储存隧道项目（Sydney Warer's Northside Storage Tunnel）和昆士兰的一些道路项目等。同时，联盟合同也被用来交付废水基础设施，发电、供电、供水和港口基础设施。

联盟合同是适用于以下情况的采购方法：

① 很难定量评估项目风险。如项目包括大量功能调整，而这些又没有备有证明文件，或者是在项目开始时无法充分估计地下情况或地理条件的风险。

② 项目设计要求创新，复杂性随着项目的开展进一步扩大。

③ 和其他参与方之间的界面数量过多，无法在项目开始时充分划分。

④ 需要满足关键时间里程碑的要求使得工期至关重要，导致项目开始之前无法得到充分详细的描述。

（2）联盟原则

项目联盟是基于所有参与各方必须完全承诺的一系列一般准则。关键准则是：

① 履约责任是集体的而不是个人的。

② 风险是分担的并且是分别管理的，而不是分配给最有能力管理风险的单独一方。

③ 在联盟内部解决问题的协议，除了故意违约（Wilful Default）的情况不会求助于诉讼。

④ 所有参与各方的所有交易都公开地计入账本，接受审计。

⑤ 项目由参与各方的代表组成的领导小组控制。这些代表根据领导小组一致的意见，具有约束他们所代表的那一方的充分的授权。

⑥ 项目由集成的项目管理小组管理，成员是基于"对项目最好"（Best for Project）的基础而指派的。

⑦ 参与者承诺建立一种促进创新和无责备/过错的文化。

⑧ 对联盟成员（除去业主）的补偿是一个3部分补偿模型，参见（3）。

（3）补偿框架

业主和非业主方一起开展项目和确定项目的范围，并且同意一个商业框架，这个框架包括了目标成本和合适的绩效目标的费用。该商业框架应该被设计成能够统一参与各方的商业利益并且能够估计合作行为。一旦目标成本和绩效目标确定，非业主方的补偿是通过3部分补偿模型实现的：

① 所有由项目导致的直接实际成本，包括具体项目的管理费（Overheads）。

② 覆盖企业管理费（Corporate Overheads）和正常利润的费用。

③ 根据实际成果与预设目标（包括成本和非成本绩效两个方面）比较的基于绩效的盈利/亏损共享协议。

非业主方的不利（Downside）风险通常被限制，以便每一个非业主方只可能损失和其企业管理费和正常利润相当的费用而不会更多。盈利/亏损协议应该被设计成能够确保非业主方和业主方一起承担公平份额的盈利/亏损。

4　国际工程招标与投标

（4）联盟选择过程

因为业主目标、市场情况、复杂程度和项目要求等大量因素，不同项目、不同业主都会有不同的、获得合适联盟伙伴的程序。在一般情况下，选择合适联盟伙伴的过程和步骤参见图4-7。

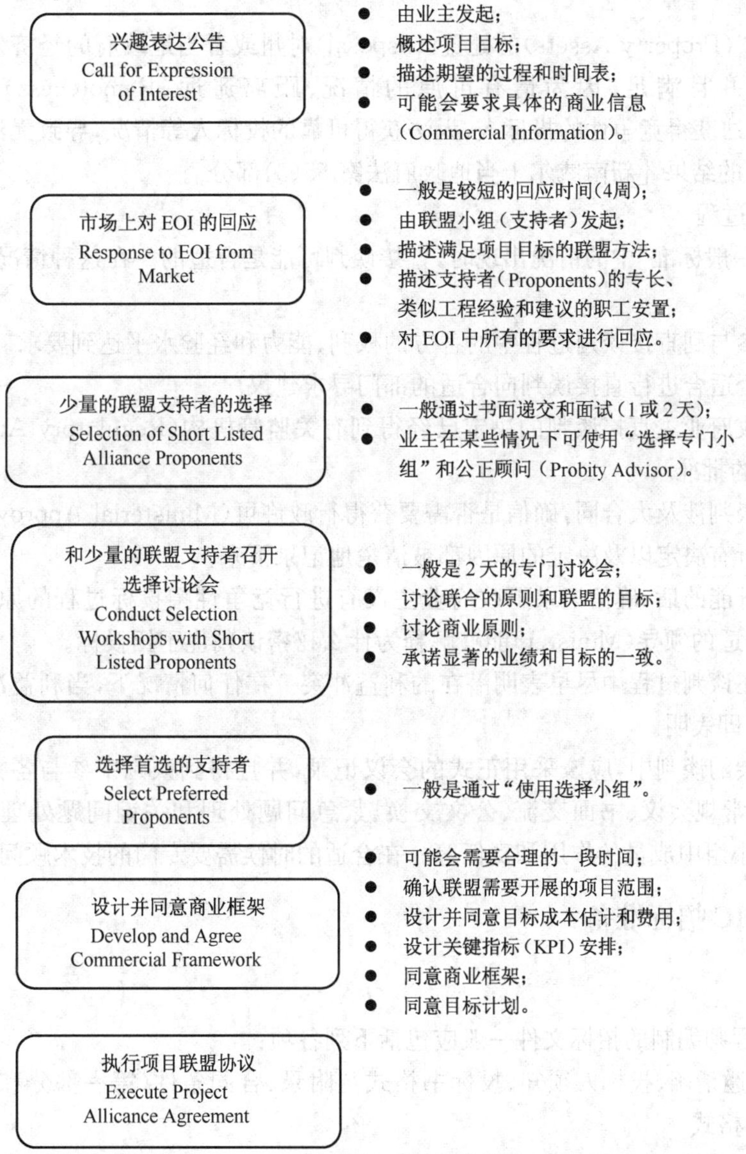

兴趣表达公告 Call for Expression of Interest	● 由业主发起； ● 概述项目目标； ● 描述期望的过程和时间表； ● 可能会要求具体的商业信息（Commercial Information）。
市场上对EOI的回应 Response to EOI from Market	● 一般是较短的回应时间（4周）； ● 由联盟小组（支持者）发起； ● 描述满足项目目标的联盟方法； ● 描述支持者（Proponents）的专长、类似工程经验和建议的职工安置； ● 对EOI中所有的要求进行回应。
少量的联盟支持者的选择 Selection of Short Listed Alliance Proponents	● 一般通过书面递交和面试（1或2天）； ● 业主在某些情况下可使用"选择专门小组"和公正顾问（Probity Advisor）。
和少量的联盟支持者召开选择讨论会 Conduct Selection Workshops with Short Listed Proponents	● 一般是2天的专门讨论会； ● 讨论联合的原则和联盟的目标； ● 讨论商业原则； ● 承诺显著的业绩和目标的一致。
选择首选的支持者 Select Preferred Proponents	● 一般是通过"使用选择小组"。
设计并同意商业框架 Develop and Agree Commercial Framework	● 可能会需要合理的一段时间； ● 确认联盟需要开展的项目范围； ● 设计并同意目标成本估计和费用； ● 设计关键指标（KPI）安排； ● 同意商业框架； ● 同意目标计划。
执行项目联盟协议 Execute Project Alliance Agreement	

图4-7　选择合适的联盟伙伴的一般步骤

5）直接谈判

（1）一般标准

通常情况下，政府业主在下列情况下可能考虑采用直接谈判的方式：

① 当货物或者服务的价值低于采用竞争性过程的费用。

② 当合适的竞争性过程并没有获得足够理想的报价，并且在当时情况下，更好的选择

是和提供了最佳报价的投标人谈判,或者是在没有最好报价的情况下,和真诚地表达了兴趣的一方谈判。

③ 当很显然只有一个供应商或买家可以满足招标人要求的时候。

④ 当在小范围内、不可避免地需要修改项目的范围,并且重新招标的费用将会超过潜在价值的时候。

⑤ 当财产(Property Assets)的处置(Disposal)对州或者当地政府的经济发展有至关重要的作用时,并且满足"因为情有可原的情况、距离遥远(Remoteness)或位置原因(Locality)、无法获得竞争性的投标人、无法获得可靠的投标人等情况,导致无法通过邀请招标以获得满意的结果"[新南威尔士当地政府法案 55(3)部分]。

(2) 谈判过程

当以上"一般标准"中的情况出现时,直接谈判可能是合适的。在这种情况下,各方应该注意:

① 确信参与到直接谈判过程中的各方的权利、能力和经验水平达到要求。

② 就是否适合进行直接谈判向合适的部门寻求建议。

③ 确信政府业主直接谈判的决定已经得到有关监管机构(Regulatory Authority)或政府业主 CEO 的批准。

④ 如果谈判涉及大合同,确信是否需要获得行政许可(Ministerial Approval)。

⑤ 确信所有决定以及决定的原因都被清楚地记录下来。

⑥ 如果可能的话,确信记录下政府业主没有进行竞争性招投标过程的原因,以便于政府业主或者合适的领导(Minister)能够解释为什么秘密谈判优于招投标。

⑦ 确信在谈判过程中尽早表明潜在的利益冲突。在任何情况下,当利益冲突刚被识别的时候就要立即表明。

⑧ 在复杂的谈判中,应该采用正式的会议记录,并且得到谈判中参与各方的承认。记录应该包括:常规会议、书面交流、公文交换、紧急问题处理和关键问题处理会议、录音会议、各个谈判小组中成员的作用和责任等。在合适的时候需要专门的技术顾问和法律顾问。

4.1.2 FIDIC 招标准备

1) 概述

雇主/工程师编制的招标文件一般应包括下列各项:

(1) 投标邀请函、投标人须知、投标书格式与附录、合同条件(第一部分和第二部分)以及任何必要的格式。

(2) 规范、图纸、工程量清单或价格表、资料数据、要求投标人提交的附加资料清单。

(3) 合同范围和招标文件纲要应在资格预审文件之前编订,目的是使这两套文件保持一致。

(4) 某些项(如"投标邀请函"和"投标人须知")一般不构成合同协议书中的一部分,所以,适用于授予合同之后的各项事宜的要求和条件必须纳入招标文件其他部分中。

2) 投标邀请函

投标邀请函应该使用印有雇主名称地址的信笺,并应包括:

(1) 招标编号和名称、颁发的文件清单、收到招标文件的绘制表格(由投标人签字、送回)。

(2) 要求投标人对其在资格预审申请书中提供的资料作任何重要变化时应书面通知雇主/工程师。

(3) 提交投标书和开标的日期和地点。

邀请函应当尽可能简短。详细的情况应包括在投标人须知中。

3) 投标人须知

(1) 概述

■ 雇主/工程师应编制投标人须知,以满足每个合同的具体要求。编制这个文件的目的是传递关于编制、提交和评估投标书时所需要的信息和应遵循的指示。

■ 当决定投标日期时,雇主/工程师必须根据该项目的规模、复杂性和位置保证给予投标人充分的时间来编制他们的投标书。

■ 应将要求的投标书的份数通知给投标人,同时说明其中的一套应清楚地标明"投标书正本",其他各份(为照相复制本)标明为"副本",如果两者之间出现不一致,应以"投标书正本"为准。

■ 如果要求有委托书,应说明准确、详细的要求。

■ 如果要求有关文件需要到雇主国家的大使馆或领事馆公证从而使其具有法律效力,则应提请投标人注意。

■ 应通知投标人中标者,为了执行该合同,他是否需要在当地注册一个公司。

■ 应说明雇主不受将合同授予任何投标人的约束。

■ 如果对按时提交符合要求的投标书的投标人给予某些补偿,则应将该笔金额通知他们。如果不给补偿的话,应说明与编制和提交投标书有关的一切费用均由投标人承担。

■ 如果投标人为了提交符合要求的投标书必须进行研究或进行概念设计的话,可考虑给予他们某些补偿。在"设计、建设、运营和转让"项目或"设计、建设、运营"项目中情况常常如此。

(2) 文件

■ 应包括一份构成完整投标所需的文件清单。

■ 应通知投标人,每项投标书应基本符合要求,否则它将被拒绝。

■ 应向投标人讲明,任何更改必须给予草签。根据实际情况,以计算机打印件形式提供的资料一般应予接受。

(3) 投标书的备选方案

■ 应告知投标人投标书的备选方案是否应予以考虑。一般提交一份符合要求的投标书是考虑备选方案的先决条件。

■ 投标书的备选方案中必须全面准确地说明招标文件中的更改部分。为了能在财务和技术方面对替代方案作出公平评估,在投标书替代方案中必须包括涉及更换的那部分工程的合同条件、规范、图纸、计算书、环境影响以及费用的详细情况。

(4) 对投标书的修正

应规定如果投标人在正式提交日期之前递交、发送了他的投标书,在开标之前他有权对其作出修改或更正。但规定,关于任何此类修改或更正,投标人必须使雇主/工程师在规定的投标书提交日期之前收到书面修改通知。如此修改或更正后的投标书正本将被认为是正式的投标书。

(5) 融资安排
- 应通知项目的资金来源及相关条件。
- 如果要求投标人带资承包,应指示他们提供有关资金来源和所适用的条件。

(6) 货币与支付
- 有关编写标书时应该使用的货币种类,雇主/工程师应给出明确的指示,投标人还应被告知支付时将使用何种货币类型。
- 如果要求投标人使用单一货币来表示他们的投标报价(一般为工程实施所在国的货币),则有必要规定汇率,以便将支付要求的各种货币兑换成单一货币单位。由于若干投标人要求支付他们一定量的某一特定货币,所以,使用的汇率最好保持一致。因此,汇率应由雇主/工程师规定,并在提交投标书之前的一段合理的时间内通知给每个投标人。一般来说,此类汇率为当地中央银行在投标书递交之前第二十八天当日发布的售价,并在授予合同时写入合同中。

(7) 国内优惠
如果在评标时对国内投标人优惠,则应通知投标人,并且告知他们优惠的实施方法。

(8) 投标保证
- 对投标保证的要求应视每个项目的具体情况而定。如果要求提交投标保证,则应将其格式包括在招标文件中。此类保证的金额和使用的货币应予以规定,在所有情况下,担保人应令雇主满意。如果已经要求提交投标保证,则没有按照要求附有此类保证的投标书将被拒绝。
- 雇主/工程师应通知投标人规定的投标保证有效期,以及何种情况下雇主将有权收缴投标保证金。投标保证标准格式列出的条件有:一是投标保证金应在下列日期中最早的日期之前保持完全有效:从提交日期或雇主规定的提交投标书的日期算起的规定日期,或投标人和担保人书面通知给雇主的对该日期延长的日期;在雇主接受了某个投标书的情况下,该投标人按照双方签订的合同条件向雇主提交履约保证的日期;如果雇主从第三方接受了对工程的投标书,该第三方提交相关履约保证的日期。二是在本保函仍完全有效的情况下,担保人在收到雇主说明下列情况的证明后,应支付保函中规定的全部金额:在本保函有效期间投标人撤回了他的投标书;或者投标人没有按照双方签订的合同条件向雇主提交履约保证。
- 建议投标保证(保函)有效期应等于投标有效期加上允许投标人按雇主与承包商之间签订的最终合同提交履约保证的时间。当他们的投标保证不再有效之后,投标保证应该尽快退还给他们。
- 雇主/工程师应选择最适合于所授出的合同的投标保证类型和金额。最好将该保证金数额规定为一笔固定数额,而不要规定成投标价格的百分数。

(9) 评标标准
- 评标标准将构成选择最有利于投标人的主要依据,所以应当明确规定。如果评标时使用某一具体评标方法,则此方法应在投标人须知中说明。尽管对投标书的裁定一般主要依据投标价格,但其他相关因素也应考虑:如竣工时间、技术的合适性、施工和设备的生命周期费用、在项目使用期中对环境的影响、对有害材料的避免、设备的质量和性能、项目融资、运行和维护费用。

- 这些因素应尽可能地利用资金来表示,或在招标文件中的评标规定中给予一个权重。

(10) 履约保证

如果要求履约保证(保证书和担保函),其类型和条件应在合同条件中予以规定。它的条件应包括保证的有效期、没收采用的程序、退还的安排以及资金交易时所用的货币。

4.1.3 世界银行贷款项目招标准备

本部分依据世界银行贷款项目招标文件范本,主要是土建工程国内竞争性招标文件中的"投标人须知"部分编写。

1) 招标范围和要求

投标人须知(以下简称本须知)前附表中写明的业主现就本须知前附表所述项目中的工程施工进行招标。合同名称和编号见本须知前附表,如表4-6所示。

表4-6 投标人须知前附表——世行招标文本

项号	条款号	编列内容
1	1.1	项目名称: 合同名称和编号: 业主名称: 工程名称及说明:
2	2.1	贷款/信贷编号: 贷款/信贷数额:
3	4.3(10)	最大分包额:
4	4.5	最低资格标准: (1) 施工企业等级不应低于_____;国外投标人中标前取得相应的资格证书; (2) 过去3年每年完成施工额最低为_____元; (3) 投标人应作为总承包人在过去10年中承担过至少两类类似性质和复杂程度的施工项目; (4) 主要人员在与本工程性质、规模相当的工程方面应具有5年以上经验,包括3年以上在关键岗位作项目经理的经验; (5) 扣除所承担其他合同占用的资金并且不考虑本合同可能支付的预付款的情况下,用于本合同的流动资金和/或信贷额度应不少于_____。 (6) 投标人至少应提供如下设备和施工机械:_____、_____、_____等
5	13.4	合同价格 备选条款一:固定价格合同 备选条款二:价格可调整的合同
6	15.1	投标有效期:投标截止日期结束后_____天
7	16.1	投标保证金金额:_____元人民币,投标保证金有效期可截止到投标有效期后28天
8	17	投标人的替代方案 备选条款一:将考虑投标人提交的替代方案(或:将要求/允许投标人提交替代方案) 备选条款二:投标人提交的替代方案不予考虑

(续表)

项号	条款号	编列内容
9	18.1	投标书 一套正本_____套副本
10	20.1	投标书递交至：　　　　[单位名称] 地址： 接收人： 投标截止期：　　　　[日期、时间]
11	23.1	开标　　日期：　　　　时间： 地点：
12	34.1	预付款不超过中标合同价格的_____%
13	35	备选条款一：本合同中，项目监理将被授予承担调解员的作用，不再指定调解员。 备选条款二：本合同中将指定一个有3名成员的调解员小组，业主指定的调解员小组成员为_____[姓名、地址]，调解员的付费标准为每小时_____元人民币/人

注：编写招标文件时，招标方可重新打印填写此前附表。第5、8和13项中的备选条款只能各选其一，不适用的备选条款应注上"不适用"；对于合同价格等于或高于700万美元的合同，选择备选条款一。对投标人须知标准条款的修改在"投标人和修改清单"中列出。

2）资金来源

业主已从世界银行（以下简称"世行"）申请得到了一笔信贷/贷款用于本须知前附表所述项目，部分资金将用于本工程合同项下的合格支付。只有在中华人民共和国政府的要求下，经世界银行批准，世界银行才会付款；付款应在各方面都符合信贷/贷款协议中的条款和条件。除中华人民共和国以外，其他任何一方不得从信贷/贷款协议中得到任何权利，或请求支付信贷/贷款。

如果世界银行获知，根据《联合国宪章》第七章有关条款联合国安理会禁止有关支付或货物进口，则贷款协议将禁止从贷款账户提款向有关个人或团体支付或就有关进口货物支付。

4.2 国际工程的招标与投标

4.2.1 澳大利亚招标与投标

1）招标公告

在通过公共广告发布招标公告的情况下，广告应该登在合适的报纸或者刊物上，以吸引合适的潜在投标人。一些报纸选择某些日期专门发布招标公告，这种实践是应该得到支持的。

在刊登广告的情况下，建议广告应包括以下内容：

① 要求所做工程的合适的概要性描述。
② 何时、何地可以获取招标文件的详细信息。
③ 何时、何地投标截止的详细信息。
④ 招标文件的购买价格或存放的详细信息，如果适用的话，还有获得退款的方法。
⑤ 业主方联系人的姓名、地址、电话号码、传真号码和电子邮件地址。

关于程序事宜,建议业主确保做到下列两点:

① 书面记录所有购买招标文件的投标人。同时,对所有投标人都进行编号以便于识别(Identification)和跟踪(Tracking)。

② 在选择性招标、含资格预审的公开招标、邀请招标的情况下,投标人应被告知被邀请投标人的数目不少于三家。

2) 回应投标邀请书和准备商业报价

(1) 建议投标人做到下列三点:

① 投标人只有在真正确信其有承担投标项目的能力和资源时才递交投标文件。

② 投标人可能有利益冲突时(Conflict of Interest)(个人层面或者公司层面),必须在一发现冲突时就宣布相关利益,以便于业主和公证机构(Probity Auditor)能适当地评价并采取相应措施。

③ 在选择性招标或者邀请招标的情况下,收到邀请的投标人如果决定不参加投标,要立即通知业主。需要注意的是,在有资格预审的情况下,投标人如果被选中应该被要求提供参加投标的保证。

(2) 关于程序性问题,建议投标人做到下列四点:

① 在收到招标文件后三个工作日内,完成并返回招标文件中突出文件的主要部分的可返回封面。这样,投标人书面正式确认其收到了招标文件。

② 一旦发现招标文件中有错误、遗漏、模糊或者前后不一致的情况,能立即通知业主。

③ 如果投标人对任何问题有疑问,应该从业主处获得澄清(Clarification),从而对整个项目完全了解。

④ 投标人要遵守招标文件的实质性要求。

(3) 投标人不得参与任何非竞争性行为,包括但不限于下列 7 项:

① 投标人之间就谁能中标达成协议,中标人给没有中标的投标人支付报酬。

② 为了中标,给任何第三方支付现金、奖励或者其他让与物,而这个第三方并没有想为招标的项目提供任何真正的服务。

③ 接受或提供秘密委托。

④ 递交"封面"标书(即投标人虽然递交了标书,但故意在报价上或结构上做安排而避免中标)。

⑤ 涉及与其他承包商、分包商、供应商、代理机构或者其他方任何不合适的商业安排。

⑥ 通过不合适的方式试图影响合同决定。

⑦ 接受奖励后向其他承包商、分包商或供应商提供合同或服务,而该行为在财务方面使业主不利。

3) 标前会议及询问

建议各方之间提供的信息都是秘密的,报价也都是秘密地进行。此外,业主应该做到下列 5 点:

① 为投标人召开的所有简短会议都被记录下来,然后记录也被发给所有投标人,作为招标文件的一个部分。

② 业主方负责处理投标人询问的联系人记录下所有的询问,标明时间、日期和讨论的

事宜。

③ 给一个投标人提供的信息也同样立即提供给其他所有的投标人。但是,需要注意的是,在一些特定的招标形式下(例如总承包、BOO、BOOT 等),投标人会提出一些特定的、和他们具体设计方案有关的问题,并要求提供相应信息。这些问题需要根据其真实性情况谨慎地处理。针对特定投标人方案的具体问题的答复应该以一对一的形式书面进行。

④ 在指出了招标文件重大的错误、遗漏、模糊以及前后不一致的情况下,解决这个问题的信息应该立即书面转发给所有的投标人。

⑤ 在大型、复杂、政治上敏感的项目,确定独立的公正机构以确保招投标过程的公平、公正是合适的。公正机构通过以下工作完成这个作用:监督从"招标公告"到"择标"之间的通信;参加标前会议和评标小组会议(如果合适的话);为处理有关特定的真实性问题提供建议。

4) 招标文件的补充

关于招标文件的补充,业主应该做到下列 4 点:

① 这种补充应尽量避免或者尽量最少。在发出招标文件之前对招标文件进行结构化的检查可以实现这个目标。宁可推迟招标公告的时间,也不要发出还没经过彻底检查、将来需要修改的招标文件。

② 当出现重要问题必须修改招标文件的时候,建议将修改以补遗书(Addendum)的形式发给所有的投标人。

③ 每个补遗书的发出,都要保证所有投标人在投标截止日之前有充分的时间考虑。特别是如果补遗书发出的时间过迟,可能延长允许投标的时间是合适的。

④ 每个补遗书都包含一页可返回的封面,以便于投标人书面确认收到。要求投标人在投标文件递交时提交确认说明,即确认已经考虑了每个补遗书对投标的影响。

投标人应该做到下列两点:

① 每个补遗书都书面确认收到。

② 在投标文件中包括一份确认说明,说明已经考虑了每个补遗书对报价的影响。

5) 投标和投标截止

建议业主做到下列 8 点:

① 在投标截止后,实现所有投标文件的安全和保密。保证文件保密的程序、接触文件、价格敏感信息的可获性都应该在投标截止之前就确定。

② 一般情况下投标文件都会以可靠的投标箱(Secure Tender Box)来接收,并且在经过特别授权的小组(2 人以上)在场的情况下打开。在涉及很多文件的大型工程投标中,可能需要再做一些其他安排。如果不用投标箱,信封封口处应该有密封条(Security Stickers)。一些组织正在鼓励通过电子方式传递招标文件和递交投标文件。

③ 每个文件都应该登记,尽快地总结每个投标文件的关键信息也是很有必要的。投标文件原件(Original)的一份附件需要单独放在一个安全地方,作为参考。

④ 投标文件的截止时间:不要早于下午 2 点;不要安排在周一或者某个公共假日后的第一天;圣诞节结束后至少一个星期以后。

⑤ 每个投标文件都以书面形式确认收到。

⑥ 业主在投标过程中的任何阶段以及投标结束后都不能将投标文件的信息泄露给另

外的投标人。然而,如果事先在招标文件中说明,向公众公开投标文件和投标价格,或者是投标人的排序,也是可以接受的。

⑦ 就大型公共项目而言,特别是 PPP 项目,中标人(Winning Bid)的合同文件或者合同总结可能会被放在某些政府机构里(Parliament)。招标文件应该说明任何可能向公众公开投标文件或者合同的情况。

⑧ 在业主准备考虑迟到的标书和没有实质性响应的投标时,招标文件中也应该描述该如何对待迟到的标书和备选报价(Alternative Offers)。

4.2.2 FIDIC 招标与投标

1) 投标人资格预审

(1) 资格预审文件的编制

建议进行资格预审是为了保证所收到的投标书均来自那些雇主/工程师确信有必要的资源和经验能圆满完成拟建工程的承包商。资格预审的目的是为了确定有资格的公司名单,同时还确保招标具有一定的竞争性。为了达到这些目的和鼓励承包商对招标邀请作出反应,允许通过资格预审的公司不要超过七个,除非雇主或贷款机构的规则另有规定。有些贷款机构的政策是,具有执行预期合同能力的所有申请人都应被允许通过资格预审。

资格预审文件应给出关于项目的信息、招标程序以及资格预审程序。这些文件应同时说明要求希望进行资格预审的承包商提供哪些资料。此类文件由雇主/工程师编制,通常包括下列内容:资格预审邀请函、关于资格预审程序的信息、项目情况、资格预审申请。

① 资格预审程序包括以下方面:

Ⅰ. 以调查表为基础,一个标准的调查表有助于保证所获得的信息的一致性,从而使投标人易于填写且耗费较低,同时还使这些完成填写的调查表更具有可比性。

Ⅱ. 简明灵活,以便能考虑到新的公司。

Ⅲ. 不但考虑到项目的技术方面,而且还应考虑到项目的资金方面。

Ⅳ. 允许承包商对以前为某个项目向同一雇主提交的资料进行更新,以避免事倍功半。

Ⅴ. 授权雇主/工程师从其他处了解申请人的情况。

② 本文件尤其应包括下列内容:

Ⅰ. 雇主的名称和地址、工程师的名称和地址、项目位置、项目概况和合同包含的工作范围。

Ⅱ. 预期的计划,需说明投标期限、授予合同的日期、设计/施工/试运行的期间,以及其他任何关键日期。

Ⅲ. 使用的合同条件,即评标标准、资格预审的多标准、拟定由指定分包商承担的工作的详细情况。

Ⅳ. 预期的资金来源(包括是否要求承包商带资)。

Ⅴ. 预期的支付安排(包括货币种类),承包商须提供的财务担保,是否包括调价规定,合同语言和法律,预期工作的任何特别方面,与承包商承担义务的关系。

Ⅵ. 购买招标文件的费用(如果收取的话)。

③ 应通知申请人以下内容:

Ⅰ. 雇主有关国内的优惠政策,建议应允许联营体参加资格预审,但对通过资格预审的公司随后组建联营体应加以控制,否则将会降低投标的竞争性。在雇主的批准之下,应允许已经通过资格预审的公司吸收没有通过资格预审的公司,以增强他们的竞争能力。

Ⅱ. 应提交的资格预审申请书的份数。

Ⅲ. 接收申请书的机构的名称、地址和截止日期,包括对有关标志的特别指示,提交申请书所使用的语言,提供财务资料时使用的货币。

(2) 资格预审邀请

雇主/工程师应发布通知,要求感兴趣的承包商前来申请领取资格预审文件,并说明招标文件仅发给那些具有圆满完成工程的必要资格从而被雇主/工程师选出的有一定限额的公司或联营体。

通知应当在恰当的报纸杂志刊登,并根据项目的具体情况,使人们对该项目有充分的了解,此类通知也可发送给有关贷款机构的代表,以及负责对外贸易的政府机构,以便国际社会及时得到拟建项目情况的通告和申请须知。通知应尽可能简明扼要,一般包括下列内容:雇主的名称、工程师的名称、项目位置、项目概况和合同包含的工作范围、资金来源、预期的计划(授予合同的日期、竣工日期以及其他任何关键日期)、招标文件颁发和提交投标书的计划日期、申请资格预审文件须知、必须提交资格预审申请书的截止日期、最低资格要求,以及准备投标的投标人可能关心的具体情况。

从资格预审邀请通知发出到送还填好的申请书的截止日期,这段时间不应少于四周。对于大多数项目来说,邀请通知应在颁发招标文件计划日期之前的 10 周到 15 周之间发布,完成填好的资格预审申请书应在这一计划日期之前的 4 周到 8 周之间提交。

(3) 资格预审文件的颁发与提交

在收到承包商的申请之后,雇主/工程师应颁发资格预审文件。资格预审邀请函应说明申请书的包装和送交方式。雇主/工程师应回函说明收到承包商填好的资格预审申请书。习惯上,颁发的招标文件是免费的。如果打算收费,应在资格预审文件中详细说明。

(4) 资格预审申请书的分析

雇主/工程师应对资格预审申请书加以评价,以确定哪些是他们认为有恰当的资格和经验来完成项目的公司或联营体。针对每个公司或联营体,评价应明确:

① 机构和组织,在该类型工程和该工程实施所在国或地区这两个方面的经验。

② 在管理能力、技术人员、施工安装设施、维修培训设施或其他有关方面所拥有的资源。

③ 质量保证程序和环境政策,可能分包出去的工程范围、财务稳定性和实施项目的必要资源、总体的适合性,其中应考虑到任何潜在的语言障碍。

④ 仲裁或诉讼史。对准备投标的承包商的适合性的评估应依据资格预审申请书,同时参考他们与雇主/工程师以前的交往情况,向他们以前的雇主、行会或国家公司注册处秘密查询。如果适当和可行,亦可与申请人进行讨论。

(5) 选择投标人

在排除了那些不适合的公司之后,如果初选的投标人名单上超过 6 个预期投标人,在雇主没有特别规定或限制条件的情况下,为了使投标人名单上的数目不多于 6 个,应继续进行选择,以排除那些相对不太适合的公司。

(6) 通知申请人

当人选的投标人名单准备好之后,应通知通过预审的申请人,并要求他们确认将提交投标书。这会尽可能保证能得到足够数目的竞争性投标。如果预期的投标人希望在这个阶段退出,则应让下一个最有资格的公司入选,并要求该公司同样作出如上确认。之后,应将入选的投标人名单通知给所有申请人,不必解释这样决定的原因。

应当注意,某些贷款机构或其他机构要求,那些拥有规定的经验和资源的所有承包商应被允许通过资格预审,不应限制总的数目。

雇主/工程师应通知所有入选的申请人获得招标文件的时间,并通知没有通过资格预审的投标人。

2) 颁发招标文件

招标文件应由雇主/工程师颁发给那些通过资格预审的公司。如果规定招标文件收费,则仅当得到付款后才能予以颁发。除了邮寄或其他方式的发送之外,始终应允许投标人可以在颁发招标文件之日起到业主/工程师处领取招标文件。应询问投标人他们是否愿意去领取文件,并通知他们领取的时间和地点。

3) 投标人现场视察

对工程现场的考察,应按投标人须知中的约定,与雇主/工程师一起安排。考察的主要目的是,能够使每个投标人查看现场,并获得编制标书所需要的一切相关资料。应通知投标人考察可能多长时间、进行考察的暂定期间,以及允许每个投标人参加考察的最多人数。

决定现场考察的安排时,应使所有投标人都能得到平等的机会。考察时间应大致定于投标期限刚过一半时开始。在考察期间还应召开一次投标人会议。投标人的旅行应自行安排,费用自负,包括车票、食宿、补助等费用。这些都应在投标人须知中通知投标人。

雇主/工程师仅应负责现场实地考察所需的必要安排,雇主/工程师应对现场考察的投标人代表加以记录。雇主/工程师应要求参加考察现场的投标人保障雇主/工程师免遭因现场考察引起的损害和人身伤亡。

4) 投标人询问

处理投标人的质疑可采用信函答复方式,或召开投标人会议的方式,或两者均采用。准备采用的方式应在投标人须知中说明。

(1) 信函来往方式

① 任何要求澄清招标文件的投标人应将其问题书面递交给雇主/工程师。

② 雇主/工程师应解答这些问题,并将书面解答发送给投标人。这些解答以及原问题应发送给所有的投标人,但不应说明问题的来源,应要求投标人复函说明收到有关资料。

③ 雇主/工程师应向投标人说明,在规定的投标书提交日期之前 28 天之后收到的问题概不答复。

④ 如果需要的话,对质疑的解答应作为招标文件的补遗发给投标人。

(2) 投标人会议方式

① 如果采用召开投标人会议的方式,则投标人向雇主/工程师提出的质疑应由雇主/工程师在现场考察期间安排的投标人会议上解答。投标人的质疑应是书面的,并应说明提出问题的单位。

② 雇主/工程师应尽可能在会议上对问题作出口头解答。

③ 在会议之后的合理时间内,雇主/工程师应向所有投标人(不管他们是否与会)发送

记录问题与解答的整套的会议纪要。如果需要的话,应将此类问题与解答作为招标文件的补遗来颁发。

④ 投标人收到会议纪要之后应给雇主/工程师复函,说明收到该资料。

⑤ 每个投标人参加会议的代表人数应限制在2~3名。

5) 招标文件补遗

当颁发招标文件补遗时,为了查阅方便,每项补遗应编有序号,并包含有一个回执条,应由投标人签字,并立即发还给雇主/工程师。补遗本身应该完整清晰,不能依赖投标人去理解其中隐含的意思,并根据自己的猜测来断定招标文件是否要作出其他相应的变更。补遗构成招标文件的一部分。

如果可能的话,雇主/工程师应避免在招标期限的后期阶段颁发补遗。如果不可避免的话,雇主/工程师可考虑将投标期限延长,以给予投标人合理的时间,让他们在投标中对招标文件补遗予以考虑。同时应当记住,对于无关紧要的小变动,常常可以在授予合同之前通过与选定的投标人商榷的方式来处理。

除非情况特殊,否则投标期限一般不予延长。在考虑可能出现的延期需要时,不管是由于招标文件作了重大修改,或是由于一个或更多投标人的要求而致,均需按下列标准来判断是否予以延期:

(1) 延期的理由充分吗?

(2) 拒绝延期将影响到提交的投标书的数量吗?

(3) 延期是否让那些本不能按原定期限提交的投标人从中获益?

(4) 延期是否对项目进度计划带来不可接受的拖延?

6) 投标书的提交与接收

投标人有责任确保他们将投标书在规定的提交日期和时间之前交送给雇主/工程师,并由授权的签字人正式签字。应指示投标人,在提交投标书时,要使用双层普通信封或封套,并将雇主/工程师提供的事先写好地址的标签贴在上面,标签应能标明所涉及的投标,并应有编码,以便雇主/工程师能够看出是哪位投标人的投标书(如:在投标书迟到,不得不在不启封的情况下退还给投标人时,这种做法就很有用),标签最好醒目,并标有"投标文件正式开封前不得启封"的字样。

雇主/工程师应在投标书上记下收到的时间和日期,并确保投标书安全,以及在正式开标指定的日期和时间之前不被启封。如果投标书是派人专送的,投标人应从雇主/工程师处获得收据,上面写有送交的时间和日期。

雇主/工程师不应启封在规定的时间之后收到的投标书,并应立即将其退还投标人,同时附上说明函,说明收到的日期和时间。

4.2.3 世界银行贷款项目招标与投标

本部分仍依据世界银行贷款项目招标文件范本进行编写。4.3.3和4.4.3两部分同样如此。

1) 合格的投标人

本投标邀请书面向世界银行颁布的现行"采购指南"中规定的合格投标人。合同执行过程中使用的所有材料、施工机械和服务均应按上述指南的要求来自合格的来源国。

所有投标人应在"资格审查资料格式"中提交一份声明,说明投标人(包括联营体的所有成员和分包人)不管是现在还是过去,也不管是直接地或是间接地与曾为本项目做设计、编制技术规范及其他招标文件的咨询人员或单位,以及现正被推荐担任本合同项目监理的个人或单位都无隶属关系或合作关系。受业主聘用为本项目前期准备或监理工作提供咨询服务的公司及其所属单位均无资格参加投标。

政府拥有的中国企业,只有在法律和财务方面独立、按商业法律经营并与业主无任何隶属关系时,才能参加投标。由于腐败或欺诈行为而被世界银行宣布无资格投标的投标人不能参加投标。

2)投标人的资格

投标人应在"资格审查资料格式"中提交一份拟采用的初步施工方法和进度计划建议案,并附有必要的图表。如果已经对投标人作了资格预审,则合同只能授予资格预审合格的投标人。资格预审合格的投标人应在其投标书中对其原先提交的资格预审申请文件进行更新,或者在投标书中确认:至投标书递交之日其原已提交的资格预审文件仍然确切无误。更新或确认的资料应在"资格审查资料格式"中提交。

如果业主没有对投标人进行资格预审,除投标人须知前附表另有规定外,投标人应在其投标书中提供下述资料和文件:

(1)有关投标人的章程或法律地位的原始文件的副本,说明投标人的注册地点和主要经营地点;受投标人委托签署投标书的签字人的书面授权书;投标人的施工等级证书的副本;所提交的上述文件如为复印件则要经过公证。

(2)过去3年中每年完成的施工总额。

(3)过去10年中每年在类似性质和规模的工程方面的经验以及正在承建的工程和已承包的其他合同的详细情况;如需进一步了解这些合同可与哪些业主联系。

(4)拟用于实施本合同的主要施工机械。

(5)准备负责管理和实施本合同的主要现场管理人员和技术人员的资格和经历。

(6)投标人的财务状况报告,例如过去3年的资产负债表、损益表和审计报告。

(7)具有足够的流动资金来实施本合同的证明资料(能够得到的信贷额度和其他资金来源的证明)。

(8)可从投标人的开户行获得有关资料的授权。

(9)投标人目前及过去3年涉及的任何诉讼或仲裁的资料,涉及的各方当事人及争议的金额。

(10)分项工程的分包建议。最大分包额参见须知前附表(表4-6)。

由两家或两家以上公司组成联营体所提交的投标书应满足如下要求:

(1)联营体每一成员均应在投标书中提交上述资料。

(2)投标书应正确签署以使之对所有成员都具有合法约束力。

(3)联营体所有成员应对按合同条款实施合同共同地和分别地承担责任。

(4)应指定联营体中的一个成员作为主办人,并应授权该主办人代表联营体任何成员和全体成员接受指示和承担责任。

(5) 主办人应负责全部合同的实施,包括支付。

有资格获得本合同的投标人,至少应满足本须知前附表第 4 项所列的最低资格标准。投标人或联营体每个成员在过去 3 年中如有诉讼或仲裁败诉的记录,则可能使该投标人失去投标资格。

应将联营体各成员的有关数字加到一起来判断投标人是否满足上述最低资格标准。然而,对于联营体,其每一成员至少应满足本须知前附表第 4 项(2)和(5)所列指标的 25%,而其主办人则至少应满足这些指标的 40%,并且必须满足本须知前附表第 4 项(1)的要求;如果不能满足这些要求,则该联营体的投标将被拒绝。在确定投标人是否满足资格标准时,其分包人的经验和各项资源不能计算在内。

3) 每个投标人只能提交一份标书

不管是投标人单独投标或是作为联营体的成员参与投标,每个投标人只能提交一份投标书。提交或参与了一份以上投标书的投标人(作为分包人或允许或要求提交替代方案的情况除外)将使其参与的全部投标无效。

4) 投标费用

投标人应承担其投标书编制与递交所涉及的一切费用。在任何情况下业主对上述费用均不负任何责任。

5) 现场考察

建议投标人对工程现场及其周围环境进行考察和检查,以获取有关编制投标书和签署实施工程的合同所需的各项资料。投标人应承担现场考察的责任和风险。考察现场的费用由投标人自己承担。

6) 招标文件的内容

本合同的招标文件包括下列文件及按本须知发出的补遗书:

      招标邀请书

第 1 章	投标人须知及前附表
第 2 章	合同通用条款
第 3 章	合同专用条款
第 4 章	技术规范
第 5 章	投标函格式、投标保证金格式
第 6 章	工程量清单和计日工清单
第 7 章	资格审查资料格式
第 8 章	合同协议书格式和中标通知书格式
第 9 章	保证金格式
	格式1:履约保证金银行保函格式(无条件)
	格式2:预付款银行保函格式
第 10 章	图纸

7) 招标文件的澄清

要求澄清招标文件的投标人应以书面("书面"包括手写、打印、印刷,也包括电传和传真,本文件下同)形式按投标邀请书中的地址通知业主。业主将对其在投标截止期21天以前收到的要求澄清的问题予以答复。业主的答复将发给所有购买招标文件的投标人(包括对要求澄清问题的说明,但不指明问题的来源)。

8) 招标文件的修正

在投标截止期之前,业主可以用补遗书的方式修改招标文件。据此发出的补遗书将构成招标文件的一部分。该补遗书将以书面方式发给所有购买招标文件的投标人,投标人应以书面方式通知业主确认收到每一份补遗书。为了给投标人合理的时间,使他们在编制投标书时将补遗内容考虑进去,业主可以按照本须知有关规定,酌情延长投标截止期。

9) 投标书的编制和递交

(1) 投标书的语言

与投标有关的所有文件均应使用汉语。投标人可以提交使用其他语言的书面文件,但应附有相应的汉语译文,一旦出现差异或矛盾,应以汉语文件为准。

(2) 投标书的组成

投标人所递交的投标书应包括下述文件:

- 投标书(按照规定的格式)。
- 投标保证金。
- 已标价的工程量清单和计日工清单。
- 资格审查资料和文件。
- 替代方案报价(如有要求)。
- 根据本须知要求投标人填写和提交的所有其他资料。

(3) 投标价格

本合同是为本须知中所述的全部工程而制定的,其根据为投标人提交的已标价的工程量清单。投标人应填写工程量清单中所有工程细目的单价和价格。投标人没有填入单价或价格的细目在实施时业主将不予支付,并认为此细目的费用已包括在工程量清单的其他单价和价格之中。

按投标截止期28天前的规定,所有根据合同或其他原因应由投标人支付的关税、税金和其他应缴纳的费用都要包括在投标人提交的单价、价格及投标价格中。

对于固定价格合同(备选条款一),投标人所报的单价和以细目总价填报的价格在合同实施期间应保持不变,并不因劳务、材料、机械等成本的价格变动而作任何调整。对于价格可调整的合同(备选条款二),在合同实施期间,投标人所报的单价和价格将根据本合同条款的相关规定予以调整。

(4) 投标和支付所使用的货币

投标人应以人民币填报所有单价和价格,合同实施时亦以人民币支付。

(5) 投标有效期

投标书应在本须知前附表第10项所规定的投标截止期之后开始生效,在本须知前附表第6项所规定的日历日内保持有效。

如果出现特殊情况,业主可要求投标人将投标有效期延长一段时间。这种要求和投标人的答复应以书面方式进行。投标人可以拒绝这种要求而不被没收投标保证金。除相关条款的规定外,同意延期的投标人,不需要也不允许修改其投标书,但需要将其投标保证金延长相同的时间;在延长期内,应满足本须知的相关规定。

对于固定价格的合同,如果业主要求并经投标人同意对投标有效期已经作了延长,而延长的期限累计超过了 56 天,那么,对从原投标有效期终止后 56 天起直到中标通知书发出之日止这段时间,应按延期通知中规定的实际价格变动系数对应向中标人支付的全部款额进行调整。评标时,仍根据投标报价评定而不计入上述调整。

(6) 投标保证金

投标人应提供一份不少于本须知前附表第 7 项所述金额的投标保证金,此保证金是投标书的一个组成部分。根据投标人的选择,投标保证金可以是由在中国注册并在中国经营的银行所开出的银行保函、兑换支票、银行汇票或现金支票。银行保函的格式应符合本招标文件的格式要求或应采用业主可以接受的其他格式。银行保函的有效期应超出投标有效期 28 天。

业主将拒绝未能按要求提交投标保证金的投标书。联营体提交的投标保证金应将联营体全部成员定义为投标人,并列出全部成员名单。未中标投标人的投标保证金将尽快退还,最迟不超过投标有效期期满后的 28 天(不计利息)。中标人的投标保证金,在中标人按要求提交了履约保证金并签署了合同协议书后,予以退还(不计利息)。如有下列情况,将没收投标保证金:

- 投标人在投标有效期内撤回其投标书。
- 投标人不接受有关规定对其投标价格进行修正。
- 中标人未能在规定期限内签署合同协议书或提交所要求的履约保证金。

(7) 投标人提出的替代方案

投标人所提交的投标书应完全满足招标文件(包括图纸和技术规范所示的基本技术设计)的要求,除非投标人须知前附表中允许提交替代方案,否则替代方案将不予考虑。如果允许提交替代方案,则执行本须知中的相关规定。

如果投标人须知前附表中允许提交替代方案,则按照招标文件要求准备提交替代方案的投标人还应递交一份满足招标文件(包括图纸和技术规范所示的基本技术设计)要求的投标书。除此基本投标书之外,投标人还应提交业主评审其替代方案所需的全部资料,包括设计计算书、技术规范、单价分析表、所建议的施工方法及有关的其他详细资料。业主只考虑根据基本技术要求提交了最低评标价格的投标人所提交的备选方案(如已提交)。

(8) 投标书的格式和签署

投标人须编制由本须知规定文件组成的投标书正本一套,并按本须知前附表第 9 项要求的份数编制副本,与投标书一起装订并相应地标明"正本"或"副本"。正本与副本如有不一致之处,则以正本为准。投标书的正本和全部副本均应使用不能擦去的墨料或墨水打印或书写,并视情况由授权的签署人签署。凡有增加或修正之处均应由签署人小签证明。

全套投标书应无涂改和行间插字,除非这些改动是根据业主的指示进行的,或者是为改正投标人造成的必须修改的错误而进行的。有改动时,修改处应由投标书签署人小签证明。

对于与本次投标有关或与中标后合同实施有关,已经支付或将要支付给代理商的佣金或服务费(如果有),投标人应按照投标函格式中的要求提交资料。

(9) 投标书的密封与标志

投标人应将投标书正本和全部副本分别密封在两个内层包封和一个外层包封中,并在内层包封上正确标明"正本"或"副本"。内层和外层包封都应:

- 写明本须知前附表第10项所述业主的名称和地址。
- 标明本须知前附表所述合同名称和编号。
- 标有"在本须知前附表所述开标日期和时间前不能启封"的字样,以提请注意。

除要求的标志外,在内层包封上应写明投标人的名称与地址,以便当投标书被宣布迟到时得以原封退回。如果外层包封上没有按上述规定密封并加写标志,业主将不承担投标书错放或提前开封的责任。

(10) 投标截止期

投标书应在本须知前附表第10项所规定的日期和时间前按规定的地址送达业主。业主根据本须知第10条的规定可以发出补遗书,酌情延长递交投标书的截止期限。在上述情况下,业主与投标人在原投标截止期方面的全部权利和义务,将适用于延长后新的投标截止期。

(11) 迟到的投标书

业主在本须知规定的投标截止期以后收到的投标书,将原封退给投标人。

(12) 投标书的修改与撤回

投标人可以在本须知规定的投标截止期之前,以书面通知的形式修改或撤回其投标书。投标截止期之前对投标价格的修改应附有相应细目的单价和价格。

投标人的修改或撤回通知,应按本须知的规定编制、密封、标志和发送,还要在内层和外层包封上标明"修改"或"撤回"字样。在投标截止期后不能修改投标书。在本须知规定的投标截止期与原投标有效期或根据本须知延长的投标有效期终止日之间,投标人不能撤回投标书;否则,根据本须知的规定,该投标人的投标保证金将被没收。

4.3 国际工程的开标与评标

4.3.1 澳大利亚开标与评标

1) 投标分析

认真组成一个经验丰富而且有能力的评标小组对整个招投标过程的成功是至关重要的。当然,同样重要的是需要确定对所有投标文件都采用一致的评标方法。

评标小组的领导人或者主席除了具备技术能力和商务(Commercial)能力以外,还应该具备领导能力、沟通能力和协商技巧。最重要的能力之一是能够在整个招投标过程中都坚持客观性。评标小组的成员都必须没有任何可能损害评标客观性的利益冲突。任命这样一个评标小组将确保依照已经确定的选择标准选择最适合的投标人。

在大多数情况下,建议使用用来比较投标人是否响应招标文件的评标表格(Tender Evaluation Spreadsheet)。这个表格应该依照选择标准同时列出强制的要求和希望的要求,并且清楚地比较每个投标文件的一致性和不足。评标表格同样也应该便于评标小组的排序(根据事先确定的权重)。

在大型工程中(尤其是那些涉及设计及全生命周期评价,如设计、施工、维护和BOOT项目),每个标书都有可能在设计、工期、成本、影响(Impact)、服务和耐久性等方面有差异。因此,需要通过严格的投标分析过程以实现不同标书之间的公平比较。

鼓励在投标分析过程中使用风险分析技术(Risk Analysis Techniques)。此外,增加非价格因素(Non-price)的评价是确保考虑了所有因素(不仅是简单的价格)的另外一种方法。在这些情况下,需要考虑隔离评标小组。隔离能够确保设计方案不会被泄露给另外一个投标人。如果合适的话,业主可以任命独立的公正机构来监督这些事项。

建议业主做到下列3点:

(1) 根据招标文件中确定好的选择标准来进行投标分析。

(2) 没有响应(Comply With)招标文件的投标被拒绝。如果一个投标文件被拒绝了,清楚地记录下原因并传达给投标人。

(3) 在投标文件递交了备选方案(Alternative Proposal)的情况下,必须保护提供备选方案的投标文件的知识产权(Intellectual Property)。但是,投标人应该意识到,一些有管辖权的政府机构有权利接触,并在某些情况下向公众公布包含知识产权或者其他商业保密材料的招标文件。

2) 投标澄清

投标文件的澄清应该非常小心地管理,以确保维持机密性、确保投标人都得到公平的对待。因此,对业主而言,评标过程的重要组成部分是确定投标文件中明示(Stated)或暗示(Implied)的条件和不清晰或误解的部分。这些部分需要投标人的澄清,从而清楚地解释并且合适地评价投标文件。

建议业主做到下列4点:

(1) 对投标澄清要求的答复都是书面的。

(2) 所有和单个投标人的会议都记录下来。在大型、复杂工程中,可能需要使用录音机或者摄像机。

(3) 如果评标委员会决定不接受任何一个投标并且决定重新招标,原来参加投标的投标人应该被通知重新招标的原因,并且在一般情况下,如果合适的话,原来参加投标的投标人应该被邀请参加新的投标。

(4) 如果以前阻止某个投标人参加投标的条件被排除了,则这个投标人在重新招标时可以参加投标。有可能通过举行投标澄清的过程而使得投标人减少到2个。

投标人应该做到下列两点:

(1) 当被业主要求递交澄清的回复的时候,这些回复信息应该以完整的表格形式提供,并且在指定的日期和时间之前递交。如果投标人发现在指定的日期和时间之前递交回复有问题,应该立即通知业主。

(2) 在接到合理的通知后,适合的人员能够参加业主的会议。

4.3.2 FIDIC 开标与评标

1) 开标

在规定的正式开标的日期和时间,雇主/工程师在启封每个投标书之前应检查和显示其密封状态。随着每个投标书的启封,雇主/工程师应宣布:投标人的名称、投标价格、为投标书的替代方案所报的价格(视情况而定)、投标保证。随后,雇主/工程师应宣布那些因其投标书迟到或没有被收到而被取消投标资格的投标人的名称。上述情况应记录在适当的格式表中,并由开标官员和有关证人签字。正式开标可视具体情况按下列两种方式中的一种进行:

(1) 公开开标:开标的日期、时间和地点应在报刊上刊登广告,并通知投标人。

(2) 限制性开标:在那些希望参加开标的投标人到场的情况下开标,开标的日期、时间和地点通知所有投标人。

除了上述人员之外,雇主特别邀请的人员也可参加,比如,那些被要求参加开标的政府或其他公共机构的代表。除非贷款机构或其他机构另有要求,否则,开标应采用限制性的形式。开标的日期应为提交投标书的截止日期。

2) 评标

(1) 评审投标书

开标之后,雇主/工程师应对投标书进行检查,以确定投标书中的运算是否正确、是否应答没有错误和疏漏,以及是否与投标邀请书一致。如果发现了运算方面的错误,则应根据投标人须知的规定对其进行修改。那些被认为基本上不符合要求的投标书应被拒绝,并退还给投标人。

(2) 包含有偏差的投标书

如果投标书包含有偏差,则偏差的资金价值应由雇主/工程师决定,并加到投标价格上,或从投标价格上减去。这样就能得到投标的预期真实费用,可与收到的其他投标书进行比较了。计算方式可采用投标书中包含的方法,如果投标书没有包含适当的方法,则可使用商业费率和价格。

如果偏差的性质太大,不可能决定其资金的价值,建议该投标应被判定为基本上不符合要求,并退还给投标人。雇主/工程师应对符合要求的所有投标书作出详细的评价,判断应基于招标文件中规定的评标标准。

在完成上述程序之后,投标书应按照评定的费用的大小排序。在这一阶段,雇主/工程师可能希望澄清被评定的报价最低,也可能第二或第三位低报价的投标书中的有关资料。雇主/工程师提出问题的方式应妥当,只要能澄清问题即可,不应诱导出超过澄清问题所需的最低要求之外的附加资料。雇主/工程师应说明,投标人给予的多余信息一概不予考虑。同时,雇主/工程师应将其所做的运算更正一览表提交给投标人,并征得其同意。

(3) 对投标书的裁定

如果评定的报价最低的投标书在澄清后仍包含有雇主/工程师不能接受的偏差,则应通知投标人,给予其书面撤回此类偏差的机会。只有在投标人书面确认撤回偏差,并不对标价作出修改,他才真撤回了偏差。如果雇主/工程师没有收到此类确认,则应将该投标书拒绝,而考虑下一个在澄清问题后评定为报价最低的投标书,以此类推。对于接受哪一个投标书,雇主应自行决定。除非特殊情况,否则,应将合同授予提交符合要求且经评审的标价最低的投标书的投标人。

处理偏差的程序将取决于雇主对那些不完全符合投标人须知中规定的投标书的政策。上述的程序即为FIDIC推荐的一种程序,这一程序能够保证对雇主与投标人双方都公正,从长远来看,也能保证雇主获得符合要求且具有竞争性的投标书。某些业主,尤其那些每年都收到很多投标书的雇主,可能更愿意采取更严格的方法,将包含有偏差的投标书一律拒绝。如果是这种情况的话,则应在投标人须知中讲明,随后严格遵守这一程序。如果有贷款机构参与,他们的程序可能规定更严格的规则来处理偏差,很可能禁止对投标价格作任何变动。

投标人须知中应规定关于投标书备选方案的政策。如果投标书替代方案予以考虑,雇主/工程师应仔细审查提交的任何替代方案。如果可以接受,则应对其费用进行评价,并列入费用高低排序。最终接受的替代设计方案投标书可以不是投标人提交的标价最低且符合要求的投标书。如果接受的替代设计方案对雇主有利,则应允许业主这样做。然而,只有在投标人提交了符合要求的投标书的条件下,才应考虑替代方案。否则,就会出现所有投标人只提交替代设计方案的投标书的危险,此类所有投标书可能都是雇主不可接受的。

在评标中,应找出那些标价明显太高或太低的投标书,并应引起雇主的注意。评标中考虑的关键因素和方法应在投标人须知中确定,以便在随后的投标评估和比较中能得到客观的结果。

(4) 废标

在发生废标的情况下,应通知投标人原因。如果要重新招标,雇主/工程师应仔细审查导致废标的原因,在邀请投标人提交新的投标书之前,应考虑对招标文件进行修改,或增加允许投标的投标人名单。同时建议,新的招标文件应加以更新,将以前作为招标文件补遗颁发的修正内容和对投标人质疑的解答包括进去。

雇主/工程师不能因企图获得较低投标价格的明显目的而废标,并完全按照招标文件重新招标。即使雇主/工程师准备邀请原来的某些或全部投标人按照新的招标文件重新招标,也不能扣押投标保证而不退还。如果雇主因最低的投标报价相对费用估算或业主的预算额超过太大而考虑废标,雇主/工程师可以与报价最优惠的投标人议标。在进行谈判时,指导原则必须是确保投标的保密性和公正性。倘若谈判没有达成一项满意的合同,即可废标。

同样可以基于下列原因而废标:投标书基本上不符合招标文件的要求;收到的投标书太少,不能确保一定的竞争性。

4.3.3 世界银行贷款项目开标与评标

1) 开标

业主将于本须知前附表第11项规定的时间和地点开标,包括打开递交的修改和/或撤回通知书。投标人可委派代表参加开标。首先打开标有"撤回"字样的包封并宣读其内容。已提交了可接受的撤回通知书的投标书将不予开封。开标时业主将宣读投标人的名称、投标价格、每一投标及备选方案(如允许或要求提交的话)的总价及投标书的修改与撤回、是否提交了投标保证金以及业主认为适宜的其他细节。开标时未宣读和记录的投标价格在评标时将不予考虑。

业主应做好开标记录,其中包括根据规定对出席开标仪式的人员宣读的内容。与会的投标人或其代表应在登记册上签字证明出席。

2) 评标过程保密

在宣布授予中标人合同之前,凡属于投标书的审查、澄清、评价和比较及有关授予合同的信息,都不应向投标人或与该过程无公务关系的其他人泄露。如果投标人试图对业主的评标过程或授标决定施加影响,则会导致其投标被拒绝。

3) 投标书的澄清和与业主的联系

为了有助于投标书的审查、评价和比较,根据需要,业主可以个别地要求投标人澄清其投标书,包括单价分析。有关澄清的要求与答复应采用书面形式,但不应寻求、提出或允许更改投标价格或投标书的实质性内容。按照本须知的规定对业主在评标时发现的计算错误所作改正的确认除外。

除本须知有关规定以外,开标以后至授予合同,任何投标人均不得就与其投标书有关的任何问题与业主发生联系。如果投标人希望提交给业主其他资料以引起业主的注意,则应以书面形式提交。如果投标人试图对业主的评标过程或合同授予决定施加影响,则将导致该投标人的投标书被拒绝。

4) 投标书的审查与响应性的确定

在详细评标之前,业主应首先确定每份投标书的下列内容:

(1) 是否满足本须知第 3 条所规定的合格性标准。
(2) 是否正确签署。
(3) 是否提交了所要求的投标保证金。
(4) 是否实质上响应了招标文件的要求。

实质上响应要求的投标书,应该与招标文件的所有条款、条件和规范相符,无显著差异或保留。所谓显著差异或保留是指:

(1) 对工程的范围、质量及使用性能产生实质性影响。
(2) 偏离了招标文件要求,而对合同中规定的业主的权利或投标人的义务造成实质性限制。
(3) 或者纠正这种差异或保留将会对提交了实质上响应要求投标书的其他投标人的竞争地位产生不公正的影响。

如果投标书实质上没有响应招标文件的要求,业主将予以拒绝,并且不允许投标人通过修改或撤销其不符合要求的差异或保留使之成为具有响应性的投标书。

5) 错误的改正

业主将对被确定为实质上响应招标文件要求的投标书进行校核,看其是否有计算错误。业主改正计算错误的原则如下:

(1) 当用数字表示的数额与用文字表示的数额不一致时,以文字为准。
(2) 当单价与工程量的乘积与细目总价不一致时,通常以该行填报的单价为准。除非业主认为单价有明显的小数点错位,此时应以填报的细目总价为准,并修改单价。业主将按上述改正错误的原则调整投标书的报价。在投标人同意后,调整后的报价对投标人起约束作用。如果投标人不接受改正后的报价,则其投标书将被拒绝并且其投标保证金也将被没收。

6) 投标书的评价与比较

业主将仅对被确定为实质上响应招标文件要求的投标书进行评价与比较。在评标时,业主将通过对投标价格的下述调整,确定每一份投标书的评标价格:

(1) 改正错误。

(2) 在工程量清单中减去暂定金额和不可预见费(如果有的话),但有竞争性的计日工报价予以保留。

(3) 对其他可接受的变化和偏离或根据本须知规定提交的替代报价进行适当调整。

业主保留接受或拒绝任何变化、偏离或替代报价的权利。凡超出招标文件规定或使业主得到未曾要求的效益的变化、偏离、替代报价或其他因素在评标时将不予考虑。在评标时不应考虑价格调整规定在合同实施过程中所起的作用。

4.4 国际工程的中标与授标

4.4.1 澳大利亚中标与授标

建议业主做到下列3点:

(1) 要求评标小组完成一份评标报告,总结使用的方法和最后推荐的中标人。清楚地说明并很好地证明选择的原因。这个报告是为业主内部批准而制作的。

(2) 应该以书面形式通知没有中标的投标人。在这些情况下,保持一份任务报告(Debriefing)也是合适的。这份任务报告是为了检查选择标准下投标人是如何表现的,以增强未来的表现为目的。

(3) 如果投标人在收到招标文件之前就被通知了归还招标文件的要求,应要求没有中标的投标人应该归还招标文件。

在最后的合同定稿阶段,业主和中标人应该确信合同和中标人的投标文件以及招投标过程中的任何条件都是一致的。需要注意的是,这个阶段是为了确定合同所必需的所有重要的技术、商务或法律事项。这个阶段不是任何一方变化合同价格或者对投标文件进行重大变更的机会。

4.4.2 FIDIC中标与授标

1) 签发中标函

雇主一般将合同授予提交经评审后标价最低且符合要求的投标书的投标人。合同必须在投标书有效期或投标人接受的延长期内授出。如果经评审后的最低标价投标书含有偏离于招标文件要求的内容,但还不足以被认定不符合要求且还没有按照"对投标书的裁定"中的有关条款加以处理,则在决定将合同授予之前,一般雇主/工程师与投标人有必要当面讨论,目的是为了决定雇主是否可以接受这些偏离内容并将其纳入合同中,或是投标人将此类偏离内容撤回。

在此类讨论之后,假定双方对所有内容达成了一致意见,雇主/工程师应准备一份谅解备忘录,说明达成一致意见的详细内容。这份备忘录将交与投标人,让其同意并签字。雇主/工程师在得到投标人的同意之后应向投标人颁发中标函,并将签字的备忘录附上。如果没有可能与提交评估后标价最低的投标书的投标人达成一致意见,则应与第二低报价的投标人协商,程序与前面的相同。

中标函中应该明确承包商应实施的合同和工程,以及雇主将按照合同条件支付给承包商的合同价格。如果合同包括 FIDIC《土木工程施工合同条件》第四版,则在签发中标函之前应与中标的投标人就保险单的总体条件达成协议。

以中标函的形式签发的通知将表明合同的成立。谅解备忘录应为事实性的说明书,记录合同谈判中作出的所有决定和达成的一致意见。一般不需要记录讨论的细节。备忘录将成为构成合同协议书的文件之一,并优先于其他合同文件。鉴于此,双方对备忘录签字是必要的。

如果不能立即向中标的投标人签发正式的中标函,则在某些情况下,签发一份拟签订合同的意向书不失为一种有益的方法。在起草意向书时应谨慎从事,以免中标人将此理解为中标函。如果签发意向书,则其一般包括:

(1) 明确申明雇主有意接受投标书以及任何先决条件。

(2) 如果雇主准备让承包商开始工程的某些部分(如:开工动员、订购材料、签订分包合同等),要详细指出这些内容。

(3) 在正式对投标人授予中标函前,对其授权开展工作的支付根据,以及可能发生的金融债务的限制(如有的话)。

(4) 申明如果合同随后不授予该投标人,则该投标人执行意向书授权其做的工作所导致的合理费用在核定后将由业主支付。

(5) 要求该投标人回函说明收到意向书,并确认接受意向书的条件。

2) 履约保证

合同中一般要求承包商按合同文件规定的时间,以规定的金额、货币和形式提交一份履约保证。履约保证应在投标有效期期满之前提交。应在招标文件中明确投标人不按照规定的要求提交履约保证将招致的后果。此类后果常常是,合同被宣布无效,以及承包商的投标保证将被没收。这时,雇主可自由将合同授予第二低报价的投标人。一旦中标人提交了履约保证,就应立即退还其投标保证。

如果雇主依赖外部的金融机构提供项目资金,则雇主应经此类机构确认将使用的履约保证的格式。如果因时间安排导致承包商不可能按照合同条件在投标书有效期期满之前提交履约保证,雇主/工程师应要求其他投标人将他们的投标书有效期延期,借以保护自己。如果有投标人拒绝因此理由将其投标书的有效期延期,雇主则无权收缴其投标保证。

3) 编制合同协议书

一般要求承包商与雇主签订合同协议书。雇主/工程师应编制该合同协议书,它应包括以下内容:中标函和谅解备忘录、意向书(如有时)、投标书、合同条件、规范、图纸、工程量清单和准备构成合同的其他此类文件。

尽管签订(或未签订)合同协议书并不影响由签发中标函确立的合同的有效性,但通常采用此签约方式使合同正式化。此类行为可能在某些法律体系下具有法律上的效用(如:合同盖章)。是否正式签订取决于雇主和合同协议,如果要求的话,合同协议书应在中标函签发时或之后立即签订。

4) 通知未中标的投标人

在中标人按照合同条件的规定提交了履约保证之后,雇主/工程师应立即书面通知其他投标人他们没有中标。与此同时,如果投标人提交了投标保证,雇主/工程师应将此类投标保证退还给未中标的投标人。

4.4.3 世界银行贷款项目中标与授标

1) 合同授予标准

在保留有关权力的情况下,业主将把合同授予其投标书实质上响应招标文件要求而且具有最低评标价格的投标人。但该投标人必须满足合格性的要求,具有相应资格。

2) 业主接受和拒绝任何投标或所有投标的权力

业主在授予合同前任何时候有权接受或拒绝任何投标书、宣布招标程序无效并拒绝所有投标书,而且对由此引起的对投标人的影响不承担任何责任,也无须将这样做的理由通知受影响的投标人。

3) 中标通知

在业主规定的原投标有效期或根据本须知延长的投标有效期截止前,业主将以书面形式通知中标人并以挂号信的形式确认其投标书被接受。在该信中(本须知及合同条款中称为"中标通知书")应写明业主对承包人按合同施工、完工和维修工程的支付总额(本招标文件中称为"中标合同价格")。

在按照本须知提交了履约保证金并签署了合同协议书后,该中标通知书将形成合同的一部分。在中标人提交了履约保证金后,业主将及时以书面形式把未中标的结果通知其他投标人。

4) 合同协议书的签署

在通知中标人中标的同时,业主将完成(1)或(2):

(1) 把招标文件提供的合同协议书格式,连同双方达成的其他协议寄给中标人,中标人应在收到上述协议后的14天之内签字并还给业主。

(2) 邀请中标人在收到中标通知书后的21天内,派代表前来最后商定合同和签订合同,签约的时间及地点将在此邀请信中指明。

5) 履约保证金

在收到中标通知书后的14天内,中标人应按合同规定向业主提交一份以银行保函形式提供的履约保证金,其数额应满足合同专用条款规定并应采用本招标文件规定的格式。若采用银行保函的形式,则中标人提交的履约保函应由在中华人民共和国注册经营的银行开具。如果中标人未能满足该条款要求,则业主有充分的理由取消其中标并没收其投标保证金。

6)预付款

业主应按照合同条款的规定,根据中标合同价格向承包人提供一笔预付款,该笔款项不应超过本须知前附表所规定的限额。

7)调解员

调解员小组由3名成员组成。其中每一名成员均应独立于合同各方并与此合同无任何利益关系。业主和承包人应各选一人作为成员,第三名成员应由上述2人推选并由合同双方批准,如此选择的第三名成员将作为调解员小组的主席。如果在发出中标通知书后的14天内第三名成员未能按此程序选定并获批准,那么在合同一方或双方的要求下,可由合同条款规定的指定机构来指派第三名成员。

业主指定的调解员小组成员见本须知前附表,投标人应指定另一成员。无论是选择的或指派的调解员均应向业主和投标人提交其接受作为本合同调解员的信件。应按工作的小时数向调解员付费,费率见本须知前附表。

8)无法从开工日期开始实施合同

如果由于业主无法控制的原因使得无法在招标文件合同专用条款规定的开工日期14天前签署合同,则原开工日期应做修改。这种情况下,除非中标人同意,新的开工日期应定在合同签署日后的14至28天;与此相关的预计竣工日期及其他日期也应相应调整,但合同的实施期应保持不变。

9)腐败或欺诈行为

在招标采购和合同实施期间,世界银行要求业主(包括世界银行贷款的借款人和受益人)以及世界银行贷款项目的投标人和承包人遵守最高的道德标准。为此世界银行:

(1)针对本条款的规定,专门定义如下词汇:"腐败行为"是指在招标采购或合同执行期间,通过提供、给予、接受或索要任何有价值的东西,从而影响公职人员工作的行为。"欺诈行为"是指通过提供伪证影响招标采购或合同执行,从而损害业主利益的行为;也包括投标人之间串通(在提交投标书之前或之后),人为地使招标过程失去竞争性,从而使业主无法从公开的自由竞争中获得利益的行为。

(2)如果认定被推荐的中标人在该合同招标的竞争中有腐败或欺诈行为,则会拒绝该授标建议。

(3)如果认定一个公司在世界银行贷款项目的招标过程或合同的执行过程中参与了腐败或欺诈行为,则会宣布该公司无限期或在一定期限内无资格获得世界银行贷款项目的合同。

5 国际工程计量与估价

国际工程估价是国际工程承包中的一个重要环节,无论是对业主还是对承包商而言,都直接影响到工程的成功与否。没有准确的估价,业主不可能以合理的价格获得最好的承包商,而承包商则可能失去承包权,或者反之,即使获得承包权但却无利润可言甚至赔本。

国际工程估价过程包含工程量计算(计量)和定价两大部分,它们的计算都遵循一定的规则。本章首先介绍工程量计量原理和国际上常用的几种工程量计量规则;其次详细介绍国际工程投标报价时标价的组成及分项工程完全单价的估算方法;再次介绍国际工程报价中常用的报价技巧和报价决策方式,以实现承包商既能中标又能盈利的目的;最后结合实际工程进行案例分析。本章案例中采用的数据仅是为了便于阐明投标报价和决策的计算方法,并不具有实际引用价值。

5.1 国际工程计量

5.1.1 计量原理

在国际工程实践中,工程计量工作是一个循序渐进的过程,从工程预付款到最终的工程结算,合同双方要经历"互不信任—试探对方—相互磨合—彼此信任—共同合作"的过程。因此,在计量工作中应注意以下重要事项:

(1) 慎重选择大宗材料和重要设备的定购时机。在国际工程中,很多大宗材料和重要设备都需要从第三国采购,采购周期比较长,如果采用分批采购,不确定因素较多且会增加手续费等沉没成本,因此一般提前把所需大宗材料设备一次性采购。承包商应时刻跟踪预测这些材料设备的价格走势,争取以最低价格定购。

(2) 时刻留意项目累计计量资金流的增长速度。根据赢得值原理,一个健康的项目累计回收资金流应该是一个前期快速增长后期缓慢增长的"抛物线"型曲线。

(3) 对施工进度进行科学的预测。有经验的承包人往往能够预测工程项目的实施进程,对资金的流量也能完整全面地把握,因此会就资金问题及时向监理工程师和业主进行反馈,适时地提出超前的资金流动方案,对业主及承包人均会产生积极的影响。

(4) 建立准确及时的计量台账。台账不仅是承包人对已计量支付过程的一种统计数据库,而且也是对自身计量支付工作进行管理、监督的一种工具。承包人可以通过计量台账对工程进行宏观掌握,进而实现对资金控制的全面掌握。

(5) 投标时采用合同折扣额时,应注意将其固定为名义合同价的某个百分比,而不应该为项目最终实际结算合同价的某个百分比。

(6) 适当控制计量工作中发生的佣金。由于该类佣金属于沉没成本,在国内外经济不景气的环境下,在不影响计量工作的前提下能够适当节省佣金开支,无疑对项目以及国内的母公司都是非常有利的。

多数国际工程招标,其工程量表是由业主提供的,它是招标文件的重要组成部分。但也有一些国际工程招标,并没有工程量清单,仅有招标图纸,这就要求参加投标的工程公司,按照自己的习惯列出细目并计算工程量,或按国际通用的工程量编制方法提交工程量清单。

关于工程量表中细目的划分方法和工程量的计算方法,世界各国目前还没有统一的规定,通常随着负责工程设计的咨询公司而异。比较常见的是参照英国制定的《建筑工程量计算原则(国际通用)》和《建筑工程量标准计算方法》,两者的内容基本上是一致的,后者更为详尽和具体,而且不断补充和修订发行新的版本。某些设计咨询公司可能认为这两个工程量计算的规定,对项目划分过细,计算较繁琐,而将某些工程细目予以归纳和合并。因此,在核算工程量时,应当结合招标文件中的技术说明书,搞清楚工程量表中每一细目的具体内容,才不会在计算单位工程量的价格时出现失误。

5.1.2 计量规则

国际工程通常采用的估价体系有两种:分别由英国皇家特许测量师学会(RICS)和国际咨询工程师联合会(FIDIC)制定。因此,国际上常用的工程量计量规则也有两类:一是通用的英国 SMM 计量规则;二是国际工程最常用的合同范本 FIDIC 的计量规则,使用 FIDIC 合同条款时一般配套使用 FIDIC 工程量计算规则。FIDIC 工程量计算规则是在英国工程量计算规则 SMM 的基础上,根据工程项目、合同管理中的要求由皇家特许测量师学会指定的委员会编制的,以适用于没有适宜规则和根本没有规则的地方。但是要正确地使用 FIDIC 工程量计算规则,还需要提供详细的技术规范和图纸。总的来说,FIDIC 工程量计算规则和英国工程量计算规则之间的差别不大,但 FIDIC 的规则在执行中和在技术方面要更具灵活性。本书主要介绍通用的英国 SMM 计量规则。

1) SMM 计量规则中的工程划分

(1) 概述

目前国际上计算建筑工程量,一般情况下都由工料测量师根据招标文件要求编制工程量清单,使用英国的建筑工程量计算原则(SMM7)。SMM 体系自 1922 年第一版问世,经 1927 年第二版、1935 年第三版、1948 年第四版、1963 年第五版、1979 年第六版直到 1988 年 7 月 1 日修订成第七版,并在 1998 年对第七版又进行了进一步的修订。几十年的工程实践经验和建筑业在全世界的迅猛发展是成功建立建筑工程量标准计量规则的重要基础,特别是欧美发达国家在国际工程承包中已运作了近百年的时间。SMM7 是在招标投标期内寻求一个减轻工作量的途径和进行财务成本控制,有效地实施工程合同管理的奠基石。为避免 SI(英国皇家特许测量师组织)和 QSA(英国皇家特许工料测量师学会)处理建筑工程量中的计算口径纠纷,确保计算工作的统一性和精确性,早在 1912 年为制定标准规则、克服争端,专门成立了 SJC(联合委员会)。联合委员会中有 6 人来自 SI 和 QSA,4 人来自 NFBTE(英国全国建筑业雇主联合会)和 CIOB(英国皇家特许营造学会)。1922 年 SI 和 QSA 合并成 RICS(英国皇家特许测量师学会或称英国皇家特许估价师学会)。SMM7 以崭新的面貌引进了许多新的工程分类和吸纳了一批新的工程科技进步成果,被英联邦体制下的上百个国家广泛接受和使用,一些 WTO 成员方在 SMM7 基础上编制本地区的规则,以适应国际经济全球化和知识经济时代的浪潮。

(2) 英国工程量的基本计算规则

英国工程量的基本计算规则包括：①工程量应以安装就位后的净值为准，且每一笔数字至少应计量至最接近于 10 mm 的零数，此原则不应用于项目说明中的尺寸。②除有其他规定外，以面积计算的项目，小于 1 m² 的空洞不予扣除。③最小扣除的空洞系指该计量面积内的边缘之内的空洞为限；对位于被计量面积边缘上的这些空洞，不论其尺寸大小，均须扣除。④对小型建筑物或构筑物可另行单独规定计量规则。

(3) 工程量计算划分的主要部分

英国工程量计算规则将工程量的计算划分成 23 个部分，各部分的基本内容如下：

① A 部分：开办费及总则(Preliminaries/General Conditions)。主要包括一些开办费中的费用项目和一些基本规则。费用项目中划分成业主的要求和承包商的要求。业主的要求包括：投标/分包/供应的费用；文件管理；项目管理费用；质量标准、控制的费用；现场保安费用；特殊限制、施工方法的限制、施工程序的限制、时间要求的限制费用；设备、临时设施、配件的费用；已完工程的操作、维护费用。承包商的要求包括：现场管理及雇员的费用；现场住宿；现场设备、设施；机械设备；临时工程。同时还对业主指定的分包商、供货商，国家公共机构如煤气、自来水公司等工作规定，计日工工作规则等作了说明。

② B 部分：完整的建筑工程(Complete Buildings)。

③ C 部分：拆除、改建和翻建工程(Demolition/Alteration/Renovation)。内容包括：拆除结构物，区域改建，支撑，修复，改造混凝土、砖、砌块、石头，对已存在墙的化学处理，对金属工程的修复、更改，对木制工程的修复、更改，真菌、甲虫根除器等。

④ D 部分：地面工作(Ground Work)。主要包括基础工程的计算规则。其分为：地质调查、地基处理、现场排水、土石方开挖和回填土、钻孔灌注桩、预制混凝土桩、钢板桩、地下连续墙、基础加固。

⑤ E 部分：现浇混凝土和大型预制混凝土构件(In Situ Concrete/Large Precast Concrete)。内容包括混凝土工程、集中搅拌泵送混凝土、混凝土模板、钢筋工程、混凝土设计接缝、预应力钢筋、大型预制混凝土构件等。

⑥ F 部分：砖石工程(Masonry)。本部分为砖石工程的计算规则，分为砖石墙身、砖石墙身附件、预制混凝土窗台、过梁、压顶等。

⑦ G 部分：结构、主体金属工程及木制工程(Structure/Carcassing Metal/Timber)。内容包括：金属结构框架、铝合金框架、独立金属结构、预制木制构件等。

⑧ H 部分：幕墙、屋面工程(Cladding/Covering)。内容包括：幕墙玻璃，结构连接件，水泥板幕墙，金属板幕墙，预制混凝土板幕墙，泥瓦，混凝土屋面等。

⑨ J 部分：防水工程(Waterproofing)。内容包括：沥青防水层、沥青屋面、隔热层、防水涂料面层、沥青卷材屋面等。

⑩ K 部分：衬板、护墙板和干筑隔墙板工程(Linings/Sheathing/Dry partitioning)。内容包括：石膏板干衬板，硬板地面、护墙板、衬砌、挡面板工程，檩下、栏杆板内部衬砌，木地板地面、护墙板、衬砌、挡面板工程，木窄条地面、衬砌，可拆隔墙，石膏板固定型隔墙板、内墙及衬砌，骨架板材小室隔墙板，混凝土、水磨石隔墙，悬挂式顶棚，架高活动地板。

⑪ L 部分：门窗及楼梯工程(Windows/Doors/Stairs)。内容包括：木制窗扇、天窗，木

制门、钢制门、卷帘门、木制楼梯、扶手、钢制楼梯、扶手、一般玻璃、铅条玻璃等。

⑫ M 部分：饰面工程（Surface Finishes）。内容包括：水泥、混凝土、花岗石面层、大理石面块、地毯、墙纸、油漆、抹灰等。

⑬ N 部分：家具、设备工程（Furniture/Equipment）。内容包括：一般器具、家具和设备、厨房设备、卫生洁具等。

⑭ P 部分：建筑杂项（Building Fabric Sundries）。内容包括：各种绝缘隔声材料、门窗贴脸、踢脚线、五金零件、设备的沟槽、地坑、设备的预留孔、支撑和盖子等。

⑮ Q 部分：人行道、绿化、围墙及现场装置工程（Paving/Planting/Fencing/Site Furniture）。内容包括：石块、混凝土、砖砌人行道、三合土、水泥道路基础、围墙、各种道路、机械设备等。

⑯ R 部分：处理系统（Disposal Systems）。内容包括：雨水管、天沟、地下排水管道、污水处理系统、泵、中央真空处理、夯具、浸渍机、焚化设备等。

⑰ S 部分：管道工程（Piped Supply Systems）。内容包括：冷热水的供应、浇灌水、喷泉、游泳池压缩空气、医疗、实验用气、真空、消防管道、喷淋系统等。

⑱ T 部分：机械供热、冷却及制冷工程（Mechanical Eating/Cooling/Refrigeration Systems）。内容包括：油锅炉、煤锅炉、热泵、蒸汽、加热制冷机械等。

⑲ U 部分：通风与空调工程（Ventilation/Air Conditioning Systems）。内容包括：厕所、厨房、停车场通风系统、烟控、低速空调、通风管道、盘管风机、终端热泵空调、独立式空调机、窗、墙悬挂式空调机气屏等。

⑳ V 部分：电气动力、照明系统（Electrical Supply/Power Lighting Systems）。内容包括：发电设备、高压供电、配电、公共设施供应、低压电供应、公共设施供应、低压配电、一般照明、低压电、附加低压电供应、直流电供应、应急灯、路灯、电气地下供热、一般照明、动力（小规模）等。

㉑ W 部分：通信、保安及控制系统（Communications/Security/Control Systems）。内容包括：电讯、公共音响、扩音系统、无线电、电视、中央通信电视、幻灯、广告展示、钟表、数据传输、接口控制、安全探测与报警、火灾探测和报警、接地保护避雷系统、电磁屏蔽、中央控制等。

㉒ X 部分：运输系统（Transport Systems）。内容包括：电梯、自动扶梯、井架和塔吊、机械传输、风动传输等。

㉓ Y 部分：机电服务安装（Mechanical Electrical Services Measurement）。内容包括：管线、泵、水箱、热交换器、存储油罐、加热器、清洁及化学处理、空气管线及附属设施、空气控制机、风扇、空气过滤、消声器、终端绝缘、机械安装调试、减振装置、机械控制、电线管和电缆槽、高低压电缆和电线、母线槽、电缆支撑、高压电开关设备、低压电开关设备和配电箱、接触器与点火装置、灯具、电气附属设施、接地系统、电气调试、杂项等。

2）SMM 计量规则中的工程量计算方法

以英国工程量计算规则 SMM7 的计算原理和规则为标准来说明地下结构工程、混凝土工程、钢结构工程、屋面工程、楼梯工程、门窗工程和装饰工程这几个部分重要过程的具体的计算方法。

（1）地下结构工程（Ground Work）计算规则

① 场地准备

■ 表土去除(Topsoil)。新建工程建造在自然土上时,需要单独立一个项目,项目单位为 m^2,项目内容为保存去除的表土草皮并在工程结束后回填。工程量按基础建筑面积计算。如果场地内有混凝土道路要破除,应再立两个项目,一个为破除现有硬面道路,项目单位为 m^2,项目描述中说明道路的厚度;另一个项目为破除材料的外运,项目单位为 m^3。

■ 场地平整(Leveling)。计算地下结构时,经常会碰到三种标高:a.混凝土基础底部标高;b.现有地面标高;c.楼面标高。标高 a 和 b 用于基础开挖的工程量计算,标高 a 和 c 可用于墙体的高度。一块场地内的自然地面标高通常是不同的,因而工程量计算时要计算出一个平均标高。为了达到平均地面标高,通常场地的一部分要铲去,而另一部分则需填平。平均地面标高的挖填工程量计算完毕后才能计算基础开挖工程量。

② 土方工程

■ 土方开挖(Excavating)。开挖工程量的计算不考虑土体开挖后的膨胀因素,按基坑尺寸计算,膨胀因素由承包商在报价时考虑。其中,条形基础地槽开挖工程量为地槽的长×宽×高。一般条形基础分为外墙下条形基础和内墙下条形基础两个部分。建筑物外墙的厚度不同,外墙下条形基础的宽度也会不同。D20 中规定:地槽宽度不超过 300 mm 时,开挖工程量要单独计算;混凝土基础深度不同时也要分别计算;地槽深度按 0.25 m 以下、0.25～1 m、1～2 m、2 m 以上进行分类。所有基础的开挖面若低于现有地面标高以下 250 mm,必须在项目描述中注明开挖面的初始标高。

地下室基础的开挖一般从表土底部或场地平整后的标高到地下室底板下。独立基础的开挖同条形基础、地下室基础一样,以 m^3 为单位计算,工程量为独立基础地坑实体积,并在项目描述中说明独立基础的个数。如果开挖面或部分开挖工程在地下水位下,应再立一个额外项目,单位为 m^3,工程量为地下水位下的开挖工程量,不分开挖深度和基础类型。

■ 土方回填和外运(Backfilling)。一般为了计算简便,回填工程量总是和外运工程量一同计算的。全部外运的工程量即为开挖的工程量,最简单的方法就是在计算每一个开挖项目的同时加立一个外运项目;如果开挖出来的土方中有部分要回填,另有部分外运,那么一般采用这样的方法:在计算了开挖工程后,同时再计算一个回填项目,工程量与开挖工程量相同。实际回填工程量在计算了混凝土和砖墙工程后再作如下调整:减去回填土,回填时每层平均厚度不超过 0.25 m,并且加上开挖土方外运。

③ 土臂支撑(Earthwork Support)

在开挖深度大于 0.25 m 或土臂面与水平面角度大于 45°时,应该计算土臂支撑。土臂支撑是一个以 m^2 为单位的项目,它的工程量为所有需要支撑的土臂的表面积。项目描述中应说明开挖的深度和相对开挖面的距离。D20 中把相对开挖面的距离分成 2 m 以内、2～4 m、4 m 以上三类。不同的类别采用不同的支撑方法,支撑价格亦不同。

④ 工作空间(Working Space)

在计算地下室基础工程量时必须考虑到采用何种防水方法以及如何施工。如果要在外墙面外铺设防水层的话,那么根据 D20 的规则规定,开挖面距外墙外小于 600 mm 时应计算工作空间。工作空间以 m^2 为单位计算,工程量为整个工作面的长度乘以工作面的高度,工作面高度是指开挖面到防水层底部的距离。

⑤ 桩基础(Piling)

在计算桩基础前,业主必须提供下列图纸:桩平面图、不同类型桩的分布图、工地现有建筑和工程位置图、与相邻建筑的关系图。不管何种形式的桩,必须在项目描述中写明桩的打入深度和实际长度。

■ 钢板桩(Steel Piling)。整根桩的打入面积以 m^2 为单位,工程量为打入深度乘以桩的宽度;整根桩的面积也以 m^2 为单位,根据 D30 其按桩长分为三类:桩长不超过 14 m、14~24 m、大于 24 m,分别套用并且在项目描述中说明桩的断截面尺寸。当桩的长度不够时需要接桩,接桩时要计算两个项目:一个是需要接桩的桩长(划分为连接长度不超过 3 m 和大于 3 m 两种);另一个是接桩的数量(要以根计算)。

■ 预制混凝土桩(Preformed Concrete Piling)。桩的数量(以根计算),项目描述应说明桩的长度以及桩打入的起始标高;桩的打入深度单位为延长米;接桩计算同样需要立两个项目:一是接桩数量(以根计算),二是接桩长度(分为不超过 3 m 和大于 3 m 两类)。

■ 现浇混凝土桩(Cast-in-place Concrete Piling)。桩的数量以个计算,项目描述中说明钻入的起始标高;桩混凝土部分的长度是按实际长度计算的;最大的钻入深度是以延长米计算的;钢筋的项目描述中要说明插筋和螺旋箍的直径和桩的直径,项目内容包括钢筋绑扎浇捣所用的铅丝、弯头、垫块等;泥浆处理单位为 m^3 ,工程量为桩的断截面积乘以混凝土长度,项目描述中应说明是场内堆放还是场外堆放。

(2) 混凝土工程(In Situ Concrete/Large Precast Concrete)计算规则

混凝土工程主要由三个部分组成:混凝土、钢筋和模板,SMM7 中规定要分别计算。

① 混凝土

混凝土工程以 m^3 为单位计算,混凝土的成分及配合比(或强度要求)应予以说明。不同强度的混凝土需单独计算,混凝土板、墙、柱、梁等均应分别计算。混凝土工程量中不扣除钢筋和小于 $0.05 m^3$ 的洞口。

在混凝土基础中,混凝土底板、垫层、柱基底座均按混凝土板计算,除了在项目描述中说明有无钢筋和浇捣基层外,还应说明板的厚度,分为 150 mm 以下、150~450 mm 和 450 mm 以上三种;现浇柱的混凝土用量为柱的横截面积乘以柱高,柱高是从基础顶面至板底面的高度或是楼板间的净高;梁的混凝土用量为横截面积乘以梁长,主梁的长度为柱间净长,次梁与主梁或柱交接时,次梁算至主梁或柱侧面,伸入墙内的部分应包括在梁的全长内计算;楼板的混凝土用量为楼层建筑面积乘以楼板厚度,楼层建筑面积应扣除楼梯及电梯井、管道孔所占的面积;墙体的混凝土用量为墙体面积乘以墙的高度。

② 模板

模板应以与混凝土实际接触的表面计算,且一般均以 m^2 为单位计算。钢筋混凝土基础工程的模板计算分为两大部分:钢筋混凝土基础边模和钢筋混凝土地梁、底板边模,其高度大于 1 m 时按模板面积以 m^2 为单位计算,不超过 1 m 时按模板长度以延长米计算,高度划分成 250 mm 以下、250~500 mm、500~1 000 mm 三类,并且在项目描述中说明该模板为临时性还是永久性模板;独立柱和独立梁的模板用量为横截面周长乘以梁柱的长度;墙体模板的用量为墙体两侧面的面积;墙体附柱和楼板附梁的模板用量为突出于墙体和楼板的那部分截面的周长乘以附柱或附梁的长度;楼板的模板用量分成两部分:一是楼板的周边模板,若板厚不超过 250 mm 就以延长米计算楼板的周边长度,若板厚大于 250 mm 则应计算楼板的周边面积,二是楼板底部的模板用量,即楼板面积减去与附梁相交的面积。具体的规则参见 E20。

③ 钢筋

钢筋以延长米计算,但在工程量清单中以不同直径分类,并以吨数计价。不同级别与强度的钢筋应分别计算,并注明其规格要求。

④ 预制钢筋混凝土构件

预制构件的计算,一般是点数个数,但有时也按延长米或面积计算。

(3) 钢结构工程(Structure Steel)计算规则

钢结构工程可以分为两种形式:独立结构的钢结构工程和框架结构形式的钢结构工程。

① 钢结构的连接

钢结构的构件连接方法不同,其工程量计算方法和价格也不同。粗制螺栓是最便宜的连接方法,一般在连接孔的间隙比螺栓直径大 1 mm 时使用;精制螺栓一般用在连接间隙较小的时候,要单独计算,以个为单位;摩擦紧固螺栓要单独计算,以个为单位,并且在项目描述中要说明它的种类、尺寸、等级以及表面涂料;焊接的工作包括在构件安装项目中,不单独计算。

② 钢结构的安装

钢结构的安装单独立项计算。一般在钢构件和连接件配件计算完毕后,把它们的重量相加,得到的即是需要安装的重量。

③ 钢结构的零配件

钢结构的零配件中有的可以附在构件中,不单独计算;有的需要单独立项计算,其中包括节点连接板、托座、柱帽、柱脚等,并且根据材料的种类和等级分别计算。

④ 钢结构的表面处理

钢结构的表面处理以 m^2 为单位计算。编制工程量清单时,应在分部工程概要中对钢结构的下列情况作一个详细的说明:钢材、钢构件的等级;安装允许的误差;制作的方式;现场连接的方法;材料测定;质量测试的要求;完工验收的方法。

(4) 屋面工程(Roofing)计算规则

① 斜屋面

■ 斜屋面覆盖层。对于斜屋面,首先计算覆盖层的面积,在项目描述中说明板条和基座的情况,一般先计算一个方向的坡屋面,然后再乘以边坡的个数,接下来再计算屋面与女儿墙连接处、屋檐、山墙挑檐、屋脊线、屋面板连接处的长度。

■ 斜屋面结构层。SMM7 规定了木屋面结构层部分项目的计算规则,如表 5-1 所示。所有的木制斜屋面均以延长米计算,在项目描述中说明屋面的尺寸。屋面板和托架单独计算,托架算入屋面板中。固定件和椽木垫块按个计算,在项目描述中说明其长度和尺寸。金属的连接件、吊架、系板、螺栓等都按个计算。

表 5-1 木屋面结构层的计算顺序

项目名称	SMM7 编号	项目名称	SMM7 编号
屋面板	G20.8	椽头垫块	G20.17
横梁		洞口、天窗处的调整	
屋脊		与墙身的连接	G20.20
屋顶托梁和系梁	G20.9	隔声隔热层	P10.2
檩条、屋面梁、吊梁、支撑		通风	H60.10

■ 粉刷。屋檐、屋脊、封檐板、挡风板的粉刷按延长米计算,在项目描述中说明其尺寸,宽度大于 300 mm 的应按 m^2 计算。

② 平屋面

■ 平屋面覆盖层按 m^2 计算,说明覆盖层的倾斜度。踢脚、天沟、侧边石排水管等,周长小于 2 m 的均按延长米计算。屋面排水口上盖、水落等按个计算。沥青防水屋面的覆盖层也是按 m^2 计算,洞口小于 1 m^2 不予扣除,并在项目描述中说明倾斜度。沥青防水层的宽度按不超过 150 mm、150~225 mm、225~300 mm 和超过 300 mm 分类;踢脚、封檐板、披水、天沟的内衬等都按延长米计算,并根据宽度和周长分类;沥青结点、圆形修边等按延长米计算。

■ 平屋面结构层的计算通常是在找平层上做坡降。如果屋面板倾斜,应分为倾斜角大于 15°和小于 15°;混凝土女儿墙按 m^3 计算,如果高度小于 1 m,应按延长米计算边模,混凝土表面刮平按 m^2 计算。

③ 雨水管系统

雨水管按延长米计算,不扣除配件长度,在项目描述中说明管道是否固定在找平层、混凝土或管道井上;雨水天沟的计算与雨水管相似,描述中应包括尺寸、连接方法、固定形式以及固定基础;雨水落斗按个计算,在项目描述中说明材料、等级等。

(5) 楼梯工程(Stairs)计算规则

现浇钢筋混凝土楼梯工程量的计算主要包括混凝土工程量、模板、钢筋和粉刷。

① 混凝土

根据工程量计算规则 E10.13,现浇楼梯混凝土按 m^3 计算,梯段、踏步、平台均归于同一个项目。

② 模板

现浇楼梯模板工程量的计算一般分成梯段模板和楼梯平台模板两个部分。

■ 梯段模板。根据 E20.25,梯段模板项目应包括梯段、楼梯斜梁、踏步处的模板;该项目以延长米计算;工程量为楼梯段的斜长;在项目描述中应详细说明梯段的数量、宽度、踏步的高度和宽度、斜梁处最大和最小宽度等。

■ 楼梯平台模板。根据 E20.9,楼梯平台模板应单独计算,项目单位为 m^2;计算时按平台板的厚度和距离地面或支撑面的高度分类;若楼梯平台正好与楼面连接,平台模板不用再单独计算而放在楼面模板中一起计算。

③ 钢筋

若楼梯图纸中有详细的配筋,应按图计算;直筋、弯筋都要分开计算,以 t 为单位;水平钢筋大于 12 m、竖筋大于 6 m 的都应在项目描述中说明。

④ 粉刷

根据 M10,楼梯各部分的粉刷都要分开计算。其中楼梯踏步按 M10.7 计算,以延长米为单位,项目描述中说明踏板粉刷的宽度和厚度;楼梯竖版按 M10.8 计算,以延长米为单位,项目描述中应说明楼梯竖版粉刷的高度和厚度;楼梯斜梁按 M10.9 计算,以延长米为单位,项目描述中说明斜梁的形状。楼梯平台粉刷的工程量不必单独计算。

⑤ 楼梯栏杆

根据 L30、L31 分部计算,扶手和栏杆以延长米为单位;如果采用独立式扶手,则按

P20.7计算。

(6) 门窗工程(Windows & Doors)计算规则

① 门工程

- 门的计算是点个数,并配上尺寸图。不同类型、不同材料的门应分别计算;在描述中应尽可能详细说明门的尺寸形状、镶板面数、开启方式等特性。
- 门框的长度是门的尺寸加上木框的厚度。在工程量清单中需注明每一种尺寸的门框有几套;门框的上槛和边框以延长米计算。
- 门缘饰按 P20.2 以延长米计算。
- 门的油漆按面积计算。装有玻璃门的油漆按 M60.4.2 计算,需注明玻璃的尺寸;门框、门缘饰如果周长超过 300 mm,油漆按面积计算,未超过 300 mm 的,按延长米计算。
- 门工程量的计算按表 5-2 的内容和顺序进行。

表 5-2 门工程量计算内容、顺序及规则

计算内容	SMM7 编号	计算内容	SMM7 编号
门	L20.1	门缘饰	P20.1
门的装修	M60.1	盖缝嵌条	P20.2
玻璃门的装修	M60.4	门框等的装修	M60.1
五 金	P21.1	门洞的调整	
玻 璃	L40.1	踢脚线的调整	
玻璃的安装	L40.11	砖砌门槛	F10.16
门 框	L20.7	砖砌台阶	F10.18
门框的安装	L20.8/9/10	预制混凝土门槛	F31.1

② 窗工程

- 木窗、铁窗和塑料窗一般以只数计算,且附上注明尺寸的图表。不同类型、不同材料的窗应分别计算;在描述中应尽可能详细说明窗的开启方式、材料要求等;窗框的垫层和勾缝以延长米计算;木制窗台板和盖缝嵌条也以延长米计算,并应在描述中注明横截面尺寸和制作的工艺方法。
- 窗格玻璃。标准的平玻璃,当厚度小于 10 mm,并且面积不超过 4 m^2 时,以面积计算,在描述中可分为不超过 0.15 m^2、0.15~4 m^2 两个类别进行描述,前一个要注明玻璃的块数;非标准玻璃,即厚度和尺寸超出以上范围的,要在描述中逐个点数并注明尺寸;如果玻璃是双层的,除要在描述中注明外,工程量也要乘以 2。
- 五金的计算,除了点数个数之外,还必须在描述中注明被安装部位的质地。
- 对窗框等部分的油漆以面积计算;对窗格玻璃的尺寸可按不超过 0.1 m^2、0.1~0.5 m^2、0.5~1 m^2,超过 1 m^2 这四种分类来进行描述。
- 窗洞的尺寸应在计算墙体和装修时扣除。预制混凝土过梁以根数计算,尺寸、形状和钢筋要在描述中注明,现浇混凝土过梁则按独立梁的算法计算混凝土、模板和钢筋的用量;门窗中外露墙侧面的抹灰如果不超过 300 mm 宽,按延长米计算。
- 窗工程量的计算按表 5-3 所示的内容和顺序进行。

表 5-3 窗工程量计算内容、顺序及规则

计算内容	SMM7 编号	计算内容	SMM7 编号
1. 窗——木制、铁制、塑料制	L10/11/12.1	窗口侧面装饰	
窗框垫层和勾缝	L10.8/9/10	抹灰	M20.1
窗台板	P20.4	饰面	M60.1
盖缝嵌条	P20.2	金属护角	M20.248
五金	P21.1	(3) 窗口侧面	
玻璃	L40.1	空洞封口	F10.12
装饰	M60.2	防潮层	F30.2
2. 窗洞			
(1) 在墙体和装修等计算中		(4) 窗台	
扣除窗洞面积		混凝土和窗台板	F31.1/2
(2) 窗口顶端		砖	F10.15
过梁	F31.1/F30.16	瓷砖	M40.7
拱顶	F10.6	防潮层	F30.2
空腔挡水板	F30.2	阻水栅栏	P21.1

(7) 装饰工程计算规则

通常情况下,装饰工程的计算分成如下几类:楼地面、顶棚(包括附梁)、独立梁、墙面(包括附柱)、独立柱、墙裙、踢脚线。

① 楼地面饰面

各种面层均按实际覆盖面积计算,扣除墙、柱、电梯井、管道等所占的面积;凸出地面的构筑物、设备基础等不做面层部分的面积也应扣除。

② 顶棚饰面

顶棚的面积按每个房间的结构尺寸计算,扣除墙、柱、电梯井、管道等所占的面积,附梁的装修需另外调整;层高超过 3.5 m 时,天花板装修的描述部分应注明层高,并以 1.5 m 递增分类。

③ 墙体饰面

墙面、墙裙的长度以主墙间的净长计算,墙面高度按室内地坪面至顶棚底净高计算,墙裙的高度按室内地坪面以上的图示高度计算,墙面抹灰面积应扣除墙裙和踢脚线的面积。

④ 独立柱、墙裙、踢脚线

柱抹灰、镶贴块料按结构断面周长乘以高度计算;墙裙、护墙板均按净长乘以净高计算;踢脚线以延长米计算,并应在描述部分中注明尺寸、形状。

⑤ 计算顺序

装饰工程量计算的内容和顺序如表 5-4 所示。

表 5-4 装饰工程量计算内容、顺序及规则

计算内容	SMM7 编号	计算内容	SMM7 编号
1. 顶棚装修		墙面砖的找平层	M10.1
混凝土顶棚(包括附梁)的抹灰	M20.2	混凝土墙面的抹灰	M20.1
打毛混凝土面	E41.4	打光混凝土墙面	E41.4
灰泥板和抹灰	M20.2	装饰	M60.1
装饰	M60.1	干衬料	K10.2
无需装修的板	K10.2	檐板和顶角线	M20.17/19
灰墁钢网	M30.3	木制踢脚线	P20.1
松木板	K20.3	3. 楼地面装修	
2. 墙面装修		地砖	M40.5/50.5
砖墙(包括附柱)的抹灰	M20.1	找平层	M10.5
金属角条	M20.24.3	分隔条	M40.16.4
墙面砖	M40.1		M50.13.5

5.2 国际工程估价

5.2.1 国际工程估价的原则与基本步骤

在国际工程估价过程中,有几点原则需要遵循:一是要以合同方式为基础;二是要以招标文件为依据;三是要根据现场调查和市场信息情况;四是要依据建设计划、施工方案规划和技术规范。

一旦承包商决定向某一特定项目投标,需做好准备来接收合同文件。估价者应以能达到最高精确度和完成的可能性的方式进行估价。估价中所有主要项所要求的精确度应在 98%~99%。以下为进行详细估价的步骤,这些步骤应为估价提供基础,因此阅读并理解它们极为重要。

(1) 仔细检查图纸和说明文字以确认你已拥有所有资料,包括所有附录。并非所有建筑事务所和工程事务所用相同的方式对他们的图纸进行编号,因此有时你可能会疑惑你是否已拿到了所有图纸。建筑图纸通常以 A 为前缀;结构图纸通常以 S 为前缀,或者它们也有可能被包括在建筑图纸中;机械图纸通常以 M、P 或 HVAC 为前缀;用电图纸通常用 E 为前缀。有些种类图纸在数字前没有前缀,但该种情况下会对页码进行编号,如"第 1 页共 25 页"。说明文字的前方应包括该系列包含的所有图纸的清单。检查所有资源确保你已收到所有图纸。若发现任何不一致,与建筑工程师进行核对,以完成该套图纸。遵循相同的步骤对说明进行检查。对照说明文字前的清单,检查所收到的资料。

(2) 浏览图纸来获取对该项目的一个总体印象。例如项目规模如何、项目外形怎样、主要材料是什么,尤其需要关注建筑立面图。在该步骤中估价人员需要理解该项目,对外部饰面材料、所需的玻璃数量和其他独有特征要心中明确。

(3) 复核建筑平面图。评估者应开始注意该建筑的所有特有的平面图特征。仔细审查图纸,从前门开始,跟进每一房间。分析所采用的墙的类型,注意扩大的建筑平面图是否显示了额外部分,或是否要求有特殊的房间布局。

(4) 开始检查墙体部分,从整体上考虑建筑的材料、组件和结构。对任何不熟悉的细节和组件要特别注意,将它们用红色铅笔圈出来,以便你能轻易找到它们。

(5) 复核结构图纸。注意所采用的结构体系类型和所需要的建筑设备类型。如果结构体系不常见,估价人员应多花一些额外的时间加以研究。

(6) 复核机械图纸。尤其注意其如何影响到主体结构、地下工作要求、排水通风口要求、墙上的开槽和其他类似项。即使在分包合同下,机械部分也应进行检查。

(7) 所提交的投标书是基于图纸和说明文字的,投标人必须为其中包含的所有内容,以及图纸中涉及的部分负责。完整而详尽地阅读并研究说明文字,并在必要的时候进行复习。注意说明文字中包含的所有不寻常项。

(8) 在对图纸和说明文字进行了初步检查后,进行现场考察。应该由估价人员或其他有经验的人员,包括被提议的项目执行小组成员进行。通过这些人员的现场考察,专业技能和估价正确性将得到加强。从现场考察中获得的信息将影响到该项目的投标。

(9) 即使估价师必须依赖于他们自己在建设中的经验,但建立并维持与其他政府官员和现场负责人之间的紧密联系仍是十分重要的。在估价师熟悉图纸和说明后,投标者应召开一个有关键管理、监督岗位人员参加的会议。确保这些人员在会前有足够时间熟悉该项目。在会议中,应就所采用的施工方法,最需要使用的机械设备,所遵循的时间进度表和项目所需人员等方面进行探讨。

(10) 通过普通保险条款和增补保险条款对说明中所含的所有可能影响项目成本的分项进行仔细核查,并列出清单。

(11) 给保险公司寄一份列出了该项目所有保险要求的复印件,并给担保公司寄一份包含该项目所有担保要求的复印件。

(12) 估价者现在可以开始进行所要求的计算了。必须对每一项进行解释说明,估价过程本身必须尽可能地完整和详尽。这些项应以相同的方式列出,并以相同的单位进行衡量,这样工作才能够被建构。如若可能,估价应遵循说明文字的通常设置。该工作在检查表中完成。在每一项的估价完成后,应列出每一阶段所使用的设备类型。该清单根据所拥有的设备和可租赁情况可能发生改变。所购买或租赁的设备的价格也应包括其中。

(13) 现在评估者已在检查表中做好计量的准备,以下工作还需继续进行:

① 通知分包商、材料供应商和制造商代表,公司正在准备一个项目的投标,并询问他们是否愿意在该项目中进行投标。

② 开始制作一份所有项的开销清单,这份清单必须被包括在项目中,这会加快将来对这些项目的计价。

(14) 检查表中的信息被转入汇总表中。仔细工作并对所有图进行两次检查。如果可能,让其他人跟你一起来检查这些图。最常见的错误就是小数点位置错误,其他常见错误如下：

① 加减乘除上的错误；

② 遗漏了材料、劳动力、设备或间接费之类的项的错误；

③ 在完成项目的时间长度估计上的错误；

④ 对建筑垃圾的估计错误；

⑤ 对材料数量的估计错误；

⑥ 从一张表转换到另一张表时出现的数字转换错误。

(15) 在对所有项进行定价后，再次核对投标书提交的所有要求，确认投标书已经完成，再次核对投标文件递交时间、日期和地点。

5.2.2 国际工程标价的构成

《建筑工程量计算原则（国际通用）》的"总则"中规定：除非另有规定，工程单价中应包括：①人工及其有关费用；②材料、货物及其一切有关费用；③机械设备的提供；④临时工程；⑤开办费、管理费及利润。

按照国际工程承包的这种计价方式，可以分解每一个项目的单位价格，具体组成如下：①工资；②材料或货品费；③施工机具使用费；④各种管理费和一切其他间接费用；⑤利润。由此可以看出，对工程单价有重大影响的因素有三个：基础价格（包括工日、材料和设备等）、工程定额（包括用工定额、材料消耗定额和施工机械台班定额）和各种间接费用分摊系数。

本书参考这种计价方式，将国际工程投标报价的总费用构成划分为直接费、间接费、利润和暂定金额，如图5-1所示。间接费用均为待摊费用，是在工程量清单中没有单列项的项目费用，需要将其分摊到工程量清单的各个报价分项中去，但是其中的开办费、不可预见费、税金和临时设施工程费，既可以作为报价项目，又可以作为分摊项目。

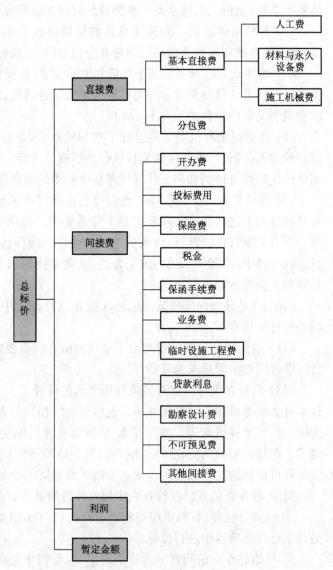

图 5-1 国际工程总标价的构成

5.2.3 国际工程标价的计算

1) 基本直接费的计算

(1) 人工工资

人工费又称劳务费,包括对作业人员的一切津贴和所有各种支付。人工费基价,一般按工人每个工作日的平均费用计算,总工资单价计算公式为:

$$工资费用 = 单位工程的用工量(以工日计) \times 工日基价$$

工日工资基价是指国内派出的人员和工程所在国招募的人员的每个工作日的平均工资。一般来说,在分别计算这两类工人的工资单价后,再考虑功效和其他一些有关因素以及人数,加权平均即可算出工日工资基价。其中国内派出人员的费用如下:

① 国内工资。标准工资一般可按建筑安装工人平均 4.5 级计算。

② 派出人员的企业收取的管理费。目前的一般做法是根据项目规模和报价预算等情况与派出工人的单位商定。

③ 置装费。按热带、温带、寒带等不同地区发放。

④ 国内旅费。包括工人出国和回国时往返于国内工作地点之间的旅费。

⑤ 国际旅费。包括开工的出国、完工后回国及中间回国探亲所开支的旅费。

⑥ 国外零用费及艰苦地区的补贴。按各公司先行规定计算。

⑦ 国外伙食费。按各公司情况参照有关规定计算。

⑧ 人身意外保险费和税金。不同保险公司收取的费用不同。雇主没有规定投保公司时,应争取在国内办理保险。一般来说,发生在个人身上的税收即个人所得税,按当地规定计算。

⑨ 加班费和奖金。

国内派出人员的工资单价可按下式计算:

$$国内派出人员日工资 = \frac{一名工人出国期间的总费用}{工作年数 \times 年工作日}$$

雇用当地人员费用如下:

① 日基本工资。

② 带薪法定节假日、带薪休假日工资。

③ 夜间施工或加班应增加的工资。

④ 按规定应由雇主支付的税金、保险费。

⑤ 招募费和解雇时需支付的解雇费。

⑥ 上下班交通费等。

另外人工费中还可考虑的因素有:额外劳力雇用、劳动工时效率降低、人员闲置、加班工作以及其他不可预见的人工费支出等。

【例 5-1】 某工程工期 2 年,准备雇用部分当地工人参加施工。经询价得知当地一般技工,月基本工资为 350 美元。该国物价每年上涨 12%。另考虑招募费与解雇费、税金、保险费、各项福利和津贴等约占基本工资的 20%。若每月工作 25 天,则当地雇用工人的工日单价为:

$$350 \times (1 + 12\% + 20\%) \div 25 = 18.48(美元/工日)$$

(2) 材料、半成品和设备价格

材料、半成品和设备费可按以下公式计算：

材料、半成品和设备费＝单位工程的材料或半成品等消耗量×材料设备的单位价格

在国际承包工程中，材料、设备的来源有三种渠道：当地采购、国内采购和第三国采购。实际工程中，要根据材料设备的价格、质量、供货条件及当地有关规定来确定采用哪一种采购方式。根据以上采购方式的不同，其单价的计算也不同。

① 在当地采购的材料、设备单价计算

如果当地材料商供货到现场，可直接用材料商的报价作为材料、设备单价。如果自行采购，则其预算价格可用下列公式计算：

材料、设备单价＝市场价＋运杂费＋运输采购和保管损耗

【例5-2】 某工程在当地采购水泥，出厂价为70美元/t，运费为0.25美元/(t·km)，运距为40 km，装卸费为4美元/t，考虑运输、装卸损耗为3%，采购、管理及杂费为2%。水泥的预算价格计算如下：

出厂价：70美元/t；

运输费：40×0.25＝10(美元/t)；

装卸费：4美元/t；

运输、装卸损耗费：(70＋10＋4)×3%＝2.52(美元/t)；

采购、管理及杂费：(70＋10＋4)×2%＝1.68(美元/t)；

故水泥的现场预算价格为：70＋10＋4＋2.52＋1.68＝88.20(美元/t)。

② 在国内采购的材料、设备单价计算

在国内采购的材料、设备的预算价格可用以下公式计算：

预算价格＝到岸价格(CIF)＋海关税＋港口费＋运杂费＋保管费
　　　　　＋运输保管损耗＋其他费用

上述各项费用如果细算，则包括海运费、海运保险费、港口装卸费、提货费、清关费、商检费、进口许可证费、关税、其他附加税以及港口到工地的运输装卸费、保险费和临时仓储费、银行信用证手续费，材料设备的采购费、样品费、试验费等。

③ 在第三国采购的材料、设备单价计算

在第三国采购的材料、设备单价计算类似于在国内采购的材料、设备单价计算。不同的在于，国内采购的材料、设备，计算的是国内的运杂费等，在第三国采购的材料、设备，需要计算的则是在该采购国内的运杂费。如果同一种材料来自不同的供应来源，则应按各自所占比例计算加权平均单价，作为统一的计算单价。

【例5-3】 某工程在第三国采购硅酸盐水泥，包括运费、保险在内的指定目的港价(CIF)为72美元/t，港口费为7美元/t，装卸费为3美元/t，运费为0.25美元/(t·km)，运距为80 km，海关税为30%，采购、保管及其他费用为5%。水泥的预算价格计算如下：

CIF：72美元/t；

港口费：7美元/t；

装卸费：3美元/t；

运费：80×0.25＝20（美元/t）；

海关税：72×30％＝21.6（美元/t）；

小计：123.6美元/t；

采购、保管等费用：123.6×5％＝6.18（美元/t）；

故水泥的预算价格为：123.6＋6.18＝129.78（美元/t）。

(3) 施工机械台班费

根据施工机械是自有机械或租用机械的不同，其机械使用费的构成也不同。两种不同机械的机械使用费构成如图5-2所示。

在施工机械设备使用费的组成项中，基本折旧费、运杂费和安装拆卸费可按实际采用的设备总数计算，其余各项按台班计算，而后根据各类设备在工程中使用的台班数汇总，由此可以得出本工程所有的机械设备使用费的总价。

施工机械设备费用以何种方式计入工程报价中，一般取决于招标文件的规定。大多数招标项目不单列施工机具设备费用项，投标者应当将这笔费用分摊到各个分项工程单价中，分摊办法由投标者自己确定，可根据具体情况采用均匀分摊法、重点分摊法，或仅在使用某项机械设备的项目中分摊处理。

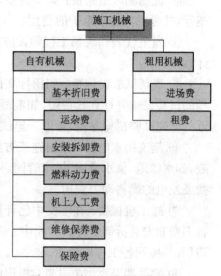

图5-2 施工机械使用费构成

【例5-4】 新购推土机到港价为85 000美元，在某工程中使用2年，在本工程中的折旧率为40％，其进口手续费、清关费、内陆运输费以及安装、拆卸及退场费等约等于设备原价的5％，备件及维修2年的费用按设备原价的20％计。该推土机每台班需用油料70 kg，单价为0.5美元/kg。若每月工作25天，该设备的台班使用费计算如下：

设备折旧费：85 000×40％＝34 000（美元）；

清关及运输等费用：85 000×5％＝4 250（美元）；

备件及维修费：85 000×20％＝17 000（美元）；

本工程中使用台班数：12×25×2×0.8（使用系数）＝480（台·班）；

台班设备费：（34 000＋4 250＋17 000）÷480＝115.10（美元）；

每台班燃料费：70×0.5＝35.0（美元）；

故本台推土机的台班使用费为：115.10＋35.0＝150.10（美元）。

2) 间接费用的计算

(1) 开办费

有些招标项目的报价单中有开办费（或称初期费用）一项。开办费指工程开始之前的各项现场准备工作所需的费用。有的招标文件规定这些内容可以单独列成分项。如果招标文件中没有规定单列，则所有开办费应与其他管理费用一起摊入到工程量表的各计价分项中。

因此，开办费究竟是单列，还是摊入到工程量表中的其他分项价格中，应根据招标文件的规定办理。

开办费在不同的招标项目中包括的内容可能不同，一般应包括以下内容：

① 现场勘察费：雇主移交现场后，应进行补充测量或勘探，可根据工程场地的面积计算。

② 现场清理费：包括清除树木、旧有建筑构筑物等，可根据现场考察实际情况估算。

③ 进场临时道路费：如果需要，则应考虑其长度、宽度、小桥和涵洞以及相应的排水设施等，并考虑其经常维护的费用。

④ 雇主代表和现场工程师设施费：如招标文件规定了具体内容要求，则应根据其要求计算报价。

⑤ 现场试验设施费：如招标文件有具体规定，则应按其要求计算；可按工程规模考虑简易的试验设施并计算其费用，如混凝土配料试块、试验等。其他材料、成品的试验可送往附近的研究试验机构鉴定，考虑一笔试验费用即可。

⑥ 施工用水电费：根据施工方案中计算的水电用量，结合现场考察，确定水电供应设施，如水源地、供水设施、供水管网、外接电源或柴油发电机站、供电线路等，并考虑水费、电费或发电的燃料动力费用。

⑦ 施工机械费：在上文中已计算出施工机具设备的使用费基价，一般可将机具设备的折旧费和安装拆卸费计入本项中。至于燃料动力、操作人工和维护修理等，则计入机械台班费用，分摊到各工程单价中。

⑧ 脚手架及小型工具费：根据施工方案，考虑脚手架的需用量并计算总费用。

⑨ 承包人临时设施费：按施工方案中计算的施工人员数量，计算临时住房、办公用房、仓库和其他临时建筑物等，并按简易标准计算费用，还应考虑生活营地的水、电、道路、电话、卫生设施等费用。

⑩ 现场保卫设施和安装费用：按施工方案中规定的围墙、警卫和夜间照明等计算。

⑪ 职工交通费：根据生活营地远近和职工人数，计算交通车辆和职工由驻地到工地的往返费用。

⑫ 其他杂项：如恶劣气候施工设施、职工劳动保护和施工安全措施（如防护网）等，可按施工方案估算。

(2) 现场管理费用

不便列入上述开办费中的其他一切开支，均列入管理费，按一定系数摊入各项工程量中。一般包括以下内容：

① 投标费用：包括招标文件购置费、投标人员差旅费和工资、外事活动等。

② 保函手续费：包括投标保函、履约保函、预付款保函和维修保函等。可按估计各项保证金金额乘以银行保函年费率，再乘以各种保函有效期（以年计）即可。

③ 保险费：包括工程一切险、第三方责任险、车辆保险等，至于施工人员的人身事故和医疗保险及强制性的社会福利保险可计入施工人员的工资（工日基价内），材料设备运输工程中的保险计入材料设备基价内。

④ 税金：包括合同税、印花税、公司营业税等。所得税（包括国内派遣工人的个人所得税和公司利润所得税）是否列入成本中，则由投标人根据情况决定。

⑤ 当地法律顾问、会计师或审计师聘用费：作为国际承包商，在当地聘请常年法律顾问是必不可少的，可按月付给法律顾问酬金。会计师和审计师则按每会计年度聘用一次，协助审查年度会计账目，使其符合当地财税部门的报表要求，其聘请费用也是按每会计年度支付一次。

⑥ 管理人员费：由生产和辅助生产劳务数量按比例（国外工程一般用8%～10%）计算并结合管理人员工资和费用进行安排。如果工程所在国规定必须雇用一部分当地的工程技术人员，则根据可能雇用数量和当地工资水平，计算其总费用。

⑦ 行政办公费：包括管理部门的文具、纸张、表册、邮电，办公室用家具、器具和日常使用低值易耗品，以及水电、空调、采暖等开支。

⑧ 生活设施费：厨房设施、卫生设施、洗澡和环境清洁等设施费用。

⑨ 交通车辆使用费：办公人员的交通工具（如卧车、面包车等）折旧、保险、维修和油料费用等。

⑩ 劳动保护用品费。

⑪ 办公人员差旅费：在工程所在国和其他国外必要的公务差旅和津贴费用等。

⑫ 广告宣传、会议、外事活动和交际费用等。

⑬ 其他固定资产使用费：如必要时，需购买复印机、晒图机、打字机及其他仪器、照相机等，根据工程规模和工期，可按折旧或一次摊销计算。

⑭ 竣工清理费用：竣工清理如未列工程量表，可计入现场管理费中。

⑮ 其他费用：凡在开办费中不能列出，而又必须支出的各项费用均可计入。也可总计列入一笔不可预见费用。

【例5-5】 假设某公司在A国所签订的工程按粗略指标估算标价约为1 200万美元，各类银行保函的手续费按年费率0.8%计，投标保函金额为标价的2%（一次性），预付款保函金额为合同总价的15%（二年），履约保函金额为合同总价的10%（二年），维修保函金额为合同总计的2.5%（一年）。另根据当地的有关规定，合同税按合同总价的3%计取，公司所得税按利润的30%计取。计划利润为合同价的5%。

按投标报价估算保函手续费为：

$$1\,200\times(2\%+15\%\times2+10\%\times2+2.5\%)\times0.8\%=1\,200\times0.545\times0.8\%$$
$$=5.232(万美元)$$

按投标报价估算税金为：

$$1\,200\times(5\%\times30\%+3\%)=18+36=54(万美元)$$

(3) 其他待摊费用

其他待摊费用是指除现场管理费用之外的其他各项费用。它们可根据不同的条件确定其比例，也应同现场管理费用一样，摊入工程量表的各细目价格中。

① 流动资金利息：可根据资金流量计算，承包商只靠工程预付款（当前各国的工程项目预付款一般不超过合同总价的10%）肯定难以维持工程的正常施工，而需要先垫付一笔流动资金；没有预付款的项目，承包商垫付的资金量更大。这笔流动资金大都是承包商从银行借贷的。因此，应当将流动资金的利息部分计入投标价格中。流动资金或其他垫付资金的利

息,应当在编制资本流量表的基础上,根据承包商获得的资金来源的利率和资金占用时间详细核算。对于占用时间较长的资金,还应当考虑采用复利方式计算。如果承包商从银行获得的贷款货币与将来获得的付款货币有所不同,承包商还应当计算换汇汇率的变化可能带来的风险。至于竣工后分期分批支付的延期付款,应当在合同中明确规定付款利率。假若承包商借贷资金的利率高于业主可接受的延期付款利率,则其差额一般也摊入工程报价项目之中。

② 上层机构管理费:除了现场管理,为保证工程顺利实施,承包商的公司总部和地区办事处也要做大量组织管理工作,提取一定的上层机构管理费是必要且合理的。其比例大小可由各公司自行规定。

③ 代理人佣金:可根据代理协议的佣金规定计算。

④ 计划利润:可按工程总价的某一个百分数提取。

⑤ 风险费:指工程承包过程中由于各种不可预见风险因素的发生而增加的费用。通常由投标人在对具体工程项目的风险因素分析之后,确定一个比较合理的工程总价的百分数作为风险费。

⑥ 物价上涨系数:在工期较长的工程总价合同条件下,如果没有调价条款,应当在调查所得的物价上涨趋势基础上确定一个合理的物价上涨系数。

3) 分项工程直接费单价计算方法

计算分项工程直接费单价除要算出人工、材料等物资的预算单价外,更重要的工作是需要对各分项工程所需人工、材料的消耗进行分析,亦称为工料分析。分项工程直接费单价的计算可采用作业估算法、定额估算法和匡算估算法。

(1) 作业估算法

所谓作业估算法,就是根据某一分项工程在整个工期中累计持续的时间来估算其造价的方法。它是根据完成某一分项工程的人工和机械需在现场停留的总时间来估算其造价的。它最大的特点是,根据事先确定的施工计划和施工方案,求出劳动力组合和机械配备数量,同时综合机械在施工现场的停滞费用。当机械设备所占比重较大,使用的均衡性较差,机械设备搁置时间过长而使其费用增大,这种机械搁置时间又无法在定额估价中给予恰当的考虑,这时就应采用作业估算法进行计算。估算过程包括:①制定施工计划;②根据总体施工计划,确定某一分项工程的持续时间;③根据持续时间确定合理的劳动组织及配备的机械;④估算该分项工程的造价。

【例 5-6】 由 M5 混合砂浆砌筑砖墙的工程数量为 $2\,520\ m^3$,工程网络计划中累计日历天数为 60 d,所以每天的进度为 $42\ m^3$,通过几个施工方案的对比,最后施工组织确定为:

(1) 人员为 36 人,其中技工 17 人、普工 19 人,折合标准工 69 d;400 L 砂浆搅拌机一台,在本工序的工作时间为 6 h;6 t 塔吊两台,每台塔吊每个台班在本工序的工作时间为 5.5 h。

(2) 人工和机械的基本单价为:人工 2.80 元/d;砂浆搅拌机 18.72 元/台班;塔吊 113.47 元/台班。

(3) 另每砌筑 $1\ m^3$ 的二四砖墙需用 525 块标准砖和 $0.232\ m^3$ 混合砂浆,砖和砂浆的基本单价分别为 0.156 元/块和 93.85 元/m^3,且损耗系数分别为 1% 和 2%。试利用作业估算法计算砖墙的总造价。

每天的作业费用为：

① 人工费：69×2.80＝193.20(元)；

② 机械费：砂浆搅拌机：1×(6÷8)×18.72＝14.04(元)；

塔吊：2×(5.5÷8)×113.47＝156.02(元)；

合计(人工＋机械)：193.20＋14.04＋156.02＝363.26(元)；

砌筑 1 m³ 砖墙的人工费和机械费总计为：363.26÷42＝8.65(元/m³)；

砌筑 1 m³ 二四砖墙的材料费为：525×(1＋1‰)×0.156＋0.232×(1＋2‰)×93.85＝82.72＋22.21＝104.93(元/m³)；

故 1 m³ 二四砖墙的造价为：8.65＋104.93＝113.58(元)；

砖墙的总造价为：2 520×113.58＝286 221.6(元)。

(2) 定额估算法

定额估算法的依据，是造价工程师所积累和占有的各种估算定额以及一定时期的综合单价。它的估算过程是：首先计算需估价的分项工程的数量，然后乘以相应的综合单价，从而求出该分项工程的造价。对于工作内容较多、工作连续性较好的工程，以及有较可靠的定额标准的企业，定额估价法应用得较为广泛。

工程定额的选用包括人工定额、材料消耗定额和施工机械台班定额。定额的选用是一个应慎重考虑的问题。定额水平低则标价会提高而失去竞争力，定额水平高则报价低，利润少甚至亏损。影响工程定额的因素很多，其中较重要的是施工人员的技术水平和管理水平、机械化程度、施工技术条件、施工中的协调和配合、材料和半成品的加工和装配性能，自然条件对施工的影响等。

【例 5-7】 某工程中，楼梯钢栏杆的工程量为 1.89 t，综合单价为 3 359.35 元/t，用定额估算法计算楼梯钢栏杆的造价。

楼梯钢栏杆造价为：1.89×3 359.35＝6 349.17(元)。

(3) 匡算估算法

匡算估算法是指估价人员根据以前的实际经验或有关资料，直接估算出分项工程中人工、材料的消耗定额，从而估算出分项工程的直接费单价。这种方法适用于工程量不大，所占费用比例较小的那些分项工程。

实际工程中，工程造价的分布情况整体上都遵从巴莱多的"二八定律"，20%的分项工程的造价约占总造价的 80%，而 80%的分项工程的造价只占总造价的 20%。从 ABC 分析的角度来看，A 类分项工程的数量占全部分项工程数量的 20%，造价占总造价的 80%；B 类分项工程的数量占全部分项工程数量的 30%，造价占总造价的约 15%；C 类分项工程的数量占全部分项工程数量的 50%，造价占总造价的约 5%。因此，可根据不同种类的分项工程的特点，选用不同的估算方法，达到科学高效的目的。

4) 分项工程单价计算方法

$$分项工程单价 = 分项工程直接费单价 \times (1 + 间接费率)$$

$$间接费率 = 所有间接费用 \div (\sum 分项工程量 \times 分项工程直接费单价)$$

以下对主要分项工程直接费单价的估价方法进行简要介绍。

(1) 土方工程

【例 5-8】 某土方工程开挖深度 3.0 m 内,采用的机械和人工是 1 台 JG608S 型挖土机,每 20 m³ 挖土需一名普工配合修理;运土采用 8 t 自卸汽车,运距为 2 km,汽车数量由计算确定;普工日工资为 12 美元,挖土机台班使用费为 110 美元,自卸汽车台班费为 88 美元。

① 挖土机生产率和台班产量。铲斗的斗容量为 $q=0.5$ m³;挖土斗充盈系数为 $K_C=1.2$;每小时挖土次数 $n=60$ 次;时间利用系数 $K_B=0.8$;土壤可松性系数 $K_S=1.17$。

则挖土机生产能力为:$Q = qnK_C K_B/K_S = 0.5\times60\times1.2\times0.8/1.17 = 24.6$ m³/h。

② 自卸汽车需要量。采用 8 t 自卸车,每次可运 4.0 m³ 土方,若平均运速为 20 km/h,则:

装车时间:$(4.0\div24.6)\times60 = 9.8$(min);

运土时间:$(2\,000\div20\,000)\times60 = 6.0$(min);

倾卸时间:1.0 min;

返回时间:6.0 min;

整个作业时间:$9.8+6.0+1.0+6.0 = 22.8$(min);

自卸汽车需要量:22.8/9.8 = 2.33(取 3 台)。

③ 计算分项工程单价。每天应配备普工数:$24.6\times8\div20 = 9.84$ 人(取 10 人),

人工费单价:$12\times10\div(24.6\times8) = 0.61$(美元/m³);

机械费单价:$(110+88\times3)\div(24.6\times8) = 1.9$(美元/m³);

若分项工程直接费单价中考虑超挖可能性约 20%,则分项工程直接费单价为:

$$(0.61+1.9)\times1.2 = 3.01(\text{美元/m}^3);$$

若间接费率为 35%,则分项工程单价为:

$$3.01\times1.35 = 4.06(\text{美元/m}^3)。$$

(2) 模版工程

【例 5-9】 设某混凝土采用 8 块标准胶合模板,板后竖向用 9 根 100 mm×75 mm 截面的木楞做加劲衬格,斜撑也用同截面木楞。

① 标准模板

标准模板规格为 2.44 m×1.22 m,内楞用 100 mm×50 mm 方材。

a. 材料费

方材用量:$(3\times2.44+5\times1.22)\times0.1\times0.05 = 0.07$(m³)。

19 mm 厚胶木板面积:$2.44\times1.22 = 2.98$(m²)(取 3 m²)。

材料价格:方材 110 美元/m³,胶合板 4.72 美元/m²,取综合损耗系数为 16.5%,则每块标准模板材料费为:$(110\times0.07+4.72\times3)\times1.165 = 25.47$(美元/块)。

考虑铁钉费用每 m² 模板取 1.0 美元。合计每块标准模板材料费用为 26.47 美元。

b. 模板制作人工费

设每块标准模板需 3 人工作 1 h,工人工资为 12 美元/d,则人工费为 $12\times3\div8 = 4.5$(美元/块),根据周转次数摊销。

c. 模板安装与拆除的人工费

设安装与拆卸每平方米模板需 1.5 人工时,则人工费为 $12\times1.5\div8=2.25$(美元/m²)。用于临时支撑、螺栓及固定的材料费约为 1.6 美元/m²。

d. 模板的修理、清洗和刷油的费用

设每平方米标准模板修理、清洗和刷油需 0.34 h,模板用油脂为 1.0 美元/kg,每平方米标准模板需用 0.40 kg 油脂,其他修理材料需 0.1 美元/m²,则模板的修理、清洗和刷油费用为: $12\times0.34\div8+1\times0.40+0.1=1.01$(美元/m²)。

e. 标准模板的使用单价

本工程由施工方案决定周转 10 次,其补损率为 30%,残值率为 10%,模板一次性费用应按周转次数摊销,其费用为:$[(26.47+4.5)\times0.9\times1.3]\div10=3.62$(美元/块),可折合为 1.21 美元/m²,则标准模板每使用一次的费用为:$1.21+2.25+1.6+1.01=6.07$(美元/m²)。

② 模板支撑

a. 材料费:$110\times0.55\times1.165=70.48$(美元)。

b. 支撑的安装与拆卸费用:设每一面墙模板安装需 3 位工人工作 1 天,拆除需 1 位工人工作 1 天,则人工费为:$12\times4=48$ 美元,安装时所需其他材料费为 0.8 美元/m²。

c. 模板支撑的使用单价:模板支撑的周转次数也为 10 次,其补损率为 10%,残值率为 30%,则模板支撑一次性费用为:$70.48\times0.7\times1.1=54.27$(美元)。周转 10 次,每次使用费为 5.43 美元。模板支撑使用单价为:$(5.43+48)\div(2.98\times8)+0.8=3.04$(美元/m²)。

③ 混凝土模板的使用单价

$6.07+3.04=9.11$(美元/m²)。(尚未考虑间接费率)

国际承包工程中对混凝土模板的使用单价,可以按:a. 混凝土各分项工程项目单独报价;b. 混凝土分部工程综合后以一次"模板"项目报价;c. 可以与混凝土综合起来一起报价。

(3) 钢筋工程

【例 5-10】 计算某工程中直径 16 mm 的钢筋单价。其中:人工:卸车每吨 0.2 工日,运输每吨 0.6 工日,绑扎人工每吨 3.45 工日。工人工资为 12 美元/d。

材料:直径 16 mm 的钢筋供货时已按要求切断并弯曲的价格为 334 美元/t,考虑 2.5% 的损耗率,1.0% 的定位垫块,绑扎每吨钢筋需用 11 kg 铁丝,其价格为 1.1 美元/kg。

则:每吨钢筋人工费单价为:$12\times(0.2+0.6+3.45)=51.00$(美元/t);

材料费单价为:$334\times(1+0.025+0.01)+1.1\times11=357.79$(美元/t);

则钢筋单价为:$51.00+357.79=408.79$(美元/t)。

5) 完全单价和标价计算

单价分析就是对工程量清单中所列分项单价进行分析和计算,确定出每一分项的单价和合价。单价分析之前,应首先计算出工程中拟使用的劳务、材料、施工机械的基础单价。单价分析通常利用列表进行。单价分析的方法和步骤如下:

(1) 计算分项工程的单位工程量直接费单价(a)

$$a=a_1+a_2+a_3$$

式中：a_1——单位工程量劳务费；
　　　a_2——单位工程量的材料费；
　　　a_3——单位工程量施工机械使用费。

各种材料、劳务、施工机械的单位工程量价格，均由基价乘以定额消耗量算出。材料费应根据市场行情预测考虑物价上涨系数，人工费可事先在工人工资计算中考虑工资上涨系数。

某分项工程直接费 $A = aq$，其中：q 为某分项工程量。

（2）计算整个工程项目的直接费

整个工程项目的直接费等于所有分项工程直接费之和，以 $\sum A$ 表示。

（3）整个工程项目总间接费

整个工程项目总间接费表示一个工程项目所有间接费之和，主要包括没有列入报价项目中的开办费、现场管理费、其他待摊费用。应注意既不要重复计算，又不能出现遗留。即分别计算各项间接费，然后求出总和，以 $\sum B$ 表示。

（4）计算分摊系数 β 和本分项工程分摊费 B

$$\beta = \frac{\sum B}{\sum A} \times 100\%; \quad B = A\beta$$

分项工程的单位工程量分摊费 $b = a\beta$。其中：分摊系数等于整个工程项目的待摊费用之和除以所有分项的直接费之和。

（5）计算本分项工程的单价 U 和合价 S

$$U = a(1+\beta), \quad 即 \quad U = a + b; \quad S = Uq = A + B$$

对工程量表中的每一个单项均需进行单价分析。影响此单价的最主要因素是采用正确的定额资料。在缺乏国外工程经验数据的情况下，可利用国内的定额资料加以修正。

（6）投标项目标价汇总

国际工程投标报价项目单价是包括直接费、间接费和利润的完全价格。将工程量清单中所有分项工程的合价相加，就可以算出工程的计算价格，再加上招标文件中的暂列金额即得出总标价。

$$总标价 = \sum 分项工程合价 + 暂列金额$$

为了便于报价的计算和分析，须编制报价项目单价汇总表。此项工作可按以下步骤进行：①工时材料用量分析，必须注意的是，项目及其内容一定要和招标文件中的工程量清单中所列内容相同。②编制单价汇总表。

5.3　国际工程报价决策

所谓报价决策，就是标价经过上述一系列的计算、评估和分析后，由决策人应用有关决策理论和方法，根据自己的经验和判断，从既有利于中标又能盈利这一基本目标出发，最终决定投标的具体报价。报价决策主要包括两个方面：一是作出是否参加投标的决定；二是如果参加投标，如何进行报价。关键问题是要对投标的风险和效益进行分析、判断，对采用的策略和技巧进行正确抉择。报价决策过程如图5-3所示。

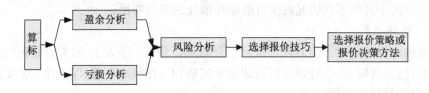

图5-3 国际工程报价决策过程

5.3.1 盈亏与风险分析

通过盈亏分析和风险分析，以前面估算出的标价为基础，进一步确定出在利润率基本固定的前提下标价的上限和下限，为投标报价及合同谈判的价格调整提供参考。

1) 盈余分析

计算标价的盈余分析是分析影响计算标价的各个因素，从降低成本的角度出发，对工程定额和工作效率、人工、材料和设备价格、施工机械的台班费、临时设施造价、各项管理费及其他支出的费用等逐项进行分析、核算，挖掘节约潜力，估算出可节约费用之和，即所谓"盈余"。考虑到这些有利因素在同一个项目实施中不可能全部实现，因此，将"盈余"乘以折减系数（可根据具体情况确定，通常可取0.5~0.7），得到实际可能的节约费用。从计算标价中减去实际可能节约的费用，从而得出可能的低标价。计算公式如下：

$$P_L = P_C - \alpha \sum_{i=1}^{m} C_i$$

式中：P_L——通过盈余分析得出的低标价；

P_C——估算出的标价；

C_i——通过挖潜可节省的某项费用；

α——折减系数。

其中可节省的盈余因素可从以下方面进行分析：①定额和效率，即工料、机械台班消耗定额以及人工、机械效率分析；②价格分析，即对劳务、材料设备、施工机械台班（时）价格三方面进行分析；③费用分析，即对管理费、临时设施费等方面逐项进行分析；④其他方面，如贷款利息、保险费等方面逐项复核，找出有潜力可挖之处。

2) 亏损分析

亏损分析是考虑计算标价时因考虑不周而估价偏低，以及未考虑到的各种不利情况，如不利的自然条件等，并估算出由此可能导致增加的额外费用之和，即所谓"亏损"。考虑到这些不利因素在同一个项目实施中不可能全部发生，因此，将"亏损"折减后，在原计算标价的基础上加上这笔实际可能增加的费用，以保障原计划利润不会因此而遭受损失，从而得出可能的高标价。计算公式如下：

$$P_H = P_C + \beta \sum_{j=1}^{n} D_j$$

式中：P_H——通过亏损分析得出的高标价；
D_j——由于某种不利情况发生可能额外增加的某项费用；
β——折减系数。

其中额外增加的可能亏损因素可从以下方面进行分析：①人工、材料、机械设备价格上涨影响；②自然条件影响；③管理原因造成质量问题和工作效率下降；④业主、监理工程师的影响；⑤管理费超出计划等。

3）风险分析

承包商遭受的风险通常表现为所承包工程的亏损。承包商在国际工程市场上会遇到比国内更多的风险。因此，需要对可能遇到的风险因素在全面深入调查研究的基础上，进行风险辨识、分析和评价，以便在投标报价时采取一定的风险防范对策。通常可根据工程项目的具体情况采取损失预控措施，如可在标价中调整风险系数，在合同谈判中争取某些风险的合理分担等，或者采取风险回避、风险转移或其他策略应付。在国际工程市场上，常见的风险因素表现在政治、经济、工程技术以及管理等各个方面。

（1）政治风险

① 工程所在国的政局不稳。如政权的更迭、政变或兵变、罢工和暴乱、发生内战等，政局失稳可能使建设项目被迫终止或毁约，从而使工程参与各方都遭受损失。

② 政策歧视性。有些国家对外国公司实行不平等竞争的"歧视性政策"。例如，对本国和外国公司招标条件不一视同仁，规定外国公司投标价格必须比当地公司投标价低百分之多少才能被授标，或者必须与当地公司联合才能参加投标，有些国家对本国和外国公司实行差别税收等。

③ 权力机构腐败现象。如果工程所在国的权力机构存在腐败现象，在工程项目建设过程中营私舞弊，必将导致企业间公平竞争原则的破坏，投资环境和经营条件的恶化，使承包商的正常工作受到干扰，从而蒙受损失。

④ 拒付债务。有些国家因财力枯竭，对政府工程不能按合同付款或拒付债务；有的工程所在国的政权发生更迭，政府被推翻时，新政权不承认前政府的债务，使所欠工程款难以收回。

（2）经济风险

① 延迟付款。多见于国际承包工程，雇主推迟对已完工程付款，其办法是雇主利用监理工程师寻找借口，推迟在工程单据签字或搞官僚主义的公文旅行，拖延支付最后一笔工程款和保留金。

② 外汇风险。由于国际市场的激烈竞争，对于支付的当地货币，承包商将承担国际汇率波动的风险，同时还要考虑工程所在国的经济形势，防范由于政府颁布外汇管制法令而带来的问题和损失。

③ 通货膨胀。导致工资和物价大幅度上涨，超过原来预测水平。如果合同中没有调价条款，必然带来经济损失，使工程实际成本超支。为避免通货膨胀带来的损失，不仅要考虑工程所在国的物价浮动趋势，而且还要考虑国际市场材料、设备的价格上涨情况，以及当地

货币的贬值幅度。

(3) 自然条件风险

自然条件复杂多变，必然对工程质量、进度和成本产生影响。如果现场出现异常地质、水文条件，甚至自然灾害，虽然按照一般的合同条件，由于自然灾害造成的工期拖延可以得到补偿，但由此造成的人身及财产损失很难得到全部补偿。此外，由于一般业主往往不能提供详尽的基础资料，因此，承包商要具有较高的技术水平和丰富的工作经验。

(4) 其他风险

由于其他主、客观因素导致的风险，如施工技术失当或工程管理疏漏造成的成本上升、进度拖后或质量下降等。

5.3.2 报价技巧

在进行报价决策时，需要考虑采用什么样的报价策略，即报价技巧。报价技巧指的就是采用什么方法计算价格使业主可以接受，而且能够使承包商获得较多的收益。国际工程中常见的报价技巧有以下几种。

(1) 不平衡报价法

采用不平衡报价是国际投标报价常见的一种手法和技巧。所谓不平衡报价，就是在总标价基本确定后，对内部各分项的单价进行调整，有些分项的单价调高一些，而另一些分项的单价则调低一些。其目的是在不影响总标价水平的前提下，承包商可以尽早收回垫支于工程中的资金，加快资金周转，在结算时得到较好的经济效益，即所谓的"早拿钱，多拿钱"，同时可隐蔽承包商的报价规律。国际上通常在以下几方面考虑采用不平衡报价法。

① 对于能够早日得到支付的早期完成项目（如开办费、土方、基础工程等）可将单价适当定高一些，对于后期完成项目（如机电设备安装、装饰工程等）可适当降低一些单价，这样做有利于承包商的资金周转。

② 经过工程量核算，预计到以后将会增加工程量的项目，其单价可适当提高；而工程量会减少的项目，其单价可降低。这样做可比以正常单价报价而多得到工程支付款。

③ 设计图纸不明确或有错误的，估计今后修改后工程量会增加的项目，可适当提高单价；有些工程内容说明不清的可适当降低一些单价。这样做可以多得到支付款，并有利于以后的索赔。

④ 工程量清单中没有标定工程量，只填单价的项目（如土方工程中的挖淤泥、岩石等备用单价），可将单价适当提高。这样做既不影响投标标价，又可能在以后发生工程量时多获利。

⑤ 对于暂定金额的项目，要在开工后由业主决定是否实施，以及由哪家承包商实施，所以需要分析它实施的可能性大小。如果估计实施的可能性很大，单价可定高些；反之如果估计不一定发生的，价格可定低些。

⑥ 零星用工（计日工）一般可稍高于工程单价中的工资单价，因为它不属于承包总价范围，发生时实报实销，也可多获利。

常见不平衡报价法及具体变动方式如表 5-5 所示。

表 5-5 常见不平衡报价法

序号	信息类型	变动趋势	不平衡结果
1	资金收入时间	早	单价提高
		晚	单价降低
2	工程量核算不准确	增加	单价提高
		减少	单价降低
3	设计图纸不明确	增加工程量	单价提高
		减少工程量	单价降低
4	暂定金额项目	承包可能性大	单价高
		承包可能性小	单价低

采用不平衡报价时应特别注意：一是应在工程量清单仔细核算的基础上，确定准备调整单价的分项；对于调低单价的项目，应认真核对，避免以后该分项施工时由于实际工程量增加给承包商造成损失。二是对某些分项的单价高低的调整不能过于明显，避免被业主或工程师发现，引起反感，而导致作为"废标"处理，或者业主挑出报价过高的分项，要求投标人压低单价，结果反而给承包商造成经济损失。

【例 5-11】某报价单包括五个分项工程，其单价及工程量见表 5-6。

表 5-6 某工程量清单分项报价单

编号	项目名称	单位	工程量	单价(美元)	金额(美元)
200001	挖土	m^3	38.00	7.24	275.12
300001	素混凝土垫层	m^3	20.00	83.45	1669.00
900001	粉刷面层	m^2	9.16	14.83	135.84
900002	20 厚石灰砂浆底	m^2	26.52	265.21	7033.37
900003	水磨石面层	m^2	30.30	18.50	560.55

合计：9 673.88

现经过工程量核算，承包商决定提高"水磨石面层"的单价，调价幅度 20%，则此项费用调整为：

单价：$18.50 \times (1+20\%) = 22.20$（美元/$m^2$）；合价：$22.2 \times 30.3 = 672.66$（美元）；调整后总标价上升了：$672.66 - 560.55 = 112.11$（美元）。

为了使总价在调整前后保持不变，不平衡报价要求将增加的部分（如本例中的 112.11 美元）平均分摊给其余四项分项工程，则其余分项工程的下降系数和调值系数分别为：

$$下降系数 = \frac{\sum 分项工程的调整额}{其余分项工程合价之和} = \frac{112.11}{9\,673.88 - 560.55} = 0.012\,3$$

调值系数 = 1 − 下降系数 = 0.987 7；调整后单价 = 单价 × 调值系数；根据调值系数，可得到调整后的报价单,见表5-7。

表 5-7 调整后的报价单

编号	项目名称	单位	工程量	单价(美元)	金额(美元)
200001	挖土	m³	38.00	7.15	271.70
300001	素混凝土垫层	m³	20.00	82.42	1648.40
900001	粉刷面层	m²	9.16	14.65	134.19
900002	20厚石灰砂浆底	m²	26.52	261.95	6946.91
900003	水磨石层面	m²	30.30	22.20	672.66

合计:9673.86

(2) 扩大标价法

这种方法也比较常用,即除了按正常的已知条件编制价格外,对工程中变化较大或没有把握的工作,采用扩大单价、增加"不可预见费"的方法来减少风险,但这种投标方法,往往因为总价过高而不易中标。

(3) 开口升级报价法

这种方法是将报价看成是协商的开始。首先对图纸和说明书进行分析,把工程中的一些难题,如特殊的建筑工程基础等造价最多的部分抛开作为活口,将标价降到其他人无法与之竞争的数额(在报价单中应加以说明)。利用这种"最低标价"来吸引业主,从而取得与业主商谈的机会,利用活口进行升级加价,以达到最后承接到工程,并且可以盈利的目的。

(4) 多方案报价法

这是利用工程说明书或合同条款不够明确之处,以争取达到修改工程说明书和合同为目的的一种报价方法。当工程说明书或合同条款存在不够明确之处时,往往使承包商要承担较大风险,为了减少风险就必须扩大工程单价,增加"不可预见费",但这样做又会因报价过高而增加了被淘汰的可能性。多方案报价法就是为对付这种两难局面而出现的。其具体做法是在标书上报两个单价,一是按原工程说明书和合同条款报一个价;二是加以注解,"如工程说明书或合同条款可作某些改变时"则可降低报价的金额,使报价成为最低,以吸引业主修改说明书和合同条款。

还有一种方法是对工程中一部分没有把握的工作,注明按成本加若干酬金结算的办法。但是,如果有些国家规定政府工程合同的文字是不准改动的,经过改动的报价单即为无效时,这个方法就不能使用。

(5) 增加建议方案法

有的招标文件规定,承包商在对招标方案进行报价的同时,还可以提出新的合理化建议方案。新方案应有利于缩短工期、减少投资、提高项目的综合效益。承包商可以利用这一机会,组织有经验的工程师提出更为经济合理的设计和施工方案,以吸引业主采用自己的方案而中标。例如,某办公楼招标项目原设计结构方案为框架剪力墙结构,承包商组织有经验的工程师,并结合该工程的现场条件、功能要求进行分析研究,认为该结构过于保守,提出新的建议方案,将框架剪力墙结构改为框架结构,并对这两种结构进行了技术经济分析,说明新方案不仅能够保证结构的安全性,增加使用面积和使用功能,还可以降低工程造价,结果业主采纳了该承包商的建议方案,选择该承包商中标。

采用该方法应注意,建议方案一定要技术成熟,否则承包商会给业主留下不好的印象。另外,建议方案的技术关键不宜写得太具体,以防止业主接受该方案,却交给别的承包商实施。

(6) 突然袭击法

由于投标竞争激烈,为迷惑对方,可在整个报价过程中,仍然按照一般情况进行,甚至有意泄露一些假情况,如宣扬自己对该工程兴趣不大(或不甚大),不打算参加投标(或准备投高标),表现出无利可图不干等假象,到投标截止前几小时,突然前往投标,并压低投标价(或加价),从而使对手措手不及而败北。之所以要采用这种方法,因为竞争对手之间总是随时相互探听对方的报价情况,绝对保密是很难做到的,如果按照正常程序投标,自己的报价很可能被竞争对手所了解,他可以将报价压到稍低于你的价格,从而提高了他的中标机会。

(7) 降价系数法

采用该方法报价,必须事先考虑好降价的幅度,再根据情报分析判断,作最后决定。有时出于竞标策略上的需要,在计算标价时,事先预留出一定的降价空间,做出主动降价的姿态。具体做法是,先确定某一降价系数,如7%。然后,将工程量表中各分项的单价都按此系数增加一个百分比。最后,根据投标最终决策,在投标致函中提出标价降低某一百分数,并宣布:"考虑到同业主的友好和长期合作的诚意,本投标人决定将报价单的汇总价格无条件地降低×%,即将总价降为××××(美元)。随同本投标文件递交的投标保函的有效金额相应地降低为×××(美元)。"

(8) 低价投标夺标法

低价投标夺标法有时被形象地称为"拼命法"。采用这种方法必须有十分雄厚的实力或有国家或大财团作后盾,即为了想占领某一市场或想在某一地区打开局面,而采用的一种不惜一切代价,只求中标的手段。这种方法虽然是标价低到其他投标商无法与之竞争的地步,但还是要看它的工程质量和信誉如何,如果以往的工程质量和信誉不好,则业主也不一定选它中标,而第二、第三低标反而有中标机会。因而在使用这种投标报价技巧的时候,通常要首先确认业主是按照最低价确定中标单位。具体来说有以下三种方式:

① 立足现在法。为了打入某一建筑市场,或为挤走竞争对手而保住自己的地盘,采取低价投标中标的方法。

② 着眼未来法。为争取未来的优势,宁可目前少盈利或不盈利,为了占据某些具有发展前途的专业施工领域,如水利、海洋开发和核电站等,则应当降低标价,着眼于今后的发展,为占领新的市场领域而打下基础。

③ 先亏后盈法。即先报低价,然后利用图纸、技术说明及合同条件中出现的问题,以合理寻求索赔机会等手段,扭亏为盈。这种方法的应用通常要求投标商拥有很强的索赔管理能力,有时虽然报价很低,却着眼于施工索赔,仍能赚到高额利润。例如一些国际工程,由于招标急促,业主准备不充分,可利用此方法进行报价,有时报价甚至低于成本以求得中标,然后,以高薪雇用索赔专家,从设计图纸、合同中寻找索赔机会,一般索赔金额可达10%~20%。当然这种策略并不是到处可用的,如在中东、非洲地区就很难达到目的。索赔管理对于投标人非常重要,但是不能过多依赖于此手段,否则会对投标人的声誉造成一定的负面影响,有的时候反而得不偿失。

(9) 联合保标法

当市场竞争非常激烈,估计单独夺标有困难或项目实施风险较大时,或者对该地区环境比较陌生,缺乏在此类地区或气候条件下施工的经验,或缺乏与该工程所在国家或地区的业主和政府部门打交道的经验时,应主动采取联合体投标方式,提高中标概率,减少工程风险。联合保标法即在竞争对手众多的情况下,由几家实力雄厚的投标人联合起来控制标价。大家保一家先中标,随后在第二次、第三次招标中,再用同样办法保第二家、第三家中标。这种联保方法在实际的招投标工作中很少使用,相反,另一种捆绑法却比较常用,即 2~3 家公司,其主营业务类似或相近,单独一家作为投标人,会出现经验、业绩不足或工作负荷过大而造成高报价,失去竞争优势。而以捆绑形式,涉及专利技术时,可以以保密协议或排他性协议的形式明确双方的合作关系,做到利益共享,风险共担,由于双方具有不同的优势而规避劣势,相对地提高了竞争性,提高了中标的几率。这种方式目前在国内的许多大项目中使用,如壳牌南海项目,总投资额达三四十亿美元,其中一个装置苯乙烯和聚乙烯就达 2.8 亿美元,由于项目规模大,业主采取分装置单独招标及总装置由一家咨询公司管理的形式,竞争非常激烈,投标商就采取了捆绑形式,最后该装置由 Technip 和 Chiyoda 捆绑中标。

(10) 分包商的选用

现代工程趋于大型化和复杂化。总包商通常会将一些专业性较强的工程内容分包给其他专业工程公司施工,有时业主还会指定分包商承担某些任务。因此,总包商在报价时要考虑分包商的水平和报价。应注意的是,分包商在投标前可能同意低报价,在承包商中标后,可能以某种借口要求提高分包价格,使总包商处于被动地位。因此,总包商在投标前找 2~3 家分包商分别报价,从中选择一家信誉好、实力强和报价合理的分包商签订协议,将该分包商列入投标文件,并要求该分包商提交分包工程的相应保函。这样既可以避免分包商事后涨价,也可以促使分包商为共同中标而合理报价。

如果分包商不愿意相应的提交投标保函,总包商在几家分包商报价中,应取中等的分包价格作为自己报价的依据。同时,还应进行相应的核算,以验证其报价的合理性。此外,还应要求分包商报价的有效期长于业主规定的投标有效期。

(11) 辅助性方法

承包商要在国际工程市场上取得竞争优势,首先应该在先进的技术和管理、较低的投标价格上下工夫。一些辅助性方法对中标也会有一定的影响。

① 技术交流。应把技术交流作为开拓市场、扩大影响的重要手段。通过主动技术交流,一方面可以了解工程市场情况、拟招标项目、业主对招标项目的总体设想和要求;另一方面可以宣传自身与分包商、制造商技术水平、管理能力、商业信誉等,逐步扩大自己的影响力和知名度,给潜在的业主留下深刻的印象。成功的技术交流可以为以后的技术合作打下良好的基础,甚至可以影响业主对未来招标项目技术规格的确定、中标人的选择。

② 提供优惠条件。一些国际承包商为了吸引业主,有时会在投标报价中附带优惠条件或合同谈判时许诺提供优惠条件。业主方评标时,除了主要考虑投标人投标报价和综合实力、信誉等状况之外,还要考虑其他条件,如工期、支付等。所以,在投标时主动提出缩短工期、缓期支付、赠予业主设备、免费转让技术专利、帮助培训操作人员等合同要求以外的优惠条件,往往可以起到吸引业主、以利中标的辅助作用。

③ 选择合适的代理人。开拓国际工程市场业务,当地代理人的作用是十分重要的。特

别是在对工程所在国的社会、法律、经济、商务等不太了解的情况下,更是如此。代理人的作用主要有以下几个方面:介绍招标项目及潜在招标项目的具体情况,进行相关的公关活动;提供当地政治、经济、法律情况和有关市场商情资料,如当地各种生产要素的价格;作为承包商开展业务的顾问,如处理当地事务咨询、辅助技术服务等;帮助承包商在当地办理各种手续,如施工设备的进口、清关等;调解承包商同业主、当地相关部门之间的矛盾,争取友好解决问题。因此,选择好当地代理人不仅有利于投标、中标,而且对中标以后工程的顺利实施也有重要的作用。另外,世界上不同的国家对代理制度有不同的规定,开展国际工程业务应了解相关国家的规定。

④ 聘请投标咨询专家。目前,有一些咨询公司专门从事投标及国际市场开拓方面的咨询工作。这些公司集中了一批懂技术、懂经济、懂商务、懂法律和国际关系的专家,利用其知识、经验和信息,对于开拓国际市场经验较少的公司来说是非常必要的,不仅可以提高工程项目的中标率,而且还有利于加快提高公司相关的管理水平。

⑤ 利用外交活动的影响。可以利用国家领导人和政府官员进行友好访问的影响,利用使馆进行交流活动,提高公司在该国的知名度和信誉度,使其对工程招标活动产生影响。我国公司就有利用两国友好关系形成的信誉优势一举中标承揽工程项目的先例。

5.3.3 报价决策的影响因素

为了在竞争中取胜,决策者应当对报价计算的准确度、期望利润是否合适、报价风险及本公司的承受能力、当地的报价水平、竞争对手优势的分析评估等进行综合考虑,从而决定最后的报价金额。

(1) 期望利润

承包商可以事先提出一个预期利润的比率进行计算,它不受工程自身因素的影响。由于当前国际建筑市场竞争激烈,承包商不得不降低预期利润率,有的不惜采用"无利润算标",以求竞争胜利。所谓"无利润算标",就是在计算投标报价时,完全按计算成本报价;中标后,再设法将工程分割,并分别分包给成本较低的小公司,不仅可以转移部分风险,而且还可获得一定比例的管理费。即使工程不能转包或分包,也尽量加强管理、降低成本,或者采取措施向业主索赔,以争取赚得微利。哪怕最终仅能保本,他们也认为是成功的。因为这样做,至少可以在市场萧条时期维持公司正常运转经营,不致破产倒闭,待机再图发展。因此,在竞争激烈的国际市场,对于技术含量较低的一般项目,预期利润不宜过高。

(2) 风险的承受能力

国际工程承包本身就是一项充满风险的事业,各种意外不测事件难以完全避免。为应付工程实施过程中偶然发生的事故而预留一笔风险金(或称"不可预见费")是必要的。另外,在中标后与业主谈判并商签合同过程中,业主可能还会施加压力,要求承包商适当降低价格。有的承包商事先在算标时考虑了一个降价系数,这样,当业主议标压价时,经审时度势后,可适当让步,也不致有大的影响。

风险金和降价系数究竟取多大才算合适,很难测算,需根据招标项目具体情况、内外部条件、竞争对手报价水平的估计,以及承包商自身对风险的承受能力,慎重研究后决定。尤其在外部商务环境较差(比如各类税收名目繁多、物价飞涨等),工程本身因资料不多潜伏较大风险,工程规模较大、技术难度较高时,应格外慎重。

(3) 竞争对手的估计——优劣势分析

为在竞争中获胜,必须对竞争对手的优、劣势进行分析,作出客观的估计。在投标报价前应对参加投标的潜在竞争对手进行调查。在最后的投标决策时,可以针对已调查的资料进行重点分析,找出几家可能急于想获得此项工程的对手,对它们拥有的优势和弱点逐项研究;有时,还可以从工程的难易程度和心理因素上对竞争对手进行分析,估计对手们的心态,找出真正的潜在对手,而后更有针对性地分析各方的优势和弱点,提出高质量的、更有竞争力的投标方案和价格。

(4) 报价计算的准确度

报价计算的准确度如何,直接影响到公司领导层的决策,应从几个方面进行评价:

① 算标人的指导思想

标价计算应当实事求是,既不能以压低标价承担风险去投标,也不能对单价层层加码。如果多留余地、增加"水分",不仅无望得标,而且劳民伤财,也影响声誉。这里面既有算标人指导思想的不正确,也不排除某些领导人暗示的影响。这两种倾向是十分有害的:要么造成低价冒险,中标后经营困难;要么造成"水分"大,劳而无功,使决策人无法判断。

② 算标人的经验和科学态度

编标人的施工经验十分重要,他制定的施工方案、技术措施、设备选型与配置、定额选用、人员及进度安排等,是否符合实际,直接影响标价。这些知识是从书本上不易学到的,只能靠多年的施工经验、多次参与编标的经历,才能制定出最优的施工方案、经济合理的技术措施和手段,体现出本公司的优势,据此算出的标价既具有竞争力,又切实可行。另一方面,算标人的责任心也很重要,绝不能粗枝大叶,发生漏项或计算错误,尤其是对基础价格和各类税金的选定和计入,应对照招标文件的有关规定和询价的可靠程度,反复比较斟酌后敲定。不能想当然或凭主观臆断,必须以文字材料为依据,稍有不慎,将会好心办错事。

另外,算标人对招标项目应进行系统的估价,并应整齐清晰、易于遵循。算标人的工作必须保持某种程度的系统性,这样在遇到某些不可预料的情况(如生病或意外等)时,其他人可以接替来完成估价,并提供关于项目的建议。如果算标人没有系统性,他所做的工作无法被看懂和理解,接替的人将无法从原来的算标人停止处继续进行。

(5) 招标项目的特点

通常,投标报价可调高一些的情况包括:①施工条件差、工程量小的工程;②工艺技术水平要求高的工程,而本公司在这方面有明显的技术优势、声望高;③资金保证条件、支付条件不理想的工程;④竞争对手较少或竞争对手实力和影响较弱的工程;⑤业主对工期要求急迫的工程。投标报价可调低一些的情况包括:①施工条件好、工程量大的工程;②工艺技术水平要求一般的工程;③资金来源有保证、支付条件理想的工程;④竞争对手很多或竞争对手实力较强的工程。

除此之外,由于承包商的投标报价决策受到市场变化和自身经营状态等因素的影响,决策人往往从当时的主、客观条件出发灵活地进行投标报价决策,决策人对具体情况的主观判断在许多时候起重要作用。例如,当承包商在手的工程量比较饱满时,只有当新项目的预期利润比较高时,才会考虑参加投标;当在手的工程项目已接近尾声,急于寻找新的工程项目时,往往以较低的报价争取中标。

5.3.4 报价决策方法

在估价计算的基础上,对盈亏和风险分析的结果进行讨论并选择适当的报价技巧之后,就可以根据竞争对手的数目及其实力的强弱、工程施工条件的好坏、工程复杂程度以及雇主的信誉和支付条件等,并依据公司过去的报价经验、中标概率,同时采用一定的决策模型,来分析判断此次报价的高低和中标的可能性,以及可望获得的经济效益,作出最终的决策。

(1) 定性方法

① 生存型报价策略

投标报价是为了渡过难关,以克服生存危机为目标,争取中标可以不考虑各种利益。社会政治经济环境的变化和承包商自身经营管理不善,都可能造成承包商的生存危机。这种危机首先表现为新开工工程减少,投标项目减少,所有的承包商都将面临生存危机;其次,政府调整基建投资方向,使某些承包商擅长的工程项目减少,这种危机常常影响营业范围单一的专业工程承包商;最后,如果承包商经营管理不善,投标邀请越来越少,这时承包商也以生存为重,采取不盈利甚至赔本也要夺标的态度,只图暂时维持生存、渡过难关,寻求东山再起的机会。

② 竞争型报价策略

投标报价以竞争为手段,以开拓市场、低盈利为目标,在精确计算成本的基础上,充分估计各竞争对手的报价目标,以有竞争力的报价达到中标的目的。如果承包商处在以下几种情况下,应采取竞争型报价策略:经营状况不景气、近期接受的投标邀请较少、竞争对手有威胁性、试图打入新的地区、开拓新的工程施工类型,而且投标项目风险小、施工工艺简单、工程量大、社会效益好的项目和附近有本公司其他在施工的项目。

③ 盈利型报价策略

投标报价充分发挥自身优势,以实现最佳盈利为目标,对效益较小的项目热情不高,对盈利大的项目充满自信。如果承包商在该地区已经打开局面,施工能力饱和,美誉度高,竞争对手少,具有技术优势并对业主有较强的品牌效应,投标目标主要是扩大影响,或者项目施工条件差、难度高、资金支付条件不好、工期质量要求苛刻,则应采用盈利型的报价策略。

(2) 定量方法

① 期望值法——决策树法

【例 5-12】 某施工企业决定对某个工程项目投标。算标人员通过标价计算并按上述方法进行分析,得出高、中、低 3 个标价。经公司有关人员充分调研并利用历史资料分析,估计出该项目中标的概率和利润期望值,列于表 5-8 中。然后,应用决策树对 3 个标价进行报价决策,如图 5-4 所示。根据决策分析的结果,以损益期望值作为投标报价的评判指标。比较 3 种投标报价方案的期望值,公司决定以中等标价投标更为有利。

表 5-8 项目中标的概率和利润期望值

报价	中标概率	利润期望值(万元)		
		效益好	一般	亏损
高报价	0.2	3 200	1 400	−800
中报价	0.3	2 700	1 200	−1 100
低报价	0.4	2 200	1 000	−1 400

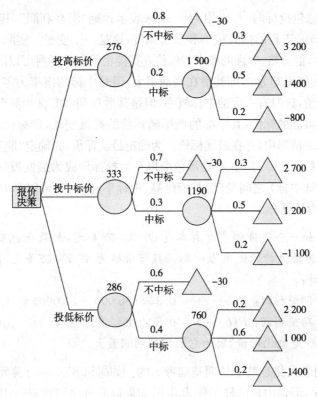

图 5-4 报价决策树

② 期望值法——期望利润最大法

投标人希望从承包工程中得到的利润高低,除去经营管理因素外,很重要的是决定于投标价的高低。而中标的概率又和报价的高低直接有关,如果投的标价太高了,中标的概率低,反之报价低,中标的概率高,但低报价带来的后果是低盈利以致可能亏损,所以应将利润和中标的概率综合考虑。一个项目的利润不等于直接利润,但当企业对大量工程投标时,期望利润就相当于工程的平均利润。

当承包商进行一项投标时,在估算完工程的直接成本后,应考虑增加一个涨价幅度,涨价幅度通常是成本的一个百分比。尽管涨价幅度可包括项目成本,以及利润津贴等,但本章仅指利润。假设本工程的所有费用包括不可预见费、总部管理费等,包括在承包商的估算成本中,承包商所选择的涨价幅度通常应该是能取得最大的利润率而且是最低价位。最大限度地缩小自己的标价与第二低价投标商的差距,如果中标,将实现利润的最大化。但是承包商选择涨价幅度的数值往往是不确定的过程,而且是基于主观的判断,而非量化的程序。但是可以参照以往的经验,尝试分析几个变量的因素,诸如竞争力、工程性质、地理位置、建筑师(工程师)和合同条件等。尽管这些变量不可能被准确地量化,但是可以从总体上体现涨价幅度的高或低。这并不意味着以直观模式选择的涨价幅度数值是完全错误的,或没有更客观的原则可以遵循而且适合于所有的投标条件。但是,在正常条件下,涨价幅度百分比的选择可以最大幅度地增加投标商的利润。这样的条件存在于投标商的工作属于同一区域的特定类型的项目。大多的施工投标都是以独立实体出现,尽量使利润最大化,而不必要考虑以往的经验和以后的项目前景。

当承包商进行总包投标时,可以用$(b-c)$来表示预期"潜在利润",其中b是标书总价,c是工程的实际成本。b是工程的估算成本和涨价幅度,这是一个变量。实际上承包商所投的标书不可能100%中标,很显然,中标的概率与标价b直接相关。投标商可以随意提高标价,但是成为最低标和中标的概率却为0,即其潜在利润很大,但是中标的概率为零。从另一个角度来看,承包商可以报低价,这时有一定的中标概率,但是其潜在利润非常少甚至亏本。当然,在这两种情况中,有许多可能的标价,其中标的概率随标价的高低变动,即标价越高,中标率越低。很显然,在这两种极端情形中,存在最优标价。为确定最优标价,先确定"期望利润"的概念。

"期望利润"是$P(b-c)$,其中P是承包商以b为投标价成为最低投标商的概率,P可以在0(没有中标)和1(中标)之间变动,其值越高,中标率越高。如果概率$P=0.4$,说明承包商有四成的把握成为最低标。

【例5-13】 假如一个项目的实际成本是80 000万美元,如果承包商决定投标价格为85 000万美元,其成为最低标的概率为0.3,而投标价格为82 000万美元,其中标概率为0.8。从期望利润角度来讲:

当$b=85\,000$,期望利润:$P(b-c)=0.3\times(85\,000-80\,000)=1\,500$(万美元);

当$b=82\,000$,期望利润:$P(b-c)=0.8\times(82\,000-80\,000)=1\,600$(万美元);

显然标价82 000是最优标价,因为它的期望利润最大。

当然,期望利润最大化是基于长期基础考虑的。如果以85 000万美元价格投标,其期望利润是5 000万美元,但是中标的概率仅为0.3,如果以此价格连续进行10次同等项目的投标,将有三个项目中标,其期望利润总和为$3\times5\,000=15\,000$万美元,相当于10个标书的平均利润为1 500万美元。相反,以82 000万美元为标价的中标率是0.8,八个项目的利润为$8\times2\,000=16\,000$万美元,相当于10个标书的平均期望利润为1 600万美元。以此可以看出,期望利润体现的是每一项目的平均期望利润。在实际投标实务中,同等类型项目不可能多次重复,但可以通过这种方式预计拟投标项目的最大期望利润。

下面的例子可以说明如何确定所选的标价能使利润最大化。

【例5-14】 假如一个项目的估算成本是400 000美元,几个标价的成功概率分别列于表5-9的第二列。从表5-9中可以得出当标价为415 000美元,涨价幅度为3.75%时,其利润为最大。

表5-9 期望利润分析

投标价格b(美元)	中标概率P	期望利润$P(b-c)$
395 000	1.00	$1.00\times(395\,000-400\,000)=-5\,000$(亏损)
400 000	0.98	$0.98\times(400\,000-400\,000)=0$
405 000	0.84	$0.84\times(405\,000-400\,000)=4\,200$
410 000	0.50	$0.50\times(410\,000-400\,000)=5\,000$
415 000	0.36	$0.36\times(415\,000-400\,000)=5\,400$
420 000	0.15	$0.15\times(420\,000-400\,000)=3\,000$
425 000	0.05	$0.05\times(425\,000-400\,000)=1\,250$
430 000	0.00	$0.00\times(230\,000-200\,000)=0$

根据对竞争对手的了解程度,这种报价决策方法又可分为两种:具体对手法和平均对手法。

A. 具体对手法

所谓具体对手法是指承包商清楚自己的竞争对手是谁,并了解对手过去有关投标资料的情况下,判断自己应该怎样报价及中标概率如何的报价方案选择方法。这包括一个竞争对手的分析方法和若干竞争对手的分析方法。

a. 一个竞争对手的分析方法

在只有一个竞争对手甲的情况下,承包商必须判断自己的报价低于对手甲报价的概率,正确地计算出低于对手甲的报价,才能够取胜中标。

【例 5-15】 若某承包商在某工程的投标中将和某公司竞争,承包商掌握该公司以往的有关投标资料,该承包商应该如何选择报价方案。

应用概率分析方法,选择获胜报价方案包括如下步骤:

第一步:计算出竞争对手以往各种报价 R_n 与承包商估算成本 C 的比值(R_n/C)及其按各比值报价的概率 P_i,通常是列表计算。

该公司过去的各种报价与承包商估算成本的比值及各比值的概率如表 5-10 所示。

表 5-10 某公司不同的 R_n/C 值及其概率计算表

R_n/C	频率 f_i(出现次数)	概率 $P_i(P_i = f_i/\sum f_i)$
0.85	1	0.01
0.95	2	0.03
1.05	16	0.08
1.15	24	0.21
1.25	14	0.32
1.35	8	0.19
1.45	6	0.11
1.55	4	0.05
合计	75	1.00

第二步:计算承包商自己的报价与自己所估成本的比值(R/C)及承包商按各比值报价低于对手报价的概率 P'_i,P'_i 应等于前表中对手高于某个 R/C 值报价的所有 R_n/C 的相应概率 P_i 之和,通常列表计算,参见表 5-11。

表 5-11 承包商 R/C 值及低于对手概率计算表

R/C	P'_i	R/C	P'_i
0.8	1.00	1.2	0.67
0.9	0.99	1.3	0.35
1.0	0.96	1.4	0.16
1.1	0.88	1.5	0.05

P'_i 为承包商报价低于该公司报价的概率,例如承包商拟用 R/C 值为 1.2 的报价方案报价,此报价低于对手报价的概率 P,应等于 R_n/C 值为 1.25、1.35、1.45、1.55 的各报价方案相应概率 P_i 之和,亦即这时的 $P=0.32+0.19+0.11+0.05=0.67$。

第三步:列表计算承包商投标报价的预期利润,选出最佳报价方案。其方法如下:

若以 C 为估算的工程成本,则有:投标报价 $R_i=R_i/C\times C$(R_i 为 R_i/C 值与 C 的乘积);

各种报价方案的直接利润 $I_i=R_i-C$,各种报价方案的中标概率取该方案低于对手报价的概率 P'_i,则预期利润 $E_i=I_i\times P'_i$。将承包商各种报价方案的预期利润计算如表 5-12 所示。

表 5-12 报价预期利润计算表

投标报价(元)$R_i=R_i/C\times C$	直接利润(元)$I_i=R_i-C$	概率 P'_i	预期利润(元)$E_i=I_i\times P'_i$
0.8C	-0.2C	1.00	-0.200C
0.9C	-0.1C	0.99	-0.099C
1.0C	0.0C	0.96	0.000C
1.1C	+0.1C	0.88	+0.088C
1.2C	+0.2C	0.67	+0.134C
1.3C	+0.3C	0.35	+0.105C
1.4C	+0.4C	0.16	+0.064C
1.5C	+0.5C	0.05	+0.025C

若承包商以 1.2C 的方案报价时,预期利润为最大:$E_5=0.134C$,假设估算的该工程成本 $C=150\,000$ 元,以此方案报价的 $R_5=1.2\times C=1.2\times150\,000=180\,000$(元),这时工程的预期利润 $E_5=0.134\times C=0.134\times180\,000=24\,120$(元),若能中标,其直接利润 $I_5=0.2\times C=0.2\times150\,000=30\,000$(元)。综上分析,本例中承包商应选择以 1.2$C$ 的报价方案为基础确定投标的报价。

b. 若干竞争对手的分析方法

在有 n 个竞争对手的情况下,承包商要战胜 n 个竞争对手中标,仍然必须判断自己的报价低于每个对手报价的概率 $P_1, P_2, P_3, \cdots, P_n$。合理地确定低于 n 个对手的报价,才有指望投标获胜。

在有 n 个对手的情况下,应用概率分析方法选择获胜报价方案的基本方法和步骤大致与前述一个竞争对手的情况相同,只是在计算承包商报价低于 n 个对手的报价概率 P'_i 上有所不同。根据概率论的基本原理,由于每个竞争对手的投标报价是互不相关的独立事件,那么,它们同时发生的概率 P 就应等于它们各自概率的乘积。即:

$$P=P_1\times P_2\times\cdots\times P_i\times\cdots\times P_n$$

如果按上述公式计算出承包商报价低于 n 个对手报价的概率 P_1,则可以按只有一个竞争对手的情况,根据预期利润最大的原则,选择最佳报价。

B. 平均对手法

所谓平均对手法,是指承包商在不知道自己的竞争对手是谁,也不了解对手的具体投标报价资料的情况下,假设这些竞争者中有一代表者,即"平均对手",来判断自己应如何报价及如此报价的中标概率,从而对报价方案作出最佳选择的一种分析方法。

a. 已知竞争者数目的对手法

承包商在虽然不知道自己的竞争对手是哪些企业,但却清楚地知道竞争者数目的情况下,应该用平均对手法选择最优报价方案。其方法及步骤如下:

第一步:假定出一个"平均对手",即需在竞争者中假设一个代表者。一般是以承包商较熟悉的某个有代表性的企业作为"平均对手"。

第二步:计算出该"平均对手"的报价与承包商估算的工程成本的比值 $R_{对}/C$,及各比值出现的概率 $P_{对}$。

第三步:计算承包商自己的 R/C 值,及承包商的报价低于"平均对手"报价的概率 P_o。

第四步:计算承包商的报价低于 n 个对手的报价概率 P;根据概率论的基本理论,此时 P 应为 n 个平均对手的概率 P_o 的乘积,即 $P=(P_o)^n$(n 为竞争对手数,$n=1, 2, \cdots, n$)。

第五步:仍以 C 为工程的估算成本,计算出投标报价 R_i,各种报价的直接利润 I_i,进而计算各报价方案的预期利润 $E_i = I_i \times P_i$,其中具有最大预期利润的报价方案为最佳方案。

b. 不知竞争者数目的平均对手法

承包商在不知道投标竞争者数目的情况下,使用平均对手法来选择最优报价方案时,首先必须估算出可能的最多竞争对手数目 n,进而估计不同数目的竞争对手参加投标的可能性(即概率),其余步骤均与上述已知竞争对手数目的平均对手法相同。

5.4 案例分析

5.4.1 项目背景与投标基本情况

(1) 工程简要介绍

非洲某国政府从国际某银行获得官方发展援助资金及部分贷款,用于其境内北部的某公路改造工程项目。2007 年该国公路和公共工程部对这一公路的一期工程开始进行招标。该公路长 60 km,路面总宽 10 m,由部分区段土路优化改线升级为沥青路面;每 10 km 处有小桥一座,跨度为 8 m,共有 5 座桥梁,为钢筋混凝土"T"形梁,上浇钢筋混凝土板;另外,还有 9 座单孔涵洞。

公路结构:车行道为砾石土压实上铺沥青路面。公路沿线多系农田和丘陵,因此填方较多,除部分挖方可用于道路的填方外,尚需借土填方,但运距不是太远,沿线有两个取土场可用,为业主指定。所在填方工程必须分层压实。

(2) 报价基本情况

招标文件中有招标书、投标须知、合同条件、工程量表、技术说明书和工程详图等。原招标文件有主要工程数量表,经按图纸和说明书校核,业主提供的工程量基本是正确的,可以作为报价的依据。

按实测工程量付款,单价不予调整;无材料涨价或货币贬值的调价条款或补偿条款。施工机具设备可以允许临时进口,应提交银行开出的税收保函以保证竣工后机具设备运出境外;各种工程材料均不免税。

主要施工方案如下：

① 为便于集中使用不同类型设备，先集中处理土方工程，时间约12个月，而后集中进行砾石层和沥青面层施工，时间约10个月（其中与土石方工程交错2个月）；桥梁工程从第9个月开始，包括预制构件等用一年时间完成，其他工程如护坡等可在主路工程后期根据劳动力安排交叉完成。最后保留一个月作为竣工移交的时间，并进行可能发生的局部维修工作。

② 土方挖方采用120~140 hp的推土机推土，能就地回填者直接用推土机推土回填，采用2台，余土用1.5~1.9 m^3 装载机装入自卸汽车运至填土区用于填方，另外采用小型挖掘机1台；土方运输采用10台8~10吨自卸汽车运输；装载机3台；碾压设备采用15吨振动压路机1台，10吨钢轮压路机2台；平整设备采用平地机1台；沥青搅拌站1个；混凝土运输设备采用小型翻斗车3台；其他设备等。

③ 根据材料运输和当地交通条件，选择在公路中段建立沥青搅拌站，工地指挥部也设在搅拌站附近；工地设置相应的临时生产设施，如预制构件场地、机具停放场和维修棚、临时配电房、水泵站及高位水箱、进场道路、通信设施、临时水电线路、简易围墙及照明和警卫设施等。

在报价之前，承包商A对国情、地理与自然条件、地区条件、商情及其他条件都作了现场调查。

(3) 其他情况说明

承包商A对参与投标的竞争对手的数量不了解。

5.4.2 投标报价分析

(1) 基本直接费的计算

① 人工费的计算

该项目预计需要雇用当地工人，经询价得知当地一般熟练工月工资150美元，机械操作手月工资200美元。两年内考虑工资上升系数10%，另考虑招募费、保险费、各类附加费和津贴(不提供住房，适当贴补公共交通费)、劳动保护等加20%。若每月工作25天，则工日单价为：

一般熟练工为：$150 \times (1+10\%+20\%) \div 25 = 7.8$(美元/工日)

机械操作工为：$200 \times (1+10\%+20\%) \div 25 = 10.4$(美元/工日)

② 材料费的计算

材料基本上均从当地市场采购，采用到场价，少量从国内其他地方采购的也换算成到施工现场价，以水泥价格的换算为例。

材料品名：普通水泥；

包装：散装或袋装；

出厂价：60美元/t；

运输费：水泥厂运输部用散装水泥车运送 $40 \times 0.2 = 8$ (美元/t)；

装卸费：3美元/t；

运输、装卸损耗：$3‰ \times (60+8+3) = 2.13$ (美元/t)；

采购、管理及杂费：2‰×(60+8+3+2.13)=1.47(美元/t)；
则水泥到场价为 60+8+3+2.13+1.47=74.6(美元/t)；
则总的材料价格如表 5-13 所示。

表 5-13 材料到场价表

材料名称	单位	到场价(美元)
(1) 水泥类		
450 水泥	t	74.60
(2) 木材类		
板材	m^3	197.53
方木	m^3	204.94
(3) 钢材类		
圆钢 5.5~8 mm	t	630
圆钢 10~32 mm	t	600
方钢 8 mm	t	640
方钢 10~32 mm	t	610
(4) 地材类		
砂子	t	11.73
片石	m^3	12.35
碎石(3~14 mm)	t	13.33
(5) 沥青类		
沥青(MC30)封层	t	545.68
沥青(MC3000)底涂	t	520.99
(6) 能源类		
电	度	0.09
柴油 0 号	L	0.70
汽油 90 号	L	0.92
(7) 模板类		
脚手架	m^2	29.26

③ 施工机械台班费的计算

施工设备中新购推土机的价格为 85 000 美元，按设备原值的 5%计其进口手续费、清关、内陆运输、安装拆卸退场等为 4 250 美元；备件及维修两年按 20%计为 17 000 美元。

本工程可能使用台班为 12 月×25 天/月×2 班/天×0.8(使用系数)=480 台班，故每台班应摊销(85 000+4 250+17 000)/480=221.4(美元)，另外加上每台班燃料费 70 kg×0.4 美元/kg×1.2=33.6 美元，因此本推土机台班使用费为 255 美元，即每小时 31.9 美元。

同样可算出另一台旧有推土机的台班费为(24 000×1.25/480)+33.6=96.1(美元)。

则两台推土机平均使用台班费为(221.4+96.1)/2=158.75(美元),即159美元/台班或19.8美元/工时(均未计入人工工资)。

小型机具设备的台班费可在单价分析时在计算大型机具台班使用费后再增加5%即可。按这样的方法可以算出所有施工机械台班费用,如表5-14所示。

表5-14 施工机械台班费表

名称	数量	规格	单位	台班价(美元)
推土机	2	120~140 hp	台	159
装载机	3	1.5~1.9 m³	台	102
小型挖掘机	1		台	90
自卸汽车	10	8~10 t	台	85
振动压路机	1	15 t	台	80
平地机	1		台	80
小型翻斗车	3		台	20
沥青搅拌站	1	30 m³/h	个	170

(2) 间接费用及其他待摊费用计算

① 管理人员费用

公司派出的管理人员15人,除住房外的生活补贴费用按400美元/(人·月)计算,则400×15×24=144 000美元。公司派出人员租用房屋2套,每套每月800美元,另加水、电、维修等按20%计,则800×2×24×1.2=46 080(美元)。

此外,聘用当地技术人员5人,平均工资按500美元/(人·月);勤杂服务人员5人,平均每人按250美元/(人·月)计算。则(500×5×24)+(250×5×24)=90 000(美元)。

管理人员费用合计280 080美元。

② 主要间接费用

投标费按实际估算约为2 000美元;业务资料费按实际估算约为4 000美元;广告宣传费暂计3 000美元;保函手续费按合同总价约1 500万美元为基价估算,各类保函银行手续费按0.75%计,投标保函金额为投标报价的2%,预付款保函金额和履约保函各为报价的10%(2年),维修保函为3%(1年)。因此,保函手续费总值为:[1 500万×(2%+10%×2+10%×2+3%)]×0.75%=50 625(美元)。

代扣所得税按合同价的3%计,为450 000美元;保险费按当地保险公司提供的费率计算,为200 000美元;当地法律顾问和会计顾问按当地公司的一般经验两年内聘用费共20 000美元;各项临时设施费约为220 000美元。

以上主要间接费用合计940 625美元。

③ 其他待摊费用

利息支出约120 000美元;代理人佣金按当地协议应付100 000美元;上层机构管理费用按合同价的2%计,为300 000美元;不可预见费按1.5%计,为225 000美元。

以上其他待摊费用共计745 000美元。此外,计划利润按合同价的6%暂计900 000美元。

在假定合同总价为 2 500 万美元的估算条件下,以上待摊费用约为总价的 11.30%,为直接费用的 1 695 625/(15 000 000−1 695 625)=12.74%。

(3) 单价分析及汇总

在缺乏该国工程经验数据的条件下,可利用国内的定额资料稍加修正。

以沥青路面为例,这是一项占工程标价很大的主要项目,参照采用国内公路定额,并采用前面计算的工日、材料和设备摊销基本直接费每立方米为 56.17 美元,按前述应分摊管理费用占直接费的 12.74% 计算,最后每立方米路面为 62.34 美元。可以判断这一计算是基本正确的。

暂定金额按标书规定列入为 200 000 美元。单价分析表和总价报价单表略。

(4) 报价决策

承包商 A 估计最多可能有四个竞争对手,即 $n=4$;据其所掌握的资料可估算出不同数目的竞争对手参加投标的概率为:

$f_1=0.2$(估计一个对手参加投标的概率,以下类同),$f_2=0.3$,$f_3=0.3$,$f_4=0.2$

则各种报价的预期利润如表 5-15 所示。从表中的计算可以得出:承包商 A 应以估算的工程成本的 1.2 倍报价为最优,此时,具有最大的期望利润值:$E_5=0.0798C$。

表 5-15 各种报价的预期利润

投标报价 R_i(元)	P_{oi}	$P_i=\sum_{t=1}^{n}f_t P_{oi}^t$	直接利润 I_i(元)	预期利润(元) $E_i=I_i \times P_i$
0.8C	1	1.000	−0.2C	−0.200 0C
0.9C	0.99	0.975	0.1C	−0.097 5C
1.0C	0.96	0.904	0.0C	0.000 0C
1.1C	0.88	0.733	+0.1C	+0.073 3C
1.2C	0.67	0.399	+0.2C	+0.079 8C
1.3C	0.35	0.123	+0.3C	+0.036 9C
1.4C	0.16	0.041	+0.4C	+0.016 4C
1.5C	0.05	0.011	+0.5C	+0.005 5C

6 国际工程合同管理

6.1 国际工程合同参与方与合同安排

6.1.1 国际工程合同参与方及其职责

国际工程合同的参与方主要有业主,包括公共工程业主、私人工程业主、业主代表等;专业设计师,包括建筑师(CAD设计师、技术规范编写人员、室内设计师、景观设计师等)、工程师(结构工程师、机械工程师、电气工程师、土木工程师、测量师等);承包商,包括总承包商、专业承包商、分包商等;以及材料和设备供应商等。不同的主体参与不同的合同并承担不同的职责。由于各个国家法律法规等制度不同,在不同国家相同主体的职责也有可能不同,本节主要以美国、英国等国家为背景来分析工程参与方的定位及工作职责。

1) 业主(The Owner)

很多人认为使用业主的称号,是因为他们拥有根据合同所建设的建筑,但更重要的原因是他们拥有与工程建设相关的土地权利,也包括拥有土地上的建筑物的权利。将土地所有权描述成拥有特定的权利,是因为业主不可能拥有土地的全部权利。比如土地下的矿产权或者只是获得一段时间内在土地上建设的租赁权,而期满后必须将土地及其上的附属设施归还给原来的业主或者继承人。

在大多数英语通用国家,建设合同中的业主又被称为雇主(Employer),这样的称呼可以从另一个角度来看待他们,即作为完成建设工程的承包商的雇主。业主可以分为个人、公司和政府三类。除了个人住宅,大多数的建设工程是为公司或者政府业主完成的。在有些合同中,业主会任命一名代表,代理他处理设计和施工事务。这里指的代表不是作为业主代理的设计师,而是一个人,一个项目经理。有时个人业主也会任命和授权一名代表来替他行使职权。在许多建设工程中,项目经理、合同经理(The Contract Manager)或其他类似称谓的人作为业主的代表是很常见的。

设计师也可能有一个或者多个代表,而承包商则一定是由一名监工(Superintendent)所代表。业主、设计师和承包商通常是合作伙伴,每一方都由一个个人代表来实现他们的实际目的。在法律上,这些人是公司的代理或者雇员,很明显,每个人了解他人的功能和授权范围是很重要的,因为他们的授权往往是有限的。以业主代表为例,他可能被授权作出主要决策和在接到设计师支付证书后向承包商支付工程款,也可能仅被授权在一些小事上作出决定。这样的授权必须在工程合同中明确规定。业主、设计师和承包商之间的传统合同关系参见图6-1。

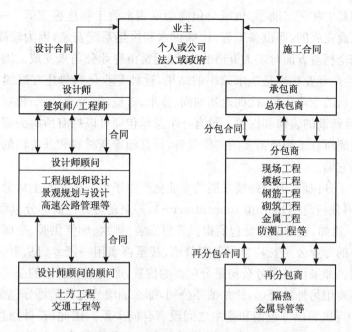

图 6-1 美国等国家的传统合同安排

2) 承包商(The Contractor)

承包商得名是因为他签订合同是以完成工作获得报酬为目的,有时也被称为总承包商(The General Contractor, The Primary Contractor)。起源于19世纪,整个建筑工程由一个承包商完成,他再雇用许多种类的分包商。在此之前,通常的实践是业主雇用工匠或者手艺人完成他们的专业工作,而且是以计件单价为基础的。总承包商这一称呼已被使用了一个多世纪,但它一直在变化,今天几乎已经没有原来意义上的总承包商。如今的总承包商往往不亲自承担主要工程。事实上,过去几十年的趋势是更加专业化。因此,总承包商只是亲自完成特定的有限工作,而更多的工作由与总承包商签订分包合同的分包商完成,所有的工程由总承包商对业主负责。在这种形式下,总承包商的主要责任是组织、协调、监督整个工作,包括他亲自完成的工作和分包商完成的工作。通常总承包商会亲自完成基础工程和结构工程,但有时也会少一些。在有些地方,法律明确规定,总承包商必须亲自完成建设工程的最少的部分工程,这保证承包商在工程中承担的财务义务或公平性。

承包商同意完成合同文件所描述的工程,作为回报,业主会按合同支付价款。承包商通常可以自己选择方案来组织和完成工程。在总价合同中,除了批准分包商,业主和设计师不能干涉承包商。承包商是作为建设方面的专家被雇用的,而且总价合同的标准形式也确认工程必须由承包商用自己的方式完成。任何对这一基本规则的违背都必须在合同文件中明确说明。

3) 分包商(The Subcontractor)

分包商因为在传统合同安排中为总承包商工作,并接受总承包商的领导而得名,参见图6-1。在不同的合同安排中,分包商可能是具有自身权利的一个专业承包商(A Specialist Trade Contractor)。分包商总是需要雇用一到两家不同工种工匠的专业公司,比如一个砌

189

筑分包商会雇用瓦工和瓦工助手，机械分包商会雇用水管工和连接工等。一般情况下砌筑工程是由总承包商完成的，而设备工程，比如供水和供热系统安装，因为较高的专业程度和在公众健康和安全利益方面对工人资格的要求，通常由专业公司来完成。因此，和其他行业一样，建筑业的生产专业化也是追求效率的结果，这种专业化趋势还在继续，并且在近几十年内产生了一批新的专业公司，比如地基加固、排水、打桩、混凝土浇筑、模板、钢筋、养护、防漏、特殊屋面以及新型的装饰和保护。没有一个总承包商可以拥有所有必需的技工、工长和管理人员以及完成所有工程所需要的特殊设备，而且随着新材料和新方法的运用，新的专业人员要学会使用它们。

专业化产生了分包商，但是持续发展的专业化产生了另一种水平上的分包商，即分包商的分包商，称为再分包商（The Sub-subcontractor），甚至是再分包商的分包商（The Sub-sub-subcontractor）。比如，设备服务分包商提供管道安装、排水、燃气供暖、空调安装等服务，而且可能雇用另外的专业公司安装金属薄壁管道，甚至再雇用一家专门从事锅炉和供热管道隔热安装的公司。如果设备服务公司是分包商的位置，那么他所雇用的公司就是再分包商。如果这些公司再雇用另外的公司，比如油漆公司，那么油漆公司就是再分包商的分包商。

从图 6-1 中可以看出分包商和业主之间没有合同关系。因此，设计师总是需要通过总承包商来处理与分包商有关的问题，同样总承包商也必须通过合适的分包商来处理涉及再分包商的问题。遵循同样的次序，分包合同文件必须与主合同文件一致，再分包合同文件必须与分包合同文件一致。换句话说，如果承包商同意主合同中的一项特殊条款，比如所有进入工地的工人必须佩戴蓝色的安全帽，那么他就必须确保所有的分包合同都包含同样的条款，而且要确保它的执行，而分包商必须确保再分包商的执行等。

4）供应商（The Supplier）

供应商的含义初看似乎是清晰明了，意思也显而易见，但是供应商和分包商的合同区别有时不是很清晰。在美国建筑师学会的 A201——施工合同通用条件（AIA Document A201, General Conditions of the Contract for Construction）中明确了分包商和供应商之间的区别：分包商是指与总包商有直接合同关系、在现场负责完成一部分工程的承包商，而供应商是指为专门设计提供材料和设备的供应者。而在加拿大的标准施工合同文件〔Canadian Standard Construction Documents, CCDC 12（Architects）and CCDC 2（Engineers）〕中将供应商包含在分包商的定义中。问题是，什么时候产品的供应者不是供应商而是分包商？而答案应该在专用条款关于分包商的定义中找到。更为重要的问题是，什么时候产品的供应者必须是分包商？不管怎样准确定义，在业主与总承包商标准合同中，供应商都不可能像分包商一样得到明确的承认。在大多数的主合同中，分包商都是得到明确承认的，分包合同或多或少是由主合同形成的，而且分包商的许多权利和义务都是由主合同最初建立的。

供应商在建筑业中的重要性已经得到了明显的提升，而且随着施工过程从现场的原材料加工向大规模的建筑构件安装转变，这种重要性还会继续增加，因此工程合同的条件和定义也必须适应这种现实。变化是持续进行的但不易被察觉，已经看到供应商提供的信用对总承包商和需要工程融资的分包商越来越关键，供应商的信用在很大程度上支持分包商完成工程和购买供应商的产品。很多供应商比他们的顾客（总承包商和分包商）拥有更充足的资金储备,因为供应商往往是作为大型工业联合体的制造商的顾客或辅助企业,供应商可以从他们那里获得信用支持。资金是工程建设和项目发展最关键的要素之一,而供应商和制造商是许多建设项目融资的重要来源和渠道。

5) 设计师(The Designer)

在多数大型工程项目中,设计师是一个建筑师或者一个专业工程师。如果是建筑工程,设计师往往是建筑师。如果是其他类型的工程,设计师一般是专业工程师。无论哪种情况,设计师都会依据工程的需要和特性雇用一名或多名其他专业的顾问来协助他。设计师是业主的代理人,他受业主聘请或雇用去设计工程、编制工程合同文件、依据合同检查工程履行情况,这些概括了设计师为业主工作的主要范围。设计师的服务可以分为五个连续的阶段,但可能不要求他们提供全部这些服务。在有些项目中,一些阶段可能需要合并得以加强。这五个阶段如下:

(1) 概要设计阶段(Schematic Design Phase):向业主提供设计研究。通常是初步设计图纸、说明大纲和拟建项目描述,同时提供一份大概的工程成本说明。

(2) 详细设计阶段(Design Development Phase):向业主提供更加详细和详尽的设计图和说明大纲;表示出项目的规模和特征以及结构构件、供水管道、供热、供电等安排以及业主需要的服务设施。同时提供第二份基于以上设计的工程成本估算。

(3) 建设文件阶段(Construction Documents Phase):向业主提供建设文件以获得批准,并帮助业主按法律要求在对项目有管辖要求的有关机构进行文件登记并存档。

(4) 招标或谈判阶段(Bidding or Negotiation Phase):帮助业主获得合适的工程合同;大多数工程文件将会成为合同文件,并且依据所需要的合同类型,在工程施工中使用这些文件。

(5) 建设阶段(Construction Phase):为业主提供工程(由承包商及其团队依据工程合同具体施工)日常管理,由设计师提供专门服务,包括根据工程合同条件对工程定期检查、作为业主代理人和合同文件的解释者。

设计师雇用费用的计算有多种方法,可根据设计和建造工程的种类、业主要求的设计合同类型和设计师提供的具体服务来选择。常用的设计酬金种类如下:

(1) 工程成本的百分比:设计酬金的数量可根据业主接受的最低投标价、合同金额或者完成工程的实际成本来计算;如果没有招标则根据工程估算成本确定。

(2) 固定酬金:数量通过谈判确定,通常有兑付时间限制以保护设计师。

(3) 固定酬金加费用:数量通过谈判确定,通常有兑付时间限制,费用部分则是满足开始阶段业主无法确定准确服务的弹性要求。

(4) 复合直接成本:双方同意和明确首席设计师和雇员的小时费用,乘以一个双方同意的与管理费和利润有关的系数,同时也包括一些明确的额外补助的费用。

在图6-1所示的传统设计和施工安排中,设计师和承包商是怎样的关系?他们之间没有合同关系,也不存在像业主与设计师、业主与承包商之间的合同关系。设计师与承包商之间存在关系是因为他们有合同关系。在已经公布的工程合同标准形式中,可以发现:作为施工合同一方的业主,却没有怎么被提及,而不是施工合同主体的设计师,却在合同协议和通用条件中被频繁地提及。为什么是这样呢?主要是出于公平利益考虑,这些合同标准形式意图削弱业主对工程的决定权和执行权。这些工程合同的标准形式在英语通用国家被广泛应用,并在几个世纪的设计、施工实践中得到完善,发展成为设计团体和承包商及分包商代表团体之间的协定。

6) 设计师顾问(The Designer's Consultants)

设计师顾问是指按照业主对建设工程的要求,被设计师雇用提供专门服务并作为设计团队成员的设计和施工专家。如果拟建房屋建筑或其他土木工程相对简单,那么设计者可以依据其知识和技能完成设计工作而不需要任何帮助。但是如果拟建工程复杂,设计师就需要助手。在过去,许多房屋建筑全部由一个设计师完成,而且已经发现优秀的设计理念通常来自个人的思想。但是,现在把设计思想变成施工图纸、技术说明和合同就不可能由设计师独自完成,因为需要的专业知识范围太广,或是由于专业化及效率问题。因此在工程、规划设计和管理等许多领域都需要顾问,参见表 6-1。

表 6-1 设计师顾问的专业领域

工　程	规划和设计	管　理
土方工程	宾馆和复合商业建筑	融资
结构工程	饭店和厨房	可行性研究
机械服务	教育设施	价值分析
电气服务	医疗设施	成本和经济
音响	工业和制造设备业	进度计划
民用和军事工程	交通和停车场	成本收益分析等
公路和桥梁等	景观和公园	
	舞台和体育场	
	展览馆	
	城市规划等	

表 6-1 列出了主设计师(Primary Designer)所需要的主要顾问,但并没有列出其他顾问,如工业和矿山工程师,因为他们自己经常以主设计师的身份工作。主设计师聘请顾问的数量和种类是由业主、现场需要的工程和设计师自身专业的性质所决定的。如果需要设计的工程是综合建筑,那么主设计师(或业主代理)会是建筑师,加上一些工程顾问和其他顾问。如果需要设计的是大型停车场,那么主设计师会是结构工程师,再聘请几个顾问,包括设计立面和装饰的建筑师。通常一个设计团队的领导是其专业适合工程主要部分的设计师,其他设计团队成员将依据设计工程的需要和业主的认可来选取。

如果拟建工程需要,被聘为设计顾问的任何专家可以由业主直接雇用作为顾问和代理,这主要是由设计工程的类型所决定的。根据专业特点,某些方向的专家常被雇为设计顾问,比如,厨房设计专家可作为建筑师的顾问。如果业主正在开展商业厨房的革新,那他可能雇用厨房专家作为其主要顾问和代表。

设计师和顾问之间的合同与总承包商和分包商之间的合同是类似的。分包合同在一定程度上必须包含主合同的意图和条件,分包合同的履行构成了主合同履行的一部分。因此,业主与设计师之间的主合同一般可以作为设计师与设计顾问之间合同的内容。设计师与其顾问之间的合同和专业关系,以及提供综合设计服务的联合体各设计师之间的合同和专业关系可以参考美国建筑师学会(AIA)发布的文件,同时 AIA 也发布了一些建筑师和工程师与其他设计顾问之间的合同标准形式。

7) 建设经理(The Construction Manager)

与已经讨论过的合同主体相比,建设经理是一个相对较新,还需要准确定义的概念。其他类似含义和不准确的名称包括合同经理(Contract Manager)和项目经理(Project Manager)。有些人不加区别地使用这些称呼,但准确地说,他们各自的含义还是有区别的。

项目经理最适用于在项目全过程中作为专门代表业主的人(一个项目包含设计和施工两个过程)。项目经理是业主的主要代理人,通常在所有其他人员任命之前任命,所以项目经理通常任命设计师及其他代理,而且他经常代表业主处理项目事务。

合同经理(Contract Manager),顾名思义,是为业主(或承包商)管理一项或者多项工程合同。虽然该名称有时和建设经理互换使用,但我们现在对此加以区别,将在设计师任命后被委任的、仅为业主管理工程合同的人称为合同经理。通常合同经理不参与设计过程而且权力也比建设经理小。

建设经理(Construction Manager)是指在工程施工、施工管理和工程经济方面拥有专长的个人或公司,他们受雇于业主作为业主的代理,与业主的其他代理人、设计师在工程设计和施工过程中共同工作。建设经理的主要功能是为业主管理工程,也就是以前所谓总包商履行的管理功能。但是,一个称职的建设经理能够而且通常会在设计阶段提供建议,正因为这样的原因,他应当与设计师同时委任或者在此之前。此外,他还应该完成下列现场施工管理工作:

(1) 依据设计师的概要设计、中途阶段的详细设计、最后阶段的施工图和技术说明,对工程成本进行估算,从而保证工程可以在业主的预算内完成。

(2) 在施工技术、价值工程以及工程经济等方面向设计师和其顾问提供建议,尤其在设计阶段。显然,建设经理的主要工作是设计阶段后的工程管理,但他在设计阶段的服务也是极为有用的。

建设经理和设计师都经常被业主雇用并在整个项目阶段工作,但由于个人不同的知识和技能,每个人都有一个主要的角色,而在其他方面扮演辅助角色。因此,设计师在设计阶段会得到建设经理的支持,而建设经理在施工阶段会得到设计师的支持。设计师在施工中也会提供一些常规服务,包括提供设计详图、解释文件以及按照有关工程合同检查工程进展情况等。

建设经理的许多职责与传统工程合同中的总承包商是一致的,他负责组织和协调专业分包商的工作。但在建设经理模式下,每个专业承包商都与业主签订了相应的工程合同,参见图 6-2。而建设经理与专业承包商之间不存在任何合同关系。过去由总包商完成的工程(通常是土方和结构工程),现在由专业承包商完成,所有其他部分也是一样的。

许多建设管理公司现在或曾经是总承包公司,有些是完全从承包业务中分离出来,还有一些是建设管理和承包业务两者都做。有些公司使用相同的人员和设施做两项工作,有些成立了新的公司从事建设管理,因为建设管理与工程承包有着不同的风险和回报。此外,包括工程师、建筑师、工料测量师、施工监工在内的许多人都进入了建设管理领域,但事实上他们很少有人拥有建设经理所需要的足够经验和技能。通常只有工料测量师和成本工程师具有工程估价的能力,只有施工监工取得了现场管理的经验。从事建设管理的最佳人选是受

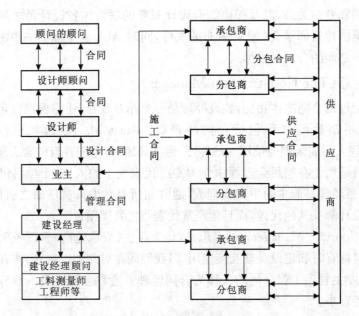

图 6-2 CM 模式的合同安排

过工料测量训练的、具有监工的现场经验,并且受过商务管理训练、具有相应经验的那些人。具备上述条件的往往不是个人而是一家公司,因为设计师、承包商、建设经理所需要的服务范围广、种类多,只有公司才能够提供。于是建设管理公司需要拥有众多知识、技能和经验的关键人物。事实上,这才是建设管理公司的本质——出售知识和经验。

8) 管理承包商 (The Management Contractor)

一个管理承包商并不直接完成工程,也没有分包商,但他管理一些承包商并与他们存在合同关系,有些人也许会称他为承包商或者建设经理,这容易造成误解,因为没有明确的定义。在北美国家管理承包商不是一个常用称呼,一般使用的是承包商或者建设经理,虽然准确的定义应该是管理承包商。这里的管理承包商是指管理由多个承包商和分包商完成的工程项目并承担工程质量、工期、成本风险和责任的那些承包商。管理承包商具有如下不同的能力和责任:

(1) 总价合同 (AIA A101/201,或 CCDC2) 中的承包商直接通过自己,或者通过分包商从事着施工和管理两项工作。如果他不负责任何施工,就与定义的管理承包商类似;如果他完成一部分施工,那么可称为总承包商,但标准合同中不使用这样的称呼。

(2) 作为业主的代理,建设经理管理着项目,但并不对工程负责,他收取管理酬金,提供某些现场工作和服务。如果建设经理对工程负责,就与定义的管理承包商相似。

(3) 管理承包商 (Management Contractor) 管理着各个施工承包商,而且对工程施工和成本负责,并以此取得酬劳,但他不直接提供现场服务或亲自完成工程。

(4) 项目经理作为业主的代理或雇员,代表业主工作,其地位或与建设经理相似,或者实质拥有业主任命他人(包括设计师、施工经理、承包商、管理承包商)的权力,而且拥有代表业主作出决策和付款的权力。

图 6-3 表示了建设管理模式与管理承包模式合同安排的区别。

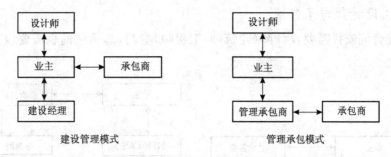

图 6-3 管理承包合同安排与建设管理合同安排的比较

9）工料测量师（The Quantity Surveyor）

一个多世纪以来，工料测量师的基本工作一直是编制作为招标文件之一的和合同文件之一的工程量清单（Bill of Quantities）。它的主要价值体现在工程数量和单价中。除了准备工程量清单，专业的工料测量师在项目整个过程中还扮演着业主代理的角色。工料测量师在设计阶段提供成本控制，在现场施工过程中提供财务管理，包括确定变更工程价款和计算应付给承包商的价款，这些应该是与工料测量师合作的建筑师所证明的。因此，在工程量合同（Contract with Quantities）中，建筑师对工程财务、经济以及工程文件方面承担比较小的责任。工料测量师在准备工程量清单的过程中，通常要设计施工细节，然后表现在建筑师的图纸中。

工料测量师也为设计师在选择不同成本方案方面提供建议。工料测量师的服务与建设经理存在相似之处，建设经理的职位可以由工料测量师所递补。作为一个公共服务人员，专业的工料测量师应该研究公共工程的成本学和会计学，加强对工程核算和工程成本的理解，尤其是施工过程中的成本。建设工程是复杂的，并存在腐败现象，由于控制不严，建设资金常被滥用和挪用，尤其是公共资金，最能核算清楚建设开支的专业人员就是工料测量师。

财政部门常雇用专业的工料测量师来监管没有工程量清单的建设工程，汇报质量和工程进度、计量已完工程作为中间付款的基础。工料测量师的其他专门服务包括用于保险和融资目的的现有建筑物的价值评估（例如公司的出卖和合并）、可行性分析、成本利润分析和价值工程等。

6.1.2 国际工程中的合同安排

国际工程中的参与方主要有：业主、设计师、设计顾问、建设经理、承包商、管理承包商、分包商、再分包商、供应商、工料测量师、项目经理，此外在建设工程中还涉及为不动产开发提供资金的银行、抵押公司及其他金融机构，缺少他们许多开发项目将无法完成。一些公司可能在不同的项目上扮演不同的角色，如承包商、建设经理或者管理承包商。大部分所列的公司（个人）可能雇用其他公司（个人）。各建设工程参与方的可能合同安排如下：

1）业主与承包商

该类工程合同安排可能用于变更、修复和拆迁，不需要设计或需要少量设计，或者承包商可能就是设计师，参见图6-4。

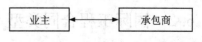

图 6-4 业主与承包商之间的合同安排

2) 业主、设计师与承包商

该类工程合同安排需要设计师(建筑师/工程师)参与,总承包商也需要雇用若干分包商,参见图 6-5。

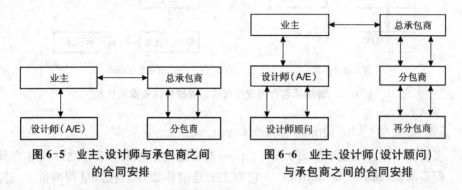

图 6-5 业主、设计师与承包商之间的合同安排

图 6-6 业主、设计师(设计顾问)与承包商之间的合同安排

3) 业主、设计师(设计顾问)与承包商

该类工程合同安排需要设计师顾问(如结构、机械、电气工程师等)以及专业再分包商(如机械系统的绝缘等)参与,在此种情况下,管理承包商有可能代替承包商,参见图 6-6。

4) 业主、设计师与建设经理

该类工程合同安排中业主雇用若干专业承包商,并由建设经理管理各专业承包商。参见图 6-7。

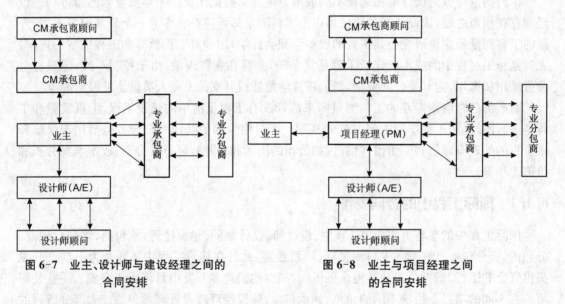

图 6-7 业主、设计师与建设经理之间的合同安排

图 6-8 业主与项目经理之间的合同安排

5) 业主与项目经理

在该类工程合同安排中,业主的职责由项目经理行使,参见图 6-8。

6.2 国际工程合同类型

土木工程本身的复杂性决定了工程合同的多样性,不同的合同类型对招投标文件、合同价格确定及合同管理工作也有不同的要求。按照计价方式不同,可分为:固定总价合同、单价合同和成本加酬金合同。为了获得对合同类型概念和内容的准确和完整理解,本章主要以欧美发达国家为参考蓝本来论述工程合同类型及其选择要点。

6.2.1 固定总价合同

1) 总价合同概念和形式

总价合同(Lump Sum Contract),是指业主付给承包商的款额在合同中是一个规定的金额,即总价。显然,用这种合同时,对承发包工程的详细内容及其各种技术经济指标都必须一清二楚,否则承发包双方都有蒙受一定经济损失的风险。总价合同有固定总价合同、调值总价合同、固定工程量总价合同和管理费总价合同4种不同形式。本节主要介绍固定总价合同。

(1) 固定总价合同

固定总价合同(Fixed Lump Sum Contract)的价格计算是以图纸及规定、规范为基础,合同总价是固定的。承包商在报价时对一切费用的上升因素都已作了估计,并已将其包含在合同价格之中。使用这种合同时,在图纸和规定、规范中应对工程作出详尽的描述。如果设计和工程范围有变更,合同总价也必须相应地进行变更。

固定总价合同适用于工期较短(一般不超过1年)而且对最终产品的要求又非常明确的工程项目。根据这种合同,承包商将承担一切风险责任。除非承包商能事先预测他可能遭到的全部风险,否则他将为许多不可预见的因素付出代价。因此,这类合同对承包商而言,其报价一般都较高。

固定总价合同也许是近一百年甚至更长时间内人们最熟悉的合同形式,也许是现在仍然使用最普遍的合同。由于固定总价合同的广泛应用和形式简单,它是开始理解和审核工程合同其他类型的最佳合同。

(2) 调值总价合同

调值总价合同(Escalation Lump Sum Contract)的总价一般是以图纸及规定、规范为基础,按时价(Current Price)进行计算。它是一种相对固定的价格,在合同执行过程中,由于通货膨胀而使其所使用的工、料成本增加达到某一限度时,其合同总价也应作相应的调整。在调值总价合同中,发包人承担了通货膨胀这一不可预见的费用因素的风险,而承包人只承担施工中的有关时间和成本等因素的风险。调值总价合同适用于工程内容和技术经济指标规定得很明确的项目。但由于合同中列有调值条款,所以工期在1年以上的项目可以采用这种合同形式。

应用得较普遍的调价方法有文件证明法和调价公式法。通俗地讲,文件证明法就是凭正式发票向业主结算价差。为了避免因承包商对降低成本不感兴趣而引起的副作用,合同文件中应规定业主和监理工程师有权指令承包商选择价廉的供应来源。调价公式法常用的计算公式可详见本章6.3.2。

(3) 固定工程量总价合同

固定工程量总价合同(Lump Sum on Firm Bill of Quantities)是指由发包人或其咨询单位将发包工程按图纸和规定、规范分解成若干分部分项工程量,由承包人据以标出分项工程单价，然后将分项工程单价与分项工程量相乘，得出分项工程总价，再将各个分项工程总价相加，即构成合同总价。由于发包单位详细划定了分部分项工程，这就有利于所有投标人在统一的基础上计价报价，从而也有利于评价时进行对比分析。同时，这个分项工程量也可作为在工程实施期间由于工程变更而调整价格的一个固定基础。

在固定工程量总价合同中，承包商不需测算工程量而只需计算在实际施工中工程量的变更。因此，只要实际工程量变动不大，这种形式的合同管理起来是比较容易的。其缺点是由于准备划分和计算分部分项工程量将会占用很多的时间，从而也就延长了设计周期，拖长了招标准备时间。

(4) 管理费总价合同

管理费总价合同(Management Fee Lump Sum Contract)是业主雇用某承包公司(或服务公司)的管理专家对发包工程项目的施工进行管理和协调的合同，并由业主向承包公司支付一笔总的管理费用，这种合同就是管理费总价合同。采用这种合同的重要环节是明确具体的管理工作范围，只有做到这一点才适于采用这种合同形式。

2) 固定总价合同中承包商的职责

(1) 以固定的总价完成一个完整的工程

在固定总价合同中，承包商最主要的责任是按照合同协议规定的工期和合同文件完成工程项目，而承包商最主要的权利是以双方同意的方式、合理的时间，通常是分期付款方式取得合同价款。

固定总价合同中影响承包商责任的一个重要法律观点是：以一个固定的总价完成一个完整的工程(a fixed sum for a complete job of work)。固定总价合同的概念坚持要求承包商提供和完成"合同文件中可以合理推断出来的、产生预期结果所必需的工作"(the work that is reasonably inferable from the contract documents as being necessary to produce the intended results)。这段话含义丰富，例如尽管一个两层别墅的设计图纸没有楼梯，技术规范也没有说明，承包商仍有义务安装一个楼梯，以实现"预期结果"，提供一个能适宜居住的两层别墅。在固定总价合同中，为了完成整个工程某些不可缺少必需的工作和合理推断的工作，即使没有明确，都属于合同隐藏包含的工作。

(2) 承包商应承担的投标风险

业主或被授权的设计师，可以通过签订一份固定总价合同，实际上转移自己所有的风险，让承包商在合同规定的时间内完成工程，并可以供业主使用。与此同时，如果业主想节省投资，必须考虑这样的规定对投标人的影响。投标人可能会更多地考虑他们的风险，计算风险的影响和可能性，并在估价和报价时对每个风险增加费用，这也不是业主明智的选择。

在固定总价合同中，应该设置如果发生偶然性事件业主可支付额外费用的合同条款，这样投标人在投标时就不需要考虑偶然性事件、额外工作，报价时可以不考虑风险费用，偶然性事件发生后也能得到补偿，不会产生额外损失。为了达到这样的目的，在固定总价合同中应该规定明确的内容和条款，并且投标人的报价也必须符合合同这样的规定。

(3) 工程变更

固定总价合同另外一个影响双方当事人的重要特征是它的固定特性，非常重要的一点就是，绝大多数的固定总价合同都包含一个在不影响合同效力时业主可以作出工程变更的条款。如果没有这样明确的条款,固定总价合同就不能作出变更,除非业主和承包商双方同意。有了这样的条款,承包商就必须完成所有的有效变更,这在普通法和有些国家标准合同条款中是一个事实,但变更必须在"合同的总体范围"内,这意味着如果业主可以指示变更,那么变更不能超出合同范围和本质。标准合同文件同样要求业主对双方同意的变更支付额外费用。

(4) 施工组织和方法

在固定总价合同中,承包商通常完全控制工程并且有单独的责任去组织和决策分包商,这也从侧面反映出了这种合同的本质。总的来说,承包商可以自己决定施工方法,但一个增长的趋势是由设计师来说明施工的方法和手段。设计师经常会采用新材料和新的施工方法进行设计,所以承包商必须等待设计师告诉他们该干什么,这样承包商就失去了主动权。同时由于工程的复杂性,设计师(和承包商配合)已经修改完善了总价合同来克服原来合同文本的约束,常包括多方案投标、暂定金额、工程变更和工程延期等。

(5) 承包商的其他责任

在固定总价合同的标准文本中,承包商有责任保证业主、设计师及他们的代理人和雇员免于因工程履行所导致的所有索赔、损害、损失和开支而造成的损失。这意味着业主和设计师,无论在现场或其他地方,对建造过程中完成的任何工作不承担责任,如果它是由承包商、分包商及他们雇用的任何人的全部或部分的疏忽或删除所导致的。

(6) 承包商的现场项目经理

在合同履行期间承包商应聘请一位全职的经理(和必需的助理),在现场他将代表承包商。在很大程度上,工程的圆满履行和合理的进度都得依靠项目经理。最理想的项目经理是既得到行业训练又有实际经验。在工程完成到某一阶段(如75%)时调换项目经理,对工程竣工是有害的。许多合同规定,项目经理的任命和免除要得到业主和设计师的认可。

(7) 承包商的缺陷弥补责任

承包商的一个主要责任是在施工过程中和基本完工(Substantial Completion of the Work)后修改有缺陷的工作,即在所谓的保修期内弥补缺陷责任,国际上通常是基本竣工后的一年内。有这样的一个事实常未被注意到,即承包商弥补缺陷的责任可能不受保修期的限制。当合同不再有效,业主虽然不能因承包商拒绝修复缺陷而寻求违反合同的损害赔偿,但他随时可按照工程所在地有效的法律管辖提起诉讼赔偿要求。这意味着业主在基本竣工若干年后还能向承包商提出诉讼赔偿要求,并且只要有充分的理由,这样的诉讼就可能会成功,只要承包商公司还存在着。

(8) 承包商未获得付款后责任

如果承包商没有得到应得的支付,可以停止施工直到他得到支付,但是绝大多数合同要求承包商在采取这种严重行为前提交一个有明确天数的书面通知。这是承包商按照合同条款应该得到支付的合同基本权利。类似的,在有设计师的标准合同文本中,设计师签署了承包商有权获得固定数额的书面证明后,业主应该支付给承包商。所以根据标准合同条件,如果设计师没有及时签发付款证明,承包商可能会停工。如果在一定时间内(通常30天)没有获得一个付款证明或付款,承包商在书面通知后可终止合同,并要求支付已完工程及赔偿遭受的损失。很明显,这是合同意图赋予承包商在这些情况下的行动权利,但不是立即和严重的行动,书面通知将劝说对方去做他们能力范围内应该做的事。如果他们不做,才能采取停止施工的最后行动。

3）固定总价合同中业主的职责

（1）业主的主要职责

在任何标准工程合同中，业主的主要职责是：①提供工程相关资料和现场通道；②按照协议和合同条款支付承包商工程价款。几乎所有的其他事情都是由代表业主的设计师完成的，而业主都是通过设计师签发所有的指令给承包商。但有一些行为只能由业主作出，例如终止合同，但他通常不能单方面终止，需要得到设计师的许可。在标准合同中，业主几乎没有职责，这些职责被赋予了设计师。在有些合同中要求业主购买保险（事实上他可以选择）；但对于一份特定的合同，无论保险是由业主购买还是由承包商购买，它总是由业主直接或间接支付。在有些标准合同文件中，业主需要提供为完成其义务的合理资金安排的证据、现场勘查、支付土地费用、及时提供所有信息和服务、指派一名业主代表等。

（2）工程缺陷弥补

在有些标准合同文件中，业主的权利通常大于自己的义务。例如，如果承包商没有改正不合格工程或者不能持续供应构成工程实体必需的材料或设备，业主有权命令工程停止。如果承包商没有按照合同条款履行义务，业主在取得设计师许可的情况下可以自行修复工程缺陷，并向承包商索取相应工程款。然而这些规定并没有起到预想的效果，首先，该情况含义并不明确；其次，很难寻找一家新的承包商进驻场地修复缺陷或完成施工；最后，如果承包商有困难，可能是财务上出现问题，这样业主可能很难讨回自己的工程款。尽管如此，业主必须要有续建工程的最终权利；另外一个保护可能是担保公司提供的履约担保，多数的合同会提供上述两个保护。在固定总价合同中，业主也必须承担一些风险，当然业主可以选择一个对自己有利的合同条件。

（3）业主终止合同

业主在取得设计师的许可后，有权按照通用条款所列理由终止合同。通常包括承包商破产、承包商坚持拒绝继续执行合同、未能支付分包商或材料供应商款项、持续或严重地违反法律和法规及严重违反合同条件等。不过业主通常要有设计师的书面认可和足够的证据才可以采取这种极端的做法，并且业主必须给承包商书面通知。这是业主、设计师和承包商之间相互关系的一种说明。设计师是位于施工合同当事人之间的一个仲裁人。在标准合同中业主通常没有单方面的行为权力，因为大多数业主合同行为的权利被授予设计师。我们应该注意，在业主可以终止合同之前，承包商必须正在或者即将违反合同。

（4）误期损害赔偿

标准的固定总价合同文本中包含有特殊条款的空间，如承包商没有按时完工的误期损害赔偿（Liquidated Damages）。如果协议中包含这样的条款并且承包商未能及时完工，业主就可以根据设计师的许可和合同条款，有权从应支付给承包商的任何款项中扣除相应的金额，并且可以通过任何其他法律途径要求赔偿损失。一般来说，任何涉及完工和合同工期的"罚款-奖励条款"（Penalty-Bonus Provision）都可能给业主带来其他的责任。

4）固定总价合同中设计师的责任

（1）设计师的地位

可以说，设计师在固定总价合同中没有任何职责，因为他不是合同的主体，只有合同主体才承担由合同所产生的职责。然而标准工程合同赋予设计师特定的责任并对业主负责。

工程合同中设计师一般被称为建筑师、工程师、业主代理。因为业主的主要义务是支付给承包商,而支付需要设计师的证明,这可被定义为设计师的基本职责。如果设计师雇用被终止,标准合同要求业主取代协议中定义的设计师。此外设计师作为合同仲裁人和解释者不能偏袒合同任何一方。

(2) 设计师的解释或指令

设计师所做的解释必须是公正的并与合同文件的意图和合理推断相一致。根据标准合同文件,设计师是合同和双方履行行为的解释者,在双方之间不能有任何的偏袒。但在工程实践中,由设计师作出的解释可能会产生潜在的争议,因为要解释的文件是由设计师准备或在其指导下准备的,不满意的争议常被提出诉讼。鉴于建筑工程的本质、合同文件不可避免的缺陷,解释通常是需要的,同时还要公正。当任何一方要求设计师作出解释时,设计师应作出解释,所有设计师的解释、发出的变更以及指令应与合同文件一致,因为承包商是根据合同文件来编制报价及投标的,而且是工程合同双方达成协议的基础。承包商所做的每一项合同工作必须可以从招标文件中合理地看出或推断,这样承包商才能在投标报价中计算所有成本。总价合同在签订时总价就是固定的,所有后续的解释或变更会引起争议,在执行过程中这些问题的解决需要他们的知识、理解和相互的善意。

(3) 设计师或其代表的现场工作

按照合同要求,设计师通常应访问现场,检查工程的进展,但不对工程的合理施工负责,除非法律有明确要求,这是承包商按照合同做好工程的主要义务。然而如果技术规范要求承包商用一种被证明是有缺陷的特殊方法完成工程,有一些责任很可能属于设计师,但通常很难划分清楚。这里有一个设计师和承包商的共同责任区域,有缺陷的工程可能是引起争议的原因,需要他们解决问题的正确知识和合理理解。对于专业工程的合格律师,责任划分问题可能是建筑业中的最大问题。

业主和设计师可能同意设计师委派常驻现场的全职代表来履行他的职责,此时代表的授权范围和职责必须在施工合同中明确规定。许多施工合同并没有明确规定双方应该在现场,所以许多日常的事务通常由他们的代表处理。在施工过程中,有设计师的业主还可能会有另外的全职代表在现场,与设计师或其代表一起工作,尤其对于大型的综合商业性工程,每天需要当场作出决定。同样,大型工程的设计师通常有一个兼职或全职的代表在现场,来处理合同中规定的日常事务;承包商按照合同规定也应该有项目经理在现场。

5) 固定总价合同中分包商的职责

(1) 业主和设计师对分包商的认可

在业主与总承包商签订的主合同中,分包商是没有责任的,因为分包商从来就不是主合同的当事人,分包商是与总承包商签订分包合同的一方,而且分包合同可能是总价合同。在业主与总承包商签订的主合同中通常会涉及分包商,因为他们将要完成大部分施工工作,因此业主和设计师都比较关注分包商。尽管总承包商在所有的工作中只对业主负责,而且在业主和分包商之间不存在直接的关系,但是在主合同的标准文本中要求总承包商给予业主和设计师审批所有分包商的权利,而且标准合同会通过总承包商的分包合同来维护业主和设计师的权益。

(2) 替换分包商

业主和设计师通常会在提交投标书或者中标后不久要求总承包商提供准备聘用的分包

商名单。比较而言,业主要求投标人在提交标书时就提供分包商的名单更好一些,因为此时业主将比在中标后处于更有利的地位。如果业主和设计师决定拒绝名单上的分包商并且要求总承包商替换其他的分包商,则标书的标价(或者是后来的合同价格)可能需要调整(很可能增加),因为大多数情况下,分包商的最低标价会包含在总承包商的固定总价标书中,由于替代分包商的标价会比原来分包商的标价高,则固定的总价就必须随之增加。

由于所有的主合同(包括分包合同)必须在双方自愿并达成一致的情况下签订,如果任何一方受到强迫或过分影响,则合同无效。所以总承包商不能够被强迫与某一个分包商签订合同,同时业主和设计师享有批准所有分包商的权力。因此如果他们对建议的分包商不认可,可以要求总承包商(或者未签订合同时的投标人)提供替换的分包商。由于业主和设计师都比较关注成本和质量,因此能够知道分包工程的标价是有利的,可以在招标时把这一信息作为应该满足的要求。

(3) 分包商报价的公开

美国建筑师协会(AIA)和美国承包商联合会(AGCA)曾经建议在签订主合同之前,承包商不应该向任何人透露分包合同的标价,但是这种情况并没有持续太久。一些业主可能不同意,在承包商与业主签订合同之前,这些都应最大限度地公开。对于因变更分包商而产生的标价变更,业主如何才能知道会增加多少成本?仅仅在这种情况下,业主和设计师应该有充分的理由知道分包合同的标价。

(4) 分包商责任与总承包商责任的联系

分包合同中分包商的责任会明显地受到主合同中总承包商责任的影响,总承包商有责任要求分包商根据主合同的条款和条件来完成他们那部分的工程。换句话说,考虑到分包商是在分包合同范围内完成工程,他们的责任必须在一定程度上反映主合同合适和必需的要求。遗憾的是,有些总承包商忽略了这点,而某些分包商也从未签署过书面分包合同,甚至在大型工程上,分包商有时候将分包工程投标和中标信件作为他们的分包合同,而且分包合同的签订程序也是不正式的。有些分包商承认他们从来没有阅读过主合同,然而主合同要求总承包商和所有分包商应维护业主的利益,总承包商应按照主合同的要求和分包商签订施工合同。

6) 固定总价合同中供应商的职责

像分包商一样,供应商在主合同中也没有责任,但是供应商签订的合同同样在一定程度上受主合同的影响。然而,比起分包合同与主合同的关系,供应合同与主合同的距离更远。在绝大多数标准合同中,相对于分包合同的处理条款,并没有关于处理供应合同的条款,这可能是应该有待改进的一个缺陷。

在过去,供应商与分包商是完全不同的,但是在今天,工程合同的标准文件并不总是认可供应商的作用——传统分包商的最佳替代者。工业领域正在发生一种变化,供应商与分包商的区别正在减弱,越来越多的建筑工作都是在施工现场之外完成的,主合同应该认可那些提供材料或专门设计部件的供应商。

6.2.2 单价合同

1) 单价合同概念和形式

当准备发包的工程项目内容、技术经济指标尚不能像采用总价合同时那样明确、具体的规定时,或是工程量可能出入较大,则以采用单价合同(Unit-Price Contract)形式为宜。单价合同适用范围广泛,主要适用于招标时尚无详细设计图纸或设计内容尚不十分明确,工程量尚不够准确的工程。单价合同中,承包商承担单价变化的风险,而业主则承担工程量增减的风险,符合风险管理原理且公平合理。但在工程实施过程中,业主需要投入较多的管理力量,对完成的工程进行计量或计量复核,对与工程价格相关的物价进行核实。FIDIC 土木工程施工合同和我国的建设工程施工合同文本都采用单价合同。

工程单价合同有估计工程量单价合同、纯单价合同和单价与包干混合式合同三种形式。

(1) 估计工程量单价合同

估计工程量单价合同(Bill of Approximate Quantities Contract)是以工程量表为基础、以工程单价表为依据来计算合同价格。业主在准备此类合同的招标文件时,委托咨询单位按分部分项工程列出工程量表并填入估算的工程量,承包商投标时在工程量表中填入各项的单价,据此计算出总价作为投标报价之用。但在每月结账时,以实际完成的工程量结算。在工程全部完成时以竣工图最终结算工程的总价格。

采用这种合同时,要求实际完成的工程量与原估计的工程量不能有实质性的变更,不过究竟多大范围的变更才不算实质性的变更很难确定,这是这种合同形式的一个缺点。但是对于正常的工程项目来说,采用估计工程单价合同,可以使承包商对其投标的工程范围有一个明确的概念。

(2) 纯单价合同

在设计师还来不及提供施工详图,或虽有施工图但由于某些原因不能准确地计算工程量时,可采用纯单价合同(Straight Unit Rate Contract)。招标文件只向投标人给出各分项工程内的工作项目一览表、工程范围及必要的说明,而不提供工程量。承包商只要给出表中各项目的单价即可,将来施工时按实际工程量计算。

(3) 单价与包干混合式合同

以单价合同为基础,但对其中某些不易计算工程量的分项工程(如开办项目)采用包干办法。对于能计算工程量的项目,均要求填报单价,业主将来按实际完成的工程量及合同中的单价支付价款。

2) 单价合同中承包商的职责

(1) 承包商的主要职责

承包商首要的职责永远是相同的:按照合同完成工作;其首要的权利也永远是相同的:按照约定的方式获得工程款。在单价合同中,需要对已完工程的计量来确定支付工程款的数量,除此之外,单价合同与典型的总价合同比较类似。但当实际完成的工程量与合同规定的工程量有重大变化时,承包商和业主都有权寻求单价变更,即使合同条件和条款对此没有规定,因为工程量的变化构成了合同范围和本质的变化,因此在单价合同中最好有明确的条款,说明工程量变更超过多大幅度,才能变更单价。在已发行的单价合同标准文件中已包含了这样的条款,在招标文件的空白处,由业主或设计师填写实际的数据,或者在签订合同时与承包商达成一致并填写到合同文件中,最常选的数据是 15%。当任何已完工程子项的工程量超出合同规定的 15%时,该子项的单价将会降低,反之,单价将会提高。但新单价如何确定将成为代表业主的设计师或成本顾问与承包商谈判的话题。

单价合同的这项条款使得设计师或顾问谨慎和精确地计量合同工程量变得非常重要，以避免与承包商谈判新单价。因为承包商往往处于谈判中的有利位置，承包商比业主或设计师更了解工程成本以及工程量变更对他们的影响。

(2) 工程计量

施工过程中，满足支付要求的工程计量往往由承包商和业主双方的代表完成。工程必须根据合同规定或明确隐含的工程计量方法来精确计量。单价合同的工程子项清单必须由熟悉建筑材料、方法和成本，并且熟悉估价和成本核算的人员来准备。如果承包商签订了一份包含子项计量错误或遗漏的单价合同，并且以后计量方法和它产生的结果被证明对他不利时，承包商就没有有效的权利提出索赔。

3) 单价合同中业主的职责

(1) 业主的主要职责

单价合同中业主的职责在很大程度上与总价合同一样：根据合同支付工程款；提供所需要的信息；任命一位设计师作为自己的代表监督双方的合同履行。当承包商没有正确履行，业主也有权自己完成工程，并且根据特定状况和合同规定，最后终止合同。业主在单价合同中的职责和总价合同是基本相同的。

(2) 变更工程及其单价确定

单价合同的显著特点是在合同规定的限制幅度内业主有权变更工程量，幅度常常是合同工程量的15%。超出幅度部分，合同规定需要对单价进行重新谈判并作出调整。如果业主要求完成工程量清单项目以外的额外工程，单价合同通常规定按照成本加酬金方式完成这些额外工程。为此，单价合同的标准形式常包含成本加酬金合同必要和相同的合同条款。

业主也可以选择这样的单价合同：建筑物的基础和框架按照单价合同完成和支付，如模板工程、混凝土工程和钢筋工程；此外，合同可能含有暂定金额来覆盖工程的其他部分，包括空洞、粉刷和服务等，这些部分或许可以通过总价或单价分包合同完成，甚至希望通过成本加酬金分包合同完成。

4) 单价合同中设计师的责任

(1) 设计师的主要责任

作为业主的代表、工程合同的解释者和仲裁者，设计师的职责与以前一样。在单价合同里，设计师签发付款证书的职责中包括对已完工程量的核实。当然，设计师在所有种类合同中总是有责任核实付款证书的数量，但单价合同需要精确的计量作为支付的基础，唯一的方式是设计师或其代表参与到工程的实际计量中。

(2) 工程计量

设计师(代表业主利益)和承包商都应对已完工程进行计量，记录双方共同完成的计量结果。一方可能会接受另一方的计量结果，但这并不是一个好的做法。设计师不接受是因为他有为业主核实的职责；承包商不接受不仅因为他有为自己公司核实计量结果的责任，而且他需要将工程计量作为日常管理和成本核算的一部分，对待所有工程项目都应当如此。

(3) 对不平衡报价的处理

在使用单价合同的工程项目中，一些有经验和敏锐洞察力的承包商(或一个投机者的本能)可能会蓄意提高一些项目的单价并降低另外一些项目的单价，或者提高单价的部分属于早期施工项目。他们相信提高单价的子项工程量会增加而降低单价的工程量会减少,他们将会获得额外的利润。投标人可能比设计师有更多的工程经验,他们知道工程或现场的性质将可能会产生某些特定项目的工程量变更。承包商提高和降低有些项目单价能够在开始就获得额外的付款,节省自己的筹资成本,改善财务状况。

为避免这种不平衡报价的现象,设计师或成本顾问必须确定所有主要项目的单价是真实、没有被歪曲的,需要设计师对工程成本有自己精确真实的估量,以便在收到标书和授予合同前与投标人的标书、补助表和单价清单作比较。当业主和设计师仍然能影响合同授予时,投标人对单价调整的合理建议是比较开放的,而在合同授予之后要求承包商调整不合理单价的建议将会很难实现。

6.2.3 成本加酬金合同

1)成本加酬金合同概念和特点

成本加酬金合同(Cost-Plus-Fee Contract,CPF),也称成本补偿合同,是以实际成本加上双方商定的酬金来确定合同总价,即业主向承包商支付实际工程成本中的直接费,并按事先协议好的某一种方式支付管理费及利润的一种合同方式。这种合同形式与总价合同截然相反,在签订合同时合同价格不能确定,必须等到工程实施完成后,由实际的工程成本来决定。工程费用实报实销,业主承担着工程量和价格的双重风险;而承包商承担的风险与前两类合同类型相比要小得多。

风险分配的主要决定因素是度量成本和风险的信息的可获得性,按照设计信息和其他可利用信息的数量,将风险在业主和承包商之间进行分配。如果业主和设计师能为投标人提供一些设计信息,那投标人就可以估算成本与风险。随着有效信息数量的增加,估算工程最大成本的有效性也相应增加,直到获得所有需要的信息,投标者就可以充分准确地估价,并按照固定总价来提供投标报价。在最大信息条件下固定总价合同是可行的,因为此时成本估算较为准确,而在最小信息条件下就只有采用成本补偿合同。工程合同必须按照可获得的信息量进行设计。

显然,业主如果能采用其他合同形式,通常不会使用 CPF 合同。采用这种类型的合同,业主不仅要承担大部分风险,而且容易被承包商所控制。业主想要获得公平的交易,就需要承包商遵守公平合同的精神。CPF 合同与其他合同类型相比,要求双方有更大程度的相互信任和信心,这是因为虽然业主在 CPF 合同中承担大部分的风险,但对于来自业主的风险,承包商通常有更大的控制权。业主的主要风险是由成本超支导致的财务损失,如果承包商认真并有效施工,成本就会减少,相反成本就会增加。对于业主和设计师来说,很难促使承包商高效和用心工作,在很大程度上要依赖承包商又好又经济完成工程的能力和品德。

2)成本加酬金合同形式

(1)成本加固定费用合同

成本加固定费用合同(Cost-Plus-Fixed-Fee Contract)是指业主对承包商支付的人工、材料和设备台班费等直接成本全部予以补偿,同时还增加一笔管理费。所谓固定费用是指杂项费用和利润相加之和,这笔费用总额是固定的,只有当工程范围发生变更而超出招标文件时才允许变动。所谓超出规定的范围,是指成本、工时、工期或其他可测定项目方面的变更已超出招标文件规定的数量（如±10%）。这种合同形式通常应用于设计及项目管理合同方面。计算公式为：

$$C = C_d + F$$

式中：C——总造价；
　　　C_d——实际发生的直接费；
　　　F——给承包商数额固定不变的酬金，通常按估算成本的一定百分比确定。

（2）成本加定比费用合同

成本加定比费用合同（Cost-Plus-Percentage-Fee Contract）与上述成本加固定费用合同相似，不同的是所增加的费用不是一笔固定金额而是相当于成本的一定百分比。计算公式为：

$$C = C_d(1 + p)$$

式中：p——双方事先商定的酬金固定百分数。

从公式中可以看出，承包商获得的酬金将随着直接费的增大而增加，使得工程总造价无法控制。这种合同形式不能鼓励承包商关心缩短工期和降低成本，因而对业主是不利的。

（3）成本加浮动酬金合同

成本加浮动酬金合同（Cost-Plus-Incentive-Fee Contract）中的酬金是根据报价书中的成本概算指标制定的。概算指标可以是总工程量的工时数的形式，也可以是人工和材料成本的货币形式。合同中对这个指标规定了一个底点（Floor）（约为工程成本概算的60%～75%）和一个顶点（Ceiling）（约为工程成本概算的110%～135%），承包商在概算指标的顶点之下完成工程时可以得到酬金。酬金的额度通常根据低于指标顶点的情况而定。当酬金加上报价书中的成本概算总额达到顶点时则不再发给酬金。如果承包商的工时或工料成本超出指标顶点时，应对超出部分进行罚款，直至总费用降到顶点时为止，参见图6-9。

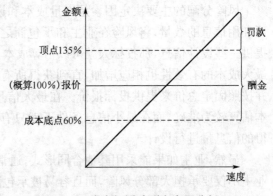

图6-9　成本加浮动酬金合同分析

成本加浮动酬金合同形式有它自身的特点。当招标前所编制的图纸和规定、规范尚不充分，不能据以确定合同价格；但尚能为承包商制定一个概算指标时，使用成本加酬金的合同形式还是可取的。计算公式为：

如果：　　$C_d = C_0$；　则：$C = C_d + F$
　　　　　$C_d < C_0$；　则：$C = C_d + F + \Delta F$
　　　　　$C_d > C_0$；　则：$C = C_d + F - \Delta F$

式中：C_0——预期成本；
　　　ΔF——酬金增减部分，可以是一个百分数，也可以是一个固定的绝对数。

（4）目标成本加奖励合同

在仅有初步设计和工程说明书就迫切要求开发的情况下，可根据粗略计算的工程量和适当的单价表编制概算作为目标成本。随着详细设计逐步具体化,工程量和目标成本可加以调整,另外规定一个百分数作为酬金。最后结算时,如果实际成本高于目标成本并超过事先商定的界限(例如5%),则减少酬金;如果实际成本低于目标成本(也有一个幅度界限),则增加酬金。用公式表示为:

$$C = C_d + p_1 C_0 + p_2(C_0 - C_d)$$

式中:C_0——目标成本;
　　　p_1——基本酬金百分数;
　　　p_2——奖励酬金百分数。

(5) 成本加固定最大酬金合同

在成本加固定最大酬金合同(Cost-Plus Upset Maximum Contract)中,承包商可以从下列三方面得到支付:

① 包括人工、材料、机械台班费以及管理费在内的全部成本。
② 占全部人工成本的一定百分比的增加费(即杂项开支费)。
③ 可调的增加费(即酬金)。

在这种形式的合同中通常设有3笔成本总额:第1笔(也是主要的1笔)称为报价指标成本;第2笔称为最高成本总额;第3笔称为最低成本总额。

如果承包商在完成工程中所花费的工程成本总额没有超过最低成本总额时,他所花费的全部成本费用、杂项费用以及应得酬金等都可得到发包单位的支付;如果花费的总额低于最低成本总额时,还可与发包单位分享节约额。如果承包商所花费的工程成本总额在最低成本总额与报价指标成本之间时,则只有成本和杂项费用可以得到支付。如果工程成本总额在报价指标成本与最高成本总额之间时,则只有全部成本可以得到支付;如果工程成本总额超过最高成本总额(顶点)时,则超过顶点部分发包单位不予支付。以上分析见图6-10。

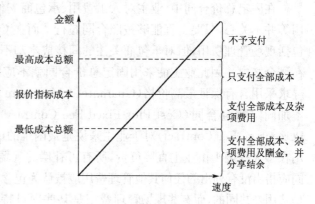

图 6-10　成本加固定最大酬金合同分析

3) 建设工程成本

(1) 工程成本的构成内容

要合理地理解CPF合同形式,首先要理解工程成本,它们是什么?它们从哪里来?它们如何分类等?工程成本(Cost of Construction Work)通常包括下列内容:

① 工程直接成本(Direct Costs of Work)。包括人工费用(Labor Costs),材料费用(Materials Costs),工具、机械和设备费用(Tools, Plant and Equipment Costs),(现场)工程管理费用(Job Overhead Costs)。

② 工程间接成本(Indirect Costs of Work)。包括(企业)运行管理费用(Operating Overhead Costs)和利润(Profit)。

直接成本是与特定的现场和项目相关并由它们确定的费用,但间接成本不是,因为它们在性质上与企业整体和企业所有项目更相关,参见表 6-2。

表 6-2　工程成本：分类与相互关系

间接成本	利　润	酬金(%) (L/Sum)	建设工程总成本
	运行管理费用		
直接成本	现场管理费用	(成本加酬金合同定义的)工程成本	
	材料费用	人工费用	设备费用		

(2) CPF 合同关于工程成本的支付规定

工程成本在 CPF 合同中是非常关键的,在承包商出示合适的会计记录并由业主或其代理人或其项目雇员认可后,直接成本由业主偿付给承包商。但间接成本并不采用相同的方法,因为它们不是由特定项目直接产生的,甚至没有项目也会产生大部分间接成本,它们是企业经营的费用。不同项目的现场管理费用和运行管理费用有时很难区别。例如办公设备既可用于现场又可用于承包商的永久办公室。如果 CPF 合同对管理费用没有明确,即有些管理费用是由现场工程直接产生的,有些则是(办公室)运行管理费用(作为酬金的一部分),那么业主可能会发现其支付了所有的办公设备和不是现场所需要的其他费用(甚至应该是在承包商永久办公室而非在现场办公室工作的人员费用)。

在固定总价合同中,业主对人工费用、承包商支付材料或租赁设备的费用或现场管理费用等并不关心,只要工程能够按照合同履行。而在 CPF 合同中,业主关心所有的直接成本,包括现场管理费用,但对承包商关注的间接成本却不关心,业主所关心的是间接费用应包括在酬金之内。因此业主能采用固定总价合同就不应该使用 CPF 合同,如果不能避免,应该寻求采用含有保证最高价格(Guaranteed Maximum Price, GMP)的 CPF 合同;其次采用成本加固定酬金合同(Cost-Plus-Fixed-Fee Contract)、成本加百分比酬金合同(Cost-Plus-Percentage-Fee Contract)对于业主来说是最困难的。CPF 合同应精确定义哪些现场管理费用在多大程度上由业主直接负责,所有可补偿的现场管理费用均应详细列出和描述,而且合同应指出没有列出的任何其他管理费用应被认为包含在酬金中。对于大多数项目某些现场管理费用是共同的,而有些现场管理费用是某些项目特有的(如距离遥远、地点偏僻、规模巨大等)。因此,CPF 合同应该由熟悉成本的成本估价师、工料测量师或其他专业工程师来起草和编制,CPF 合同中的业主及其代理人或雇员必须与承包商及其雇员具有一样的成本知识。

关于设备,现场需要什么、多长时间的设备,现场保留设备与先运走需要时再运回相比较的经济性(考虑设备在现场的闲置时间),在 CPF 合同中业主不得不关心许多这类成本问题,这也可以解释为什么在 CPF 合同中要求承包商应该公正、诚实并关心成本节约。与此同时,也需要业主理解如某个设备在再需要前有时在现场保持闲置是最佳的。还没有书面的 CPF 合同能处理影响成本的每个方面和细节,合同的交易双方应该通过公正和诚实表示真实意图并达成协议。

4) CPF 合同中承包商的职责

(1) 承包商的主要职责

与任何合同一样,承包商在 CPF 合同中的首要义务是依据合同协议和条款进行施工,其首要权利是得到支付。在对这类合同的考查中发现,可能的合同条件和条款存在多样性,而存在多样性的主要原因是投标时设计信息数量的变化。鉴于此,将首先讨论基于最少设计信息和无最高规定成本的一种简单CPF合同中各方的职责,然后再分析规定最高成本的其他CPF合同。

大多数CPF合同的标准形式在合同协议中都会包含一个要求承包商及现场机构提供现场管理和监督服务的条款。由于承包商在现场的所有工程成本都会获得补偿,这意味着承包商应对其酬金之外的管理和监督工作付出代价。因此成本、酬金的定义和酬金的数量对双方都非常重要。

(2) 履行合同的诚意和公正

双方达成一致协议对所有合同来说都是根本的,特别就CPF合同来说,承包商和设计师全面理解合同文件是非常关键的,即使是最好的文件也不能够充分地表达这类合同所有需要被理解的内容。所有合同都要求双方一定程度的诚意和信任,因此合同的精神实质或者合同意图已超出了合同文件文字表达的内容。CPF合同尤其要求双方保持诚信和信任的态度以及激发信任的本质。但是如果承包商缺乏诚意,加上CPF合同文件文字表达不严谨,承包商常常可以获得好处。即使业主在现场雇用了全职的代表,也不可能审查和评价承包商要求的每项成本。在相互不信任氛围下项目不可能成功,如果值得采用CPF合同,同时需要业主对承包商信任和承包商对业主诚实。

(3) 承包商经济而高效工作

在CPF合同中,承包商有义务像在固定总价合同中那样尽可能高效而经济地实施工程。然而,由于工程性质以及这类合同的特有条款,承包商不是永远能做到这点。但是坚持合同的精神实质,是合同双方要努力追求的理想。例如非必要的工作人员不应在现场,不需要时设备应被移走,或者为正当的设备闲置收取低额的费用等。承包商应当以竞争性价格去采购材料,并且应当将其有能力拿到的交易折扣收益给予业主。作为回报,承包商有权利按合同条款及时得到支付。通常做法是基于承包商的实际支出按月支付款项,并加上一定比例的酬金。

(4) 承包商的酬金支付

关于CPF合同中承包商的酬金,它既可以是工程成本的一定比例,也可以是固定数额的酬金或者这些形式的组合。如果只有少量的设计信息,则CPF合同应是"可修改的"。由于不知道工程的范围,承包商无法合理地估计出一个固定数额的酬金,酬金可能就会按成本的一定比例计算。如果有大量的设计信息,承包商就可以对工程的总成本作出比较准确的估计,业主和设计师就期望支付固定总价的酬金,并且在合同中予以规定。

5) CPF合同中业主的职责

(1) 业主的主要职责

业主在CPF合同中的职责和固定总价合同相似:依据合同条款支付工程款;提供工程信息等。和固定总价合同一样,业主大部分的其他职责交给了设计师。

业主在CPF合同中的权利通常也和固定总价合同相似:如根据情况暂停施工和终止合同的权利;要求合理的完工时间,但在CPF合同中,完工时间的控制权更多地掌握在业主和设计师手中,而不是承包商。如果承包商不能提供足够的劳动力或材料,或者不能高效施工,那么业主可以终止合同。虽然这些可能很难在 CPF 合同中规定和声明,因为和固定总价合同相比,CPF 合同有更多易变和不确定的因素。

(2) 关于工程缺陷的弥补

通常 CPF 合同中(和固定总价合同中相同)会有这样的条款:如果承包商有所忽视,或者承包商不履行合同条款,那么业主有权利自己完成工程。标准形式的 CPF 合同陈述或者暗示承包商将为缺陷的修补承担成本,但是在业主支付缺陷修复费用前,业主和设计师通常无法发现这些缺陷,或者发出修补缺陷指令后,这项费用很难从业主应支付的成本中分离。这时,我们又要回归到这类合同的本质,以及 CPF 合同中十分重要的诚信和信任关系。标准的 CPF 合同一般要求承包商应保持业主或设计师满意的、完整系统的所有交易清单和工程成本清单,并且业主或设计师有权利查看所有清单,直到工程最终付款后指明的时间。

6) CPF 合同中设计师的责任

(1) 设计师的主要责任

代表业主的设计师在 CPF 合同中的责任和固定总价合同相同:作为业主代理人的义务,作为合同解释者的义务和作为仲裁者力求使双方履行合同的义务。但在 CPF 合同中,设计师可能会更多地融入现场工作和合同执行工作,不只是因为设计师在施工过程中需要准备施工图纸和技术说明,而是由于合同弹性较大的特征,业主和承包商会更频繁地向设计师寻求建议。所以在 CPF 合同实践中,业主、设计师通常会指派他们的代表到施工现场,代表可以是全职的或者根据工作需要和业主的支付情况经常访问现场。

(2) 设计师对工程成本的控制

就 CPF 合同来说,对设计师在施工技术和工程发包程序方面的知识要求更高,并且要求设计师充分了解工程成本的本质,以便在准备文件和施工期间核实支付申请。在文件准备过程中,主要的工作就是对业主要补偿的成本以及由承包商自己担负的费用进行定义,并规定酬金的组成方式。在核实成本和支付申请时,设计师会发现拥有一位经验丰富的现场代表来核查材料购进清单、施工进度表和其他与成本有关的条目是十分必要的,同样业主也会雇用一位代表来做这些工作。对于要核查补偿成本的设计师和支付成本补偿的业主来说,两者都满意并同意按支付条款支付是很重要的。业主可能勉强支付现场人员发生的费用,但是如果业主认为超出了他应当支付的范围,那么他一定会为此指责设计师。设计师应当在开始就保证业主能全面理解所有的 CPF 合同条款和条件,以及设计师业主合同中设计师的管理职责。

7) CPF 合同中分包商的职责

CPF 主合同下的分包合同通常是总价分包合同,因为在 CPF 合同程序中,业主和设计师可以有替换分包商的直接控制权。在 CPF 合同中,所有分包合同的数量都是工程成本的一部分,因此业主和设计师会对分包合同的选择以及数量产生兴趣。

(1) 分包商的选择

在 CPF 合同中,总承包商的常规做法是以竞争性招标方式签订分包合同,但是邀请的分包商名单通常是由承包商、业主和设计师共同决定的,以使所有投标人名单在开始就是双方所认可的。这样做绝对是必要的,因为业主应该有认可的权利,但总承包商也有认可的权利,因为他必须和每一个分包商签订分包合同,没有总承包商对分包商的完全同意和接受,合同是无法签订的。分包工程由总承包商进行招标,并且由总承包商选择中标人,但投标书通常是递交到设计师办公室,由业主、设计师和总承包商一起审查投标书,设计师会选择或推荐分包商,然后设计师会指示总承包商接受选择的分包商并签订相应的合同。标准通用条款规定,当总承包商有合理理由反对某个分包商时,可以拒绝和他签订分包合同。避免这种问题的最好措施是寻求总承包商对分包投标人名单的早期认可。不过可以预见的是,在认可分包投标人名单后总承包商也可能合理拒绝与业主和设计师选择的分包商签订合同。例如,总承包商认为分包商的中标价太低,如果接受该分包商,那么他不会是一个可靠的分包商。

(2) 分包商的地位

分包商在 CPF 主合同下的地位和固定总价主合同没有显著差别,区别在于 CPF 主合同下分包商的处境可能比固定总价主合同更保险一些。在 CPF 合同中,业主和设计师更直接地参与到分包合同的选择中,而且设计师在现场的施工管理中扮演更重要的角色。因此在固定总价合同中很多分包商有理由反对的事情,例如总承包商要求的逐步再降价和含糊的费用,在 CPF 合同中发生的可能性会减少。

8) CPF 合同中供应商的职责

供应商在 CPF 合同中的地位和固定总价合同相比,除了可从业主和设计师参与分包合同签订中受益以外(和分包商类似),没有太大区别。但是 CPF 合同的标准形式没有特别提到供应商。由于 CPF 合同的固有本质,加上施工过程中业主和设计师的即时介入,像分包合同一样,材料供应合同也引起业主和设计师的密切关注。在有些 CPF 合同中,业主直接与某些供应商签订供应合同。例如,业主可能和某个供应商有过商业往来;或者业主在许多地方有不同的项目,他和同一个供应商签订一系列的标准构件和设备供应合同,可以分别为业主的多个项目服务。

9) 保证最高成本加酬金合同

当业主能提供大量设计信息时,投标人就能够估算工程的最高成本,再加上酬金总额,投标人即可以在保证最高成本加酬金合同(Guaranteed Maximum Cost-Plus-Fee Contract,GMCPF)环境下投标并完成工程,这类合同通常包括分享条款,即如果实际成本超出了合同中确定的最高成本,承包商就要承担所有额外的成本;如果完成工程的实际成本小于最高成本,承包商将分享工程节省额的一定比例(如 25%)。

根据工程类型、现场条件、投标时所提供的设计信息、风险性质和程度,可以设计适合任何特定工程环境的 GMCPF 合同。在理想情况下,这种合同的条款和条件是通过谈判达成的,而不是设计师在招标文件中规定的,因为只以一方规定的条款和条件要达成双方高度一致的协议几乎不可能的。

根据工程现场和获得的信息,有关分享条款可以为业主和承包商提供双方同意的节约分享和损失分担的任何比例。当设计信息基本完成,通常业主分享较大比例的节约额,实际成本超过最高成本的任何损失由承包商全部承担。对于信息较少、风险较大的合同,需要规定能大体反映风险分担的损失分担比例,可以设计合同能提供由双方平等分享节约价款和分担损失的规定。

对于大型复杂工程,含有实际最高成本和反映项目环境的公平分享条款的 GMCPF 合同,通常优于任何其他种类的合同。工程规模不一定是选择 GMCPF 合同而不是总价合同的主要标准,而工程的复杂性、形成决策灵活性的复杂现场和需要分阶段施工的项目,通常是选择 GMCPF 合同而不是总价合同的真正原因。

在 GMCPF 合同履行过程中,如果发生工程变更,则会影响合同规定的保证最高成本。设计师应向承包商发出变更通知,由承包商对每个工程变更估算成本,同时设计师也对其进行估算。通过对比估价、讨论和谈判,设计师和承包商应达成每个变更的数额。按照图纸、技术说明和完成工程需要的其他指令,设计师再签发从合同最高成本扣除或增加双方同意数额的变更指令。因此保证最高成本的确定可能不是一次性的,而是连续不断的。

6.3 国际工程合同履行管理

6.3.1 国际工程合同管理概论

1) 合同

合同是一个契约、一个协议(Agreement)。国际工程合同是指不同国家的有关法人之间为了实现工程项目中的特定目的而签订的明确相互权利和义务关系的协议,因此工程合同通常适用各个国家合同法的一般规则。对合同双方有约束力的合同文件是指在合同协议书中指明的全部文件,一般包括合同协议书、中标函、投标书、合同条件、技术规范、图纸、工程量清单以及列入合同协议书中的其他文件。

国际工程合同的本质与其他合同一样是协议,必须由一方当事人提出要约(Offer),另一方当事人表示承诺(Promise)。要约和承诺是订立合同两个不可缺少的必经步骤。在国际工程实践中,一般工程合同的成立程序为:投标人资格预审——业主邀请承包商投标——承包商投标——业主评标——业主发出中标函——双方签订协议等。

2) 合同文本

国际上通常将建筑业划分为房屋建筑业和土木工程行业。房屋建筑合同的标准条件通常由建筑师学会编写,如英国皇家建筑师学会编制的《建筑业标准合同》(简称 JCT 合同)、美国建筑师学会编制的《业主与承包商标准协议书》(简称 AIA 合同)。而土木工程合同的标准合同通常由土木工程师学会编写,如英国土木工程师学会编制的《土木工程施工合同条款》(简称 ICE 合同)、国际咨询工程师联合会(FIDIC)编制的《土木工程施工合同条件》。各国业主(或工程师、建筑师)可以根据实际情况加以选择,也可以修改完善后使用,或者使用本国的有关合同条件。

FIDIC 合同范本包括两大类:一类是工程合同范本,即用于业主与承包商之间以及承包商与分包商之间的合同范本(简称"工程合同")。另一类是工程咨询服务合同范本,主要用于咨询服务公司与业主之间以及咨询服务公司之间等签订的咨询服务协议或合作协议(简称"咨询服务合同")。FIDIC 1987 年第 4 版的土木工程施工合同条件是以 ICE(Institution of Civil Engineers)合同条件为蓝本编制的。1999 版施工合同条件与 1987 年第 4 版的主要应用条件基本相同。随着国际工程市场的发展和变化,工程项目管理水平的提升,针对1999版合同条件在应用中产生的问题,2017年12月国际咨询工程师联合会发布了1999版三本合同条件的第2版,包括施工合同条件(Conditions of Contract for Construction)、生产设备和设计-建造合同条件(Conditions of Contract for Plant and Design-Build)和设计-采购-施工与交钥匙项目合同条件(Conditions of Contract for EPC / Turnkey Projects)。与1999版相比,2017版施工合同条件中业主与承包商之间的风险分配原则不变,合同条件的应用范围不变,业主和承包商的职责和义务基本不变,通用合同条件的整体架构基本不变,但做了局部调整,篇幅上大幅增加。2017版通用条件有21个条款,二级子条款为168条,三级条款为147条。篇幅增加使得其结构变得更加复杂,各项规定更加具体明确,拓展和加强了工程师的作用,同时强调了工程师的中立性,在合同管理和项目管理方面的相应规定更加详细、清晰,更具可操作性,并强调在各项处理程序上业主和承包商的对等关系。

3) 合同管理

合同管理是指项目参与各方在合同实施过程中,均应自觉、认真、严格地遵守所签订的合同的各项规定和要求,完成各自的职责、行使各自的权利、履行各自的义务、维护各方的利益,发扬协作精神,处理好伙伴关系,加强风险控制,做好各项合同管理工作,实现项目的全部和整体目标。项目参与方合同管理的主要工作参见表6-3。

表6-3 项目参与方合同管理的主要工作

合同管理阶段	业主的合同管理	咨询方(工程师)的合同管理	承包商的合同管理
前期阶段	获取土地和建设资金; 选择咨询机构; 选择CM经理; 确定项目采购模式; 办理项目批准手续等	编制设计招标文件与合同文件; 确定项目设计目标、预算和进度要求; 项目计划的审阅和管理; 参加地方政府与项目有关的会议等	
设计阶段	委托设计公司设计; 对设计方案进行审查、选择;审查和批准招标文件; 确定合同类型和选择合同文本; 选定监理公司、业主代表; 项目征地、三通一平等前期准备等	设计管理与协调; 成本估算与预算; 更新预算方案; 进度计划安排; 运用价值工程优化设计; 设计审查与监督; 建议施工管理方式等	
采购阶段	确定施工管理方式; 负责融资保证项目顺利实施; 合同谈判和签订等	申报批准手续; 编制施工招标文件; 推荐合同文本; 主持施工招标; 开标、评标; 协助业主合同谈判等	投标决策; 提交资格预审文件; 选择合作伙伴、联营体伙伴; 现场考察和市场分析; 提交投标文件和投标保函; 合同谈判和签订

(续表)

合同管理阶段	业主的合同管理	咨询方(工程师)的合同管理	承包商的合同管理
施工阶段	任命业主代表和工程师；提交合格施工现场；审核和支付工程价款；审核和批准工程进度报告或延期报告；协助承包商办理海关、税收等手续；协助承包商解决生活物质供应、材料供应、运输、现场安全等问题；及时答复承包商的信函；处理合同争议；如果承包商违约解除合同等	现场监理；澄清和解释合同文件；提出替代方案或审查承包商的实施替代方案；施工图设计审查；审批承包商的分包报告；计量、审查支付申请、签发付款证书；签发各类证书、报表、工程变更指令等；材料、设备、工艺、工序等验收；施工质量控制和报告；施工进度控制和报告；设计变更管理；验收、接受工程，签发有关证书；索赔管理和争议处理等	提交各类保函或保证和保险；提交施工组织和 HSE 实施计划；按时工程开工；完成现场施工、办公、生活等临时设施；配备并提供合格的工人、施工机械；完成施工图设计或详图设计并报批准；负责材料、设备采购、运输、验收和安装调试；施工质量控制；施工进度控制；分包商管理和协调；现场安全管理；索赔管理和争议处理等
维修阶段	接受交付工程；审核和支付最终价款	签发证书；审核最终付款申请；项目最终验收等	交付工程；工程维修；零星工程施工等

以下主要按照国际咨询工程师联合会(FIDIC)编制的 2017 版《土木工程施工合同条件》,介绍各阶段合同管理的主要工作内容。

6.3.2 施工合同的订立

1) 合同文件

(1) 合同文件的组成

构成对雇主和承包商有约束力的施工合同,不仅指合同协议书或合同条件的条款,而是由合同协议书、中标函、投标函、专用条件、规范要求、图纸、资料表和构成合同组成部分的任何其他文件组成的文件系统。当合同生效时,重要的不是这些文件的定义,而是文件中所包括的实际相关内容。

(2) 合同文件的解释

构成合同的各文件应能互相说明,但由于合同涉及的文件较多、内容庞杂,经常会在各文件之间出现矛盾或歧义,如某一部分混凝土的标号,工程量清单中的说明与图纸或规范中的要求不一致。合同各文件出现不一致时,只能由工程师负责解释。上述组成合同的文件序号即为文件的优先次序,工程师对矛盾或歧义的解释不是修改合同文件的内容,而是指示承包商应该如何施工时,判定是否应给予承包商补偿的原则。

2) 承包商的履约担保

合同条款中规定,承包人签订合同时应提供履约担保,接受预付款前应提供预付款担保。在范本中给出了担保书的格式,分为企业法人提供的保证书和金融机构提供的保函两类格式。保函均为不需承包商确认违约的无条件担保形式。

（1）履约担保的保证期限

履约保函应担保承包商圆满完成施工和保修的义务,有效期并非到工程师颁发"工程接收证书"为止,而应至工程师颁发"履约证书"。但工程接收证书的颁发是对承包商按合同约定圆满完成施工义务的证明,承包商还应承担的义务仅为保修义务,因此范本中推荐的履约保函格式内说明,如果双方有约定的话,允许颁发整个工程的接收证书后将履约保函的担保金额减少一定的百分比。

2017版《土木工程施工合同条件》规定了当变更或调整导致合同价格相比中标价增加或减少20%以上时,雇主可要求承包商增加履约担保金额,承包商也可减少履约担保金额。如因业主要求导致承包商成本增加,此时应该适用变更条款。

（2）雇主凭保函索赔

由于无条件保函对承包商的风险较大,因此通用条件中明确规定,只有4种情况雇主可以凭履约保函索赔,承包商的其他违约情况则按合同约定的违约责任条款处理。这些情况包括：

① 专用条款内约定的缺陷通知期满后仍未能解除承包商的保修义务时,承包商应延长履约保函有效期而未延长；

② 按照雇主索赔或争议、仲裁等决定,承包商未向雇主支付相应款项；

③ 缺陷通知期内承包商接到雇主修补缺陷通知后42天内未派人修补；

④ 由于承包商的严重违约行为雇主终止合同。

3）涉及支付款项的有关约定

（1）误期损害赔偿。按期竣工是承包商的义务,因承包商的原因延误竣工时间将影响雇主的预期效益,因此在每个合同内均有误期损害赔偿的条款。签订合同时双方需约定日拖期赔偿额和最高赔偿限额。如果因承包商应负责原因竣工时间迟于合同工期,将按日拖期赔偿额乘以延误天数计算拖期违约赔偿金,但以约定的最高赔偿限额为赔偿雇主延迟发挥工程效益的最高款额。日拖期赔偿额视合同金额的大小,可在0.03%~0.2%合同价的范围内约定具体数额或百分比,最高赔偿限额一般为合同价的10%。

如果合同内规定有分阶段移交的工程,在整个合同工程竣工日期以前,工程师已对部分分阶段移交的工程颁发了工程接收证书且证书中注明的该部分工程竣工日期未超过约定的分阶段竣工时间,则全部工程剩余部分的日拖期违约赔偿额应相应折减。折减的原则是,将拖延竣工部分的合同金额除以整个合同工程的总金额所得比例乘以日拖期赔偿额,但不影响约定的最高赔偿限额。

（2）提前竣工及奖励。承包商通过自己的努力使工程提前竣工是否应得到奖励,在施工合同条件中列入可选择条款一类。雇主要看提前竣工的工程或区段是否能让其得到提前使用的收益,而决定该条款的取舍。如果招标工作内容仅为整体工程中的部分工程且这部分工程的提前不能单独发挥效益,则没有必要鼓励承包商提前竣工,可以不设奖励条款。若选用奖励条款,则需在专用条件中具体约定奖金的计算办法。

（3）物价浮动的调价方式。对于施工期较长的合同,为了合理分担市场价格浮动变化对施工成本影响的风险,在合同内要约定调价的方法。实际实施中约定的调价方法可以有文件法、票据法和公式法,具体合同内采用哪种方法应在专用条件内明确约定。通用条件内规定为公式法调价。

调价公式为:

$$P_n = a + b \times \frac{L_n}{L_0} + c \times \frac{M_n}{M_0} + d \times \frac{E_n}{E_0} + \cdots$$

式中:P_n——第 n 期内所完成工作以相应货币估算的合同价值所采用的调整倍数,此期间通常是一个月,除非投标函附录中另有规定;

a——在数据调整表中规定的一个系数,代表合同支付中不调整的部分;

b、c、d——数据调整表中规定的系数,代表与实施工程有关的每项可调整费用因素的估算比例;

L_n、E_n、M_n——第 n 期间使用的可调整项目(如劳务、设备和材料等)的现行费用指数或参照价格,以该期间(具体的支付证书的相关期限)最后一日之前第 49 天当天对于相关表中的费用因素适用的费用指数或参照价格确定;

L_0、E_0、M_0——订立合同时确定的可调整价格项目的基本费用参数或参照价格。

有关可调整的内容和基价,由承包商在投标书内填写,并在合同签订前的谈判中确定。

6.3.3 施工准备阶段的合同管理

1) 保险

(1) 投保责任

通用条件规定,应由承包商负责办理保险,但签订合同时也可以在专用条件内约定雇主为投保方。不论谁为投保方,均必须以双方的名义投保,以便都能在保险合同内享有保险权益。任何未保险或未能从保险人收回的款项的损失,应由雇主和承包商按照合同约定的义务和责任规定,承担损失或赔偿对方。

(2) 保险的种类

① 工程保险。投保方应为工程、生产设备、材料和承包商文件(设计部分)投保,保险金额不低于全部复原的费用,包括拆除、运走废弃物的费用,以及专业费用和利润。保险有效期从开工起,至颁发工程接收证书日止。

② 承包商设备保险。承包商设备的保险金额应不低于全部重置价值,包括运至现场的费用。对每项承包商设备的保险期限,从该设备运往现场的过程起,直到设备撤离现场时止。

③ 第三者责任保险。投保人应办理因施工而对第三方人员或财产造成损害的保险,保险金额不低于招标文件中规定的数额,期限至颁发履约证书为止。

④ 承包商人员保险。此项保险只由承包商办理。保险范围包括承包商人员的伤害、患病或死亡引起的索赔、损害赔偿费、损失和开支等。

2) 移交施工现场

给承包商进入和使用现场的权利是雇主的义务。进入现场的权利包括使用施工场地和进入施工场地的通行道路。施工现场可以一次性移交,也可以分阶段移交,只要不影响工程按计划开展即可。施工现场的进入和占用权可以不是承包商独享,因为有时交通道路和施工场地供同时在现场施工的几个承包商共同使用。规范内应明确现场的范围和移交的时间。如果雇主未能及时提供而对承包商的施工造成影响,应顺延合同工期,补偿承包商的费用和利润损失。

3) 支付预付款

预付款是雇主为了帮助承包商解决施工前期开展工作时的资金短缺,从未来的工程款中提前支付的一笔款项。合同工程是否有预付款,以及预付款的金额多少、支付(分期支付的次数及时间)和扣还方式等均要在专用条款内约定。

(1) 预付款的支付。预付款的数额由承包商在投标书内确认,因为承包人在投标文件中可能承诺所需的预付款会少于招标文件中雇主拟支付的预付款金额,作为对雇主的优惠条件之一,以争取在投标竞争时获得合同。签订合同后,承包商需首先将银行出具的履约保函和预付款保函交给雇主并通知工程师,工程师签发"预付款支付证书",雇主按合同约定的数额和外币比例支付预付款。

(2) 预付款的扣还。预付款在分期支付工程进度款的支付过程中按百分比扣减的方式偿还。

① 起扣。自承包商获得工程进度款累计总额(不包括预付款的支付和保留金的扣减)达到合同总价(减去暂列金额)10%那个月起扣。

② 每次支付时的扣减额度。在后续工程进度款的支付过程中,本期支付证书内承包商应获得的合同款额(不包括含在本期内分阶段支付的预付款及保留金的扣减)中扣除25%作为预付款的偿还,直至还清全部预付款。即:每次扣还金额=(本次支付证书中承包商应获得的款额-本次应扣的保留金)×25%。

6.3.4 施工阶段的合同管理

从工程师指示的开工日期起,至工程通过竣工验收后颁发工程接收证书止的时间阶段为施工阶段。

1) 开工

开工时间在合同内可能有两种约定方式:一种是在专用条件内未明确开工时间,则开工日期应在承包商接到中标函后的42天内;另一种是在专用条件内明确约定开工的日期,则以此时间为准,如由于征地的拆迁工作尚未全部完成,雇主在42天内还不能向承包商移交施工现场,则需在合同内注明开工日期。不论以何种方式约定,开工日期以工程师发出的"开工令"中确定的时间为准,作为计算承包商施工期的依据。工程师根据现场准备工作的完成情况,应至少提前7天通知承包商开工日期,以便于承包商做好开工的准备工作。

2) 施工进度管理

(1) 施工进度计划

尽管承包商的投标书内已包括有实施项目的计划,但依据招标文件中的说明编制的此计划通常较粗略,主要用于评标比较之用。承包商中标并与雇主签订合同后,还需要进一步考虑承包范围内的工作开展和实施方案,在编制详细施工组织设计的基础上,保证投标书内承诺的总工期和重要阶段的里程碑工期能够如期实现的前提下,制订详细的实施进度计划。为了保证承包商施工进度能够按计划实现,需要雇主和工程师做好配合工作,因此承包商制订的施工进度计划应该经过工程师的认可。

① 承包商提交进度计划。通用条件要求进度计划的内容一般应包括：a. 实施工程的时间计划；b. 每个指定分包商施工各阶段的安排；c. 合同中规定的重要检查、检验的次序和时间；d. 保证计划实施的说明文件等。

② 工程师审核并确认进度计划。工程师审查主要涉及以下三个方面：a. 计划实施工程的总工期和重要阶段的里程碑工期是否与合同的约定一致；b. 承包商各阶段准备投入的机械和人力资源计划能否保证进度计划的实现；c. 承包商拟采用的施工方案与同时实施的其他合同是否有冲突或干扰等。如果出现上述情况，工程师可以要求承包商修改计划方案。

③ 进度计划的作用。尽管施工进度计划是承包人自主编制并要求按计划实施，但经过工程师不需签字的认可后，对雇主、工程师也具有约束力。雇主对现场的移交、图纸的发放是否延误了施工，以及工程师的协调工作是否影响了计划的施工时间，均以此计划进行判定，承包商也会以计划作为索赔的证据之一。

2017版《土木工程施工合同条件》对进度计划要求有所加强，例如每个进度计划必须包含逻辑关系、浮时和关键路径等细节，因此承包商在投标阶段需要考虑符合此要求而增加的成本。此外，任何进度计划的内容均不能免除承包商发送合同规定通知的义务，从而避免承包商视进度计划为提出工期延长索赔通知的情况出现。

(2) 施工进度管理

① 工程师对施工进度的监督。为了便于工程师对合同的履行进行有效的监督和管理以及协调各合同之间的配合，承包商每个月都应向工程师提交进度报告，说明前一阶段的进度情况和施工中存在的问题，以及下一阶段的实施计划和准备采取的相应措施。

② 施工进度计划的修订。在实际施工过程中经常会出现由于各种原因导致实际施工进度与计划进度不相符的情况，这些原因可能是承包商的原因，也可能属于非承包商应负责的原因；可能实际进度拖后，也可能比计划提前。但当工程师发现实际进度与计划进度严重偏离时，不论实际进度是超前还是滞后于计划进度，为了使进度计划有实际指导意义以便于协调管理，随时有权指示承包商编制改进的施工进度计划，并再次提交工程师认可后执行，用新进度计划代替原来的计划。

(3) 顺延合同工期

① 可以顺延合同工期的情况。实际施工进度滞后于计划进度将会导致工程不能按期竣工，只有发生非承包商应负责原因而导致的延误，才可以顺延合同工期。通用条件的条款中规定，可以给承包商合理延长合同工期的条件通常可能包括以下几种情况：延误发放图纸；延误移交施工现场；承包商依据工程师提供的错误数据导致放线错误；不可预见的外界条件；发生工程变更；施工中遇到文物和古迹而对施工进度的干扰；非承包商原因的检验导致施工延误；发生变更或合同中实际工程量与计划工程量出现实质性变化；施工中遇到有经验的承包商不能合理预见的异常不利气候条件影响；由于传染病或其他政府行为导致工期的延误；施工中受到雇主或其他承包商的干扰；施工涉及有关公共部门原因引起的延误；雇主提前占用工程导致对后续施工的延误；非承包商原因使竣工检验不能按计划正常进行；后续法规调整引起的延误；雇主或在现场的雇主代表和其他承包商造成的延误、妨碍或阻碍引起的延误；发生不可抗力事件的影响。2017版《土木工程施工合同条件》新增了承包商获得竣工时间延长的条件：在基准日期后由于第三方对进场路线的更改而造成进入现场的路线

不适用或不可用时,承包商在这种情况下可获得救济。2017版《土木工程施工合同条件》中由于公共当局造成的延误这一条款所指的"公共当局"还包括私营公用事业实体。

② 可以顺延合同工期的条件。虽然发生上述情况之一,承包商均可以要求顺延合同工期,但还要看被延误的工作是否为施工进度网络计划中"关键线路"上的工作及延误时间的长短。因为非关键工作虽然受到了延误影响,但该项工作可以利用的"时差",不会对总工期产生影响,而关键线路上的工作没有时差可以利用,必然会导致总工期的延误。另外,非关键工作如果延误时间较长,超过了可以利用的时差,则会引起关键线路的转换,对总工期也会产生影响。

③ 2017版《土木工程施工合同条件》规定承包商无须根据20.2款对因变更引起的工期索赔发出通知,处理变更后工期变动的机制已经被纳入变更程序,并且2017版《土木工程施工合同条件》新增了一项工期延长的规定:如果变更导致工程量增加10%以上,则承包商有权延长工期。此外,2017版《土木工程施工合同条件》敦促双方在专用条件中规定处理共同延误的规则和程序。

(4) 暂停施工

① 工程师指示的暂停施工。暂停施工指示可能源于属于承包商应负责原因、非承包商应负责原因、合同约定的暂停三类。承包商应负责的原因较多,表现为使用不合格的材料施工、施工工艺有问题、已完成的工程部分发现质量缺陷、承包商在对工程质量有不利影响的气候条件下继续施工、施工中存在危及人身安全或工程安全的隐患等。对于此类工程师指示的暂停施工,暂停的延误后果承包商无权要求任何补偿。属于非承包商责任的暂停可能发生的原因很广,可能来源于雇主、外部环境影响、工程师的现场协调需要、现场异常恶劣的气候条件、施工中发现有价值的文物和古迹等。第二类情况都是承包商在基准日前投标阶段所无法合理预见的情况,因此对于这类暂停施工和复工受到的损失,应给予承包商工期顺延和费用补偿。第三类属于按合同中规定发布的暂停施工,如承包商完成设备基础施工后,工程师发布暂停施工指示要求承包商的施工人员暂时撤离现场,由设备安装承包商进行机组安装,待安装工作结束或告一段落后,工程师再发布复工指示,承包商继续完成后续工作。这类原因的暂停,承包商的施工计划中已予以考虑,因此不应给承包商补偿。

待工程师发布暂停施工指示的原因消除并满足继续施工的条件后,工程师发布复工指示。承包商和工程师共同对受暂停影响的工程、永久工程设备和材料进行检查,首先由承包商负责修复因施工暂停引起的缺陷和损坏,然后再恢复正常施工。如果非承包商应负责原因的暂停施工持续时间超过84天以上,承包商为了维护自己的合法权益,可以向雇主书面提出允许继续施工的要求。如果提出复工要求的28天内工程师没有给予许可,承包商有权通知工程师认为被停工的工程属于按合同规定被删减的工程,不再承担继续施工义务。若是整个合同工程被暂停,此项停工可视为雇主违约终止合同,宣布解除合同关系。如果承包商还愿意继续实施这部分工程,也可以不发这一通知而等待复工指示。

② 承包商暂停施工的权利。如果工程师或雇主未能遵守工程进度款的支付程序,严重拖欠承包商应得的工程款,承包商有权发出暂停施工或放慢施工速度的通知,以保护自己的合法权益。该通知发出21天后生效。当承包商获得相应支付后,应在合理情况下尽快恢复正常工作。由于该事件属于雇主责任,除了雇主的延误付款应计算利息外,承包商停工或放慢施工进度的影响,仍应获得工期、费用和利润的补偿。如果雇主收到通知后仍不履行支付

义务,承包商可以进一步采取解除合同的行动。

3) 工程质量管理

(1) 承包商的质量保证体系

《土木工程施工合同条件》通用条件规定,承包商应按照合同的要求建立一套质量保证体系,以保证施工符合合同要求。在每一工作阶段开始实施之前,承包商应将所有工作程序的细节和执行文件提交工程师,供其参考。工程师有权审查质量保证体系的任何方面,包括月进度报告中包含的质量文件,对不完善之处可以提出改进要求。由于保证工程的质量是承包商的基本义务,当其遵守工程师认可的质量保证体系施工时,并不能解除依据合同应承担的任何职责、义务和责任。

2017版《土木工程施工合同条件》规定承包商需要准备和执行质量管理体系(Quality Management System,QMS)和合规性验证系统(Compliance Verification System,CVS)。此外,承包商应对QMS进行内部审核,报告工程师审核结果并按工程师要求提交一套完整的CVS记录。

2017版《土木工程施工合同条件》更加重视健康、安全和环境保护问题,明确规定承包商应按合同的要求在开工日期之后的21天内,向工程师提交健康和安全手册,并对手册的内容提出了具体要求。

(2) 质量的检查和试验

① 施工放线。放线是施工的第一项工作,承包商按照合同中的图纸和资料,依据合同规定或工程师提供的原始基点、基线和基准标高进行准确放线。放线前,承包商应对工程正确定位的依据数据进行认真核对,如果发现位置、标高、尺寸或定线中的任何错误应提请工程师予以纠正或确认。

② 施工质量检验。确保工程质量是承包商的最基本义务,应当遵循合同技术规范的要求进行施工作业。雇主人员和工程师可以在所有合理时间内进入承包商管理的施工现场、材料场和加工场所进行检查,承包商应提供相应的方便条件和配合工作。

③ 附加检验或试验。为了保证工程的质量,工程师除了按合同规定进行正常的检验外,还可以在认为必要时依据变更程序指示承包商变更规定检验的位置或细节,以及进行附加检验或试验,包括对承包商采购的材料进行额外的物理、化学、金相等试验;对已覆盖的工程进行重新剥露检查;对已完成的工程进行穿孔检查等。由于额外检查和试验是基准日前承包商无法合理预见的情况,如果影响到费用和工期,则视检验结果是否合格划分责任归属。如果检验合格,应根据具体情况给承包商以相应的费用和工期损失补偿。若检验不合格,承包商必须修复缺陷后在相同条件下进行重复检验,直到合格为止,并由其承担额外检验费用。但对于承包商未通知工程师检查而自行隐蔽的任何工程部位,在工程师要求进行剥露或穿孔检查时,不论检验结果表明质量是否合格,均由承包商承担全部费用。属于额外的检验包括:a. 合同内没有指明或规定的检验;b. 采用与合同规定不同的方法进行的检验;c. 在承包商有权控制的场所之外进行的检验(包括合同内规定的检验情况),如在工程师指定的检验机构进行。

④ 有缺陷的工程和材料。a. 工程师对任何不符合合同要求的设备和材料有权要求移出施工现场,并予以更换。作出此项要求是由于施工场地不应有多余的障碍影响施工,也可

以防止承包商继续使用不合格的设备和材料。b. 对于不合格的工程，工程师可以根据质量缺陷的程度和范围，指示承包商拆除重做或修补缺陷。上述规定同样适用于以前已认可质量的工程部分后来又发现质量问题的情况。如果承包商未能遵从工程师的指示，雇主有权雇用并付款给其他人从事移出材料或修复缺陷工程的工作，然后从承包商应得款内扣除这笔费用支出。

（3）对承包商设备的控制

工程质量的好坏和施工进度的快慢，很大程度上取决于投入施工的机械设备、临时工程在数量和型号上的满足程度。而且承包人在投标书中报送的设备计划，是雇主决标时考虑的主要因素之一。

① 承包人自有的施工设备。承包人自有的施工机械、设备、临时工程和材料，一经运抵施工现场就被视为专门为本合同工程施工之用。除了运送承包商人员和物资的运输车辆以外，其他施工机具和设备虽然承包商拥有所有权和使用权，但未经过工程师的批准，不能将其中的任何一部分运出施工现场。

② 要求承包工程增加或更换施工设备。若工程师发现承包人使用的施工设备影响了工程进度或施工质量，有权要求承包人增加或更换施工设备，由此增加的费用和工期延误责任由承包人承担。

4）变更管理

土建工程受自然条件等外界的影响较大，工程情况比较复杂，且在招标阶段依据初步设计图纸招标，因此在施工合同履行的过程中不可避免地会发生变更。

2017版《土木工程施工合同条件》明确地将变更分为两种启动方式：指示性变更和征求建议书的变更。指示性变更要求：承包商应提交详细的资料，包括将进行的工作、采用的资源和方法；执行变更的进度计划；修改进度计划和竣工时间的建议书；修改合同价格的建议（附证据）；以及承包商认为应得的任何有关工期增加而发生的费用。当征求建议书时，承包商由于提交建议书增加的成本可根据20.2款进行索赔。

（1）工程变更的范围

由于工程变更属于合同履行过程中的正常管理工作，工程师可以根据施工进展的实际情况，在认为必要时发布变更指令。通用条件规定，构成变更的范围包括以下6个方面：

① 合同中任何工作工程量的改变。由于招标文件中的工程量清单中所列的工程量是依据初步设计概算的量值，作为承包人编制投标书时合理进行施工组织设计及报价之用，因此实施过程中允许工程师发出增加或减少任何工作内容的数量。

② 任何工作质量或其他特性的变更。

③ 工程任何部分标高、位置和尺寸的改变。

④ 删减任何合同约定的工作内容。省略的工作应是不再需要的工程，不允许用变更指令的方式将承包范围内的工作变更给其他承包商实施。

⑤ 进行永久工程所必需的任何附加工作、永久设备、材料供应或其他服务，包括任何联合竣工检验、钻孔和其他检验以及勘察工作。

⑥ 改变原定的施工顺序或时间安排。此类情况可能源于工程师为了协调现场同时工作的几个承包商施工的干扰而发布的变更指示，也可能由于几个合同的衔接关系。

(2) 变更程序

颁发工程接收证书前的任何时间,工程师可以通过发布变更指示或以要求承包商递交建议书的任何一种方式提出变更。前一种情况是工程师在雇主授权范围内根据施工现场的实际情况,在确属需要时可直接发布变更指示。指示的内容应包括详细的变更内容、变更工程量、变更项目的施工技术要求和有关文件图纸,以及变更处理的原则。后一种情况是要求承包商递交建议书后再确定是否发布变更指示,其程序为:

① 工程师将计划变更事项通知承包商,并要求他递交实施变更的建议书。

② 承包商应尽快予以答复。一种情况可能是通知工程师由于受到某些非自身原因的限制而无法执行此项变更,如无法得到变更所需的物资等,工程师应根据实际情况和工程的需要再次发出取消、确认或修改变更指示的通知。另一种情况是承包商依据工程师的指示递交实施此项变更的说明,内容包括:a. 将要实施的工作的说明书以及该工作实施的进度计划;b. 承包商依据合同规定对进度计划和竣工时间作出任何必要修改的建议,提出工期顺延要求;c. 承包商对变更估价的建议,提出变更费用要求。

③ 工程师根据承包商的答复再作出是否变更的决定,尽快通知承包商说明批准与否或提出意见。

④ 承包商在等待答复期间,不应延误任何工作。

⑤ 工程师发出每一项实施变更的指示,应要求承包商记录支出的费用。

承包商提出的变更建议书,只是作为工程师决定是否实施变更的参考。除了工程师作出指示或批准以总价方式支付的情况外,每一项变更应依据计量工程量进行估价和支付。

(3) 变更估价

① 变更工作估价的原则。计算变更工程应采用的费率或价格,可分为三种情况:

a. 变更工作在工程量表中有同种工作内容的单价,应以该费率计算变更工程费用。实施变更工作未引起工程施工组织和施工方法发生实质性变动,不应调整该项目的单价。

b. 工程量表中虽然列有同类工作的单价或价格,但对具体变更工作而言已不适用,则应在原单价和价格的基础上制定合理的新单价或价格。

c. 变更工作的内容在工程量表中没有同类工作的费率和价格,应按照与合同单价水平相一致的原则,确定新的费率或价格。任何一方不能以工程量表中没有此项价格为借口,将变更工作的单价定得过高或过低。

② 可以调整合同工作单价的原则。以单价支付的工作当满足以下条件时,允许对某一项工作规定的费率或价格加以调整:

a. 此项工作实际测量的工程量比工程量表或其他报表中规定的工程量的变动大于 10%;

b. 工程量的变更与对该项工作约定的具体费率的乘积超过了接受的合同款额的 0.01%;

c. 由于工程量的变更直接造成该项工作每单位工程量费用的变动超过 1%。

对于单价支付的工作内容,工程师发布删减工作的变更指示后承包商不再实施部分工作,合同价格中包括的直接费部分没有受到损害,但摊销在该部分的间接费、税金和利润则实际不能合理回收。因此承包商可以就其损失向工程师发出通知并提供具体的证明资料,工程师与合同双方协商后确定一笔补偿金额加入到合同价内。

5) 支付管理

(1) 工程量计量

工程量清单中所列的工程量仅是对工程的估算量,不能作为承包商完成合同规定施工义务的结算依据。每次支付工程进度款前,均需通过测量来核实实际完成的工程量,以计量值作为支付依据。约定采用单价支付的施工工作内容,应以计量的数量作为支付进度款的依据;而按总价承包的部分可以按图纸工程量作为支付依据,仅对变更部分予以计量。工程师应在每次计量前通知承包商共同计量,双方签字后作为支付的依据。工程师发出计量通知后,承包商未能派人按时到场参加测量,对工程师单方所作的计量应认为数据准确予以认可。

(2) 保留金

保留金是按合同约定从承包商应得的工程进度款中相应扣减的一笔金额保留在雇主手中,作为约束承包商严格履行合同义务的措施之一。当承包商有一般违约行为使雇主受到损失时,可从该项金额内直接扣除损害赔偿费。例如,承包商未能在工程师规定的时间内修复缺陷工程部位,雇主雇用其他人完成后,这笔费用可从保留金内扣除。

① 保留金的约定。承包商在投标书附录中按招标文件提供的信息和要求确认了每次扣留保留金的百分比和保留金限额。每次月进度款支付时扣留的百分比一般为5%~10%,累计扣留的最高限额为合同价的2.5%~5%。

② 每次中期支付时扣除的保留金。从首次支付工程进度款开始,用该月承包商完成合格工程应得款加上因后续法规政策变化的调整和市场价格浮动变化的调价款为基数,乘以合同约定保留金的百分比作为本次支付时应扣留的保留金。逐月累计扣到合同约定的保留金最高限额为止。

③ 保留金的返还。扣留承包商的保留金分两次返还:

a. 颁发工程接收证书后的返还。颁发整个工程的接收证书时,将保留金的一半支付给承包商。如果颁发的接收证书只限于一个单位工程或分部工程部分,则该部分应返还的相应保留金为:

$$返还金额 = 保留金总额 \times \frac{移交工程区段或部分的合同价值}{最终合同价值的估算值} \times 40\%$$

b. 保修期满颁发履约证书后的返还。整个合同的缺陷通知期满,返还剩余的保留金。如果颁发的接收证书只限于一个单位工程或分部工程,则在这部分工程的缺陷通知期满后,并不全部返还该部分剩余的保留金,应返还的金额为:

$$返还金额 = 保留金总额 \times \frac{移交工程区段或部分的合同价值}{最终合同价值的估算值} \times 40\%$$

合同内以履约保函和保留金两种手段作为约束承包商忠实履行合同义务的措施,当承包商严重违约而使合同不能继续顺利履行时,雇主可以凭履约保函向银行获取损害赔偿;而因承包商的一般违约行为令雇主蒙受损失时,通常利用保留金补偿损失。履约保函和保留金的约束期均是承包商负有施工义务的责任期限,包括施工期和保修期。

④ 保留金保函代换保留金。当保留金已累计扣留到保留金限额的60%时,为了使承包

商有较充裕的流动资金用于工程施工,可以允许承包商提交保留金保函代换保留金。雇主返还保留金限额的50%,剩余部分待颁发履约证书后再返还。保留金保函金额在颁发接收证书后不递减。

(3) 用于永久工程的设备和材料款预付

由于合同条件是针对包工包料承包的单价合同编制的,因此规定由承包商自筹资金采购工程材料和设备,只有当材料和设备用于永久工程后,才能将这部分费用计入到工程进度款内结算支付。通用条件的条款规定,为了帮助承包商解决订购大宗主要材料和设备所占用资金的周转,订购物资经工程师确认合格后,按发票价值80%作为材料预付的款额,包括在当月应支付的工程进度款内。

① 承包商申请支付材料预付款。专用条款中规定的工程材料到达工地并满足以下条件后,承包商向工程师提交预付材料款的支付清单:a. 材料的质量和储存条件符合技术条款的要求;b. 材料已到达工地并经承包商和工程师共同验点入库;c. 承包商按要求提交了订货单、收据价格证明文件(包括运至现场的费用)。

② 工程师核查提交的证明材料。预付金额为经工程师审核后实际材料价乘以合同约定的百分比,包括在月进度付款签证中。

③ 预付材料款的扣还。当已预付款项的材料或设备用于永久工程,构成永久工程合同价格的一部分后,在计量工程量的承包商应得款内扣除预付的款项,扣除金额与预付金额的计算方法相同。

④ 物价浮动对合同价格的调整。对于施工期较长的合同,为了合理分担市场价格浮动变化对施工成本影响的风险,按合同内约定的调价公式调整支付的工程进度款。

(4) 工程进度款的支付程序

① 承包商提供报表。每个月的月末,承包商应按工程师规定的格式提交一式六份本月支付报表。内容包括提出本月已完成合格工程的应付款要求和对应扣款的确认,一般包括以下几个方面:

a. 本月完成的工程量清单中工程项目及其他项目的应付金额;(包括工程变更)

b. 法规变化引起的调整应增加和减扣的任何款额;作为保留金扣减的任何款额;

c. 预付款的支付(分期支付的预付款)和扣还应增加和减扣的任何款额;

d. 承包商采购用于永久工程的设备和材料应预付和扣减款额;

e. 根据合同或其他规定(包括索赔、争端裁决和仲裁),应付的任何其他应增加和扣减的款额;

f. 对所有以前的支付证书中证明的款额的扣除或减少。(对已付款支付证书的修正)

② 工程师签证。工程师接到报表后,对承包商完成的工程形象、项目、质量数量以及各项价款的计算进行核查。若有疑问,可要求承包商共同复核工程量。在收到承包商的支付报表的28天内,按核查结果以及总价承包分解表中核实的实际完成情况签发支付证书。工程师可以不签发证书或扣减承包商报表中部分金额的情况包括:

a. 合同内约定有工程师签证的最小金额时,本月应签发的金额小于签证的最小金额,工程师不出具月进度款的支付证书。本月应付款接转下月,超过最小签证金额后一并支付;

b. 承包商提供的货物或施工的工程不符合合同要求,可扣发修正或重置相应的费用,直至修整或重置工作完成后再支付;

c. 承包商未能按合同规定进行工作或履行义务,并且工程师已经通知了承包商,则可以扣留该工作或义务的价值,直至工作或义务履行为止。

工程进度款支付证书属于临时支付证书,工程师有权对以前签发过的证书中发现的错、漏或重复予以修正,承包商也有权提出更改或修正,经双方复核同意后,将增加或扣减的金额纳入本次签证中。

③ 雇主支付。承包商的报表经过工程师认可并签发工程进度款的支付证书后,雇主应在接到证书后及时给承包商付款,付款时间不应超过工程师收到承包商的月进度付款申请单后的56天。如果逾期支付将承担延期付款的违约责任,延期付款的利息按银行贷款利率加3个百分点计算。

6.3.5 索赔管理

1) 索赔定义和特点

索赔是合同履行过程中的重要管理程序,雇主或承包商发现按照合同责任的约定自己的合法权益受到侵害时,均有权向对方提出相应的补偿要求。2017版《土木工程施工合同条件》对索赔的定义是:"a request or assertion by one Party to the other Party for an entitlement or relief under any Clause of these Conditions or otherwise in connection with, or arising out of, the Contract or the execution of the Works"(指一方向另一方要求或主张其在合同条件中的任何条款下,或与合同、工程实施相关或因其产生的权利或救济)。从上述定义可看出索赔是基于法律和合同的,是正常且合理的行为。索赔具备的特性有:合法性,它的确定必须以合同文件和相关法律法规为依据;补偿性,而非惩罚性,它是为了补偿无过错方的损失而设定的;无过错性,它是非自身原因导致的,提起索赔一方的当事人没有过错;客观性,当实际的经济或权益确实受到损失时,受损方才能向对方提起索赔请求。

2) 索赔分类

2017版《土木工程施工合同条件》将索赔明确分为三类。第一类:业主关于额外费用增加(或合同价格扣减)和(或)缺陷通知期(Defects Notification Period,DNP)延长的索赔。第二类:承包商关于额外费用增加和(或)工期(Extension of Time,EOT)延长的索赔。第三类:合同一方向另一方要求或主张其他任何方面的权利或救济,包括对工程师(业主)给出的任何证书、决定、指示、通知、意见或估价等相关事宜的索赔,但不包含与上述第一和第二类索赔有关的权利。第三类索赔可以包括:①对合同某一条款的解释;②对已发现合同文件中模糊或矛盾地方的修改;③索赔方提出的申诉;④现场或工程实施所在地的进入;⑤其他任何合同项下或与合同有关的权利,但不包括一方对另一方的支付和(或)EOT或DNP的延长。第三类索赔起点并非为某一事件或情况的发生时点,而是业主和承包商对某一事项(Matter)产生分歧(Disagreement),索赔方应在产生分歧一定合理的时间内,将索赔通知提交至工程师,该索赔通知应包含索赔事项以及分歧的内容,与前两种不同的是,工程师仅依据该索赔通知,无需提交正式索赔报告即可根据第3.7款进行商定或决定。

3) 索赔程序

2017版《土木工程施工合同条件》将业主的索赔和承包商的索赔纳入了统一的索赔处理程序。提出索赔的一方称为"索赔方"(The Claiming Party),被索赔的一方(The Other

Party)称为"被索赔方"。图 6-11 是 2017 版 FIDIC 通用合同条件的索赔处理流程图。

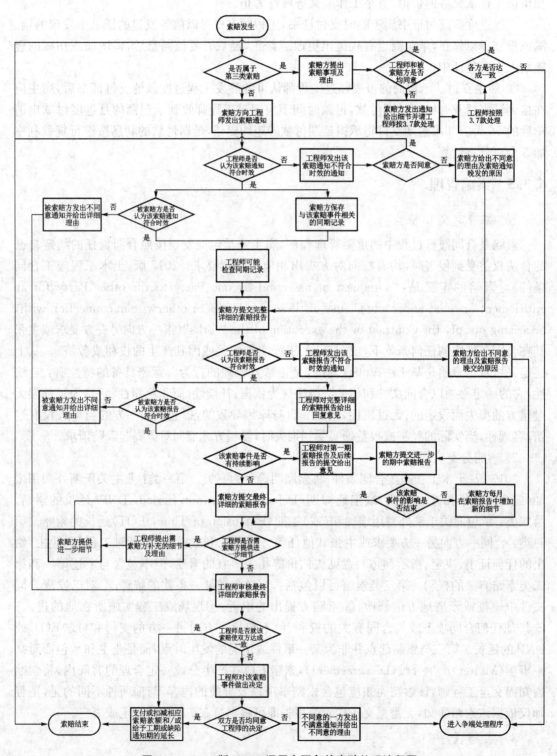

图 6-11　2017 版 FIDIC 通用合同条件索赔处理流程图

由图 6-11 可以看出,索赔事件发生后,索赔方应在合同规定的时间内向工程师发出索赔通知,并对索赔事件的处理做好同期记录。工程师有权在不承认业主有任何责任的前提下,随时检查承包商保存的同期记录。索赔方要向工程师提交完整详细的索赔报告,工程师要对索赔方提交的索赔报告给出回复意见。如索赔事件有持续性的影响,索赔方不能在短期内估计出事件对索赔方的全部影响,索赔方所提交的索赔报告被视为是期中索赔报告,索赔方还需每月按期提交新的期中索赔报告,将索赔事件新产生的影响写入新的期中索赔报告中。索赔方于索赔事件影响结束后的规定时间内提交最终完整详细的索赔报告。工程师在收到索赔方的最终索赔报告后,应根据第 3.7 款[商定或决定]对最终索赔报告进行审核处理,并可要求索赔方提交关于该索赔事件进一步的补充资料。

(1) 索赔通知

2017 版《土木工程施工合同条件》规定,索赔方应在其察觉或本应已察觉索赔事件或情况发生后尽快并在 28 天内向工程师发出"索赔通知",对引起成本损失、工期延误或任何一方认为自己有权获得除额外费用补偿和工期(或 DNP)延长以外的其他权利或救济的事件或情况进行初步描述,并明确标明其为索赔通知。如果索赔方未能在上述 28 天期限内发出该索赔通知,则索赔方无权获得费用和利润补偿或时间延长,而被索赔方则被免除与索赔事件或引起索赔的情况相关的全部责任。如果工程师认为索赔通知未在规定的时间内发出,则工程师可在收到索赔通知后的 14 天内说明索赔方的索赔通知不符合时效并给出理由,该索赔通知被视为"无效的索赔通知"。如果工程师未在收到索赔通知后的 14 天内发出该通知,则索赔通知被视为"默认有效的索赔通知"。

(2) 索赔报告

索赔方需在其察觉或本应已察觉索赔事件或情况后的 84 天或其他约定的时间(该时间需由索赔方提议并征得工程师同意)内提交完整详细的索赔报告。[其中包括索赔的合同或其他法律依据(statement of the contractual and/or other legal basis of the Claim),可称为"索赔依据"]如果"索赔依据"未在规定的时间内发出,则工程师可在该时效期满后的 14 天内通知索赔方,原索赔通知被视为"无效的索赔通知"。如果工程师未在 14 天内发出该通知,则原索赔通知仍然被视为有效。("默认有效的索赔通知")由此规定可以看出,在索赔方按照第 20.2.4 款[完整详细的索赔报告]第一次提交的索赔报告中,索赔的合同或其他法律依据("索赔依据")显得格外重要。该索赔时效主要针对的是"索赔依据"而非整个完整详细的索赔报告,因为如果"索赔依据"不成立,说明索赔方没能论证自己具有索赔的权利,进而索赔报告中其他所有详细的索赔证据再完整也没有意义了。对于上述两种情况(发出索赔通知和第一次提交索赔报告)下的"默认有效的索赔通知",如果被索赔方反对,则他应告知工程师并附详细的反对的理由说明。索赔方在收到工程师"无效的索赔通知"后,如果不同意该通知并认为其晚发出通知或索赔报告是有原因的,索赔方应在其完整详细的索赔报告中说明他不同意并给出不同意的理由以及晚发索赔通知或晚交索赔报告("索赔依据")的原因。

(3) 工程师对索赔的审理

工程师应按第 3.7 款[商定或决定]对索赔进行审理。同时在第 20.2.7 款[索赔的一般要求]中规定工程师在审理最终索赔报告时,应综合考虑在整个索赔过程中,由于索赔方未遵守时效等相关规定,对工程师处理索赔事件带来的负面影响及对索赔方造成的损害。对于"默认有效的索赔通知"的索赔,工程师需同时考虑被索赔方提交的反对通知及理由说明。对于"无效的索赔通知"的索赔,工程师仍需对索赔方提交的索赔报告进行审理,但在审理过程中另需再次确定索赔通知是否为有效通知。此时,需对索赔方提交的理由说明并结合以下具体情况综合考虑:

① 如果接受该迟交的索赔,是否会对被索赔方的利益造成损害,如果是,会造成多大程度的损害;

② 就第20.2.1款[索赔通知]规定的时效而言,索赔方在其提交的索赔报告中是否包含支持证据,证明被索赔方此前已经获悉引起索赔的事件或情况;

③ 就第20.2.4款[完整详细的索赔报告]规定的时效而言,索赔方在其提交的索赔报告中是否包含支持证据,以证明被索赔方此前已经知道了索赔的依据。

3) 不可预见的物质条件

通用条件定义的"不可预见的物质条件"是指施工中遇到合同内未予说明或影响程度超过合同说明情况的不利外界条件,导致施工的成本增加和工期延误的事件。

(1) 不可预见物质条件的范围

不可预见物质条件的范围包括承包商施工过程中遇到不利于施工的外界自然条件、人为干扰、招标文件和图纸均未说明的外界障碍物、污染物的影响,招标文件未提供或与提供资料不一致的地表以下的地质和水文条件等情况。但不包括现场不利的气候条件。

(2) 承包商及时发出通知

遇到上述情况后,承包商递交给工程师的通知中应具体描述该外界条件,并说明为什么认为是不可预见的。发生这类情况后承包商仍应继续实施工程,采用在此外界条件下合适的以及合理的措施,并且应该遵守工程师给予的任何指示。

(3) 工程师确定

接到承包商通知后,工程师首先与承包商根据以下4项内容和相应原则进行协商,判定是否应给予补偿;若应给予补偿则进一步确定补偿的数额。这4项内容和相应原则是:

① 承包商在多大程度上对该外界条件不可预见。事件的原因可能属于雇主风险或属于有经验的承包商应该合理预见,也可能双方都应负有一定责任,工程师应合理划分责任或责任限度。

② 不属于承包商责任事件的影响程度。依据合同条款、现场记录以及相应的证明材料评定承包商受到损害或损失的额度,确定此事件影响应给予承包商的工期和费用的相应补偿,即为克服不利条件影响比正常工作额外增加的施工成本和消耗的时间。

③ 在与雇主和承包商协商或决定补偿之前,按照公平合理分担风险的原则,还可以审查承包商在此事件发生前的施工中,是否在工程类似部分(如有时)上出现过其他外界条件比承包商在提交投标书时应该合理预见的物质条件更为有利的情况。如果在一定程度上承包商遇到过此类更为有利的条件,工程师还需在确定补偿时对承包商因已遇到过类似有利条件获得的好处(节约的施工成本)予以扣减。通过与承包商协商或独立作出确定后,作为扣除计到合同价格和支付证书中。应予注意的是,遇到更有利条件的工程其他部分,必须与遇到不利的不可预见条件的工作性质类似,而不是将以前施工中承包商遇到的所有更有利条件全部考虑。

④ 由于招标文件是雇主单方起草的,外界条件的资料应由雇主提供,因此对承包商遇到的所有外界有利条件而作出的对已支付工程款的调整,不应导致合同价格的净减少。即如果承包商不依据"不可预见的物质条件"的条款提出索赔,工程师不得主动考虑类似情况下由于有利条件使承包商所得到的好处,另外对有利部分的扣减不应超过对不利补偿的金额。

6.3.6 竣工验收管理

1) 竣工检验和移交工程

(1) 竣工试验

工程施工完成后需进行竣工试验,如果合同内约定有单位工程完成后的分部移交,则单位工程施工完成后也应进行相应的竣工试验。竣工试验的范围、内容和应满足的标准在合同的"规范要求"中已有详细规定。这些试验一般包括某些性能试验,以确定工程或单位工程是否符合规定的性能标准,是否满足雇主接收工程的条件。承包商完成工程并准备好竣工报告所需报送的资料后,应提前 21 天将某一确定的日期通知工程师,说明此日后已准备好进行竣工检验。工程师应指示在该日期后 14 天内的某日进行。此项规定同样适用于按合同规定分部移交的工程。2017 版《土木工程施工合同条件》规定:当工程师根据 4.4 款就竣工记录和操作与维修手册已发出(或被视为已发出)无异议通知,且承包商根据 4.5 款已按照规范提供培训,工程才可竣工。

(2) 颁发工程接收证书

工程通过竣工检验达到了合同规定的"基本竣工"要求后,承包商在他认为可以完成移交工作前 14 天以书面形式向工程师申请颁发移交证书。基本竣工是指工程已通过竣工检验,能够按照预定目的交给雇主占用或使用,而非完成了合同规定的包括扫尾、清理施工现场及不影响工程使用的某些次要部位缺陷修复工作后的最终竣工,剩余工作允许承包商在缺陷通知期内继续完成。这样规定有助于准确判定承包商是否按合同规定的工期完成施工义务,也有利于雇主尽早使用或占有工程,及时发挥工程效益。

工程师接到承包商申请后的 28 天内,如果认为已满足竣工条件,即可颁发工程接收证书;若不满意,则应书面通知承包商,指出还需完成哪些工作后才达到基本竣工条件。工程接收证书中包括确认工程达到竣工的具体日期。工程接收证书颁发后,不仅表明承包商对该部分工程的施工义务已经完成,而且对工程照管的责任也转移给雇主。如果合同约定工程不同区段有不同竣工日期时,每完成一个区段均应按上述程序颁发部分工程的移交证书。

2) 延误试验

由于竣工试验是竣工验收和移交工程的前提,竣工验收的时间在很大程度上不仅影响确定是提前还是拖期完工,而且影响雇主将工程投入使用而获得利益,因此有关各方在工程的施工达到完工条件后应及时进行竣工试验。

(1) 雇主原因延误试验

如果由于雇主应负责的原因不当地妨碍了承包商进行竣工试验达 14 天以上时,应视为雇主已在竣工试验原应完成的日期接收了工程或单位工程,工程师也应颁发移交证书。但工程的接收并不能解除合同规定的承包商对工程质量的责任,因此在缺陷通知期内还应尽快进行竣工试验。承包商进行缺陷通知期内的补充试验有可能发生额外费用,如施工中的某些临时设施竣工时必须拆除,以便为试验提供方便,但在竣工后的检验中又需设置新的设施等。还有可能发生约定时间之后随之进行竣工试验,将直接影响工程的正式移交,即影响到确定承包商的竣工时间。因此合同规定,如果影响确定竣工日期,应对延误的时间给予合同工期的合理顺延;承包商有额外支出时,应补偿费用和合理利润。

(2) 承包商原因延误试验

如果承包商不当地延误了竣工试验,工程师可通知承包商,要求在接到通知后21天内进行竣工试验。承包商应在规定期限内确定竣工试验的日期,并通知工程师。若承包商未能在规定的21天内进行竣工试验,雇主人员可以自行进行试验。试验的风险和费用由承包商承担。而且雇主人员的试验虽不需通知承包商参加,但应被视为是承包商在场进行的试验,即认为试验结果是准确的,并要求承包商予以确认。

(3) 特殊情况下的证书颁发程序

① 雇主提前占用工程。工程师应及时颁发工程接收证书,并确认雇主占用日为竣工日。提前占用或使用表明该部分工程已达到竣工要求,工程照管责任也相应转移给雇主,但承包商对该部分工程的施工质量缺陷仍负有责任。工程师颁发移交证书后,应尽快采取必要措施给承包商提供完成竣工检验的机会。

② 因非承包商原因导致不能进行规定的竣工检验。有时也会出现施工已达到竣工条件,但由于不应由承包商负责的主观或客观原因不能进行竣工检验。如果等条件具备进行竣工试验后再颁发移交证书,既会因推迟竣工时间而影响到对承包商是否按期竣工的合理判定,也会产生在这段时间内对该部分工程的使用和照管责任的不明。针对此种情况,工程师应以本该进行竣工检验的日期签发工程接收证书,将这部分工程移交给雇主照管和使用。工程虽已接收,仍应在缺陷通知期内进行补充检验。在竣工检验条件具备后,承包商应在接到工程师指示进行竣工试验通知的14天内完成检验工作。由于非承包商原因导致缺陷通知期内进行的补检,属于承包商在投标阶段不能合理预见到的情况,该项检查试验比正常检验多支出的费用应由雇主承担。

3) 未能通过竣工检验

(1) 重复检验

如果工程或某区段未能通过竣工检验,承包商应对缺陷进行修复和改正,并在相同条件下重复进行此类未通过的试验和对任何相关工作的竣工检验。

(2) 重复检验仍未能通过

当整个工程或某区段未能通过按重新检验条款规定所进行的重复竣工检验时,工程师应有权选择以下任何一种处理方法:

① 指示再进行一次重复的竣工检验。

② 如果由于该工程缺陷致使雇主基本上无法享用该工程或区段所带来的全部利益,拒收整个工程或区段(视情况而定),在此情况下,雇主有权获得承包商的赔偿。包括:a. 雇主为整个工程或该部分工程(视情况而定)所支付的全部费用以及融资费用;b. 拆除工程、清理现场和将永久设备和材料退还给承包商所支付的费用。或颁发一份接收证书(如果雇主同意的话),折价接收该部分工程。合同价格应按照可以适当弥补由于此类失误而给雇主造成

的减少的价值数额予以扣减。

4）竣工结算

（1）承包商报送竣工报表

颁发工程接收证书后的 84 天内，承包商应按工程师规定的格式报送竣工报表。报表内容包括：

① 到工程接收证书中指明的竣工日止，根据合同完成全部工作的最终价值。

② 承包商认为应该支付给他的其他款项，如要求的索赔款、应退还的部分保留金等。

③ 承包商认为根据合同应支付给他的估算总额。所谓估算总额是指这笔金额还未经过工程师审核同意。估算总额应在竣工结算报表中单独列出，以便工程师签发支付证书。

（2）竣工结算与支付

工程师接到竣工报表后，应对照竣工图进行工程量详细核算，对其他支付要求进行审查，然后再依据检查结果签署竣工结算的支付证书。此项签证工作，工程师也应在收到竣工报表后 28 天内完成。雇主依据工程师的签证予以支付。

6.3.7 合同解除

合同解除是指合同义务没有完全履行以前，由于某种原因的影响而被迫提前终止。

1）因承包商违约解除合同

如果承包商未能按照合同履行任何义务，工程师可以通知承包商，要求在规定的合理时间内纠正并补救违约行为。当雇主认为承包商未能履约的行为足够严重导致合同不可能再顺利进行时，可以单方解除合同。

（1）雇主可以解除合同的情况。通用条件中列出，承包商的履约行为出现以下情况时，雇主有权解除合同：

① 承包商未能遵守履约担保的规定或对其违约行为未在工程师指示的合理时间内改正；

② 放弃工程或明确表现出不继续按照合同履行义务的意向；

③ 没有合理的理由，不遵守工程师发布的开工、暂停施工、复工等指示施工，以及对不合格或有缺陷的工程，接到工程师发出的拒收或修补缺陷通知后 28 天内未能采取相应的措施；

④ 未经必要的许可，将整个合同工程的施工任务全部分包出去，或将合同转让他人；

⑤ 发生承包商企业破产、停业整顿等情况；

⑥ 发生直接或间接向任何人付给或企图付给各种贿赂、礼品、赏金、回扣或其他贵重物品，以达到采取或不采取有关合同的任何行动。

（2）解除合同程序。出现上述情况且雇主决定解除合同，雇主发出解除合同通知后 14 天合同终止。对于上述第⑤和⑥两种情况，雇主发出解除通知后，合同立即终止。合同解除后的处理包括：

① 承包商撤场。承包商撤离现场时，应将已采购的货物、承包商的设计文件等移交给工程师，并尽力保护好工程。若雇主要求承包商将分包合同转让给雇主时，按照通用条件的规定承包商也应照办，但分包合同转让生效后，承包商对分包商实施的工作不再对雇主承担

责任。

② 终止时对已完成合格工程的估价。合同被迫终止后，工程师应按照作出确定的程序出具已支付和尚未支付金额的证明，包括：a. 合同终止前，承包商已完成的符合合同规定要求的工程量合理价值；b. 未使用的材料、设备及临时工程的价值；c. 属于承包商设计部分的价值。

③ 终止后的付款。虽然工程师出具了合同终止时的估价，但由于承包商的违约行为对雇主利益产生的损害还不能进行准确的计算，因此暂不向承包商支付进一步的款项。待工程全部完成后再与承包商进行最终结算。后续承包商完成全部工程，并通过缺陷通知期的检验后，按照雇主索赔的规定，合理计算出施工、竣工和修补任何缺陷的费用、因延误竣工的损害赔偿费（如果有的话）以及雇主负担的全部其他费用，与合同正常履行情况的差额作为雇主索赔的款额。最终结算时，承包商仅有权得到经工程师证明，如果承包商合格完成工程原应支付给他的款额，扣除雇主索赔的款额后的余额。如果雇主索赔款额超过承包商合格竣工时原应支付的款额，则超出的差额部分作为承包商应偿还雇主的债务。

2）因雇主违约解除合同

雇主的违约可能属于主观上的行为违约，更多情况是雇主应承担责任的风险而导致的违约。雇主的严重违约使承包商受到严重损害时，承包商也有权单方决定解除合同。

(1) 承包商可以解除合同的情况。通用条件内列出的承包商可以解除合同的情况包括：

① 雇主拖延工程进度款的支付，承包商行使暂停施工权利后的 42 天内，雇主既未支付该笔款项，又未按照雇主资金安排条款的规定作出付款计划的说明并提供资金安排的证明；

② 工程师未能在收到报表和证明文件后 56 天内发出有关付款的证书；

③ 合同规定的付款时间到期后的 42 天内，承包商仍未收到期中付款证书应付的款额（不包括雇主索赔应扣减部分）；

④ 雇主实质上未能根据合同规定履行义务；

⑤ 雇主将合同转让给其他人；

⑥ 承包商执行工程师的暂停施工指示超过 84 天，承包商提出复工要求后未能获得批准；

⑦ 雇主破产。

(2) 解除合同程序。出现上述任何事件，承包商向雇主发出解除合同通知后 14 天合同终止。但后两种情况，承包商发出通知后合同可立即终止。

(3) 终止后的付款。合同终止后，承包商有权从雇主那里获得以下款项的支付：

① 已完成的、合同中有价格规定的任何工作的应付金额。

② 为工程订购的、已交付给承包商和他有责任接受交付的生产设备和材料的费用。雇主支付后，这些物资将归雇主处置。

③ 在承包商原预期完成工程的情况下，合理导致的其他费用。

④ 承包商的临时工程和施工设备撤回基地的费用。

⑤ 承包商人员的遣返费用。

⑥ 雇主还应及时退还承包商的履约保函。

3)雇主与承包商协议解除合同

雇主可以随时与承包商协议解除合同,如政策法规的变化导致工程停缓建、不可抗力的影响使工程继续施工已成为不可能、雇主的筹资计划无法落实工程被迫下马等情况,但不允许雇主为了自己要实施或准备安排其他承包商实施工程而决定终止合同。

6.3.8 工程保修阶段的合同管理

1)工程缺陷责任

(1)承包商在缺陷通知期内应承担的义务。工程师在缺陷通知期内可就以下事项向承包商发布指示:

① 将不符合合同规定的永久设备或材料从现场移走并替换;

② 将不符合合同规定的工程拆除并重建;

③ 实施任何因保护工程安全而需进行的紧急工作,不论事件起因于事故、不可预见事件还是其他事件。

(2)缺陷原因调查。工程师可以指示承包商进行任何质量缺陷原因的调查,因为承包商有相应的仪器和设备。承包商在工程师的指导下进行的缺陷调查,如果属于承包商的责任,则他应进行修复;若不属于承包商应承担责任的原因导致的工程的缺陷,如雇主使用原因、设计原因、其他承包商施工的影响等,应给予承包商包括利润在内的调查补偿费。

(3)承包商的补救义务。承包商应在工程师指示的合理时间内完成上述工作。若承包商未能遵守指示,雇主有权雇用其他人实施并予以付款。如果属于承包商应承担的责任原因导致,雇主有权按照雇主索赔的程序由承包商赔偿。

(4)潜在缺陷。除了规定每一方对签发的履约证书中规定的未履行的义务承担责任外,1999版没有提及潜在缺陷责任,因此承包商的相应责任将按管辖法律界定。2017版进一步限制了承包商履行责任的期限:除非法律禁止(或在任何欺诈、重大过失、故意违约或鲁莽不当行为的情况下),否则承包商对生产设备的潜在缺陷或损害的修复责任应在缺陷通知期期满两年后解除。

(5)修复缺陷的成本。2017版规定:承包商有责任修复由于承包商负责的事项(如竣工记录、操作与维修手册和培训)而导致的操作或维修不当引起的缺陷。

2)签发履约证书

缺陷通知期内工程圆满地通过运行考验,工程师应在期满后的28天内,向雇主签发解除承包商承担工程缺陷责任的证书,并将副本送给承包商。"履约证书"是承包商已按合同规定完成全部施工义务的证明,因此该证书颁发后工程师就无权再指示承包商进行任何施工工作,承包商即可办理最终结算手续。

3)最终支付

(1)最终结算

最终结算是指颁发履约证书后,对承包商完成全部工作价值的详细结算,以及根据合同条件对应付给承包商的其他费用进行核实,确定合同的最终价格。颁发履约证书后的56天内,承包商应向工程师提交最终报表草案,以及工程师要求提交的有关资料。最终报表草案要详细说明根据合同完成的全部工程价值和承包商依据合同认为还应支付给他的任何进一步款项,如剩余的保留金及缺陷通知期内发生的索赔费用等。

(2) 承包商的结清单

承包商向雇主出具的"结清单",是承包商签署同意与雇主终止合同的法律文件。清单内容比较简单,主要说明雇主再支付多少金额后同意与雇主终止合同,这笔款额为经工程师同意的最终报表中开列的最终结算的应付款额。承包商递交结清单后,不能对施工、竣工、保修期间发生的事件再提出索赔要求,但仍可以就雇主延误支付最终结算款和推迟退还履约保函的事件要求相应的赔偿。雇主支付最终结算款和退还承包商的履约保函后,结清单生效,承包商的索赔权也自行终止。

(3) 最终支付

工程师审核后与承包商协商,对最终报表草案进行适当的补充或修改后形成最终报表。承包商将最终报表送交工程师的同时,还需向雇主提交一份"结清单"进一步证实最终报表中的支付总额,作为同意与雇主终止合同关系的书面文件。工程师在接到最终报表和结清单附件后的28天内签发最终支付证书,雇主应在收到证书后的56天内支付。只有当雇主按照最终支付证书的金额予以支付并退还履约保函后,结清单才生效,承包商的索赔权也即行终止。

国际工程风险管理

国际工程市场一直都是一把双刃剑,它给承包商提供了扩张和平抑国内市场波动的机会,但也给承包商带来了融资和地缘政治的风险。与一般工程相比,国际工程更容易受到社会环境、经济环境、工程管理建设环境等诸多因素变化的影响,在实施过程中存在很多的不确定性,其风险管理显得尤为重要。

7.1 风险管理概述

7.1.1 风险的概念

风险是个复杂且抽象的概念,相关文献对于风险的定义,至今仍有众多不同观点。Haynes 于 1895 年最早提出了风险的概念。他认为,风险意味着损害的可能性,某种行为能否产生有害的后果应以其不确定性界定,如果某种行为具有不确定性时,其行为就反映了风险的负担。后来,许多学者对风险进行了深入的研究,但至今学术界对风险的内涵还没有统一的定义。由于对风险的理解和认识程度不同,或对风险的研究角度不同,不同的学者对风险概念有着不同的解释,从而形成了不同的风险学派,比较有代表性的观点有:

(1) 风险是未来可能结果发生的不确定性

该观点从企业经营角度讨论风险与损失结果之间的内在联系,强调损失发生的可能性。不确定观点突出对结果不确定性程度的概率度量。

(2) 风险是损失发生的不确定性

该观点强调的是"损失"与"不确定性"之间的关系。这种观点又分为主观学说和客观学说两类。主观学说认为,不确定性是主观的、个人的和心理上的一种观念,是个人对客观事物的主观估计,而不能以客观的尺度予以衡量,不确定性的范围包括发生与否的不确定性、发生时间的不确定性、发生状况的不确定性以及发生结果严重程度的不确定性。客观学说认为,风险是"客观的不确定性"。风险以风险客观存在为前提,以风险事故观察为基础,以数学和统计学观点加以定义,认为风险可用客观的尺度来度量。

Mckim 则综合了前述的定义,指出下述三种情况为风险:其一,某事件确定会发生,但事件发生后结果的影响是不确定的;其二,某事件发生对结果的影响是确定的,但该事件是否会发生则不确定;其三,某事件的发生及对后果的影响都不确定。

(3) 风险是预期与实际结果的变动

预期是人们主观的反应,结果是客观的实际表现。该学说认为,如果结果只有一种可能,不存在发生变动,则风险为 0;如果产生的结果有几种,则风险存在。可能产生的结果愈多,变动愈大,风险也就愈大。预期结果与实际结果的变动,意味着猜测的结果与实际结果的不一致或偏差。

（4）风险是指损失的大小和发生的可能性

Gratte 将风险定义为事件发生概率及事件发生后的结果。该学说认为，风险是指在一定条件下和一定时期内，由于各种结果发生的不确定性而导致行为主体遭受损失的大小以及这种损失发生可能性的大小。风险以损失发生的大小与损失发生的概率两个指标进行衡量。

（5）风险是由风险构成要素相互作用的结果

风险因素、风险事件和风险结果是风险的基本构成要素。风险因素是风险形成的必要条件，是风险产生和存在的前提；风险事件是外界环境变量发生预料未及的变动从而导致风险结果的事件，它是风险存在的充分条件，在整个风险中占据核心地位；风险事件是连接风险因素与风险结果的桥梁，是风险由可能性转化为现实性的媒介。

可以看出，众多的风险定义都是从某个特定方面描述了风险的含义，并且在不同的学科领域（如不确定性经济学、保险、金融）中，对风险的定义也不尽相同。

7.1.2 风险管理内容

风险管理是指采用系统的方法处理风险，是对潜在的意外损失进行辨识、评估、预防和控制的系统过程。风险管理的意义在于通过对风险的认知、衡量与控制，以最低成本使风险损失降至最低程度。

按照系统理论的观点，环境力量影响到项目管理体系，并将此类力量转化为风险信号。项目管理系统包括决策、行为反应、技能与技术以及组织结构，见图 7-1。这些子系统内部相互依赖，并依赖整合机制来协调他们的活动，以实现项目的整体目标。从这一意义上说，风险信号从环境传过来，随后被项目管理系统中的参与方收集化解。

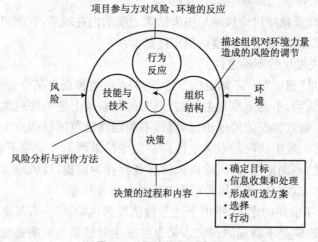

图 7-1 风险作用示意图

风险管理的方法是一个"多阶段的风险分析"，其中包括确认、评估、控制及风险管理。风险管理程序由风险识别、风险评价、风险决策、风险监测和风险控制（或风险响应）五个主要环节组成，并且是一个动态循环的过程。其中，项目风险的识别和评价是项目风险的重要基础工作，只有对项目风险作出正确的辨析和评价，才能找到管理和控制项目风险的方法和途径，设计最佳风险分担方案，参见图 7-2。

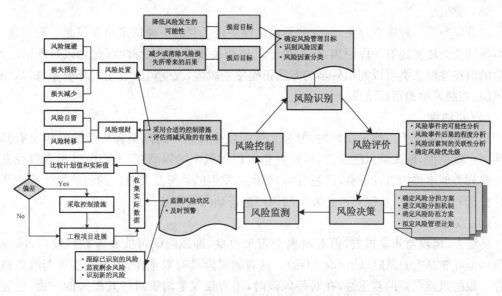

图 7-2　国际工程项目风险管理程序示意图

风险管理是一项系统性、综合性极强的工作,不仅风险产生的原因复杂,而且后果影响面广,所需处理措施综合性强。风险与保险管理协会(Risk and Insurance Management Society,RIMS)于 1983 年在洛杉矶年会确定了 101 条风险管理准则,其基本原则主要有:

(1) 勿因小而失大,多加考虑损失的潜在性大小;
(2) 勿承担超越企业能力的风险,多加考虑利益与损失之间的关系;
(3) 用于排除风险的费用,不能超过预期的损失;
(4) 多加考虑事故发生的机会。

7.1.3　风险的特征与效应

1) 风险的特征

风险特征由风险属性决定,是风险本质及其发生规律的外在表现,对风险特征的描述主要为量化风险服务。风险的全面特征应包括下述方面:

(1) 客观性

风险的客观性是指风险是一种客观存在,作为损失发生的不确定性,风险是不以人的意志为转移的客观实在。客观性表明风险是时时处处都存在的,人们生存和活动的整个社会环境就是一个充满风险的世界。在国际工程项目实施中,风险是无处不在、无时没有的。因而只能降低风险发生的概率和减少风险造成的损失,而不能从根本上完全消除风险。

(2) 不确定性

不确定性是风险最本质的特征。由于客观条件的不断变化以及人们对未来环境认识的不充分性,导致人们对事件未来的结果不能完全确定。风险是各种不确定因素的伴随物。这种不确定性不仅包括独特的事件(Unique Events),也包括一些特定的决定性事件(Typically Crucial Events)。与不确定性联系在一起的,还有随机性,即风险表现为发生的时间、持续时间及风险后果的随机性。

(3) 潜在性

尽管风险是一种客观存在,但它的不确定性决定了它的一种特定出现只是一种可能,这种可能要变为现实还有一段距离,还有赖于其他相关条件,这一特性可称为风险的潜在性。风险的潜在性使人类可以利用科学的方法正确鉴别风险,改变风险发生的环境条件,从而减少风险、控制风险的负面结果。

(4) 可测性

单个风险的发生虽然是偶然的,但是大量同质个体某一时期某种风险的发生又有其规律性。也就是说,就大量风险而言,风险发生可以用概率加以测度,人们可以根据以往发生的一系列类似事件的统计资料,经过分析,对风险发生的频率及其造成的经济损失程度作出统计分析和主观判断,从而对可能发生的风险进行预测与衡量。

(5) 双重性

传统上,风险意味着损失,但有时也会带来收益,即风险既可能是下跌风险(Downside Risk),也可能是上溢风险(Upside Risk)。这表明风险具有双重性,风险的损失与收益机会共存。根据风险结果的双重性,在对待风险时,不应仅仅是消极对待其损失的一面,也应将风险当做是一种经营机会,通过风险管理尽量获得风险收益。

(6) 具有特定的根源

对于某一具体的风险,由于是一种随机现象,在风险发生以前,人们无法准确地预测它何时会发生,以及发生的结果。但是风险都有特定的根源,有发生的特定征候和一定的表现形式。风险的根源、迹象、征候和形式常常是可见的和可推测的。

(7) 行为相关性

行为相关性是指决策者面临的风险与其决策行为是紧密关联的。不同的决策者对同一风险事件会有不同的决策行为,具体反映在其采取的不同策略和不同的管理方法,也因此会面临不同的风险结果。传统的研究将在风险环境中的决策行为称为风险态度。实质上,任何一种风险都是由决策行为与风险状态结合而成的。风险状态是客观的,但其结果会因不同风险态度的决策行为而不同。

国际工程项目的风险除具有以上一些基本特征外,还具有以下特点:

(1) 风险的多样性和多层次性

国际工程项目与一般项目相比,由于其周期长、规模大、涉及范围广、风险因素数量多且种类繁杂等特点,致使其在项目实施过程中面临的风险多种多样,既有确定因素,又含有随机因素、模糊因素和未确知因素。这就是风险的多样性。某些风险因素的影响可能是全局的、无处不在的,贯穿项目始终,而另外一些风险因素的影响则主要局限于某些阶段、在某些特定的时间里发生作用。而且大量风险因素之间内在关系错综复杂、各风险因素之间互相影响,或互为因果关系,或彼此抵消,或相互增强,以及风险因素与外界环境的交叉影响都使得风险显示出多层次性。

(2) 风险的动态易变性

在国际工程项目的不同阶段,项目参与各方所面临的风险不同,各种风险的性质、所造成的后果处于不断的动态变化中。由于风险源、外界环境的变化,以及风险因素的影响范围、频率、作用的后果处在动态的不断变化过程中,某些风险因素会逐渐消亡,而另外一些风险因素则将会出现。国际工程项目的风险具有明显的阶段性,并且受东道国政治、经济、社会因素的影响极大。这就是风险的动态易变性。

2) 风险的效应

效应是事物本身的一种内在机制,正是由于效应机制的存在与作用,才引发了某种形式的行为模式与行为趋向。风险效应是由风险自身的性质和特征决定的,但又必须与外部环境及人的观念、动机相联系才得以体现。风险效应通常是风险事件本身的特征和内在机制所产生的效果,是风险对活动主体以及内外环境的有形和无形的影响。由风险的性质、特征以及活动主体的观念和动机所决定。

(1) 诱惑效应

收益是风险的补偿,风险是收益的代价,这表明风险和收益是相伴而生的,高收益往往伴随着高风险,只有冒一定的风险才有一定的回报,选择低风险的方案,往往降低了收益的空间。风险的不确定性、双重性及潜在性会给许多决策者带来诱惑力。巨大的风险往往会伴随着高额的潜在利润,如果没有这种因潜在利益而产生的诱惑力,很难想象会有管理决策者甘愿去接受纯损失的风险。

风险诱惑效应(Attracting Effect)是指风险利益作为一种外部刺激使人们萌发了某种动机,进而作出某种选择并导致行为的发生。风险利益是一种综合性的利益,它并不是确定的利益,而是一种可能的利益、未来的利益,只有在风险结果出现后才能知道是否真正获得这种利益。这种似乎看得见而又未到手的利益对任何人都有不同程度的诱惑力。

(2) 约束效应

风险约束是指当人们感受到可能要付出的风险代价后,所作出的回避风险代价的选择以及采取的回避行动。风险约束产生的威慑、抑制和阻碍作用就是风险的约束效应。同风险诱惑效应一样,构成风险约束效应的阻碍性因素一般不是单一的,而是多元的、多层次的,并具有集合性与系统性的特点。这些因素可能来自主体的外部,即外部约束,如自然灾害的发生、政治经济形势和法规政策的变化、市场竞争程度的加剧等;而有些因素则可能来自于主体内部,即内部约束,如资源限制、管理失误、决策失误等。

正确认识风险约束效应,可以避免在管理决策活动中的盲目性,促使人们在制定战略、计划、目标和进行活动时,要充分考虑风险可能带来的损失和负面结果,审时度势,量力而行,注意决策的科学性和可行性。另一方面,强调风险的约束效应不应产生对风险的恐惧心理,只看到风险的损失一面,会使人们只注重风险的负面效应而被动避免,从而失掉某些机会与利益。

风险一方面具有诱惑效应,驱使人们为了获取潜在的风险利益而作出某种风险选择;另一方面风险又具有约束效应,对人们的选择和行为产生某种威慑和抑制作用。

这两种效应同时存在,同时发生作用,具有相逆性,同时相互矛盾。每一种风险事件必然存在这种效应上相互冲突、相互抵消的作用,其结果会在两种效应之间出现一交叉点 B(如图 7-3 所示)。在 B 点风险诱惑效应与约束效应相等,可称为风险效应平衡点,这个平衡

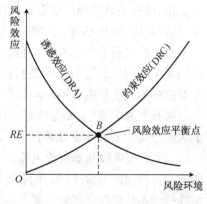

图 7-3 风险效应平衡过程

点是风险诱惑效应和约束效应相互作用的结果。由于同一风险事件对于不同决策者的诱惑效应和约束效应不同，因此风险效应平衡点对于不同的决策者的位置也是不一样的。形成平衡点的过程，实质上是人们对诱惑与约束两种效应进行认识、比较、权衡的过程。

(3) 传递效应

风险是相互联系的，它们不但能通过一定的相互关系和约束条件形成复合风险，还能互为风险因素，在一定条件下相互触发。因此，不能孤立地对风险进行分析，而要以联系的观点对风险进行分析。风险的传递效应是指风险沿着风险链进行无形传递。风险的链式传递性贯穿于国际工程项目的整个生命周期。譬如，投标阶段的风险对实施阶段的风险具有一定的诱发作用，因此，对其风险的控制应该从各个环节入手，尤其是把握关键的决策过程，增加决策的灵活性。风险链上的后续环节的风险受到前向环节的直接影响。这里可以借用鞭子运动时的现象来加以说明，如图 7-4 所示。这种影响既有鞭梢作用的减小效应，也有鞭梢作用的加大效应。

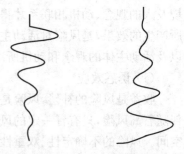

鞭梢效应减小风险　　鞭梢效应加大风险

图 7-4　鞭梢效应对风险的影响

(4) 迁移效应

在国际工程履行的漫长周期内，项目流程的风险处于不断地转移和重组的状态中。风险的迁移特性是风险管理方式转移的结果，面临的风险发生了迁移，进入到新的风险控制循环，即形成了风险的"迁移效应"。而传统的风险控制体制是直线式的，仅仅在每个状态上进行了简单风险考虑，分析可能出现的结果，各风险状态之间缺少切实的关联。一旦风险变成现实，易被过去各阶段的工作所影响和束缚，极易矫枉过正，使风险进一步加大，从而增加成本。

7.1.4　风险因素的分类

风险的来源和分类紧密相连，同一来源的风险，往往性质也是相近的。正确地认识风险的来源，合理地进行风险的分类，有助于更全面地识别风险，采取有针对性的风险管理策略。

风险的来源、风险事件和风险的影响是三个不同的概念，但三者又是密不可分的。风险的来源表明风险事件发生的原因，而风险事件的发生将会产生各种各样的影响。从某种意义上说，所有的风险源均来自不同的环境。风险来源可以分为物质环境、社会环境、政治环境、法律环境、操作环境、经济环境和认知环境七类。

对风险进行分类具有三个目的：其一，能加深对风险的认识和理解，确定风险事件本身的因果关系；其二，可辨清风险的性质，从而有助于制定风险管理的目标；其三，为了分别研究对这些不同类别的风险所应采取的对策。

进行风险分类，主要是依据风险的性质和可能的结果及彼此间可能发生的关系。常见的风险分类主要有如下几种：

(1) 系统风险和非系统风险。系统风险带有普遍性，对于市场中的所有类似项目均有影响。系统风险贯穿于项目的各个阶段，项目在立项、建设、生产运营直到移交的全过程都可能受到系统风险的影响。系统风险是不能完全避免的。非系统风险是指与特定的项目联系在一起的风险。

(2) 根据风险因素与项目的相互关系,风险可以分为内部风险(Internal Risk)和外部风险(External Risk)。内部风险是指风险来自系统内部,主要在系统内部发生作用。外部风险则主要来自系统外部,通过系统的界面对系统的全局或局部产生影响。内部风险是企业或项目失败的主要因素,但是外部风险也起到相当重要的影响作用。

(3) 按风险发生的形态,可分为静态风险(Static Risk)和动态风险(Dynamic Risk)。静态风险是指由于自然力变动(如地震、海啸)或人的行为失常(如死亡、盗窃)所引起的风险。动态风险是由于人类社会活动而产生的各种风险,如战争、通货膨胀等。

(4) 按风险事故的后果,可分为纯粹风险(Pure Risk)和投机风险(Speculative Risk)。纯粹风险是指只有损失可能而无获利机会的风险,即造成损害可能性的风险。例如交通事故只有可能给人民的生命财产带来危害,而绝不会有利益可得。纯粹风险是普遍存在的,如水灾、火灾、疾病、意外事故等都可能导致巨大损害。投机风险是指既可能造成损害,也可能产生收益的风险,如股票、证券、市场风险等。这种风险带有一定的诱惑性,可以促使某些人为了获利而甘愿冒这种损失的风险。

(5) 按风险波及的范围,可分为特定风险(Particular Risk)和基本风险(Fundamental Risk)。特定风险是指与特定的人有因果关系的风险。即由特定的人所引起,而且损失仅涉及个人的风险,例如盗窃、火灾等。基本风险是指其损害波及社会的风险。基本风险的起因及影响都不与特定的人有关,至少是个人所不能阻止的风险。例如,与社会或政治有关的风险,与自然灾害有关的风险。

(6) 按风险能否处理,可分为可管理风险(Manageable Risk)和不可管理风险(Unmanageable Risk)。可管理风险是可以预测及可以控制的风险,或者结果部分地在人们的直接控制范围之内的风险,如由于项目活动致使他人遭受财产损失和人身伤害而应付的法律赔偿等,虽然由于其发生的偶然性而很难完全避免,但可以通过分析预防、加强管理等措施来控制和减少它们出现的可能性,因此属于可管理风险。不可管理风险则是不可预测及不可控制的风险,如自然灾害、地质条件、原材料的价格变动、通货膨胀、政策的调整等,作为项目的参与者无法加以影响或控制。对于不可管理风险,可以通过采取某些措施来减轻其负面的影响。

(7) 从认识的角度,风险可分为主观风险(Subjective Risk)和客观风险(Objective Risk)。主观风险是因为人对客观规律认识上的不足而产生的不确定性,是基于个人心理状态所衍生的主观认识。客观风险是由于一切事物都是处于变化之中而产生的不确定性,是预期损失与实际损失的变异程度。

(8) 根据风险因素发生作用的影响范围,风险可分为全局风险和局部风险。全局风险是指风险的发生将对系统的全局或全过程产生影响。局部风险是指由某个特定因素导致的风险,只对系统的某一个或几个部分产生影响。局部风险影响的范围比较小,而全局风险的影响范围和严重性都较大,风险因素往往无法加以控制,如政治风险、经济风险等。局部风险和全局风险是相对的,有时又会相互转化。风险识别应特别关注项目的全局风险。

(9) 根据发生时是否需要条件,可分为条件风险、概率风险及条件概率复合风险。条件风险是指只有当满足与项目参数相关的某个条件时才会触发的风险。概率风险是根据发生概率触发的风险。条件概率复合风险是在满足一定条件时,根据发生概率触发的风险。

(10) 根据风险的复杂性,可分为复合风险和单一风险。单一风险是不能进行分解的风险。复合风险由单一风险以一定的关系组合产生。

（11）按风险的潜在损失形态，风险可分为财产风险（Property Risk）、人身风险（Personal Risk）和责任风险（Liability Risk）。财产风险是指个人或企业财产发生各种直接或间接损失的风险。人身风险是指人们因生、老、病、死、伤残等原因而导致经济损失的风险。责任风险是指因侵权或违约依法对他人遭受的人身伤亡或财产损失应负赔偿责任的风险，又可分为法律责任风险及契约责任风险。

风险分类并无绝对的标准。既然分类的目的是为了认知、评估和控制风险，那么，只要有利于风险认知和管理需要的分类就是有价值的。

7.2 国际工程风险识别

风险识别可定义为"系统地、持续地对建设项目风险进行鉴别归类并评估其重要性的过程"。风险识别是风险管理的基础，是在收集资料和调查研究之后，运用各种方法对潜在的及存在的各种风险进行系统的归类和识别，其中最重要的工作是了解并找出项目所有可能遭受损失的来源，即项目的风险因素。其主要内容是对影响项目进展的风险因素、性质以及风险产生的条件和风险可能引起的后果进行识别，据此衡量风险的大小。

风险识别是一项持续性、制度性的工作。风险如果不能被识别，它就不能被控制、转移或者管理。因而对各种风险因素和可能发生的风险事件进行分析，是风险管理的首要步骤。风险识别是一项困难的任务，因为没有一个一成不变的程序可供利用。它严重依赖于风险识别人员的经验和洞察力。

风险识别的基础是历史数据、经验和洞察力。然而，每一个建设项目都不同，即使在类似的项目上，类似的风险也不一定重复发生。如果非关键的风险被识别、分析和处理，但是关键的风险没有被考虑，项目参与方将面临没有意识到的风险，这对整个项目的产出有很大的影响。风险识别直接影响风险管理的决策质量，进而影响整个风险管理的最终结果。只有全面、正确地识别项目所面临的风险，衡量风险和选择应对风险的方法，才能保证项目的成功。

7.2.1 系统风险

国际工程项目的系统风险是指项目在实施过程中，由于受到超出企业或项目决策者可控范围的政治、经济、社会和法律环境的影响而遭受损失的风险。一般来说，这类风险带有极大的偶然性，因而无法准确预测。系统风险主要包括政治、经济、法律和社会等方面，它贯穿于项目的各个阶段。

1) 政治风险

国际工程项目更容易受到项目所在国政治局势的影响，在不稳定的国家和地区，政治风险使承包商可能遭到严重损失。政治风险通常难以预测，有的是由于国内激烈的政权争夺，有的是由于工程所在国或地区突然发生国际性的事件或外部的入侵，而引起社会动荡及权力变更，打乱了工程原有的秩序，严重影响到承包商的收益，甚至造成人员伤亡。其影响往往是综合性的并具有连带效应。

(1) 政局的稳定性

政局不稳主要表现在政权的变更、政府内派系斗争、政变或战争、兵变、罢工和暴乱等。由于工程所在国发生战争或者政变、内乱、国内政治形势恶化,建设项目可能被终止或毁约;由于骚乱,可能使工程现场不得不中止施工,因而施工期限被拖延,成本增大。尽管在合同条款中对于这类风险进行了比较明确的规定,承包商在发生此类风险时可以向业主要求支付一定数额的补偿费用,但由于合同双方利益的冲突或不一致等因素,承包商很难得到实际发生损失的全部补偿。

这种情况在某些发展中国家(如中东、非洲、拉丁美洲)表现尤甚,不稳定的国家和地区一旦发生此类风险,将对企业造成不可估量的损失。有时在内乱之后,原来的承包合同虽然仍然有效,但是在战争或者骚乱期间工程现场不得不中止施工,因而工期被迫拖延,造成成本提高,且在停工期间,承包商在保护设备、工程、人员等方面的额外开支也大为增加。即使项目所在国没有发生战争内乱,仅仅是政权更迭,如项目施工期间举行该国大选等,也可能会给承包商造成风险,使得项目从盈利变为亏损。

(2) 国际关系状况

如果一个国家与外界关系反常,比如与邻国经常处于剑拔弩张的状态,国内环境不可能稳定,企业经营甚至人身安全都会受到威胁。如果工程所在国奉行错误的至少是不恰当的对外政策,与世界上某些国家的关系紧张,可能会使其他国家对该国实施封锁、禁运或者其他经济制裁措施,从而扼杀国内的建设项目。如果与邻国关系恶化,可能会发生边境武装冲突,甚至有发生大规模战争的可能性。这将直接影响工程的正常实施和项目建设管理机构、人员的安全,使工程被迫中断或遭到直接破坏,从而蒙受损失。

工程所在国与我国的关系也是非常重要的因素。如果两国之间关系良好,在工程实施过程中将会得到政府和民间机构、团体等各方面的支持和帮助,办事顺利。例如我国对外援助项目,由于对方国家感激中国的帮助,在项目运作过程中通常会给予各种可能的方便条件。但是,在一些对中国不太友好的国家就会碰到一些预想不到的问题,例如在投标竞争过程中可能会遇到政治性的干预,工程实施过程中也可能在人员出入境、货物运输、工程款支付以及合同争端的处理方面遇到歧视性对待,使承包公司的权益受到损害。

(3) 国有化、没收与征用

业主所在的国家根据本国政治和经济的需要,颁布国有化政策或法律,直接对外国在该国的资产宣布没收或占用,或强行将承包的工程收归国有,且不代替原工程业主履行义务。有时候国家会给予被没收财产的承包商一定的经济补偿,但这部分补偿费用远远达不到承包商的投入水平,而且往往不能够全部兑现。在中东和南美洲一些国家就曾经发生过这种情况,给承包商带来未曾预料到的巨大损失。

另外,还有一些国家采用间接的手段没收外国资产。例如,对外国公司强行征收差别税,拒绝为外国公司办理出口物资清关和出关。还有些国家在经济状况恶劣的情况下,宣布冻结全部外汇。即使有些幸运的承包商能够得到一张暂借外汇的期票,其规定的利率也很低,而且要多年以后才归还本金。

(4) 拒付债务

某些发展中国家在经济衰退或是出现危机、财政入不敷出的情况下,对于政府的一些工程项目,会简单地废弃合同并宣布拒付债务。如果是私营项目,承包商为免遭业主毁约或拒付债务的损失,可以在签订合同时要求私营业主提供付款的银行保函或信用证。在这种情况下,一旦业主拒付债务,承包商可以从银行获得一定的赔偿,但对于因废弃合同而遭受的其他损失则无能为力。但对于政府工程,很少有政府部门会同意对其工程提供银行保函或信用证,对此,承包商往往很难采取什么有效的措施。有些政府使用主权豁免理论,能使自己免受任何诉讼。

(5) 恐怖袭击

"9·11"事件及反恐战争后,国际上恐怖主义分子针对商业和政治目标的袭击频频发生。特别是在政局不稳定、治安不良的一些敏感区域,如中东、南亚、拉丁美洲、非洲等地区,实施工程项目时遭受恐怖袭击的风险很大。恐怖袭击风险既可能带来人员的重大伤亡,也会增加承包商相应的保安费用。

如2004年6月10日,我国某对外公司在阿富汗北部地区昆都士以南的公路修复项目沥青拌和站工地上,一伙武装人员闯入工地围墙外的两个帐篷,向住在里面手无寸铁的工人疯狂扫射,最终造成11人死亡,另有5人受伤。2006年4月1日,一伙武装分子趁夜色偷偷潜入该公司在阿富汗的贾拉巴德公路修复项目工地,被工地值勤的卫兵发现,双方发生交火,由于中方卫兵数量相对较多,袭击被挫败,恐怖分子仓皇而逃。该公司在2003年中标阿富汗两个公路修复项目,其保安费用就高达242万美元。

2) 经济风险

经济风险是指国际工程项目所在的外部经济环境对项目建设和经营产生的潜在不利影响。外部经济环境包括世界经济环境、国家经济环境及相关行业经济环境。

(1) 国家宏观经济政策、产业政策调整

许多国际工程项目是影响该国国计民生的重要项目,项目所在国的宏观经济政策、产业政策的调整可能使原计划的项目被取消、中途终止或完成的项目不能投入使用。

(2) 通货膨胀

通货膨胀是一个威胁到全世界的问题,在某些发展中国家情况更为严重,其年通货膨胀率甚至高达百分之数百。由于通货膨胀使得材料价格不断上涨,工程造价大幅度提高,承包商如果接受了"固定总价"的合同,便意味着承包商本身要承受由于通货膨胀所要额外付出的费用,必然面临很大的经济损失。

(3) 汇率变动

国际工程项目的工程款一般都是以当地货币和国际硬货币(如美元)两种货币支付,这两种货币之间以及它们与人民币之间的汇率不利波动会给承包商带来一定的风险。

(4) 换汇控制

有些国家对承包商兑换国际货币汇往国外实行严格的限制措施,即使承包商要购买进口材料设备,也必须经过严格的审批手续。有些国家可能允许在签订合同前事先商定一个换汇数额比例,使承包商可以采购进口材料,但是仍然不允许将正当的利润换成硬通货汇出。有些国家虽然允许换汇和寄出,但规定必须在若干年以后才可以进行,往往这个限制时间很长,形成一定的风险。

(5) 利率风险

利率风险是指由于利率波动使资产价值或利息收入减少,或者使负债利息支出增加的可能性。对企业来说,经常面临的利率风险是借款利息成本增加的可能性。由于金融市场的动荡不定,主要贷款货币利率也会经常波动。大幅度的利率变动对于国际工程承包企业来说,在项目融资和项目履约收汇期间无疑会遇到巨大的利率风险。如2005年7月20日,某重装集团公司与越南电力公司签订某电站工程总承包合同,合同金额5.4亿美元。该集团公司与国内银行签订贷款10亿元、美元7 000万元的合同。7月21日中国人民银行公布美元对人民币汇率交易价格调整为1美元兑换8.11元人民币,作为次日银行间外汇市场上外汇指定银行之间交易的中间价,由此,该集团公司产生的瞬间损失近1 000万美元。2006年4月26日,人民币贷款利率上浮0.2个百分点,美元LIBOR利率从2006年4月至6月又上升7%左右,以上利率的变动,使该集团公司增加财务成本约810万元。

3) 法律风险

法律风险主要是指现行法律体系不支持有关权利的实现或项目合同所强调的义务。而涉及国际工程项目的法律法规、政府政策、宏观调控措施的变化则会引起权利、义务的变化,进而引起风险。

(1) 法制不健全

项目建设具有投资周期长、投资额大的特点。它涉及的主体较多,经历环节较复杂,需要各种法律、法规对工程建设过程进行约束。西方发达国家经过几百年的积累和探索形成了一套较为完善的建设法规体系,而发展中国家由于历史的原因经济相对落后,导致了国内法规不健全或者国内法规和国际法规相抵触,在发生纠纷时使承包商不能获得争端仲裁或判决的公正解决,而承担不应有的损失。这在阿拉伯国家的工程承包过程中表现得相当突出。法制不健全体现在法律规定有空白和法制观念淡薄,有法不依。

(2) 法律规章变化

与项目有关的法律法规的变化直接影响项目的范围和实施环境。对外工程相关政策的变动,往往会给参与承包的外国公司带来很大的影响。这种政策变化主要包括行业发展战略及政策的变化,如基建、土地等宏观政策的变化,有关建设施工的条例和规范的变化,各种建设审批程序的变化等。政策变动频繁或变化无常,会令企业无所适从。在一些法制观念不强或法规不健全的国家,政府常常以令代法,而且政府的指令又常常不是出于客观需要。国际工程承包通常投资较大,工期较长,因此,如果项目所在国家的政策经常变动,工程承包企业无法进行合理的预测,也就无法规避由于政策变化带来的风险。

(3) 法律适用性

国际工程项目从招投标开始直至施工结束,都要受到各种法律法规的限制,这就涉及法律的适用问题。适用的法律法规与项目所在国或地区有关,各个国家或地区都有自己的有关工程建设方面的规定,某些国际组织也有自己的规定,如亚洲开发银行、非洲开发银行、日本协力基金等。

解决合同的法律适用有两种方式:当事人意思自治,即在合同中选定;合同中没有规定,当事人直接向法院起诉或向仲裁机构申请仲裁。对于当事人双方没有事先选择法律的情况下,世界上大多数国家的做法是适用与合同有最密切关系的国家的法律:①属人法,大陆法系一般规定适用于当事人国籍所属国的法律,英美法系以住所地为属人法;②行为地法,行为地包括合同缔结地、合同履行地、侵权行为地;③物之所在地法,即以法律关系的客体所在地的法律为依据。

在国际工程合同中一般应明确选择适用法律,这样履行合同有明确依据,发生争议时也有依据可循,减少麻烦。而且不同的国家和地区法律规定等往往存在差别,这种差别就带来了不确定性,即风险。

因此作为国际工程投标商,在投标之前,就要调查项目所在国的有关法律,如税法、劳动法、进出口管理法、出入境管理法、工商企业法等,最好聘请当地律师作为法律顾问。只有在了解并掌握当地法律的前提下,才能进行投标和确定投标策略。法律意识和执法方式在不同的国家和地区也往往存在差别。大部分发展中国家的法律观念较淡薄,法规不健全,执法方式具有随意性,而这些国家目前又是中国公司的主要市场,因此了解熟悉当地的法律意识和执法方式也是很重要的,以便尽量避免违法、争议和纠纷等,且在发生的情况下,知道如何应对。

4) 社会风险

社会风险是指国际工程项目所在地的社会各个领域、各个阶层和各种行业中存在的形式各异的风俗、习俗、习惯、文化、秩序、宗教信仰、社会治安等引起的制约及阻碍项目实施的不稳定性因素。

(1) 文化差异

每一种文化都是适应特定的环境形成的,因而差异也是普遍存在的。国际工程承包跨越了国界,决定了工程项目的相关人员如工程技术人员、管理人员、工人之间以及企业与社会存在文化上的差异,这种差异性可能导致不同的价值判断和行为趋向,甚至导致冲突。

(2) 风俗习惯和宗教信仰

当地的宗教信仰、社会治安、劳工素质的高低、工会对外国公司的态度等都直接或间接影响项目的正常进行。另外还由于宗教信仰、社会习俗等给施工带来困难,如在伊斯兰教的斋月期间,当地劳工出勤低、工效低,影响正常施工,造成潜在风险。进行国际工程投标,不能不考虑并重视项目所在国的宗教因素,尤其不能违背其宗教教规和宗教习俗。只有顺应人心,才能事半功倍。

(3) 强烈的排外情绪

强烈的排外情绪可能出于民族的或宗教的原因,可能造成的影响是巨大的,也是多方面的。它可能影响决策方向,可能影响法律的公正,也可能导致暴乱。这些即使在今天的国际社会也是屡见不鲜的。强烈的排外情绪还可能招致受排斥国家的报复而使有关企业蒙受重大损失。

(4) 语言差异

世界上有多种语言,人们通过语言来传递信息、交流思想、协调关系。在进行跨文化交流时,很容易出现误解。即使同种语言的交流,有时沟通也会是困难的。国际工程中往往需要使用多种语言、文字进行交流,尤其是书面文件如合同、设计说明等。在交流时,直接接触的是文字的符号和形象,能否通达意义的层次,取决于沟通的质量。因此跨文化交流时出现沟通问题的风险相当高。

7 国际工程风险管理

(5) 社会治安

良好的社会秩序是企业取得成功的重要保证。社会治安混乱必然会妨碍项目正常的建设、生产及经营活动。治安混乱、偷盗成风,企业主将不得不花费巨款以加强保卫力量,无形之中增加了项目成本。

(6) 社会风气

不利的社会风气表现在多方面,如政府的办事效率低下、官僚习气重,公职人员的品行败坏、职业道德差等。

(7) 文化素质

项目所在国公众文化素质不高或是知识结构不合理,这些都会造成项目所雇用的员工素质不高,从而增加项目管理的难度,加大项目的风险。

7.2.2 非系统风险

非系统风险是指在项目实施和营运过程中出现的与项目本身相联系的各种潜在风险。

1) 准备阶段的风险

准备阶段的风险主要源于承包商为项目的实施准备不充分,从而引发相应的风险。国际工程项目准备阶段的风险来源如图 7-5 所示。

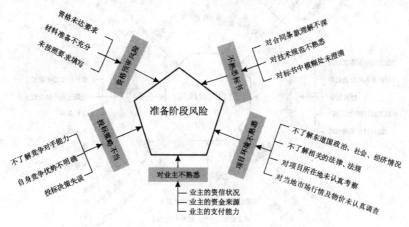

图 7-5 国际工程项目准备阶段风险来源及影响示意图

【例 7-1】 我国某工程承包公司获得某国建设两所学院的招标信息,考虑到准备在该国发展业务,决定参加该项目的投标。由于我国与该国没有外交关系,经过几番周折,投标小组到达该国时离投标截止日期仅 20 天。买了标书后,没有时间进行全面的招标文件分析和详细的环境调查,对当地的劳动力、材料价格、税收不熟悉,仅粗略地测算各种费用,仓促进行投标报价。开标后发现报价低于正常价格的 30%。中标后承包商分析了招标文件,调查了市场价格,发现报价太低,合同风险太大,如果承接,至少亏损 100 万美元以上。

【例 7-2】 我国某承包公司作为分包商与奥地利某总承包公司签订了一份房建项目的分包合同。该合同在伊拉克实施,它的产生完全是奥方总包精心策划、蓄意欺骗的结果。如在谈判中编制谎言说,每平方米单价只要 114 美元即可完成合同规定的工程量,而实际上按当地市场情况工程花费不低于每平方米 500 美元;有时奥方对经双方共同商讨确定的条款利用打字机会将对自己有利的内容塞进去;在准备签字的合同中擅自增加工程量等。该工程的分包合同价为 553 万美元,工期 24 个月。而在工程进行到 11 个月时,中方已投入 654 万美元,但仅完成工程量的 25%。预计如果全部履行分包合同,还要再投入 1 000 万美元以上。结果中方不得不抛弃全部投入资金,彻底废除分包合同。在这个合同中双方责权利关系严重不平衡,合同签订中确实有欺诈行为,对方做了手脚。但作为分包商没有到现场做实地调查,而仅向总包口头"咨询"。签字后,合同就有效,必须执行,结果造成重大损失。

2) 建设阶段的风险

项目开始兴建以后,大量的资金要投入到土地征收、材料设备购买以及工程施工等。在此过程中,贷款的利息也由于项目还没有任何收入而必须计入资金成本。随着贷款资金的不断投入,项目的风险也随之增加,在项目建造完工时风险也达到或接近最高点,此时如果一些未知因素造成项目建造成本超支、工期延误,则项目参与各方将承受非常大的损失。这一阶段的风险因素很多,来源也相当广泛,直接影响到工程项目能否顺利完工(如图 7-6 所示)。

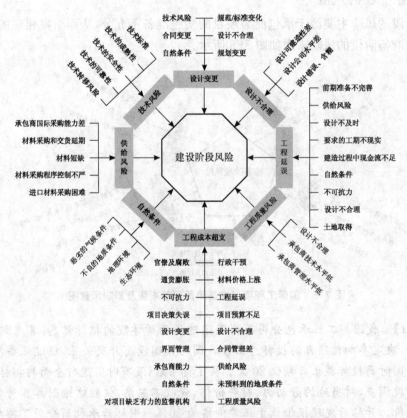

图 7-6　国际工程项目建设阶段风险来源及影响示意图

7.2.3　EPC/BOT/联营体模式的风险识别

EPC、BOT 和联营体模式在国际工程中应用非常广泛,这些模式除具有通常所采用的分阶段、分专业平行承发包模式的一些风险特征外,其风险还各具特色。

1) EPC 模式的风险识别

EPC 模式的风险还体现在设计风险和采购风险两方面。

（1）设计风险

设计所产生的文件是总承包项目管理中采购、施工的重要依据。所以，设计工作不光要满足业主的功能要求和质量要求，还要考虑和施工、采购之间科学合理的衔接，设计风险如图 7-7 所示。

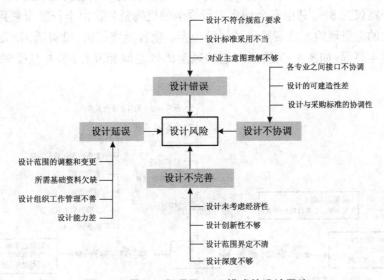

图 7-7　国际工程项目 EPC 模式的设计风险

（2）采购风险

采购过程在工程项目运行中实际上起到了一个承上启下的作用，一方面它根据设计阶段的成果来采办工程所需的设备、材料；另一方面，采办回来的设备材料要应用到工程中去，所以说对采办过程监控和管理的好与坏直接体现在整个工程质量中。经识别出来的 EPC 采购模式中的采购风险如图 7-8 所示。

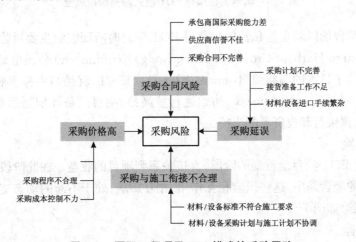

图 7-8　国际工程项目 EPC 模式的采购风险

2) BOT 模式的风险识别

BOT 模式的风险还体现在融资风险、运营风险和移交风险方面。

（1）融资风险

在 BOT 项目中，承包商的融资体系不同于传统模式下的融资方案。融资结构基本上依赖于项目自身的现金流量和资产，成为一种"无追索"的结构。项目公司自有资金一般不会超过项目所需资金的 30%，如英法海底隧道为 20%，中国台湾南北高速铁路为 25%，马来西亚南北高速公路仅为 8%，其余资金均靠银行等金融机构贷款。由于贷款金额巨大，BOT 项目面临着巨大的融资风险。融资阶段的风险包括：项目融资结构、投资诱因不足、融资可获得性和融资成本高等（如图 7-9 所示），这些风险因素之间相互作用，并且受到宏观经济的影响。

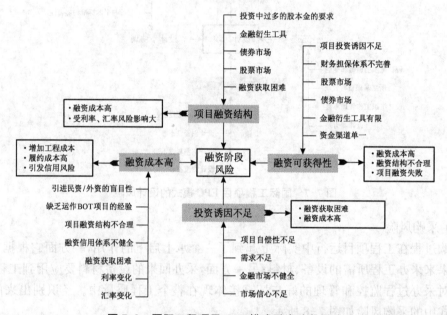

图 7-9 国际工程项目 BOT 模式融资阶段风险

同时，融资阶段的风险也是私营机构获得 BOT 项目时所面临的主要风险。如香港的东部隧道项目（Eastern Harbour Crossing, Hong Kong），Nishimatshu 公司也是其中的短名单之一，但最后输给了日本的熊谷组（Kumagai Gumi）。其原因就是与中标者相比，其发起人的资产负债率（Debt-Equity Ratio）高、初始通行费高昂、项目准备计划延迟和设计水平低，因此最终未能获得银行和投资者的支持。

（2）运营风险

运营阶段是 BOT 项目最重要的阶段，直接关系到项目的收益。在此阶段的风险极为复杂，并且在漫长的经营期中，这些风险相互作用、相互影响，处于不断的动态变化中。经识别的运营阶段的风险如图 7-10 所示。

（3）移交风险

BOT 项目在特许经营期满后，则必须移交给政府，相应的风险也就大部分转移给政府。项目在合同期结束或者提前终止时，如果项目的价值低于政府原先估计的，且私营机构同意

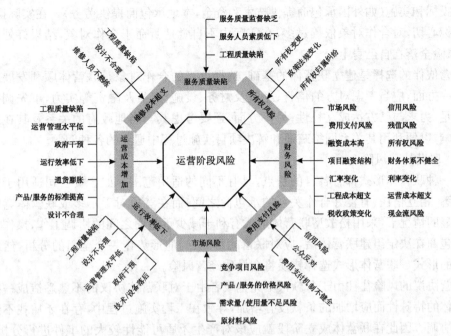

图 7-10 国际工程项目 BOT 模式运营阶段风险

以此价值移交给政府,则相应地产生了残值风险。残值风险主要来源于合同条款不完善、项目的价值评估产生分歧、项目移交的标准不明确等方面。

3) 联营体模式的风险识别

联营体是国际承包商参与工程建设的重要商业运营模式,目前已成为我国工程企业迈向国际高端市场的有效途径。但联营体的运作和管理又有其自身的规律和特点,不确定性和风险较大。联营体模式除具有一般项目的风险因素外,在联营体模式实施中,合作伙伴风险、联营协议风险和文化冲突风险是不容忽视的(如图 7-11 所示)。

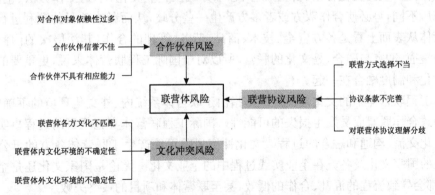

图 7-11 国际工程项目联营体模式风险

(1) 合作伙伴风险

这一风险在合作对象实力相差悬殊的情况下发生的可能性较大。在国际金融机构如世界银行或区域性(亚洲、非洲等)开发银行贷款的项目,项目当地承包商必须与外国承包商合作才可投标和实施(如外国承包商提供技术和资金,本地承包商提供劳务)。在实际操作中,由于夺标心切,对合作对象依赖过多,在实际中不自觉地听命于合作对象,结果好处被人占尽,而风险全落在自己身上。

联营伙伴的选择是建立联营体的基础,选择恰当的合作对象是联营体顺利发展的前提条件。一方面,应当考虑对方的信誉、经验及财务、设施、人员及融资等实力,事先调查其优势和不足,力求与己方达成互补性;另一方面,还要考虑其与当地政府的关系及其在当地社会的影响,以便利用其关系网络疏通和解决项目实施过程中遇到的各种问题。

(2) 联营协议风险

每一种联营体形式都有各自的特点,具有不同的适用范围。如合资公司适用于彼此间比较熟悉、相互信任、有良好合作关系的承包商之间;而在竞争对手不多或联营体竞争优势比较明显的情况下,采用松散型联营体形式有利于减少承包商之间的协调工作,操作比较方便。承包商在决定组建联营体后,应对联营的目的、当前形势作一个全面的分析,然后决定联营体的形式。联营体形式选择错误将会导致经营风险。

联营协议的风险往往由于条款很不完整或者由于对联营体协议的不熟悉造成一些由于本联营体的特殊性而应增加的条款没有增加,导致在工程实施过程中,存在矛盾找不到相应条款来协调。因此在联营体成立阶段就应该对产生矛盾可能性较大的事件进行分析,提出协调方法,纳入联营体协议。总之联营体协议应尽可能完善、明确、具体、详细,以免日后发生争执。

对联营体协议理解出现分歧,由此而造成争执势必会影响承包商之间的合作关系、拖延工期甚至会影响到整个工程的实施,造成严重后果,因此在订立联营协议时,要避免出现歧义性的条款。

(3) 文化冲突风险

文化冲突风险是国际工程联营体的重要风险,组成联营体各方的战略、组织和文化匹配与否将会影响项目的绩效。其中文化匹配是指组成联营体各方的母公司的国家文化和企业文化的相似性。大到文化背景、价值观念、思维方式及企业文化,小到工作方法、生活习惯,如果均有所不同,势必使合作双方或者多方产生一些分歧,从而影响项目的顺利进行。国际工程联营体从表面上看是各方资金、技术、商品、劳务、管理的合作,其深层次的内涵则是多国文化的碰撞、冲突与融合,是文化的联营,所以对于国际工程联营体来说,更重要的是彼此的思想文化和制度融合在一起。

国际工程联营体中的文化冲突风险是指由于联营体系统内、外文化环境的不确定性、复杂性而导致合作联盟成员发生损失的可能性。国际工程联营体实施项目的过程事实上就是进行跨文化交流、沟通和融合的过程。文化冲突风险可能产生于联营体各方的母公司及联营体所在的国家文化及各方在企业实践过程中的企业文化。无论是国家文化还是企业文化的冲突,都会导致流程的混乱、合作的低效,甚至联营体和项目的最终失败。

7.3 国际工程风险分析、评价与分担

风险识别仅是从定量的角度了解和认识风险因素。要把握风险,还必须在识别风险因素的基础上对其进行进一步的分析和评估。分析和评估的量化过程有助于更清楚地识别主

要的风险因素,其量化分析的结果有利于采取更有针对性的对策和措施,从而减少风险对项目目标的不利影响。风险分析和评估主要包括下列活动:

(1) 确定单一风险因素发生的概率值,通过主观或客观的方法实现量化的目的。

(2) 分析各种风险因素的风险结果,探讨这些风险因素对项目目标的影响程度。

(3) 在单一风险因素量化分析的基础上,考虑多种风险因素对项目目标的综合影响,评估风险的程度并提出可能的措施,作为管理决策的依据。

7.3.1 单一因素的风险度量

单一因素的风险度量可以用风险度来衡量,即考虑风险因素所导致的后果以及风险结果所对应发生的概率值。利用风险度的大小,对各种风险因素进行排序。风险度可以用下列表达式来描述:

$$R = f(O, P)$$

式中:R——某一风险事件发生后影响项目管理目标的程度,即风险度;

O——该风险因素的所有风险后果;

P——对应于所有风险结果的概率。

风险度量结果的有效性决定于对风险结果的判定及其相应概率值的确定。风险事件发生后,所造成的损失应从以下几个方面来衡量:其一,损失的性质,可能造成的损失是环境危害性的、经济的、技术的或是其他方面的;其二,风险造成损失的大小;其三,损失发生的时间等。

风险事件发生的概率确定的方法主要有两种:其一,根据大量试验用统计的方法进行确定;其二,根据经验结果所作出的主观判断。由于项目的一次性,项目风险管理活动也具有独特性,各个项目风险来源可能彼此相差甚远。因此,在很多情况下,只能根据样本个数不多的小样本对风险事件发生的概率进行估计,但是对于前所未有的新项目,没有可资利用的数据,只能根据经验预测风险事件的概率或概率分布。

最简单的一种常用风险度量方法是期望值法,即将风险结果与其相应的概率值相乘,以求出项目风险损失的期望值,采用 A、B、C 分类法确定风险的级别(如图 7-12 所示)。

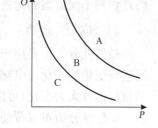

图 7-12 风险级别示意图

A 类:损失期望值很大的风险。发生可能性很大,发生后损失也很大。

B 类:损失期望值一般的风险。发生可能性不大,损失也不大,或可能性很大但损失极小,或损失比较大但可能性极小。

C 类:损失期望值极小的风险,即发生的可能性极小,发生损失也很小的风险。

在风险管理中,A 类是重点,B 类要顾及,C 类可以不考虑。

但这种方法的缺点是没有考虑风险结果之间的差异或离散,因此,较为合理的风险度量方法应该考虑风险结果之间的离散程度。采用方差可以反映量度风险结果之间的离散程度,但是,对于风险的不同的概率分布,利用方差来度量风险大小也存在着一定的局限性。

7.3.2 整体风险的分析与评估

单一因素的风险度量方法,没有考虑如何综合各单个风险因素对项目目标的整体影响效益。而项目的决策者需要了解项目的风险总体效果与单个风险效果,考虑项目的总体风险是否能接受,从而作出项目整体风险的判断。

项目整体风险的分析与评估,常用的分析方法有:调查打分法、决策树法、敏感性分析方法、蒙特卡洛法等。

1) 调查打分法

调查打分法是一种常见、最简单且易于应用的风险评估方法,既可以用于确定性风险,也可以应用于不确定性风险。该方法通过将列出的风险清单提交给有关专家,利用专家的经验,对可能的风险因素的重要性进行评估,然后收集专家对风险的评估意见,对专家评估结果作计算分析,综合整个项目风险分析概况并确定出主要风险因素。

为了考虑参与评估的专家在某一方面的专长,可以根据各专家的经验,以及其对所评估项目的了解程度、知识领域等,对专家评分的权威性确定相应的权重。

2) 决策树法

决策树法是一种直观运用概率分析的图解方法,它具有层次清晰、不遗漏、不易错的优点。决策树的结构比较简单,一般由决策点、方案枝、机会点和概率枝组成,以方块表示决策点,然后由决策点引出若干条直线代表各种不同情况或备选方案,通常称为方案枝,方案枝后连接一个圆圈,称为机会点,机会点后引出若干直线,称为概率枝,代表不同的状态,在概率枝的末端列出各方案在不同状态下的损益值,这样连接而形成的一种树状结构就是决策树。利用决策树可将各风险因素分解开来,逐项计算其概率和期望值,就可以容易地进行风险评估和不同方案的比选。

3) 敏感性分析

敏感性分析主要用于评估确定性风险变量对项目目标的影响。敏感程度是指由于特定因素或变量的变化而引起评估目标的变动幅度。如果这一因素在一定范围内变动但不对评估目标造成太大变化,可以说该风险因素对评估目标是弱敏感性因素,反之则为强敏感性因素。敏感性分析可以帮助人们确定评估对象对哪个变量或因素的变化最为敏感、哪个其次,从而可以列出各种因素对项目目标的敏感性顺序,敏感性强的因素将给项目带来较大的风险。

在实际应用中,由于影响项目目标的因素众多,没有必要也不可能对所有因素都作敏感性分析,因此,可以有针对性地选择一些因素,一般选择那些不确定性很强的因素,因素的变化可以用相对值或绝对值来表示。当选定的因素变动幅度确定之后,假设其他因素不变,计算出项目目标的变动情况,这样分别计算各项目目标相对于各选定因素变动而变动的幅度,项目目标变动幅度越大对应的因素敏感性越强。

敏感性评估有其局限性,即各种风险是单独考虑的,只能在假设不确定因素的变化幅度下计算该因素对项目目标的影响,而不能结合考虑出现这种风险结果变化幅度的概率,也就是不能表明这种风险发生的可能性有多大。为了在一定程度上弥补敏感性图的不足,可以采用在图中加入概率等高线来直接表示出参数的敏感性和重要性。

如果考虑每次变动的风险因素不止一个,就可以采用多因素敏感性分析。多因素的敏感性分析就是要考虑各种风险因素可能发生的不同变化幅度的多种组合。通常情况下,多因素敏感性分析都是假定同时变动的因素是相互独立的。

4)蒙特卡洛法

蒙特卡洛模拟方法,是一种依据统计理论,利用计算机来研究风险发生概率或风险损失数值的计算方法,其实质是一种统计试验方法,主要用于评估多个非确定型的风险因素对项目总体目标所造成的影响。该方法的基本原理是将被试验的目标变量用一模拟模型表示。模拟模型中尽可能地综合影响该目标变量的主要风险变量。在模拟模型中的每个风险变量的风险结果及其相对应的概率值用一具体的概率分布来描述。然后利用一随机数发生器来产生随机数,再根据这一随机数在各风险变量的概率分布中取一值。当各风险变量的取值确定以后,风险的总体效果就可根据所建立的模拟模型计算得出。这样重复多次,通过产生随机数得出风险总体效果具体值的过程便是蒙特卡洛模拟试验过程。

此外还有计划评审技术、模糊数学、多目标决策树模型及效用模型等。各种风险评估方法在应用时都有各自的优缺点,有着相应的适用范围,因此,在实际应用时应根据项目的规模、类型、项目的目标来选择合适的风险评估方法。

7.3.3 风险分担

风险的分担,即确定风险的归属权,是制订风险应对计划的一个重要内容。要针对不同的风险承担主体考虑相应的风险分担措施和承担费用。考虑某项风险的归属权时须注意:哪一方在该风险因素方面具有利益关系;哪一方对该风险因素负有责任;哪一方负责控制该风险。

当风险出现时,由谁来承担,这在项目团队中易发生分歧;而项目团队的分歧也可能是主要的风险来源,它会给风险成本带来重大影响,威胁到其他风险的有效管理。因此,必须按照一定的原则来进行风险的分担。分担风险的指导原则有:

(1)所有风险本身都应该是业主方的,除非以一合理的代价转移给另一方或由另一方承担。若照此转让了风险,应考虑接受风险的一方是否有正确评价风险以及合理地将风险控制到最小的能力。

(2)若风险强加给一方,且该方恰当处理了该风险,应存在回报该方的机会。

(3)风险应分摊给处于最有利控制该风险地位并以较小代价控制风险的一方。

(4)应采取措施保证风险实际分摊方法与期望的分摊方法一致。

大量的研究已经证明,恰当的分摊风险能大量节约项目费用和时间,因此,制定分担风险的标准十分重要。通常有三个重要的标准,并应分别针对合同每方单独评价:

(1)风险分担的适用价值(α);

(2)接受风险的价格(β);

(3)感知的风险的大小(γ)。

假定有若干方:$A,B,C,\cdots$参与项目,运用这三个标准的原则如下:

$$\text{最优}\{A,B,C,\cdots\}\begin{cases}\max\{\alpha A,\alpha B,\alpha C\}\\\min\{\beta A,\beta B,\beta C\}\\\min\{\gamma A,\gamma B,\gamma C\}\end{cases}$$

风险分担的适用价值(α):将某一风险分摊给合同一方的风险分担的适用价值(α)受很多变量影响。这一适用价值主要是下面三个变量的函数:

$$\alpha = f(承担该风险的财务能力,承担项目的技术能力,管理能力)$$

该适用价值应由项目队伍评价。某一风险事件的 α 值对所有合同各方都进行评估。由最大值的一方来承担该风险是合理的。

接受风险的价格(β):风险表示潜在的财务损失。接受风险意味着要花费一定资金。这笔费用可能以风险费或备用金的方式体现在投标价格中。项目管理队伍的一个重要作用就是降低这类风险费或风险接受价格,因此,原则上是将风险分摊给那些为承担风险收费最少的一方。一方接受风险的价格是许多变量的函数,可以表示如下:

$$\beta = f(项目的竞争性,接受风险的激励,财务状况,风险管理能力)$$

虽然 α 和 β 有某些共同的变量,但两个函数是不相同的。α 是项目管理队伍评价的函数值,β 是相关的一方所提供的函数值。

感知的风险的大小(γ):由于项目参与各方获得的信息多少不同,个人的性格与组织特点不同,他们可能对风险情况的感知不相同。被感知的风险大小可以用个人的风险态度、风险发生的概率和预期的结果三个变量的函数来度量,可以表示如下:

$$\gamma = f(个人的风险态度,风险发生的概率,预期的结果)$$

感知的风险大小与接受风险的价格有关,例如,相对于承包商承担风险的大小而言,承包商常常得不到应有的回报,这常常导致承包商采用防御策略,如多增加风险费,拒绝使用含有先进技术的设计备用方案,原因是如果失败的话承包商可能承担相关责任。在某些情况下,如在承包商急需要获得项目时,即使风险很大,也可能不会在价格中相应反映出来,但最终问题会以争端的方式暴露出来,这通常是不可避免的。

7.4 国际工程风险防范

一旦识别和衡量了风险,就应考虑各种风险对策问题。风险管理的目的或者是阻止损失的发生,或者是支付不可避免发生的风险损失。基本的风险管理对策包括风险应对计划、风险规避、风险自留与利用、风险控制等措施。

针对具体的风险状况、风险管理的总体目标等,需要采用按照一定的标准决定并选择最有利的风险管理对策。为选择一个合适的风险管理对策或对策组合,必须考虑到两个方面:其一,不同的风险管理对策对风险损失程度与频率的影响,即管理对策的效果分析;其二,预测风险管理对策的成本。如何对待风险,取决于企业自身的经济实力、经营者对待风险的态度以及对风险的判断。经济实力强的企业在客观上有承受较大的风险的能力,也可以对避免风险损失投入更多的人力和财力。相反,经济实力薄弱的企业只具备承担较小风险的能力。如果决策者确信其可选择的方法产生的后果,可以说决策没有风险。在无风险的情况下,主要是选择最好的方法或比较各类无风险方法之间的好坏。如果决策者不能确信其可选择的方法产生的后果,决策就有风险,此时该不确定性以可能发生的后果的概率来表示。在有风险的情况下,一个潜在的解决问题的方法就是选择期望值最高的方法,人们承担风险是取决于个体对接受风险的态度。多样的具体环境因素可能引导人们偏爱某一种决策方法,但是,没有一种简单的决策策略能用于一切情况下的风险判断。

虽然根据决策理论,风险指的是来源于选择结果的不确定性的概率分布,在近年的研究中,风险越来越不是指结果的不确定性,而是指其费用。人们看重的不是可变性,而是在某一具体风险与其成本之间的权衡问题,如在伤亡发生的频率和严重性与安全资金代价之间的权衡。

7.4.1 风险管理计划

在项目开始前,风险管理人员就应制订项目风险管理计划,并在项目进行的过程中,实行目标管理,进行有效的指挥和协调。项目风险管理实质上是整个组织全体成员的共同任务。因此,实行风险目标管理既要求自上而下层层展开,又要求自下而上层层保证风险管理目标的实现。在管理实践过程中,要积极发挥执行者的作用,开发他们的潜在积极性和能力。

项目风险管理计划应根据项目的具体情况而定,可以从如下几方面来考虑项目风险管理计划的内容:

(1) 项目提要

主要包括项目的目标、总要求、关键功能、应达到的使用特性、应达到的技术特性、总体进度、应遵守的有关法规等。这部分内容和其他各种计划一样,它应为人们提供一个参考基准,以了解项目的概貌,还要说明项目组织各部门的职责和联系。

(2) 项目风险管理途径

主要包括与项目有关的技术风险、经济风险、自然风险、社会风险等的确切定义、特性、判定方法以及对处理这些项目风险的合适方法的综述。

(3) 项目风险管理实施的准备

包括对项目风险进行定性预测与识别、定量分析与评估的具体程序与过程,以及处置这些项目风险的具体措施,并做好项目风险预算的编制。

(4) 对项目风险管理过程进行总结

记录有关资料、信息的来源,以备查证。对周期很长的重大工程项目,在制订风险管理计划时,还应有短期与长期之分。短期计划主要是针对项目的现状而制订,而长期计划则具有战略性,是围绕风险规避、风险控制、风险转移、风险自留等而作的综合性行动预定。

此外,在制订项目风险管理计划时,还应注意与其他相关计划的协调关系。在制订了项目风险管理计划后,应在项目运行过程中予以实施,并应对实施情况进行跟踪监测,做好信息反馈工作。只有这样,才能及时调整风险管理计划,以适应不断变化的新情况,从而有效地管理项目风险。就国际工程的施工而言,该计划系统由预防计划、灾难计划和应急计划组成。

(1) 预防计划

预防计划的主要作用是降低损失发生的概率,具体措施包括:组织措施、管理措施、合同措施、技术措施。例如,明确各部门和人员的安全分工,设立警卫人员,建立相应的风险预警工作制度和会议制度。采用风险分隔措施和风险分散措施。如在现场将易发生火灾的木工加工场尽可能远离现场办公用房位置;在治安不良的国家,承包商营房应有隔离区,有彻夜照明灯;在国际工程结算中采用多种货币组合的方式付款时,应分散汇率风险。

注意尽量让分包商开具履约保函、付款不能太快等。技术措施如地基加固、周围建筑物防护等。

(2) 灾难计划

灾难计划是一组事先编制好的、目的明确的工作程序和具体措施,为现场人员提供明确的行动指南,使其在各种严重的、恶性的紧急事件发生后,不至于惊慌失措,也不需要临时讨论研究应对措施,可以做到从容不迫,及时妥善地处理,从而减少人员伤亡以及财产和经济损失。例如,工程所在国发生战争、动乱,承包商人员配合使馆人员安全撤离现场,援救及处理工程现场的伤亡人员。控制资产及环境损害的进一步发展,如海洋漏油、煤气管道泄漏等的处置。

(3) 应急计划

应急计划是在风险损失基本确定后的处理计划,其主要工作是在严重风险事件发生后,使工程尽快全面恢复,并减少进一步损失,使其影响程度减至最低。国际工程中应急计划包括:调整整个国际工程的施工进度计划,调整材料、设备的采购计划,并及时与材料、设备供应商联系,必要时可能要签补充协议;准备保险索赔依据,确定保险索赔的额度,起草保险索赔后,要全面审查可使用资金情况,调整筹资计划等。

7.4.2 风险规避

风险规避是指通过对国际工程项目风险的识别、分析与评估,采取一定的方式中断风险源或改变行为方式,主动放弃或拒绝实施可能导致风险损失的活动,以消除风险隐患。就风险的一般意义而言,风险规避是处理项目风险最强有力、最彻底的手段,一种完全自足型的风险管理技术,即有效的规避措施可以在风险事件发生之前完全消除其造成损失的可能,而不再需要其他风险管理措施。

比如投标某国工程项目,由于该项目资金来源为当地政府,又是当地货币支付,当地货币连年贬值,施工技术方面又有一定难度,故投标策略是在已算出的成本价上加上足够的风险费。如果加价后得标无望,就可以采取风险规避的方式,放弃该项目的投标。

风险规避虽然能有效地消除风险源,避免可能产生的潜在损失或不确定性,但是由于风险规避措施通常与放弃某项开发活动相联系,这虽然使承包商遭受损失的可能性降为零,但同时也使其失去获得相关收益的可能性。某些风险是不可能规避的,或者采用规避措施在经济上是不合理的,如各种潜在的经济风险、社会风险和自然风险等。

风险规避是一种消极的项目风险管理措施,主要适用于以下两种情况:其一,某种特定的风险发生的概率和所导致的损失程度十分巨大且不能被转移或分散;其二,应用其他风险处理方法不能处理或成本会超过其产生的效益。一般来说,采用风险规避需要作出一些牺牲,但较之承担风险,这些牺牲比风险真正发生时可能造成的损失要小得多。例如某承包商参与某国城市供水系统改造项目,开标后发现自己的报价远远低于其他承包商的报价,经仔细分析发现自己的报价存在严重的误算和漏算,因而拒绝与业主签订施工合同,邀请使馆人员参与多方协调使自己不中标,让与第二中标候选人。虽然这样做将冒着被没收投标保函的风险,但即使被没收投标保函也比执行后严重亏损的损失小得多。

国际工程承包中应注意以下问题:

(1) 规避一种风险可能产生另一种新的风险。在工程实施中,绝对没有风险的情况几乎不存在。就技术风险而言，即使相当成熟的技术也存在一定的不确定性，即风险。

（2）规避风险的同时也失去了从风险中获益的可能性。例如，在涉外工程中，由于缺乏有关外汇市场的知识和信息，为避免承担由此带来的经济风险，决策者决定选择本国货币作为结算货币，从而也就失去了从汇率变化中获益的可能性。

（3）规避风险可能不实际或不可能。从国际承包商的角度，投标总是有风险的，但决不会为了规避风险而不参加任何国际工程的投标。我们不得不承认，风险规避是一种必要，有时是最佳的对策，但也是一种消极的风险应对策略。

在实施风险规避措施时，国际承包商应在项目的投标阶段就做出是否运用风险规避措施的决策，同时，尚应明确需要规避的风险范围，并在与其他风险管理方法进行优劣比较后进行取舍。

7.4.3 风险控制

风险控制是通过减少风险损失发生的机会，或通过降低所发生风险损失的严重性，来处理那些投资者不愿回避或转移的风险。风险损失控制的目的在于积极改善风险本身的特征，如风险发生的概率与损失程度。风险控制一般可分为风险损失预防与风险损失减轻两种。

（1）风险损失预防

风险损失预防的目的主要是试图减少或消除风险损失发生的机会。早期的损失预防侧重于风险的物质因素，即主要采用工程的方法，如为了预防火灾，可采用防火的建筑材料与结构，消除潜在的火源；供应商通过扩大供应渠道以避免货物滞销；承包商通过提高质量控制标准以防止因质量不合格而返工或罚款等。由于很多风险损失都是与人们在行为上的失误直接相连的，在风险管理中，对人的行为管理已越来越重要。如在商业交易中，交易的各方都把损失预防作为重要事项。业主要求承包商出具各种保函就是为了防止承包商不履约或履约不力，而承包商要求在合同条款中赋予其索赔权利也是为了防止业主违约或发生种种不测事件。

（2）风险损失减轻

风险损失减轻是指在风险损失已经不可避免发生的情况下，通过种种措施遏制损失继续恶化或限制其扩展范围，使其不再蔓延或扩展，也就是说使损失局部化。减少风险损失的措施主要是降低损失的潜在危害性，采取有效措施减轻损失发生时或损失发生后的损失程度。对一般的纯风险来说，损失减轻的措施又可分为最小化方案与挽救方案两种。

（3）风险控制措施

控制损失通常可采用以下措施：预防危险源的产生；减少构成危险的数量因素；防止已经存在的危险的扩散；降低危险扩散的速度，限制危险空间；在时间和空间上将危险与保护对象隔离；借助物质障碍将危险与保护对象隔离；改变危险的有关基本特征；增强被保护对象对危险的抵抗力，如增强建筑物的防火和防震性能；迅速处理环境危险已经造成的损害；稳定、修复、更新遭受损害的物体等。

控制损失应采取主动控制，以预防为主，防控结合。应认真研究测定风险的根源，就某一行为或项目而言，应在计划、执行及施救各个阶段进行风险控制分析。在进行损失和危险分析时不能只考虑看得见的直接成本和间接成本，还要充分考虑隐藏成本。对于国际投资项目,准确地预测项目的费用与收益,可以减少投资的盲目性。另外,尽早完成投资项目也有助于减轻投资者所面临的未来不确定性。

7.4.4 风险自留与利用

高风险意味着高回报,而高收益也往往伴随着高风险,一味地强调规避风险,往往会失去许多盈利的机会。采取风险自留与利用的风险管理决策可以让项目参与方获取较高的收益。风险自留是指项目参与方自己承担风险带来的损失,并做好相应的准备工作。在工程项目全生命周期中,许多风险发生的概率很小,且造成的损失也很小,采用风险规避、降低、分散或者转移的措施都难以发挥其效果,项目参与者必须承担一定的风险才有可能获得较好的收益。但这种承担风险不是消极的,而是建立在做了充分的内外部环境分析、市场调查和预测的基础之上,对项目的风险有充分的认识,对风险可能造成的损失有比较准确的评估。决定风险自留必须符合以下条件之一:

(1) 自留费用低于保险公司所收取的费用;
(2) 企业的期望损失低于保险人的估计;
(3) 企业的最大潜在损失或最大期望损失较小;
(4) 短期内企业有承受最大潜在损失或最大期望损失的经济能力;
(5) 依据风险管理目标,预期损失在企业承受范围内;
(6) 费用和损失支付分布于很长的时间里,因而导致很大的机会成本;
(7) 投资机会很好;
(8) 内部服务或非保险人服务优良。

总的原则是,如果采用风险自留的方案,所承担的风险必须和所能获得的收益相平衡;同时,所造成的损失不应超过项目参与方主体的承担能力。当然,风险自留的前提是决策者应掌握较完备的风险信息。

风险的利用是风险管理的较高层次,对风险管理人员的管理水平要求较高,必须在识别风险的基础上,对风险的可利用性和利用价值进行分析;决策要科学,既要把握住机会又要量力而行,制定好应急的措施。同时,对项目进行过程中风险因素的变化情况要进行不断的监控,以便在风险达到一定程度时及时采取相应的应急措施。

7.4.5 风险转移

风险转移是企业将自己面临的风险转移给别人承担的风险管理方式。风险转移包括保险转移和非保险转移两种方式。

非保险转移是将项目的风险转移给别人或者共同承担,如通过保证担保、工程分包、合同条件等方式,达到转移风险的目的。非保险转移风险难免要付出一定的代价,转移的本身并不能消除风险,只是将风险管理的责任和可能从该风险管理中所能获得的利益转移给了他人。

保险转移是指向保险公司投保,以缴纳保险费为代价,将风险转移给保险公司承担,一旦风险发生,将由保险公司负责补偿损失。

7.4.6　风险监控

无论采取什么样的风险控制措施,都很难完全消除风险,而且原有的风险消除后,还可能产生新的风险。因此,在项目进行的过程中,对风险进行监控就是一项必不可少的工作内容。其目的是考察各种风险措施产生的实际效果、确定风险减少的程度、检视残留风险的各种变化情况,进而考虑是否需要调整风险管理以及是否启动相应的应急措施。

风险监控的主要内容包括:
(1) 评估风险控制行动产生的效果;
(2) 及时发现和度量新的风险因素;
(3) 跟踪、评估残余风险的变化和程度;
(4) 监控潜在风险的发展、检测项目风险发生的征兆;
(5) 提供启动风险应变计划的时机和依据。

当在风险监控的过程中发现有新的风险因素时,就要对其进行重新估算。即使没有出现新的风险,也需要在项目的里程碑等关键时段对风险进行重新估计,并且及时地向风险决策人员提供关于风险监控结果的报告。

7.5　国际工程政治风险管理

7.5.1　政治风险的涵义及形成过程

1) 政治风险的定义

政治风险历来是跨国企业在国际扩张中不可回避的热点问题。

政治风险的定义丰富多样,从学者们关注的角度来看,政治风险的定义大致分为以下两种:

(1) 强调政治风险是由政治事件或政府行为而导致的不利结果

以 Root 为代表的学者认为:政治风险是由政治事件、政府行为所带来的一系列干扰;各种政治事件(比如战争、政变、革命、没收、征税、交易控制和进口限制)发生的不确定性,并且这种不确定性会在东道国的内外引起跨国公司潜在利润和(或)资产的损失。Kobrin 从两个方面对政治风险的来源进行了定义:其一是东道国政府的经济政策(没收、现金返回、限制商业交易等)给企业造成的风险;其二是由于东道国的政治不可抗力(恐怖主义、政变、罢工等)给企业带来的风险。Simon 认为:政治风险是由东道国内部或者东道国外部的因素所导致的,可视为由这些因素产生的政府或社会的行动与政策,这些政策和行动会对大多数外国投资经营产生不利影响。Hamada 等将政治风险定义为以直接或间接的方式对跨国经营或项目造成财产损失或损坏的一系列的具有政治性质的决策、条件或事件。何新华等将国际环境下项目的政治风险定义为:国际环境下项目参与者因东道国政局结构与演变因素、政府控制与管理手段的变化的影响而遭受经济损失的可能性谓之政治风险。政治风险属于国家风险的一种。

(2) 强调政治风险是由商业环境的变化和不连续性而导致的负面影响

Robock 从"政治的不连续性"角度提出政治风险是由政治变化引起企业经营环境出现难以预料的不连续性而导致企业利润受损或其他目标受到重大影响。Ting 将政治风险定义为：由于东道国政治、政策或者外汇制度的不稳定性而导致的围绕某一国际项目或企业的设定经营结果（收入、成本、利润、市场份额、经营的连续性等）而产生的非市场的不确定性或变化。Hill 指出政治风险不仅包括"主权风险"（主权风险将影响一个公司偿还应付投资者款项的能力），还包括其他形式的风险，如政治、经济以及影响海外投资盈利率且如果这个国家有更加稳定的商业环境和发达的法律制度就不会出现的国家特定风险。Wenlee 将政治风险定义为"环绕某一个国际项目或企业的设定经营结果（收入、成本、利润、市场份额、经营的连续性等）的可能源自于东道国政治、政策，抑或外汇制度的不稳定性的非市场不确定性变化"，强调大多数政治风险主要是针对特定项目或企业的。Lensik 认为政治风险是指在政治、社会和经济环境中存在的不确定性，它源自一种政治力量所引起的经济生活的变化，而这种变化会对跨国公司的经济活动带来负面的影响。

在本书中，综合上述内容，将政治风险界定为：由于政治事件、东道国的政府或者社会强力组织（环保组织、工会等）的作为、不作为以及歧视性的行为，可能恶化或中断项目的商业环境，进而影响到企业的利润或其他商业目标的实现。这一种非市场的不确定性叫做政治风险。

2) 政治风险的形成过程

传统的风险理论中，风险多被表征为风险事件所造成的潜在后果的严重程度与发生的可能性之乘积（即：Risk＝Severity×Possibility），但忽视或低估受灾体（如工程项目系统）本身的特征及受灾体的能动性作用。但实际上，当外在的威胁和内在的脆弱性重叠时才会产生风险，风险是突发的危险和系统环节中各种脆弱性共同作用的结果。其中，脆弱性反映了系统的内在特征，不依赖于外在威胁，但却为外在威胁所利用，体现了系统在外在威胁下的易损性，如同计算机病毒利用系统漏洞、细菌侵袭伤口等。这个概念也揭示了风险内在的和外在的方面：内在方面如对脆弱性的预知、应对、抵制和从影响中恢复的能力，外在的方面特指危害的类型及强度。

一般认为，风险的进程是由一个风险事件引发的并且导致了一个风险后果。通过脆弱性和风险的结合分析，可以将国际建设工程中的政治风险路径（如图 7-13 所示）扩展为：风险源——可能事件——风险（威胁和脆弱性）——结果。

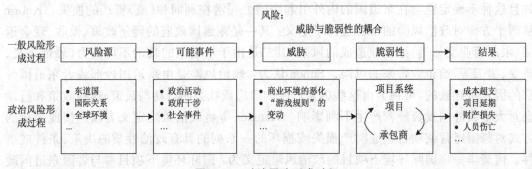

图 7-13 政治风险形成过程

在实际的国际工程项目中，政治风险的风险源一般源自东道国，可能是东道国自身的原因,可能是东道国与母国关系变化的原因,也有可能是受全球大环境影响的原因。这些原因会引发一些政治事件,而这些政治事件会成为工程项目正常运行的威胁,如因东道国政府的变更导致新政府拒绝履行与承包商的相关合同;因两国关系突发紧张使得之前的优惠税收政策被取消;因全球经济的变化导致当地货币的汇率发生大幅度变动等。项目系统因存在脆弱性不能承受这些事件的威胁就会发生政治风险事件,其结果可能是项目延期、成本超支,严重的甚至造成生命财产的损失。这样连续的进程提供了一个追踪政治风险的来源和发展的路径。

7.5.2　政治风险的影响因素

政治风险的成因复杂、影响因素众多,既可能来自于东道国国内,也可能来源于跨国企业的母国、第三国及全球政治和经济环境的影响,以及东道国政府与跨国企业双方的相对议价能力。

从国家层面来看,政治风险的影响因素主要有:东道国的政治体制和政权稳定性、经济发展状况、社会收入和财富的分配、文化差异和宗教信仰、语言的多样性,以及政府对经济的干预等许多因素的影响,也受到外部国际环境的影响,如贸易争端、禁运及制裁、东道国与母国、周边国家及其他一些国家和国际组织之间的关系等。

从行业层面来看,不同行业所面临的政治风险也不尽相同,行业的竞争度、成熟度、集中度及其在国民经济中的地位也都影响到其政治风险程度的高低。

从微观层面而言,企业及项目的特性也都会影响到其所能承受的政治风险程度,如企业的国籍、背景和文化,企业及其子公司的规模和技术水平,企业的资本结构、国际化程度和本地化程度,以及企业与东道国政府、社会组织及当地民众之间的关系等都是影响企业的政治风险程度的因素。国际工程项目本身的一些内在特性,如项目的规模大小、工期长短、资金来源、合同条件、技术和管理的复杂性等也是影响其政治风险程度的重要因素。

7.5.3　中国承包商所面临的政治风险状况

国际工程项目具有规模大、周期长和地域性等特点,其政治风险体现出鲜明的行业特色。外在的政治风险同工程项目本身所固有的各种风险结合起来。同时,中国承包商的业务主要集中在欠发达地区,所面临的政治风险还体现出鲜明的中国特色,如:"中国因素"与地区冲突、国际恐怖主义、宗教极端主义相结合(如巴基斯坦、阿富汗、苏丹、缅甸等);"中国因素"与当地的"反华排华"情绪相结合(如印度、越南、菲律宾、印度尼西亚等);中国政府与国有企业之间不透明的关系,使得国有企业背景被泛政治化;在意识形态、文化传统、宗教信仰等方面的差异;以及对于中国企业的政府介入、国有所有权和政治目的,使得中国的国际承包商面临更多的制度障碍和更为复杂的政治风险。

在"走出去"战略的指导下,中国的国际承包商对外承包工程业务取得了跨越式的发展,但与此同时,国际市场上的政治风险也给中国的承包商造成了灾难性的损失。如1998年印度尼西亚发生排华骚乱后造成民族矛盾和宗教冲突交织,进而导致社会动荡、政治出现混乱。进入2000年后,随着中国承包商更多地进入国际工程市场,其所面临的政治风险事件有增无减。典型的案例如表7-1所示。

表 7-1　2000 年后，中国承包商在海外业务开拓中所面临的政治风险事件

序号	时间	项目简况	政治风险事件
1	2003.11	格鲁吉亚的卡杜里水电站项目	因格鲁吉亚政局危机导致工程延误
2	2004.06	阿富汗昆都士公路项目	恐怖袭击，造成中国工人 11 死 5 伤
3	2004.09	巴基斯坦的高摩赞工程项目	人质劫持事件
4	2007.04	埃塞俄比亚索马里州的油田项目	武装分子袭击，造成中国工人 9 人死亡
5	2008.11	尼日利亚的拉各斯至卡诺的铁路项目	因政府变更而暂停项目
6	2008.11	印度尼西亚万丹第三发电厂项目	遭到当地居民的暴力袭击
7	2011.03	中国在利比亚的项目暂停	利比亚政局动荡
8	2011.09	缅甸的水电站工程——密松大坝被暂停	工地附近发生爆炸事件，造成人员伤亡
9	2012.01	苏丹的乌姆—阿布公路工程项目	29 人被苏丹反政府军劫持，项目暂停
10	2012.10	吉尔吉斯斯坦塔迪布拉克左岸金矿项目	斗殴事件，当地居民举行示威抗议
11	2012.12	菲律宾北吕宋铁路一期一段工程项目	政府终止项目
12	2013.12	南苏丹赤道大厦工程	工程驻地附近发生爆炸
13	2014.08	中泰"高铁换大米"计划被搁置	泰国政局动荡
14	2015.03	斯里兰卡的科伦坡港口城项目停工	斯里兰卡政府换届
15	2016.05	委内瑞拉迪那科至阿那科高铁项目停工	政府拖欠工程款
16	2017.02	印度尼西亚雅万隆高铁瓦利尼隧道停滞	印度尼西亚土地征用困难

这些案例警示中国的国际工程承包业面临着巨大的政治风险。遗憾的是，政治风险未能引起足够的重视，很多中国承包商的海外开拓风险管理计划甚至就没有政治风险的考量。

7.5.4　政治风险的应对措施

一旦项目开始施工，就几乎没有办法来管理难以控制的政治风险，因此，在项目的策划决策阶段，政治风险就需要得到充分重视。政治风险管理的基本思想就是切断政治风险的来源或者阻挡其形成和发展的过程。但由于政治风险来源的多样性，应从国家、项目和企业的角度综合考虑影响政治风险的变量。相应的风险策略也应该考虑到不同层次：项目层次、企业层次和国家层次。

1）项目层面政治风险应对措施

海外投资项目是政治风险的直接冲击对象。政治风险可能会给海外投资项目带来停建、成本超支、工期延误等后果，进而给项目参与各方带来非常大的损失。政治风险的管理和应对对于海外投资项目来说可谓是至关重要。项目层面的政治风险管理流程如图 7-14 所示。

7 国际工程风险管理

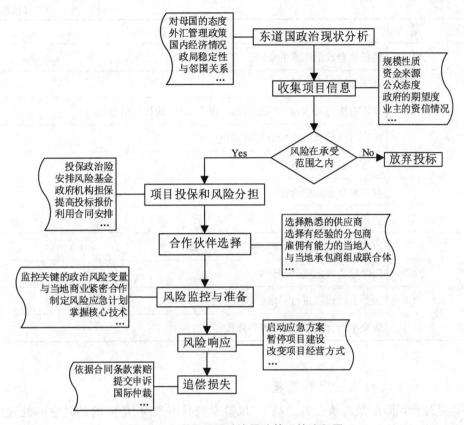

图 7-14 项目层面政治风险管理的流程图

项目层面的政治风险管理可采用的策略如表 7-2 所示。

表 7-2 项目层面的政治风险可行对策

控制阶段	编码	应对措施
事前控制	A1	在项目的可行性研究阶段分析东道国的政治背景及其现状
	A2	放弃或终止政治风险大的项目
	A3	与项目东道国政府签订协议以获得政府机构的担保
	A4	制定合理的风险应急计划及危机处理预案
	A5	为项目安排风险基金,利用金融工具
	A6	投保政治险
	A7	通过合理的合同安排
	A8	与当地的承包商组成联合体
	A9	增加报价,提高企业的风险承受能力

265

(续表)

控制阶段	编码	应对措施
事中控制	B1	监控社会政治因素的变动
	B2	利于保护生态环境
	B3	雇用有能力的当地人（如代理人、保安人员、法律和财务顾问）
	B4	使用有经验和熟悉的分包商和供应商
	B5	掌握核心和关键技术
	B6	与当地商业紧密合作
	B7	暂停项目建设
事后控制	C1	改变项目经营方式，调整项目实施计划
	C2	启动应急或危机处理计划
	C3	按照合同条款进行寻求补偿或索赔
	C4	提交申诉、诉诸国际调解和仲裁

2）企业层面政治风险应对措施

企业是政治风险的最终承受者。基于"风险本身并不危险，危险的是对它的处理失当"这一逻辑框架，政治风险的错误应对可能导致海外投资企业陷入困境。海外投资企业在面对各种偶然事件，比如恐怖主义、人权问题、用工争议和环境问题时，应当做出合适的反应，提出适当的风险应对策略。

企业层面风险管理流程如图7-15所示。

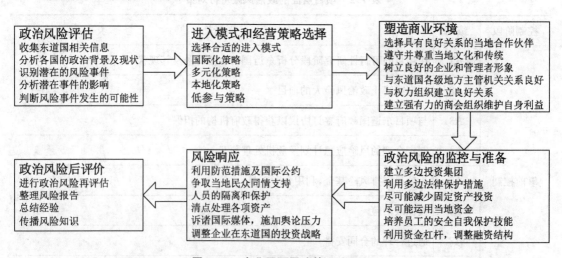

图7-15 企业层面风险管理流程图

企业层面的政治风险管理可采用的策略如表7-3所示。

表 7-3 企业层面的政治风险可行对策

控制阶段	编码	应对措施
事前控制	D1	避免在政治风险高的地区和国家承接工程项目
	D2	实施本土化的经营战略
	D3	在多国投资以分散风险
	D4	股权多国化
	D5	建立一个国际投资者和贷款方的多边投资集团,利用多边法律保护措施
	D6	尽可能减少固定资产投资
	D7	尽可能运用当地资金
	D8	选择具有良好关系的当地合作伙伴
	D9	与权力组织建立良好关系
	D10	培养和训练员工的安全、自我保护技能
	D11	调整融资结构,利用资金杠杆
事中控制	E1	遵守并尊重当地文化和传统
	E2	与东道国各级地方主管机关关系良好
	E3	树立良好的企业和管理者形象
	E4	考虑社会公众利益,参与当地公益事业
	E5	加强与当地企业合作关系
	E6	建立强有力的商会组织维护自身利益
	E7	做好人员的隔离与保护,各项资产的保全和管理
事后控制	F1	充分利用相关的防范及处置海外投资政治风险的国际公约
	F2	争取当地民众同情支持
	F3	以集体撤资为威胁
	F4	诉诸国际媒体,施加舆论压力
	F5	妥善安置或撤离人员,清点处理各项资产
	F6	调整企业在东道国的投资战略

3) 国家层面政治风险应对措施

东道国政府则是政治风险的主要来源。而母国政府在帮助企业抵御政治风险的工程中起着至关重要的作用。如果东道国与母国之间关系紧张,东道国政府的决策很有可能突然变得对跨国公司不公平,但政府间协商和谈判可以促使减少东道国政府违约的现象。本国政府的国际形象对本国承包商的国际经营环境也存在非常大的影响。国家层面的风险管理流程如图 7-16 所示。

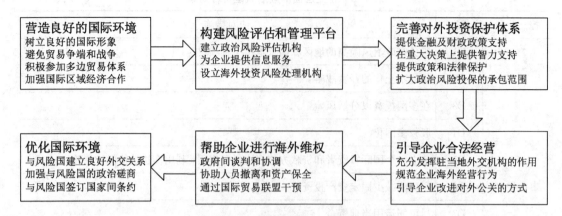

图 7-16 国家层面风险管理流程图

国家层面的政治风险管理可采用的策略如表 7-4 所示。

表 7-4 国家层面的政治风险可行对策

控制阶段	编码	应对措施
事前控制	G1	与东道国政府建立良好外交关系
	G2	尽量避免贸易争端、贸易战
	G3	为本国的承包商营造良好的国际经营环境
	G4	设立专门机构处理涉及公民海外安全方面的问题
	G5	为企业的海外经营提供更多的商业机会
	G6	为企业海外经营提供建议和协助,在重大决策上提供智力支持
事中控制	H1	驻当地外交机构与企业保持紧密的联系
	H2	引导企业在当地的合法经营
	H3	为企业提供信息服务
	H4	为企业提供金融及财政政策支持
	H5	建立政治风险评估机构,对东道国政治风险进行评估,为企业提供参考
	H6	为海外经营企业提供政策和法律上的保护
事后控制	I1	政府间的谈判和协调
	I2	政府为企业提供必要的帮助(如人员撤离)
	I3	运用母国或第三国干预
	I4	运用国际贸易联盟干预

7.6 国际工程风险管理案例分析

7.6.1 某公司实施伊朗大坝项目的成功案例

我国某公司在承包伊朗某大坝项目时,风险管理比较到位,成功地完成了项目并取得较好的经济和社会效益。下面对该项目从合同管理、融资方案、工程保险、进度管理、设备投入、成本管理、质量管理、HSE 管理、沟通管理、人员管理和分包商管理等主要方面进行分析。

(1) 合同管理

该公司深知合同的签订、管理的重要性,专门成立了合同管理部,负责合同的签订和管理。在合同签订前,该公司认真研究并吃透了合同,针对原合同中的不合理条款据理力争,获得了有利的修改。在履行合同的过程中,则坚决按照合同办事,因此,项目进行得非常顺利,这也为后来的成功索赔提供了条件。

(2) 融资方案

为了避免利率波动带来的风险,该公司委托国内的专业银行做保值处理,避免由于利率波动带来风险。因为是出口信贷工程承包项目,该公司要求业主出资部分和还款均以美元支付,这既为我国创造了外汇收入,又有效地避免了汇率风险。

(3) 工程保险

在工程实施过程中,对一些不可预见的风险,该公司通过在保险公司投保工程一切险,有效避免了工程实施过程中的不可预见风险,并且在投标报价中考虑了合同额的 6% 作为不可预见费。

(4) 进度管理

在项目实施的过程中,影响工程进度的主要是人、财、物三方面因素。对于物的管理,首先是选择最合理的配置,从而提高设备的效率;其次是对设备采用强制性的保养、维修,从而使得整个项目的设备完好率超过了 90%,保证了工程进度。由于项目承包单位是成建制的单位,不存在内耗,因此对于人的管理难度相对较小;同时项目部建立了完善的管理制度,对员工特别是当地员工都进行了严格的培训,这也大大保证了工程的进度。

(5) 设备投入

项目部为了保证项目的进度,向项目投入了近两亿元人民币的各类大型施工机械设备,其中包括挖掘机 14 台、推土机 12 台、45 t 自卸汽车 35 台、25 t 自卸汽车 10 台、装卸机 7 台、钻机 5 台和振动碾 6 台等。现场进驻各类技术干部、工长和熟练工人约 200 人,雇佣伊朗当地劳务 550 人。

(6) 成本管理

对于成本管理,项目部也是牢牢抓住人、财、物这三个方面。在人的管理方面,中方牢牢控制施工主线和关键项目,充分利用当地资源和施工力量,尽量减少中国人员。通过与当地分包商合作,减少中方投入约 1 200 万~1 500 万美元。在资金管理方面,项目部每天清算一次收入支出,以便对成本以及现金流进行有效掌控。在物的管理方面,如前所述,选择最合理的设备配置,加强有效保养、维修和培训,提高设备的利用效率,从而降低了设备成本。项目部还特别重视物流工作,并聘用专门的物流人员,做到设备材料一到港就可以得到清关,并能很快应用在工程中,从而降低了设备材料仓储费用。

(7) 质量管理

该项目合同采用 FIDIC 的 EPC 范本合同,项目的质量管理和控制主要依照该合同,并严格按照合同框架下的施工程序操作和施工。项目部从一开始就建立了完整的质量管理体制,将施工质量与效益直接挂钩,奖罚分明,有效地保证了施工质量。

(8) HSE 管理

安全和文明施工代表着中国公司的形象,因此该项目部格外重视,并自始至终加强安全教育,定期清理施工现场。同时为了保证中方人员的安全,项目部还为中方人员购买了人身保险。

(9) 沟通管理

为了加强对项目的统一领导和监管,协调好合作单位之间的利益关系,该公司成立了项目领导小组,由总公司、海外部、分包商和设计单位的领导组成,这也大大增强了该公司内部的沟通与交流。而对于当地雇员,则是先对其进行培训,使其能很快融入项目中,同时也尊重对方,尊重对方的风俗习惯,以促进中伊双方人员之间的和谐。

(10) 人员管理

项目上,中方人员主要为中、高层管理人员,以及各作业队主要工长和特殊技工。项目经理部实行聘任制,按项目的施工需要随进随出,实行动态管理。进入项目的国内人员必须经项目主要领导签字认可,实行一人多岗,一专多能,充分发挥每一个人的潜力,实行低基本工资加效益工资的分配制度。项目上的机械设备操作手、电工、焊工、修理工、杂工等普通工种则在当地聘用,由当地代理成批提供劳务,或项目部直接聘用管理。项目经理部对旗下的四个生产单位即施工队实行目标考核,独立核算,各队分配和各队产值、安全、质量、进度、效益挂钩,奖勤罚懒,拉开差距,鼓励职工多劳多得,总部及后勤人员的效益工资和工作目标与各队的完成情况挂钩。

(11) 分包商管理

该项目由该公司下属全资公司某工程局为主进行施工,该工程局从投标阶段开始,就随同并配合总公司的编标、现场考察,参与同业主的合同谈判和施工控制网布置,编制详细的施工组织设计等工作,对于项目了解比较深入。该工程局从事国际工程承包业务的技术和管理实力比较雄厚,完全有能力并认真负责地完成受委托的主体工程施工任务。同时该公司还从系统内抽调土石坝施工方面具有丰富经验的专家现场督导,并从总部派出从事海外工程多年的人员负责项目的商务工作。其合作设计院是国家甲级勘测设计研究单位,具有很强的设计技术能力和丰富的设计经验。分包商也是通过该项目领导小组进行协调管理。

7.6.2 某联合体承建非洲公路项目的失败案例

1) 项目背景

我国某工程联合体(某央企+某省公司)在承建非洲某公路项目时,由于风险管理不当,造成工程严重拖期,亏损严重,同时也影响了中国承包商的声誉。该项目业主是该非洲国政府工程和能源部,出资方为非洲开发银行和该国政府,项目监理单位是某英国监理公司。

在项目实施的四年多时间里,中方遇到了极大的困难,尽管投入了大量的人力、物力,但由于种种原因,合同于 2005 年 7 月到期后,实物工程量只完成了 35%。2005 年 8 月,项目业主和监理工程师不顾中方的反对,单方面启动了延期罚款,金额每天高达 5 000 美元。为了防止国有资产的进一步流失,维护国家和企业的利益,中方承包商在我国驻该国大使馆和经商处的指导和支持下,积极开展外交活动。2006 年 2 月,业主致函我方承包商同意延长 3 年工期,不再进行工期罚款,条件是中方必须出具由当地银行开具的约 1 145 万美元的无条件履约保函。由于保函金额过大,又无任何合同依据,且业主未对涉及工程实施的重大问题做出回复,为了保证公司资金安全,维护我方利益,中方不同意出具该保函,而用中国银行出具的 400 万美元的保函来代替。由于政府对该项目的干预得不到项目业主的认可,2006 年 3 月,业主在监理工程师和律师的怂恿下,不顾政府高层的调解,无视中方对继续实施本合同所做出的种种努力,以中方不能提供所要求的 1 145 万美元履约保函的名义,致函终止了与中方公司的合同。针对这种情况,中方公司积极采取措施并委托律师,争取安全、妥善、有秩序地处理好善后事宜,力争把损失降至最低。

2) 项目风险

外部风险:项目所在地土地全部为私有,土地征用程序及纠纷问题极其复杂,地主阻工的事件经常发生,当地工会组织活动活跃;当地天气条件恶劣,可施工日很少,一年只有三分之一的可施工日;该国政府对环保有特殊规定,任何取土采沙场和采石场的使用都必须事先进行相关环保评估并最终获得批准方可使用,而政府机构办事效率极低,这些都给项目的实施带来了不小的困难。

承包商自身风险:在陌生的环境特别是当地恶劣的天气条件下,中方的施工、管理人员和工程技术等不能适应于该项目的实施。

3) 风险应对

在项目实施之前,尽管中方公司从投标到中标的过程还算顺利,但是其间蕴藏了很大的风险。业主委托一家对当地情况十分熟悉的英国监理公司起草该合同。该监理公司非常熟悉当地情况,将合同中几乎所有可能存在的对业主的风险全部转嫁给了承包商,包括料场情况、征地情况。中方公司在招投标前期做的工作不够充分,对招标文件的熟悉和研究不够深入,现场考察也未能做好,对项目风险的认识不足,低估了项目的难度和复杂性,对可能造成工期严重延误的风险并未作出有效的预测和预防,造成了投标失误,给项目的最终失败埋下了隐患。

随着项目的实施,该承包商也采取了一系列的措施,在一定程度上推动了项目的进展,但由于前期的风险识别和分析不足以及一些客观原因,这一系列措施并没有收到预期的效果。特别是由于合同条款先天就对中方承包商极其不利,造成了中方索赔工作成效甚微。

另外,在项目执行过程中,中方内部管理不善,野蛮使用设备,没有建立质量管理保证体系,现场人员素质不能满足项目的需要,现场的组织管理沿用国内模式,不适合该国的实际情况,对项目质量也产生了一定的影响。这一切都造成项目进度严重滞后,成本大大超支,工程质量也不尽如人意。

该项目由某央企工程公司和省工程公司双方按五五比例出资参与合作,项目组主要由该省公司人员组成。项目初期,设备、人员配置不到位,部分设备选型错误,中方人员低估了项目的复杂性和难度,当项目出现问题时又过于强调客观理由。在项目实施的四年间,中方竟三次调换办事处总经理和现场项目经理。在项目的后期,由于项目举步维艰,加上业主启动了惩罚程序,使原本亏损巨大的项目雪上加霜,项目组织也未采取积极措施稳定军心。由于看不到希望,现场中方职工情绪不稳,人心涣散,许多职工纷纷要求回国,当地劳工纷纷辞职,这对项目也产生了不小的负面影响。

由上述可见,尽管该项目有许多不利的客观因素,但是项目失败的主要原因还是在于承包商的失误,而这些失误主要还是源于前期工作不够充分,特别是风险识别、分析管理过程不够科学。尽管在国际工程承包中价格因素极为重要而且由市场决定,但可以说,承包商风险管理和合同管理的好坏直接关系到企业的盈亏。

7.6.3 非洲某国际工程案例

1) 工程概况

本工程为非洲某国政府的两所学院的建设,资金由非洲银行提供,属技术援助项目,招标范围仅为土建工程的施工。

2) 工程投标

我国某工程承包公司获得该国建设两所学院的招标信息,考虑到准备在该国发展业务,决定参加该项目的投标。由于我国与该国没有建立外交关系,经过几番周折,投标小组到达该国时离投标截止日期仅20天。买了标书后,没有时间进行全面的招标文件分析和详细的环境调查,对当地的劳动力、材料价格、税收都不熟悉,仅粗略地折算各种费用,仓促投标报价。开标后发现报价低于正常价格的30%。业主代表、监理工程师进行了投标文件的分析,对授标产生分歧。监理工程师坚持中国公司的投标为废标,因为报价太低肯定亏损,如果授标则肯定完不成。业主代表坚持将该标授予我国公司,并坚信中国公司信誉好、工程项目一定很顺利。最终我国公司中标。中标后承包商分析了招标文件,调查了市场价格,发现报价太低,合同风险太大,如果承接,至少亏损100万美元以上。

3) 合同中的问题

合同中有如下问题:

(1) 没有固定汇率条款,合同以当地货币计价,而经调查发现,汇率一直变动不定。

(2) 合同中没有预付款的条款,按照合同所确定的付款方式,承包商要投入很多自有资金,这样不仅造成资金困难,而且导致财务成本增加。

(3) 合同条款规定不免税,工程的税收约为13%的合同价格,而按照非洲银行与该国政府的协议,本工程应该免税。

4) 承包商的努力

在收到中标函后,承包商与业主代表进行了多次接触。一方面谢谢他的支持和信任,决心搞好工程为他争光;另一方面又讲述了所遇到的困难,由于报价太低,亏损是难免的,希望他在几个方面给予支持:

(1) 按照国际惯例将汇率以投标截止期前28天的中央银行的外汇汇率固定下来,以减少承包商的汇率风险。

(2) 合同中虽没有预付款,但作为非洲银行的经援项目通常有预付款。没有预付款承包商无力进行工程。

(3) 通过调查了解获悉,在非洲银行与该国政府的经济援助协议上本项目是免税的。而本项目必须执行这个协议,所以应该免税。合同规定由承包商交纳税赋是不对的,应予修改。

5) 最终状况

由于业主代表坚持将标授予中国的公司,如果这个项目失败,他脸上无光甚至要承担责任,所以对承包商提出的上述三个要求,他尽了最大努力与政府交涉,并帮承包商讲话。最终承包商的三点要求都得到满足,这一下扭转了本工程的不利局面。最后在本工程中承包商顺利地完成了合同,令业主满意,在经济上不仅不亏损而且略有盈余。本工程中业主代表的立场以及所做出的努力起了十分关键的作用。

6) 经验教训

(1) 合同中没有固定汇率的条款,在进行标后谈判时可以引用国际惯例要求业主修改合同条件。

(2) 本工程中承包商与业主代表的关系是关键。能够获得业主代表、监理工程师的同情和支持对合同的签订和工程的实施是十分重要的。

(3) 承包商新到一个地方承接工程必须十分谨慎,特别在国际工程中,必须详细地进行环境调查,进行招标文件分析。本工程虽然结果尚好,但实属侥幸。

(4) 两个在建筑上相同的学院,但距首都分别为:1 200 km 和 700 km,而标价却是相同的。

(5) 其中一所学院由于距水泥砖厂较远,承包商自己投入 2 万元设备和 2 万元模板制砖,问题解决较好。而另一所学院当地有人愿意低价提供水泥砖,结果工程开工后供应商同时接到其他订单,供应给其他承包商,供应不及时影响工程进度,而且供应商提高砖的价格。

(6) 中标函发出后业主马上要求开工,承包商一定要商谈,要求给予承包商一定的施工准备期。

7.6.4 某国际工程项目政治风险案例

ZJ 公司在苏丹承接的某 3 万 m^2 钢结构大楼项目,项目类型为施工总承包,项目工期为 2008 年 7 月至 2010 年 8 月。

该项目在前期开展了政治风险的预防工作,项目管理者、企业管理者和中国政府的事前控制比较到位,事前对策的实施成效也比较理想。

项目管理者在项目的可行性研究阶段分析了东道国的政治背景及其现状,进行了合理的合同安排,并适当增加报价,提高企业的风险承受能力,这些事前对策取得了非常有效的结果。项目管理者在投标前还通过放弃政治风险大的项目来规避风险,制定合理的风险应急计划和危机预案,这些事前对策取得了比较有效的结果。

ZJ 公司的企业管理者在投资前事先选择了具有良好关系的当地合作伙伴,并积极沟通交流,与权力组织建立起良好的关系,这些事前对策实施得非常有效,降低了后续的政治风险。企业管理者还尽可能减少了固定资产的投资,取得了比较有效的成果。此外,企业管理者积极牵头实施了本土化的经营战略,在多国投资以分散风险,培养和训练员工的安全、自我保护技能。

中国政府与苏丹政府自 1959 年 2 月建交以来,两国长期友好,近些年几乎每年都有领导间的会晤或会谈。中国政府为本国承包商营造了良好的国际经营环境,设立专门机构来处理公民海外安全方面的问题,积极为企业的海外经营提供更多的商业机会,为企业海外经营提供建议和协助,在重大决策上提供智力支持,并完善出口信用保险和海外投资保险制度,扩大政治风险投保的承保范围,加强与苏丹政府政治磋商,扩大双边经贸合作。此外,中国政府还通过尽量避免贸易争端、贸易战,积极参加多边贸易体系和国际区域经济合作。中苏两国建立起的良好外交关系为 ZJ 公司在苏丹承接工程项目降低政治风险起到了非常有效的作用。

ZJ 公司在苏丹承建此办公楼项目期间遭遇了小规模的局部战争、当地歧视中国供应商和产品,以及工会抗议事件。在这些政治风险发生的过程中和发生之后,项目管理者、ZJ 公司,以及中国政府都采取了一些应对策略,这些对策大多取得了良好的成效。

1)"冲突或战争"的风险应对

由于苏丹国内民族与宗教矛盾突出,常年政治局势变数较多,ZJ 公司在苏丹建设此项目期间发生了小规模的局部战争。在发生小规模局部战争的过程中,ZJ 公司及时做好人员的隔离和保护、各项资产的保全和管理,避免了人员伤亡和重大资产的损坏。冲突发生后,项目管理者立即组织启动应急和危机处理计划,取得了非常好的效果。在冲突发生的过程中,项目管理者暂停了项目建设,时时监控社会政治因素的变动;中国政府驻当地外交机构与企业保持紧密的联系,为 ZJ 公司提供帮助。事后 ZJ 公司妥善安置和撤离了人员,清点处理各项资产,取得了比较好的效果。此外,此次小规模局部战争发生之后,ZJ 公司分析事故造成的影响,增加了人力和物力的投入,为工程质量和工期提供了保证;中国政府也通过与苏丹政府间的谈判和协调并及时为 ZJ 公司提供了必要的帮助,协助其进行人员撤离。

2)东道国"排外行为"的应对

中国企业在海外承接工程,经常会面临东道国社会的排外行为。ZJ 公司在苏丹建设项目期间就经历了当地歧视中国的供应商和产品的现象。在排外的流言蜚语四处传播的过程中,ZJ 公司海外分公司要求项目上全体员工遵守并尊重当地的文化和传统,保持严明和谐的工作纪律以树立良好的企业和管理者形象,并积极加强与当地企业的合作关系;中国政府也在引导企业的当地的合法经营上给予了很大帮助。在排外行为发生的过程中,公司项目部还雇用了有能力的当地人,比如保安人员、法律和财务顾问。当当地群众开始小范围抵制中国承包商的时候,项目管理者加强与当地商业的紧密合作,采用了当地的某材料供应商供应的材料,公司也考虑社会的公众利益,参与当地的公益事业。事后中国政府与苏丹政府就排外行为进行了政府间的谈判和协调。这些对策在一定程度上降低了此次排外行为造成的损失。

3)项目受到当地民众抵制时的应对

ZJ 公司雇用了部分当地的工人,由于当地工人的酬劳问题,其间出现了一起工会抗议事件。在工会抗议期间,项目负责人积极与抗议带头人进行沟通协调,启动了应急和危机处理计划,并改变项目的经营方式,适当调整项目实施计划。具体措施是:提高了工人的工资,对长期工作的人员缴纳了保险和社保;对于沟通后依然决意离开的工人,公司雇用了有能力的当地律师进行协商,并发放遣散金。这些对策的实施逐渐平息了工人的抗议。此次抗议事件的发生,公司管理者要求加强与当地企业合作、项目尽量使用有经验和熟悉的分包商和供应商,更多引入了当地分包商,而不是直接管理当地劳务人员。

8 国际工程保险与担保

8.1 国际工程保险及其案例分析

8.1.1 工程保险的内涵

1929年英国签发了承包泰晤士河上拉姆贝斯大桥(Lambeth Bridge)工程的第一张建筑工程险保单,至今已有80多年的历史。相对火灾险、海运险等财产险来说,工程保险算是一个新生事物,但是其发展却十分迅速。

1) 工程保险和再保险

工程保险(Engineering/Construction Insurance)是指投保人通过与保险人签订工程保险合同,投保人支付保险金,在保险期内一旦发生自然灾害、意外事故或人为原因造成财产损失、人身伤亡、第三者责任造成损失时,由保险人按照工程保险合同约定承担保险赔付责任的商业行为。

工程保险由于承保的风险具有特殊性,对被保险人的保障具有综合性,使用的范围极其广泛,保险的期限跨度多变,保险金额具有可变性,保险合同条款具有个性化等特点,使得工程保险不能够简单地归属于现有的财产险、人身险、责任险等险种中。其承保过程中的费率厘定、合同条款的约定、防损定损以及相关的风险分析评估都需要具有专业的多学科背景的专业人才来操作,因此工程保险是一项具有综合性、高度专业性的商业保险行为。

工程保险的再保险是用于分担原工程保险人所承保的工程风险的社会分摊机制,主要是由承保工程保险的保险公司向再保险公司申请再保险,将自身承保的保险责任中的一部分或全部转嫁给再保险接受人,从而规避偶然性发生的巨大灾害理赔带来的巨额损失的措施。

2) 工程保险的作用

(1) 保护业主和承包商的利益。随着科学技术的不断发展,工程建设的复杂性也在不断增加,受外界地理环境、施工工艺、管理经验等因素的影响所造成的损失也在成倍地增长,业主和承包商所需要面对的工程风险也急剧扩大。通过工程保险的风险转移机制,引入专业保险公司分担经济赔偿损失,可以有效地缓解因重大风险损失导致工程项目失败的可能,同时提高业主和承包商的抗风险能力,确保工程建设顺利完成。

(2) 减少工程风险的发生。保险公司作为具有商业性质的承保人,除承担保险责任范围内的赔偿责任外,还会从自身利益出发,利用多年积累的工程赔付经验,为被保险人提供工程风险识别、灾害的预防、损失评定等风险控制建议和预防措施,尽量减少风险的发生和降低损失,从而达到保险公司、投保人和被保险人共赢的局面。

（3）完善风险分摊的社会机制。通过引入工程保险,可以均衡工程建设各参与方(银行、业主、政府、承包商、供应商、雇员和社会公众)的利益,保障工程项目的顺利实施,获得必要的社会支持。一旦出现重大风险损失,也可以通过保险公司或再保险公司将损失化解,减少对社会或某一个体的冲击,从而形成有序的风险补偿和保障机制。

3) 工程保险涉及的主要风险

（1）建筑风险。即由于设计失误、施工不善、材料缺陷、施工人员伤亡、第三者财产损毁或人身伤亡、自然灾害等人为或自然的原因,对工程成本、工期、质量等造成不利影响的风险。

（2）市场风险。建筑市场是一个竞争激烈的市场,业主有可能选择不到一个适当或有能力的承包商,承包商也会面临承接不到工程或无法按时收到工程款的风险。

（3）信用风险。如业主是否能按期支付工程款,承包商是否能依照合同按质如期完工,供应商能否按期交货,分包商是否能够如约完成分包合同,这些均是一个未知的可能,其中各方的信用好坏极大地影响着工程的建设。

（4）环境风险。工程本身需要占用一定的土地,有些项目如电站、大坝等还对周边环境有特定的要求。这些项目的建设,其材料选用、车辆运输等都会对环境产生不利的影响。

（5）政治风险。稳定的政治环境将对工程建设产生有利的影响。反之,则给各方带来顾虑或阻力,加大工程建设的风险。

（6）法律风险。一个国家颁布或修订的建设、外汇、税收、公司制度等方面的法律、法规,将直接影响工程建设各方的权利和义务,进而影响其根本利益。在涉外工程的合同中,一般都有"法律变更"或"新法适用"的条款。

4) 工程保险的权利主体

（1）投保人(Policyholder)又称要保人、保单持有人,是指与保险人订立保险合同,并负有交付保险费义务的人。投保人应具备两个要件:①具备民事权利能力和民事行为能力;②对保险标的须具有保险利益。投保人对保险标的具有利害关系,投保人对于保险标的如不具有利害关系,订立的保险合同无效。保险合同中的投保人可以是一方,也可以是多方,在再保险合同中投保人必须由原保险人充当。

（2）承保人(Insurer)也称保险人,是与投保人订立合同,收取保险费,在保险事故发生后,对被保险人承担赔偿损失责任的人。

（3）被保险人(Insured)指保险事故或事件在其财产或在其身体上发生而受到损失时享有向保险人要求赔偿或给付的人。被保险人可以是自然人、法人,也可以是其他社会组织,但须具备下列条件:①被保险人是保险事故发生时遭受损失的人;②被保险人是享有赔偿请求权的人。由于保险合同可以为他人的利益而订立,因而投保人没有保险赔偿金的请求权,只有请求保险人向被保险人或受益人给付保险赔偿金的权利。

（4）受益人(Beneficiary)又称保险金领受人。受益人是指在人身保险合同中由被保险人或投保人指定的享有赔偿请求权的人。受益人的要件为:①受益人是由被保险人或投保人所指定的人,被保险人或投保人应在保险合同中明确受益人。②受益人是独立地享有保险金请求权的人。受益人在保险合同中,不负交付保费的义务,也不必具有保险利益,保险人不得向受益人追索保险费。③受益人的赔偿请求权并非自保险合同生效时开始,而只有在被保险人死亡时才产生。在被保险人生存期间,受益人的赔偿请求权只是一种期待权。

受益人的受益权是直接根据保险合同产生的,可因下列原因消灭:①受益人先于被保险人死亡或破产或解散;②受益人放弃受益权;③受益人有故意危害被保险人生命安全的行为,其受益权依法取消。在保险合同期间,受益人可以变更,但必须经被保险人的同意。受益人的变更无需保险人的同意,但应当将受益人的变更事宜及时通知保险人,否则变更受益人的法律效力不得对抗保险人。

(5) 保险代理人(Insurance Agent),指依保险代理合同或授权书向保险人收取报酬,并在规定范围内,以保险人名义代理经营保险业务的人。保险代理是一种特殊的代理制度,表现为:①保险代理人与保险人在法律上视为一人;②保险代理人所知道的事情,都假定为保险人所知的;③保险代理必须采用书面形式。

(6) 保险经纪人(Insurance Broker),指基于投保人的利益,为投保人和保险人订立合同、提供中介服务,收取劳务报酬的人。保险经纪人的劳务报酬由保险公司按保险费的一定比例支付。

8.1.2 工程保险主要险种及其标的

1) 建筑和安装工程一切险

建筑工程一切险和安装工程一切险承保的范围覆盖各种自然灾害、意外事故以及外来原因和人为过失所造成的损失,由于两种保险按顺序相连,国际上有些国家保险公司以同一张保单承保两种险。

(1) 建筑工程一切险主要适用于土木工程和钢筋混凝土建设工程,对于施工建造中工程本身或建筑机械设备及材料的意外毁损或灭失,以及对第三者人身伤害和财产损害所应承担的赔偿责任由保险人承担,一般保险费率为合同总价的 $0.2\%\sim0.45\%$。建筑工程一切险的被保险人可以由多个有关利益方充当,即工程项目所有人、承包商、分包商和参与工程设计、咨询或监督的技术顾问,以及提供资金的金融机构都可以作为建筑工程一切险的被保险人。

(2) 安装工程一切险以承保各种钢结构、各类机械设备在安装过程中的意外毁损,以及因施工致第三者伤亡或财物损害的法定责任为主要内容,保险费率一般为合同总价的 $0.3\%\sim0.5\%$。安装工程一切险的被保险人包括负责提供机械设备的制造商或供应商、负责机械安装的承建者和承包商,新建工厂以及机械安装后的买主或业主,相关技术的顾问等相关的利益方都可根据自身承担的风险向保险公司投保,但一般由承担工程主要风险责任的承包商或业主进行投保。

2) 机器损坏保险

机器损坏保险的承保对象为各类机器设备,包括动力机械、控制设备、生产机械、施工机械、锅炉和传送起重设备。机器损坏险常与一般财产保险互为补充,其责任范围为被保险人所要求保障的各类机器设备因人为过失或不可预料的故障(不包括战争)而导致的损失、抢修费用,以及相关的财产、人身伤害赔偿责任和法律费用。其中人为过失包括设计错误、材料缺陷、铸造工艺不良,或安装欠妥、操作失误、经验不足、疏忽,以及非被保险人的恶意行为。此外,该险种还就电器短路、超电压、绝缘不良以及非因化学反应造成的爆炸损失都予以负责。

机器损坏险的第三者责任险需另外加保,其责任只限于意外责任事故所导致的被保险人照管或控制下的他人财产损失和不属于雇主责任范围的他人人身伤害。

3) 其他险种

(1) 雇主责任险:承包商作为雇主为其雇员投保,使劳动者伤害的给付有所保障,不因雇主破产或停业而受影响。雇主责任险是责任保险中最早进入法制实施时代的险种,自20世纪60年代以来,投保雇主责任保险已成为许多国家的雇主必需履行的法定义务。在雇主责任险中,雇主是投保人,雇员是被保险人。雇主责任险的保险期限通常为一年,其最高赔偿额是以雇员若干个月的工资收入作为计算依据,并视伤害程度而具体确定的。雇主责任险具有以下特点:①是雇主必须投保,不因雇主停产或破产受到影响;②雇员伤害赔偿不以雇主有无过失作为必要前提;③损害赔偿并不是基于实际损失,而基于实际需要;④采取定期支付形式取代一次性抚恤金赔付的形式;⑤雇主可将赔付费用作为一种生产成本加以处理。

(2) 机动车辆险:包括机动车辆本身和第三者责任险两个保险标的。一般由租用或拥有该车辆及使用驾驶人员的承包商负责投保。

(3) 职业责任险:职业责任险承保各种专业技术人员因工作疏忽或过失造成的第三者损害的赔偿责任保险。建筑师、各种专业工程师、咨询工程师等专业人士均要购买职业责任保险。一旦上述专业人士出现由于设计错误、工作疏忽、监督失误等原因给业主或承包商造成的损失时,保险公司将负责赔偿。职业责任保险只负责承担相应的经济赔偿责任,对于由此产生的其他一切法律责任,责任保险则不予承保。根据投保人不同,职业责任保险可以分为法人职业责任保险和自然人职业责任保险两大类。前者的投保人是具有法人资格的单位组织,以在投保单位中工作的个人为保险对象;后者的投保人是作为个体的自然人,其保险对象是自己的职业责任风险。

(4) 人身意外伤害险:是指保险人对被保险人因遭受意外而导致伤残、死亡、支付医疗费、暂时丧失劳动能力等的经济赔偿。

主要工程保险险种和保险标的参见表8-1。

表8-1 主要工程保险险种和保险标的归纳

险　　种	保险标的	险　　种	保险标的
建筑工程一切险	物质损失项目;第三者责任	雇主责任险	雇主承担的特定经济赔偿责任
安装工程一切险	物质损失项目;第三者责任	职业责任险	被保险人因失职而承担的经济赔偿责任
机器损坏保险	机械设备	人身意外伤害险	被保险人的人身健康或生命

8.1.3 国际工程保险制度

1) 美国工程保险

美国是世界上规模最大的保险市场,工程保险和工程担保业务在保险公司的承保业务中占据着很大的比重。美国的工程保险主要涉及承包商险(涉及建筑工程方面一切保险)、安装工程险、工人赔偿险(即工伤险和意外伤害险),以及承包商设备险、机动车辆险、一般责任险、职业责任险、产品责任险、环境污染责任险和综合险等,险种涵盖工程建设领域的方方面面。

美国工程保险市场保险品种齐全,配套法律法规完备,具有保险人、被保险人与投保人协作度高,工程保险赔付率高、盈利少,保险费率市场化定价以及强制的信息披露等特点。由于高度的市场化保险费率竞争,高承保风险经常导致保险公司频频破产,迫使政府不得不加强保险市场干预和监管措施。

2) 法国工程保险

法国工程保险属于强制性保险,除涵盖主要险种,还有专门针对工程质量的十年责任险(房屋建筑的主体工程)和两年责任险(细小工程)。其中十年责任险根据《斯比那塔法》建筑工程质量保险又分为以下两类:①参与建筑工程项目的机构必须投保 10 年期的责任保险,这些机构为建筑设计咨询单位、施工图设计单位、施工单位和质量检查控制单位。②建设单位(业主)则必须为建筑物 10 年内可能出现的损坏(内在结构缺陷)进行投保。保险费率一般为工程总造价的 1.5%~4%。

投保质量责任险为承包商或分包商的一项强制性义务,要求在工程验收以前投保,否则不予工程验收,使业主的合法权利在较长的时间内得到保障。设立此类保险是基于建筑工程的寿命期长而承包商流动性强的特点,在建设合同约定的保修期内建设工程的许多缺陷或隐患并不一定会发生,但如果项目超出保修期而且承包商完成工程撤离现场甚至离开项目所在国,那么业主就无法为修复隐患而得到任何补偿,十年责任险和两年责任险由此而产生。保险公司对承包商承建的建筑物的主体部分自最后验收之日起的十年或两年之内出现的建筑缺陷和隐患而造成的损失负赔偿责任,这样可以从根本上保障业主的权利,防范承包商擅自降低建设标准导致工程缺陷的行为。

3) 英国工程保险

英国工程保险属于强制性保险,业主和承包商必须为工程进行投保。其主要险种除雇主责任险、货物运输险、施工机具险、履约保障险、雇员忠诚险、职业责任险等基本工程保险外,还有工程交付延误及预期利润损失险和工程质量保证险。工程交付延误及预期利润损失险主要是为建设工程过程中由于自然灾害和意外事故导致工程不能如期完工,并由此造成的预期收益损失的风险提供保障。而工程质量保证险要求承包商为保证工程完工后对出现的质量缺陷有可靠的资金保障而设立,保险期限一般为工程完工后两年。

英国政府为防范保险公司因赔付能力不足破产而导致其承保风险的扩散,而建立了中央赔款基金制度,强制要求各保险公司参加,以此模式作为各保险公司的再保险,以确保保险公司经营破产时风险不会波及整个行业和社会。政府对保险市场采取较为自由的监管模式,重点考察保险公司财务状况和偿付能力,而对保险费率、保险条款等其他方面不作过多干预。

4) 日本工程保险

日本工程保险相对于欧美国家来说险种相对较少,只包含建筑工程一切险、第三者责任险、劳动灾害综合保险,以及履行保证保险和履行担保。日本工程保险的投保是法律强制(日本法律强制各行业都必须投保劳动灾害综合险)和承包商自愿的结合,但承包商不愿投保其他工程保险就很难承揽到工程。承包商投保的保费费率是与承包商的政府评级挂钩，承包商评级等级越高，投保时保费费率越低。

日本政府采取措施对保险公司资本金、标准责任准备金（衡量保险公司经营是否稳定）、偿付能力比率和早期改善措施（出现偿付能力危机时采取的改善措施）等方面进行严格监管。同时积极改变原有信息管制制度，要求保险公司按照规定进行经营和业务信息披露，逐步引导保险公司向国际保险市场靠拢。

8.1.4 工程保险合同与索赔

工程保险合同是工程保险的核心，合同条款的约定将会影响投保人的保费费率、出险时的赔偿以及保险公司的免责事宜，与工程承包合同有着密切的关联。保险合同的表现形式主要有：①投保单，又称要保单或投保申请书。投保人填写投保单，经与保险人商定交付保费的方法，并获得保险人确认承保的，保险合同即告成立。在保险期内出险时，保险人不得以未出具正式保险单为拒赔的抗辩理由。②保险单，即保单，是保险合同双方签订正式保险合同的书面凭证，是投保人或被保险人的索赔凭证。③保险凭证，也称小保单，是证明保险人已经签发保险单、保险合同成立的凭证。④暂保单，是保险人签发正式保险凭证前出立给投保人或被保险人的一种临时性保险凭证，与保险单具有同等法律效力。⑤批单，即保险双方当事人对原保险合同做任何修改和补充时，由保险人出立的凭证，其法律效力优先于保险合同。工程保险合同一般由基本条款、法定条款、选择条款、附加条款、特约条款和保证条款组成，其涵盖的合同要素包括保险标的、保险金额、保险费、保险的期限、保险责任和除外责任等。

工程保险的索赔和理赔，是指当保险标的（建筑工程和安装工程等）出险，保险金请求权人（包括投保人、被保险人、受益人或委托代理人等）告知保险人出险，保险人经过进行事故现场勘察、核实出险情况、损失程度并计算损失金额后，由保险金请求权人提出索赔申请，并提供索赔文件，由保险人进行赔付的一系列过程。工程保险理赔的流程详见图8-1。

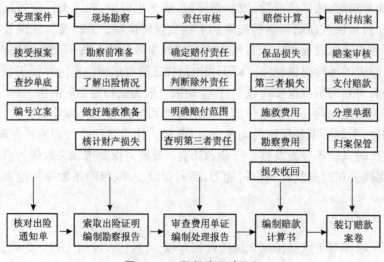

图8-1 工程保险理赔流程

由于建筑和安装工程的复杂性,国际上对建筑工程险和安装工程险的承保都会针对各项工程的具体情况作详尽的评估和鉴定。保险公司会根据承保工程的责任范围、工程本身的危险程度、施工单价及设计者的信誉和经验、施工现场的环境、安全防护措施和管理水平、施工季节和施工方法、以往同类项目的损失统计资料,以及免赔额等因素,酌情制定费率,同时约定承保的绝对免赔额(即每次保险事故发生损失的赔付,被保险人都必须自己承担规定的免赔部分,超出部分才由保险公司负责赔偿)。需要指出的是,投保人可以对建筑和安装工程采取与一家以上的保险公司签订一份以上的保险合同,且投保的价值可能会超过保险标的的实际价值(即超额投保),但当保险标的出现损失时,所有保险人的赔付是以保险标的的实际价值损失额为赔偿上限的,不会因为投保人超额投保而赔付超额损失。

在保险标的出险后,保险金请求权人需配合的工作有:将与索赔有关的资料进行清理和存档,便于保险人查询和核定;及时通知保险人出险,并及时采取相应的减损措施;寻找保险评估机构或工程咨询机构进行损失鉴定,以确保获得足额赔偿。通过采取以上措施,可以提高保险公司的理赔效率,减少索赔争议甚至司法诉讼和仲裁,有助于帮助承包商和业主尽快恢复工程建设。

8.1.5 工程保险案例

1) 保险利益确定保险赔偿

某建筑工程险的被保险人为业主(工程所有人),不包含工程承包人。保单扩展到承包施工机具,但未列清单和单独的保险金额。现施工单位的施工机具因洪水发生了损失。此次事故也冲毁了施工用临时便桥(保险项目中说明包含临时性建筑)。现有两个观点:

(1) 保单扩展承包施工机具,是保险责任,保险人应该赔偿。

(2) 被保险人不包括施工单位,而施工机具为施工单位所有或租赁,不是被保险人(业主)所有或租赁,虽然保单扩展承包,但被保险人(业主)不具有保险利益,不应得到赔偿。

哪种观点正确?或者是否有更合理的解释?

案例解析:由于业主对施工用机具没有保险利益,尽管当初约定有施工用机具,但承包商不作为被保险人,因此保险合同中约定的施工机具应是与业主有关的施工用机具,而非承包商所拥有的,因此承包商索赔是没有道理的。同理,业主拥有在建工程和为工程服务的临时设施的保险利益,因此临时便桥应该赔偿。

2) 建筑工程和安装工程一切险

(1) 案例背景

某承包商承揽某大厦建设工程并投保建筑工程一切险,承包商根据业主提供的设计和施工方案进行施工时,在未作护栏维护工程的情况下,进行敞开式开挖并大量抽排地下水。承包商因发现施工现场附近地面下沉,就暂时停止了施工,但没有针对地面下沉的情况采取必要的措施。承包商经和业主商量修改了原来施工方案后恢复施工,但仍然没有对地面沉降采取防护和恢复措施就进行人工开挖孔桩。此后,邻近施工现场的一个印刷厂发现厂房、地面开裂,多台进口的精密印刷机出现异常,并有进一步危及人身和财产安全的危险。经受损单位紧急呼吁后,当地政府召集有关单位、专家共同提出补救措施并实施后,地面沉降才得到控制。但是损失已经发生,业主委托权威部门对印刷厂的损失进行鉴定,鉴定结论是:

施工单位在基础工程施工时,大量抽排地下水是造成印刷厂厂房和印刷机受损的直接原因。现业主向保险公司提出索赔申请,要求保险公司全额赔偿损失。

(2) 保险合同约定

根据建筑工程一切险中第三者责任险的责任范围的规定:"在本保险期限内,因发生与本保险单所承保工程直接相关的意外事故引起工地内及邻近区域的第三者人身伤亡、疾病或财产损失,依法应由被保险人承担的经济赔偿责任,本公司按下列条款的规定负责赔偿。"而本案的损失显然不是由于意外事故造成的,而是施工单位违反国家颁布的相关施工规范、规程,大量抽取地下水所致,是一种人为的因素导致第三者损失的后果。但建筑工程(安装工程)一切险第三者责任险中均没有将这种人为疏忽造成的损失列为除外责任。而在建筑工程(安装工程)一切险条款的总除外责任中规定:"被保险人及其代表的故意行为和重大过失引起的任何损失、费用和责任。"也就是说,只有当被保险人及其代表的人为疏忽达到"重大过失"时,保险公司才对由此造成的损失不负赔偿责任,而被保险人及其代表的一般过失行为造成的损失,从条款上去理解和解释,保险人还是要负赔偿责任的。

(3) 重大过失和一般过失

在法理上划分重大过失和一般过失,是根据法律规范对于某一行为人应当注意和能够注意的程度有较高要求时,行为人没有遵守这种要求,但又未违背通常应当注意并能注意的一般规则时,就是一般过失。如果行为人不但没有遵守法律规范对他的较高要求,甚至连人们都应当注意并能注意的一般标准也未达到,就是重大过失。

(4) 案例点评

承包商作为具有相当资质等级和专业经验的企业,对在施工现场属于软土地基的条件下大量抽取地下水,其可能引起的附近地面的沉降是应该有预见(注意)的,但施工单位没有采取必要的防护措施,显然是一种一般过失。当发现附近地面出现沉降,仍然没有采取必要的防护和恢复措施而继续施工,导致地面进一步沉降,进而导致邻近第三者重大的财产损失,这已经形成施工单位违反一般标准而造成的重大过失,因此保险公司可依照除外责任条款约定,免于赔偿责任,由业主赔偿印刷厂各种损失1 000多万元,业主赔付的损失完全应由承包商承担。

8.2 国际工程担保及其案例分析

8.2.1 工程担保的内涵

1) 工程担保的概念

工程保证担保(Surety Bonds),是指保证担保人应合同一方的要求向合同另一方作出的书面承诺,由保证担保人向权利人保证,如果被保证人无法完成其与权利人签订合同中规定的应由被保证人履行的承诺、债务或义务的话,则由保证人代为履约或付出其他形式的补偿。工程担保的最终目的不在于赔偿,而是在于利用市场机制,加大承发包双方的违约成本,使得双方遵守合同约定,履行自己的义务,使得工程能够顺利实施。

工程担保制度的建立是以维护公共工程和政府工程中公共利益为出发点,通过引入第三方保证人,提高对工程建设各方的社会化监督和管理,从而达到转移工程风险、有效保障工程建设顺利进行和市场秩序、保证工程参与各方守信履约的目的。美国等国家更是以法律条文的形式明确在政府和公共工程中使用工程担保,同时世界银行《贷款项目招标文件范本》、国际咨询工程师联合会(FIDIC)《土木工程施工合同条件》、英国土木工程师学会(ICE)《新工程合同条件(NEC)》、美国建筑师协会(AIA)《建筑工程标准合同》中都有相应的工程担保的实施和使用条款,为工程担保在国际工程中的运用提供坚实的基础。

2) 工程担保作用

(1) 筛选合格的承包商。通过对承包商进行综合考评,担保人可以全面地了解承包商履约能力,通过风险评估决定是否为承包商担保,以帮助承包商承揽工程。通过这种市场化的手段,提高市场准入门槛,筛选出合格的承包商,以保障业主项目能够顺利实施和未来的运作。

(2) 保障承包商的履约和转移履约风险。一旦承包商在履约过程中出现任何违约问题,保证人会及时提供各种帮助和支持以确保承包商能够继续履约,或者向业主赔付以承保额为上限的损失。这可以确保业主切身的利益,同时也能为工程顺利完工提供保障。

(3) 保障项目各参与方的利益。通过多种多样的担保覆盖工程项目各参与方的利益,从而确保任何参与方出现违约时,其他参与方的利益能够得到弥补,而不会导致工程项目建设的失败。

3) 工程担保的权利主体

(1) 保证人(Surety),主要指具有代为清偿债务能力和代为履行承诺及义务的法人、其他组织或个人。一般为担保公司、银行、保险公司或其他金融机构、商业团队或者个人。

(2) 被保证人(Warrantee),主要指向保证人申请担保的原合同一方。一般为承包商和分包商。

(3) 权利人(Obligee),主要指接受保证人担保的原合同另一方。一般为业主、供应商或承包商雇员。

4) 主要担保品种

(1) 投标担保(Bid Bond/Guarantee)。投标担保是投标人保证一旦中标,即按招标文件和有关规定签订工程承包合同,提交符合要求的履约担保和付款担保的一种担保;投标担保是投标人按照招标文件要求提交投标保函(或投标保证金),确保投标文件对投标人有约束力的行为;投标担保是投标文件中不可缺少的重要组成部分。担保额度一般不超过投标报价的2%。

(2) 履约担保(Performance Bond/Guarantee)。承包商履约担保是保证承包商履行工程承包合同约定义务的一种担保,是保证工程承包合同的顺利履行而提供的担保。若承包商由于某种原因(不可抗力原因除外)不能正常履行合同以完成该项目,或发生违约时,业主可以没收承包商的履约保函而得到资金补偿,或由担保人按照原合同条件代为履约。担保额度一般为合同价的5%~100%。

(3) 付款担保(Payment Bond/Guarantee)。承包商付款担保是保证承包商按照材料采购合同或工程分包合同的约定向材料供应商、分包商以及承包商雇用工人支付有关款项的一种担保。担保额度一般为合同价30%~100%。

（4）维修担保（Maintenance Bond/Guarantee）。承包人维修担保是保证承包人在工程质量保修担保期限内承担保修责任的一种担保。担保额度一般为合同价的5%~10%。

8.2.2　工程担保模式

国际工程采用的工程担保模式主要有：①以国家立法规定强制使用工程担保，由专业担保公司或保险公司为承保人出具保函的美式担保，以美国为代表，广泛适用于北美洲和南美洲等地区；②由业主自行选择使用工程担保，由银行或者金融机构为承保人出具保函的欧式担保，以英国、法国为代表，广泛适用于欧洲地区和世行项目。

1）美式担保

美式工程担保（有条件担保，Conditional Guarantee）是以美国联邦政府的米勒法案（Miller's Act）和各级州政府的小米勒法案为法律基础，在政府公共工程中形成的强制使用的工程担保制度，保障公众利益免受承包商的违约风险。美式担保以专业担保公司或保险公司为承保主体，以高额有条件的多种担保品种来保障业主、分包商、材料供应商甚至借款人的利益，促使承包商积极履行合同义务，参见表8-2。

表8-2　各国采用美式担保的工程担保制度

国家	工程担保制度
美国	对公共投资项目实行强制性保证担保，保函由经批准从事担保业务的保险公司或专业担保公司出具，保函特点为高保额的有条件保函。其中，投标担保额为：联邦政府20%或最高300万美元的投标保函，州政府5%~10%投标担保；履约担保额为100%
加拿大	与美国的担保制度相似，但履约担保额度为50%
墨西哥	与美国担保制度相似，实行有条件保函和对担保业务的特别监管。担保品种包括：投标担保1%~10%；预付款担保25%~100%；履约担保10%~20%；维修担保10%~20%

担保公司能够分担承包商履约风险的优势在于：①承包商经过担保公司严格的资格预审，确定他具有履行合同义务的能力；②业主拥有承包商付款担保时，承包商未向分包商和供应商付款而导致的留置权的风险转移给担保公司；③担保公司具有更强的赔付能力；④担保公司能够提供技术、财务和管理支持以防止承包商出现违约；⑤风险的集中效应和借款人责任将被减少；⑥一旦承包商出现违约，担保公司能够履行承包商的义务。担保可以给承包商提供竞争优势，提高承包商获取项目的能力，培养承包商盈利能力。由于担保公司承担极为重要的作用，美式担保的保费费率往往占到担保额的1%~3%，根据不同的担保品种进行变动，一般承包商要求担保公司开具投标保函是免费的。

（1）工程担保授信流程

从承包商向担保公司申请担保到获得担保承揽工程的主要流程包括：申请前的资料准备、与担保公司会晤、签订担保协议、项目履约和接受跟踪。担保公司对承包商进行授信的详细流程参见图8-2所示。

① 承包商申请担保前准备

在美国担保市场，承包商如果需要成为有担保的承包商（Bonded Contractor），就需要找到专业担保经纪人。担保经纪人会对承包商的资信、业绩、财务状况进行初步的考察，根据

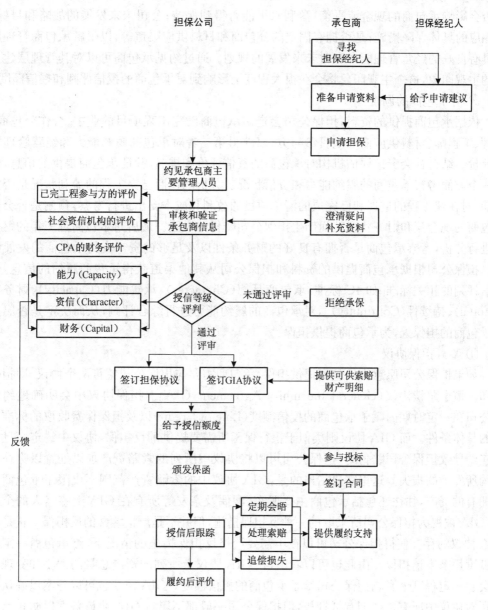

图 8-2 工程担保授信流程图

承包商现有状况给予相应的建议：如采用具有建筑业从业经验的 CPA 审核过的财务报表，明确公司发展的规划，在当前行业所处的地位的描述，以往出现违约情况的解决方案，主要管理层的从业经验和资历，已完工程的获利情况和在建工程的进展情况等，以帮助承包商做好前期申请资料的准备和申请后担保公司的约见。

② 担保公司与承包商会晤

担保公司在收到承包商提交的担保申请后，会安排与承包商管理层进行首次会晤，通过面对面的沟通，向承包商管理层询问相关专业的问题：如是否还有业主尚没有完全付清合同款的已完项目，其原因是什么；项目超出原有建设计划时，变更的项目是否得到批准，如果没有得到批准，由变更所造成的费用是否已经包含在成本中；在建项目是否超出控制成本，是否会影响承包商的现金流平衡；盈利水平能否得到保持；公司未来发展的战略和目标，以及相应的具体保障措施；是否拥有固定的分包商和材料供应渠道等，以了解承包商管理层是否具有良好的经营管理能力和对未来发展的规划。通过约见承包商可以对其管理层建立初步的主观印象，这个主观印象将会在很大程度上影响到对承包商的授信评判和授信额度。

③ 对承包商的调查

依据承包商提供的资料，担保公司会走访承包商已完工程项目的业主、合作分包商、建筑师、工程师、材料供应商等项目参与方，以获得第三者对承包商履约能力和经营管理能力的评价。结合社会资信评估机构对承包商的资信评价和排名，验证承包商提供的信息，也从另一个方面考察承包商的履约能力和资信状况。分析承包商已完工程的盈利状况是否达到预期，对在建工程的进展和已完成的清单项目的盈利和成本支出进行考察，预测是否会影响承包商的现金流和财务状况从而产生担保公司赔付的风险。最后对承包商近三年的财务报表进行分析，考察承包商是否拥有良好的财务条件以及足够的资产支持承包商的发展和扩张。担保公司根据承包商提供的资料和担保公司从其他渠道获得承包商履约的信息，依照授信评判的相关标准[如4C标准，承包商品德(Character)、承建能力(Capacity)、财务状况(Capital)、持续性(Continuity)]，对承包商的履约能力进行综合评判，从而决定是否愿意成为承包商的担保人，为承包商提供担保。

④ 签订担保协议

如果担保公司愿意为承包商提供担保，承包商需要与担保公司签订两个协议，即担保协议和一揽子赔偿协议(General Indemnity Agreement, GIA)。担保协议中会明确地约定担保公司在一定时期内赋予承包商的授信额度(Line of Credit)以及担保保费收取的标准等担保的具体条件。而GIA协议则类似于银行保函所需要提供的反担保，协议中约定一旦承包商违约导致担保公司赔付时，担保公司可以将协议中所列的索赔资产加以处置以弥补代为履约所发生的损失。这里需要指出的是，GIA协议中的索赔资产范围不仅限于承包商公司所拥有的资产，往往还包括承包商主要股东、配偶及亲友等所有在GIA上签名人的个人财产，GIA被视为担保公司所采取的一种反担保措施，但并不是严格意义的反担保。正是由于GIA协议的存在使得担保公司可以在不需要严格反担保措施的情况下，给承包商一定的授信额度用来申请担保。由此也可以看出，在GIA协议上所列的资产总量的大小和变现程度也会在一定程度上影响担保公司给予承包商的授信额度。GIA协议也可以备案以确认担保公司对协议中所有资产拥有抵押权，但担保公司一般都不愿将GIA协议备案以防止承包商因为资产受限制无法从银行获得融资，只有当担保公司认为承包商可能出现破产等迹象时，担保公司才会将GIA协议进行备案，以保障自己的债权。当承包商签完上述两个协议，就成为有担保的承包商，可以获得相应的投标担保或履约担保，参与投标或签订合同。

⑤ 履约监督和跟踪

在承包商履约过程中，担保公司会定期与承包商就已完清单项目的成本和盈利以及进度、未完工程的计划安排和施工方案进行沟通，以及时了解所担保项目的履约情况，防止承包商出现任何可能危及担保公司赔付的风险。如果承包商出现违约，担保公司会主动介入，依照双方签订的施工合同，调查承包商的违约是否成立和业主索赔是否合理，以判定是否履行担保义务。当违约成立时，担保公司将依照弥补违约成本最小原则，采取不同措施(如提供专家技术帮助，找到更好的分包商和材料供应商，协助承包商获得施工设备，优化施工方案,提供资金支持等),帮助承包商恢复履约能力,以继续履约。如果承包商因为违约而倒闭,那么担保公司可以采取将剩余工程发包给其他承包商并承担超出原合同价的费用,协助业主将工程再次招标并承担相应的费用和损失,赔偿业主因为承包商不能继续履约而带来的损失等措施帮助业主最终完成工程,从而保障业主和债权人的利益。担保公司因为承包商违约而产生的损失可以通过 GIA 协议得到弥补,即使承包商破产资不抵债,也可以对协议上签名人的个人资产进行处理,以获得相应的补偿。

承包商的履约记录将会成为下一阶段担保公司对承包商授信评判的基础数据,将会影响到担保公司是否愿意继续担任承包商的担保人,以及担保合约中的授信额度和担保保费费率标准。这样担保公司对承包商进行授信的流程进入下一个担保履约循环,直至担保公司拒绝再为承包商提供担保或承包商不再与这家担保公司合作为止。

(2) 违约索赔的处理

当担保的项目发生索赔时,担保公司首先会对承包商的违约行为进行调查,承包商应当协助担保人做好调查并提供所有必要的信息,以帮助担保公司判断是否应当承担担保责任。担保公司首先检查保函是否有效,违约申明是否合理,是否存在合同范围内或合同价款内的材料替换或变更,以及承包商当前的履约能力和可能性。特别当出现以下情况时,担保公司会行使自己的权利帮助承包商抵抗业主错误的终止合同:①业主没有能够按照合同约定支付工程款;②业主制订的计划或采用的规范存在缺陷;③业主的履约要求难以实现;④业主没有恰当管理施工合同。如果担保公司经过认定认为业主的违约申明是错误的,那么担保人将会和承包商站在同一阵线,共同反对业主的索赔。

一旦承包商出现违约,业主提出索赔,担保公司将参照图 8-3 的流程处理索赔以及进行赔付。首先就业主提出的索赔进行调查,了解违约事件发生的原因,以及项目其他参与方特别是建筑师、工程师的意见,依据施工合同条件和担保合同作出判定。如果业主提出的索赔正当且属于担保责任,那么可以根据承包商的违约情况和当前所处的境地,采取适合的赔付方式,从而继续履行担保义务。如果经过调查发现,业主提出的索赔不合理,那么担保公司可以帮助承包商抵抗业主不合理的索赔申请,或等待业主与承包商之间的合同争议纠纷得到法庭或仲裁庭的裁决以决定是否履行担保义务。

根据担保索赔影响的程度,通常分为三类:

① 承包商与业主、分包商或供应商之间有诉讼纠纷,通常此类索赔涉及金额较小,最终涉及的参与方之间可以协议解决,而且索赔的解决相对比较快捷。通常这种索赔不会涉及担保索赔或只涉及担保索赔中的一小部分。

② 承包商因为技术或资金存在困难而导致的索赔,这种索赔处理起来通常最为耗时,涉及承包商、业主和担保公司之间大量的相互沟通,而且产生这种索赔的原因很多,可能是项目实施条件的变化,业主没有经验或难以沟通,设计方案有问题,承包商因承揽新业务而导致担保项目的资金周转不灵等。

③ 承包商不能完成工程,需要担保公司的介入,此时担保公司就很难不亏损,但对于业主来说,承包商不能履约的风险正好由担保公司来弥补,担保公司的介入程度也随着索赔影响程度而加深。

对于第一类索赔来说,担保公司只要在承包商履行合同过程中加强与其沟通,了解到承包商可能出现的合同纠纷,采取一定措施就可以缓解,不太会造成担保公司的赔付损失。对

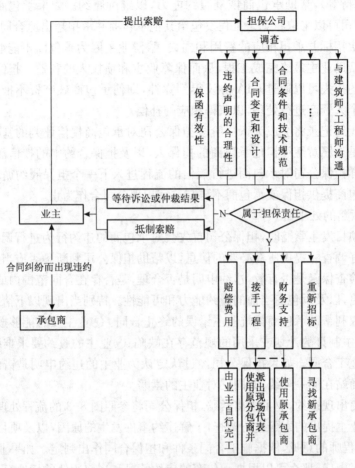

图 8-3 工程担保处理索赔流程图

于第二类索赔来说,一旦此类索赔发生,担保公司必须组成相关的调查组对造成索赔的违约事件进行详细调查,这可能会涉及各个项目参与方。担保公司此时要做大量的现场调查和取证,与业主、建筑师、设计师、主要分包商和供应商等项目主要参与方沟通,找出导致承包商违约的真正原因,并有针对性地采取措施,协助承包商继续完成项目。对于第三类索赔来说,这是担保公司最不希望发生的索赔,一旦出现此类索赔,担保公司将依照赔付损失最小原则去完成担保义务。可见在承包商履约过程中,工程担保公司完全是全过程的参与,不但为业主提供工程纠纷解决方案,也为承包商提供强大的后备支援。

一旦业主提出索赔,担保公司会首先确认索赔是否在其担保责任范围内,如果索赔成立,担保公司会采取以下措施来履行担保义务:给承包商提供财务或技术支持;安排替代承包商接手工程;将工程再次招标;支付保函约定的罚金。担保公司决定采取何种方式赔付,部分依赖于项目已完工的比例和剩余部分的状态,如果项目能够继续,选择已有的分包商在施工经理的监管下继续完工,或业主选择在现场的另一个承包商继续完工。

当业主正当索赔时,担保公司可以采取的措施包括:①接手工程,担保公司或自己的代理机构,或找到独立承包商接手工程。通常担保公司都是选择另一个完工承包商,让其与业主签订独立的接手协议,该协议包括合同余额、明确的合同范围、完工的时间。担保公司将承担合同余额加担保额度的义务,也会跟独立的承包商签订完工合同以履行完工义务,有时担保公司会雇用原有承包商的分包商和施工经理或顾问来接手工程。②招标,担保公司可以就剩余未完工程进行招标或与被业主接受的有资格承包商进行议标,以选择合适的承包商继续履约合同,并支付给业主超出原来合同价的部分费用和因承包商违约给业主带来的损失。通常业主、完工承包商、担保公司会达成三方协议,担保公司支付新合同价超出原有合同余额部分费用(包括完工协议中开具新履约担保和付款担保的费用),接着业主会免除担保公司的责任。③财务支持,当承包商存在财务困难时,担保公司可以采用财务支持,帮助承包商继续履约,通过财务支持,担保公司可以避免因违约而终止合同,甚至在承包商不能履约后,担保公司可以支持承包商并促使该承包商完成项目,有时与该承包商进行沟通以促使其恢复履约或担保公司选择接手工程,同时选择该承包商作为完工承包商。④业主完工,担保公司也可以通过支付相应的费用让业主继续完工,这种情况通常发生在以前没有从事过工程担保业务的担保公司身上,通常来说,担保公司为控制完工成本和限制合同范围,都会倾向选择自己完工而不是让业主完工。担保公司也可以选择向保险公司投保担保保险,从而规避部分索赔风险。

2) 欧式担保

对于欧式工程担保(无条件担保,Unconditional Guarantee),业主可以在合同条件中选用,但没有法律强制要求,国际工程采用最为广泛的工程担保模式是以银行等金融机构为承保主体。由于银行没有相关的工程专业经验,只能颁发低额无条件的见索即付的保函,来向业主保证承包商的履约能力,担保的种类一般只局限于投标保函和履约保函。银行根据投标文件的要求颁发给承包商投标担保(一般为投标报价的5%)和履约担保(一般为合同价的5%~10%)。在保函有效期内,业主可以就合同约定的违约事件向银行提出承包商违约索赔,只要业主提供的索赔文件满足银行保函要求,就能够获得银行的赔款。银行不会追查业主违约索赔是否合理,并会要求承包商继续追加保证金以满足担保要求。对于承包商来说,在申请银行担保时需要面对银行较高的审核门槛和抵押额度不菲的保证金或有效资产,以及业主无理的索赔,很难获得公正和公平的待遇,这种担保模式由于业主索赔操作简单、赔付及时而受到国际建筑市场的喜爱。由于银行只履行赔付责任,欧式担保的保费一般不超过保函额度的0.3%。各国采用欧式担保的工程担保制度参见表8-3。

表8-3 各国采用欧式担保的工程担保制度

国家	工程担保制度
英国	在政府工程中,投资超过一定金额的项目一般要求适用保函。保函品种主要包括履约担保、预付款担保、保留金担保等,政府工程中要求的履约担保应是有条件保函。此外,从1996年起还推荐适用清偿保护担保。在民间项目中,采用ICE合同时一般需提交10%的履约保函,以无条件保函为主。保证人主要是银行,其次是专业保证公司和保险公司
法国	无投标担保;5%的履约保函多由银行承保
德国	1%~5%的投标保函,5%~20%的预付款保函和履约保函及2%~5%的维修保函。以银行承保为主,保险公司为辅
西班牙	公共投资项目实行强制性保证担保;2%投标担保+预付款担保+4%履约担保+维修担保,保函为有条件担保

(续表)

国　家	工程担保制度
意大利	公共投资项目实行强制性担保：2%投标担保＋10%履约担保，为无条件担保。当中标价与标底相差20%以上，增加差额担保。担保人主要为保险公司和银行
丹　麦	没有强制性担保要求，但在公共项目和私人项目中都普遍采用15%履约担保，到工程竣工后保额减至10%，为期1年；之后2～5年保额减至2%，总维修期5年，1%～2%的投标保函只在国际招标中采用。担保人为保险公司和银行
荷　兰	没有强制性担保要求，担保品种有投标担保、履约担保、维修担保、预付款担保，多为无条件保函。保额5%～20%不等，银行为主要担保人
澳大利亚	私人投资项目为主要担保市场，5%～10%见索即付的履约担保，包括预付款保函和保留金保函

欧式担保的承保和索赔流程较为简单，承包商需要保函时，向银行提交完备的申请材料并提供充足的反担保措施（现金或抵质押物等），银行收取一定的保函费用后即可向承包商开具保函。承包商获取保函后提交给业主即可。当业主发现承包商在履约过程中存在任何违约情况，只需向银行提供必要的证明材料即可罚没承包商的保函用以弥补损失，流程示意图如8-4所示。

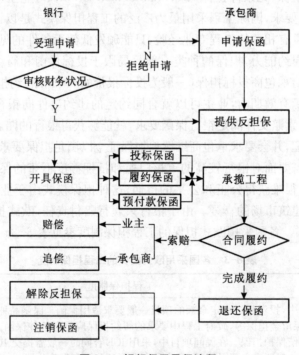

图8-4　银行保函承保流程

3) 美式和欧式担保的比较

通过表8-4的比较分析，可以较为明显地区分美式工程担保（高额有条件担保）和欧式工程担保（低额无条件担保，也称为银行信用证）的差别。

表 8-4　欧式与美式工程担保之间的差别

项目	低额无条件担保（银行信用证）	高额有条件担保
定义	① 它是一种现金保证，一旦发生索赔，赔付额将会转为给业主的付款和对承包商的有息贷款 ② 信用证不能保证项目的完工，原来合同的履约与银行赔付的义务无关 ③ 大多数保函不能撤销，必须经双方同意才能更改，任何更改都必须由双方追加协议	① 它是一个三方协议，担保人向权利人（项目业主）保证委托人（承包商）有能力依照合同文件履约合同 ② 合同的履行是担保的主题，决定担保人和权利人的权利和义务 ③ 履约担保保护业主免受由于承包商的合同违约造成的不能履行和财务风险 ④ 付款担保（劳工和材料担保），保护某些分包商、劳工和材料供应商不能够从承包商获得工程款
资格预审	① 银行检查有效抵押品的数量和流动性 ② 对承包商能够补偿银行的能力感到满意，就不需要任何资格预审 ③ 能提供保函的承包商可能并不拥有所有顺利履约完工的必要条件	① 担保公司会评价承包商的企业运营，检查足够的财务资源，必要的经验、组织状况、现有合同和盈利水平，以及运行业务的管理技能和担保所需要的成功完工项目 ② 拥有担保公司保函的承包商有能力在约定的报价和时间内履约合同
借款能力	① 足够的流动资产被用来保证保函的安全 ② 减少现有的信贷额度，且直接反映为承包商财务状态中的临时负债 ③ 与资产密切相关	① 除特例外，履约担保和付款担保的颁发是无担保的 ② 担保的保证并不影响承包商银行信贷额度，并且在某些情况下能够被视为信用增强 ③ 未使用借款能力可以视为资产负债表意外的能力
目的	只负责付款	当承包商违约时，保证业主不受到危害
反担保	要求流动资产作为授信额度的反担保	不要求严格的反担保
持续时间	有明确的期限，一般为一年	由合同持续时间加上维修期
如何获得	向银行或金融机构申请信用证	向专业担保机构申请获得担保
获得成本	① 通常是申请保函额度的1% ② 申请的费用包含在承包商投标报价中	① 合同价的 0.5%～2%（包括100%的履约担保，100%付款担保，外加一年的维修期限） ② 担保的费用包含在承包商投标报价中
保证范围	① 保函通常是合同报价的任意一个比例，一般比较典型的是5%～10% ② 不能够保证当承包商违约时分包商、雇员和材料供应商能够得到付款，但他们能行使留置权	① 100%履约担保，100%付款担保，保护分包商、雇员和材料供应商并保业主免于项目被留置 ② 在赔付之前，担保人会调查索赔，确定其有效性。至少一年10%的维修担保
索赔处理	见索即付，无完工义务	调查索赔，依据担保形式选择： ① 对原承包商给予财务支持或提供必要帮助，以完成项目 ② 寻找新的承包商完成项目 ③ 承担承包商和分包商的角色，将剩余工程完工，赔付罚金 ④ 对于付款担保来说，担保人将给分包商、雇员和供应商赔付
国际适用性	被广泛地接受	逐步被认可和接受

8.2.3 工程担保案例分析

1) 案例背景

2007年中国某国际工程公司(承包商)与非洲某工业集团(业主)订立一系列工业生产线的EPC/交钥匙合同包,包括4份以FIDIC《设计采购施工(EPC)/交钥匙工程合同条件》(银皮书)为基础的EPC/交钥匙合同。合同适用法律为英格兰和威尔士法律,仲裁地点为伦敦国际仲裁院(The London Court of International Arbitration,LCIA)。双方约定:预付款为合同总价10%,预付款保函及履约保函总额为合同总价的10%。2008年初,承包商与业主签订补充协议,增加预付款比例,同时保函比例相应增加。2008年4月,承包商向业主提供保函,业主支付相应预付款并申请开立信用证。

截至2008年6月,承包商已经开展的各项前期工作包括:方案设计;与主要供应商和分包商分别签订各类分供合同,并支付分合同项下的预付款,按约定开立信用证;前期现场准备工作,包括现场管理人员进驻、临时设施建设、场地平整等。

2008年7月初,承包商收到业主通知,指责承包商进度迟延,影响业主根本利益,导致项目调整,要求以承包商违约为由解除EPC合同包中的全部合同。承包商则回函声明:项目刚进入前期准备阶段,承包商完全有能力通过加大投入按约定进度完成工程,根本不存在承包商违约的情形。

2) 争议处理和博弈

承包商随即展开调查,了解到业主此举的真实原因是受全球金融危机影响,项目融资银行自身出现困难,拟取消融资安排。鉴于已经实质性开展工作,承包商并不希望终止全部项目。此举涉及金额高达10亿美元,关系到双方的根本经济利益,于是双方展开相关博弈。

3) 业主的惯用"杀手锏"——没收保函

承包商提供给业主的预付款保函及履约保函均为见索即付保函,在国际工程项目中阻止见索即付保函被没收的手段非常有限。为迫使承包商就范,业主依次通过口头通知、电子邮件、出示保函索赔文件及资料、律师"最后通牒"等方式,威胁没收保函。

本案中承包商在律师的帮助下,除了提前告知担保银行业主"恶意"没收保函的意向,与担保银行形成有序互动以外,还特别针对保函启动诉讼保全措施的可行性进行了充分论证,并为申请仲裁做好了充分准备。同时由于保函实际已成为业主提供给项目融资银行的融资担保,因此在正常情况下,即使业主没收保函,所获得的款项也可能置于融资银行控制之下。为此承包商及时与项目融资银行代理机构取得联系,借以防止业主将没收的保函款项据为己有。这项措施虽然看似无助于阻止业主没收保函,但明确给业主释放出这样的信号:即使没收保函,受益者也只能是融资银行,而不是业主本身。承包商这些有针对性的准备工作,彻底打消了业主以"没收保函"为手段来迫使承包商就范的念头,这使得承包商在接下来的谈判中处于相对有利的地位。

4) 案例启示

通过案例分析可以得知,国际工程中承包商不能处于被动的弱势地位,应当沉着应对业主不合理的索赔,深入了解业主索赔的理由和原因,同时做好相关证据的保全,积极与业主进行沟通协调，消除双方的信息不对称，找到利益平衡点，达成共赢局面。

8.2.4 工程保险与工程担保的比较

通过表 8-5 的对比分析，可以很好地区分工程保险和工程担保的差异。作为国际工程项目中两大风险控制手段，工程保险和工程担保在各自的领域有着不可替代的作用。充分理解两者，有助于理解国际工程管理理念，提升国际工程项目管理能力。

表 8-5 工程保险与工程担保比较

	工程保险	工程担保
当事人	有保险公司和投保人，通常不涉及第三方	由三方当事人（即业主、承包商和保证人）组成
申请人	投保人（不唯一）	被保证人
受益方	受益人（不唯一）	业主或其他权利人
承保的风险	投保人自己无法控制的、偶然的、意外的风险，投保人的故意行为属于除外责任	被保证人违约或失误的风险
目的	将工程风险从投保人转移给保险人，最终由保险公司承担风险损失，最终保障投保人的经济利益	被保证人为了满足对方要求提供的信用保障
承保风险程度	保险公司作为唯一的责任人，将对投保人的意外事故负责。保险公司所承担的风险明显要高于保证担保公司	只有当被保证人的所有资产都付给保证人，仍然无法还清保证人为履约所支付的全部费用时，保证人才会蒙受损失
损失追偿	保险公司负担赔偿全部或部分损失，无权向投保人进行追偿	保证人有权追索作为履约所支付的全部费用
赔偿责任	当投保人出现意外损失时，保险公司只需支付相应数额的赔偿，无须承担其他责任	被保证人因故不能履行合同时，保证人必须采取积极措施，保证合同得以继续履行完成
赔付	在保险中，即使没有发生意外事故，投保人交纳的保险费也不再返还	当承包商或业主正常履行合同之后，工程保证当如期返还，只有一方没有正常履约，另一方才能没收对方提供的工程保证
保费	它是保险公司根据保险合同中规定风险发生情况下，弥补保险标的损失需要的费用	它是担保公司根据被保证人的信誉、财务状况、以往履约记录收取的一定手续费用
与施工合同关系	保险合同可以独立于施工合同存在，施工合同可能会由于保险合同中规定的风险而失效，保险合同依然有效	工程担保合同是施工合同的从合同，施工合同失效，担保合同也随之失效
承保期限	一般从项目开始到建成后营运一段时间，可以根据投保人意愿进行选择	有明确的时效性，一般根据工程项目的进展不断交替有效

国际工程管理中，工程保险和工程担保作为项目各参与方转移风险和获取融资的重要手段，选择适当的风险平衡策略进行投保，采取适当措施获取担保公司的授信，将会使承包商的投标报价具有竞争力，得到业主和银行的青睐。工程保险和工程担保也是我国承包商走出国门、进入国际建筑市场的首要门槛，因此深入了解国际工程保险和工程担保不但能够促进我国承包商提升竞争能力，打破国外建筑市场的非技术壁垒，也能帮助我国建筑市场不断完善风险控制和信用保障机制。

国际工程材料与设备采购管理

9.1 国际工程材料与设备采购种类

在有关国家和国际组织的法律、法规、条约、协议等的规定中,通常将国际工程项目的标的分为工程、货物物资和服务。一般工程所需材料设备约占工程合同总价的60%以上,大致分为以下几个方面:

(1) 工程用料。包括土建、水电设施及其他专业工程的用料。

(2) 暂设工程用料。包括营地临时房屋的材料、临时水电和道路工程及临时生产加工设施的用料。

(3) 施工用料。包括周转使用的模板、脚手架、工具、安全防护网等;消耗性的用料,如焊条、电石、氧气、铁丝、钉类等。

(4) 工程机械。包括各类土方机械、打桩机械、混凝土搅拌机械、起重机械及其维修备件等。

(5) 永久工程的机电设备。包括建筑工程中常见的电梯、自动扶梯、备用电机、空调设备、水泵等。至于生产性的机械设备,如加工生产线等,则需根据专门的工艺设计组织成套设备供应、安装、调试、投产和培训等。

(6) 其他辅助办公和试验设备等。包括办公家具、器具和测量仪器等。

在以上范围和种类中,应当进一步划分哪些由承包商自己采购,哪些由分包商采购,哪些由业主采购,哪些要由本工程采购,最后确定物资供应部门应组织的货源。

9.2 国际工程材料采购管理

9.2.1 国际工程材料采购流程与关键问题

国际工程建筑材料采购一般是指国际工程项目业主一方(买方)通过招标、询价等形式选择合格的供货商(卖方),购买国际工程项目建设所需要的建筑材料的过程。建筑材料采购不仅包括单纯的采购工程建筑材料等货物,还包括按照工程项目的要求进行建筑材料的综合采购,包括购买、运输、安装、调试等以及交钥匙工程即工程设计、土建施工、设备采购、安装调试等实施阶段全过程的工作。国际工程项目中的建筑材料采购是一项复杂的系统工程,它不但应遵守一定的采购程序,还要求采购人员或机构了解和掌握市场价格情况和供求关系、贸易支付方式、保险、运输等贸易惯例与商务知识,以及与采购有关的法律、法规与规定等。

国际工程建筑材料采购在国际工程项目实施中具有举足轻重的地位,是国际工程项目建设成败的关键因素之一。从某种意义上讲,建筑材料采购工作是工程项目的物质基础,其重要性十分明显。

能否经济有效地进行采购,直接关系到能否降低项目成本,也关系到项目建成后的经济效益。这是因为在一个项目中,建筑材料等费用通常占整个项目费用的主要部分。健全的建筑材料采购工作,要求采购前对市场情况进行认真调查分析。制定的预算只有切合实际并留有一定余地,方可有效避免费用超支,同时亦可避免留下隐患,因为低质的建筑材料必然给项目建成后的运行和维护造成沉重的经济负担。

整个项目的计划和规划必须体现工程物资供应的内容。周密、严谨的采购计划不但可以保证供货商按时交货,而且为工程项目其他部分的顺利实施提供了有力保障。反之,可能由于关键路径上某一项物资供应的延迟而导致整个工程的延误。建筑材料采购工作的优劣直接影响到工程建设的质量。如果采购到的建筑材料不符合项目设计或规范的要求,必然降低项目的质量,甚至导致整个项目的失败。良好的采购工作可以有效避免在建筑材料制造、运输、移交、检验等过程中各种纠纷的发生,也为业主和供货商树立良好的信誉和形象。

国际工程的材料供应程序和手续复杂,大致包括:①计划;②初步选择货源;③初步询价;④比价;⑤收集样品和样本;⑥报送工程师认可;⑦还盘、议价和订货;⑧申请进口许可证;⑨开具银行支付信用证;⑩港口接受和商检;⑪清关;⑫银行付款和索赔;⑬陆运和仓储;⑭现场物资管理和使用。如果是免税项目,在清关程序中要办税收银行保函或缴付押金,材料使用完毕后要核报并收回银行保函或退回押金。

可以发现,整个材料采购的重点就在于询价和依据询价订立采购合同。在国际市场中价格主要分为两类:"自由市场"价格和世界"封闭市场"价格。前者是指国际上不受市场垄断力量或国家垄断力量干预的条件下买方和卖方进行交易的价格,受国际市场供求关系的影响;后者是指国际市场上买卖双方在一定的约束条件下形成的价格,不受国际市场供求关系规律的制约。国际市场价格调查是物资采购工作的重要内容,掌握其变动趋势与规律,了解其影响因素是保证物资采购成功的重要条件。

在国际工程中,材料价格往往受到国际市场的作用。因而,需要理清影响国际市场价格变动的主要因素。商品的国际市场价格是由国际市场上的供求关系决定的。这种供求关系主要包括三方面,即供货方之间的竞销,购货方之间的竞买,供货方与购贷方之间的竞争。这种竞争关系通过对供给与需求的影响而影响国际市场价格。凡影响供求关系的各种因素都对国际市场价格产生影响。这些因素主要有:商品的生产成本、垄断、经济周期性波动、各国政府的政治和经济贸易政策、规模经济收益、贸易条件和其他偶发性条件(如自然灾害、政治动乱、战争及投机等)。

下面就材料采购方式、不同方式下的询价和采购合同进行介绍。

1) 国际工程材料采购方式

由于国际工程项目的建筑材料采购往往涉及巨额资金和复杂的横向关系,如果没有一套严密而周全的程序和制度,可能会出现浪费,甚至贪污、受贿等腐败现象,而严格周密的采购程序与管理可以从制度上最大限度地抑制此类不良现象的发生。国际工程建筑材料采购的方式应依据标的物的性质、特点及供货商的供货能力等方面条件来选择,一般的采购方式可见表9-1所示。本节将主要介绍招标采购和询价采购。

表 9-1　国际通行的材料采购方式

编号	采购方式	基 本 描 述
1	招标采购	可公开招标或邀请招标,一般适用于购买大宗建筑材料,而且标的金额较大、市场竞争激烈
2	询价采购	向几个国外或国内的供货商(通常至少3家)就采购建筑材料的标的物进行询价,将报价加以比较后,选择其中一家签订供货合同。询价单上应注明建筑材料的说明、数量以及要求的交货时间、地点及交货方式等。报价可以采用电传或传真的形式进行。这种方式的优点是无须经过复杂的招标程序,大大节约了选择供货商的时间。但由于报价的竞争性差,不便于公众监督,容易导致非法交易,一般仅适用于采购价值较小的建筑材料
3	直接订购	不进行产品的质量和价格比较,属于非竞争性采购方式。一般适用于如下几种情况:所需建筑材料具有专卖性,只能从一家供货商获得;负责工艺设计的单位要求从指定供货商处采购关键性建筑材料,并以此作为保证工程质量的条件;情况特殊,如抢险救灾,急需采购某些建筑材料

2) 材料招标采购

(1) 采购招标(Procurement Tender)

这种方式适用于大宗的材料和较重要的或较昂贵的大型机具设备或工程项目中的生产设备和辅助设备。承包商根据项目的要求列出采购物资的品名、规格、数量、技术性能要求、交货方式、交货时间、支付货币和支付条件,以及品质保证、检验、罚则、索赔和争议解决等合同条件和条款作为招标文件,邀请有资格的制造商或供应商参加投标(也可采用公开招标方式),通过竞争择优签订购货合同。这种方式实际是将询价和商签合同连在一起进行的。

(2) 为招标编制标底而进行的询价活动

这一阶段的询价并不是为了立即达成货物的购销交易,只是为了使自己的招标标底比较符合实际,因此,这一阶段的询价属于市场价格的调查性质。价格调查有多种渠道和方式:

① 查阅当地的商情杂志和报刊。这种资料是公开发行的,有些可以从当地的政府专门机构或者商会的同业公会获得。应当注意的是,有些商情资料的价格是零售价格,这种价格对于使用大量材料的承包商来说,可能只能作为参考。因为这种价格包括了从制造商、出口商、进口商、批发商和零售商好几个层次的管理费和利润,比承包商成批订货价格要高出一倍以上。

② 向当地的同行(工程公司)调查了解。这种调查要特别注意同行们在竞争意识作用下的误导,因此,最好是通过当地的代理人进行这类调查。

③ 向当地材料的制造商直接询价。

④ 向国外的材料设备制造商或其当地代理商询价。

上述③和④为直接询价,属于招标阶段的一般询价,并非为达成实际交易的"询问报价"(Enquiry of Quotation)。可以采取口头形式(如电话、约谈等),也可以采取书面形式(如电传、传真和信函等)。这种报价对需求方和供应方无任何法律上的约束力。

3) 材料询价采购

在国际工程承包中,对材料的价格要进行多次调查和询价,材料的采购应当依据项目的进度制订合理的采购计划,尽量减少存储和堆放的时间。图9-1显示了材料询价采购及管理的具体流程(不包括进出口的程序)。实际采购中的询价程序如下:

(1) 根据"竞争择优"的原则,选择可能成交的供应商。由于这是选定最后可能成交的供货对象,不一定找过多的厂商询价,以免造成混乱。通常对于同类材料设备等物资,找一两家最多三家有实际供货能力的厂商询价即可,对于供应商的选择将在下文继续介绍。

(2) 向供应商询盘。这是对供应商销售货物的交易条件的询问。为使供应商了解所需材料设备的情况,至少应告知所需的品名、规格、数量和技术性能要求等。这种询盘可以要求对方作一般报价,也可以要求作正式的发盘,还可以要求作正式的发实盘。

(3) 卖方的发盘(Selling Offer)。通常是应买方(承包商)的要求而提出的销售货物交易条件。发盘有多种,对于形成合同的要约内容是含糊的、模棱两可的,它只是用于一般报价,属于"虚盘"性质,如价格注明为"参考价"(Reference Price)或者"指示性价格"(Price Indication)等,这种发盘对于卖方并无法律上的约束力。通常的发盘是指发出"实盘"(Firm Offer),这种发盘应当是内容完整、语言明确,发盘人明示或默示承受约束的一项完整的发

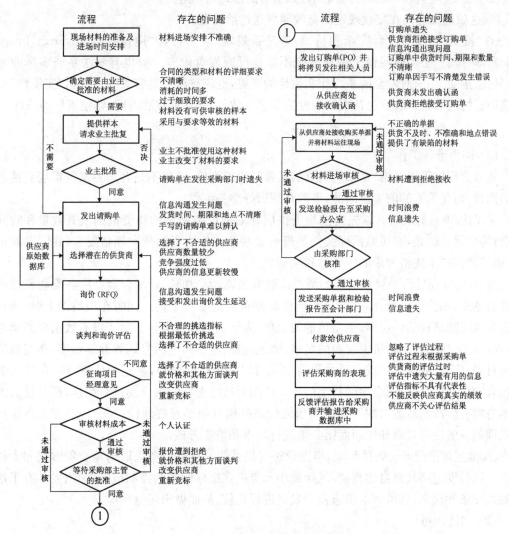

图9-1 材料询价采购及其管理的具体流程

盘,通常包括货物的品名、品质、数量、包装、价格、交货和支付等主要交易条件。卖方为保护自身的权益,通常还在其发盘中写明发盘的有效期,即在此有效期内买方一旦接受,即构成合同成立的法律责任,卖方不得反悔或更改其重要条件。

(4) 还盘(Counter Offer)、拒绝(Rejection)和接受(Acceptance)。买方(承包商)对于发盘条件不完全同意而提出变更的表示,即是还盘,也称之为还价。如果供应商对还盘的某些更改不同意,可以再还盘。有时可能经过多次还盘和再还盘进行讨价还价,才能达成一致而形成合同。买方不同意发盘的主要条件,可以直接予以拒绝。一旦拒绝,即表示发盘的效力已告终止,此后,即使仍在发盘规定的有效期内,买方反悔而重新表示接受,也不能构成合同成立,除非原发盘人(供应商)对此"接受"予以确认。

如果承包商完全同意供应商的发盘内容和交易条件,可予以接受。构成在法律上有效的"接受",应当具备下列条件:

① 应当是原询盘人作出的决定,当然原询盘人应是有签约权力的授权人。
② "接受"应当以一定的行为表示,如用书面形式通知对方。
③ 这项通知应当在发盘规定的有效期内送达给发盘人。
④ "接受"必须与发盘完全相符,有些法系规定,应当符合"镜像规则"(Mirror Image Rule),即"接受"必须依照镜子一样丝毫不差地反映发盘内容。但也有些法系或实际业务中,只要"接受"中未对发盘的条件作实质性的变更,也应被认为是有效的。所谓"实质性"是指该项货物的价格、质量(包括规格和性能要求)、数量、交货地点和时间、赔偿责任等条件。

4) 国际贸易询价方法及其技巧

(1) 询价准备工作

从以上程序可以看出,在采购物资的实施阶段的询价,已经不是普通意义的市场商情价格的调查,而是采购的前奏。因此,事前必须做好准备工作。

① 询价项目的准备。首先要按物资供应计划列出拟询价的物资范围及其数量和时间要求;特别重要的是,要按照招标文件整理出这些拟询价物资的技术规格要求,并向专家请教,搞清楚其技术规格要求的重要性和确切含义。

② 对供应商进行必要和适当的调查。通常来说,大型的国际承包商都有各类物资供应商的数据库,如图9-1所示,在选择承包商时是重要的参考工具。同时在项目结束时,承包商也会及时重新评估供应商,更新他们的信息,为下次挑选做准备。对于没有数据库的承包商,在国际上找到各类物资供应商的名单、通讯地址、电传和电话号码等并非难事,在当地的宣传材料、广告、商家目录或电话号码簿中就可以获得这些资料,甚至当你签订一项较大的承包合同后,许多供应商会主动找上门来。应当对这些潜在的供应商进行筛选,那些较大的和本身拥有生产制造能力的厂商或其当地代表机构可列于首选地位;对于一些并无直接授权代理的一般性进口商和中间商则必须进行调查和慎重考核。

③ 拟定自己的成交条件预案,事先设想对拟采购的材料设备采取何种交货方式和支付办法。这种设想要从自身的利益(风险最小和价格在招标标底的控制范围内)出发。有了这样的成交条件预案,就可以对供应商的发盘进行比较,从而做出还盘反应。

(2) 询价技巧

① 为避免物价上涨,对于同类大宗物资最好一次将全工程的需用量汇总提出,作为询

价中的拟购数量。这样,由于订货数量大可能获得优惠的报价,待供应商提出附有交货条件的发盘之后,再在还盘或协商中提出分批交货和分批支付货款或采用"循环信用证(Revolving Letter of Credit)"的办法结算货款,以避免一次交货即支付全部货款而占用巨额资金。

② 在向多家供应商询价时,应当相互保密,避免供应商相互串通,一起提高报价;但也可适当分别暗示各供应商,他可能会面临其他供应商的竞争,应当以其优质、低价和良好的售后服务为原则做出发盘。

③ 采用卖方的"销售发盘(Selling Offer)"的方式询价。这样可使自己处于还盘的主动地位;但要注意反复讨价还价可能使采购过程拖延过长而影响工程进度;在适当的时机采用递盘,或者对不同的供应商分别采取"销售发盘"和"购买发盘"(即"递盘"),这也是货物购销市场上常见的。

④ 对于有实力的材料设备制造商,如果他们在当地有办事机构或者独家代理人,不妨采用"目的港码头交货(完税已付)(DEQ, Duty Paid)"交货方式,甚至"完税后交货(指定目的地)(DDP, Named Place of Destination)"交货方式。因为这些厂商的办事处或代理人对于当地的港口、海关和各类税务的手续和税则十分熟悉。他们能提货快捷、价格合理,甚至选择优惠的关税税率进口,比另外委托当地的清关代理商办理各项手续更省时、省事和节省费用。

⑤ 根据职责分工,应由总部、地区办事处和项目管理组分别对其物资管理范围内材料设备进行询价活动。例如,属于现场采购的当地材料(砖瓦、砂石等)由项目管理组询价和采购;属于重要的机具和设备则因总部的国际贸易关系网络较多,可由总部统一询价采购。

9.2.2 材料采购合同

1) 货物买卖合同的形式

在国际贸易中,有些国家和地区的法律制度规定,合同的形式可以是口头的,也可以是书面的。《联合国国际货物销售合同公约》第11条规定,合同无须书面订立或书面证明。但该公约允许签约国对此做出保留,许多国家(包括我国)都对这一条款及相关的其他条款做了明确的保留,即只承认合同的订立、更改或终止应采取书面形式。至于书面形式的格式,各国并无特殊的限制。

(1) 书面合同形式

国际货物买卖合同的常见形式有:

① 合同:是一种正式确定买卖双方责任、义务和权利的文件形式。可采用不同的名称,如合同(Contract)、销售合同(Sales Contract)、购货合同(Purchase Contract)及购销合同(Purchase and Sales Contract)等,其实质是完全相同的,都是经买卖双方协议一致、载明交易条件,并经共同签署和承担法律责任的有约束力的文件。

② 确认书:包括销售确认书(Sales Confirmation)或购货确认书(Purchase Confirmation),都是由买或卖的一方拟定,并由另一方确认的有合约效力的文件。确认书和合同在格式、条款的设立和措辞上有所不同,但在法律意义上是同等的有约束力的合约文书。

③ 协议书:从法律上解释,协议或协议书与合同是同义的,因为合同本身就是当事人为

了产生、改变或消灭民事法律行为而达成的协议。问题不在于文件的名称,而在于文件的内容是否载明了买卖双方的权利和义务,是否包含用明确的语言文字规定了买卖双方商定的货物品名、规格、数量、价格以及交货方式和时间等要素,并承认对双方的约束力。至于标明"初步协议(Preliminary Agreement)"或者"原则协议(Agreement in Principle)"的文件,由于其中的内容仅仅涉及该货物交易的一般性原则,而具体的有实际约束力的交易条件尚待商定,只有补充签订了全部明确的交易条件后才具有可执行性。

④ 备忘录:只要买卖双方对商定的交易条件在备忘录中作出明确和具体的规定,并经双方签署承认,可以视为与合同一样性质的文件。在实际业务中,备忘录更多地用于对已签合同的补充、修改或者变更的书面确认。这时,它们将被视为合同的组成部分。

⑤ 订购单:一般是由买方向卖方发出的认购某种规定货物的文件。如果订单中规定了明确的交易条件,或者买卖双方事先对交易条件已有一般条款的约定,则这种订单实际上是买方的"购买发盘",买方将承担按订单所列条件与接受订单的卖方建立合同关系的法律责任。订单经卖方书面确认,或者双方在订单上签署,则具有与合同同等的法律效力。

(2) 货物买卖合同的基本内容

一项比较完整的货物购销合同可以参照某些规范化的文件,它应包含以下内容:

① 货物的品名、规格和质量要求。关于质量要求,其表述方法各异。有的仅写明国际标准代号,有的应写明材料的化学成分和物理性能,有的则用专门的附件详细说明其技术性能要求和检测标准。

② 货物数量、单价和总价。对于价格除写明货币和数额外,特别要注明何种交货状态下的价格。

③ 包装。除规定包装方式能适合海上运输要求外,还应规定包装上的各种标志、数据及编号等,以资识别和装卸堆放管理。

④ 装运条款。除写明装运港、目的港、装运期限外,应写明是否允许中途转船或多次分批装船。

⑤ 保险。属于卖方保险者(例如 CIF 交货条件),最好规定保险的险种和投保金额(海运通常按货价的 110% 投保);属于买方保险者(例如 CFR 交货条件),应规定卖方在限定的时间内用电传方式通知买方准备保险所需的各种数据和情况资料。

⑥ 检验条款。应当规定货物在装运前的检验要求(多系卖方对货物数量和质量的检验保证),以及到达目的地的检验要求(多系买方委托或海关及当地商检部门强制进行的数量和质量的检验)。应明确规定两种检验出现差异的处理办法。

⑦ 支付条款。应说明支付货款的方式(如不可撤销的银行开出的信用证或者托收付款方式等),规定买方的开证银行和卖方的议付银行、开证期限和议付有效期限等,如果选择分期支付,应规定分期办法及短期支付的条件。国际贸易惯用的是"跟单信用证(Documentary Letter of Credit)",因此,应写明议付时提交的单据的名称、份数等。(如承运人开出的货物提单、发票、装箱单、数量和质量检测证书、产地证明书、运输保险单、装船通知等)

⑧ 违约罚则。按双方议定列出。

⑨ 索赔条款。应规定除承运人过失或意外事故及外来原因造成损失的索赔办法,包括索赔依据、索赔时限、索赔偿付办法和时间等。还可以规定补偿损失的救济办法,如拒收或退货、降价、更换、宣告合同无效和要求损害赔偿等。

⑩ 关于不可抗力的免责条款。可规定人力不可抗拒事件的范围、通知的责任、必要的证明文件、补救办法等。

⑪ 争议解决条款。对于经济合同争议,通行的解决办法是友好协商,如果协商不能解决则提交仲裁,应规定仲裁地点和仲裁机构及适用仲裁规则,并明确仲裁裁决是终局的,对买卖双方都有约束力。

⑫ 其他条款。可规定适用于本合同的法律,规定合同的生效办法。(如双方签字即生效或者经过公证后生效等)

2)购货合同的实施和管理

(1)审慎签订购货合同

根据物资供应计划和样品审查认可情况,以及询价获得的满意结果,审慎和及时签订购货合同是物资供应部门的重要任务。

① 建立采购授权和审批制度。根据物资种类进行分工,并给予采购人员充分授权,以便开展询价、洽谈和签订合同工作,但必须建立严格的审批制度。主要审查供应商的资信和能力、供货人的法人资格和签字代表的授权、货物是否完全符合技术要求、价格是否在控制指标之内、交货时间和地点、各方义务和责任及支付方式等。充分授权和严格审批,既可发挥采购人员的主动性,又能减少失误。

② 多种方式签订合同。对于大宗的材料和重要的设备通过多方询价,并签订书面合同;应采用信用证付款方式,对于大宗材料适当分散与多家供应商签订合同,除非该供应商是信誉极佳且有实力的制造商。这种做法是为了防止一旦出现违约或不可抗力事件而使工程受到严重延误和损害。对于当地生产的大宗建筑材料宜与当地多家厂商签订连续供货和定期结算的供货合同,特别是砂石和砖瓦等大宗材料,必须有多家稳定供货的货源,防止独家供货商有意制造困难迫使承包商加价。对于零星物资供应当给予足够重视,实践表明,它极可能是工程正常进行的一大障碍,工地常为某种零星的少量物资短缺而不得不临时局部停工,打乱了整个工程计划。解决的途径是,与当地批发零售市场网点及临近的工地同行建立广泛和良好的关系,以便临时调剂解决短缺物资。对于机器设备最好是有计划地采取邀请议标或招投标方式,通过竞争择优签订合同。

③ 密切注意合同履行进展情况,及时做出调整和补充订货。一项承包工程的物资供应可能要签订数十个购货合同,其中已有某些合同出于不同的原因造成延误、变更,甚至中止或违约终止等情况,供应部门应及时做出反应。除对该索赔应及时办理索赔手续外,应根据工程进度需要,迅速协商修改合同或另觅供应商重新签订合同,以补进物资,避免工程的损失。

(2)重视履行合同的义务

承包商签订购货合同后,除催货和督促供应商履行交货的合同义务责任外,以下工作也同样是保证合同实施的重要环节。

① 对于工程所在国规定实行进口许可制度的物资,应尽早申请并办理进口许可证。

② 对于工程所在国实行外汇控制管理的,要尽早申请批准动用外汇,以便银行及时开出以外汇支付的信用证。

③ 对于以装运港船上交货方式(FOB)成交的合同,应及时租赁船只或委托承运人,并通知卖方;对于以成本加运费的目的港交货方式(CFR)成交的合同,应及时办理保险手续。

(3) 认真组织货物的接收

① 协同财务部门和银行核对信用证的跟单和付款。信用证是买方完全按照购销合同中的交易条件向银行申请开出的,如果信用证中议付条件与合同不一致,卖方将会要求买方进行修改;如果卖方接受了信用证,而提交的有关货物的单据显示出与信用证中的议付条件有不符之处,银行将会拒绝付款,除非买方愿意接受这些不符之处,并正式通知银行。因此,作为买方在接受单据时,要认真核对这些"单、证不符"的细节。对于涉及货物规格、质量和付款条件等严重的不符处,可以同意银行拒付,并拒收货物,要求卖方派人直接处理和交付符合合同及信用证规定的替代货物,还可以声明要求卖方赔偿损失。如果"单、证不符"并不涉及货物本身的问题,仅是某些枝节性的问题,如收货人的名称、地址填写错误和某些明显的拼写或打印错误等,可以通知银行接受卖方的更正要求,并付款取单以提取货物。

② 组织清关、收货和内陆运输。所谓"清关",是指按进口国(即工程所在国)的有关法令办理海关检查货物和核定关税的放行手续。由于手续严密和程序较多,许多国家规定只有获得资格证书的专业人员才能办理清关手续,为此,承包商宁愿委托专门的清关代理公司办理清关。承包商应选择信誉好、能力强和手续费低的公司作为自己的清关代理。即使是委托代理进行清关和提货,承包商还应有专门人员与之配合、提供清关和提货所需的文件和单据,(除卖方提交的货运提单、发票、保险单、产地证明书、装箱单外,还需要合同、货物进口的批准文件或进口许可证、免税批准文件、机具设备临时进口批准文件等)并按政策法令缴纳关税和各项官方费用,对免税物资和临时进口的机具设备,要提交当地银行开出的税收保函。

③ 及时进行质量检测和索赔。质量检测的目的有二:一是如果发现货物质量与合同规定不符,可向供应商索赔;二是提交工程师审定,批准在工程中使用。通常在货物运抵工地时,约请工程师共同随意抽样,并送交检测机构或试验室试验。应当注意的是,检测的结果必须在购货合同规定的索赔有效期内得出,否则将失去索赔的权利。如果检测结果证明符合购货合同中的质量要求,工程师自然会批准。凡是属于货物运输过程中的损坏,如卸货时发现包装箱破损和货物已经受损,应当在卸货时由承运人出证,以便向船运公司或向保险公司索赔。货物数量的短缺,也按此处理。只有证明货物内在品质缺陷或者短缺系在装运前已经发生,才能向卖方索赔。未经检查试验和检测后不合格的货物,只能采取暂存办法,不得动用,直到索赔得到合理的处理。

9.2.3 全球供应链环境下的材料采购管理

1) 建筑供应链的基本概念

建筑供应链管理是指以核心企业(通常为总承包商)为主导,通过在业主、总承包商、设计师、分包商和供应商之间建立协作多赢的战略目标、完善的合作机制和协同的决策模式,运用先进的信息技术,对建设项目建造过程(策划、设计、采购、供应、施工等)中涉及的所有活动(物流、人流、信息流、资金流等)和参与方进行集成化统一管理。建筑供应链管理既强调跨部门和跨企业的集成化管理,更强调流程整合和过程控制与管理,其管理思想主要体现在系统集成、过程控制和协同工作三个方面。

建筑供应链管理首先是基于系统集成的思想,它通过把工程项目从项目策划、工程设计、材料采购、工程施工到运营维护的项目全寿命周期的各个环节有机地集成在一起,减少由于各个单元的封闭所造成的目标冲突、信息遗漏和资源浪费等现象,实现以最小的投入获得最大的产出。同时,建筑供应链管理将系统集成理念从核心企业内部扩展到企业的外部,既扩展到企业的上游——材料设备供应商,也扩展到企业的下游——分包商,将以往企业之间分离、间断的物流、信息流和资金流集为一体。通过企业内部资源与外部资源的整合优化,提升企业对市场的应变能力,获得供应链的整体效益。

按照过程控制的思想,建筑供应链管理就是对建设项目的策划、设计、采购、供应、施工、运营和维护等相关过程进行管理控制。每一个建设项目供应链的设计实际上就是在对各个过程进行设计,并规定各个过程的输入、输出、约束条件、过程的结果和相关过程的接口。这种目标分解、协同工作、集成管理的过程控制方法不仅使管理目标十分明确,而且内设了一道下级工序对上级工序的检验机制,同时运用统一管理和协同运作促进供应链的整体绩效。建筑供应链管理的本质是协同工作。在供应链环境下,设计师、分包商和供应商与总承包商之间建立起一种长期的紧密的合作关系。建筑供应链成员在共同拟定的战略目标下,各方共享充分的、透明的和对等的市场需求和项目信息,比如总承包商的市场开拓计划、供应商的库存情况、分包商的生产能力等,从而通过资源的优化整合和统一调配实现对业主需求的快速响应。在项目建设过程中,建筑供应链通过建立完善的信任与合作机制,协同的决策模式和信息共享机制,能够使项目各方保持一种实时沟通和协同工作状态,避免了传统工程建设管理中的无谓等待、变更、浪费甚至冲突和索赔,从而以最小的成本,创造客户最大价值,达到提高供应链绩效并增强成员企业核心竞争力的目标。

建筑供应链战略的应用与研究源于供应链管理在制造业和零售业中所取得的巨大成功的启发,是近年来在国内外逐渐受到重视的一种新的建筑战略理念与管理模式。随着建筑市场的全球化、建设业主的日趋理性及各国建筑业巨头纷纷进入他国抢占市场,建筑企业竞争环境也发生了巨大变化,主要表现为:业主需求趋于多样化和个性化,需求不确定性增加,同类建筑产品的寿命周期缩短,竞争强度更高及国内建筑市场国际化等。这些变化使企业面临的是一个变化迅速且难以预测的买方市场;在动态复杂的市场环境下,要快速满足顾客的需求,靠单个建筑企业自己的资源已经成为不可能。随着全球市场和信息技术的发展,建筑企业之间合作的趋势日益明显,建筑企业之间的竞争越来越表现为由相关企业组成的及时响应顾客(业主)需求并组合生产最终建筑产品的链状组织之间的竞争,即建筑供应链之间的竞争。为提高竞争力,各类建筑企业都积极致力于在能充分发挥本企业核心能力的同时构建外包非核心业务的建筑供应链,以快速地响应建筑市场的需求。

2) 材料采购在建筑供应链中的作用和地位

结合供应链的基本原理和建筑业自身的特点,建筑供应链可进一步定义为一个由设计师、承包商、分包商、供应商、制造商和其他相关的专业公司组成的一个功能网络,它围绕核心企业,通过对信息流、物流、资金流的控制,从采购相应的建设物质或服务开始,经过链中不同企业把这些物质和服务转化为中间产品和最终的建筑物,最后交付完整的可使用的建筑设施给业主。它不仅是一条连接供应商到用户的物料链、信息链、资金链,而且是一条增值链,建筑材料和中间产品在供应链上因加工、包装、运输等过程而增加其价值,从而给相关企业都带来增值和收益。根据以上建筑供应链的定义,供应链的结构和材料采购在其中的地位可以归纳为如图 9-2 所示的模型。

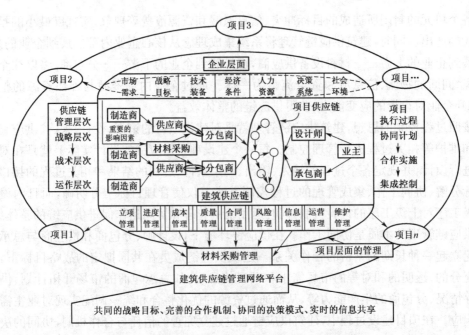

图 9-2 建筑供应链模型及材料采购在其中的地位

从图 9-2 中可以看出,建筑供应链由所有加盟的节点企业组成,其中一般有一个核心企业(一般为总承包商,也可以是大型设计企业,还可以是有实力的 CM 公司),节点企业在需求信息的驱动下,通过供应链的职能分工与合作(建材生产、工程设计、现场组装等),以资金流、物流或(和)服务流为媒介实现生产对象沿整个建筑供应链的不断增值。可以发现,材料供应是整个建筑供应链中的关键环节,连接着供应商和承包商,起到了承上启下的作用。特别在一些与材料和设备供应密切相关的项目(EPC 和 DB 模式)中,材料的采购和管理决定项目的成败。

图 9-3 是一个典型的 EPC 和 DB 模式下建筑供应链的结构模型,从图中可以看出,供应

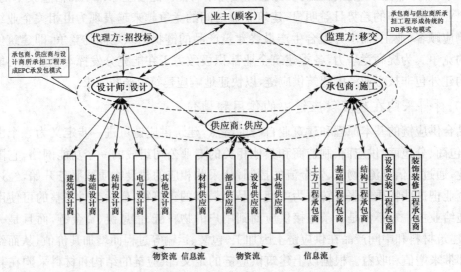

图 9-3 材料采购在 EPC 和 DB 模式中的位置

链是一个网链结构,由围绕核心企业的承包商、设计师、供应商以及各自的供应商和建设业主组成。

从图 9-3 中可以看出,一个企业是一个节点,节点企业之间是一种需求与供应关系,因而建筑供应链上的材料采购具有以下特征:

(1) 订单驱动:工程建筑是典型的订单式生产,产品需求方(业主)在供应链中起重要驱动作用。业主既是工程项目的发起人,又是工程项目的受益者。建设工程项目供应链的形成、存在都是基于业主的需求而发生,而所有的材料采购都是依据业主对项目的需求而产生的,通过建设工程项目供应链中信息流、项目流、服务流以及资金流来满足业主的需求。

(2) 一次性:由于建设工程项目的一次性,导致建设工程项目供应链在项目结束后不得不面临解散的问题,材料采购中存在的业务联系也随之解除;另一方面,供应链管理的基本原则是一种基于信任的长期合作,两者之间又存在一定的冲突。因此,国际工程承包商都会将企业层面的供应链规划和具体项目的供应链协调一致,努力做到建设工程项目供应链成员尽可能来自企业的供应链伙伴,特别是材料供应商,促进成员之间的长期合作。

(3) 复杂性:建筑供应链通常是多层次、多跨度的链式结构,由包括材料、设备、咨询、服务等不同类型的多个企业构成。对于一个材料供应商而言,不仅仅属于一个建设工程项目供应链,它同时还可以为其他的建设工程项目供应链服务,作为另一个工程项目供应链的成员,因此处于建筑供应链中的材料采购往往面临多个建筑企业的多个项目,结构模式比一般制造业的结构要复杂得多。

(4) 动态性:除极少数特例以外,建筑供应链是一种反复的通过项目组织生产一次性建筑产品的临时供应链。项目完成后,围绕工程项目构建的项目供应链即告解体。为此,建筑供应链具有动态性、不稳定性、阶段独立性等本质特征。同时由于工程建设产品的固定性导致了管理对象的流动性,从而使得建设工程项目供应链上的节点企业联系相对松散,使得建筑企业与材料供应商之间的供需关系具有动态性。

(5) 强约束性:在宏观上,建筑工程项目有既定的工期、质量、成本的要求。在微观上,在工程项目进行中大量人力的调进调出,不同工程的频繁更替、交叉,不同阶段的不同需求,使得对各种材料的需求大起大落,造成了建设工程项目供应链管理中的物资流必须按照既定的时间、数量、地点进入现场,并保证按项目的弹性需求在不同项目之间加以调配。为保证项目的流畅进行和目标的顺利实现,必须保证对项目材料供应时间、地点、质量的强有力约束。

3) 建筑供应链上材料采购的发展趋势

建筑供应链的理念经历了一个发展过程。随着 20 世纪 80 年代中期以来供应链战略在制造业的成功应用,企业的绩效得到了很大的改进,减少了产品的生产周期,增强了产品的质量和可靠性,缩减了库存,减少了浪费,极大地促进了生产成本的降低。当时的建筑业领域开始出现局部的供应链管理,但仍然局限在建筑材料的供应领域,主要的设计和施工服务采购仍是通过业主与承包商之间一对一或一对多的一次性的交易行为完成。建筑企业主要通过各个职能部门对资金、进度、质量和材料管理来控制内部资源和施工过程,形成了基于职能的内部组织边界,承包商与供应商的关系大部分仍旧是短期的买与卖的非合作关系。到 20 世纪 80 年代末期,建设过程中合作伙伴(Partnering)建设模式的出现,促进了各参与方加强协同关系和过程集成化这种与供应链管理思想相关的趋势的发展。"合作伙伴"是指两个或多个一起工作的组织按照各自的目标,通过寻求解决冲突的途径和相互之间的自我约束,从而达到持续改进和利益分享的一种建设模式。直到20世纪90年代中期,建筑业供应链战略开始逐步在美国、英国等建筑业发达国家的大中型建筑企业中推广开来。

(1) 建筑企业传统管理模式分析

管理模式是一种系统化的指导与控制企业经营生产的方法,它把企业中的人、财、物和信息等资源,高质量、低成本、快速及时地转换为市场所需要的建筑产品和服务。因此,质量、成本和进度(生产时间)就一直是一个建筑企业的三个核心活动,企业管理模式也是围绕这三个方面不断发展的。长期以来,建筑企业的生存和发展完全有赖于对这三个核心要素的管理水平,因为质量是企业的立足之本,成本是生存之道,而时间则是发展之源。没有好的质量,就无法得到建筑用户的认可,企业所提供的产品或服务就无法在市场上立足;没有低的建造成本,企业就没有实力进行价格竞争;而建筑企业要适应不断发展的建设需求,就必须能在尽可能短的时间里提供用户所需要的建筑产品或服务,因此生产时间(有时仅包含建造时间,有时则由设计和建造甚至调试时间等构成)就成了企业能否适应发展要求的关键。

从管理模式上看,建筑企业出于对建筑生产要素性资源的占有要求和对建造过程直接控制的需要,传统上常采用的策略是扩大自身规模涵盖尽可能多的业务门类,或参股到供应商企业,与为其提供原材料、结构件或劳动力的企业是一种所有关系,这就是人们所说的"纵向一体化"管理模式。我国建筑企业(特别是过去的国有建筑企业)一贯采取"大而全""小而全"的经营方式,可以认为是"纵向一体化"的一种典型表现形式。例如,过去许多以"中国"开头的施工企业多拥有从采石、制砂、结构件预制与加工、现场建造等一整套生产设备、设施及组织机构,甚至附设中小学和医院等非生产设施,其主营业务与附属业务构成比例往往是畸形的。受长期计划经济的影响,这类企业拥有庞大的加工和建造体系,其建筑产品与服务的开发能力和市场营销能力却非常弱。在建筑产品的服务开发、设计施工、市场营销三个基本环节上呈现出中间大、两头小的"腰鼓型",这种建筑企业由于没有能力准确捕捉市场信息而在激烈的市场竞争中无法快速响应用户需求。当前有些老的国有建筑企业经营不景气,并不是没有生产能力,而是无法准确捕捉到市场信息或不能快速组织资源提供建设业主要求的产品或服务,丧失了许多市场机遇。

从生产计划与控制机制看,我国建筑企业生产管理系统在不同的时期有不同的发展和变化。在20世纪80年代以前的计划经济时期,建筑企业实行的是按计划生产的方式,主要是为了完成各地建设主管部门指定的设计和建造任务,生产计划基本由上级行政部门确定,控制也是采用简单的现场检查监督的方式。实行市场经济以后,建筑企业开始实施以质量、成本和进度(生产时间)为核心的生产计划控制方式,一段时间内也取得了显著的成效,满足了日益增长的建筑产品与服务需求。随着大众知识水平的提高和激烈竞争带给市场的产品越来越多,建设业主对建设成本、周期和质量的要求也越来越高,主要体现在对建筑产品的种类、规模、功能特点和需求数量呈现多样化、个性化要求,而且这种多样化要求给企业带来很高的不确定性需求。此后,人们就一直探求更好的制造组织和管理模式,出现了诸如精益建造(Lean Construction)、制造资源计划(Manufacturing Resources Planning II, MRPII)、准时生产制(Just-in-Time, JIT)等新的生产方式。这些新的生产方式对提高企业整体效益和在市场上的竞争能力确实作出了不可低估的贡献。然而,进入 20 世纪 90 年代以来,由于整个世界的经济活动也出现了全球经济一体化特征,这些变化对建筑企业参与竞争的能力提出了更高的要求,原有的管理思想已不能完全满足新的竞争形势。以 MRPII 和 JIT 为例,这两种生产方式都是只考虑企业内部资源的利用问题,一切优化工作均着眼于本企业的资源的最优应用。这种指导思想在进入 21 世纪的市场环境中显得有些不适应,因为在当前这种市场环境里,一切都要求能够快速响应用户需求和提高建筑生产效率,而要达到这一目的,仅靠一个企业所拥有的资源是不够的。在这种情况下,人们自然会将资源延伸到企业以外的其他地方,借助其他建筑企业的资源达到快速服务建设业主的目的,这也是建筑供应链理念的初衷。

(2) 建筑供应链管理模式

鉴于建筑企业"纵向一体化(Vertical Integration)"管理模式的种种弊端,从 20 世纪 90 年代后期开始,国际上越来越多的建筑企业放弃了这种经营模式,随之而来的是"横向一体化(Horizontal Integration)"思想的兴起,即利用企业外部资源快速响应建筑市场需求,本企业只抓最核心的业务——建筑产品或服务的方向和市场,同时在生产上只抓本企业有突出优势的核心业务,对于拓展、附属或非核心专业性业务全部由其他企业完成。例如,位于英格兰西北部的 Conlon 建筑公司通常就将设计分包给位于曼彻斯特的 Big Idea 公司,建筑材料则分别由环绕在普雷斯顿周围的众多供应商供应,自己施工队伍负责关键部位的施工,管理队伍负责全程管理和协调,非主要结构的施工和安装全部分包,这样做的目的是利用其他企业的资源促使项目建设快速展开,赢得产品在低成本、高质量、早上市诸方面的竞争优势。"横向一体化"形成了一条从制造商、供应商、分包商再到承包商的贯穿所有企业的"链"。由于相邻节点企业表现出一种需求与供应的关系,当把所有相邻企业依次连接起来,便形成了供应链。这条链上的节点企业必须达到同步、协调运行,才有可能使链上的所有企业都能受益。于是便产生了建筑供应链管理(Construction Supply Chain Management,CSCM)这一新的经营与管理模式。

(3) 业务外包策略

随着劳动力成本和专用性资产投资成本的上升,国际上已有越来越多的大型建筑公司选择了将非核心业务外包(Out Sourcing)的策略。实施业务外包策略的最主要原因是为了控制和降低成本、提高公司的核心业务能力和积蓄形成领袖级企业的能量。总而言之,就是为了在新的竞争环境中提高本建筑企业的竞争能力。由此可见,建筑供应链管理的理念将企业资源的范畴从过去单个企业扩大到了整个社会,使企业之间为了共同的市场利益而结成战略联盟,因为这个联盟要解决的往往是具体建设业主的个性化建筑产品(至少有别于其他顾客)。例如,承包商就需要与建设业主共同研究,如何满足业主的需要,并将业主的意图准确传递给企业建筑供应链内拟参与该项目的相关企业,还可能要对原设计进行重新思考、重新设计,这样在承包商和建设业主之间就建立了一种长期联系的依存关系。承包商带领供应链团队努力满足业主的需求,业主当然也愿意雇用这个承包商,当原来的建筑需要更新或有改扩建项目时,业主还会找同一个承包商,承包商又会去找自己固定的供应链团队成员。这样一来,由于建筑供应链战略的实施,形成了参与建设的各方都十分满意的专业化的运作方式,因而供应链管理也得到越来越多建筑企业的重视,成为目前最有影响力的一种建筑企业运作管理模式。

21世纪建筑市场中的竞争不是建筑企业和企业之间的竞争,而是建筑供应链与供应链之间的竞争。那些在某项专业工程方面占有独特优势的中小型建筑企业,将成为大型总包型企业追逐的对象。日本一名学者将其比喻为足球比赛中的中场争夺战,他认为谁能拥有这些具有独特优势的供应商,谁就能赢得竞争优势。显然,这种竞争优势不是哪一个建筑企业所具有的,而是整个建筑供应链的综合能力。

9.3 国际工程设备采购管理

在国际工程项目中,设备是工程成败的关键,项目的设计、采用的新技术和新方案、新工艺都最终在所采购的设备中体现。为了确保项目一次试车、投产成功,同时又能取得较好的经济效益,设备的采购和质量控制是项目管理中的重中之重。国际工程设备采购和材料采购在采购方式、询价步骤、询价方式和技巧、购货合同的订立和管理方面都基本相同,但是设备采购存在一定的特殊性。如图9-4所示,列出了在设备采购中的一些主要构成。

供热系统	热源系统
	热分布网络
	房屋加热体系
空调暖通系统	通风设施
	空调系统
	冷却系统
水气污水处理系统	水设施
	污水处理设备
	消防系统
	天然气设施
电力设施	高压和中压电力设施
	低压电力设施
	自主发电设施
	照明系统
电信网络设施	警报系统
	通信设施
	转换网络
输送系统	垂直输送电梯
	自动扶梯
	运输设施
建筑自动化	自动化系统
	功率组件和弱电系统
	核心设施

图9-4 设备采购中的一些主要构成

9.3.1 设备采购程序

1) 采购计划

由于一般工程项目中所要采购的设备多达几十种,涉及设备规格、技术要求、数量、制造周期、价格、资金状况以及信用证开立的时间等,首先要制订一个详细的设备采购计划,以确保设备的采购有序而稳妥地进行。设备采购计划的编制主要考虑以下几点:①信用证开立的时间;②设备的制造加工周期;③安装的顺序和总进度计划。对价值较大、利润较高的设备,要争取早开立信用证,早收回设备款,做到"入袋为安",同时,还要考虑设计进度、公司资金状况等因素,制订一个切实可行的设备采购计划。

2) 询价

根据采购计划,对采购的设备进行初步询价,询价考虑3~5家制造厂或分包商,被询价的制造厂或分包商须通过一定的资格审查,例如国家专业出口定点厂、行业内的骨干厂家和国家甲级成套单位。询价采用面谈和通信相结合的方式,要把设备的技术要求、当地现场自然和气象条件、用电条件及工艺情况向被询价的单位介绍清楚,并提供给被询价单位一份符合上述要求及条件的文字资料。做到"程序公开、公平竞争、机会均等"。对询价过程中厂家反馈的问题及建议,要和设计院专家及时沟通,并采纳其有用部分。最后选择其中的2~3家作为考察对象。

3) 厂家考察

厂家实地考察的主要内容为:①厂家的加工能力、加工设备的状况和执行的技术标准和工艺;②厂家是否已通过 ISO 9000 质量体系认证;③厂家的检测设备和检测手段及试车条件;④厂家的业绩、售后服务体系和用户反馈的意见(对于重要和关键设备还要走访用户);⑤厂家的规模、资信及资金状况和融资能力;⑥厂家应用的包装标准和运输条件。通过对上述6项指标的考察,对厂家情况进行全面、合理、科学的分析,确定厂家是否具有承担该项设备供货的资格,写出考察报告并存档,为下一步的议标做好准备。

4) 技术交底

在上述询价和厂家考察的基础上,组织设计院的设计人员、选定的厂家(2~3家)和项目经理部的专家及商务人员对所采购的设备进行技术交底,详细地介绍设备的供货范围、技术要求、设备所处的工艺条件、制造和检验标准、设备的交接口条件和尺寸要求、试车和验收要求、非标准设备详细设计图纸的答疑、合同技术附件的解释以及现场技术协助的要求。项目经理部的商务人员要对所起草合同的主要条款尤其是支付条款对厂家进行清楚的解释并提供厂家一份合同草稿,以便使厂家的报价准确可靠。同时厂家的技术人员在对设备情况全面透彻了解以后,要根据自己的制造和设计经验对设备的选型、选材和特殊要求与设计人员进行交流,并对设计人员考虑不周全的地方提出自己的意见和方案,在征得设计人员同意的情况下进行修改、补充和完善。在技术交底的基础上,要求厂家进行最终的正式报价。报价应为分项报价,它应包括设备的本体价、外购配套件价格、包装费、运输费等运抵目的港指定仓库、指定货位的一切税、费用。在提交报价的同时,还要求厂家提供设备制造加工方案和设备制造质量控制程序等文件。

5) 评标和定标

首先在厂家最终报价及评标的定标前,项目经理部的商务人员对所采购的设备要制作标底,其次设计人员和项目经理部专家要对厂家提交的制造加工方案和设备制造质量控制程序等技术文件进行评判,选定技术上可行的厂家作为拟定的供货商。评标和定标采用议标的方式,即在考察和最终报价的基础上,确定供货厂家或分包商。在选定供货厂家的过程中,不一定就选择最低报价的厂家,也不一定就淘汰最高报价的厂家。确定最佳的供货厂家或分包商是一个过程,它和合同的谈判是融为一体的,有时需要和拟选定的厂家分别进行洽谈,才能确定商务和质量上都能满意的最佳厂家或分包商。

6) 合同的谈判和签署

整个合同谈判应以项目经理为核心并包括技术专家、商务人员等组成一个谈判小组。合同主要有以下章节组成:①设备的供货内容和范围;②合同金额和支付条件;③交货日期、交货地点和收货人;④包装要求;⑤质量保证、检验和验收;⑥责任和违约罚款;⑦技术协作;⑧仲裁;⑨合同技术附件。

在对上述条款尤其是对合同金额和支付条件达成一致,在三方即供货厂家或分包商、设计院设计专家和项目经理部共同签字同意合同技术附件的条件下,就可准备签署合同。合同签署后,并未立即生效,而是要在双方履行特定的程序后才能生效,即供货厂家或分包商通过银行开出合同金额10%的履约保函且采购方汇出预付款后,合同才生效。

9.3.2 设备的质量控制

工程效益是目的,工程进度是保证,而工程质量是关键。作为采购安装成套设备的总承包商,坚持以质取胜的经营策略,并与国际管理相接轨。为此,从以下几个方面进行设备的质量控制。

1) 设计审查是设备质量控制的基础

制造厂完成制造图纸和制造方案后,设计院设计人员和项目经理部专家就要根据合同对其图纸和方案、设备的选型和所用材料及特殊部位的选材进行审查,确保设备的质量满足合同的要求。在设计审查中要确保:①厂家的设计完全体现了合同技术附件的要求;②合同中各项技术参数在设计中已完全体现;③设备主要部件的结构形式满足合同要求。

2) 驻厂监制是保证设备质量的有效手段

目前制造厂在成套设备的制造加工、检验和销售工程中主要有以下质量缺陷:①执行标准和工艺规程难以满足合同要求;②检验项目和要求不能涵盖合同要求;③图、物不完全相符;④表面处理(含除锈、防腐、油漆)质量差;⑤技术资料和图纸不规范;⑥外观及装配质量差;⑦包装质量差。聘请专业的监制公司驻厂监制,对从原材料外购、备料、加工等各个制造环节实施有效的监控,确保设备的质量满足合同的要求。为了保证驻厂监制的客观性和公正性,聘请的专业设备监制公司仅仅从事专项的监制工作,既不参与设备的商务谈判,也不与制造厂发生任何利益关系。如在某厂加工的两台重要风机的组装过程中,监制人员发现主轴部分的装配尺寸不符合要求,其轴向止推接触面积较小。为此,组织设计人员、项目经理部专家和工厂的设计、加工人员对主轴部分进行审查,发现其问题是由于主轴的结构设计不合理所致,据此要求工厂重新加工主轴部分,确保了设备的整体质量。

聘请已取得 ISO 9000 质量体系认证的设备公司作为驻厂监制队伍,可使设备质量得到有效的保证,要求他们依据 ISO 9000 质量体系的要求,全面、系统地对制造厂进行有效的过程监控。同时为了确保监制工作质量,要求监制设备公司按照 ISO 9000 质量体系建立监制的质量保证体系。另外,项目经理部采取周汇报、月总结和重大问题及时反馈的方式对监制工作进行考核。

3) 良好的设备包装是设备安全运抵现场的必要手段

设备要经过水路、海运和陆路等长途运输才能运抵现场,中间经过的环节较多,因此设备的包装质量一定要过关。需要制定公司出口包装要求并把此包装要求纳入合同附件,严格要求制造厂家按此进行包装。厂家在实施包装前,须先提交包装设计方案给项目经理部专家审核,然后厂家按照审核通过后的包装设计方案对设备进行包装。在设备的制造加工过程中,对厂家的制造加工能力、管理水平、质量控制水平和能力等有了全面和综合的了解,据此对厂家或分包商进行评判、考核,确定其是否为合格的分包商,并把合格分包商的材料归类存档,建立一套合格分包商的档案。

9.3.3 设备购买合同的特殊条款

无论是施工所需的大型机具或者工程中要提交给业主的生产或试验设备,其购买合同与上述一般材料等货物的购买合同有所不同,除货物购买合同的基本内容外,还应根据其不同的特点注意以下问题:

(1) 设备不像一般建筑工程的材料那样一次性投入使用,而是要长期使用和运行;设备的内在缺陷或达不到性能要求,常常是静态检验方法和表面观察难以发现的。因此,对于设备的质量保证应当有一段较长时间。如规定"正常运行保证期为 12 个月,从安装结束投入运行之日算起,或者以设备到货后 18 个月为质量保证期,以两者限期先到达为准"。(注:这一规定是卖方为了防止设备到货后,因其他原因长期不予安装使用而制定的)

(2) 对于设备质量保证期内的保证内容应作出具体规定,主要是保证设备按其技术规格说明书中的技术性能正常运转,卖方对设备由于设计或制作材料和工艺缺陷而造成的损坏承担责任,但不包括正常磨损、操作失误、买方自行改造或更换部件或维修不当造成的损害。应规定保证期发现缺陷的救济措施,如接到买方的通知后进行免费修理、更换部件直至更换整台设备等。还应规定经维修或采取其他补救措施后如何延长后续的保证期。也可以规定对保证期出现的缺陷将按商品检验机构提出的鉴定证明进行索赔,并规定理赔方式。

(3) 应规定设备安装调试后进行性能试验的程序和方法,应明确试车和性能试验的费用及承担办法;还应规定第一次性能试验失败后的补救措施,如允许再次试验,并规定再次试验的时间和费用承担办法。应明确性能试验报告签署后的正式移交手续。

(4) 设备的采购通常与设备的安装和试车的技术指导有关,应规定双方在安装试车中的责任,以及费用的承担办法。

(5) 设备的采购通常与备件的供应有关,应规定备件清单及今后供应备件的办法。

(6) 有些设备采购的付款条件同材料采购不同,通常采用分批付款方式,即支付一定的预付款,而后按设备到货、安装、调试和性能试验等阶段分批支付,应当规定每期付款的支付条件。有些设备采购合同还规定在质量保证期内卖方应提供对质量保证或维修的银行保函。

(7) 设备的供应还与技术资料的提供有关,应当规定卖方何时提交有关的技术资料,包括设备的技术性能说明书和必要的图纸、操作手册、维修手册和备件手册等。还应明确提供以上技术资料的费用是否包括在合同总价之内。

(8) 设备购销合同违约造成的损害是极为严重的,因为不仅设备本身的价款金额很大,而且由于违约造成的直接经济损失和间接损失往往也是巨大的。特别是间接损失,如果考虑因延误生产导致的利润损失,能达到无法承受的数额,巨额的经济损失索赔会导致一场旷日持久的法律纠纷。为此,应当在设备购销合同中对违约罚金和损害赔偿作出明确的规定。如对违约罚金可以确定一个最高限额;对损害赔偿可以商定一个明确的范围。(如仅限于哪些直接损失)

9.3.4 设备采购案例分析

1) 三峡工程设备国际招标实践

三峡工程利用国际招标方式进行设备采购,由于采购设备性质不同、潜在的投标商数量不同、竞争环境不同等原因,分别采取了"公开招标、议标决策"、"国际竞争性招标"、"邀请招标"等不同的招标采购方式。自 1996 年 6 月发标的左岸电站 14 台套水轮发电机组的采购开始,其后于 1998 年 12 月发标的高压电气设备的采购和 1999 年 12 月发标的与 14 台套水轮发电机组配套的调速、励磁系统及其附属设备的采购,均采用了国际招标的方式,为三峡工程的建设节约了资金,提高了采购质量,保证了在对供货厂商的选择上的"公开、公平、公正",为确保三峡工程获得一流的供货厂商和一流的设备提供了有效的选择手段。

(1) 招标过程概述

三峡总公司领导更是极为重视,从标书的编制到发布招标通告、发售招标文件、开标、评标,一直到合同的签订,对每一个环节都严格把关,以确保招标工作能在公平、公正的基础上展开,通过充分比较、层层筛选,最终可以以合理低价与国际一流设备的一流供货厂商签订合同。在招标文件的编制阶段,三峡总公司分别多次组织了有关部委科研、设计、制造、安装、外贸、金融、法律等国内专家对招标文件进行全面的审查,水轮机组的招标和高压电气设备的招标还邀请国外专家参加,向他们进行招标文件咨询,使招标文件更趋完善。

(2) 水轮机组的招标

三峡总公司对水轮机组的招标文件的最终定稿工作是于 1996 年 6 月中旬完成的。招标文件明确规定,三峡机组招标采用公开招标、议标决策的方式。1996 年 6 月 24 日正式向国际上潜在的投标厂商发售了招标文件。招标分 IFB1 标(14 台套的水轮机及其辅助设备)和 IFB2 标(发电机及其辅助设备)两个标段进行。在经过 6 个月的投标准备之后,12 月 18 日 GANP 联合体(由法国的 GEC 阿尔斯通耐尔皮克和巴西的圣保罗金属公司组成)、VGS 联合体(由德国伏伊特、加拿大 GE、德国西门子组合而成)、克瓦纳能源公司、三峡日本水轮机联合体(由伊藤忠、日立、东芝、三菱重工、三井物产、三菱商社组合而成)、IMPSA(银萨)公司(代理乌克兰 TURBOATOM 科技工业公司和美国伍德沃德公司)、俄德联合体(由俄罗斯动力机械出口有限公司和德国苏尔寿组合而成)共 6 家公司或联合体就 IFB1 水轮机标投标;GAE 联合体(法国的阿尔斯通发电公司和加拿大的 GEC 阿尔斯通能源公司)、VGS 联合体、ABB 发电有限公司、三峡日本发电机联合体(三井物产、东芝、日立、三菱电气、伊藤忠、三菱商事、住友商事组成)、IMPSA(银萨)公司(代理加拿大西屋有限公司和捷克斯哥达电气公司)、俄罗斯动力机械出口有限公司(代理俄罗斯电力工厂)6 家公司或联合体就 IFB2 发电机标投标。

招标文件规定,国外的制造厂商为投标责任方,14 台套机组设备中的前 12 台套以国外制造厂商为主,中国制造厂商参与,中国制造厂商分包份额的比例不低于 25%,同时,要求国外供货部分按 CIF 班轮条件上海港，或 DAF 满洲里站，或 CIP 三峡机场报价，国内供货部分按 CPT 三峡工地报价。

整个机组的评标工作基本上是在全封闭的状态下进行的。从开标到合同小签，历时 8 个月。经对投标文件的核查，各投标者所提供的投标文件都合格有效，并且各家都按照招标文件的规定，提供了融资方案，明确了向中国国内的制造厂商转让技术，同时，各投标者在商务条件上都不同程度地提出了偏差。这些偏差主要集中于违约赔偿、争端的解决、适用法律、仲裁地点及适用的仲裁规则、对变更指令的执行等条款上。由于三峡机组招标采用的是议标方式，各投标者的报价高。需要通过澄清大幅度削减其投标报价。在与投标者就价格、商务条件、技术条件、技术转让等内容进行艰苦而激烈的三轮澄清后，投标者的投标内容有了很大的修正，价格明显降低。

在对资格、技术、技术转让、融资、商务 5 个因素进行综合评议的基础上，通过定量评分和定性分析打分，以及出于对供货风险、引进技术的合理性以及履行合同的过程中竞争性的考虑，三峡总公司最终决定，重新调整水轮机与发电机的供货组合，将 14 台套的水轮发电机组供货合同分别授予阿尔斯通-ABB 供货集团和 VGS 联合体。此授标决定事前取得了国务院三建委的批准。其中，阿尔斯通-ABB 供货集团负责提供 8 台套的水轮发电机组设备，VGS 联合体负责提供 6 台套的水轮发电机组设备。

两个供货集团提供的融资方案均为买方出口信贷，阿尔斯通-ABB 供货集团提供的融资银行是法国兴业银行、挪威出口公司、巴黎国民银行、瑞士联合银行等，提供与出口信贷相配套的商业贷款的银行是法国兴业银行、瑞士联合银行、巴黎国民银行。VGS 联合体提供的融资银行是德国复兴信贷银行、加拿大 EDC、巴西 BNDES，提供商业贷款的银行是德雷斯顿银行。这些出口信贷和商贷覆盖了整个合同所需款额和供货期。1997 年 9 月 2 日，三峡 14 台套水轮发电机组供货合同和贷款协议的签字仪式在人民大会堂隆重举行。10 月份供货合同正式生效，进入合同履行阶段。

(3) 高压电气设备招标

高压电气设备的招标于 1998 年 12 月份发布了招标通告，完全采用了国际竞争性招标即公开招标的方式。1999 年 2 月发售了招标文件，1999 年 5 月 31 日在湖北宜昌公开开标。参加投标的厂商有德国西门子、法国阿尔斯通、乌克兰扎布罗热、瑞士 APB 和日本的三菱、东芝、日立 7 家公司。国内沈阳、保定、西安等变压器厂和沈阳、西安、平顶山等高压开关厂作为分包厂分别参与国外厂商的投标。

同机组的评标原则一致，三峡总公司和三峡招标公司组织技术和商务专家从资信、技术性能、商务条件及价格、技术转让和融资 5 个因素进行了综合评价。根据采购设备的特点，确定了适合于评定变压器和 GIS 设备的各项评标权重。经过定性分析和定量打分，并结合融资条件风险等各因素，得出综合评分的厂家顺序，最终把合同授予了综合评比最优者：15 台变压器合同授予了德国西门子公司；39 个间隔的 GIS 采购合同授予了瑞士 APB。招标文件要求投标者分别报出安装服务、安装技术指导服务两种选择报价，最终确定变压器采用安装技术指导方案，GIS 设备本体采用安装服务方案，其相应价格进入了合同总价。

两个合同中合同设备的买方负担了一定金额的技术转让费，变压器的技术转让受让方分别为保定变压器厂和沈阳变压器厂，GIS 的技术转让受让方为沈阳高压开关厂和西安高压开关厂。

变压器合同项下提供买方信贷的出口信贷为德国 Hermes,贷款银行为德国复兴信贷银行,提供的融资覆盖了全部合同所需资金额度。GIS 合同项下提供买方信贷的出口信贷机构为瑞士 ERG,贷款银行为法国兴业银行,信贷不能覆盖的部分由中国银行提供现汇和人民币贷款支付。1999 年 9 月 14 日,采购合同和贷款协议签字仪式在人民大会堂举行,11 月份两个合同分别生效进入执行期。

（4）调速、励磁系统及其辅助设备招标

调速、励磁系统招标采用的是邀请招标,这种方式在电力行业应用广泛。1999 年 12 月 15 日在北京发售招标文件,2000 年 3 月 20 日在湖北宜昌开标。对 IFB1 调速系统标投标的厂商有德国伏伊特水电集团(现已更名为伏伊特西门子水电公司)、法国 ABB ALSTOM POWER 水电公司(现已更名为 ALSTOM 水电设备公司)、德国 VA TECH 公司;对 IFB2 励磁系统标投标的厂商有 VA TECH 集团、奥地利伊林公司、德国西门子公司(现已更名为伏伊特西门子水电公司)、ABB ALSTOM 发电公司。南瑞集团公司和同为机组设备分包商的哈尔滨电机厂股份有限公司、东方电机股份有限责任公司作为分包商参与了投标活动。

由于是自有资金采购,不涉及融资。评标主要从资信、商务及价格、技术、技术转让四个方面进行综合评议,并在招标文件中明确规定买方将把合同授予综合评议最优者。

此次招标在技术转让方面与以往不同,要求投标者在向中国国内分包商转让技术的同时,向业主也要转让技术、签订技术转让协议,使业主与中国国内分包商同样拥有相应的软件制造技术、图纸和技术资料。同时,要求中国国内分包制造厂商在中国国内成套供应 5 台套合同设备。

经过澄清、评议和合同预谈判,2000 年 5 月 17 日上午,三峡国际招标公司向中标厂商发出了中标通知:14 台套 IFB1 调速系统及其附属设备合同授予 ALSTOM 水电设备公司(中国国内分包厂商为哈尔滨电机厂),14 台套 IFB2 励磁系统及其附属设备合同授予伏伊特西门子水电公司(中国国内分包厂商为东方电机厂)。

三峡机电招标项目均采用了综合评标法。通过实践经验的逐渐积累,形成了自身独特的经验。已采取的做法是在招标文件中向投标者明确评标各因素,只是权重的确定在时间先后上各标略微有所差别。由于三峡机组招标采用的是议标方式,投标技术含量高,故而采取了评标过程中确定权重的做法。到调速、励磁系统招标时,为响应新颁布并已实施的《中华人民共和国招标投标法》,在开标之前,由评标委员会的专家集体讨论,确定了资信、商务条件及价格、技术和技术转让的各项权重的分配,这样做避免了倾向性意见对打分造成的影响,使得对各投标者的评价更趋合理和公正。同时,也避免了由于在招标文件中公布权重对投标者造成误导,致使投标者或是为竞标在保技术的同时故意抬高价格,使用户承担本不需要承担的经济代价;或是为保价格优势极力压低投标报价,报出不合理的价格,对招标、投标或合同执行造成不良影响。

（5）招标评标工作中应注意的问题

① 注重"量体裁衣"的采购标准,选择符合真正需要的产品;

② 把握澄清尺度,严防投标者利用澄清机会调整投标价格;

③ 严密合同条款,注重合同条款在未来履行期内的约束作用;

④ 保密工作的切实实施,是招标成功的必需外在条件。

2) 某石化项目的设备招标

(1) 项目背景简介

用户是一家大型的合资企业,注册地在中国上海,经国家发改委批准在中国境内投资总计 30 亿美元建设一套年产 100 万吨的石化项目,项目享受国家规定的产业扶持政策。

总承包方为一家国际著名的工程公司,总部设在德国;在中国境内有一家注册为生产型企业的全资的子公司,负责中国境内的采购和项目执行,具备一般纳税人资格,能开具一般增值税发票。分包方为国内一家工程公司,原为一家专业设计院,经改制而成立公司,公司性质为工程公司,不具备一般纳税人资格。对中国的设计规范非常了解,与国际工程公司合作有一定的经验,与国内的建筑公司和设计院有良好的合作基础。

(2) 采购的组织政策

由于我国的政策、法律、法规及相关制度本身不尽合理和完善,它们之间也缺乏内在的联结和协调,这就给这些国际工程公司带来了许多额外的困难和障碍;而反过来看,如何充分掌握、理解并利用好这些政策环境的差异,特别是充分享受国家为鼓励某些产业发展的特殊政策,以获得额外的营业利润,就显得十分重要。因此要充分考量政策环境并实现"逐利避害",就要求在项目开始前进行周全的通盘考虑。

(3) 采购的方式和程序

在此项目的采购活动中,从用户的角度来讲,其采购范围包括该项目的设计(E)、设备材料采购(P)及施工(C),也就是该国际工程公司的工作范围。在设计中包括基础设计(含流程计算和单元计算)和详细设计;采购按供应商国别分为进口和国产两部分,而国产部分按是否享受国家返税政策分为返税设备材料和征税设备材料。表 9-2 列出了采购范围划分。

表 9-2 采购范围划分

序号	采购内容	采购比重	买方(支付方)	买方(执行方)	卖方	备注
1	基础设计-流程计算	10%				包括项目执行
2	基础设计-单元计算	5%				包括项目执行
3	详细设计	4%				包括项目执行
4	进口免税设备材料	50%				
5	国产返税设备材料	18%				
6	国产征税设备材料	7%				
7	部分详细设计服务	2%				
8	施工调试安装服务	4%				

(4) 采购模式的评价

采购模式的设置和采购方式的安排如图 9-5 所示,不难看出事前的精心设计,在这个设计过程中,充分体现了三个核心的制度安排:

① 充分利用国家的产业政策,主要是税收政策。依据国家鼓励和扶持的产业,对进口

设备免征关税和增值税的政策,以及按《外商投资企业采购国产设备退税管理试行办法》,以用户的名义直接下达订单。按进口设备材料的关税和增值税约合30%的税率及国产设备材料17%的返税来计算,通过用户直接下订单的方式直接节约了5.418亿美元。

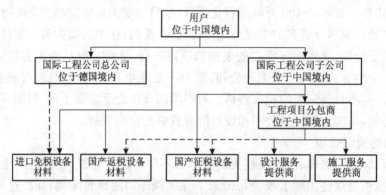

图9-5 采购模式的设置和采购方式的安排

② 增大和倾斜设备材料采购的比重。在该项目投资中,设备材料的金额占75%,其实这个刻意倾斜基于该国际工程公司具有自己的核心技术,设备材料制造商要么是自己的下属生产厂商,要么就是结成战略伙伴关系的制造商。技术专利使用费的方式普遍存在,也就是制造商在采用国际工程公司的图纸和技术文件时不是免费的,用户、国际工程公司与制造商之间的支付和结算方式比较特殊。

③ 将10%左右的采购量,即详细设计及施工、调试及安装等服务分包给国内的工程公司,提供的主要是劳务。国际工程公司与他们合作的目的就是充分利用其在国内市场的经验和国内比较廉价的劳动力,降低了项目运行的风险。采购金额的90%掌握在国际工程公司和它位于中国境内的子公司手里,在保证项目质量、安全和交货期的同时,也最大限度地减少了核心技术的外溢。

当然这一采购模式的设立,对国际工程公司的技术开发和本土化进程、采购系统的标准化和供应链管理水平、项目的管理和组织协调能力以及国际汇率政策的把握和调整都提出了相当高的要求,没有相应的作业基础平台和相关领域的丰富经验是不容易实现的。

9.4 国际工程采购中的关键问题

9.4.1 国际贸易惯例

1) 国际贸易惯例概述

国际贸易惯例是指在长期的国际贸易业务中反复实践并经国际组织或权威机构加以编纂和解释的习惯做法。国际贸易活动环节繁多,在长期的贸易实践中,在交货方式、结算、运输、保险等方面形成了某些习惯做法,但由于国别差异,必然导致这些习惯做法上的差异。这些差异的存在显然不利于国际贸易的顺利发展。为解决这一问题,一些国际组织经过长期努力,根据这些习惯做法制定出解释国际贸易交货条件、货款收付等方面的规则,并在国际上被广泛采用,因而成为国际贸易惯例。由此可见,习惯做法与国际贸易惯例是有区别的。国际经济贸易活动中反复实践的习惯做法只有经过国际组织加以编纂与解释才成为国际贸易惯例。

国际贸易惯例并不是法律,而是人们共同信守的事实和规则。这些规则的存在和延续是因为它能够满足人们的实际需要而不是因为国家机器的强制。因此,国际贸易惯例不是法律的组成部分,但可以补充法律的空缺,使当事人的利益达到平衡。

关于国际贸易惯例与合同条款之间的关系,国际经济贸易活动中的各方当事人通过订立合同来确定其权利和义务。在具体交易中,虽然当事人在合同中对各项主要交易条件及要求等做出了规定,但不可能对合同履行中可能出现的所有问题都事先想到。对于在合同中未明确规定的许多问题,或合同条款本身的效力问题,都有可能涉及习惯做法和惯例的使用。因此,国际贸易惯例与合同条款之间存在解释与被解释、补充与被补充的关系,国际贸易惯例可以明示或默示约束合同当事人,即买卖双方有权在合同中作出与某项惯例不符的规定,只要合同有效成立,双方均要遵照合同的规定履行。一旦有争议发生,法院和仲裁机构也要维护合同的有效性。同时合同条款又可以明示地排除国际贸易惯例的适用,此外国际贸易惯例可以解释或补充合同条款之不足。

2) 国际贸易惯例应遵循的原则

由于国际经济贸易活动复杂多变,因此运用国际贸易惯例应遵循以下原则:

(1) 使用国际贸易惯例不得违背法院或仲裁地所在国的社会公众利益。由于惯例仅对法律具有补充或解释作用,因此,在使用某项国际贸易惯例时,所适用的惯例不应与同一争议案同时适用的某国法律的具体规定相冲突。

(2) 由于国际贸易惯例仅在合同的含义不明确或内容不全面时才对合同有解释或补充作用,因此,使用国际贸易惯例的规则不得与内容明确无误的合同条款相冲突。但是,如果根据法律规定合同条款无效,则仍可使用有关的国际惯例。

(3) 对于同一争议案,如果有几个不同的惯例并存,应考虑使用与具体交易有最密切联系的国际贸易惯例。

9.4.2 国际贸易中主要贸易术语

国际贸易术语是用来表示国际货物买卖的交货条件和价格构成因素的专门用语。了解国际贸易中现行的各种贸易术语及其相关的国际贸易惯例,不仅有利于正确约定交货条件和合理确定成交价格,而且也有利于在履约过程中正确运用贸易术语和按国际贸易惯例行事。

1) 贸易术语的概念与类别

(1) 贸易术语的含义和作用

贸易术语是在长期的国际贸易实践中逐渐产生和发展起来的。在国际贸易中,确定一种商品的成交价,不仅依据其本身的价值,还要考虑到商品从产地运至最终目的地的过程中,有关的手续由谁办理、费用由谁负担以及风险如何划分等一系列问题。贸易术语具有两重性:一方面,它是用来确定交货条件,即说明买卖双方在交接货物时各自承担的风险、责任和费用;另一方面,它又用来表示该商品的价格构成因素。这二者是紧密相关的。

(2)《2010 年国际贸易术语解释通则》(INCOTERMS 2010)

"国际贸易术语解释通则"原文为 International Rules for the Interpretation of Trade Terms(INCOTERMS),它是国际商会为了统一对各种贸易术语的解释而制定的。最早的《国际贸易术语解释通则》产生于 1936 年,后来进行过多次修改和补充。现行的《2010 年国际贸易术语解释通则》(以下简称《2010 通则》)于 2011 年 1 月 1 日起生效。

《2010 通则》包含 11 种术语,并将这 11 种术语按不同类别分为 E、F、C、D 四个组。E 组只包括一种贸易术语——EXW,这是在商品产地交货的贸易术语。F 组包含 FCA、FAS 和 FOB 三种术语,按这些术语成交,卖方须将货物交给买方指定的承运人,从交货地至目的地的运费由买方负担。C 组包括 CFR、CIF、CPT、CIP 四种术语。采用这些术语时,卖方要订立运输合同,但不承担从装运地启运后所发生的货物损坏或灭失的风险及额外费用。D 组包括三种术语,它们是 DAT、DAP 和 DDP。按照这些术语达成交易,卖方必须负担将货物运往指定的进口国交货地点的一切风险、责任和费用。上述分类如表 9-3 所示。

《2010 通则》将每种贸易术语项下买卖双方各自应承担的 10 项义务,采取逐项彼此并列的方法进行排列,以便相互对比。

表 9-3 《2010 年国际贸易术语解释通则》贸易术语的分类

E 组 启运	EXW(Ex Works)	工厂交货
F 组 主要运费未付	FCA(Free Carrier) FAS(Free Alongside Ship) FOB(Free on Board)	货交承运人 装运港船边交货 装运港船上交货
C 组 主要运费已付	CFR (Cost and Freight) CIF (Cost, Insurance and Freight) CPT (Carriage Paid to) CIP (Carriage and Insurance Paid to)	成本加运费 成本加保险费、运费 运费付至 运费、保险费付至
D 组 到达	DAT (Delivered at Terminal) DAP (Delivered at Place) DDP (Delivered Duty Paid)	运输终端交货 目的地交货 完税后交货

2) E 组贸易术语

E 组只包括一种贸易术语,即 EXW,英文全文是 Ex Works(… named place),即工厂交货(……指定地点)。这一贸易术语代表了在商品的产地或所在地交货条件。在 EXW 术语后面要注明产地名称,如对外报价或签约时,报出某种商品的价格为 USD6.45 per doz. EXW××Factory,Shanghai。这就说明,双方约定在上海的××工厂交货。

按照 EXW 术语成交,交货地点、风险划分界限,买卖双方各自承担的主要责任和费用以及其适用的运输方式等问题可归纳如下:

(1) 货物的交付。卖方在合同中约定的时间、在商品的产地或所在地(如工厂、仓库)将合同规定的货物置于买方的处置之下时,完成交货。

(2) 风险的转移。卖方在合同规定的时间、地点完成其交货义务时,风险转移。

(3) 通关手续的办理。买方自负风险和费用,取得出口和进口许可证或其他官方批准证件,并且办理货物出口和进口所需的一切海关手续。

(4) 主要费用的划分。①卖方承担交货之前的一切费用;②买方承担受领货物之后所发生的一切费用,包括将货物从交货地点运往目的地的运输、保险和其他各种费用,以及办理货物出口和进口的一切海关手续所涉及的关税和其他费用。

(5) 适用的运输方式。EXW 术语适用于各种运输方式。

3) F 组贸易术语

本组包括三种贸易术语:FCA、FAS 和 FOB。它们都是由买方负责订立从交货地点至目的地的运输合同,并承担有关费用。

(1) FCA 术语

FCA 的英文全文是 Free Carrier(... named place),即货交承运人(……指定地点)。卖方要在规定的时间、地点把货物交给买方指定的承运人完成其交货义务。例如,中国 A 公司与美国 B 公司按照 FCA 条件订立了一份货物买卖合同。合同中的价格条款规定:USD8.60 per piece FCA Dalian Airport。这就是约定卖方在大连的机场交货。采用 FCA 术语成交时,买卖双方的义务和适用的运输方式可概括如下:

① 货物的交付。卖方在合同中约定的时间和地点,将合同中规定的货物交给买方指定的承运人或其他人,完成交货。

② 风险的转移。卖方承担将货物交给承运人控制之前的风险,买方承担货物交给承运人控制之后的风险。

③ 通关手续的办理。A. 卖方自负风险和费用,取得出口许可证或其他官方批准证件,并且办理货物出口所需的一切海关手续;B. 买方自负风险和费用,取得进口许可证或其他官方批准证件,并且办理货物进口所需的一切海关手续。

④ 主要费用的划分。A. 卖方承担在交货地点交货前所涉及的各项费用,包括办理货物出口所应交纳的关税和其他费用;B. 买方承担在交货地点交货后所涉及的各项费用,包括办理货物进口所涉及的关税和其他费用。此外,买方要负责签订从指定地点承运货物的合同,支付有关的运费。

⑤ 适用的运输方式。FCA 术语适用于各种运输方式。

(2) FAS 术语

FAS 的英文全文是 Free Alongside Ship (... named port of shipment),即船边交货(……指定装运港)。

FAS 术语通常称作装运港船边交货。例如,中国 A 公司与美国 B 公司按照 FAS 条件订立了一份货物买卖合同。合同中的价格条款规定:USD8.60 per piece FAS Tianjin。这就是说,卖方要在合同规定的天津装运港船边交货。采用 FAS 术语时,买卖双方的义务和适用的运输方式可概括如下:

① 货物的交付。卖方在合同规定的时间和装运港口,将合同规定的货物交到买方所派船只的旁边,完成交货。

② 风险的转移。卖方在装运港将货物交到买方所派船只的旁边时,风险转移。

③ 通关手续的办理。A. 卖方自负风险和费用,取得出口许可证或其他官方批准证件,并且办理货物出口所需的一切海关手续;B. 买方自负风险和费用,取得进口许可证或其他官方批准证件,并且办理货物进口所需的一切海关手续。

④ 主要费用的划分。A. 卖方承担交货之前的一切费用,包括办理货物出口所应交纳的关税和其他费用;B. 买方承担受领货物之后所发生的一切费用,包括装船费用以及将货物从装运港运往目的港的运输和其他各种费用,以及办理货物进口所涉及的关税和其他费用。

⑤ 适用的运输方式。FAS 术语适合于水上运输方式。

FAS 与 FCA 相比较,在买卖双方的义务划分上,有许多相似之处,主要区别在于交货地点和风险转移的界限。FCA 在合同约定的地点交货,风险在货交承运人时转移;FAS 在装运港交货,风险在货物交到船边时转移。另外,FCA 适用于各种运输方式,而 FAS 仅仅适用于水上运输方式。

(3) FOB 术语

FOB 的英文全文是 Free on Board (... named port of shipment),即船上交货(……指定装运港),习惯称为装运港船上交货。装运港船上交货是国际贸易中常用的贸易术语之一。例如,中国 A 公司与美国 B 公司按照 FOB 条件订立了一份货物买卖合同。合同中的价格条款规定:USD6.40 per piece FOB Tianjin。这就是约定由买方负责派船到装运港天津,卖方在天津港口的船上交货。采用 FOB 术语时,买卖双方的义务和适用的运输方式可概括如下:

① 货物的交付。卖方在合同中约定的时间和装运港,将合同规定的货物交到买方指派的船上,完成交货,并及时通知买方。

② 风险的转移。货物在装运港装船时,货物灭失或损坏的风险在货物交到船上时转移。

③ 通关手续的办理。A. 卖方自负风险和费用,取得出口许可证或其他官方批准证件,并且办理货物出口所需的一切海关手续;B. 买方自负风险和费用,取得进口许可证或其他官方批准证件,并且办理货物进口所需的一切海关手续。

④ 主要费用的划分。A. 卖方承担交货前所涉及的各项费用,包括办理货物出口所应交纳的关税和其他费用;B. 买方承担交货后所涉及的各项费用,包括从装运港到目的港的运费,以及办理进口手续时所应交纳的关税和其他费用。

⑤ 适用的运输方式。FOB 术语适用于水上运输方式。

FOB 与 FAS 相比较,二者都是在装运港交货,都只适用于水上运输方式。它们的主要区别在于 FAS 是在装运港船边完成交货,FOB 则是在船上完成交货;另外,FAS 在船边转移风险,而 FOB 是在货物交到船上时转移风险。

4) C 组贸易术语

(1) CFR 术语

CFR 的英文全文是 Cost and Freight (... named port of destination),即成本加运费(……指定目的港)。成本加运费,又称运费在内价,也是国际贸易中常用的贸易术语之一。例如,中国 A 公司与美国 B 公司按照 CFR 条件订立了一份货物买卖合同。合同中的价格条款规定:USD8.60 per piece CFR San. Francisco。CFR 之后所加注的旧金山为目的港。采用 CFR 术语时,买卖双方的主要义务及运输方式可概括如下:

① 货物的交付。卖方在合同中约定的时间和装运港,将合同规定的货物交到卖方自己所派船只的船上完成交货。

② 风险的转移。货物在装运港装船时,货物灭失或损坏的风险在货物交到船上时

转移。

③ 通关手续的办理。A. 卖方自负风险和费用,取得出口许可证或其他官方批准证件,并且办理货物出口所需的一切海关手续;B. 买方自负风险和费用,取得进口许可证或其他官方批准证件,并且办理货物进口所需的一切海关手续。

④ 主要费用的划分。A. 卖方承担交货前所涉及的各项费用,包括需要办理出口手续时所应交纳的关税和其他费用。卖方还要支付从装运港到目的港的运费和相关费用;B. 买方承担交货后所涉及的各项费用,包括办理进口手续时所应交纳的关税和其他费用。

⑤ 适用的运输方式。CFR 术语适用于水上运输方式。

CFR 与 FOB 术语相比较,它们都是在装运港交货,风险划分均以货物灭失或损坏的风险在货物交到船上时转移,都适用于水上运输方式,都是由卖方负责办理出口手续,买方负责办理进口手续。它们的主要区别在于办理从装运港至目的港的运输责任和费用的承担方不同。

(2) CIF 术语

CIF 的英文全文是 Cost, Insurance and Freight (... named port of destination),即成本加保险费、运费(……指定目的港)。CIF、CFR 和 FOB 同为装运港交货的贸易术语,也是国际贸易中常用的三种贸易术语。例如,中国 A 公司与美国 B 公司按照 CIF 条件订立了一份货物买卖合同。合同中的价格条款规定:USD8.60 per piece CIF San. Francisco。这里的旧金山也是目的港。采用 CIF 术语时,买卖双方的义务和运输方式可概括如下:

① 货物的交付。卖方在双方约定的时间和装运港,将合同规定的货物交到卖方自己所派船只的船上,完成交货。

② 风险的转移。货物在装运港装船时,货物灭失或损坏的风险在货物交到船上时转移。

③ 通关手续的办理。A. 卖方自负风险和费用,取得出口许可证或其他官方批准证件,并且办理货物出口所需的一切海关手续;B. 买方自负风险和费用,取得进口许可证或其他官方批准证件,并且办理货物进口所需的一切海关手续。

④ 主要费用的划分。A. 卖方承担交货前所涉及的各项费用,包括需要办理出口手续时所应交纳的关税和其他费用。卖方还要支付从装运港到目的港的运费和相关费用,并且承担办理水上运输保险的费用;B. 买方承担交货后所涉及的各项费用,包括办理进口手续时所应交纳的关税和其他费用。

⑤ 适用的运输方式。CIF 术语适用于水上运输方式。

将 CIF 与前面的 CFR 和 FOB 术语相比较,会发现它们有诸多相似之处,比如交货地点、风险划分界限、适用的运输方式,以及办理出口和进口手续等。它们的主要区别在于办理从装运港至目的港的运输和保险的责任和费用方面。

(3) CPT 术语

CPT 的英文全文是 Carriage Paid to (... named place of destination),即运费付至(……指定目的地)。例如,中国 A 公司与美国 B 公司按照 CPT 条件订立了一份货物买卖合同。合同中的价格条款规定:USD8.60 per piece CPT San. Francisco。这里的旧金山即为指定的目的地。

采用 CPT 术语时,买卖双方的义务和适用的运输方式可概括如下:

① 货物的交付。卖方在约定的时间和地点,将合同中规定的货物交给卖方自己指定的承运人或第一承运人,完成交货。

② 风险的转移。卖方承担将货物交给承运人控制之前的风险,买方承担将货物交给承运人控制之后的风险。

③ 通关手续的办理。A. 卖方自负风险和费用,取得出口许可证或其他官方批准证件,并且办理货物出口所需的一切海关手续;B. 买方自负风险和费用,取得进口许可证或其他官方批准证件,并且办理货物进口所需的一切海关手续。

④ 主要费用的划分。A. 卖方承担在交货地点交货前所涉及的各项费用,包括需要办理出口手续时所应交纳的关税和其他费用。此外,卖方要负责签订从指定地点承运货物的合同,并支付有关的运费;B. 买方承担在交货地点交货后所涉及的各项费用,包括办理进口手续时所应交纳的关税和其他费用。

⑤ 适用的运输方式。CPT 术语适用于各种运输方式。

(4) CIP 术语

CIP 的英文全文为 Carriage and Insurance Paid to (... named place of destination),即运费、保险费付至(……指定目的地)。例如,中国 A 公司与美国 B 公司按照 CIP 条件订立了一份货物买卖合同。合同中的价格条款规定:USD9.10 per piece CIP San. Francisco。旧金山即为指定的目的地。采用 CIP 术语时,买卖双方的义务和适用的运输方式可概括如下:

① 货物的交付。卖方在合同中约定的时间和地点,将合同中规定的货物交给卖方自己指定的承运人或第一承运人,完成交货。

② 风险的转移。卖方承担将货物交给承运人控制之前的风险,买方承担将货物交给承运人控制之后的风险。

③ 通关手续的办理。A. 卖方自负风险和费用,取得出口许可证或其他官方批准证件,并且办理货物出口所需的一切海关手续;B. 买方自负风险和费用,取得进口许可证或其他官方批准证件,并且办理货物进口所需的一切海关手续。

④ 主要费用的划分。A. 卖方承担在交货地点交货前所涉及的各项费用,包括需要办理出口手续时所应交纳的关税和其他费用。此外,卖方要负责签订从指定地点承运货物的合同,并支付有关的运费。另外,还要办理货运保险,承担保险费。B. 买方承担在交货地点交货后所涉及的各项费用,包括办理进口手续时所应交纳的关税和其他费用。

⑤ 适用的运输方式。CIP 术语适用于各种运输方式,包括公路、铁路、江河、海洋、航空运输以及多式联运。

5) D 组贸易术语

(1) DAT 术语

DAT 的英文全文是 Delivered at Terminal (... named terminal at port or place of destination),即运输终端交货(……指定港口或目的地的运输终端)。例如,位于中国北京的 A 公司与美国 B 公司按照 DAT 条件订立了一份货物买卖合同。合同中的价格条款规定:USD6.45 per piece DAT San. Francisco ... Terminal。旧金山港口的指定运输终端即为交货地点。采用 DAT 术语时,买卖双方的义务与适用的运输方式可概括如下:

① 货物的交付。卖方在约定日期或期限内,在运输合同指定的港口或目的地运输终端

从抵达的运输工具上将货物交给买方处置,完成交货。

② 风险的转移。卖方在港口或目的地运输终端将货物交给买方处置,完成交货时,风险从卖方转移至买方。

③ 通关手续的办理。A. 卖方自负风险和费用,取得出口许可证或其他官方批准证件,并且办理货物出口和交货前从他国过境运输所需的一切海关手续;B. 买方自负风险和费用,取得进口许可证或其他官方批准证件,并且办理货物进口所需的一切海关手续。

④ 主要费用的划分。A. 卖方承担在交货之前与货物相关的一切费用;B. 买方承担卖方交货之后所发生与货物相关的一切费用,包括办理货物进口所涉及的关税和其他费用。

⑤ 适用的运输方式。DAT 术语可适用于各种运输方式。

(2) DAP 术语

DAP 的英文全文是 Delivered at Place (... named place of destination),即目的地交货(……指定目的地)。例如,位于中国北京的 A 公司与美国 B 公司按照 DAP 条件订立了一份货物买卖合同。合同中的价格条款规定:USD9.35 per piece DAP San. Francisco Seaport。旧金山港即为目的地。采用 DAP 术语时,买卖双方的义务与适用的运输方式可概括如下:

① 货物的交付。卖方在约定的日期或期限内,将货物放在已抵达约定卸货目的地的运输工具上交由买方处置,完成交货。

② 风险的转移。卖方在目的地运输工具上完成交货后,风险由卖方转移给买方。

③ 通关手续的办理。A. 卖方自负风险和费用,取得出口许可证或其他官方批准证件,并且办理货物出口和交货前从他国过境运输所需的一切海关手续;B. 买方自负风险和费用,取得进口许可证或其他官方批准证件,并且办理货物进口所需的一切海关手续。

④ 主要费用的划分。A. 卖方承担在目的地运输工具上完成交货之前的一切费用,包括交货前发生的货物出口所需海关手续费用、出口应缴纳的一切关税和其他费用,以及货物从他国过境运输的费用;B. 买方承担在目的地运输工具上受领货物之后所发生的一切费用,包括从到达目的地的运输工具上卸货的一切费用,以及办理货物进口所涉及的关税和其他费用。

⑤ 适用的运输方式。DAP 术语可适用于各种运输方式。

(3) DDP 术语

DDP 的英文全文是 Delivered Duty Paid (... named place of destination),即完税后交货(……指定目的地)。例如,中国 A 公司与美国 B 公司按照 DDP 条件订立了一份货物买卖合同。B 公司的意图是要求 A 公司将有关货物海运到旧金山卸货后,办理了货物进口的海关手续,再通过陆运运至加州的圣克来门托,在那里完成交货。合同中的价格条款规定:USD8.60 per piece DDP Sacramento。圣克来门托即为双方约定的目的地。采用 DDP 术语时,买卖双方的义务与适用的运输方式可概括如下:

① 货物的交付。卖方在合同规定的时间在进口国(地区)境内的指定地点将货物交给买方处置时,完成交货。

② 风险的转移。卖方在进口国内的交货地点完成交货时,风险由卖方转移给买方。

③ 通关手续的办理。卖方自负风险和费用,取得出口和进口许可证或其他官方批准证件,并且办理货物出口和进口所需的一切海关手续。

④ 主要费用的划分。A. 卖方承担在进口国内的指定地点完成交货之前的一切费用,包括办理货物出口和进口所涉及的关税和其他费用;B. 买方承担受领货物之后所发生的各种费用。

⑤ 适用的运输方式。DDP 术语适用于各种运输方式。

以上 11 种贸易术语的归纳对比如表 9-4 所示。

表 9-4 《2010 年国际贸易术语解释通则》中 11 种贸易术语的归纳对比

贸易术语	交货地点	风险转移界限	出口报关的责任、费用负担者	进口报关的责任、费用负担者	适用的运输方式
EXW	商品产地、所在地	货交买方处置时	买方	买方	任何方式
FCA	出口国内地、港口	货交承运人处置时	卖方	买方	任何方式
FAS	装运港口	货交船边后	卖方	买方	水上运输
FOB	装运港口	货交船上时	卖方	买方	水上运输
CFR	装运港口	货交船上时	卖方	买方	水上运输
CIF	装运港口	货交船上时	卖方	买方	水上运输
CPT	出口国内地、港口	货交承运人处置时	卖方	买方	任何方式
CIP	出口国内地、港口	货交承运人处置时	卖方	买方	任何方式
DAT	目的地运输终端	货交买方处置时	卖方	买方	任何方式
DAP	目的地	运输工具上货交买方处置时	卖方	买方	任何方式
DDP	进口国内	买方在指定地点收货后	卖方	卖方	任何方式

6) 选用贸易术语应考虑的主要因素

贸易术语是确定买卖合同性质的重要因素。因此,在签订合同时,要准确理解贸易术语的含义。选用贸易术语应主要考虑以下因素:

(1) 运输条件

运输条件是决定采用何种贸易术语的主要因素之一。在自身有足够运输能力且经济上又可行的情况下,可争取按自行安排运输的条件成交(例如按 F 组术语进口,按 C 组术语出口);反之,则应争取按由对方安排运输的条件成交(如按 F 组术语出口,按 C 组术语进口)。

(2) 运输风险

国际贸易货物一般需经长途运输,运输环境复杂,途中的风险较大。因此,买卖双方应根据不同时期、不同地点、不同运输路线和运输方式的风险情况选用适当的贸易术语。

(3) 包装和检验

国际贸易中的大多数货物需要一定的包装,包装方式因商品的性质和采用的运输方式的不同有着很大差异。为了切实起到保护货物的作用,避免事后的争端,《2010 通则》在每一术语的卖方义务第 9 条中都规定卖方必须自负费用提供按照卖方在订立合同前已知的有关该货物运输(如运输方式、目的地)所要求的包装(除非按照相关行业惯例,合同项下的货物通常无需包装)。包装应做适当标记。这一规定只限于在订立合同前卖方已知道有关运输的情况。《联合国国际货物销售合同公约》对此也有类似的规定,即货物包装必须适用于订立合同时曾明示或默示地通知卖方的任何特定目的,除非情况表明买方并不依赖卖方的技能和判断力,或者这种依赖是不合理的。

关于货物的检验问题,《2010 通则》中也规定货物在装运前的检验费用由买方负担,因为这是为了买方的利益而进行的。但如果是出口国的有关当局强制进行的检验,那么除在 EXW 条件下仍由买方承担检验费用外,在其他术语下,检验费用由卖方负担。

(4) 货源情况

国际贸易货物的不同特点决定了运输的要求和难易程度不同,以及运费的差异。此外,成交量也会直接影响运输安排以及贸易术语的选用。因此,货源情况是选用贸易术语应考虑的因素。

(5) 结关手续

不同国家对办理结关手续当事人的规定存在差异。如某些国家规定结关手续只能由结关所在国的当事人安排或代为办理,其他国家则无此限制。因此,如买方不能办理出口结关手续,则不宜按 EXW 术语,而应选用 FCA 等术语成交;如卖方不能办理进口结关手续,则不宜采用 DDP 术语,而应选用 D 组的其他术语成交。

综上所述,贸易术语的选用要综合考虑贸易术语的不同特点、风险转移与费用承担等各种因素。在充分掌握贸易术语惯例内容的基础上,正确选择和合理运用贸易术语,有利于顺利履行合同。

9.4.3 国际贸易货物交货与运输

货物的交货条件包括交货时间、装运批次、装运港(地)、目的港(地)、交货计划、大件货物及特殊货物发货要求、装运通知等内容。

1) 交货时间

在 CIF 条件下,卖方在装运港将货物装上开往目的港的船只上即完成交货义务,海运提单日期即为卖方实际交货日期。在 CIP 条件下,卖方在出口国指定地点将货物交给承运人即完成交货义务。

在 FOB 条件下,卖方也是在装运港将货物装入买方指派船只上即完成交货义务,海运提单的签发日期为卖方交货的日期。在 FCA 条件下,卖方在规定的时间内将货物交给买方指定的承运人就算完成了交货义务。

2) 装运批次、装运港(地)、目的港(地)

买卖双方在合同中应对是否允许分批、分几批装运及装运港(地)、目的港(地)名称应做出明确规定。分批装运是指一笔成交的货物分若干批次装运。但一笔成交的货物,在不同时间和地点分别装在同一航次、同一条船上,即使分别签发了若干不同内容的提单,也不能按分批装运论处,因为该货物是同时到达目的港的。装运港和目的港由双方商定,一般随合同所采用的贸易术语的不同而不同。在 FOB、CIF、CFR 条件下,通常应明确规定装运港,而在采用 FCA、CIP、CPT 术语的情况下,往往需明确规定发货地或交付地。

3) 交货计划

买卖双方应在合同中规定每批货物交货前卖方应向买方发出装运通知。一般情况下，在 CIF 和 EXW 条件下，实际装运前若干天，即海运前 30 天，空运前 14 天，卖方应将合同号、货物名称、装运日期、装运港口、总毛重、总体积、包装和数量、货物备妥待运日期，以及承运船的名称或飞机航班、国籍等有关货物装运情况以电传、电报方式通知买方。同时，卖方应以空邮方式向买方提交货物详细清单，注明合同号、货物名称、技术规格简述、数量、每件毛重、总毛重、总体积和每包的尺寸(长×宽×高)、单价、总价、装运港、目的港、货物备妥待运日期、承运船预计到港日期，以及货物对运输、保管的特别要求和注意事项。

4) 大件货物及特殊货物的发货要求

关于大件货物(即重量 30 t 以上，或尺寸长 9 m 以上，或宽 3 m 以上的货物)，卖方应在装运前 30 天将该货物包装草图(注明里心、起吊心)一式两份邮寄至买方，并随船持此草图一式两份提交给目的港运输公司，作为货到目的港后安排装卸、运输、保管的依据。对于特大件货物(重 60 t 以上，或者长 15 m 以上，或宽 3.4 m 以上，或高 3 m 以上的货物)，卖方应将外形包装草图、吊挂位置、重心等，最迟随初步交货计划提交买方，经买方同意后才能安排制造。

关于货物中的易燃品或危险品，卖方至少在装运前 30 天将注明货物名称、性能、预防措施及方法的文件一式两份提交给买方。

5) 装运通知

在完成货物(包括技术资料)装运 24 小时之内，卖方应将承运工具名称、启运日期、合同号、货物名称、数量、重量、体积及其他事项以电报或电传方式通知买方。在每批货物(包括技术资料)发货后 48 小时内，卖方应将合同号、提单、空运单日期、货物名称、数量、重量、体积、商业发票金额、承运工具名称以电报或电传方式通知买方及目的地运输公司。卖方应将装运单据(包括提单、发票、质量证书、装箱单)一式三份随承运工具提交目的地运输公司。同时在每批货物(包括技术资料)发货后 48 小时内将装运单据一式两份邮寄买方。

6) 运输方式

国际贸易中有多种运输方式，如海洋运输、内河运输、铁路运输、公路运输、航空运输、管道运输及联合运输。其中以海洋运输为主要运输方式。

(1) 海洋运输

海洋运输包括班轮运输和租船运输两种主要方式。

班轮运输(Liner Transportation)。班轮是指按照固定的航线、港口和船期表运营的船舶，船方和货主之间不订立租船合同，双方的权利、义务和责任豁免以船方签发的提单为依据。采用班轮运输时，船方负责配载和装卸，装卸费用计入运费。班轮运输适用于装运小批量的货物。

租船运输(Charter Shipping)。租船运输又称不定期船运输，没有预定的船期表，没有固定港口和航线，有关问题要通过订立租船合同来具体安排，运费和租金也由承租双方根据租船市场的行情在合同中加以约定。大宗货物一般都采用租船运输。其方式主要包括定程租船和定期租船。

定程租船(Voyage Charter，Trip Charter)又称航次租船，即按航程租用船舶。在这种租船条件下,租船人要按协议提交货物和支付运费。船方负责将货物由装运港运至目的港,并承担船舶经营管理及船舶在航程中的一切开支。

定期租船(Time Charter)。在这种租船条件下,租船人在租期内可根据租船合同规定的航行区域自由使用和调度船舶。船方承担船员薪金、伙食费,以及为保持船舶适航而产生的有关费用,租船人承担船舶营运过程中产生的燃料费、港口费、装卸费、物料费等开支。

(2) 铁路运输

铁路运输是仅次于海运的一种主要的国际货物运输方式。利用铁路进行国际贸易货物的运输,尤其在内陆接壤的国家间的贸易中起着重要作用。以海洋运输的国际贸易货物,大多数也是靠铁路运输进行货物的集中和分散。

(3) 航空运输

航空运输与海洋运输、铁路运输相比,具有运输速度快、货运质量高、不受地面条件限制等特点。采用航空运输需要办理一定的货运手续,航空货运公司办理货运在始发机场的揽货、接货、报关、订舱,以及在目的地机场卸货或运货上门的业务。航空运输方式主要有班机运输、包机运输和集中托运三种方式。航空货物的运价一般是按重量或体积计算,以两者中高者为准,并将货物分为一般货物、特种货物,并按货物等级规定运价标准。

(4) 国际多式联运

国际多式联运是指利用各种不同的运输方式来完成各项运输任务,如陆海联运、陆空联运和海空联运等。在国际贸易中,主要是以集装箱为主的国际多式联运,这有利于简化货运手续,加快货运速度,降低运输成本和节省运杂费。根据《联合国国际货物多式联运公约》的规定,构成国际联运应具备下列条件:有一个多式联运合同,合同中明确规定多式联运经营人和托运人之间的权利、义务、责任和豁免,必须是国际上两种或两种以上不同运输方式的连贯运输。使用一份包括全程的多式联运单据,并由多式联运经营人对全程运输负总的责任,必须是全程单一运费,其中包括全程各段运费的总和、经营管理费用和合理利润。在货物采购中,如果采用多式联运,应考虑货物性质是否适宜装箱,注意装运港和目的港有无集装箱装卸及搬运集装箱的机械设备,注意铁路、公路、沿途桥梁、隧洞的负荷能力。

7) 案例分析

伊朗塔里干水利枢纽工程是中国水利水电建设集团公司贯彻落实中央"走出去"开放战略于2001年对外签约的大型EPCT交钥匙工程,根据总价合同条款规定,承包商报价中应充分考虑并承担各种风险以及政府税费。在合同执行过程中,出现了许多承包商无法预见和无法控制的风险,承包商合理利用合同条款,据此向业主提出索赔。永久设备进口税的成功索赔是其中第一例,也为该项目其他索赔内容纳入法律变更的范畴提供了可借鉴的经验,具有重要意义。

(1) 项目概况

塔里干水利枢纽工程,是由中国水利水电建设集团公司(以下简称 SINOHYDRO)利用中国进出口银行买方信贷方式向业主提供融资85%、伊朗能源部属的德黑兰水组织(以下简称 TRWB)出资15%,承建的 EPCT 交钥匙工程。工程建设总工期46个月,主要由高104 m填筑方量达1 530万 m^3 的黏土芯墙堆石坝、溢洪道和装机18MW的地下厂房组成。

该EPCT交钥匙工程主合同于2001年2月签订,合同范围包括卖方信贷融资、设计、采购、施工、安装调试及竣工移交并修补其任何缺陷等一揽子工作。该合同为FIDIC合同EPCT范本合同颁布以来首次被应用到以土建为主的工程项目,合同为固定封顶总价的单价计量结算合同形式。该项目于2002年3月15日正式开工。合同总价约为14 900万美元,其中包括C&F约2 030万美元的机电设备、金属结构、大坝观测仪器、试验设备供货。业主所有付款都将通过同一不可撤销信用证项下支付。根据合同规定,在伊朗境内外的任何进出口环节的税费都将由承包商承担,业主协助承包商办理进出口有关手续。

(2) 永久设备在伊朗进口的一般程序及限制性条件

① SINOHYDRO备货,向业主指定的伊朗商检公司IEI提供该批货物的装箱单、产品合格证、质检报告等资料进行装船前的商品检验,并由该商检公司出具标准格式的商品检验合格证明(该资料应备份一套供伊朗进口地海关复查)。

② 装船后,按信用证条款的特殊规定,SINOHYDRO应准备清洁提单(需注明运费已付,注明收货人及收货通知人均为伊朗能源部德黑兰水组织,运输公司在伊代理名称及地址应标注其上,16家黑名单的船运公司禁用)、商业发票(需中国贸促会确认)、装箱单、产地证(需中国贸促会确认)、商品检验合格证明(由业主指定商检公司出具)、保险单(优先考虑伊朗保险公司)、运输船只等级证明(由船运公司提供)等规定不同份数的正本单证到议付行中国银行议付(伊朗海关税则号84/10应出现在所有单证上,形式发票号No. CWHECIran/22270/01 dd. 5 March 01、合同号No. 22270、信用证号L/C No. Reg No's 26537755以及业主名称都应标注在所有单证及包装箱上)。

③ 议付后的单证从议付行中国银行转开证行伊朗TEJRAT银行,开证行核对无误后通知业主,项目部凭业主函件从开证行提取银行背书的正本单证。(注:通过信用证支付的货物进口报关时必须使用银行背书的正本单证)

④ SINOHYDRO项目部将正本单证连同提前从伊朗商业部申请到的进口许可证送海关总署,海关总署致函进口地海关,进口地海关根据单证上标定的税则号参考税则表税率计税。

⑤ 项目部支付税费、仓储费、港杂费等,进口地海关验货放行,通关结束。

⑥ 项目部组织从港口到工地长约1 600 km的内陆运输。

(3) 设备采购中出现的索赔问题

2003年6月SINOHYDRO从天津新港启运永久设备中的第三批大坝观测仪器总价值390 434美元,并按照信用证要求提供了齐全的单证在议付行交单议付,议付后的单证通过中国银行转伊朗TEJRAT银行。该批海运货物于2003年7月底到达目的港阿巴斯港。SINOHYDRO塔里干项目部凭TRWB函件从TEJRAT银行提取背书的正本单证用于港口海关清关。海关告知:根据伊朗海关总署最新下发的批文规定,从2003年4月28日起,以前各部委关于减免税的文件一律作废,信用证上设定的税则号同时取消,所有进口物资全部按最新颁布的海关税则表上分项设定的税率计征关税(以下简称CD)和商业利润税(以下简称CBT)。对比前三批顺利清关的大坝观测仪器和试验仪器,按此新规定征税的税率将从原来的2%上升到20%,并且计税的美元兑伊朗币里亚尔的兑换率也将从1755RLS/USD上升至8261RLS/USD,项目部为此将损失约76 000美元,将近占该批设备总价值的20%,并会对今后大批量的永久设备进口带来巨大困难,将承受高额税费。为此,项目部综合分析了各种利弊关系以及合同条款,尽管该批货物推迟到达现场将会危及仪器埋设和大坝大规模填筑工期,我方仍果断地向业主提出了索赔意向,并积极与业主商讨应对措施以便开展下一步工作。

(4) 永久设备进口税损失计算

大坝观测仪器的税收损失计算:

① 变更前:按照从递交投标书的截止日期前28天之日,参考税则号84/10,关税税率$CD=0\%$,商业利润税$CBT=2\%$,海关计税外汇兑换率执行1美元兑1 755里亚尔。

应计征进口税

$$T=C\&F\times R\times(CD+CBT)=390\ 434\times 1\ 755\times 2\%$$
$$=13\ 704\ 233(里亚尔)$$

② 变更后:从2003年4月取消一切进口优惠条件,大坝观测仪器税则号90/26,关税税率$CD=4\%$,商业利润税$CBT=16\%$,海关计税外汇兑换率执行1美元兑8 261里亚尔。

应计征进口税:

$$T=C\&F\times R\times(CD+CBT)=390\ 434\times 8\ 261\times 20\%$$
$$=645\ 075\ 055(里亚尔)$$

③ 损失金额为以上两值之差631 370 822里亚尔,折合约76 000美元。

后续其他永久进口设备(除大坝观测仪器和试验设备)的税收损失计算:

① 变更前:按照从递交投标书的截止日期前28天之日,参考税则号84/10,关税税率$CD=0\%$,商业利润税$CBT=2\%$,海关计税外汇兑换率执行1美元兑1 755里亚尔。

应计征进口税:

$$T=C\&F\times R\times(CD+CBT)=19\ 785\ 841\times 1\ 755\times 2\%$$
$$=694\ 483\ 019(里亚尔)$$

② 变更后:从2003年4月取消一切进口优惠条件,仍按税则号84/10,关税税率$CD=4\%$,商业利润税$CBT=6\%$,海关计税外汇兑换率暂按1美元兑8 261里亚尔。

应计征进口税:

$$T=C\&F\times R\times(CD+CBT)=19\ 785\ 841\times 8\ 261\times 10\%$$
$$=16\ 345\ 083\ 250(里亚尔)$$

③ 损失金额为以上两值之差15 650 600 231里亚尔,折合约1 900 000美元。

由以上计算可以看出,由于伊朗国家海关进出口法律改变,项目部将面临高达近200万美元的损失。

(5) 法律变更索赔理论依据

① 根据FIDIC合同条款通用条件13.7项和特殊条款14.1项;

② 根据伊朗能源部致海关文函,凡属能源部直管的工程(有清单)进口电站成套设备享受优惠税率;

③ 根据伊朗能源部致海关文函,塔里干水利枢纽工程添加到能源部直管工程清单之列;

④ 根据信用证条款对永久进口设备专用税则号84/10的明确规定;

⑤ 根据伊朗海关总署 2000 年版海关税则表对税则号 84/10 税率的规定，CD＝0％，CBT＝2％；

⑥ 根据伊朗海关对 2002 年 3 月项目第一批试验设备计税单，计税外汇兑换率按 1 美元兑 1 755 里亚尔；

⑦ 根据伊朗海关 2002 年 3 月收到的伊朗商业部文函，计税外汇兑换率与市场并轨，由固定汇率变成浮动汇率，计税外汇兑换率按 1 美元兑 8 000 里亚尔以上；

⑧ 根据伊朗海关 2003 年 4 月批文，取消一切进口减免税优惠政策，所有进口物资统一按新颁布的税则表上的税则号和税率计税，按税则号 90/26 税率的规定，CD＝4％，CBT＝16％；

⑨ 第一、二、三批大坝观测仪器海关计税单。

（6）索赔谈判

SINOHYDRO 塔里干项目部在得到海关确切通知后，两次就大坝观测仪器进口致函业主，并提出意向索赔要求。业主认为 EPCT 合同总价包含所有一切费用，拒不接受法律改变的事实，坚持信用证开出总价为封顶价，没有调整的余地，任何风险是承包商的风险，故对承包商提出的索赔不予考虑，双方陷入僵局。

业主方主要理由：

① 通用条款规定承包商在履行合同期间，应遵守各种法律，缴纳各项税费，办理所需要的全部许可、执照或批准，应保障使雇主免受因未能完成上述工作带来的伤害，承包商应被认为已确信合同价格包括所承担的全部义务，并被认为已取得了对工程可能产生影响和作用的有关风险、意外事件和其他情况的全部必要资料，接受对预见到的为顺利完成工程的所有困难和费用的全部职责，合同价格对任何未预见到的困难和费用不应考虑予以调整。

② 专用条款规定该合同为总价封顶单价结算的 EPCT 合同。合同价指协议书中所规定的工程的设计、施工和竣工并修补任何缺陷的所协定的金额，且包括按照合同而进行的调价（如有），以及所有一切费用。合同价格将不予调整，并且由于设计优化而使项目投资节省的部分将按业主和承包商 4∶6 分成。

③ 关于征税的专用条款规定。

■ 国外的征税：对于在伊朗国外针对承包商的设备、永久工程设备、材料和按合同要使用或提供供货的生产、制造、销售和运输以及按合同完成的服务所征收的所有税金、关税和其他收费，承包商都将进行支付，并且其费用被认为包括在合同价之中。

■ 当地的征税：合同价包括，并且承包商将支付按照从递交投标书的截止日期前 28 天之日伊朗国内适用的法律和规章对于为了合同所需的承包商的设备、永久工程设备、材料和供货（永久、临时和消耗性材料）以及对于按合同完成的服务可能征收的任何开采税收、海关关税、进口税、营业税、所得税和其他税金。合同规定承包商将支付进口环节的所有关税、商业利润税、任何政府税费，以及港杂费、清关费、到达工地的运输费等一切费用。就所得税而言，根据伊朗的"税收条例"，对于国外方或国外承包商实施工程，并且业主为部、自治区或政府机构，从国外供应永久工程设备所用的合同金额部分将不被征收所得税。

SINOHYDRO 主要理由：

① 这种特殊情况的产生源于基准日期后伊朗国家的法律变更，尽管是 EPCT 交钥匙工

程,但这是任何有经验的国际承包商所无法控制和规避的风险。根据合同条款 13.7[因法律改变的调整],当基准日期后,工程所在国的法律有改变(包括施用新的法律,废止或修改现有法律),或对此类法律的司法或政府解释有改变,对承包商履行合同规定的义务产生影响时,合同价格应考虑上述改变造成的任何费用增减,进行调整。如果由于这些基准日期后做出的法律或此类解释的改变,使承包商已(或将)遭受延误和(或)已(或将)招致增加费用,承包商应向雇主发出通知,并应有权根据第 20.1 款[承包商的索赔]的规定提出,根据第 8.4 款[竣工时间的延长]的规定,如果竣工已(或)将受到延误,对任何此类延误给予延长期,任何此类费用应加入合同价格,给予支付承包商有权获得因该改变而造成损失的补偿。

② 根据合同条款 14.1(b),合同价可进行调价的前提条件只是因法律改变的调整;尽管承包商将支付按合同要求将支付的所有税金、关税和费用,并且合同价将不得为了任何这些费用而进行调价,但在子款 13.7[因法律改变的调整]中所规定的除外。

③ 根据伊朗 TEJRAT 银行开出的不可撤销信用证条款,永久设备进口应使用税则号 84/10,并且明确规定该税则号应出现在所有单证上,这将作为目的港海关计税的依据。

④ 大坝观测仪器属永久进口设备的一部分,在信用证上使用的是同一税则号,计税的税率应执行同一标准,并且由于伊朗海关在合同生效后调高该税则号的税率,其差额部分理应予以补偿。

⑤ 由于合同生效前伊朗国家执行双重外汇汇率标准,海关计税的外汇兑换率为固定汇率 1755RLS/USD,没有与银行外汇汇率 8000RLS/USD 以上接轨,故 SINOHYDRO 在报价中计算间接费的永久设备税费部分仅基于固定汇率,其在合同生效后发生巨大调整,应属法律改变的范畴。

经过八个回合的谈判,双方仔细研究了合同条款和 SINOHYDRO 塔里干项目部提供的各种书面证据并分析了事件发生的前因后果,为此业主又专门到各部委咨询确认,最后业主接受税率因法律改变应进行调整的事实,并书面通知同意进行补偿,但海关外汇汇率调整暂不予认可,仍作为一个遗留问题待今后处理。大坝观测仪器进口税补偿以第三批海关计税单作为计算补偿的依据,同时今后其他永久设备进口税凡高于 2% 的差额将由业主补偿,根据目前情况初步估算,业主方将补偿 150 万美元以上。

(7) 由本案得到的经验

根据本案,在国际工程的设备采购索赔中有以下一些经验:

① 索赔人员应熟悉合同通用条款和专用条款,善于把握机遇打擦边球,从边界条件中找出内在的本质联系和相关的有力证据。由于该索赔属于合约外索赔,其索赔内容和权利难以在合同中找到依据,权利来自普通法律,所以要多方收集第一手基础资料,尤其要注意收集工程所在国与工程有关的法律法规变更的相关文件。同时还必须有坚持不懈的精神,做好打持久战和心理战的思想准备。

② 索赔谈判要有理有据,切勿急躁,要多次旁征博引地交换意见。承包商提出索赔意向后应主动约请谈判,谈判时直接切入主题,对于业主方的辩解要及时用收集的相关资料给予反驳指正,谈判要把握节奏,软硬兼施,对于谈判过程中出现的僵局暂且给对方一个缓和气氛的台阶,关键的焦点问题决不妥协,步步紧逼。

③ 声东击西,讲究策略。该项索赔的目的是税率索赔,是主攻方向。由于项目合同价全部采用美元结算,实际上已从通货膨胀中受益,而我部故意夸大其词地抛出计税汇率索赔

仅仅是陪衬,其作用是转移对方注意力,掩护主攻得手,并且这仍将作为最终项目结束时双方交换条件的一个筹码。

④ 通过大坝观测仪器进口税索赔进一步引申到其他永久设备,从眼前利益兼顾长远利益,先让对方接受点,再延伸到面,水到渠成,顺理成章。

⑤ 防患于未然。在合同生效前,严格审核银行开出的信用证条款,确保各项支付标准与合同内容相符。

⑥ 承包商签约前对工程所在国的法律法规应了解得深入透彻,在合同中明确承包商应承担的法律规定的税种和税率。伊朗有些货物进口的关税税率为零,但商业利润税却极高,在进行主合同关于进口物资的谈判时应咨询有经验的有关人士和当地法律顾问。否则,在真正实际操作过程中遇到问题时,业主又会以承包商应在投标前熟悉该国法律为由推卸责任,并且口头承诺的君子协定必须以书面形式出现在合同上。

在本案中,大坝观测仪器进口税索赔取得了预期的成果,其索赔依据和程序同样适用于其他永久设备进口税的索赔,可为 SINOHYDRO 挽回 150 万美元以上的经济损失。其成功索赔圆满解决了今后大批量永久设备进口的潜在困难,避免了 SINOHYDRO 承担高额税费,也为其他公司今后在类似国际工程投标签约时,工程所在国税收因法律改变对工程承包价的影响提供可借鉴的经验。

9.5 国际贸易结算

在国际工程物资采购中,经常使用的国际结算方式是信用证和保函。下面介绍的与结算有关的惯例主要有国际商会的《跟单信用证统一惯例》和《见索即付保函统一规则》。

1)《跟单信用证统一惯例》

《跟单信用证统一惯例》(Uniform Customs and Practice for Documentary Credits),又称国际商会第 500 号出版物(以下简称《UCP 500》)。在《UCP 500》中,明确规定了信用证的定义、性质,以及信用证各有关当事人的责任、权利和义务,对信用证业务中的一些具体问题也作出了明确规定,使得跟单信用证业务有据可依,从而大大减少了争议与纠纷,促进了跟单信用证的使用和国际贸易的发展。

信用证(Letter of Credit,L/C)是开证银行(简称开证行)根据开证申请人的请求和指示向受益人开立的在一定金额和一定期限内凭规定的单据承诺付款的凭证。信用证具有如下特点:

(1) 开证行承担第一性付款责任。开证行在信用证条款中保证只要受益人履行了信用证规定的义务,银行保证付款,而且开证行的付款不以开证人的付款为前提条件,只要受益人提交了符合信用证规定的合格单据,即使开证人破产倒闭,银行也必须履行付款义务。

(2) 信用证是一种自足文件。在国际货物买卖中,信用证通常都是以买卖合同为基础开立。作为受益人,也有权要求信用证内容与买卖合同规定相符。但是,银行在处理信用证业务时,却不受买卖合同的约束,只依据信用证条款,当信用证条款与合同条款相矛盾时,银行只按信用证规定的内容办事。

(3) 信用证业务以单据为准,实行凭单付款的原则。只要受益人提交与信用证规定相符的单据,银行就要履行付款责任。

2)《见索即付保函统一规则》

为统一银行担保各方当事人合法权益的均衡,国际商会于 1978 年制定了《合约保证书统一规则》,1982 年又制定了《开立合约保函范本格式》。1992 年在对《合约保证书统一规则》进行修订的基础上发布了《见索即付保函统一规则》,以适应国际经济形势的发展和变化。该规则规定了保函当事人条件、开立保证书的依据、付款条件及保函失效日期和失效事件等事宜,供各有关当事人参照执行。

(1) 银行保证书的含义。银行保证书(Letter of Guarantee,L/G)又称银行保函,是银行应委托人的请求作为担保人向受益人开支的保证文件,保证在委托人未向受益人履行某项义务时,担保银行承担保证书所规定的付款责任。银行保证书大多数属于见索即付的保证书。

(2) 银行保证书的基本当事人。银行保证书有如下三种基本当事人:委托人(Principal),又称申请人,即一切银行开立保证书的人,通常是与受益人订立合同的执行人和债务人。受益人(Beneficiary),即有权凭收到的保证书向银行索偿的人。保证人(Guarantor),也称招保人,即保证书的开立人。保证人根据委托人的申请由委托人提供一定担保的条件下,向受益人开具保证书。

(3) 银行保证书的其他当事人。除上述三种基本当事人外,有时银行保证书还有以下几种当事人。转递行(Transmitting Bank),即指根据开具保证书的银行的要求,将保证书转递给受益人的银行。一般转递行对保证书只负责核对印鉴或密押,不负任何经济责任,按规定可收取一定的转递手续费。保兑行(Confirming Bank),即指在保证书上加保兑的银行,保兑行只有在保证人不按保证书规定履行赔付义务时,才向受益人赔付,受益人可得到双重担保。转开行(Reissuing Bank),即指接受担保银行的要求,向受益人开出保函的银行保函发生赔付时,受益人只能向转开行要求赔付。

(4) 银行保证书的种类。银行保证书按其用途可分为以下两种:投标保证书(Tender Guarantee),是指银行根据投标人(委托人)的申请向招标人(受益人)开立的保函。担保投标人在开标前不撤销投标和修改投标条件,中标后要保证签约和交付履约保证书,否则银行负责赔偿招标人的损失。履约保证书(Performance Guarantee),是指银行(保证人)根据货物买卖、劳务合作或其他经济合作当事人(委托人)的申请,向合同的另一方当事人(受益人)开立保函,担保如委托人未及时按合同条款履行其义务时,对受益人支付一定限度的金额或根据保函条款采取措施履行合同义务。

(5) 银行保证书的有效期。《合约保证书统一规则》对银行保证书的有效期视有关合同的不同情况而定,如果保证书未对有效期作出明确规定,则按不同情况分别确定其最后期限。在投标保证书情况下,为自保证书开立之日起 6 个月。在履约保证书情况下,为有关合同中所规定能够交付完成期限或延展的期限后 6 个月。如果合同中规定有保修期,而履约保证书中又明确包括这一保修期,则为保修期满后 1 个月。

(6) 银行保证书的失效。保证人在保证书到期日及到期日前未接到受益人的索赔要求,则保证人对保证书的担保责任终止,保证书自动失效。在保证书下发生的索赔,受益人按保证书规定应享有的一切权利已得到满足,以及该保证书保证人已全部履行担保责任时即告终结。在投标保证书情况下,在保证书规定的有效期内,受益人虽未提出索偿,也有可能导致保证书终止失效,如委托人中标,并按原定条件与受益人签订合同,从签订合同之日起,该投标保证书即告失效。

9.6 国际工程采购管理案例分析

1) 项目简介

土耳其安卡拉至伊斯坦布尔高速铁路二期工程线路共 158 km 正线,是一条按照欧洲标准建设的高速铁路。该项目为双线电气化铁路工程,设计速度 250 km/h,由 CRCC(中国铁建总公司)牵头组织 CMC(中机集团)、CENGIZ(当地成吉思汗集团)、ICTAS(当地伊兹塔斯建筑公司)组成合包公司承建土耳其安伊高铁。其中,CRCC 为项目牵头公司,占有 32%股份,负责轨道及四电工程的实施;CENGIZ 和 ICTAS 两家土方公司,各占 30%股份,负责土建工程的实施;CMC 占 8%股份,负责项目融资。以下从合同管理的全过程来分析该项目物资采购的管理工作。

2) 物资采购合同签约前管理

(1) 物资采购策划

物资采购策划主要包括编制物资需求计划、调查市场信息、编制物资采购计划、编制物资采购管理文件等工作。

① 安伊高铁项目物资需求总计划是工程技术部门根据施工图纸和设计文件,对项目所有工程量进行分析、统计后,再依据工程物资消耗定额计算单项工程物资消耗量,汇总编制而成的。

② 安伊高铁项目物资设备管理部门根据工程技术部门提供的物资需求计划,进行国内外市场信息调查。

国外物资供应商调查。安伊高铁项目物资设备部从土耳其当地聘用的专业咨询公司掌握拥有铁路工程经验的土耳其当地及欧洲供应商,对能提供需求物资公司进行网上调查、电话咨询,详细记录基本情况,在安卡拉驻地邀请可提供同类型产品的几家供应商销售或技术人员分别进行面对面洽谈,比如西门子、阿海珐、ABB、阿尔斯通、施耐德等。对于混凝土支柱及钢构等当地可以生产、物流成本较高的产品从经济适用性上考虑,优先考虑当地采购。

国内物资供应商调查。由于安伊高铁电气化工程资金从中国进出口银行贷出,政策上要带动对外承包工程的物资、机械设备出口,要求工程所需物资尽量从中国采购,所以物资设备部特别重视国内合格供应商的调查工作。根据铁道工程交易中心的信息,得到国内高铁电气化产品合格供应商信息,考虑到业主及海关要求产品要符合欧盟相关质量、安全认证,所以从信息中遴选出有外资背景的厂商进行调查。

通过国内外物资供应商信息和市场价格的调查,综合考虑经济效益、产品选型、物流运输等因素后,编制安伊高铁项目的物资采购计划和物资采购实施方案。

(2) 物资采购管理

安伊高铁项目编制工程物资采购计划和物资采购实施方案后,上报法人单位审批,安伊高铁项目根据法人单位批复意见实施工程物资采购。工程物资采购方式主要包括公开招标采购、邀请招标采购、竞争性谈判采购、单一来源采购和询价等。安伊高铁项目国内供应商物资采购一般采取公开招标采购方式，国外供应商物资采购一般采取竞争性谈判方式。

公开招标采购程序：依据工程物资采购计划、技术规格条件和法人单位审批意见编制招标文件；发布招标公告，发售招标文件，澄清和答疑；组织开标、评标，公示；将公示后的招标结果报监督单位和法人单位审批后确定中标人。

邀请招标采购程序：在特殊情况下只有少量几家潜在投标人可供选择的，经法人单位批准后可进行邀请招标；向至少三个以上的潜在投标人发出邀请，参照公开招标程序进行邀请招标采购。

竞争性谈判程序：成立谈判小组（三人以上单数）；制定谈判文件；谈判小组邀请三家以上的供应商参加谈判；谈判小组所有成员集中与每个供应商分别谈判；选择满足各方面要求且报价低的为成交供应商，并将结果通知所有未成交供应商。

单一来源采购程序：在保证工程物资质量和合理价格的基础上进行。需满足下列条件之一：①只能从单一供应商处采购物资；②紧急情况下不能采购其他供应商的物资；③为保证与物资的一致性，需要从原供应商处采购。

询价采购程序：成立询价小组（三人以上单数）；确定工程物资的价格构成和评定成交标准等；询价小组向供应商发出询价通知，询价供应商一次报出价格；询价小组选择符合采购需求、质量和服务且报价最低的供应商为成交供应商，并将结果通知所有未成交供应商。

项目物资采购流程如图 9-6 所示。

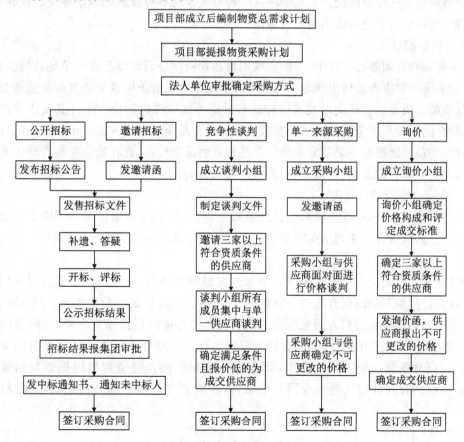

图 9-6 项目物资采购流程图

3) 物资采购合同签约管理

(1) 合同谈判管理

确定物资供应商后,在与供应商正式签订合同前,双方要对合同标的、技术条件、价格调整及争端解决等主要合同内容做最后确认。合同谈判小组由安伊高铁项目分管物资采购的领导、技术负责人、工程技术人员、经济管理人员、物资管理人员等组成,一般为五人以上单数。

① 合同标的确认

合同的标的是合同最基本的要素,物资采购合同的标的就是合同所采购物资的内容和范围。因此,在合同的谈判中,必须首先共同确认合同规定的物资采购内容和范围。对于在谈判讨论中经双方确认的所采购物资内容及范围方面的修改或调整,以"合同补遗"或"会议纪要"方式作为合同附件并说明。

② 技术条件的确认

关于合同物资的技术规范、安装技术方案是施工技术部门极为关切的,也是供应商需要注意的问题,不同的技术条件会影响物资的生产成本。

③ 价格调整条款

因为安伊高铁项目工期长,由于货币贬值和通货膨胀因素影响,可能使物资供应商受到损失,价格调整条款可以比较公正地解决这一物资供应商不可控制的风险损失。同时,列入价格调整条款,也可避免物资供应商过高报价。

④ 合同争端解决

在物资采购合同履行过程中,安伊高铁项目和物资供应商难免会发生争端,因此合同条款中应对争端的解决方式做出规定。一般解决争端的方式有争端双方谈判解决或通过第三方调解、争端裁决委员会裁决以及通过仲裁和诉讼等法律程序解决。土耳其安伊高铁项目物资采购合同一般采用争端裁决委员会裁决或通过仲裁争端解决方式。由于仲裁的性质不同于诉讼,仲裁只能根据争端双方事先订立的仲裁协议进行,因此在物资采购合同中列入仲裁条款,需要明确仲裁范围、仲裁效力、仲裁地点与机构。

(2) 合同文本及签订管理

在原物资采购投标或竞争谈判文件的基础上,经过安伊高铁项目部和物资供应商最后的讨论和妥协,双方合同谈判结束时对整个合同达成了基本一致的结论,共同确定了最终合同文本。

最终签署的合同应在原招投标或竞争谈判文件的基础上,补充合同澄清阶段供应商确认的内容和合同谈判阶段双方达成一致意见后补充的内容,形成一个正式的合同文本,其他在物资采购开标或谈判后双方同意变动的内容以合同补遗的形式确定下来,与原合同文件一起共同构成一个完整的物资采购合同。投标文件或竞争性谈判文件所附的合同文本及有关技术、商务条款一般为标准文本,而合同补遗则是在合同谈判后根据谈判结果形成的,按法律惯例合同补遗优先于合同其他文件,采购双方应对合同补遗的起草、定稿都相当重视。

① 合同文件内容

安伊高铁项目部和供应商在合同内根据工程物资的特点和要求,约定以下几个方面的内容：合同名词和术语的定义和解释；合同范围；货物名称、规格、数量及价格；技术规范与质量要求；监造、试验及验收；质量保证；交货期；付款方式；预付款；履约保函；专利权；索赔；违约责任；仲裁；不可抗力；合同有效性等。国外供应商的物资采购合同由中英文对照制定，如不一致，以英文为准。

为了对合同中某些约定条款涉及内容较多部分做出更为详细的说明，还需要编制一些附件作为合同的组成部分。附件通常包括：技术资料的内容和交付安排；交货进度；技术服务的内容；备品备件说明表等。

合同签署前，采购双方对所有在招标投标及谈判前后各方发出的文件、文字说明、解释性资料进行整理。对凡是与上述合同构成内部矛盾的文件，应宣布作废。可以在双方签署的"合同补遗"中，对此做出排除性质的声明。在物资采购合同中约定合同协议书及所附下列文件是构成合同不可分割的部分，上述文件应相互补充和相互解释，在不明确或矛盾时，应按顺序在先者为准。

中标通知书；合同条款；物资采购清单；经双方确认的技术文件、会议纪要、承诺书、补遗、澄清资料；投标文件（含经评标委员会接受的澄清和补充资料）；招标文件（含答疑修改等资料）；交货批次及交货时间通知书；合同其他条款和上述文件提到的其他有关文件。

② 关于合同的补遗

在合同谈判阶段双方谈判的结果一般以"合同补遗"的形式，有时也可以以"合同谈判纪要"形式，形成书面文件。这一文件将成为合同文件中极为重要的组成部分，因为它最终确认了合同签约双方之间的意志，所以它在合同解释中优先于物资采购招、投标文件和竞争性谈判文件。对于经过谈判更改了招标文件中条款的部分，物资采购合同中应说明已就某某条款进行修正，合同实施按照"合同补遗"条款执行。

③ 签订合同

安伊高铁项目部在与供应商合同谈判结束后，应按上述内容和形式完成一个完整的合同文本草案，供应商代表认真审核合同草案的全部内容，对合同谈判纪要及合同补遗进行核实，是否符合合同谈判时双方达成的意见，对谈判中修改或对原合同修正的部分要明确地表示清楚，尤其对数字要核对无误，经供应商授权代表认可后形成正式合同文件。当双方核对无误后，由安伊高铁项目部和供应商代表草签物资采购合同，至此合同拟订阶段即告结束，物资供应商准备递交履约保函或担保。物资采购合同草签后，双方在各自企业内部进行内部审核，在审核结束后双方就各自的权利、义务达成一致意见，并进行签约。合同协议书由安伊高铁项目部和供应商的法定代表人或正式授权委托的全权代表签署后，合同即开始生效。土耳其安伊高铁项目物资采购合同签订流程如图 9-7 所示。

4）物资采购合同履约管理

（1）合同履约主要工作和程序

物资采购合同正式签订之后，供应商应按规定及时递交履约保函或担保，并要求业主退回投标保函。同时，如果有预付款，物资供应商还应递交预付款保函，以争取早日获得预付款，做生产准备工作。在收到物资供应商的履约保函后，土耳其安伊高铁项目即将投标保函退还物资供应商和其他未中标的供应商。物资供应商收到预付款后，应按合同约定物资范围、技术条件、交货期组织生产。对于安伊高铁项目主要有以下工作：

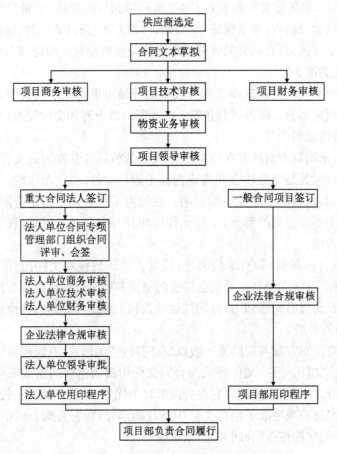

图9-7 项目物资采购合同签订流程图

① 物资监造与催交

从签订采购合同开始到最终物资抵达现场都属于催交的工作范畴。催交是物资采购合同管理过程中最重要的环节之一,也是一项十分重要的工作。鉴于安伊高铁项目电气化工程物资复杂且数量较多,供货周期较长,在这个过程中出现供货风险的概率较高,且风险危害较大,会对物资采购合同履行,甚至整个项目的工期、成本及信誉造成巨大影响。供货风险有供货不及时、供货质量缺陷、出厂检验未检出的瑕疵、不能及时提供备件、故意抬高备件供应价格、现场技术服务不全面、售后服务不及时、交货资料未满足业主要求等。因此要求安伊高铁项目在物资生产、出厂环节对物资生产进度和质量进行监督,并在国际物流运输的过程中加强计划性,确保工程物资能按供应计划及时运抵施工现场。

② 物资物流运输

工程物资物流运输管理需要控制物流运输的成本、安全性和及时性,以经济的方式确保物资顺利运抵现场。国际运输是国际物资采购过程中一个受外部环境影响比较大的环节,运输方式的不同会对运输成本、运抵时间造成较大的影响。在工程物资运输工作开始前应制定详细的运输计划,包括准备工作、运输方式和运输路线的选择、运输时间的确定等。大型设备的运输要优化从港口到施工现场的运输路线,对于贵重物资要选择合适的保险种类,尽量减少运输过程中自身承担的风险。比如,从德国运输铜导线到土耳其,海运和陆运都可以,但考虑到从德国最东部的工厂到德国西北部的港口,再从海路运至土耳其的距离较长,相比于陆运,海运具有不确定性,因此要求供应商进行陆路运输,节省了费用和时间。

国内采购的工程物资一般通过海运运抵土耳其。由于海上运输具有风险高、复杂性强的特点,因此发生在海运环节的违规赔偿纠纷也会相应增多。中国至土耳其的海运航线途经亚丁湾、苏伊士运河等索马里海盗出没的地带,需将出口物资设备办理费用高昂的全额保险。物资运输中存在的风险,会直接影响到项目成本的控制。

物资清关及陆路运输:物资到港后,需要及时清关及运输到指定的地点,由于物资种类较多及保证工程进度的需要,必须寻找有资质的清关代理公司代行清关工作。陆路运输公司选定当地有实力和信誉好的物流公司后,通报清关公司,及时进行清关与运输协调,可以节省时间及免去不必要的仓储费用。

运输周期:海上运输时间为30天左右,出关手续办理需1周左右,商检也在1周左右,加上土耳其清关时间,从办理商检到清关需要近2个月的时间。加上国内运输时间和货物到岸后装运到现场的时间,整个物资运输周期应在3个月左右。

工程物资对外出口、清关基本流程如图9-8所示。

③ 工程物资检验与验收

工程物资检验既是物资采购合同履约过程中的物资质量保证措施,也是安伊高铁项目接收物资、业主接收工程的必要条件。工程物资检验主要分为:现场进场检验、使用前检验、工序节点检验、驻场检验。根据工程物资的重要性和复杂性,加上物资供应计划方面的因素,可以进行这四类检验中的任何一种检验,也可以几种检验方式同时应用。工程物资检验需要物资管理人员与工程技术人员紧密配合。

土耳其项目业主要求工程物资启运前一同对物资进行厂验,但有时业主由于繁忙而无法安排,就需要采购方对材料进行严格检验,并得到业主及监理的认可。例如,对接触网零部件的部分铸造件进行破坏性测试。由于供应商是一家西班牙公司,它也是欧洲标准的制定者之一,厂家信心十足,但经过检测,还是检查出特型定位器底座未达到业主的要求,随即要求厂家按合同要求进行重新生产并做进一步测试。

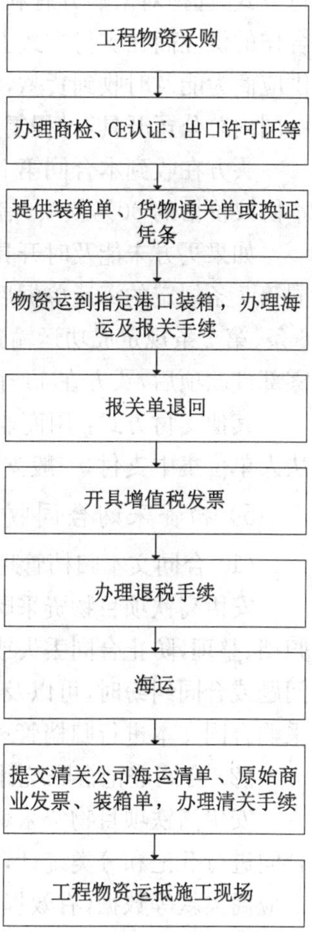

(2) 合同履约的结算支付

① 合同付款方法

在物资采购合同履约过程中,根据合同支付条款进行合同货款的支付一般分三个阶段:

第一阶段预付款支付。合同签订后买方向卖方支付合同总价10%~30%的预付款,但卖方必须提供相同金额的预付款发票和预付款保函。

第二阶段进度款支付。卖方按照合同规定在交货地点交付货物并经验收合格后,安伊项目在扣除预付款后,支付卖方物资款项至60%。如果卖方单笔交付物资款项总额不足以抵扣预付款时,待交付物资款项总额累计达到预付款后再行支付。

```
工程物资采购
    ↓
办理商检、CE认证、出口许可证等
    ↓
提供装箱单、货物通关单或换证凭条
    ↓
物资运到指定港口装箱,办理海运及报关手续
    ↓
报关单退回
    ↓
开具增值税发票
    ↓
办理退税手续
    ↓
海运
    ↓
提交清关公司海运清单、原始商业发票、装箱单,办理清关手续
    ↓
工程物资运抵施工现场
```

图9-8 工程物资对外出口、清关基本流程

第三阶段竣工结算款支付。工程开通后,买方向卖方支付除质量保证金外其他应结算款项,支付卖方所交付物资款项至95%。质量保证金为合同总价的5%,在质量保证期满3个月并确认交付货物无任何质量问题后,买方在30天内无息支付卖方。如发生纠纷,待纠纷最终解决后30天内付清。

② 支付方式

在物资采购合同谈判过程中,土耳其安伊高铁项目作为采购方选择了对自身有利的价格方式,并在合同中约定下来。对于土耳其当地采购的物资,采用出厂价(EXW)或交付现场价(DAS);对于从其他国家采购的物资采用离岸价(FOB)或到岸价(CIF)等形式。至于支付方式,选择对采购方有利并安全的方式进行。同时,本着合作共赢的原则,在对一些长期合作的供应商在支付方式上也做了一些灵活处理。例如对接触网零部件采购的支付方式,供应商为能及时收到货款,要求通过L/C支付,但由于物资的数量无法具体确定,且L/C需由国内总公司开具,过程复杂且耗费时间,所以在合同的支付方式上项目采取了如下规定:

买方在收到本合同第N条规定的物资后,将通过L/C方式支付卖方该批接触网零部件本协议价格的90%款项,信用证在合同生效后30天由买方开具。

如果买方未能及时开具信用证,将通过以下方式支付给卖方款项:A. 买方在收到本合同第7条规定的海运单据后,支付该批货物的10%的款项;B. 在接触网零部件按本协议第6条、第7条规定成功运输到买方指定的料库后,在TCDD书面同意向卖方支付该批接触网零部件款项后,买方在14个工作日内支付卖方该批接触网零部件本协议价格的80%。

其他支付方式:用商业承兑汇票/银行承兑汇票/支票/电汇等方式支付,国内供应商由法人单位集中支付,一般支付方式为银行承兑汇票或商业承兑汇票。

5) 物资采购合同收尾管理

(1) 合同文本归档管理

安伊高铁项目物资采购合同管理人员按照物资的不同类别对物资采购合同进行装订、归档、整理,防止合同丢失或残缺。在合同保管期分类妥善保管合同档案。在发生合同支付问题或合同纠纷时,可以及时寻找物资采购合同原件,迅速解决发生的问题。另外,对物资采购合同文本进行归档管理,可有效阻止商业机密泄露,防止不必要的经济损失发生。

(2) 合同登记台账统计

安伊高铁项目物资采购合同管理人员建立了物资采购合同管理台账,实时对物资采购合同进行登记和分类统计,管理人员可以随时掌握物资采购合同签订、物资到货、合同支付、供应商欠款等数据,有效提高了物资采购合同管理能力。

10 国际工程项目现场管理

近年来,中国施工企业积极走出国门,在国际工程承包市场取得了许多可喜的业绩。同时,在国际工程项目中,中国企业仍面临着诸多挑战,其中现场管理就是其中之一。与国内施工相比,国际工程项目现场管理要面对完全不同的政治、经济、文化环境,要克服民族风俗、地理气候、思维习惯等的差异。现场管理是企业管理的基础,现场管理水平的高低,直接影响经济效益的高低。因此,在"走出去"之后建立符合境外施工环境的现场管理体系显得尤为重要。

现场管理就是运用科学的管理方法,对现场的各种生产要素进行合理配置和优化组合,通过计划、组织、控制、协调等管理职能,保证现场按预定的目标,实现优质、高效、安全、文明的生产。国际工程项目的现场管理与国内相比有着不同的特点:①内容烦琐、管理难度大。国际工程项目现场管理覆盖面广,不仅要求做好设备、材料的管理,还要执行严格的 HSE 管理,要做好基地建设和生活管理;不仅有中方职工,还有当地雇员和其他国籍的人员,每天必须处理和应对来自不同国家和地区的不同文化习俗和做法,管理难度大。②后勤保障困难、管理成本高。目前海外工程项目多在经济不发达的国家,远离祖国和公司总部,在技术、设备、人员、物资等资源的支持保障上经常受到各种主客观因素的影响,所需资源不能及时到位。同时作业地点又多在偏远地区,交通不便,医疗卫生、安全设施落后,生产事故、流行疾病发生概率大。在这种情况下要搞好施工现场管理,必须加大成本投入,做好预防保障措施。③事故影响广、安全压力大。在海外,一旦发生现场安全事故,不仅是设备毁损、人员受到伤害,还将直接影响队伍形象和以后的工程投标,特别严重者还可能造成恶劣的政治和外交影响。因此,安全生产的压力比在国内大得多。

10.1 现场设施计划与平面布置

10.1.1 施工现场临时设施计划

施工临时设施主要包括预施工、生活临时设施和生活场地、道路、施工用水用电供给,以及与施工活动有关的设备、材料的运输路线、堆放地点,大型施工机具放置位置,消防线路等。这些临时设施的设计方案的好坏对施工的顺利与否至关重要。

1) 临时设施布置原则

(1) 临时行政、生活用房的布置应利用永久性建筑、现场原有建筑,采用活动式临时房屋,总之,应视场地条件及周围环境条件对所设临时行政、生活用房进行合理的取舍。在大型工程和场地宽松的条件下,工地行政管理用房宜设在工地入口处或中心地区。现场办公室应靠近施工地点,生活区应设在工人较集中的地方和工人出入必经地点,工地食堂和卫生设施应设在不受施工影响且有利于文明施工的地点。

（2）中心仓库是专供储存整个工地所需材料、构件等物资的仓库，一般设在现场附近或施工区域中心。现场仓库是为某一工程服务的仓库，一般在工地内或就近布置。此外，仓库应布置在使用地点，位于平坦、宽敞、交通方便之处，距各使用地点要比较适中，还应遵守安全和防火方面的规定。

（3）临时加工厂应根据工程的性质、规模、施工方法、工程所处的环境来布置。工程所需的临时加工厂不尽相同，通常设有金属结构、设备维修等加工厂，一般情况下做到加工与施工互不干扰，把加工厂布置在工地的边缘。这样，既便于管理，又能降低铺设道路、动力管线及给排水管道的费用。

（4）在建筑工地中，临时供水设施是必不可少的。为了满足生产、生活及消防用水的需要，要安置适当的临时供水系统。

2）质量安全要求

（1）临时设施（含自建房屋、购买或租赁装配式活动房屋）完成建设后，建筑施工单位、安装单位和工程监理单位应共同验收，未经验收或验收不合格的不得投入使用。

（2）装配式活动房屋应具有产品合格证，并由专业队伍进行安装、拆卸。当搭设2层及以上使用时，必须有可靠的抗风、防坍塌措施。

（3）临时设施（办公室、宿舍、食堂、厕所、盥洗间、淋浴间、开水房、活动室、工具棚、料库及其他）使用的材料，应符合安全和环境卫生标准。

（4）严禁使用水泥和其他复合材料（如氯化镁、氯化钾）等预制板搭建活动板房屋。

（5）施工现场办公室、宿舍等临时房屋应具备相应保温性能，屋面材料淘汰单层彩钢瓦，推广使用彩塑钢夹心保温板等材料。

（6）严禁使用钢管、三合板、竹片、毛竹、彩条布、石棉瓦、水泥瓦、玻璃钢瓦等脆性材料搭设简易工棚（含办公室、宿舍、食堂、厕所、盥洗间、淋浴间、开水房、活动室、工具棚、料库及其他设施）。

3）其他要求

（1）施工现场及周围原有的固定建筑房屋或集装箱式活动房屋可作为临时设施使用，其结构必须满足安全使用要求，并符合消防管理规定。

（2）自建的临时设施必须按照《临时设施设计施工方案》进行建设，并与临时设施现场总平面布置图相符。

（3）临时设施应在基础公司移交后、土建工程开工前完成建设，租赁用房必须在基础施工前完成改建，以切实满足现场施工生产的实际需要。

（4）工程开工后不得随意增建有关临时设施，确需增加或迁建的，应另行设计方案。搭建标准应符合相关设计、建设要求。

10.1.2 施工总平面图布置

施工总平面图布置是在施工区域内对施工设施和建筑物所做的平面布置，施工合同中一般均需标明本合同施工区域的限定范围。也就是说，承包商在此范围内可任意安排他的施工布置。标书平面布置图中已规定了永久性建筑物、构筑物或其他结构的位置要求,这些内容在施工总平面中保持不变。施工总平面图设计的任务是确定施工设施的位置和水电定向布置。它主要包括施工、生活临时设施和生活场地、道路、施工用水用电供给,以及与施工活动有关的设备、材料的运输路线、堆放地点,大型施工机具放置位置,消防线路等。

1) 施工总平面图设计依据

(1) 项目情况。包括项目的工期、工程量分类统计数字、工程施工的关键及主要难点,以及相应的措施等。

(2) 大件运输吊装方案。

(3) 人力、机具动员计划,高峰期的人力、机具动员。

(4) 现场情况调查。包括现场可供施工用地及施工临建、现有道路情况,可供水电的方式和供应点。

(5) 现场总平面图。包括设计总平面图及现场情况,由业主提供。

2) 施工总平面图的一般设计程序

(1) 根据建设项目的总工程量等条件,决定临时设施的种类和面积。

(2) 将需要建设的临时设施在现场总平面图上给出初步的平面布置图,可提出多个方案。

(3) 在平面布置图上布置道路和水电供给线路。

(4) 考虑各项临时设施的资源进出方位和方式,完成初步的施工总平面。

(5) 对各个初步施工总平面方案采用分项打分综合评分法选出最佳初步方案。

(6) 征求业主和监理工程师意见,做出必要修改,开始施工总平面图的正式详细设计。

(7) 施工总平面布置图依次由施工单位、监理工程师批准生效。

3) 施工及生活临时设施及场地选择程序

(1) 首先根据施工要求以决定面积。

(2) 通过现场情况调查,了解可能提供选择的地点,确定选择点。

(3) 决定资源的进出场方位和方式。

(4) 布置道路、水电供应线路,可能采用几种方式。线路的选择应注意以下几个方面:①资源运输吨公里总和;②道路工程量;③水电供给设施费用;④环境状况,如有无噪声;⑤资源装卸方式及成本;⑥管理条件的难易。

国外承包工程项目在安排总平面设计时,对生活区的考虑比在国内详细而全面。以我国公司为例,工人的居住一般设在现场施工区附近,对工作期限为一年、两年或更长的时间的,除了安排住房、厨房等外,很有必要设置球场、娱乐室、小花园、电视录像放映室等,以改善工人的文体生活。许多国外项目点从实践中得到这样一个经验:要调动工人的工作积极性,除了思想工作和物质经济鼓励外,业余文体活动和娱乐性设施的提供是一个重要的积极因素。目前对我国公司来说,工人在外工作的条件仍是十分艰苦的,住房面积人均只有 $2\sim3\ m^2$,比国内情况还差;工人每天工作一般都超过 8 小时,连续在国外工作时间长达 2~3 年。所有这些状况都有待于进一步改善和提高。如图 10-1~图 10-10 所示,显示了某个工程项目的场地布置的过程。

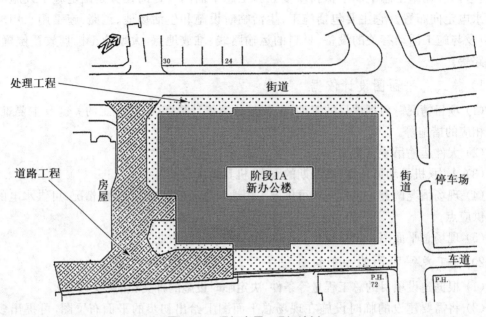

图 10-1　现场布置：现场计划

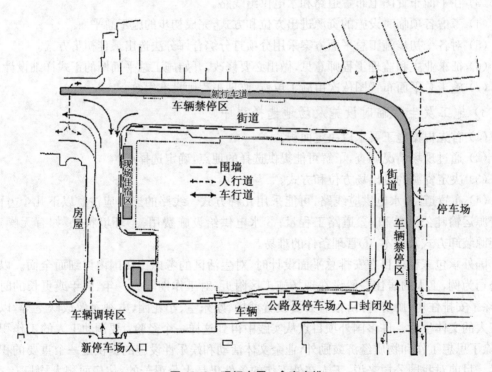

图 10-2　现场布置：食宿安排

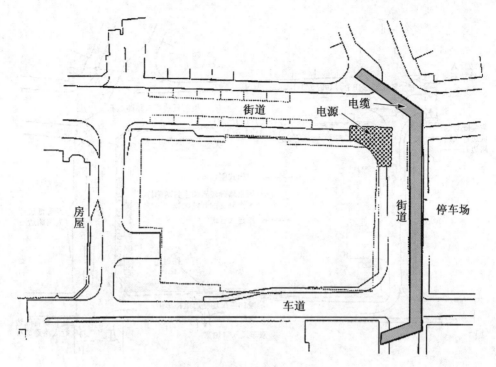

图 10-3 现场布置：桩基转换

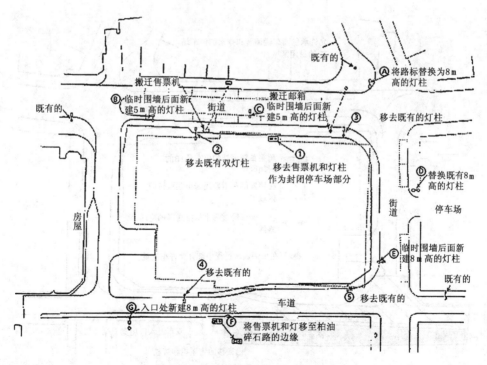

图 10-4 现场布置：照明变更

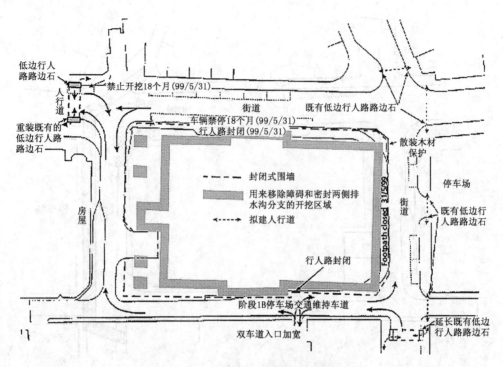

图 10-5 现场布置：基础的排水沟密封

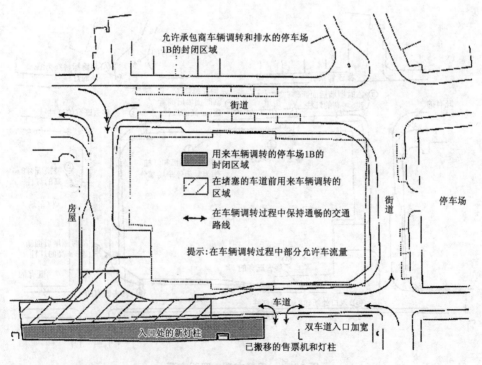

图 10-6 现场布置：交通路线

10 国际工程项目现场管理

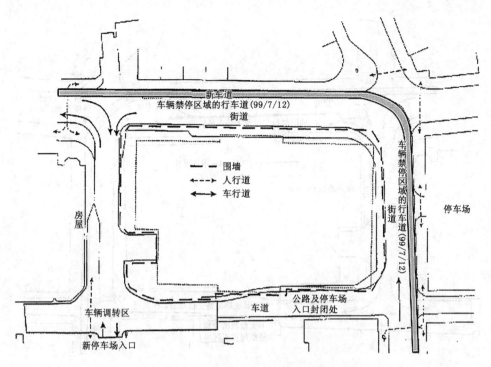

图 10-7 现场布置：现场边界与交通路线

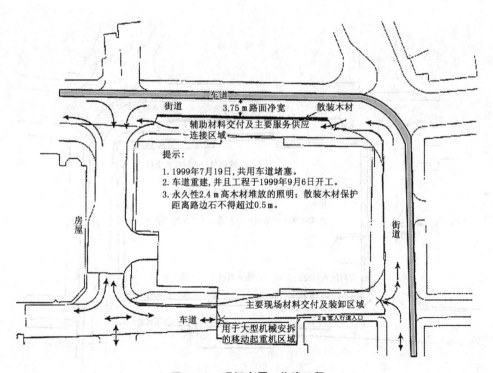

图 10-8 现场布置：公路工程

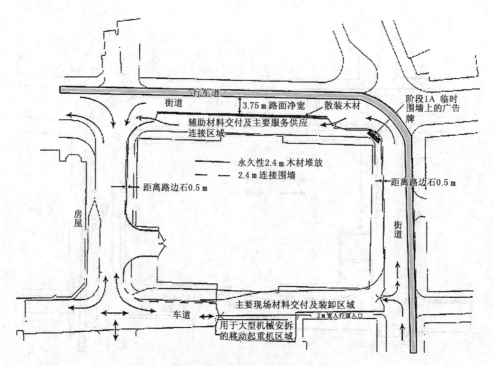

图 10-9　现场布置：临时围墙

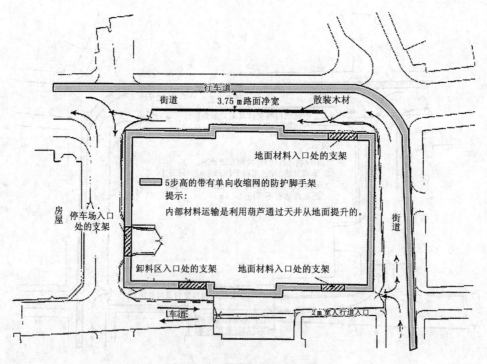

图 10-10　现场布置：脚手架

10.2 现场资源计划与资源动员

10.2.1 资源计划

1) 资源计划概述

计划是管理的起点,做好资源计划供应工作的首要任务是做好资源计划,然后按计划展开工作。资源计划就是为保证施工项目的进度、成本及质量目标,针对施工项目所需各种资源所进行的采购(或人力资源调集、招募)、运输、进场、现场安置等,从而保证施工项目按进度计划实施。在建筑工程施工项目中,资源作为工程项目实施的基本要素,它通常包括:

(1) 劳动力:包括劳动力总量,各专业、各种级别的劳动力,操作工人、修理工以及不同层次和职能的管理人员。

(2) 原材料和设备:它们构成工程建筑的实体,例如常见的砂石、水泥、砖、钢筋、木材、生产设备等。

(3) 周转材料:如模板、支撑、施工用工器具以及施工设备的备件、配件等。

(4) 其他:施工所需设备、临时设施、现场供排系统和必需的后勤供应。此外,资源还可能包括资金(资本资源)、信息资源、计算机软件、信息系统、管理和技术服务、专利技术和方法等。

2) 对资源计划的要求

在现代项目管理中,对资源计划有如下要求:

(1) 资源计划必须纳入到项目进度管理中,如编制网络进度计划时不顾及资源供应条件的限制,则网络进度计划是不可执行的。

(2) 资源计划必须纳入到项目成本管理中,如作为降低成本的重要措施。

(3) 在制订实施方案及技术管理和质量控制的计划或方案中必须包括资源管理的内容。

3) 资源计划的过程

资源计划应纳入项目的整体计划和组织系统中。资源计划包括如下过程:

(1) 在工程技术设计和施工方案的基础上确定资源的种类、总量、各段时间用量。这可由工程量表和资源消耗定额标准得到。

(2) 资源供应情况调查和询价。

(3) 确定各种资源使用的约束条件,包括总量限制、单位时间用量限制、供应条件和过程的限制。

(4) 在进度计划的基础上,确定资源使用计划,确定各资源的使用时间和地点。进度计划的制订和资源计划的制订往往需要结合在一起共同考虑。

(5) 确定各项资源的供应方案、各个供应环节,并确定它们的时间安排。

(6) 确定项目的后勤保障体系,如按上述计划确定现场的仓库、工棚、汽车的数量及平面布置等。

在制订资源计划的过程中还必须考虑项目实施时有关人员的招聘、物资的采购方案及设备租赁和购买的方针策略等。

4）现场人员的进场和退场

施工及管理人员的进场和退场时间要尽可能安排合适。一些单位人事方面负责人只图自己工作方便，不按照现场施工的实际需要合理安排施工人员出入境，这种错误做法必须彻底改变。因为这样做常常导致国外因劳动力或人才缺乏而延误工期，或者使一些已经完成任务在国外无事可做的施工人员因不能及时办理手续而毫无意义地逗留在国外，增加不必要的开支。在合理安排人事方面，必须认真做好人力动员计划和进退场的安排。

(1) 施工人员的动员计划

承包项目在施工准备和进行人力动员的时候，必须按工种和人数逐月编制劳动力进出场计划表，以指导人员进场和退场。施工人员的动员计划应详细列出如下内容：

① 逐月投入各工种的人数、高峰持续时间、高峰系数、施工周期、开始进场时间。
② 逐月投入的总人数、高峰人数、高峰持续时间、高峰系数、总施工周期。
③ 各工种按月总人数计划。
④ 项目按月总人数计划。
⑤ 公司自派人员与当地雇用人员的数量及两者之间的比例。

(2) 管理人员的动员计划

制订管理人员动员计划的主要依据是工程建设项目的现场管理体制和机构设置方案。按照经理部的管理原则，为了精简机构，减少层次，提高办事效率，一般采取双层分离矩阵式的体制，机构不重叠，岗位职责明确。人员安排上，从项目经理至各部门负责人、各队队长，都实行一人负责制，一般不宜设副职，各级部门负责人都担负具体业务工作。管理职能部门的每个岗位拥有明确的职责范围和工作标准，管理人员按岗位要求配备。岗位可以是多个，人员则不一定一岗一人。如果一个岗位的工作量达不到一个人的满负荷标准，则实行一人多岗。技术人员采用"一竿子插到底"的管理办法，即采取分区、分工号的专职技术人员负责制，从施工准备、施工、试车直至交工一直负责到底。让技术人员参与施工计划的制订，并明确承担施工进度、统计和施工质量的管理。这样做既能保证工程质量，又能把管理层和作业层有机地结合起来，充分发挥技术人员的专长。

按照上述原则，逐一确定每个岗位的管理人员。根据现场工作展开的顺序，分别定出每个岗位每个人的进场和退场时间，并据此制订管理人员动员计划。项目管理人员数量的优化控制，最重要的是确定总的非生产人员比例。国外承包项目现场管理人员不宜超过全员的 9%。

(3) 人员进场和退场

由前述方法制订的人力动员计划的可靠性和先进性主要取决于：总体施工统筹计划的合理性；定额标准的先进性和可靠程度；经验的先进性和准确性；原始条件的准确性。要求计划先进、适度，尽可能切合实际。所以计划的编制应放到可靠的基础上，要经常收集数据，加以整理，并输入计算机进行优化。

施工现场主要从两个方面进行优化：一方面根据人力动员计划，制订一个比人力动员计划超前的施工进度；另一方面根据施工进度去修正人力动员计划，减少进场人员，延迟人员进场的时间或提前安排人员退场。人力动员主要从以下几个方面去做：

① 适当使用当地劳动力资源。建筑安装施工企业人员流动性大，远离基地施工，派遣

一个职工所花的费用较多。进场准备和终结的时间、探亲和途中的时间加起来要花费 2~3 个月。特别是去国外施工，中国职工的往返路费和国外生活、交通、工资等费用所占的比例更高。大体上 1 个中国工人的费用相当于雇用 3 个当地工人的开支。雇用当地工人时还要考虑各工种的工资差别。例如国外焊工的工资特别高，而汽车司机则比较容易雇用到，工资相对也不高。承包单位职工与外单位职工、中国工人与当地工人的比例，需要通过经济比较确定。同时还要考虑在当地可供招雇人员的技术素质能否满足工程的要求以及承包单位对当地工人的管理能力等。另外，当地雇用人员的稳定性也是不能忽略的。

② 避免同一施工现场的同工种人员重复进场和退场。在确定调进和撤出一个职工时必须认真考虑其技术水平、工作时间、进场时间、退场时间，尽量做到一次性进场和退场。

③ 合理地提倡一专多能，培养一定数量的多面手，相近性质的工作分工不宜过细。由于各工种工作量有多有少，有连续和间断，有工种间的配合和总工期的限制，所以对间断性和工作时间短的工种工人，可以促使其成为多面手，便于安排到其他岗位上。为了缩短工种的衔接，减少准备和终结时间，便于工种间的平衡，可以让相近的工种合并或互相兼职。如电工兼仪表工，钳工兼铆工、白铁工，钳工、镶工兼管工，起重工兼架手工，焊工要全面承担弧焊、气焊和电焊工作，各类空闲人员兼做普工、保温工，筑炉工兼泥瓦工、混凝土工等。这些可以互相兼职的工种工人应综合考虑安排。另外还可以进一步考虑雇用当地文化水平高的普工经过简单培训代替技工或减少技工增加辅助工，以减少正式职工进场人数。

10.2.2　现场资源管理

1）现场人员管理

20 世纪 80 年代后期，我国对外工程承包企业早已从改革开放初期的劳务输出型转变为经营管理型，从国内派出人员已大为减少，并注意聘用部分当地有施工经验的技术人员以及懂得当地商情业务的职员。这对提高我国国外工程管理水平是有益的，但当地雇员的成分复杂，语言、文化、信仰、生活习惯各异，管理难度大。因而更应加强对当地人员的管理。

（1）在国际工程承包项目中，随着外籍和当地雇员的大量增加，出现了新的问题：发展中国家人力价格较低固然可降低工程成本，但由于我方人员管理外籍工人的经验不多、管理不善或工作疏忽等原因，罢工、劳资诉讼之事时有发生。为搞好这方面工作，应注意如下事项：一是应配备专职人员负责外籍和当地雇员的管理，包括雇员的招募和解聘、签订雇用合同及利用施工队（组）的配合搞好工资发放、工伤事故的处理及其他有关工作。该专职人员最好懂得当地语言或外语较好，熟悉当地法律，尤其是劳动法规和税法等。

（2）与当地劳动部门搞好关系，在当地雇员的招募、解聘、签约和管理等各方面取得他们的支持和帮助。

（3）应在当地聘请一名资深的常年律师，除负责工程施工中的法律咨询外，还要负责当地劳工方面的法律咨询及诉讼等事务。这笔钱一定要花，不能吝惜。

（4）承包商项目经理应教育中方人员（尤其是施工队、组长）了解当地劳工法和税法基本知识，管理好当地劳工。对当地劳工，要尊重其人格，不得歧视或使用侮辱性语言；工作上要严格要求，建立责任制，防止工伤事故、偷盗和故意损坏施工设备；健全劳工的档案管理，包括雇用合同、招募与解聘手续、记工卡、工资发放卡、劳保用品卡和工伤事故处理卡等，并长期妥善保管,以备日后可能发生的诉讼。上述合同及手续应符合当地法律。

(5) 搞好对外关系,包括当地劳动部门、税务局、警察局、保险公司以及业主和咨询工程师。一旦发生罢工、劳资诉讼、工伤事故等不测事件,要取得他们的支持、帮助,平息事件,妥善解决。

2) 现场材料管理

国际工程项目施工现场的材料管理与工期、成本、效益都有密切关系。在非洲等经济落后的地区施工,施工现场的材料控制难度较大,这更需要施工的组织者细致认真,严加控制。在材料购回后,对于易损件要保管得当,执行严格的材料使用制度,控制材料消耗。材料到场后,不可能马上投入使用,需要入库保存。仓库的管理是材料控制的重要环节,它包括材料登记入库、库中分类妥善保存、领料出库并记录等。根据现场施工进度和工程量计算出来的材料需求表,应作为领料出库时的一个主要参考依据。项目部必须对已出库材料的去向进行现场监督,把物资用量、购入量、消耗量、库存量一一核实,确保各类报表资料统计真实可靠,全面反映物资购入、消耗、库存动态。对省料的施工人员进行表彰,对浪费材料者既要惩戒也要找出漏洞所在。只有这样,才能真正有效地控制材料使用,降低成本。

加强对周转性材料的管理,提高使用次数,抓好项目完工后周转材料的清查盘点、回收和转移工作,防止材料流失。对回收后的周转材料,要加强管理,始终按照用、管、拆、收、保养、退库等环节进行管理;对已经损坏不能使用或暂不使用的周转材料,要进行清理和维修保养,做好校正、修补、除锈、上漆等工作,并妥善保管,做到"以养保供",通过修理保证工程需要,力争少采购、少添新,防止丢失。对施工项目完工后的周转材料应进行全面清理造册登记。

3) 现场设备管理

在国际工程项目中,设备管理水平直接影响项目经济效益,因此,在设备管理中应将前期、使用、维护和保养结合起来,全方位地加强设备管理。

在施工准备阶段要做好设备选型配备工作。在选型时,应了解国际设备市场行情和自有设备情况,考虑工程完工后设备的配套使用、工程所在国的环境等问题。如果项目所在国购买配件困难,购买设备时,除了设备供应商提供的随机配件外,企业还应该额外再配置一定数量的配件,特别是易损件。

设备验收是国际项目设备管理环节中的重要部分,也是进行索赔的重要依据。当设备到达工程现场后,管理人员应检查设备型号是否相符、数量是否齐全、设备外观有无损伤等情况。记录设备编号以及附属设备及主要构成部件编号,建账入档管理。安装调试后,看设备性能是否正常,如发现问题,按合同规定时间及时向厂家提出索赔要求。

设备折旧费提取的问题也需关注。设备折旧费提取可采用双倍余额递减法,根据设备种类、使用年限,确定每年的整数折旧率。如果设备折旧年限确定为5年,其折旧率分别为35%、25%、15%、12%、8%。计提折旧首先要正确计算设备的原值,国际工程设备原值主要由以下部分构成:离岸价、海运费、关税、到岸港口费、清关代理费、安装调试费等。

对设备的使用,要派专人监督检查,要求操作人员必须按照操作规程使用设备,对操作使用不当等现象要及时纠正和处罚。对工程大、设备多的项目,一般选派1~2名技术人员在现场示范、指导。对设备要进行定期的保养与修理,组建一支4~5人的设备保养班,由一名修理工负责，专门负责设备的日保、定保和监督检查工作。保养班要对设备建立电子保养记录卡，对每次保养时间、内容、参与人员等都要详细记录。保养人员每天在现场巡视设备运行情况，发现异常及时处理。

10.3 现场组织结构与管理制度

承包商取得合同以后，首先必须建立健全组织机构。必须根据项目建设的需要，根据新兴的管理科学理论，遵循工程项目的管理规律，设置最佳的组织机构，实现项目管理的组织形式、组织结构和权力结构的科学化以及管理的现代化。现场组织管理机构工作的成效很大程度上决定了该工程项目能否取得成功，能否取得合法的利润。

10.3.1 组织机构的设置

1) 组织机构的设置原则

(1) 机构层次少，用人少而精（一专多能），职责明确，分工合理。

(2) 机构的各部门和全体人员目标明确，步调一致，能充分发挥组织机构的职能。

(3) 机构组织合理，指挥灵活，能充分发挥各部门协调配合的功能，保证高效益。

2) 组织结构的管理体系

管理组织结构应由决策层、管理层和作业层组成，实施三个层次的管理机构系统，管理幅度不宜过多，规模要适当控制。其管理体系应包括决策体系、目标体系、对策性完整配套的实施体系和基础工作体系。

(1) 决策体系：由总承包单位总部、驻外经理部经理、技术经济负责人和各部门负责人所组成的有机整体，根据合同和现场具体情况，对重大问题确定最佳方案。

决策系统的三个层次分别承担不同内容的决策。总承包单位总部主要进行项目经营指导思想、承包合同、工程分包、项目总目标、总体统筹控制计划和组建经理部等重大问题的决策；驻外经理部经理和技术经济负责人主要对工程建设实施过程中有关组织、计划安排、进度质量控制、分包合同管理等问题做出决策；经理部各职能部门负责人主要针对本部门业务工作中的问题做随机决策。

(2) 目标体系：指工程建设项目计划要达到的要求，包括综合目标和分项目标。综合目标是指项目的工期、效益、质量等总体目标；分项目标是指总体统筹控制计划中有关设备采购、工程进度等主要控制点。

(3) 实施体系：主要任务是实施决策中所选定实现目标要求的最佳方案。实施体系包括保证体系、监督体系、控制体系和考核体系。

① 保证体系即保证实现综合目标和分项目标的体系。包括项目承包经济责任制体系、质量保证体系、激励体系、约束体系等。

② 监督体系是由对项目目标实施进行监督检查的部门所组成的有机整体。

③ 控制体系是由对工程项目进度、质量、资金进行控制以及采取技术措施和活动的各部门所组成的有机整体。

④ 考核体系指由目标分解和各级决策层组成的有机整体。主要考核目标体系的完成

情况和保证体系是否真正起保证作用。

（4）基础工作体系：指由管理信息系统、管理文件系统、工程建设项目管理规章制度系统和标准定额管理系统等组成的有机整体，负责完成项目管理的必要基础工作。基础工作体系包括：

① 管理信息系统。建立计算机应用系统，积累分析历史数据和社会上工程建设项目管理方面的研究成果，充分发挥历史数据的作用，将其用于项目管理活动中。

② 管理文件系统。对企业内部职能部门和每一专业都明确规定工作职责、工作方法、工作程序，明确规定各岗位的职能权限，同时注意各职能部门之间的分工协调，使项目管理程序化、规范化。

③ 工程建设项目管理规章制度系统。根据企业和承包项目的具体情况，建立必要的规章制度，以充分发挥各职能部门的作用和加强资源的利用，使各项工作有章可循。

④ 标准定额管理系统。在项目管理中严格执行有关标准定额。

由于承包项目具有单一性和特定性，即使同类项目也各有差异，而且影响项目实施的因素很多，因此不可能有一个适用于任何项目的组织机构固定形式。所以在项目确定之后，所有参加建设的单位都有一个组织机构设置的优化问题。

3）组织机构设置的优化

组织机构设置优化的主要依据是：

（1）项目情况：包括项目性质、产品品种、工艺路线、建设规模、工程内容、技术条件和要求的程度等。

（2）建设条件：包括场地自身的条件、附近地区社会条件等。

（3）承包商自身的条件：包括建设经验、领导能力、技术经济管理人员素质、工人的技术水平、拥有的机具规模、对外协作范围等。

（4）选择的管理体制：包括管理方法、经营机制、职能模式等。

承包商应在管理体制优化的基础上选择经营体制，明确职能管理模式，进行组织机构的优化，根据各方面的条件，再进一步组织机构内部的职能部门和作业单位，进行职责分工。

10.3.2 施工现场的组织

承包工程项目在总承包方式条件下采取项目经理负责制，现场设项目经理部全面负责项目的管理工作。项目经理部的组织机构是根据项目的情况及要求、项目经理部与总部的关系及自身业务条件来确定的。

（1）对大型和内容要求复杂的建设项目宜采用直线职能制，但不应忽视横向配合，其组织机构如图10-11所示。

项目经理部以进度控制、成本控制（即工程总体控制计划、费用控制计划）为实现目标的主要控制手段，对工程设计、采购供应、施工及试车生产实行统筹控制。项目经理部主要成员来自总部的各个管理部门。

实行项目经理负责制，项目经理部经理要对整个项目负责，并向总部领导和业主负责。进度和成本控制部门是项目经理的参谋部门和执行部门，下设工程设计、经营、采购供应、施工作业、财务、行政和人事等7个部门。各部门各负其责但又互相配合，彼此呼应。这种项

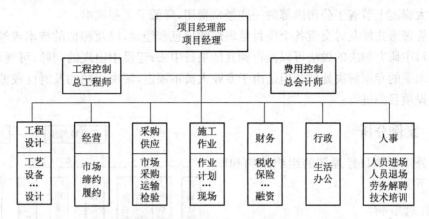

图 10-11　总承包单位项目组织机构示意图

目管理形式工作效率比较高,项目出现问题可以在现场及时解决。

(2) 对一般规模和工期紧迫的建设项目采用矩阵职能制。国际建筑企业一般都是采用以项目管理为核心的矩阵型的项目管理机制,实行项目经理负责制,即以永久的专业机构设置为依托,按项目组织临时的、综合严密的项目管理组织,具体组织实施项目建设。公司常设专业职能部门负责向项目组派出合格的人员,并对其派往项目组的人员给予业务上的指导和帮助,但不干预项目组的工作。项目组人员应同时向项目经理和各自部门汇报工作。矩阵职能式的组织机构形式如图 10-12 所示。

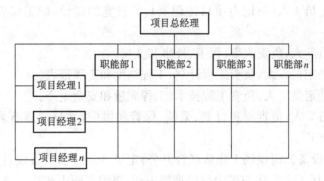

图 10-12　矩阵职能式的组织机构形式

采用矩阵型的项目管理模式,其现场管理机构的特点是:

① 组织精悍。现场管理不在人多,贵在精悍。一般情况下,现场项目部除主要人员外,大部分劳务人员都在当地招聘,从而可以有效地避免机构臃肿、人浮于事的现象。

② 管理灵活、高效。现场管理以项目经理为核心,项目经理一般被委以全责,负责施工现场人、财、物的管理。项目经理再往下授权,形成纵向管理授权明确、横向关系职责分明的灵活、高效管理体制。

③ 以公司总部的后方支持为基础。现场项目部是为完成本次施工承包任务而组建的临时机构,其整体管理上的有效性是以公司总部的后方支持为基础的,如项目部人员、大型施工机具、筹资以及法律、技术方面的支持等,从而能以少量人员完成规模很大的工程项目。

④ 充分利用当地劳务人员。这是保证现场机构精悍、管理灵活与高效的重要措施,同

时也在很大程度上节省了公司内部的一些经常费用,降低了工程成本。

这种管理形式能及时交流各个项目经理部的信息和经验,以及相似的技术或经济问题。在一个项目中研究解决的做法可以推行到其他项目中去;建设中出现的问题,可视难易程度得到相应水平的专家解决处理。但是由于专业人员不固定,解决问题的及时性较差,有时难免影响建设项目的进行。

10.3.3 案例分析

某海外工程项目经理部的组织结构和职责分工如下。

1) 组织结构

项目经理部的组织结构如图 10-13 所示。

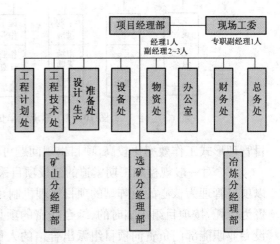

图 10-13 某工程项目经理部的组织结构

2) 定员与职责分工

(1) 项目经理部经理定员 3~4 人。其中:经理 1 人,主管经理部全面工作,分管外事、人事劳资;施工副经理 1 人,分管现场施工;设计生产副经理 1 人,前期以分管设计为主,后期以分管生产准备为主。

(2) 现场工委定员 1 人(书记由项目经理兼),分管党的建设、职工思想政治工作、职工生活和文体娱乐。

(3) 办公室定员 5 人,负责人事、保卫、外事和文秘。

(4) 工程计划处定员 5 人,负责工程计划、工程调度和工程报表。

(5) 工程技术处定员 4 人,负责工程技术、工程质量和安全生产。

(6) 物资处定员 5 人,负责材料计划、采购、保管和供应,并分管砂石采场、砖预制厂和制氧厂等三个附属工厂。

(7) 设备处(与设备公司现场工作队联合办公)定员 3~5 人,负责设备计划、采购、保管和供应,设备公司现场工作队还与矿山分经理部一起,组织实施由矿山三大设备制造厂部分分包的矿山基建剥离任务。

(8) 设计、生产准备处定员 3~8 人,前期以设计为主,指导和监督北京有色冶金设计研究总院现场工作队做好设计工作;后期以生产准备为主,协助业主做好生产人员培训、物料准备、试车和性能考核。

(9) 财务处定员 3~4 人,负责现场资金的筹措和管理(包括工程款的回收)、成本核算和财务报表。

(10) 总务处定员 6~9 人(含炊事人员 2 人),负责现场全部施工人员生活物资的计划、采购、保管和供应,以及经理部职工生活(包括劳保用品、住房、膳食和交通),并分管现场门诊部及职工食堂。

项目经理部、现场工委及其下属 8 个处室,合计定员总数为 50 人左右。

3) 项目经理部的组织管理

（1）上述是建设期间的机构、定员和职责分工。在施工高峰期,人员总数约60人。其中:中冶公司本部先后派出60余人,高峰期曾达30人;中国有色金属总公司基建局(投资经营部)先后派出6～7人;其余从冶金系统的宝钢,中国第五、十三、二十冶金建设公司,宝钢冶金建设公司和有色金属系统的中国第四、七、八、十一、十五、二十三冶金建设公司,德兴铜矿,大冶有色金属公司选进了一批技术业务骨干,组成一个精悍的队伍,承担并较好地完成了这样一个大型工程的组织管理任务。

（2）在大规模的土建施工基本完成、设备安装全面展开时,生产准备工作陆续提到议事日程。对经理部的机构人员及时作了调整,即将工程计划、工程技术、物资管理等处室合并,成立施工办公室,重点抓好工程收尾和竣工验收;在设计、生产准备处的基础上充实力量,组成生产办公室,全面管理和组织试生产工作,为搞好试生产做好组织准备。

10.4 现场质量、工期与成本管理

10.4.1 概述

承包商进行质量管理,目的是建造符合技术规范和合同要求的工程项目实体;进行工期管理,目的是要按照承包合同规定的工期和质量要求完成工程建设任务;进行成本管理,目的是在履行合同义务的同时,把项目成本控制在预算范围之内,获取合理的利润。质量、工期、成本是现场施工管理的三大目标,也是施工管理的主要内容。在国际工程现场管理中,质量管理是根本,工期管理是中心环节,而成本管理则是实现工期、质量目标,并使企业得以生存和发展的保证。工程项目的质量、工期和成本不是孤立的,而是一个不可分割的整体。因此,质量管理、工期管理和成本管理必须同步推进,相互考虑。

10.4.2 现场质量管理

工程项目质量的形成是从项目决策开始,经过设计、施工、验收到运行保修的整个过程,承包商施工质量管理只是整个工程项目质量形成过程中的一个环节。工程项目施工阶段的主要任务是根据设计文件和图纸的要求,通过施工将设计蓝图变为项目实体。该阶段直接影响工程的最终质量,是工程项目质量管理的关键环节。

现场质量管理主要是指按合同要求而进行的技术管理,以提供对工程项目建设的质量保证的管理活动。承包商的现场质量管理工作主要包括以下几个方面:按照合同与技术规范的规定进行工程施工,使工程质量符合合同要求;熟悉合同与技术规范的要求,提高质量意识,避免出现由于存在缺陷而返工等现象;构建工程质量保证体系,按照全面质量管理的要求进行工程质量控制;熟悉并掌握质量验收标准,配合工程师进行工程质量验收。

在国际工程中,现场质量管理通常由承包商的项目经理或其指定的技术副经理或总工程师主管,其主要内容是技术管理和质量保证。技术管理的工作有设计图纸管理、技术规范检验标准和各种试验及其成果的管理;质量保证是在前者基础上理解招标文件,从选定施工方案、采购合格材料到采用科学合理的工艺,完成符合招标文件要求的工程所采取的相应保

证措施。

1) 技术管理

(1) 设计图纸的绘制和管理

在许多国际工程项目中,合同可能会规定承包商需要承担部分设计工作,因此,部分施工图是由承包商根据招标文件中相关规定和要求绘制的。但是,从结构计算书到图纸设计,每个程序都必须经过工程师审查批准后方可施工。这与我国国内承包商不承担任何设计工作的惯例是很不一样的,在国内,即使是设计的细节修改或补充均需要由设计单位提供。此外,国际工程承包合同条款大都规定,承包商绘制的施工图纸经工程师批准,但并不解除承包商按合同规定所应承担的责任。因此,绘制施工图时必须注意:

① 熟悉原有设计图纸及其所使用的技术标准和规范,除非经工程师同意,不得改变原设计的平面和空间尺寸。绝不允许出现国内常见的现象,即承包商经常指责设计"保守""不合理",在实际施工中予以修改。否则,既容易导致与工程师的关系出现问题,承包商也得不到相应的利益。

② 设计应与承包商自身情况相配合,尽可能做到因材、因地、因时设计,不要自己给自己设置"陷阱",保证在合理的价格和时间内实现设计意图。

③ 若为适应承包商的施工方案或替换材料而引起的图纸修改,应说明其可行性与必要性,并解释其不会影响项目质量和寿命,甚至会给业主带来利益,说服并促使工程师批准。

④ 将计算书或施工图报送给工程师审批时,在函件中要明确提出审批时限要求,避免其拖延审批时间而影响施工。

⑤ 与设计有关的工作,如地形测量、补充地质勘探等也属于承包商的任务,其费用通常包括在合同价内。在地形、地质条件出现与招标文件有较大差异时,承包商应充分估计其对原设计方案的影响,及时提出意见,便于工程师作出选择。

此外,承包商对与工程师的往来函件要妥善保管,这些都是结算、索赔、验收的依据。尤其对现场工程师所签发的设计变更通知应进行认真评估,并提出由于设计变更引起的材料、设备、劳务安排、成本和工期的影响及对策。

(2) 技术规范及标准的管理

技术规范是对工程技术和工艺的内容及特点的描述和说明,其中主要包括材料、设备、施工和安装方法、工艺的质量标准、成品保护措施等方面的技术要求,以及对工程质量进行检验、试验和验收所规定的方法和要求。在不同国家,不同类型工程项目的技术规范的编写方式和内容可能有所不同,但一般都包括一般性要求、施工进度及工序要求、施工的特殊要求、建筑材料及工艺要求等。

在国际工程中,每个项目所使用的各种技术规范与标准很多,但是在招标文件中,该项目中各类工程的技术要求,一般是明确地写在技术条款中。所以,技术管理部门应把这些要求,分门别类地整理出来,分发给各部门和作业队伍,便于他们在自己的工作范围内执行。此外,技术管理部门还应具体制定各种检验、试验要求和检测试验方法,并配置合格的仪器。这些检测手段、方法、技术要求及仪器,应事先取得现场工程师的同意,包括岩土试验、混凝土试验、金属及材料试验等。对于这些技术检验和试验的数据和成果(通常有现场工程师的签字确认),应妥善保管,它们是工程最终验收的重要依据。

2) 质量保证

(1) 全面质量管理

全面质量管理(TQM)是指一个以质量为中心,以全员参与为基础,目的在于通过让顾客满意和本组织所有成员及社会受益而达到长期成功的管理途径。全面质量管理的特点有:

① 全过程的管理。通过控制施工全过程,把影响质量的不利因素消灭在各道工序和各项管理之中,体现出"全员的管理"(即工程质量反映了全企业每个人的工作质量)及"全企业的管理"(即企业的所有部门都要密切配合、相互支持、齐心协力提高全企业的水平)。

② 强调预防为主,把质量事故消灭在萌芽中,避免"秋后算账"。要求上一道工序工作为下一道工序服务。

③ 强调用数据说话,通过试验检查材料质量和工程质量的有关数据证明质量是优良的。

④ 实行责任制,并实施奖惩制度。实行全面质量管理可以使项目在质量、成本和工期上都获得效益。如在一个由日本大成建设株式会社所承建的高速公路建设项目中,发现预拌混凝土损耗率过高。由混凝土工组成的质量环发现,最重要的原因是由于一个不准确的检查方法。通过应用质量环的建议,预拌混凝土损失率下降了11.4%。在由日本清水建设公司承建的一个建设项目中,钢筋混凝土工程存在许多问题。由钢筋工组成的质量环彻底地检查了他们的工作,并很快纠正了错误的工艺,同时,也使得生产率增加10%。这些案例体现了全员参与质量管理的理念,有助于改善质量,提高劳动生产率。

(2) 质量控制

现场施工是形成工程项目实体的动态过程。就施工全过程来说,施工质量控制可以分为事前控制、事中控制和事后控制。

事前质量控制是指正式施工前进行的质量控制工作,具体内容包括:

① 审查分包商及指定分包商的资质,在国际工程中,特别要注意当地分包商的选择。

② 编制施工组织设计、场地准备和临建设施以及质量管理的计划安排等。

③ 熟悉设计文件。

④ 调查和收集有关资料,包括工程所在地的气象、施工场地、工程地质、水文地质、当地资源、特殊材料和主要设备等。

⑤ 施工前试验,对工程拟采用的新材料、新工艺、新技术要进行相应试验。

⑥ 检查施工现场的水准点、测量标桩、建筑物的定位放线。

⑦ 对工程所需的材料质量进行检验和控制。

⑧ 根据工程项目的组织结构和质量要求,设置质量保证体系。质量保证体系一般包括质量管理组织、试验室、自检程序、质量管理目标、质量保证措施、质量管理的职权等。

事中质量控制,即过程控制,是指在施工过程中进行的质量控制工作,其内容包括:

① 完善工序质量控制,把影响工序质量的因素纳入管理状态。设置质量控制点,及时分析质量统计资料。

② 严格工序交接检验。未经检验或检验不合格的,不得进入下一道工序。

③ 加强施工技术资料管理,建立工程技术档案制度,包括材料或产品出厂合格证或检验证明、施工检验报告、施工记录、质量评定、隐蔽工程验收记录等资料。

④ 对已完成的工程应及时进行检验和质量评定。

⑤ 认真执行技术规范和标准,强化工程质量管理,严格检查隐蔽工程,防止质量隐患,杜绝质量事故。

⑥ 应严格按合同文件要求和"P(计划)D(施工)C(检查)A(处理)"循环法进行质量控制。

事后质量控制是指完成施工过程后形成一定产品的质量控制,其工作内容有:

① 评价工程质量状况及水平。

② 整理竣工验收资料,绘制竣工图。

③ 组织联动试车。

3) 现场施工质量管理的国际惯例

国际上对于工程项目施工过程的质量检查与监督是十分严格的,一般包括以下4个方面:

(1) 承包商的质量自检与质量保证。国外对于质量检查的统一看法是,要保证工程或产品质量,靠外部检查只是一个方面的措施,但更重要的还是依靠企业内部的质量自检与质量保证,企业的自检体系一般较健全,要求较严格。

(2) 业主进行的质量监督检查,主要按FIDIC合同条件中的规定进行。业主代表或业主指定的设计工程师或业主授权的其他机构及人员进行监督检查。

(3) 政府的监督检查。一些国家规定政府有关部门在特定时间内需要对建筑工地进行检查,其检查的时间为开工、基础完工、承重结构和高耸构筑物完工后以及项目竣工后;检查的目的是确保工程项目按照规划正确选址,而且符合现行法规中关于公共安全和健康的有关规定。

(4) 针对施工的对象,尽可能地采用可靠的设备与工艺,杜绝人为因素,在条件允许的情况下,可采用先进的工艺,确保工程质量。中国石油天然气管道局在哈中管道建设的全自动焊中,创造了连续焊接1 000多道口100%合格焊口的记录,保证了质量,提高了工作效率;在利比亚西部管道施工的无损检测中,采用了内爬行器的X射线检测工艺,有效地控制了每道焊口的质量。

质量关系到企业的信誉,是企业的生命,是能否在国际工程承包市场立足和发展的关键,也关系到国家的声誉。从目前来看,我国的国际工程市场主要在发展中国家,我们承包发展中国家的工程项目,不仅是商务关系,也是一种技术经济合作关系,这些国家的政府和人民把中国承包公司对待工程的态度,看成是中国对待他们建设事业的态度。若有人单纯从经济盈利出发,搬用某些劣迹累累的承包商的歪门邪道,不顾工程质量,往往会因小失大,自食苦果。质量不好不仅会引起返工浪费,甚至还要承担罚款赔偿,经济和信誉双损失。为保证工程质量,必须从组织上、规章制度和措施上予以保证并付诸实施,要始终把工程质量问题放在重要地位。

我国公司在国外以质取胜的事例也有不少,这些经验很值得重视。例如,由于混凝土质量好,突尼斯的业主在中国公司的工地召开现场会,指示别的公司向中国公司学习;瑞典的监理工程师在中国公司承包的约旦某项目上特别宣布,即使他不在现场,只要中国工程师在现场,就可以浇筑混凝土和进行任何隐蔽工程;中国某公司在菲律宾承建某商场,质量优良且缩短了工期,在当地影响很大,很多业主和发展商找上门来,后续项目接踵而至。

4)案例:巴贡水电站工程质量控制

本案例内容摘自《浅谈国际工程质量管理》(刊登在《四川水力发电》2007年第3期,作者潘广宇、贺波、肖一兵)。

(1)项目简介

巴贡水电站工程土建标于2003年由马来西亚和中国水电联营体(Malaysia-China Hydropower Joint Venture,简称MCHJV)中标、承包施工。巴贡水电站位于马来西亚砂捞越州拉让江上,装机容量为2 400 MW,由高度为205 m的世界第二高的面板堆石坝、厂房、溢洪道、进水口、引水隧洞组成。巴贡水电站工程为典型的"交钥匙工程(EPC)",设计、施工、质量、安全、进度等风险由总承包商承担。正因为如此,质量管理与控制方面主要依照合同规定和国际惯例(FIDIC)进行。本节以所承建的项目(土建工程)为例对其进行简要分析。

(2)质量管理模式

① 范围。质量管理的覆盖范围为所有涉及本标段的施工活动与质量活动。

② 方式。采用国际上通行的合同约定制。(未包含的内容依照国际惯例及菲迪克条款中关于质量控制的要求执行)

(3)质量控制

① 工程技术资料合法性的确定

该项内容为工程施工的基本保证,也是质量控制的基本依据。关于工程施工的基本资料(如主体工程施工图),虽然设计隶属于总承包商,但仍必须经过业主的最终批准,这主要是为了得到业主对图纸资料的认可。对于业主已经批准的设计更改图纸,是施工后主要的索赔依据。

② 总承包商质量机构的设置

总承包商的质量管理与控制机构为QA/QC,主要职责是进行工序衔接的质量控制和质量程序控制,承担工序验收与过程验收的质量责任;Construction(现场工程师)主要进行施工过程的质量控制,有施工过程认可的签字权,并承担施工过程的质量责任;还包括试验室(Laboratory)和测量部(Survey)等独立检验检测机构。

③ 工序验收程序与方式

所有施工工序必须经过质量验收,这是质量控制的基本要求。但在巴贡电站,工序验收的程序与方式却与国内工程有所区别,以下为本电站的工序验收程序:

a. 范围。仓面验收(浇筑前验收)及取样,锚杆孔验收(注浆前验收)与砂浆取样,原材料检验、试验,锚杆拉拔试验,过程工序检查(如止水、钢筋、施工缝检查等),基础(地质)验收;缺陷处理、测量联合检查以及其他QC指定的工序验收等。

b. 资料提交。各项检查验收都需要提交验收检查申请(Request For Inspection,RFI)及附件,并且在验收前24小时提交给总承包商,总承包商通过官方邮件发给业主,也就是书面通知业主。各项检查验收都必须有批准的技术资料与过程检查记录等附件,在提交申请单(RFI)时即应附上相应的资料,作为业主与总承包商检查验收前的资料复核。以下为各种验收需要附上的资料:

■ 仓面验收(浇筑前验收):设计图、仓面检查记录表、模板检查成果表、钢筋、止水、混凝土施工及灌浆等预埋件验收记录。

- 止水检查：设计图、止水渗透性检查记录。
- 锚杆灌浆前验收：设计图、锚杆车间图、施工记录、锚杆检查记录。
- 锚杆拉拔试验：设计图、锚杆车间图。
- 原材料检验、试验：采用的相应规范条款、原材料材质证明、出厂规格、加工机械名称与质量证明。
- 缺陷处理：设计图、缺陷处理方案(业主与总承包商批准)。
- 基础(地质)验收：开挖设计图、联合测量报告(要求总承包商测量工程师签字确认)。

对于资料提交的要求，主要为资料的有效性与完整性。

- 仓面检查记录表、锚杆检查记录表、锚杆施工记录表、模板成果，在提交前必须要有总承包商现场工程师或测量工程师确认的签字。
- 提交的车间图和设计图必须为设计与业主批准后的，所提交的图纸必须有业主批准的签章。

c. 验收说明。需要说明的是，巴贡水电站的验收为施工前验收，即验收后必须进行工序作业，如因为种种原因不能进行工序施工，则该项验收是不能进行的，这有别于国内单纯的工序检查验收。如混凝土仓面的验收，如果施工手段不足，即使是仓面已完成，验收也是不能进行的。

④ 质量过程控制

质量过程控制主要由 QC、Construction、Laboratory、Survey 进行。QC 主要进行工序及工序衔接检查验收，包括模板、钢筋、止水、预埋件及施工准备等。QC 有进行施工过程抽查的权利，它是质量控制的主要机构，有对其他协管单位在关于质量方面的否定权；Construction 主要进行现场施工过程中的监督检查与控制，在施工过程中与 QC 一样有纠正和停止的权利，在质量检查与验收的程序中承担协助职责；Laboratory 为独立试验室，直接为总承包商负责，它提供所有施工前与施工后试验参数，它相当于中立的质量检测机构，它所提供的数据可以为后续的质量评定或质量责任的划分起参考作用；Survey 为总承包商的测量控制与检查部门，也直接为 MCHJV 负责，它主要承担整个工程的控制点的测量，对各分包商的测量机构的所有测量结果都有检查的权利与责任。(国内是有资质的测量机构可以为最终检查机构，监理工程师只是对与工程质量有关的测量数据进行复核检查。)

⑤ 其他质量控制方法

a. NCR：NCR 为 QC 签发的非一次性报告(相当于质量整改通知)，只要签发 NCR，是必须关闭的，也是工程竣工的条件。NCR 的关闭方法与处理方式是承包商的责任，但最重要的是 NCR 的存在(未关闭)，相关部位的工程量分包商是不能结算的，这一点的操作是国内不能相比的，这也成为直接控制分包商履行质量职责的强制手段；而且 NCR 的关闭程序也是比较严格的，必须进行书面申请，再由签发 NCR 的 QC 工程师进行现场检查；NCR 的适用范围也不局限在施工现场，原材料的进货渠道、施工图纸的合法使用都是 NCR 签发的范围；NCR 签发后，直接进入资料管理程序(QA)，即使 NCR 关闭，它仍然作为质量记录保存，也要作为竣工资料进入工程档案。NCR 的存在数量与内容，直接反映承包商的质量管理缺陷与水平。NCR 的签发方为 QC 工程师。

b. RFI：RFI 为各种质量检查活动的书面申请单，但 RFI 不仅仅局限于工序验收，对于其他需要总承包商进行确认的质量活动，都可以以 RFI 形式进行书面申请，如 NCR 的关闭、各标段的相互衔接,现场工艺的确定等;RFI的作用除作为书面申请外,日后的竣工资料、索赔资料以及质量责任划分都以 RFI 为基础资料。

c. Construction Notices:为施工通知单,它是针对施工现场不符合设计要求与质量规定的施工进行书面要求的通知。它侧重于提醒与要求,不必进行关闭,但作为质量追溯的依据记入档案。Construction Notices 的签发方为 Construction。

d. Construction Record(施工记录):包括 Concrete Record,Grouting Record,Doweling Record 等,需要指出的是这些施工记录并不是由分包商提供,而是由总承包商(MCHJV)的试验室(Laboratory)与测量单位提供,这样也就体现了检查机构的中立与客观。对于施工中存在的非正常现象,将如实反映在记录上。

e. 试验记录:包括规范要求的试验记录和业主现场要求进行的试验,以及针对工程产品有疑问而做的试验,在国内是要求在有资质的中立试验室进行。

⑥ 特殊质量控制与管理

a. 特殊工艺的质量检测:如面板铜止水接缝(焊接)要求 100% 进行检测,使用方法为染色剂检测。在国内,为按照规范要求进行抽查,业主不会提出超规范的检查要求;但在巴贡,该项为超规范要求,而且使用染色剂进行金属焊接(铜止水)检测是目前较为严格的方法。

b. 对于特殊工艺操作员,如焊工(包括止水焊接与金属焊接),在巴贡水电站工程,中国的行业证书是不被认可的。(这与我国许多资格认定机构的非国际化有关。)只有在现场进行标准测试合格后,才能有资格进行施工。(到目前为止,钢筋焊接人员的资格认证还在进行中,依照标准为按照合同约定的英国标准,中国并不包括在其中。)

c. 所有需要进行举证的材料由责任分包商自行收集与整理。在前期施工过程中,分包商必须针对有利于己方的施工资料进行收集(不仅仅限于质量,还涉及费用、安全)与上报、备案;举证基础资料的原则由中立机构提供。对于中立检测机构无法提供或中立检测机构的职责未涵盖的范围,分包商应该及时要求总承包商现场工程师或相关主管人员进行确认,只有确认后的资料才能作为日后的举证资料。

d. 所有的现场工程师(包括 QC、Construction)拥有独立的检查与履行管理的职责与权利,主管负责人只能对现场工程师的工作时间与工作地点进行控制,而不能对现场工程师的管理职责进行干预,这是国际上独立监督控制的典型表现。

e. 所有质量检查与验收必须提前 24 小时提出书面申请。该项规定其实不是对工程质量的要求,只是总承包商在质量控制中对分包商工作计划的严肃性与准确性的强制要求。这项要求对我方在生产计划上控制很严,也正是因为该项要求,对于提高我方的计划管理很有促进作用。

(4) 对中国公司的影响因素

① 不利因素

a. 由于我方与马来西亚方的工作观念不同,因而造成了工序衔接上的脱节。巴贡水电站工程在质量验收与控制的程序操作上相比国内来说要复杂、严格得多,比如验收前 24 小时未进行书面申请,当天是不可能进行工序验收的,即使当时 QC 工程师在场。从而造成在工序衔接上的滞后,导致施工计划的频繁变动,对施工进度客观上造成了影响。这些应该是由于前期我方在质量验收程序方面不熟悉规范造成的。

b. 分包商承担的质量责任风险大。只要分包商不能举证出有利于己方的书面记录或文件资料,质量责任则全部由分包商承担;而且,如果有对分包商有利的事实(即使十分明显),分包商如没有举证资料,有利的事实也不能对分包商起作用。

c. 由于业主对所有施工要求持有否决权,因此,在施工过程中,对资源配置的要求逐渐提高:在施工中,不可预知因素的客观存在,就必然有施工缺陷存在。对于这种现象,业主会要求我方(包括总承包商)针对所出现的状况,改变或提高资源配置(大部分为提高),以弥补客观因素的影响,并且不断提高,即使已经超过合理配置。

② 有利因素

a. 质量责任的可确定性。总承包方过程记录的全面,对于在施工过程中出现的质量责任分析比较明确,很少有质量责任不清的现象出现。

b. 对后期索赔有利。由于非我方原因造成的经济损失或其他质量责任,只要能够提供有效的资料依据,到工程后期,对分包商的合理索赔是比较有利的。但在此之前的索赔资料的收集与整理必须较早完成,并且形成系统文件上报总承包商备案。

(5) 改进与提高

① 工作语言(管理人员英语水平的提高)。由于在施工中的工作语言为英语,与各分包商、业主的现场沟通程度直接取决于现场管理人员的英语水平;而现在国内的企业在对管理人员能力的评估方面,还没有考虑英语水平或重视程度不高,这种局面应该随着市场的扩大而相应改变。

② 合理、正确地利用规则为己方服务,利用有效规则分摊质量与经济责任。在国际工程的质量管理中,有许多规则与条款制约着我们,但是我们应该看到事物的两面性:制约我们的规则与条款给我们带来了不便(从有利于我方来看),但这些规则与条款同样制约了我们的业主与其他分包商,比如:RFI一旦提交,它是具有官方效力的,总承包商与业主如果不到现场,按照惯例我们会视其默认,业主是没有权利反驳的,最多只能按照管理进行试验检测(该试验所产生的费用与工期影响由业主或总承包商承担)。

5) 案例:尼泊尔波迪·科西水电工程质量控制

本案例内容摘自《尼泊尔波迪·科西国际工程质量管理及控制》(刊登在《水力发电》2002年第5期,作者谭华、吴刚龙)。

(1) 项目简介

波迪·科西水电工程位于尼泊尔中北部辛都帕乔克(Sindhupalchok)地区的波迪·科西河上,为一径流引水式电站。整个工程主要由首部枢纽(包括混凝土重力坝、泄洪拉沙闸、沉沙池)、长3 448 m的引水隧洞、电站厂房、132 kV输变电线路组成。电站安装2台发电机组,总装机容量为4.5万 kW。

该工程是中国葛洲坝水利水电工程集团有限公司(以下简称"集团公司")通过国际公开招标中标承建的第一个水电工程项目,为国际BOT工程,交钥匙固定合同总价为4 634万美元。项目开发的业主是以美国熊猫(PANDA)能源公司为主体的私人电力有限公司;咨询监理工程师是美国哈扎(HARZA)国际工程公司;作为总承包商的集团公司与业主签署了集工程设计、采购、施工于一体的一揽子合同(即EPC合同),这也是集团公司第一个以总承包商身份履约EPC合同及成套"交钥匙"的工程项目。

(2) 质量保证体系

该工程按照国际通行的管理模式,实行项目业主负责制、招标投标制、工程监理制和合同管理制。在工程建设中,除执行国际上通用的 FIDIC 条款的管理标准和规范外,还要满足更为苛刻的 EPC 合同条款和标书技术规范《工程范围》的要求。为了使影响工程质量的各种因素处于受控状态,按期、保质、保量完成工程项目,业主和承包商组建了质量管理机构,建立了各项质量管理制度,健全了质量保证体系。

① 质量管理机构

a. 业主管理机构

为了加强对工程的施工质量和施工进度的监督检查和验收,业主派驻机构进行项目现场管理,并聘请了咨询监理工程师;参与股份投资的出资方也雇用独立工程师定期对工程质量、进度等方面进行巡视、检查,向出资方出示调查报告,掌握工程进展情况;具有一定资质的尼泊尔当地检测单位作为业主指定认可的对工程质量进行检测的机构。

b. 承包商内部管理机构

承包商实行现场项目经理负责制,设立了直属项目经理领导、独立于其他部门的质量管理机构,配备了专(兼)职质检人员,专门负责质量管理与质量检查签证工作。通过层层签订质量责任书(总部与项目部,项目部与各部门、管理人员),明确各级质量目标和责任。项目部建立了试验室,承担原材料和混凝土性能等方面的试验检测工作,为控制和评定施工质量提供依据;成立了测量队,以满足质量监控的需要。

② 质量管理办法

按合同要求,承包商提交了后来经业主审批的《工作计划》、《设施程序手册》(包括质量保证体系机构图、质量控制流程图、质量控制与质量保证的组织、责任、程序)、《质量控制和质量保证报告》,明确了项目部各部门、人员的主要职责和权限,对土建和机电金属结构安装的施工程序、原材料及设备的采购供应、工程施工质量的检查控制、质量缺陷处理等做了具体规定,对工程质量行为起到了程序化和规范化作用。

项目部参照总部《国际工程质量管理暂行办法》,结合该工程特点,制定了切实可行的质量管理办法,如《质量检查验收办法》、《质量奖惩办法》、《质量管理责任制》等。

③ 质量检测标准

该工程的质量标准是 EPC 合同、招标技术规范《工程范围》、美国土木建筑类的系列规范和标准,以及与美国规范等同的当地规范和标准,包括原材料检验、土石方开挖及填筑、混凝土施工、钻孔灌浆、仪器埋设、金属结构和机电设备制造安装等。

EPC 合同及其技术规范对水工建筑物和机电设备的质量性能有较严格的要求,必须满足最低性能和担保性能标准,否则承包商将支付性能违约罚金。工程有关的质量控制指标如下。

a. 水工建筑物。①首部枢纽地基渗漏标准为:当首部枢纽上游水位为正常蓄水位 1 434.0 m 时,通过地基(包括两岸坝肩)的总渗流量不能超过 $0.2\ m^3/s$;②沉沙池沉沙效率:以进、出口断面控制,要求 $d \geqslant 0.3\ mm$ 的颗粒沉沙效率达到 85%,$d \geqslant 0.5\ mm$ 的颗粒沉沙效率达到 99%。

b. 机电设备。①最小出力:在额定净水头、2 台机组同时运行时,从安装在电力变压器高压侧的仪表上所测得的,扣除寄生负荷之后,每台机组的出力不低于 1.875 万 kW;②水轮机效率:在额定净水头下水轮机的担保效率为 92.5%;③发电机效率:在额定千伏安、额定功率因素、额定转速、额定电压下,发电机的担保效率为97.25%;④变压器效率:在额定千伏安、额定电压、额定频率,并扣除附加负荷时,主变压器担保效率为99.3%;⑤132 kV输电线路温度为50℃时,最大允许电阻为0.122 7 Ω/km。

合同及技术规范中这些量化的质量控制指标是检查承包商施工质量的依据,要求承包商必须按技术条款进行施工,以保证工程质量。

(3) 工程质量控制

波迪·科西工程质量控制按照EPC合同主要抓设计质量控制、设备采购质量控制、原材料供应质量控制、施工质量控制4个环节。

① 工程设计质量控制

a. 合同、技术规范对设计质量的要求

例如EPC合同中规定,对首部枢纽地基总渗流量要求小于$0.2 \ m^3/s$。通过三维渗流有限元计算,设计采取河床段设混凝土防渗墙、坝肩浅孔帷幕灌浆两种防渗方式,形成封闭帷幕结构,以满足对地基的渗流要求。

《工程范围》中给出了土建、土工、机械、电气设计标准,同时明确指出这些设计标准是设计的最低要求,即便按照这些标准进行设计,承包商仍应对工程设施的性能负责,不免除承包商的设计责任。

b. 工程实施阶段设计质量控制

为保证工程设计质量、供图计划的完成,业主和承包商分别派出现场咨询监理工程师和设计代表,做好审批和技术交底工作,并根据施工现场的具体情况,及时调整、变更或优化设计方案。具体地说,在承包商提交设计图和计算书(包括结构计算、抗倾、抗滑稳定计算等)后,咨询监理工程师对计算书中每一个步骤需进行详细的审查,在对应的施工图上盖有4种标志的设计审查专用章:第一种为通过;第二种为同意,仍应做局部修改;第三种为不同意,应修改;第四种为不完全提交。然后,针对审查结果,指明所属状态,第一种和第二种状态表示承包商可按图施工,第三种状态应做设计更改后再重新提交,第四种状态应补充设计资料后重报。用于施工的图纸大部分是在现场提交审批的,只有少数涉及重大技术问题的图纸需送往美国芝加哥哈扎国际工程公司总部进行审批。总的来说,这种设计审查方式,缩短了图纸的审批时间,提高了供图效率。

② 设备采购质量控制

波迪·科西工程所需采购的主要设备,其性能和技术指标是由EPC合同和标书的技术规范《工程范围》明确规定的。主要的永久设备采购方式由项目部委托总部机电部门进行,其主要供货商是通过业主资质审查后批准的。设备制造过程中,总部派人驻厂监造和现场验收。

③ 原材料供应质量控制

该工程所需原材料的主要技术指标由承包商按设计要求提出,并报咨询监理工程师批准后确定。主要原材料如水泥采用印度产普通硅酸盐53级水泥(相当于中国标准普硅525号水泥),外加剂为缓凝减水剂Conplast RP264、高效减水剂Conplast SP432MS;钢筋为印度产螺纹钢(相当于中国标准热轧Ⅱ级钢筋);骨料由河床天然沙砾料加工,不足之处是砂中云母含量偏高,砂的细度模数变化不稳定。

水泥、钢材、外加剂等材料必须要有出厂合格证、厂家材质报告,水泥、钢筋的物理力学性能指标由承包商工地试验室抽检后报告业主;化学成分指标由业主认可的尼泊尔当地试验中心检测。不合格的原材料不得用于工程,而且必须从现场运走。

④ 施工质量控制

a. 开展技术研究,保证工程质量

在已有技术资料的基础上,结合工程的施工实际,承包商进行技术研究,以发挥技术对质量的保障和服务作用。与科研院校一起进行了工程水力学及泥沙物理模型试验;一、二维泥沙数学模型计算,首部枢纽坝基渗流三维有限元计算及压力钢管岔管处应力分析计算等,以解决某些重大的技术问题,调整设计方案,优化施工技术措施,保证工程质量。

针对施工现场"二季"(旱季、雨季)明显的气候条件,在满足混凝土设计要求的条件下,通过采用掺高效缓凝减水剂、硅粉等技术措施,优化混凝土施工配合比,降低水泥用量,提高混凝土的抗裂性等各项性能。

b. 严格施工过程的质量控制

工程的施工质量控制实行工序把关、单元工程签证验收的管理模式。单项工程开工前,承包商编制施工方法说明,报业主的咨询监理工程师审批。项目部作业层按照业主审批的设计图纸、《工程范围》施工,作业队自检,项目部质检人员及设计代表复检,均已签字认为符合验收标准后,方提请业主的咨询监理工程师验收、签字、发卡,然后承包商才允许进行下道工序的施工。未经业主批准,工程的任何部位不得覆盖或使之无法查看,需要验收的部位至少提前24 h告知业主,除非业主认为不必进行检查验收;如已覆盖,应按业主的指示办,所有发生的费用均由承包商负担。在施工过程中,业主现场代表、咨询监理工程师采取巡视检查方式,一旦发现问题,即勒令停工,督促处理。

c. 对质量缺陷的处理

对施工过程中发现的质量缺陷,承包商遵循"三不放过"的原则,进行调查处理,或召开现场质量分析会,严格按照业主要求进行补救处理,不留隐患,让业主满意。业主在每星期与承包商召开的例会上,将近期出现的质量问题以备忘录形式下发给承包商,承包商需在会上说明造成问题的原因及将要采取的措施,形成纪要。如质量问题没有及时整改,业主将采取强制行为,包括经济处罚、撤换人员等,以此促进质量管理工作。

10.4.3 现场工期管理

在国外,工程项目施工受主客观因素的影响甚大,尤其是自然条件(气象水文、地质地形等)、政治环境影响更大。有不少国际工程项目由于勘察设计经费和时间限制,或气象、水文资料不够完整,使得招标文件中关于自然条件的资料达不到应有的深度,开工后施工条件常发生不可预见的变化,造成设计变更,多项计划随之也发生变化,使经营管理陷于被动,导致工期延长。也有的地区,由于社会动荡不安,政治环境不容乐观,经常引起工期拖延,严重影响工程进展,甚至促使项目流产。

一个工程项目能否在预定的工期内交付使用,直接关系到经济效益的发挥。因此,对工程项目的工期进行有效的管理,使其达到预期的目标,是施工项目管理的中心任务之一。工期控制的目的是使工程实施活动与工期计划在时间上吻合,即保证各工程活动按计划及时开工、按时完成,保证总工期不推迟。按合同要求完工或提前完成,一方面可使其能尽快得到应得的利益,并及时将施工力量投入到新的项目上去;另一方面也可避免由于延误工期和毁坏声誉,影响今后的投标竞争。

工期管理的主要任务是按施工合同规定的要求完成工程任务,为此承包商的主要工作包括:做好工程工期计划安排,并对相关联的工作计划进行协调;对施工工期计划的实施进行控制,保证施工实际工期按计划进行;对施工工期的延误进行分析,查明原因及时纠正。对非承包商原因造成的延误及时通知业主和工程师进行索赔,争取工期的合理顺延或获得补偿。

1) 承包商工期管理的职责

(1) 制订工期计划

承包商在投标时已按招标文件的要求制订了粗略的施工方案和工期计划,中标后又根据施工现场的具体条件和与业主签订的合同协议书中规定的合同工期,编制出详细的施工方案和工期计划。计划的内容包括:确定开工前的各项准备工作;选择施工方法和组织流水作业;协调各个工种在工程施工中的搭接与配合;安排劳动力和各种施工物资的供应;确定各分部分项工程的目标工期和全部工程的完工时间等。

(2) 工期计划的组织实施

承包商将工期计划报业主/工程师审批后应严格按此计划执行。承包商要把工期计划布置下去,调配人力、施工物资和资金,确保按时到位。及时检查和发现影响工期的问题,并采取适当的技术和管理措施,必要时修订和更新工期计划。

(3) 与业主/工程师保持密切的沟通

承包商要定期向业主/工程师报告工程进展,对业主/工程师的"变更指令"和"赶工"或"加快指令"及时做出反应和处理。与业主/工程师的良好合作是顺利实施工期计划的一个重要条件。

(4) 监督分包商的工作,及时协调分包商之间的施工配合

由于国际工程的特殊性,很难全部使用本国资源,必须进行相应的分包,其分包商主要来自工程所在国。保证工程能按合同规定的时间如期完工或提前完工,对承包商来说至关重要,因此,需要加强监督分包商的工作。

2) 工期计划的表示形式

工期计划的目的是确定项目的总工期,各个层次项目单元的持续时间、开始和结束时间,及它们在时间上的机动余地。工期计划是工程项目计划体系中最重要的组成部分,是其他计划的基础。工期计划常用的表示形式主要有横道图、线形图、网络计划3种。

(1) 横道图

横道图是一种最直观的工期计划方法。它在国外又被称为甘特图,在工程中被广泛应用,并受到普遍的欢迎。

① 横道图的优点

a. 它能够清楚地表达活动的开始时间、结束时间和持续时间,一目了然,易于理解并能够为各层次的人员(上至战略决策者,下至基层的操作工人)所掌握和运用。

b. 使用方便,制作简单。

c. 不仅能够安排工期,而且可以与劳动力计划、材料计划、资金计划相结合。

② 横道图的缺点

a. 很难表达工程活动之间的逻辑关系。如果一个活动提前或推迟,或延长持续时间,很难分析出它会影响哪些后续的活动。

b. 不能表示活动的重要性,如哪些活动是关键的,哪些活动有推迟或拖延的余地。
  c. 横道图上所能表达的信息量较少。
  d. 不能用计算机处理,即对一个复杂的工程不能进行工期计算,更不能进行工期方案的优化。
  ③ 横道图的应用范围
  由于横道图具有一定的优缺点,这就决定了它既有广泛的应用范围和很强的生命力,同时又有局限性。
  a. 它可直接用于一些简单的小项目。由于活动较少,可以直接用它排工期计划。
  b. 项目初期由于尚没有做详细的项目结构分解,工程活动之间复杂的逻辑关系尚未分析出来,一般人们都用横道图做总体计划。
  c. 上层管理者一般仅需了解总体计划,故都用横道图表示。
  d. 作为网络分析的输出结果。现在几乎所有的网络分析程序都有横道图的输出功能,而且这种功能被广泛使用。
  (2) 线形图
  线形图与横道图的形式很相近。它有许多种形式,如"时间—距离"图,"时间—效率图"等。它们都是以二维平面上的线(直线、折线或曲线)的形式表示工程的进度。它和横道图有相似的特点。
  (3) 网络计划
  网络计划有广泛的适用性。除极少数情况外,它是最理想的工期计划方法和工期控制方法。与横道图相比,它有如下特点:
  ① 网络所表达的不仅仅是项目的工期计划,而且它实质上表示了项目活动的流程图。网络的使用能使项目管理者对项目过程进行富于逻辑性的、系统的、通盘的考虑。
  ② 通过网络分析,能够给人们提供丰富的信息,例如最早开始时间、最迟开始时间、各种时差。
  ③ 可以十分方便地进行工期和资源的优化。
  ④ 给各层管理者以十分清晰的关键线路的概念。这对于计划的调整和实施控制是非常重要的。
  由于网络计划方法有普遍的适应性,特别对复杂的大型项目更显示出它的优越性。它是现代项目管理中被人们普遍采用的计划方法。当然,网络图的绘制、分析和使用比较复杂,需要计算机作为工具。P3、Microsoft Project 等软件在国际工程工期管理中相当普遍,我国的承包商在这方面也要加大投入,力争做到与时俱进。
  3) 工期计划编制程序与步骤
  承包商在中标后,要根据合同条件编制详细的工期计划,其编制程序是:
  (1) 研究图纸和工程量清单,分清工作范围和工作内容。
  (2) 分析合同中关于工期的条款,将有关要求一一反映到有关计划中去。
  (3) 建立工程项目工作分解结构,对此可参考以往的经验和已完成的工作。工作分解要求尽可能细致,以便为以后工期计划的跟踪、控制及工程款的支付提供依据和标准。
  (4) 确定各项工作的持续时间。

(5) 确定各项工作间的逻辑关系,并明确关键路线,形成初步 CPM 计划。

(6) 检查、调整形成正式的作为以后跟踪、控制的基准 CPM 计划。

编制工期计划的具体步骤:

(1) 要明确工作内容,为此要进行工作任务分解,其主要的方法就是工作结构分解。工作结构分解完成后,将产生一个作业清单,它包含了为完成项目目标所需要执行的所有工作的作业项,不在 WBS 中的工作将被排除在项目的工作范围之外。

(2) 要弄清所有作业的持续时间。对计划中各项工作作业的持续时间多采用估算的方法,在进行估算时,一是可以利用历史数据,包括以前同类型项目或类似项目的相关记录与文件资料;二是利用以前项目的经验,只是经验的准确性不如文件记录可靠。

(3) 明确各项作业相互之间的逻辑关系。各作业之间的逻辑关系有平行关系,即相邻的两个作业同时进行;顺序关系,即相邻的两个作业按先后顺序进行;搭接关系,即两个作业有部分时间平行进行。通常以网络图来反映各作业之间的逻辑关系。

(4) 在网络图的基础上,还需要进一步明确以下条件才能完成计划的编制工作:①约束条件,如业主要求的开工时间、竣工时间以及一些重大事件、里程碑等。②假设条件,如有关部门将如期批准项目的初步设计,后期工作也将如期展开等。由于假设条件属于不确定因素,因此其中蕴含了项目的风险。③日历条件,采用什么样的日历天数对计划工作影响很大,如是五天工作制还是六天工作制、节假日是否加班等,这一定要与工程所在地的法律法规相符合。

(5) 在明确了以上条件后,就可采用关键线路法(CPM)编制工期计划。

(6) 应根据项目管理不同层次的需要,将计划进行分层分级表示。

4) 工期拖延原因分析及措施

工期拖延是工程项目建设过程中经常发生的现象。当出现工期偏差时,需要分析该偏差对后续工作及总工期产生的影响。偏差的大小及其所处的位置不同,对后续工作及总期的影响程度是不同的。

(1) 工期拖延原因分析

可采用因果关系分析图、影响因素分析表以及工程量、劳动效率对比分析等方法,详细分析工期拖延的各种影响因素及各因素影响量的大小。

在国际工程中,工期拖延的原因是多方面的,影响工期的因素也是很复杂的,常见的有:①工期及相关计划的失误,计划工期超出现实可能性;②自然条件的影响,遇到了更加不利的自然条件;③实施过程中管理失误;④边界条件的变化,如设计变更、设计错误、外界(如政府、上层机构)对项目提出新的要求或限制;⑤资金不到位,材料、设备不按期到货等;⑥国际环境的动荡,引起社会不稳定等。

(2) 解决工期拖延的措施

根据工期拖延的原因分析,通常采取以下措施:

① 增加资源投入,例如增加劳动力、材料、周转材料和设备的投入量以缩短持续时间。

② 重新分配资源。例如将服务部门的人员投入到生产中去,投入风险准备资源,采用多班制施工,或延长工作时间。

③ 减少工作范围,包括减少工作量或删去一些工作包(或分项工程)。

④ 提高劳动生产率，主要通过辅助措施和合理的工作过程。
⑤ 修改实施方案，采取技术措施。
⑥ 改变网络计划中工程活动的逻辑关系。
⑦ 将一些工作包合并，特别是在关键线路上按先后顺序实施的工作包合并，与实施者一起研究，通过局部调整实施过程和人力、物力的分配，达到缩短工期的目的。

上述措施都有一些适用条件，都会带来一些不利的影响。它们可能导致劳动效率的降低、资源投入的增加、出现逻辑关系的矛盾、工程成本的增加或质量的降低等。施工现场管理者在选择时应做出系统而周密的考虑和权衡。

10.4.4 现场成本管理

成本管理是指通过收集、整理并利用有关工程项目的成本信息，而对工程建设进行成本控制的管理活动。在市场经济中，项目的成本管理在整个项目管理中，而且在整个企业管理中都有着重要的地位。人们追求企业和项目的经济效益，企业的效益通常是通过项目的效益实现的，而项目的经济效益通常是通过盈利的最大化和成本的最小化实现的。对于工程承包商，他通过投标竞争取得工程，签订合同，同时确定了合同价格，他的工程经济目标（盈利性）完全是通过成本管理来实现。因此，施工现场成本管理对于承包商的创造盈利具有重要的意义。

承包商的成本管理包括：编制成本计划，进行工程成本核算，对工程成本进行控制；按照合同要求上报已完工程的进度款报表，及时获得应得的工程款；加强施工过程的组织协调与技术管理，提高施工效率，力求节约成本；加强施工项目的财务管理工作，减少不必要的开支和浪费，提高工程效益。

1) 工程项目成本要素构成

项目成本是指国际工程承包商为完成工程施工所支出的各种费用的总和。在国际工程承包中，承包商的总成本一般由直接费（人工费、材料费、机械设备及使用费）、间接费（临建费、保函手续费、贷款利息、税金、保险费、业务费等）、分包费、公司总部管理费等成本要素构成。在不同的国家或不同的项目中，费用划分可能有所不同。例如，在英国，直接费部分包括：①总承包商的人工费；②总承包商分摊到分项工程和开办费中的施工机械费；③总承包商的材料费；④总承包商下属的分包商的总费用；⑤指定分包商的总费用；⑥指定供应商的总费用；⑦暂定金额和计日工；⑧不可预见费；⑨监督本公司分包商和指定分包商的费用金额。工程量清单（Bill of Quantities，简称 BQ 单）直接工程费中的每项单价都分解为人工、施工机械、材料和分包费用。

间接费用一般可称为工程管理费，主要包括：①现场管理费，一般是指为工程施工提供必要的现场管理及设备而开支的各种费用，如维持一定数量的现场监督人员、办公室、临时道路、安全防卫、炊事设施等费用。在我国现场管理费也称为直接管理费。②公司总部管理费，这部分费用不直接与任何单个施工项目相关，也不局限于某个具体工程项目，只要承包商在从事经营活动，不管其是否接到合同，这项成本都要发生。如各项利息、税收、租金、手续、保险、文具、照明、办公设备等费用。

美国将一项工程的直接成本和间接成本分解为五个基本单元：①人工费用；②材料费用；③施工设备费用；④分包费用；⑤服务和其他费用。表 10-1 为一个码头项目的成本预算。

表 10-1　一个码头项目的成本预算　　　　　　　　　　　　　　　单位：美元

	材料费 (Material Cost)	分包工程费 (Subcontract Work)	临时工程费 (Temporary Work)	机械设备费用 (Machinery Cost)	总成本 (Total Cost)
钢板桩(Steel Piling)	292 172	129 178	16 389	0	437 739
拉杆(Tie-rod)	88 233	29 254	0	0	117 487
锚墙(Anchor-Wall)	130 281	60 873	0	0	191 154
回填(Backfill)	242 230	27 919	0	0	300 149
顶墙(Coping)	42 880	22 307	13 171	0	78 358
疏浚(Dredging)	0	111 650	0	0	111 650
挡泥板(Fender)	48 996	10 344	0	1 750	61 090
其他(Other)	5 000	32 250	0	0	37 250
小计(Sub-total)	849 800	423 775	29 560	1 750	1 304 885

Summary

总直接成本(Total of Direct Cost)	1 304 885
间接成本(Indirect Cost)	
临时工程(Common Temporary Work)	19 320
机械设备(Common Machinery)	80 934
交通(Transportation)	15 550
办公业务费(Office Operating Costs)	294 458
间接费总额(Total of Indirect Cost)	410 262
项目总成本(Total Project Cost)	1 715 147

2) 成本计划的编制

为了有效地控制施工成本,应正确地编制施工阶段成本计划。通过对工程项目的分解,按分解的子项目编制相应的资金使用计划。在对工程项目进行划分时,应注意工程项目划分的粗细程度。一般的工程项目可划分到分项工程,但这种划分不是绝对的,应视实际需要而定。国际上通用的建筑工程量计算规则中的项目划分细度介于我国的分项工程和分部工程之间。

成本计划编制的基本程序如下:

(1) 收集资料。广泛收集并整理有关资料是编制成本计划的必要步骤。有关的资料包括:企业有关定额和技术经济指标;有关成本预测、决策资料;工程项目的施工图预算、施工预算、施工组织设计;工程项目使用的机械设备生产能力及其利用情况;工程项目的材料消耗、物资供应、劳动工资及劳动效率等计划资料;以往的有关成本资料及国内外先进水平资料等。

(2) 确定目标成本。在所掌握的资料基础上,根据企业现有资源,结合各种变化因素及拟采取的措施,估算生产费用支出的总水平,进而提出项目的成本计划控制指标,从而确定目标成本。确定目标成本并将其分解到各有关部门和班组,需要利用工作分解,即将工程项目的工作自上而下逐级分解,然后再自下而上进行成本估算。经过逐级汇总就得到整个工程项目的总成本。

在工程实施中,成本计划工作一般有以下几个方面:

(1) 已完成或已支付成本,即在实际工程上的成本消耗,它表示工程实际完成的进度。

(2) 追加成本(费用)。由于工程变更、环境变化、合同条件变化所应该追加的部分。对业主由于增加了工程范围,或物价上涨按合同应给承包商赔偿,受到承包商的索赔,则应予以追加合同价格。对承包商来说,由于工程量增加,成本亦相应增加,则他有权向业主索赔。

(3) 剩余成本计划,即按当时的环境,要完成余下的工程还要投入的成本量。它实质上是项目前锋期以后新的计划成本值。这样项目管理者可以一直对工程结束时成本状态、收益状态进行预测和控制。

(4) 最终实际成本和结算价格。施工结束后必须按照统一成本分解规则对工程项目的成本状况进行统计分析,储存资料,作为以后工程成本计划的依据。

3) 成本控制

成本控制是指通过控制手段,在达到预定工程功能和工期要求的同时优化成本开支,将总成本控制在计划范围内。成本控制具有综合性,成本目标不是孤立的,它只有与工程范围、质量目标、工期目标、效率、消耗等相结合才有价值,必须追求它们之间的综合平衡。

成本控制是国际承包商在获得工程承包合同后所面临的极为重要的课题。获得承包合同仅仅是赢得了竞争投标的胜利。只有把实际工程实施的成本控制在合同价格之内,才能获得利润。尽管在投标前对工程做过详细的价格计算,也分析过成本和利润,因投标时间限制,这种分析一般是较粗糙的。如果不在实施过程中严格进行成本控制,仍可能产生难以预料的严重后果。

抓成本控制,就是要监督工程收支,努力将计划利润变成现实利润;同时要做好盈亏预测,指导工程实施。根据工程实施中的收支情况和成本盈亏预测,可对于周转资金需求的数量和时间进行调整,使资金流动计划更趋合理,从而可供资金筹措和偿还借贷参考。此外,积累成本资料用来验证原来投标、指导今后投标,也都是十分宝贵的。

在工程建设过程中,按照成本计划对工程成本进行动态管理,其主要内容有:

(1) 认真做好图纸会审工作。在图纸会审时,对于结构复杂、施工难度高的项目,要加倍认真。要从方便施工、有利于加快工程进度、确保质量,又能降低资源消耗、增加工程收入几个方面来考虑,积极提出修改意见;对一些明显亏本的项目子目,在确保质量的前提下,应提出合理的替代措施,争取业主和工程师的认可。

(2) 优化施工组织设计。施工阶段是根据设计图纸投入人力、原材料、半成品、机械设备及周转材料变成工程实体的过程。施工方案不同,工期就会不同,所需机具也会不同,因而所发生的费用也会有很大的差别。所以,施工方案的优化是工程成本有效控制的主要途径。

(3) 确定适宜的质量成本。工程所达到的最佳质量水平,并不是工程质量越高越好,而是指工程建设总成本最低的质量水平。要在提高工程质量、确保符合合同要求的前提下,把质量成本控制在某一水平,对一些基本项目和涉及主体、竣工验收的分项可适当提高质量要求。通过综合考虑质量成本各方面因素,使工程项目的质量既符合合同要求,又具有经济性和可操作性。

(4) 抓好进度结算。根据合同条款的约定,按时编制进度报表和工程结算资料,报送工程师并收取进度款。要建立健全分阶段内部编制结算书的制度,为完工后迅速准备齐全的资料打好基础。

(5) 及时办理签证。由于工程工艺复杂或使用方、业主在装修标准、布局等方面出现变更,将使合同承包范围、工程造价随之发生变化。项目部应按照合同要求,积极要求书面确认,或者主动将其间发生的工程变更从自身角度出发,写出核定单,逐项列表汇总,定期送工程师签字确认,并纳入当月工程款。在国际工程承包中,承包商不能只是"埋头苦干",一定要有清楚的签字确认意识。

(6) 加强材料成本管理。在工程建设中,材料成本要占到工程成本的一半以上,有时甚至高达整个工程成本的70%～80%,成本管理要将其作为重点;另外由于其占比较大,也存在较大的节约潜力,在其他成本出现亏损时,往往要从材料成本管理来弥补。

(7) 按照国际惯例,承包商要对所实施的工程和大型机具投保。在保险期间发生的损失应由保险公司赔偿,承包商要派专人进行保险合同管理,并要不失时机地进行索赔工作。

10.5 现场健康、安全与环境管理

10.5.1 概述

工程建设是一项危险的工作,施工现场人员众多且密集,极易发生各类不可预见的事情,例如严重的安全事故。由于国际工程项目的特殊性,其政治、社会影响大,历史影响也大,社会各方面对工程项目有许多新的要求,如法律对劳动保护(健康、安全)的要求、ISO 14000国际标准环境管理体系的要求等,体现了国际工程项目的社会责任和历史责任。在有些工业领域将这些统一为工程项目的"健康、安全与环境"(HSE)管理体系。施工现场管理是国际工程项目管理的重要组成部分,是一项主要基础性工作,它直观地反映出承包商的管理水平和精神面貌。在国外承揽工程,一旦发生现场健康、安全、环境事故,不仅导致直接的经济损失(有研究表明:迄今为止,安全事故损失平均占项目成本的3.6%)、人员受到伤害,还将直接影响企业形象和未来的工程投标,特别严重的还可能造成恶劣的政治和外交影响。施工现场良好的健康、安全和环境管理是改善施工条件和降低事故发生率的关键。

20世纪80年代末,世界上的几次重大安全事故引发了国际工业界对其后果和社会、环境影响的关注,使得人们用新的理念,通过全方位的视角、认识工程建设与制造生产活动中全过程的安全问题。这些案例不但导致重大安全、环境、卫生健康方面的影响,也彻底改变了人们的传统安全意识。其中最为典型的重大事故分析概述如表10-2所示。由此,而推动了HSE管理体系的诞生。HSE管理是健康、安全与环境管理体系(Health, Safety, and Environment Management System)的简称。其宗旨是对工程项目实行职业健康、安全、环境的全员、全方位、全过程的管理,并使其对项目建设本身的危险、对社会的危害、对环境的破坏降到最低点,它是贯彻科学发展观的重要环节,也是实现工程项目建设目标的需要,更是国际工程通行的要求。HSE最早是在1991年荷兰海牙召开的第一届油气勘探开发健康、安全与环境国际会议上提出的。1996年国际标准化组织发布了《石油和天然气工业健康、安全与环境管理体系》(ISO/CD 14690),推动了HSE管理体系在全球范围内的迅速发展。此后国外的施工企业将HSE应用到工程建设当中,在国外的工程项目建设中,都把HSE管理作为首要工作常抓不放,并把HSE

管理目标的实现与否作为评定项目实施是否成功的重要标志之一。

表 10-2 20 世纪 80 年代国际著名的重大安全事故

发生时间与地点	人员伤亡	财产损失	后果与环境影响
苏联切尔诺贝利核电站 1986 年 4 月发生事故,乌克兰基辅市以北 130 km	35 人死亡,2 994 人伤,203 人受严重核辐射	2 000 亿美元	2 万人受不同程度的核辐射,35 万人口搬迁,北欧诸国核物质超标 10 倍
主要原因分析: 人的不安全行为:报警系统维护不善,人员忽视预警迹象与信息,系统失效。 物的不安全状态:①石墨减速器温度高达 700℃,空气进入着火引发爆炸;②冷却器系统缺乏自动报警器和预警控制;③缺乏保护外壳这一预防事故的措施;④蒸汽与石墨距离过近,设计存在缺陷			
印度美国所属联碳公司博帕尔农药厂 1984 年 12 月发生氰酸甲酯泄漏事故	8 000 人死亡,主要是当地居民,50 万人中毒或失明	28 亿美元	世界工业界最大惨案
主要原因分析: 人的不安全行为:设计欠缺、操作失误、维修失灵和忽视上岗培训。 物的不安全状态:①为降低成本使用大量廉价的剧毒化工原料,而没有使用原设计要求的化工原料;②储存罐容积过大,而没有采用分成 200 个小型的不锈钢容器分开储存;③管道严重腐蚀产生泄漏,1980 年建厂后的 4 年中缺乏正常维护;④缺乏规章程序,无安全体系,为降低成本关闭了安全预警系统和相应的措施,剧毒原料罐的冷却系统也处于关闭状态,如果仅此一项发挥作用就可以避免惨剧的发生			
瑞士巴塞尔市桑都(Sandoz)化工公司 1986 年 11 月化工染料仓库发生大火	3 人死亡,5 人伤	20 亿美元	大量有毒化学溶剂亚铁氰化铁流入莱茵河,造成流经瑞士、法国、德国、荷兰等国的莱茵河严重污染,其中主要有约 30 t 水银流入河道
主要原因分析: 人的不安全行为:电焊火花引发火灾;救火操作失误,水枪喷洒化工产品,使得大量有毒化学溶剂通过污水下水道或地表径流,流入莱茵河;20 万人没有安全饮用水。 物的不安全状态:①剧毒化工原料在仓库中没有清单与管理措施;②企业没有对剧毒化工产品建立安全措施与应急预案			
英国北海油田帕玻尔·阿尔法平台 1988 年 7 月发生爆炸起火	167 人死亡	30 亿美元	2 名营救船救火队员身亡,海域环境受到严重污染
主要原因分析: 人的不安全行为:在一次维护作业时没有关闭丙烷聚合物的压力阀,导致下一班作业时操作不当发生爆炸起火。 物的不安全状态:①由于立管没有安全措施,导致更大的连环爆炸;②生活区没有防烟防火建筑与设施,62 人被迫跳海求生;③通往救生艇的通道被烟雾堵死,165 人窒息而死			
1989 年 3 月美国埃克森美孚公司(Exxon Mobil)在阿拉斯加州的瓦得兹发生严重泄油事故	无	50 亿美元	污染了大面积的海域与海滩,大量海洋生物与鸟类死亡
主要原因分析: 人的不安全行为:船机手离开岗位,油轮在自动驾驶状态触礁。 物的不安全状态:①驾驶油轮操作错误,雷达导航系统失效;②船长没有导航仪表,公司对船长和水手监管不力;③美国海岸护卫队没有提供有效的航行系统			

国际工程的健康、安全和环境管理，与国内工程相比，主要体现在管理方法、管理机构以及所采用的合同体系对现场健康、安全和环境管理中各方权利和义务规定上的差异。国外对未实施 HSE 或不当实施的处理方式有：警告、整改通知书、停工通知书、诉讼。停工通知书将迫使工程停工，直到采取合适的行动使该现场安全为止。

目前，在一些国际工程承包合同中，对于健康保护，要求必须按照工程所在地的法律保护劳务人员的健康；对于安全保护，要求必须遵守法律和技术规范规定的操作流程；对于环境保护，要求施工工程的废弃物排放必须低于法律和规范规定的较小值。每个国家对于健康、安全和环境管理要求都有相应的法律或政策，并且责任规定明晰。而这些都可以纳入到统一的施工现场管理体系中，即采用 HSE 的管理体系进行管理。因此，在国际工程项目上，施工现场要遵循 HSE 管理体系。

HSE 管理指组织运用系统分析方法，对其经营活动全过程中存在的职业健康、安全生产、环境保护风险进行分析，确定可能发生的危害及其产生的后果，并通过系统化的预防机制消除各类事故的隐患，从而有效地减少可能引起的人员伤害、财产损失和环境污染。HSE 管理体系将组织的经营目标转化到以人为本、重视资源综合利用、保护环境等方面，从而实现社会、经济、组织、环境保护协调发展。HSE 管理体系建立与实施维护的基本要求是应具有系统性、控制连续性、适用性、经济性等。建立广义的 HSE 管理体系具有重大意义。

（1）国外实践经验证明，出现 HSE 事故善后所花费的费用，远远超过 HSE 管理中防止出现事故所花费的金额，建立该体系可以节约成本，带来经济效益。

（2）可以将员工面临的职业健康安全风险降低到最低限度，实现以人为本的职业健康安全管理，体现和谐社会的主题。

（3）可以改善建筑工人的工作环境，保护施工现场的周围环境。建立完善的 HSE 管理体系是企业体现以人为本，实现企业的经济效应、社会效应和环境效应的根本途径，最终将会促进企业的可持续发展。

10.5.2 国际工程现场的安全管理

国际工程的安全管理，与国内工程相比主要体现在安全管理办法、安全管理机构以及所采用的合同体系对安全管理中各方权利和义务规定上的差异。在本节中，将针对这些方面参照英、美等国家和地区的安全管理方法进行介绍分析，并介绍一些国际工程中安全管理的案例。

1）相关安全管理的法规或标准

由于不同的国家和地区采用不同的安全管理法规，其在安全管理体系的建立、安全控制措施以及安全事故处理程序等方面存在较大差别。熟悉工程所在地适用的安全管理法规和安全管理要求是实施安全管理的第一步，也是遵守这些法律规定实施安全管理的重要基础。

（1）美国安全管理的法规或标准

在美国，安全管理由美国劳工部下属的职业安全健康行政管理机构（OSHA）来执行。1970 年，强制安全法规《职业健康与安全条例》在美国国会获得通过。该条例规定所有企业必须遵循强制安全和健康程序，其内容主要包括以下几方面：

① 员工培训：雇主应保证新员工熟悉安全计划的内容，对职工进行安全培训并对实施

现场进行安全检查。

② 管理人员责任：项目经理和监理工程师要对现场的工人、设备和材料的安全负责，必须建立针对该项目的安全标准，并自始至终都要强制执行这些标准。

③ 安全检查及安全会议：项目经理和监理工程师要经常(至少每周一次)对施工现场进行安全检查，查明危险，确保各具体工作的安全规则落实到位，并在每次项目安全会议上以适当方式强调安全问题。

④ OSHA 检查：若 OSHA 检查员在工作场所发现有任何违法事件，都将就此事件发出传讯通知，并要求在规定时间内改正，同时对违反安全管理法规的情况处以高额罚金，并制止对生命安全造成威胁的施工作业。

⑤ 提供免费咨询：雇主在任何时候都可请求 OSHA 培训官员或委托其培训，解决与健康和安全有关的疑难技术和法律问题。

(2) 英国安全管理的法规或标准

英国的法律涉及健康与安全管理的方方面面。法律规定了每个人在健康和安全管理中的责任，特别是管理者的责任，并对违法行为的处罚进行了相关规定。英国的《工作健康与安全管理规定》(1999)是所有管理者必须遵守的规定。安全法律法规涉及的还有处罚措施、监督机构检查、事故责任调查。

① 管理者责任：管理者要对员工在工作中的不安全行为负责，对员工在其授意、默许或疏忽下产生的犯规行为负责。

② 处罚措施：地方法官可以对违反健康与安全法的人处以 2 万英镑以下的罚款，不具备雇主责任保险证书的，将被处 1 000 英镑的罚款，在刑事法庭被起诉的人，可以被处罚款(金额不限)，并处以高达 2 年的监禁。

③ 监督机构检查：英国的安全健康检查员执行法律并具有广泛的权力，能够发布"改进"或"禁止"通知、中断组织机构的营业活动、在任何合适的时候进入工作场所检查并没收任何危险物品、调查事故或危险的征兆以及检举一切不良行为。

④ 事故责任调查：对于安全事故责任的追查，按照分包商—总承包商—工程师—设计者的顺序依次调查。一般来讲，总承包商应该是主要责任人。然而，具体情况需具体分析，如果事故是一个有经验的承包商使用合理的措施仍不能规避的话，还可能追查设计者的责任，即调查设计的合理性是否符合现行的设计规范和是否在设计中考虑到了施工的危险性等。

(3) 中国香港安全管理的法规或标准

中国香港的建筑安全生产法规体系可分为四个主要层次：条例(如《职业安全及健康条例》)、规例(如《工厂及工业经营规例》、《建筑地盘(安全)规例》)、工作守则(如《工作安全守则(升降机与自动梯)》)、安全指引和指南(如《建造业次承建商工地安全管理套件》)。

对于承包商而言，只有熟悉相应安全法规，才能明确自身应当承担的安全管理责任，恰当实施对分包商的安全管理和控制。熟悉工程所在国适用的安全法案是制定安全管理措施的第一步，并在此基础上实现以安全管理法案为基础制定安全管理办法，免除业主对我国承包商安全管理不力而影响项目的忧虑；明确自身责任，使工程项目实施全过程符合相关管理条例规定，免于因违反安全管理法案遭受行政处罚，进而造成经济损失；充分利用法律规定对项目参与人员进行管理培训，使项目部由上至下全面贯彻安全管理思想，保证项目人员遵守安全法规。

2) 安全管理机构及职能

在项目执行过程中,业主通过对承包商的恰当要求来保证项目安全实施。因而,承包商也是代表业主管理项目现场安全,向政府及相应安全管理、监督机构负责。在不同的国家和地区,安全管理机构及其职能也是不尽相同的。项目执行期间,安全管理体系的建立审批、安全管理措施及投入的保障以及事故发生后的汇报及处理,都需要承包商与安全管理机构密切合作,取得管理部门的同意。

(1) 美国安全管理机构及职能

在美国,职业安全健康行政管理机构负责建立安全标准,并通过施工现场检查来强制执行安全标准。职业安全与健康条例中规定,只要各州提出的要求在最低程度上与该局强制执行的标准同样严格,就允许要求自行管理的州执行自己的安全计划和标准。因而,各个州的职业安全健康管理局也就成为该地区安全管理和监督的直接机构,行使监督管理职能。

(2) 英国安全管理机构及职能

英国政府的职业安全与健康管理机构主要包括安全与健康委员会和安全与健康执行局。安全与健康委员会领导由雇主组织、雇员组织和地方当局的代表以及其他适合人员组成。安全与健康委员会的职能是:①确保工作中的人员的安全、健康及福利;②帮助人们避免因工作受到对健康和安全的危害,控制炸药、易燃物和其他危险物品等的保存与利用;③组织和进行安全与健康领域的研究,促进培训工作,提供信息和咨询服务;④评价安全与健康法规的适用性,向政府提供新的或修改的法规及执法规则的建议。

英国安全与健康执行局为政府主要管理机构,被赋予很大的权力,必要时可向企业派遣安全监督官员,可到任何工地监督安全生产情况,有权责令工地停工,有权对重大安全事故责任者向法庭提起诉讼。

(3) 中国香港安全管理机构及职能

香港特区政府对建筑安全管理的管理机构主要有劳工处和运输及工务局。

① 劳工处。劳工处是政府执行劳工法例的机构,其主要职责是监督及协助雇主遵守劳工法例,确保香港履行国际劳工协议,并负责提议制定劳工法例;

② 运输及工务局。运输及工务局也是政府的直属部门,主要是以政府业主的身份管理政府的公共工程,并对建造业进行检讨,制定相关的政策,提供与建筑业和公共工程有关的法律咨询。

通过上述分析可见,不同的国家或地区,安全管理机构和部门也是不一致的。对于承包商而言,在实施项目过程中应注意与相关管理部门密切配合,对安全管理办法及现场安全管理情况及时进行上报,保证顺利通过相关部门的安全监督和检查,为项目实施创造有利条件。

3) 喀喇昆仑公路改建工程安全管理案例分析

(1) 项目简介

喀喇昆仑公路(KKH)位于巴基斯坦伊斯兰共和国的北部地区,起点是巴基斯坦首都伊斯兰堡(Islamabad)以北的曼塞赫拉(Mansehra),终点是中国新疆的喀什市(Kashi),全长1 224 km,其中巴基斯坦境内 806 km。喀喇昆仑公路为巴基斯坦国家公路网中编号 N35 的国道主干线。该公路连接着巴基斯坦首都伊斯兰堡及其北方的各大城镇。喀喇昆仑公路也是巴基斯坦连接中国的唯一陆上通道,通过新疆发达的公路、铁路和航空交通网络可直通中国内地各大城市。巴基斯坦北部地区的生活、生产物资和客运以及与中国的边境贸易主要依靠这条公路，它的畅通具有十分重要的政治和经济意义。

喀喇昆仑公路塔科特(Thakot)至红其拉甫(Khunjerab)段系中国援建，始建于1966年，于1978年全线建成通车，修建历时长达12年。由于项目区域内地形、地质、水文等条件十分复杂，道路沿线地质灾害频发，公路建成至今已经运行近40年从未进行过大修，加之养护人员及设备不足等问题，致使道路状况不断恶化，严重影响公路的正常、安全运营。改建工程为雷科特(Raikot)至红其拉甫段，全长约335 km，此次改建目标为通过改建达到显著改善行车条件，提高行车速度和总体服务水平，并且通过对地质灾(病)害的整治，显著增强公路的抗灾能力，确保公路在正常情况下的安全畅通。

项目地处帕米尔高原腹地，主要山脉有喀喇昆仑山、喜马拉雅山、兴都库什山。区内重峦叠嶂，峡谷高深，河流湍急，雪峰林立。地貌以高山峡谷为主，部分路段为高山宽谷，线路终点段为高原山岭。路线起点海拔1 154 m，终点海拔4 733 m。总体地势北高南低，山势陡峻，谷岭高差一般在1 000 m以上。全线雪崩13处，多年冻土4 343 m，涎流冰7处，滑坡1处，泥石流155处，崩塌114处。

公路沿线自然和地质环境较差，灾害类型多、分布广、规模大，主要灾害类型有：雪崩、多年冻土、涎流冰、泥石流、崩塌、滑坡等。这些灾害尤其以泥石流、崩塌暴发频率较高，对公路危害很大，是影响公路畅通与行车安全的主要因素。经过详细的测量与调查：雪崩、多年冻土、涎流冰等主要分布于夏希科特至红其拉甫段；崩塌与泥石流全线均有分布。

(2) 组织机构

针对项目线路长的特点，总经理部成立了4个分项目经理部，从而便于日常工作的开展。为了在如此恶劣的自然环境下，保证项目所有施工人员的安全和项目的顺利实施，项目总经理部成立了安全组织机构，并设立了安全环保部职能部门专门负责相关安全工作(图10-14)。由于安全与每个人息息相关，因此，针对每个部门制定了相应的安全职责，并通过各项制度对安全工作进行管理。

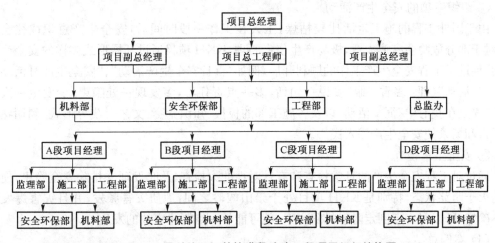

图10-14 雷科特至红其拉甫段改建工程项目组织结构图

(3) 安全管理具体措施

① 安全教育培训

对于进入KKH项目的所有中方人员,无论是管理者,还是普通民工,都要经过安全教育培训,而且必须经过安全教育培训考试,方能进行施工。安全教育共分为3个部分。

a. 内部安全:强调出国以后,要注意内部团结,禁止出现打架斗殴现象,特别对于劳资问题,由于国外与国内环境不同,一定要认真协商解决,切忌采用极端形式,在营地内部要注意安全用电和消防治安安全。

b. 外部安全:介绍当地的民风、民俗,使所有中方人员能够对当地人进行了解,并且根据项目所处国家的特点,教育中方人员与当地劳工友好相处,不进行虐待和歧视。特别提到巴基斯坦的塔利班组织,由于巴基斯坦也是一个多民族的国家,而且部分民族与塔利班关系密切,通过介绍塔利班的一些人员特征,使得所有中方人员能够提高警惕,并且针对防恐袭击,专门制定了相应的防恐方案,要求所有中方人员时刻保持警惕。

c. 生产安全:强调加强安全生产投资。安全生产投资要求做到专款专用,而且建立了安全投资专项检查制度,发现安全隐患及时消除;采取安全隐患整改通知单制度,对于未能及时整改的,将进行责令限期整改,仍未整改到位的,严格按照相应的管理办法进行处罚。强调各施工部做好自己的危险源辨识工作,并根据重大危险源清单采取相应的预防措施,制定相应的应急预案。KKH项目共制定预案与制度24项,检查表格8项;针对具体的演练情况,不断对预案进行修订和补充,并定期进行预案的演练。

② 制定严格的规章制度

为了能够更好地促进安全工作的展开,杜绝人情化管理,KKH项目制定了严格的规章制度和岗位责任制,共计21项,涉及工程的方方面面,形成了一套严格有效的管理体系,只要违反了制度,就会受到制裁,从而保证了管理的权威性和严肃性。

③ 制定各种应急预案

为了保证在事故发生后能够及时地采取措施,KKH项目制定了专项应急预案3项,并不定期地组织预案演练,从而发现问题并进行改进,使得预案更加接近实际,在发生事故时能够起到更加有效的作用。

④ 组织专项的安全生产活动

由于国外工程的施工生活比较枯燥,工人在工作一段时间后,安全生产意识往往会松懈,对于部分危险会麻痹大意,极易产生侥幸心理,KKH项目通过开展形式多样的安全生产活动,促进了工程安全生产工作的顺利开展,例如"百日安全生产活动"、"安全生产月活动"、"五个一活动"(即:多看一眼,多说一句话,多一点责任心,多发现一处隐患,少发生一次事故)、"安全在我心中"征文活动,以及各施工部的板报、知识竞赛、文艺会演等形式,利用熟悉的语言和场景使安全生产深入民心。

⑤ 安全生产检查

通过对工程安全生产的日常检查和有针对性的大检查,及时发现并排除安全隐患,使隐患消灭于萌芽状态,特别是KKH项目处于崇山峻岭之间,地质灾害频发,并且灾害爆发时间不确定,所以早一点制定隐患排除方案,就可能早一点制止事故的发生。

(4) 案例总结

① 要研究工程项目所在国的自然环境、政治、经济、文化环境以及民族的构成和风俗习惯,从而可以更好地与当地的劳工友好相处,也可以更好地利用当地雇员为工程的安全生产服务。

② 安全生产工作,是以"安全第一、预防为主、综合治理"为原则,要克服存在的侥幸心

理和麻痹大意，尤其在工程进度较紧张的时候，更要注意安全问题；安全生产管理的职能部门，必须拥有绝对的权力，要得到项目领导的支持，不能成为一个空架子，要拥有实权。

③ 要加强安全教育，而且采取多种不同的形式，利用正、反面的例子做好安全教育，提高所有工程人员的安全意识，脑子里时刻绷紧安全弦。

④ 要做好危险源辨识工作，只有通过辨识才能有效地控制重大危险源，才能制定出切实可行的处理措施和应对方案，从而避免重大安全事故的发生；对于各种预案，要时常进行演练，在演练中发现问题，以便不断改进。

4) 马来西亚巴贡水电站安全管理案例分析

(1) 项目简介

马来西亚巴贡水电站是东南亚最大的水力发电站，整个枢纽由混凝土面板堆石坝、溢洪道、进水口、引水系统及厂房五大部分构成。其中大坝为世界第二高混凝土面板堆石坝，坝高 205 m，总装机容量为 2 400 MW（8×300 MW）。随着中国加入 WTO，参与国际工程的建设也成为我国对外开放政策的一个组成部分。通过开拓国际工程市场，我们可以在实践中学习国外先进的工程技术和工程管理经验，培养各种具有国际工程管理经验和才能的人才，提高建设队伍的素质，增强企业的竞争能力和抗风险能力，有利于巩固我们的国内市场，拓展国外市场。工业安全管理在国际工程管理中起着举足轻重的作用，它直接反映企业的国际工程管理水平，在与国际管理接轨方面，安全管理处于前沿。结合马来西亚巴贡水电站工程的安全管理特点，下面谈谈国际工程安全管理的一些要点。

(2) 项目安全管理体系的构成

① 安全管理体制

国际工程安全管理的制度与方式是受所在国的法律与社会经济发展约束的。对于国际工程，不仅要遵守所在国的相关安全法律法规，也要履行合同约定的安全要求。马来西亚地处东南亚，在东南亚经济圈中的发展水平仅次于新加坡，在工业安全管理方面沿袭英国模式，在法律管理层面上优于我国。

马来西亚历史上曾经为英国的殖民地，在国家管理体制上受英国影响较大，也包括工业安全方面。从经济发展方面看，马来西亚较我国发达，在工业安全管理方面客观上也较我国严格，特别是在法律法规方面，马来西亚在 1967 年就已经出台了第一部工业安全法规《工业与机械安全法》，而我国在 2002 年 10 月 1 日才正式出台《安全生产法》。在马来西亚所有的工业安全生产管理（包括巴贡水电站工程）都是以政府为管理主体，明显区别于我国现行的企业为管理主体、政府监督的体制。

② 安全机构的设置

对于任何施工项目，从法律上强制要求从业主方到最基层的分包商都必须设有独立的安全监察与管理部门，独立履行其职责。对于承包商的安全管理人员的要求也是很严格的，必须具有马来西亚注册安全工程师资格，外籍人员也可以通过政府的资格考核取得该资格，不受国籍的限制（巴贡水电站工程总承包商的安全经理就是印度籍）。

在安全监察管理机构中，根据不同的管理项目配置必要的专业（如脚手架、电气、机械等）工程师，安全管理机构具有独立的安全评估能力。对于分包商的安全管理，必须设置自己的安全管理机构，但还必须聘请在马来西亚注册的安全工程师（无论是马来西亚分包商，还是其他国家的分包商)。巴贡水电站工程 1B 标就是与马来西亚 EDI 公司签订的合同,EDI 公司为 1B 标提供注册安全工程师,并由其提供所有的安全咨询服务,以满足马来西亚的法律要求。

③ 国际工程安全管理的特点

a. 设立独立的安全管理机构,独立行使监察职能。对于安全管理机构,必须独立设置。安全管理机构可以独立地进行各种安全监控活动(在职权范围内)。当然,安全管理人员也对其所有行为负责。在巴贡就曾发生过安全工程师针对路面状况而阻止混凝土的浇筑,并且签字确认,阻止行为已经生效完成,不需要承包商或业主其他主管人员的授权,可以承担由此而产生的任何责任。

b. 标准化、程序化管理。在安全管理方面的标准化管理,并不只是单一的严格管理或对某一方面的侧重管理,也不是一个企业或一个项目制定的统一管理模式,而是对于一个国家的整个行业采用同一工作程序与参照标准。不会因为主体的不同,或地域等外界条件的不同而变化工作程序与参照标准。在巴贡水电站这样的大型工程上,不同国家的分包商与管理单位很多,施工人员的国籍与工作技能也不同。由于采用了标准模式管理,这些因素不会影响日常的安全管理,相反,这样做有利于高水平、高要求的安全管理制度持续运作。在巴贡水电站工程实施的过程中,总承包商的安全经理两年内换了 3 个(正常调换),但是现场的安全管理工作没有因为人事的变动而受丝毫影响。

c. 事故控制。安全管理的目的在于减少与控制事故的发生率,事故控制是安全管理的主要内容与目的,国际工程也是如此,但其更加注重从小事管理做起,不会因为只是轻微违章而轻率放行,也不会只注重重点部位、危险部位的监控,而疏忽其他部位的监控。在工程前期受到业主与总承包商投诉最多的不是重大危险监控项目,而是日常的轻微违章行为。从强制要求纠正后的统计看,事故发生率有明显下降(相对于以前),特别是轻微伤害。而降低事故发生率(包括轻微伤害),从概率上讲,是防止重大事故发生的基本保证。

d. 安全责任。巴贡水电站工程所指的安全责任,并不只是事故责任,还包括不作为责任。事故责任是在事故发生后的责任;不作为责任主要是针对承包商不及时整改安全项目的责任,即使未发生安全事故,也会对责任单位进行责任追究。巴贡水电站工程就发生了分包商因电气设施的安全隐患未按时纠正而受到司法起诉的情况,这比我国国内的事故追究制度严格而有效。对于安全责任的追究(包括责任认定),主要由所在地的司法机构进行(不管事故的大小,只要涉及保险,必须有司法部门的介入),这也是分包商进行保险索赔的必要程序。

e, 安全投入的保证。保证必要的安全投入,是减少安全事故与提高安全管理水平的基本条件。在巴贡水电站工程上,安全投入的比例是比较高的,达到了工程产值的 5%(合同约定)。外围的安全投入(安全教育、安全培训、安全咨询、安全类保险等),由总承包商履行该行为,从而杜绝了分包商为减少资金投入造成必要安全投入的缺失。对于一般安全设施的投入,承包商已经在施工措施中包含,总承包商与业主方会强制分包商进行投入,其措施主要采用停工或不予验收的方法来控制。例如分包商曾因氧气、乙炔瓶没有用钢筋笼装而停工一天,也曾因安全通道不符合标准而停止浇筑混凝土。

f. 安全(工伤)保险制度。保险是规避投保人(受益人)风险的行为。国际工程涉及安全的保险主要有以下两种:第三方责任险、承包商一切险。在巴贡水电站工程上,作为分包商的 SINOHYDRO 还投保有:CIDB(Construction Industry Development Board)险、准证险(也叫外劳险,针对所有非马来西亚籍人员)以及企业根据国内的要求购买的意外伤害保险。

以上保险除国内的意外伤害保险外,其余保险均为强制险。在进行事故处理时按照保险条例进行赔付,既保证了受伤害当事人的利益,也规避了企业的风险。需要说明的是,承包商一切险与第三者责任险为所有国际工程所强制要求投保的,这在 FIDIC 合同条款中已经明确。

④ 文明施工管理

文明施工根据所在国的不同,划归也不同。在马来西亚文明施工也同我国类似划属于安全管理范畴。文明施工对于某些国内施工企业来说都是被动进行的,在巴贡工程前期也是一样。在经过近两年时间的磨砺后,大部分管理人员(包括上层管理人员)的思想与意识有了转变。文明施工既能提升一个企业的形象,也能间接地解决某些业主与承包商之间的矛盾,进而促进生产。变被动为主动,是解决该问题的关键。

⑤ 环境保护

环境保护在马来西亚受法律、法规限制,不属于安全管理范畴,是独立的监察与管理。环境保护也与所在国的发展状况密切相关,巴贡水电站工程在环境保护方面是有针对性的,主要针对油污、不可降解垃圾与容易滋生细菌的现象(与工程所在地为热带雨林气候关系密切)。环境监察主要是由当地中立监察机构进行(外国籍人员是不能进行中立监察的),再者,为当地环境保护部门进行检查评估,对于不符合马来西亚环境保护法律要求的项目,承包商会因此而受到起诉。责任方受到的处罚不比单一的经济处罚低。

(3) 国际工程安全管理经验

① 设置独立安全机构。中国企业应积极学习国外安全管理的经验,设置完全独立的安全管理机构,完全中立、独立地履行职责,充分与国际安全管理理念接轨。

② 设置专业安全管理人员。在巴贡水电站工程上,专职安全员的作用重要而明显,按照法律要求和安全管理要求,必须设置足够的专业安全管理人员。

③ 提高施工人员的安全意识。提高工业管理水平,增强安全意识是国际工程建设的需要。在巴贡,接受同样管理的外籍劳工,个人劳动防护用品的正确佩戴使用率高,受到业主与总承包商安全投诉少,特别是韩国、法国、阿根廷的施工人员更明显。

④ 管理方式的标准化。标准化的安全管理模式并不是由企业或者安全主管来控制与制定的,这与国家或行业的管理不无关系。不能因管理的地域不同,企业不同,或者项目的不同,而采取不一致的管理方式与标准,虽然目的都是尽量减少事故发生率。在巴贡水电站工程上,马来西亚标准的安全管理模式与我们的安全管理模式相比,在程序化、模块化方面具有明显的优势。

5) 刚果(布)OBO 公路项目安全管理案例分析

本案例内容摘自《简述刚果(布)OBO 公路项目安全管理》(刊登在《云南科技管理》2011年第 4 期,作者欧翔)。

(1) 项目简介

刚果(布)OBO 公路项目是由中国水利水电集团第十四工程局有限公司海外事业部承建的刚果(布)共和国境内一条长 117 km 的二级公路施工项目。该项目位于该国西北方向,所处地区经济落后,医疗条件较差,距离首都布拉柴威尔约 600 km。在刚果(布)OBO 项目的筹备及实施期间,安全管理工作面临许多与国内项目不同的地方。针对这些差异,根据项目部运行过程中的一些做法,可以总结出以下经验。

(2) 突出不同时期的安全管理重点

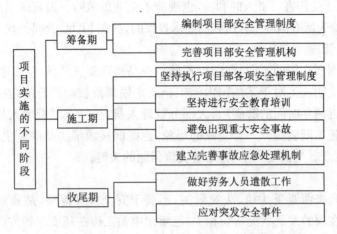

图 10-15　不同时期的安全管理重点

施工筹备期，由于受交通运输、资金等条件限制，国外工程该阶段相对较长，由于基本无施工任务，项目人员少，安全隐患不突出。故该阶段项目部主要安全管理任务为编制项目部安全管理制度及安全管理计划，确定项目部安全管理结构，理清本项目安全管理总体思路。刚果（布）OBO 项目前期筹备阶段长达半年，进场中方管理人员 10 人，刚方劳务 30 余人，主要从事设计、筹建、设备转运等工作。在该阶段，由于人员少，未设立安全分管领导，由项目经理亲自起草编制项目部安全管理制度，确定项目部安全管理思路与总体结构，同时大力发展与当地政府机关、执法机关等的关系，为随后的施工期奠定了安全管理基础。

工程施工期，工程顺利开展后，大量当地劳务人员被招聘进入项目部，项目部劳务人员由筹备期的二三十人增加至两三百人，再逐渐发展到高峰期的一千余人。由于工程所处地交通闭塞、经济落后，当地劳务人员数量少，且受教育程度低，项目部还大量招聘邻国刚果（金）劳务以补充项目部劳务力量。该类劳务人员技能水平较高，工作熟练程度高，但存在人员流动性大、与当地劳务人员易发生冲突等潜在的安全隐患。该阶段主要任务是加强对当地劳务人员的教育、落实已制定好的相关管理制度，同时保证劳务人员结构稳定，避免重大安全事故发生。

工程收尾阶段，随着工程主体施工的结束，安全管理重点转向劳务人员平稳遣散、设备以及其他资源安全退场等工作。在此期间，项目部劳务人员从一千余人逐步减少至三百人左右。在劳务人员平稳遣散的过程中，由于劳务人员组成及关系复杂，易产生偷盗、抢劫等暴力事件，潜在的安全隐患突出，此阶段的安全工作十分重要。

(3) 建立适用于本项目的安全管理体系

完善的安全管理体系应该由完善的安全管理制度、完善的安全管理机构及人员构成。其结构大致如下：

在安全管理制度及管理规定的编制及完善过程中，除了必要的交通、消防、设备、用电、易爆物品等安全管理规定外，还应根据项目部所在国特点编制适用和必需的其他安全管理规定，如编制针对中方管理人员的外事管理规定，编制针对中方伤亡救助的应急措施，编制针对当地劳务人员的管理规定等。

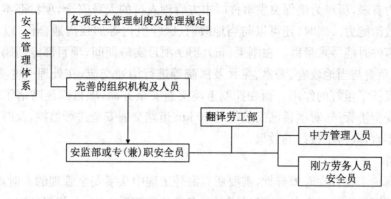

图 10-16　安全管理体系结构

在安全管理机构及人员上,由于海外工程基本呈现管理人员不足的特点,项目部安全管理不能仅仅依靠项目部安全总监、安监部全权负责,而应积极实行安全生产全员管理模式。安监部可由其他部室兼顾,主要负责安全管理工作的日常工作,同时赋予现场中方人员安全管理权限进行现场隐患排查、检查等工作。当中方任何人员对施工中存在的安全隐患和违反安全操作规程的行为(不仅仅局限在自己的工作范围内),有权进行制止、处罚,直至停工处理,待安监部人员检查消除隐患后方可恢复施工。同时,在当地劳务工人内部也应根据施工作业面选拔任用兼职或专职安全员,通过当地劳务人员安全员对劳务人员进行教育及安全监督往往能起到中方管理人员达不到的效果,所以当地劳务人员安全员的选拔也应在工程施工期间同步进行。而翻译劳工部作为语言沟通、劳务管理的专门部门,也必须完全投入到安全管理的整个过程中来。

(4) 加强安全培训及教育

由于当地劳务人员普遍对安全隐患无意识,故在项目部安全管理工作中,对当地劳务人员的安全培训及教育工作至关重要。

由于国际工程工地条件限制,劳务工被招聘后不能像国内一样进行严格的入场教育或大量集中教育。根据刚果(布)OBO 项目部安全教育模式,在完善安全管理结构后,安全教育工作可按安全管理层次和职责采取不同的方式进行,安全教育流程如图 10-17 所示。

针对中方管理人员及选拔的刚方专(兼)职安全员的教育培训,由项目部安监部和翻译劳工部组织进行系统集中的学习,通过教育,使这部分安全管理人员的安全素质得到明显提升。

针对现场大多数的劳务人员,则通过班前会的方式对其进行教育。而其中的已受集中教育的专(兼)职安全员充当安全教育人员的角色,现场中方管理人员充当监督管理的角色。

(5) 完善安全事故应急处理机制

由于工程所在国经济文化落后,安全法律法规等不健全,且医疗救助条件差,项目部自身

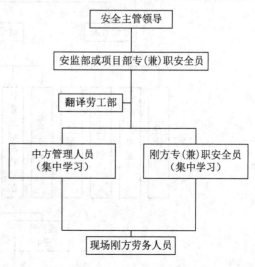

图 10-17　安全教育流程

应急处理能力有限,所以为确保突发事件时中方管理人员的人身安全,项目部本身应当具备基本的医疗救治能力。同时,还可以与当地政府、医疗机构等加强沟通合作,以便使项目部在遇到突发事件时能寻求帮助。在刚果(布)OBO项目实施期间,项目部专门聘请了一名当地翻译人员,负责与当地政府、警察、宪兵及医院等进行沟通交流,在处理一些劳工医疗、盗窃等事件时发挥了很好的作用。而在控制道路交通安全方面,项目部还聘请了沿途各村庄的村长作为安全协管员,对项目已完成的近70 km道路交通安全进行监控,及时发现处理各种有关安全事宜,取得了很好的效果。

(6) 小结

由于与国内工程存在着差异性,需要所有海外工程中从事安全管理的人时刻提高警惕,因地制宜地不断摸索出适合各自项目的新的、多样的管理手段来,方能保证安全顺利地完成施工任务,为中国形象在国际项目中增光添彩。

6) 中石油中亚天然气管道(哈国段)工程安全管理案例分析

(1) 项目简介

中亚天然气管道是中国第一条跨国天然气管道,该管道的年输送能力达400亿m^3。中石油公司和哈萨克天然气输送公司共同出资成立的合资公司——中亚天然气管道有限责任公司(Asia Gas Pipeline Limited Liability Partnership,AGPLLP),于2008年在哈萨克斯坦正式注册成立,双方各占50%股份,主要负责中亚天然气管道在哈国境内1300多公里管道的建设和运营。

(2) 安全管理体系的建立及推广

为在合资公司平台上建立和推广安全管理体系,合资公司专门成立安全管理委员会,统一协调、指导合资公司安全生产工作和安全管理体系运行工作。合资公司的安全管理组织机构如图10-18所示。

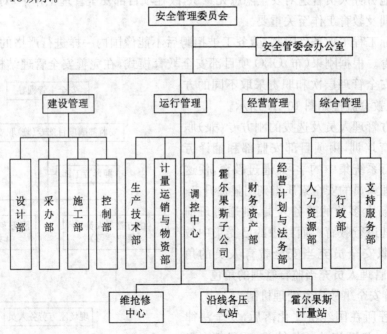

图10-18 安全管理组织机构

该安全管理委员会的工作职责主要包括：

① 组织整个工程安全管理体系的建立、推行、培训和持续改进工作；

② 制定工程安全工作计划，并组织实施；

③ 配合应急预案的编制工作，组织进行工程危险源的辨识、评价，每年评审应急预案；

④ 对重大特殊危险作业项目施工作业方案和有关许可进行审核、办理，组织现场监护；

⑤ 组织对在役生产设施、装置、装备的安全评价及有关安全的设计方案审查；

⑥ 审查施工安全合同条款，并监督落实情况。检查新改扩建、维抢修作业、技术改造工程中环境、安全保护技术措施的执行情况；

⑦ 组织或参加事故调查、分析、处理的工作。认定工伤事故的管理工作；

⑧ 组织员工进行安全培训，监督检查安全措施的管理；

⑨ 建立管道建设和运行各类事故档案，并负责事故统计报告。

合资公司的安全制度、体系是建立在中方、哈方有关安全生产的法律、法规和各项安全生产要求的基础之上的。完善的安全体系促进了资源的合理配置，督促、检查安全生产工作，及时消除安全生产事故隐患。健全的安全管理机构，有效地保障了合资公司的安全管理体系的平稳运行。

（3）细化全员安全培训和管理

细化全员安全培训是要有针对性地对全体员工进行安全培训，达到提升员工安全意识、提高安全技能的目的。合资公司组织、监督、检查全体员工安全教育培训、新入公司员工三级安全教育和转岗员工的安全教育，监督检查特种作业人员培训、持证上岗情况。通过生存技能培训、HAZOP 分析培训、SOS 培训、消防技能培训、HSSE 信息统计培训和 HSE 体系宣传贯彻培训、应急处置培训等一系列全员安全培训，增强员工安全意识和技能。

① 安全意识

a. 遵守安全管理制度、体系的重要性；

b. 实际工作、生活中所面临的实际或潜在的安全风险；

c. 违反安全管理可能带来的危险后果和负面影响。

② 安全培训

同时，合资公司也针对员工的不同的工作岗位，有针对性地开展安全培训：

a. 对中层及以上管理人员，侧重 HSE 理念、管理方法和标准的培训；

b. 对专（兼）职监督管理人员，重点开展安全评价、危害识别等专业知识培训；

c. 对现场员工侧重于安全技术操作规程学习、"三违"辨识训练、应急预案演练和岗位练兵活动的开展。

（4）危险源分析及应急管理

危险源是指可能导致伤害或疾病、财产损失、工作环境破坏或这些情况组合的根源或状态。合资公司根据工程的特点制定了相应的安全管理措施。

① 危险源分析

中亚天然气管道（哈国段）横跨哈萨克斯坦三个州，分别为南哈萨克斯坦州、江布尔州、阿拉木图州，管道沿线地理地质情况复杂，管道穿跨越锡尔河、伊犁河两条大型河流。地壳活动断裂带、山区等典型地段，有发生沙埋风蚀、盐渍土腐蚀和盐胀等自然灾害的危险，其中南哈萨克斯坦州地域广阔、人烟稀少，可能遭受恐怖分子的袭击。江布尔州有约 80 km 穿越山区、丘陵,有发生洪水泥石流、山体滑坡、采空塌陷、地面沉降、地震液化、膨胀土等自然灾害的危险。阿拉木图州经济发达、人口密集,各类建设活动频繁,不法分子打孔盗气和第三方施工造成管道破坏的可能性较大。

因此,天然气管道各段都存在发生安全事故的可能性,同时也存在由于事故诱发产生和由于人为因素(打孔盗气、恐怖袭击、第三方施工等)导致重大安全事故发生的可能性。

② 应急体系建立

合资公司根据工程建设和运行并行的特点,分别在建设板块、运行板块及其他板块建立相应的应急体系。在建设板块结合 EPC 承包商应急体系和预案及合资公司的要求,以 EPC 承包商为应急抢险的主体。在运行板块主要以公司内部的维抢修中心为应急抢险的主体。其他板块在合资公司总体统一的指导、协调和管理下,有效地执行各项应急抢险任务。应急处置流程参见图 10-19。

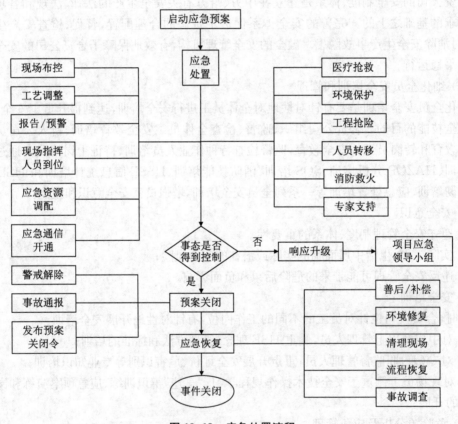

图 10-19 应急处置流程

③ 危险源监测与预警

通过建立系统的安全检查和专家评估制度并实施,保障天然气管道各站场、管线的安全预警。主要包括安保人员巡线检查,生产操作人员巡线检查,合资公司组织的定期航空巡线检查及记录(包括航拍摄影或照相),隐患点勘察记录和报告,并请相关专业人员进行风险分析,研究隐患处理消除的方法。定期邀请专业机构对管线的安保风险以及其他风险进行评估,采取相应的安全措施,消除事故隐患。

④ 信息报告与处置

a. 事故信息的收集

合资公司应急抢险中心负责事故信息的收集、汇总,并上报到合资公司应急抢险领导小组;并对信息进行整理,填写事故信息接收表,上报需要增加的救援内容等。

b. 事故信息的传递和报告

应急抢险中心获取信息后,立即执行以下工作:

第一,通过对现场汇报的情况做出事故信息判断和事故发展情况预测,采取必要措施将事故控制在最小范围,减小事故的影响和损失。

第二,将获得的事故信息和调整后的紧急运行方案,上报合资公司应急抢险领导小组,并根据应急抢险领导小组的指示安排下一步工作。

第三,按照应急抢险领导小组指示,通知安保和消防队伍及事故相关部门赶赴现场。

第四,事故信息通报采取电话和短信、电子邮件、传真、QQ通信等一切可利用的通信手段及时通报给应急支持保障组等相关单位。

(5) 安全文化建设

安全文化是企业安全管理的标志和折射,也是安全管理体系推进的长远目标。制度的力量是有限的,文化的力量是永恒的。安全文化建设是安全生产管理向深层次发展的需要。合资公司通过加快建立底蕴深厚、影响深远的安全文化体系,发挥安全文化的行为习惯约束功能和整体发展推动功能,使全体员工在思想和意识上建立牢固的安全意识。

中亚天然气管道是中国第一条跨国天然气管道。建立起一套针对本项目工程特点的安全管理方法,不仅是保障各种设备、管线能否高效、安全、平稳运行的关键,也是我国经济高速发展的重要保障。

10.5.3 国际工程现场 HSE 管理体系

HSE 管理体系主要用于指导企业通过经常化和规范化的管理活动,建立符合要求的健康、安全与环境管理体系,实现健康、安全与环境管理目标,继而通过不断的评价、管理评审和体系审核活动来推动整个体系的有效运行,促使健康、安全与环境管理水平不断提高。由于 HSE 管理体系的实施依靠良好的现场安全文化,而这种文化是许多工程项目难以形成的,所以 HSE 管理体系的实施比设计要更为困难。

1) HSE 管理体系的管理流程

建立完善的 HSE 管理体系是建筑企业进行 HSE 管理的首要任务。工程项目必须拥有完善的 HSE 管理组织机构和对应的责任制度、广泛的监督机制和有效的激励机制,同时又必须有清晰的 HSE 管理流程,如图 10-20 所示。

2) 国际工程现场 HSE 管理体系的主要内容

(1) HSE(健康、安全与环境)管理体系

① HSE 方针和目标。确定工程的 HSE 方针,如体现以人为本,健康至上,安全第一,预防为主,科学管理,保护环境,保证健康,全面提高经济效益、社会效益、环保效益,走可持续发展的道路。项目 HSE 目标包括健康目标、安全目标、环境目标。

② 项目领导承诺。

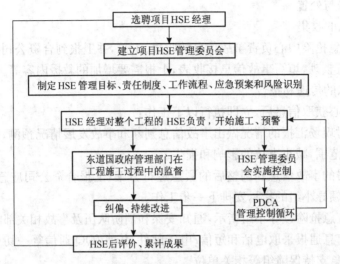

图 10-20 HSE 管理流程

- 为 HSE 管理体系的有效运行提供强有力的领导和必要的资源保证。
- 全面贯彻执行工程所在国的有关健康、安全与环境的法律、法规，执行公司的 HSE 方针、目标以及业主提出的相关要求。如英国的《工作健康与安全管理规定》、美国的《职业健康与安全条例》。
- 最大限度地满足员工 HSE 的需求，关心员工的健康和安全，创造良好的作业环境，树立一流的企业形象。
- 营造良好的 HSE 企业文化，强化员工的 HSE 意识，不断提高员工的 HSE 水平。
- 指定项目部各级组织 HSE 监督，加强项目 HSE 管理体系运行的监督管理；强化风险管理，运用风险管理技术，减少和避免人员伤害和对环境的破坏。
- 运用科学的管理和先进的技术，实现 HSE 管理体系的持续改进。

(2) 项目 HSE 管理机构

HSE 的管理机构包含三个主要的部分：①项目部 HSE 领导小组的组成；②项目 HSE 组织机构图；③项目 HSE 管理网络图。其中组织机构的搭建最为重要。

建立广义的施工项目 HSE 管理组织机构，见图 10-21。由总公司分管安全生产的副总经理牵头，推选项目 HSE 经理，成立 HSE 管理委员会。HSE 管理委员会由业主方、勘察方、设计方、监理方、分包商、机械材料供应商代表组成。HSE 经理的地位仅次于项目经理而高于其他一切部门领导，可直接向项目经理汇报工作，不必通过各级部门逐级汇报。如项目中出现不利于 HSE 管理的严重问题，可要求项目经理立即停工。负责项目的总工

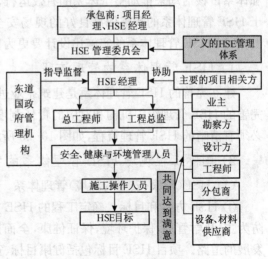

图 10-21 HSE 组织机构

程师、工程总监直接对 HSE 经理负责,指导并监督施工技术安全人员做好工作,施工技术安全人员必须将 HSE 管理灌输到施工操作人员的思想中。把周边社区纳入 HSE 管理体系范围,从项目一开始就及时向周边社区和项目干系人解释工程情况,存在什么样的风险,紧急事故发生时应如何应对等,并在项目建设过程中,定期发布 HSE 性状报告,征求意见,寻求理解,改进工作。

(3) HSE 责任制

分别描述项目经理、分管 HSE 工作的项目副经理、项目主任工程师、项目 HSE 监督、项目 HSE 部、项目施工部(技术、调度、质量、设备)、项目财务部、项目部办公室、项目劳动人事部、项目物资部、作业班组长的 HSE 管理职责。

(4) 安全保证措施

包括施工人员居住地安全保证、施工现场用电作业安全保证、管材运输及堆放安全保证、起重作业安全保证、各种主要专业的安全保证。

(5) 健康保证措施

① 工程开工前,项目部安排所有临时和永久员工进行身体检查,建立员工健康档案。

② 项目部设立专职医疗保健人员和设施。

③ 健康教育培训内容。

④ 现场和驻地卫生保证措施。

⑤ 现场急救措施。

⑥ 传染病防治措施。

⑦ 营养卫生保证措施。

⑧ 饮食保证措施。

⑨ 炊事人员卫生管理措施。

⑩ 厨房、食堂卫生保证措施。

⑪ 员工健康保健。

⑫ 浴室卫生保证措施。

⑬ 厕所卫生保证措施。

⑭ 劳动环境卫生保证措施。

⑮ 施工现场健康保证措施。

(6) 主要工种及重点工程施工安全措施

① 工种,如焊工、起重工、机械操作工、推土机操作工的安全措施。

② 安全教育和培训。

③ 重点工程的施工安全措施。

(7) 环境保护措施

① 环境保护培训计划和培训内容。

② 施工现场环境保护措施。

③ 设备、管材搬迁的环境保护。

④ 驻地的环境保护。

⑤ 施工作业中环境风险的预防。

⑥ 保安。包括现场保安设置、人员和车辆的进出场控制、现场人员的秩序和防止打架

斗殴等。

(8) 分承包商的 HSE 管理要求

可参照总承包商的 HSE 管理要求。

(9) 培训

① 工程开工前培训的主要内容。通常为 HSE 基础知识，有关法律、法规和标准，公司的 HSE 政策，相关方对 HSE 表现的要求，隐患识别技术，操作技能，特殊工种技能，消防知识，救生知识等。

② 应急培训的主要内容。包括项目事故险情类别、性质和危害特点，事故先兆的识别和判断知识，事故报告，事故抢险，人员救生，紧急撤离等。

③ 培训要求。施工班组到达新的施工作业地区，针对地区的情况进行培训；使用新设备前进行培训；采用新的工艺技术前应进行培训；新员工上岗前或岗位转换前应进行培训；员工技能或素质不满足要求应进行培训。

(10) 风险评价与危害管理

① 项目风险和危害清单。

② 项目危害的识别、控制和消除。

③ 危害及影响的确认、评价及削减措施的制定。

(11) 监督检查和审核

① HSE 监督检查。包括检查频率、现场检查。

② HSE 审核。包括：a. 项目部为保证 HSE 管理体系持续有效地运行，定期或不定期地对项目部 HSE 管理体系的适宜性、符合性和有效性进行审核。b. 审核组织。c. 审核频率。d. 审核实施。

(12) 应急计划

① 应急程序。

② 应急范围，通常指以下情况：火灾、交通事故、触电事故、洪涝灾害等。

③ 应急组织机构。

④ 各组织成员职责，包括现场应急指挥、项目部监督、应急小组、医务人员。

⑤ 应急措施，包括火灾、人员落水的急救措施，交通事故应急措施，触电急救措施，工伤疾病急救措施。

(13) 附件

① 医疗急救流程图。

② 营地火灾急救流程图。

③ 项目部撤离流程图，即在天气恶劣、洪水暴发、战争爆发等紧急事件情况下的紧张而有序的撤离过程。

④ 环境污染处理流程图。

⑤ 主要施工作业危险、险情识别和评价表，包括对施工中容易出现的危险和险情主要控制、治理原则，列出主要危险和险情，对危险、险情做出评估。常用危险评估分类、事故易发性分级、危险评估分类矩阵等方法。

⑥ 危险、险情登记及控制、消除要点表，包括针对主要危险和险情，列出危险登记、危险类别与范围、危险识别与描述、危险评估、出现频率、潜在危害、恶化因素、危险控制措施等。

⑦ 施工中 HSE 常见风险清单,包括风险描述、风险场所、风险升级的因素、关键控制人、可能产生的后果、预防措施及判定准则、危害评价等级等。

如图 10-22 所示为某国际炼化工程项目 HSE 管理综合图。

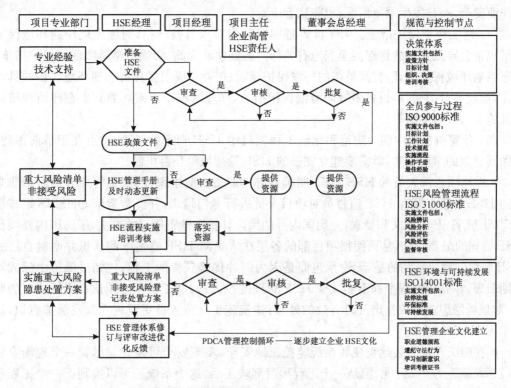

图 10-22 某国际炼化工程项目 HSE 管理综合图

10.5.4 国际工程现场 HSE 管理应注意的问题

HSE 管理体系已作为进入国际工程承包市场的准入证,我国建筑企业在工程承包实践中也逐步建立了自己的 HSE 管理体系。然而,由于国内外环境存在较大差异,在国际工程施工中 HSE 管理有自身的特点,所以还应注意以下问题:

(1) 要加强 HSE 培训和教育,提高安全技能和环境保护能力。由于我国建筑企业的国际工程承包市场大多数是位于经济不发达国家,当地教育水平和人口技术素质较低、安全意识较弱,对当地雇员 HSE 培训工作就显得更为重要,要加强对当地雇员安全操作技能和规程的培训和沟通。许多承包商要求其雇员通过一系列关于健康、安全与环境的强制性培训的能力测试。在英国,每个通过能力测试的雇员都将得到一个 CSCS(Construction Skills Certification Scheme)卡,该卡表明持有者已接受关于健康、安全与环境等方面的培训。

(2) 由于国际工程施工现场一般都是位于比较偏僻的地方,可能离当地卫生部门比较远,施工现场必须配备一定的急救药品,便于处理紧急事件。此外,国内施工人员由于习惯了本国的就医环境,对国外的具体就医情况可能会产生内心的忧虑和不适应,尽可能地配备一名国内医生,一方面可以提高效率,节省成本;另一方面可以减少由于到当地医院就医所引起的一些不必要的麻烦。

（3）提高设备装备水平，现场配齐安全设施用品，提高防护应急能力。先进的设备、高标准的装备水平、严格的维护保养措施为施工作业搭建了坚实的安全平台。配备专用安全措施、足够的交通工具、良好的通信设施以提高突发事件应急处理能力。只有这样，才能保证作业安全，一旦发生紧急情况，也能从容应对。

（4）落实环境保护措施。由于世界各国对环保要求日益严格，对施工现场的环境保护不重视将会导致业主的抱怨甚至当地有关部门的处罚。为此，必须严格落实环境保护措施；遵守当地环境保护法规；提高员工的环境保护意识；按业主要求做好每一项环境保护的具体工作，如垃圾分类回收，设备做好防泄漏保护措施，作业过程中不破坏原有生态环境和植被以及施工后及时复原等。

（5）预警机制的构建。防范和化解工程项目中 HSE 管理的风险，重点在于事前预防，要做到有效的事前预防，就需要建立完善的 HSE 管理风险预警机制。

- 提高项目部人员的 HSE 意识，明确各部门职责。应组织在 HSE 管理方面做得非常好的 HSE 管理专家和 HSE 监督员对项目人员进行专门培训，并经常邀请 OHSMS 审核员授课，讲解 HSE 的意义和要素，介绍国内外的风险评价和危害辨识的方法，了解国内外项目 HSE 管理的最新动态，从而使得项目部的各层次人员对 HSE 有清晰的认识并明确自己的 HSE 职责。需要强调的是，无论承包商是因为何种优势获得的工程，比如最低价中标或者工期最短，在施工过程中都不能减少 HSE 管理的投入；监理工程师必须认真履行法定的职责，对现场隐患或事故作出及时有效的处理；建筑施工从业人员更要树立自我保护意识，认真学习 HSE 知识。

- 在施工现场安装远程视频系统监控工地安全，实现安全可视化。尽管一个现场安装监控系统需 1 万～2 万元，但是一个工程项目部竣工后，这个系统还可以换到下一个工程现场使用，摊销成本并不高。视频系统还可随时抓拍图片，一旦发生建设安全事故或者出现违章施工的情况，就能立刻调用相关资料，为接下来的应急救援等工作做好准备。

- HSE 管理委员会的管理人员应注意职工的身体健康及心理情况的变化，定期聘请医疗人员为职工体检并邀请有关专家进行心理访谈，就工人在健康和卫生方面所遇到的职业健康问题，提供咨询服务；执行与职业健康及卫生有关的条例；为申索工伤补偿的雇员判伤；举办展览和讲座，以提高职工职业健康的意识。

- 注意环境对职工的身心健康的影响。HSE 管理委员会应对建筑工人的工作现场进行实地调查，以确保工作场所符合有关健康及卫生的各项规定。

- 建立快速信息反馈系统，见图 10-23。当施工人员发现问题时（预警）可以直接告知 HSE 经理。倘若问题比较简单，HSE 经理有权自己做出决定，若问题复杂，可以征求 HSE 管理委员会的意见或帮助，当问题极其复杂时，可以要求项目经理援助，最终达到以时间最短、所需步骤最少的方式解决问题的目的。

（6）强化 HSE 风险管理意识。

- HSE 的风险管理主要包括风险识别、评估与

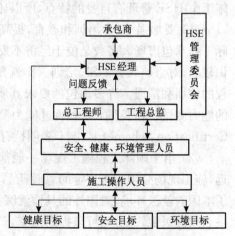

图 10-23　快速信息反馈系统

风险控制。在 HSE 工程项目施工中,各种风险发生的概率、频率及可能造成损失的严重性各不相同。有些活动可能潜伏多种风险,但对 HSE 造成的损失并不十分严重;有些活动虽然只是一种或两种风险,但其发生的频率高,造成损失的可能性大。因此,HSE 的风险辨识、评估与控制至关重要。

- 重视 HSSE 风险管理。Health, Safety, Security, and Environment,简称 HSSE,即健康、安全、保障(治安)、环境。目前,我国的建筑施工企业开始走向国外,承揽一些国外的工程。工程所在国的政治局势包括政权的变更、政变或者兵变、罢工和暴乱乃至发生内战等,会影响我国工程人员的安全,应被认为是人身安全保障(Security)风险;工程所在国与周边国家关系也不容忽视,可能会导致封锁、禁运和经济制裁,如果关系继续恶化可能导致边境冲突,甚至发生战争,这些也会直接影响工程的实施和从业人员的治安安全。采取怎样的防范措施才能使身处境外的工程人员的治安安全得到保证,也成为外向型建筑施工企业必须解决的难题。

- HSE 风险管理的实施应贯穿工程的全过程。HSE 技术措施在开工前应根据施工图编制,施工前必须以书面形式对施工人员进行职业健康安全技术交底,并对现场的环境条件进行监测,保证项目人员在一个安全的环境中工作,保证不对周边环境造成污染和危害。对不同工程特点和可能造成的职业健康安全事故,从技术上采取措施,消除危险,为从业人员提供健康安全和环境保障;施工中应对 HSE 实施进行实时动态管理,经常进行监督检查,包括安全生产责任制、安全保证计划、安全组织机构、安全保证措施、安全技术交底、安全教育、安全持证上岗、安全设施、安全标志、操作行为、违规管理、安全记录、粉尘和噪声指数等;对施工中出现的新问题,技术人员和职业健康安全管理人员要在调查分析的基础上,提出新的职业健康安全技术措施和环境要求,不断改进,消除新的危险因素和危险源;不间断地摸索新的规律,总结控制的办法和经验,指导新的变化后的管理。

- 坚持全天候的 HSE 风险管理。每天班前会议对风险分析、作业许可证内容进行贯彻和落实。班组长或 HSE 管理者在现场对作业人员进行作业前的技术交底,告知工作任务、危险隐患和应急预防措施等信息,确保相关人员了解交底内容,按规程作业。

- 施工项目业主方应积极参与到项目的 HSE 管理体系建设过程中,建立安全责任体制。要求业主和承包商均承担安全责任风险,建筑伤亡事故的最终法律责任和经济损失有相当大的部分由业主负责。业主须向承包商提供安全标准和环境保护细则,为承包商的安全培训提供便利条件;要求所有的承包商接受安全指导;审查其安全计划,并对其安全状况进行定期检查,一经发现问题,业主就可以向承包商反索赔。业主在工程项目招标时,将会把投标人的良好 HSE 业绩记录列为取得投标资格的必备条件。在工程施工阶段,业主应更积极参与承包商的安全管理。业主对安全问题的高度重视,将会促使承包商意识到,提供高质量 HSE 服务是他们投标中标的必需条件。

10.5.5 HSE 风险管理案例分析

1. 苏丹 3/7 区电站项目

本案例内容摘自《苏丹电站项目的 HSE 风险管理》(刊登在《安全、健康和环境》2007 年第 9 期,作者宋振)。

1) 项目简介

苏丹 3/7 区电站项目是由中国石油天然气总公司(CNPC)、马来西亚国家石油公司(Petronas)和苏丹石油公司(Sudapet)共同投资兴建的为原油处理设施提供电力的合资项目。中国石油工程建设(集团)公司(CPECC)作为该工程的管理承包商,承揽该电站的 EPCC(设计、采购、施工和试运行)项目,全面负责管理分包商。该项目完全采用国际管理模式,各种管理大部分采用欧洲标准,特别是健康、安全与环境的管理,要求严格按照业主的 HSE 相关规定执行。

在苏丹 3/7 区电站项目 HSE 管理体系中,风险管理是建立在任何事故都可以预防、任何风险都可以转移和削减、任何隐患都可以消除的理念的基础上的,因此,这个海外大型项目的 HSE 目标是:零伤亡、零财产损失、零环境污染。由于项目施工工期苛刻、露天和高处作业多、气候炎热、沙尘暴多等,要实现 HSE 目标,风险管理作为 HSE 管理体系的核心显得尤为重要。风险管理要求承包商在进入施工现场开工前必须进行充分的风险辨识、评价,编制控制程序,报业主批准,然后在施工过程中依照制定的程序或方案有效地控制风险,把风险控制在尽可能小的、可以承受的限度内。

2) 风险管理的基本过程

苏丹 3/7 区电站项目风险管理的基本过程是:评估来自施工、投料试车等相关活动中的风险;分析并确定哪些是不可承受的风险,从而制定和执行相应的程序;采取控制措施避免事故的发生;制订应急预案并演练,以保证风险一旦失控能采取有效的抢险措施。在此基础上,用与工作任务相关的危害和危险来教育管理者和具体执行此工作任务的员工,明确控制措施并认真执行以保证相应的风险得到控制和削减。风险的管理按以下步骤进行:

① 制定(设计)一个结构化的危险和影响管理过程(Hazards and Effects Management Process,HEMP),用来对项目的工程建设中的危险和危害进行辨识、评估和提出削减的方法。这项工作由项目部组织有经验的领导和专家组成一个小组来进行。

② 对某一主要阶段进行工作危害分析(Job Hazard Analysis,JHA)。

③ 对某一具体工作活动的安全情况进行分析(Job Safety Analysis,JSA)。

④ 在每天工作开始之前,进行安全任务分析和降低风险讨论(Safety Task Analysis Risk Reduction Talk,STARRT),让员工对与任务有关的环境、安全和健康的危害进行进一步的辨识和解决,填写"讲话卡",所有参加讨论人员在"讲话卡"上签名表示认可。这项工作一般由班组长在每天工作之前召集本组人员进行。

⑤ 具体操作的人员,按照"讲话卡"上的措施逐条落实。各级领导和 HSE 管理人员按照各自的管理权限进行检查和监督。

3) HEMP 的分析和设计

结构化的危险和影响管理过程首先是编制 HEMP 检查表。检查表主要是针对施工过程中可能对 HSE 造成影响和危害的所用材料、使用的设施、环境条件等进行辨识后列表,并根据它们的性质、状态、特点、在风险评估矩阵所处的位置、是否要做进一步分析等内容列出明细,为领结图分析做好前期准备。表 10-3 是苏丹 3/7 区电站项目部分危害确认检查表。然后用绘制领结图的方式来表示事故(顶级事件)、事故发生的原因、导致事故的途径、事故的后果以及预防事故发生的措施之间的关系。由于其图形与领结相似,故叫领结图,这种分析方法又称作关联图分析法,领结图的形式见图 10-24。

表 10-3 苏丹 3/7 区电站项目危害与影响管理过程(HEMP)确认检查表

序号	危害	分类序号	元素/设备	在风险评估矩阵中的位置					危害类型(特殊/一般)	领结图分析(是/否)	等级划分说明	ALARP(是/否)
				H	P	A	E	R				
1	交通	HS01	轿车、中巴、卡车	M	D 4 M	D 4 L	D 2 L	D 2 L	一般	是	车辆检查与维护	是
2	坠落	HS02	安全带、脚手架、防护网	M	C 4 M	C 2 L	C 0 L	C 3 M	一般	是	脚手架检查	是
3	电气	HS03	电动机械、电缆电线等	M	B 4 M	B 3 L	B 1 L	B 2 L	一般	是	电动工具	是
4	吊装	HS04	汽车吊、吊索、电动倒链	M	C 4 M	C 3 M	C 1 L	C 2 L	一般	是	设备检查与维护	是
5	无损检测	HH01	无损检验设备	M	B 4 M	B 1 L	B 3 M	B 2 L	特殊	是	设备检查与维护	是

注:① HS01 代表 01# 安全危害;HH01 代表 01# 健康危害。
② 风险评估矩阵中的位置栏中的字母意义:L 代表"低",M 代表"中",H 代表"高"。
③ "ALARP"表示是否要进行"合理使用尽量低"程序。
④ 其余危害省略。

领结图的作用有:它能形象地表示引起事故发生的原因;它直观地显示了危害因素→事故→事故后果的全过程,即可以清楚地展现引起事故的各种途径;分析人员利用屏障设置可获得预防事故发生的措施,以加强控制措施或采取改进措施来降低风险或杜绝事故。领结图分析按以下步骤进行:

① 确定顶级事件。顶级事件是指不希望发生的事故,如高处坠落、触电等。在图中顶级事件用圆表示,置于领结图的中心。

② 原因分析。在确定顶级事件后,就要对引起顶级事件的各种原因进行分析,这些原因是施工过程中客观存在的危险因素,如焊接过程中的导线漏电、设备缺陷,分析时应尽可能将引起顶级事件的原因都分析出来,一般从人的行为、设备、环境条件等方面分析。

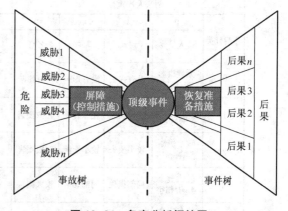

图 10-24 危害分析领结图

③ 设置屏障。在对顶级事件及发生原因分析后,应采取措施限制和预防顶级事件的发生,即设置屏障,阻断危害引发事故的路径。屏障有安全教育、制定规章制度、人员培训、硬件措施等。硬件措施包括主动的预防和削减措施,也包括被动的防护措施。

④ 恢复准备措施的确定。顶级事件发生后,采取应急措施,以减少损失,避免事故扩大,尽快恢复正常状态。

图 10-25 是表 10-3 HEMP 危害确认检查表中高处坠落危害(HS02)领结图分析,屏障方框中的"+"号,表示此项措施是可以控制的。根据领结分析图和危害确认检查表,再采用风险矩阵图进行定性分析,见图 10-26。对于高风险区域(不可承受的风险)内的风险需要立即进行控制,采取各种措施减低风险或停止隐患活动,以消除风险。对于中等风险区域(需考虑削减风险)内的风险需要引起格外注意,并要采取控制措施,这部分风险也是 HSE 管理中需要重点防范的风险,应采取控制措施,降低风险。对于低风险区域内的风险需要提高警惕,预防隐患的发展和扩大,并不断改进方法提高风险控制水平。

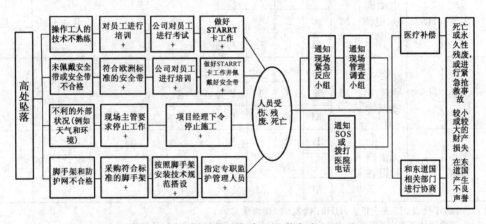

图 10-25　领结图分析高处坠落危害(HS02)

影响分类	后果及严重性				可能性				
	P	A	E	R	A	B	C	D	E
	人员	财产	环境	名誉	行业中从未听说过	行业中发生过	我们公司发生过	公司每年发生几次	同一场所每年发生
0	无健康影响/伤害	没有损失	没有影响	没有影响					
1	轻微健康影响/伤害	轻微损失	轻微影响	轻微损害		低风险区			
2	较小健康影响/伤害	较小损失	较小影响	有限损害					
3	较大健康影响/伤害	局部损失	局部影响	较大损害			中风险区		
4	终身完全残废或1~3人死亡	严重损失	重大影响	国内损害					
5	群死群伤	广泛损失	巨大影响	国际影响			高风险区		

图 10-26　风险矩阵图

4) JHA 和 JSA

工作危害分析(JHA)是针对某一阶段工作,或者说某一局部工作危害和风险的分析,明确需采取的削减措施,JHA 实际是 HEMP 的细化。项目经理对所有将要进行 JHA 的工作进行确认,指定督办人和参与者成立工作危害分析审查小组。由分析审查小组确定可能的负面结果,并在工作表上列出所有的可能原因,并确定相应的控制措施,在相邻的栏目中明确何时以及由谁来进行控制措施的实施。

根据 JHA 分析表中的每项具体工作活动,当要求对此工作进行更进一步和更彻底的审查时,则应要求进行 JSA 分析审查。工作安全分析(JSA)主要针对的是单项工作任务和个人的活动,它是 JHA 的分解和细化。进行 JSA 分析要突出风险控制措施,要考虑具体的要求,包括设备、工具的使用环境以及可能造成的影响,要结合操作程序考虑谁会受到伤害以及如何受到伤害,评估采取的安全措施是否充分和全面。

编制完成的 JHA、JSA 报告提交给监理单位,由监理单位和业主的风险控制部和专家组进行审查和再评估。获得监理批准后,按预定计划配置必要的资源,而且参与该项目的操作人员要在进行工作活动之前完成培训。此过程由监理安排专业人员监督执行和跟踪检查。

5) 作业班组的 HSE 讨论

班组在作业前,按照 PMC 提供的"讲话卡"进行安全任务分析和降低风险讨论,要求班组人员在施工前要回顾前一天工作情况,充分讨论当天工作在 HSE 方面可能遇到的风险和应采取的措施,并对操作程序和 HSE 措施认可。"讲话卡"的内容主要包括工作内容、时间、负责人、隐患风险评估、削减措施(需要补充的自行填写)、班后评价、操作者的签名。

由于班组和操作者关注的是自己当天的事务,因此考虑的 HSE 风险和措施比较全面和切实具体,可操作性强。通过每天的安全任务分析、降低风险讨论和填写"讲话卡",可以不断提高员工的 HSE 意识,使他们能够在主动消除或减小风险的前提下工作,有效避免事故发生。

综上所述,很容易看出 HEMP、JHA、JSA、STARRT 之间的相互关系,如图 10-27 所示。

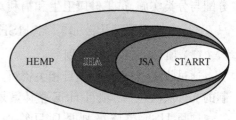

图 10-27　HEMP、JHA、JSA、STARRT 相互关系图

6) HSE 风险管理措施的具体实施

风险管理措施的具体实施对承包商和业主而言均有相应的责任,他们应作为一个整体共同来保证,在这里需特别指出的是:

(1)"千里之堤,溃于蚁穴",任何的图省事和马虎大意都可能导致无可挽回的事故发生。因此,全体人员必须在项目的全方位、全过程中不折不扣地执行风险控制措施,必须在所有风险控制措施完成后才能进行具体的施工操作,同时,工作过程要严格按预定的程序进行。

(2)由于现场的工作内容、条件或环境发生变化,危害和风险的程度和类型也有可能随之而变。因此,要针对变化,重新确定和评估风险控制措施的充分性和有效性,需要补充的 HSE 措施必须在实施后才能进行下一步的操作和工作。

(3)重视过程中的检查和监督工作。队长、班组长和 HSE 工程师在施工过程中严格按规定和程序要求进行检查和监督。特别是 HSE 工程师,他们的责任非常重大,协调作用极其重要,不少工作和程序必须经他们认可和批准。

(4) 应急预案的制定要有可操作性。应急的培训和演练要根据不同的对象有的放矢,以确保在风险失控时能正确地发挥作用。

2. 沙特 PET-Ⅱ 改造项目

本案例内容摘自《基于沙特 PET-Ⅱ 改造项目 HSE 管理模式的研究与应用》(刊登在《中国安全生产科学技术》2014 年第五期,作者王延春、徐峰、陈亮)。

1) 项目简介

沙特 PET-Ⅱ 改造项目的业主为 SABIC IBN RUSHD,由中石化公司工程项目总承包,并进行工程分包。该项目是二期改造工程,包括下述所有装置的改造:芳烃装置、PTA 装置、聚酯 PET 装置、污水处理装置及全厂公用工程和 DCS 系统。该项目中的聚酯装置包括:PTA 输送和储存、42 万 t/年连续聚合(CP 单元和热煤系统)、固化聚合(SSP 单元)、聚酯后处理单元等。

该项目具有 HSE 管理难度大、分包单位众多、作业环境艰苦、文化背景迥异、设备种类多、技术复杂等沙特项目的一般特点。

2) 沙特 PET-Ⅱ 改造项目 HSE 管理模式

沙特 PET-Ⅱ 改造项目的 HSE 风险管理包括环境、设备和人员三方面。因此,以项目管理过程中 HSE 风险管理为核心,策划并实施了项目过程控制环节,包括:项目 HSE 整体策划、HSE 风险动态管理、实施和运行(标准化 HSE 管理程序、组织架构设计、HSE 培训工作分配与分类实施、员工健康卫生和福利)、检查(现场 HSE 监督管理、奖惩管理)等。

3) 沙特 PET-Ⅱ 改造项目 HSE 管理模式的应用

(1) 项目 HSE 整体策划

通过收集、整理沙特项目相关资料,结合项目实际要求编写了项目 HSE 管理文件,所编制的文件层次包括:项目 HSE 整体策划、HSE 程序文件、项目 HSE 要求以及记录表单。

项目 HSE 整体策划是项目管理的指导性、纲领性管理文件,按照 OHSAS18001、ISO14001 等体系标准以及业主 SABIC IBN RUSHD 的 HSE 要求建立项目 HSE 管理内容框架。在其运行控制要素中,重点考虑设计控制、采购控制和施工管理。同时,结合境外项目的调研情况,列出运行控制阶段各环节需重点关注的内容,采用 HSE 程序文件、项目 HSE 要求、记录表单等作为技术支撑,形成标准化、流程化、表单化、信息化的项目 HSE 管理模式。

(2) 项目 HSE 管理程序标准化

为保证该项目 HSE 管理过程有章可循、有据可依,在项目开工之初,编制了各类 HSE 管理程序文件七十余份,包括设计阶段的 HSE 管理计划、HAZOP 审查、现场施工 HSE 管理计划、现场紧急撤离方案、事故预防与处理程序以及现场各项作业的 HSE 规定等,涵盖了组织、资源、管理、PPE、设备操作、职业健康、培训、环境、记录等方面。更为重要的是形成程序文件的权威性和执行力,项目现场所有作业均在程序控制范围之内,限制了违规施工的空间。一旦发现违规情况,立即整改,甚至停工。

(3) 项目组织架构设计

沙特 PET-Ⅱ 改造项目人员配备包括:项目经理、项目 HSE 经理、设计经理、采购经理、施工经理、现场HSE经理以及现场全职HSE工程师等。项目组织架构设计见图10-28。

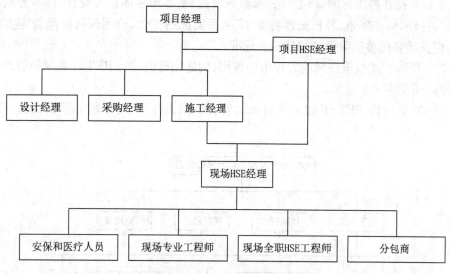

图10-28 项目组织架构设计

在项目建设期间,专业HSE管理人员与作业人员按比例配置,对人员资质严格管理,有一套认证程序。专业HSE管理人员必须经过业主面试或考试,取得业主认可后方可上岗。对专业HSE管理人员的考察包括岗位经验、专业知识、语言能力等。

(4) 项目HSE风险动态管理

沙特PET-Ⅱ改造项目在执行过程中存在各种风险,既有共性风险,也有个性风险。图10-29列举了项目可能遇到的风险,可供境外项目在危害识别时参考。

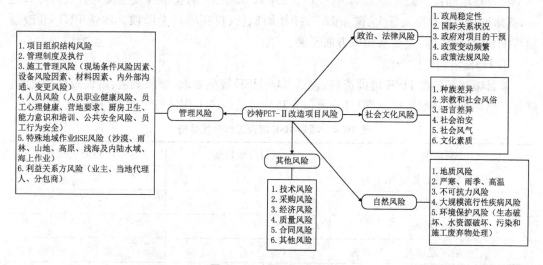

图10-29 项目风险清单

项目现场存在的风险随着施工进展、地形、天气等而变化,因此,对施工现场需要实施动态的HSE风险管理,并考虑HSE风险管理的技术和方法:

① 为HSE风险管理实施的各个环节提供技术支持,具体包括:危害识别、风险评价、监

控和决策技术。

② 建立包括各种指标的量化方法、参数的设置、基本指标体系的设计、样本数据的统计口径等相关技术标准体系,并根据沙特 PET 项目实况的变化,检测现有风险管理方法的使用效果,根据需要调整风险管理的技术与标准。

③ 为了提高智能决策在风险管理中的作用,构建完整的沙特 PET 项目风险管理的数据库、方法库、模型库和专家库。

图 10-30 是沙特 PET-Ⅱ 改造项目风险管理框架设计图,可供境外项目在管理风险时参考。

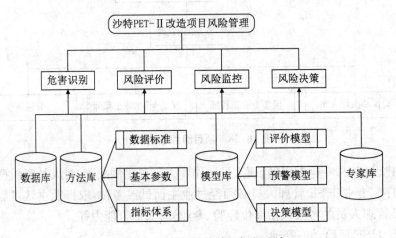

图 10-30　项目风险管理框架设计

(5) 项目 HSE 培训工作分配与分类实施

项目将培训视为提高员工 HSE 技能、提升 HSE 水平、防止事件发生最为有效的方式之一,其培训特点是:投入量大、覆盖面广、持续周期长、贯穿项目全阶段。沙特 PET-Ⅱ 改造项目 HSE 培训工作,主要从如下方面开展。

① HSE 培训工作分配

项目编制了各类 HSE 培训资料,包括各项 HSE 规范要求、事故案例、培训教材等,而且制定了培训工作分配矩阵,对项目总承包商和分包商培训工作进行了明确分配,见表 10-4。

表 10-4　项目 HSE 培训工作分配矩阵

HSE 培训工作	项目总承包商	项目分包商
根据培训计划准备培训内容	√	
培训教室	√	√
培训硬件	√	√
培训记录表	√	
培训人员	√	√
项目编制的 HSE 手册	√	√
进行培训	√	√
为管理人员进行初始入场培训	√	

(续表)

HSE 培训工作	项目总承包商	项目分包商
宣传项目发布的 HSE 主题内容		√
公布月培训计划	√	√
每月进行培训统计		√
保持培训记录		√
审计	√	

② 实施分类培训

项目提供入场培训和专项培训两大类培训。所有新入场员工必须参加入场培训教育，保证全面了解现场 HSE 规范要求、现场 HSE 注意事项以及现场存在的 HSE 风险。为确保达到 HSE 培训的目的，让新员工切实掌握各项 HSE 知识，要求 HSE 培训时间必须达到 4 小时。

针对现场特殊工种、高风险作业和特殊作业实施专项 HSE 培训，只有经过相应的专项 HSE 培训才可以从事相应的特殊作业，如：受限空间作业培训、脚手架作业培训、开挖作业培训、高处作业培训、移动设备司机和旗手培训、动火作业培训、监护人员培训、电工工具培训、操作手培训、气体检测培训等。专项 HSE 培训根据现场施工情况适时安排，根据现场不同时期的施工特点提前安排相应的专项培训。

(6) 现场 HSE 监督管理

① 分区域管理

现场执行分区域管理制度，将现场划分多个区域，安排现场安全员监督管理不同区域。可以最大限度地压缩 HSE 管理人员数量，在一定程度上避免重复配置，更好地对现场进行全面监控，不留死角全方位安全监督管理。同时，现场分区域、分作业分别指定了相应的施工负责人，现场发现隐患后，可以立即找到相应的施工责任人，及时进行整改，消除隐患。

② HSE 观察

为了发挥现场 HSE 管理人员的作用，评价其每天的工作，沙特 PET-II 改造项目实行 HSE 观察制度，即 HSE 监督员每天需以报告的形式，提交其在现场发现的问题和采取的改善措施。报告经整理和统计后，由项目 HSE 经理审核，一方面对当天出现的问题，寻求其根源，提出相应的改进措施，作为下一步 HSE 工作重点，并在 HSE 会议上进行通报；另一方面，HSE 观察报告可以作为指导 HSE 监督员工作的方法之一，可以直观反映 HSE 监督员在现场都进行哪些工作、发现哪些问题、提出哪些改善措施，从而 HSE 经理可以指出其工作盲区、误区，针对性进行指导，从而达到提升其管理能力，实现项目 HSE 目标。同时，通过此法可以激励 HSE 监督员主动发现问题，化"被动管理"为"主动管理"。

③ 现场巡检制度

a. 每周组织业主、项目总承包商以及分包商相关人员对现场进行全面的巡检，完成后立即召开会议讨论现场存在的 HSE 隐患，并制定相应的整改措施，要求立即整改。

b. 每日安全人员都会对现场进行检查，发现问题后通知相应责任人进行整改。不能立即整改的，通过正式文档的形式将安全隐患下发给相应单位，并要求在限期内整改完成。

c. 根据现场施工作业情况及 HSE 管理需求，制订每月 HSE 专项检查计划，包括临时用电、吊装作业、PPE、文明施工等，根据这个计划，对现场实行 HSE 专项检查。

d. 根据项目相关文件要求，项目不定期进行专项检查，包括节前大检查、季度大检查、设备专项现场、每月安全主题检查等。

(7) 员工健康、卫生和福利

员工健康、卫生以及相应的福利设施也是 HSE 管理的重要组成部分之一，也越来越受到关注。沙特 PET-Ⅱ改造项目在现场提供的相关福利设施有：餐厅、饮水点、更衣室、厕所、垃圾箱和垃圾桶等，以及现场诊所、医生和护士以及救护车和司机。为保证员工身心健康，对项目现场所有员工进行体检，全面了解现场员工身体状况。同时，及时跟踪和关注员工心理健康状态，采取保障措施，如：保证出国前的员工身心健康检查；设法为员工提供便捷的通信设施；时刻关注员工心态，经常找其谈心，及时帮助解决困难；节假日组织集体活动；完善休假制度；保证饮食质量等。

(8) 奖惩管理

沙特 PET-Ⅱ改造项目在开工初期编制了《HSE 激励计划》，并在项目过程中严格执行，保证员工参与 HSE 管理工作的热情，减少了违章行为的发生。

对于安全嘉奖，在项目每周会议上，由项目指定或分包商推荐、项目审核的方式，选取一定数量的人员进行嘉奖，颁发证书并给予一定经济奖励。调动员工的积极性，鼓励所有人员参与 HSE 管理活动，建立"我要安全"的 HSE 理念。对于安全处罚，主要以培训再教育为主。对违章作业的员工进行再培训工作，让其从根本上认识错误，掌握相应的 HSE 规范要求，从心理上认识到 HSE 重要性。对于严重的违章现象，还采取警告、经济处罚、停工等方式。

4) 小结

境外工程是系统的国际工程学，包含国际政治与关系、国际标准与惯例、风险管理与工程项目管理等内容，是一个有待深入研究的跨学科工程技术领域，其中 HSE 管理则是境外项目管理的关键环节。该案例的 HSE 风险管理模式，大大降低了施工 HSE 风险以及 HSE 事故的发生率，保证了境外项目顺利实施，产生了非常可观的经济效益和社会效益。

国际工程合作与冲突管理

11.1 概述

国际工程建设项目具有规模大、周期长、投资多、风险大、项目参与方多、复杂性和系统性强、常有不确定性因素等特征,因而项目实施过程中各个参与方之间的合作与冲突并存。

合作的出现和形成是国际工程管理进程中的必然现象和普遍现象。国际工程项目在招投标和执行阶段,通过战略合作的方式,可以实现规模优势最大化、运营风险最小化的目标。这势必在建筑行业和工程管理领域中的缔约各方之间增加新的活性因素,造就新型的文化内涵。在建立和处理合作关系中,必须正确分析合作伙伴,以互惠互利、自愿诚信为原则,灵活对待不同的合作情况,通过弱化市场对抗、转化竞争对象来降低经营风险,以保持和提高自身竞争力。

与国内工程施工相比,国际工程项目施工现场管理面对完全不同的政治、经济、文化环境,施工现场不仅有中方职工,还有当地雇员和其他国籍的人员,他们拥有不同的宗教信仰、法律制度、语言文字、风俗习惯,这就造成了中外差异。中外差异对国际工程施工现场管理的影响是多层次的、全方位的,是国际工程施工现场管理能否成功的重要影响因素。这些差异的客观存在,使得我国承包商在异域开展工程项目时不可避免地会遇到各类冲突,常致使项目组织沟通不畅、管理效率下降、经营成本增加,甚至受到东道国的抵制,造成项目经营的失败。

国际工程项目中的冲突千变万化,冲突管理也大相径庭,但是冲突管理理论却贯穿整个工程项目,对国际工程项目的成败起着决定性的作用。为保障国际工程项目现场管理的顺利进行,冲突各方应当加强了解和沟通,克服各国风俗习惯、地理气候、思维方式等的差异,并尽量采用合作策略,以实现共赢。

11.2 国际工程中常见的冲突类型

冲突,是指阻碍或威胁对方实现目标的群体或个人由于期望、利益或价值观相互抵触而产生的不一致现象。在国际工程项目中,冲突贯穿于整个项目的各个阶段、各个层面,并且具有多样性、复杂性、关联性和耦合性,这就促使冲突管理的策略复杂化和多样化。国际工程项目中常见的冲突类型如图 11-1 所示。

11.2.1 过程冲突

过程冲突存在于国际工程项目管理的全过程中,其主要分类如下:
(1) 项目要素关系冲突
国际工程项目要素(如成本、工期、质量、安全、风险等)间的关系是对立统一的。项目要

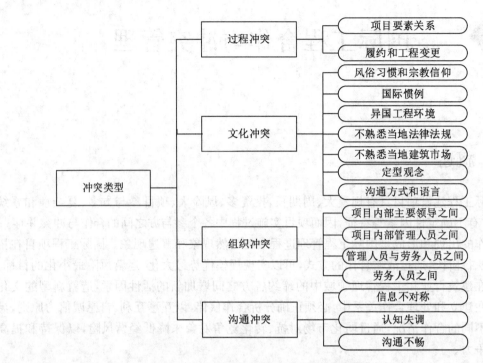

图 11-1 国际工程项目中常见的冲突类型

素的测量或评定标准弹性差异大,既有如成本、工期等弹性小、易度量的硬指标,又有如质量、风险等弹性大、不易度量的软指标。承包商偏好追求硬指标的实现,而软指标对业主的影响亦甚大,如此便会造成项目要素关系冲突,如业主压价、承包商过于追求低成本等。

(2) 履约和工程变更冲突

国际工程项目是在合同约束下和信任的基础上对未来产品的交易,国际工程项目的特征决定了在工程项目的准备阶段,业主和承包商都不能精确地描述预建工程,不能准确地预知项目实施过程中现场和外界条件的变化。随着项目的进行,项目所在国的环境、法律法规、市场、物价水平以及业主的意愿会发生变化,项目信息也会逐步增多和清晰。当出现新情况时,会引起工作范围、工程设计、资源安排、工程量、进度、支付等方面的变更,使承包商对原来预计的资金安排、物资准备、劳务用工等估计不足。一旦出现亏损或延期,承包商期望得到业主的补偿,当业主不能给予弥补时,易引发争议。

11.2.2 文化冲突

文化冲突是指不同形态的文化或其文化因素之间相互对立、相互排斥的过程,它既指跨国企业在他国经营时与东道国的文化观念不同而产生的冲突,又包含了在一个企业内部由于员工分属不同文化背景的国家而产生的冲突。文化冲突的表现形式是多种多样的,有的来自风俗习惯,有的来自价值观念,有的来自行为举止,有的来自自然环境等等。根据文化冲突的成因,主要有以下几类问题:

(1) 由不同风俗习惯和宗教信仰引起的文化冲突

宗教信仰是文化中真正能够持久的基质,是处于文化深层的东西,凝聚着一个民族的历史和文化。不同的宗教有着不同的倾向和禁忌,影响着人们的认知方式、行为准则和价值观念。不同国家的人在观念上的差异常使项目管理人员感到困惑,从而可能在管理中产生文化冲突。不同国家、地区、民族由于受传统文化影响,形成独特的风俗习惯,表现为特有的消费传统、偏好和禁忌。如果不了解这些风俗习惯,就可能造成管理上的失败。

世界上各个国家都有自己的风俗习惯和宗教信仰,国内施工人员或许由于好奇,对当地习俗产生困惑与不解。为了避免对雇员产生侵犯,要尊重当地雇员的风俗习惯和宗教信仰。例如,在伊朗实施项目,当地雇员每天做礼拜的时间是不能侵占的;施工现场的食堂应考虑不同宗教信仰的雇员在食物上的禁忌;在穆斯林地区,周五下午人们通常不工作,而周六上午则是工作时间等。

(2) 不适应国际惯例所引起的文化冲突

在国际上,许多工程往往实施比较严格,进行精细化管理,而国内施工人员习惯了粗放型管理,对按国际惯例管理的方法和制度不适应,容易产生逆反心理,发生冲突。中方现场经理部要深入分析工程师的背景,了解其习惯做法和思维模式,并努力调整自己,尽快与其建立起有效的沟通和合作关系。

(3) 国内的外派人员与异国工程环境之间的冲突

项目初期,国内的外派人员与当地沟通较少,工作与生活相对闭塞。思想上,经历了刚到异国他乡的好奇、新鲜感之后,由于远离祖国和亲人,失落、烦恼、焦虑的情绪笼罩心头,面临着对自身价值观念、未来发展等的质疑;工作中,由于不了解当地的思维方式、工作习惯,常常事倍功半,甚至适得其反;生活上,每天不仅要面对风俗人情、生活方式等不同的压力,还要面对语言沟通的障碍,存在着很大的不便。

(4) 因不熟悉当地法律法规所造成的冲突

国外某些国家法律对企业员工的工作时间、生活条件要求比较高,非常注重保护职工的权益。例如,规定外国企业必须招聘30%以上的本地员工,企业不得随便辞退工人,辞退工人要多付2~3个月工资。所以聘用当地工人是一件很令人头疼的事,稍有不慎,便会陷入法律纠纷之中。

(5) 不熟悉当地建筑市场所造成的冲突

在国外,项目部在工程施工中,将一些工作分包给当地一些公司,但由于他们的工作效率低,常常贻误工程,造成施工环节衔接不上。在材料供应上,违反合同更是家常便饭,合同定好的什么时间什么地点送多少材料,供应商信誓旦旦,却往往做不到,有时候质量也达不到标准。

(6) 定型观念导致的文化冲突

人们在对母国文化和东道国文化进行评价时,常使用一些先入为主的"定型观念"。定型观念来自个体有限的经验,并借由间接获取的信息而形成。由于对异质文化不了解,人们常无意识地使用自己熟悉的文化标准去衡量和评判异质文化中人们的行为,认为自己的文化价值体系较其他优越而产生种族优越感,忽视东道国文化的存在及其在工程项目进程中的影响,形成以自我为中心的管理。这极易遭到项目部内当地员工的抵制,引发冲突,导致项目失败。

(7) 沟通方式和语言导致的文化冲突

外派人员在东道国文化环境中的生活会遭遇多种障碍,如语言与非语言沟通等。由于语言、文字的深层内涵及其表达方式上的不同,造成沟通上的误会,因而易产生文化冲突。沟通方式,无论是语言的还是非语言的,都可以将不同文化的人群分开。语言是人类相互沟通的主要手段,并体现一个社会的文化,表达一种文化的思维模式。因此,掌握语言是了解它所体现的文化的关键。

另外,由于项目部内的工作人员来自不同的文化背景,人们对同一事物的描述和表达有着不同的方式。人们在通过翻译对同一事物进行交流时,往往只是语言符号的一一对应,而对包含在事物深层的各国、各民族、各地区在其长期生产实践中所形成的风俗习惯则无法准确表达,这往往成为发生文化冲突的导火线。

11.2.3 组织冲突

项目本身的一次性和项目组织的临时性,以及国际工程项目建设环境的特殊性,决定了国际工程项目内部矛盾和冲突较为频繁,影响较为严重。长期以来,如何有效防范和消除项目内部的矛盾和冲突,一直是困扰我国国际工程承包企业的一个难题。表11-1呈现了国际工程项目中组织冲突的类型、冲突双方和冲突产生的原因。

表11-1 国际工程项目的组织冲突

冲突类型	冲突双方	冲突产生原因
不同组织之间的冲突	承包商与业主	目标差异 地位不平等 沟通与知觉差异 资源稀缺性
	承包商与设计、监理、造价等咨询公司	目标差异 沟通与知觉差异
	承包商与其他承包商	目标差异
	承包商与外部(政府监管部门、公众等)	目标差异 地位不平等
组织内部不同群体或部门之间的冲突	承包商内部两个联合体	权力重叠 任务关联性
	承包商与业主指定分包商和专业分包商	目标差异 地位不平等 任务关联性 沟通与知觉差异
	项目职能部门之间	角色混淆 沟通与知觉差异 任务关联性
	职能部门与项目部	任务关联性 权力重叠 角色混淆 沟通与知觉差异
	不同项目部之间	资源稀缺性
	不同文化背景下的群体	沟通与知觉差异 任务关联性

(续表)

冲突类型	冲突双方	冲突产生原因
群体或部门内部个人之间冲突	项目内部主要领导之间	职权范围重叠 利益冲突 沟通与知觉差异
	内部管理人员之间	技术冲突 利益冲突
	管理人员与劳务人员之间	地位不平等 评估和奖励方式差异 沟通与知觉差异
	劳务人员之间	沟通与知觉差异 评估和奖励方式差异 宗教文化差异

以下详细介绍群体或部门内部个人之间的冲突。

(1) 项目内部主要领导之间的冲突

在项目内部主要领导成员之间的矛盾和冲突中,项目经理往往作为冲突的一方,另一方通常是在项目中具有一定实质性权力的成员,如项目经理与总工程师之间的冲突。多年来国际工程项目管理的经验表明,项目内部主要领导之间的矛盾和冲突破坏性最大、后果最严重。

国际工程项目内部主要领导成员之间的冲突,往往会造成项目部内部在决策上的重大分歧,降低管理效率,影响工程的顺利实施。更有甚者,冲突从项目部主要领导个人之间上升到项目内部的派系斗争,最终将严重损害公司的根本利益。造成项目内部主要领导之间矛盾和冲突的原因非常复杂,既有职责范围和权力设置上的重叠问题,又有背后利益上的冲突,还与每个个体的心理和人格因素密切相关。

(2) 项目内部管理人员之间的冲突

根据冲突的原因,项目内部管理人员之间的矛盾和冲突可以分为技术上和利益上的冲突两大类。管理人员在技术问题上的矛盾包括施工进度与材料物资供应之间的矛盾,各专业工种之间协调的矛盾,施工质量与材料物资质量之间的矛盾,分项工程成本包干与材料采购价格之间的矛盾等。这些矛盾多数可以通过沟通得以解决,一般很少演变成冲突。

项目内部管理人员之间在利益问题上的冲突包括项目成员对利益分配不均感到不满,对某些问题处理不公感觉不满等。这些矛盾往往是深层次的,很难通过简单沟通得以解决。此类矛盾的积累容易造成工作中激烈的人际冲突。项目部主要领导在处理此类矛盾和冲突时,应当保持思想和意见一致,尽量不要发生分歧,以避免领导之间的分歧被利用和扩大。只要项目部主要领导处理得当,项目内部管理人员之间的冲突一般都比较容易化解,不会对项目造成大的危机,也不会对项目实施造成实质性的阻碍。

(3) 管理人员与劳务人员之间的冲突

在国际工程总承包与劳务分包和总承包与专业分包模式中,项目管理人员与劳务分包人员或专业分包人员之间的矛盾和冲突显得尤为突出,这也是影响以上两种合作模式顺利实施的主要因素。国际工程管理人员与劳务人员之间的冲突,可以分成个别管理人员与部分劳务人员之间的冲突和全体管理人员与全体劳务人员之间的整体性对抗。其中,后一种冲突的危害性十分巨大。这种整体性对抗和冲突会造成总承包商处境被动，最终导致总承包商向劳务分包商或专业分包商妥协和让步，其结果是对总承包公司造成极大的利益损害。项目管理人员与劳务人员之间发生整体性冲突的背后，多数是利益上的问题，如总包商和分包商之间利益分配不均，管理人员与劳务人员在现场住宿条件、伙食标准、福利待遇等方面不平等，以及管理人员对劳务人员在规章制度上的歧视等。

作为国际工程承包商的项目经理，应当树立团队意识，对于旨在体现对项目成员安抚和增强凝聚力的福利待遇上，应尽最大可能做到公平一致，消除一切可能的误会，尽力避免出现管理人员与劳务人员的整体性对抗和冲突。

（4）劳务人员之间的冲突

国际工程项目内部劳务人员之间的冲突，可分为中方劳务人员内部和中方与外方劳务人员之间的冲突两种。

对于中方劳务人员内部的冲突，可以根据冲突的原因分析可能的危害程度，一般不需要特别关注，随着时间的推移，中方劳务人员内部的矛盾和冲突多数会自行淡化消失。

而对于中方劳务人员与外方劳务人员之间的冲突，其危害结果比较严重，应当引起项目部的足够重视。造成中方劳务人员与外方劳务人员冲突的原因主要有：不公正地大量解雇外方劳务人员；项目部对一些涉及外方劳务人员的安全和质量事故处理显失公平；以克扣外方工人工资作为行为过失的处罚；项目部对外方劳务人员在宗教信仰问题上处理不妥当等。为了避免出现中方劳务人员与外方劳务人员之间的冲突，项目部在处理解雇外方劳务人员等问题时，一定要慎重，方法不能简单粗暴，而且有必要对其做大量的思想工作；在对外方劳务人员的管理上，要尽量摒弃经济处罚手段，以培训教育为主；并且应当教育全体成员，尊重项目所在国的宗教信仰，避免发生误会。

11.2.4 沟通冲突

（1）信息不对称冲突

业主、设计师、承包商、工程师（咨询监理）等各方进入国际工程项目的时间不同，对项目信息的掌握是不对称的，表现为：业主的投资期望、项目设想不被有些设计师、承包商完全了解；有些业主不能理解设计师的设计思想和设计依据，也不掌握承包商的施工细节。信息不对称使各方工作导向产生偏离，在项目施工过程中发生相互违背的行为。

（2）认知失调冲突

认知失调是指个体态度之间或者态度和行为之间存在着矛盾。国际工程项目本身是一项富有不确定性和挑战性的工作，国际工程项目经理始终面临实现项目各阶段目标的巨大压力，在项目实施过程中长期处于紧张状态。心理素质稍差的项目经理往往会发生一些认知失调的问题，如态度前后不一、情绪失控、以一种不明智的方式发泄紧张情绪、对项目其他参与方无端指责、推卸己方责任、协调不力、对下属工作有失公平评价等。除了项目经理，其他项目管理成员的情绪也会引起项目团队内和团队间的冲突。

（3）沟通不畅冲突

项目具有单件性、有生命周期、有约束条件、有明确目标等特征。国际工程项目团队往往是临时组建的，是因项目而产生的，而实现项目目标又是紧迫的、明确的。然而在实际工作中，参与项目的一方或一个成员对其他方或成员的工作和情况往往是不知情的，由于相互缺乏了解,会导致相互间提出一些不合时宜的要求,甚至发生相互指责。如何在不同的情形下正确应对与处理性质不同的冲突是承包商顺利完成项目的关键。

11.3 国际工程的冲突管理

11.3.1 冲突管理策略分类

在国际工程的冲突管理中,管理人员运用的解决策略主要有以下几类:

(1)整合策略。例如"双方开诚布公地讨论,争取达成共识""在不影响工作的情况下,可以采取自己的工作方式""努力找出符合双方意愿的解决办法"等。

(2)控制策略。在使用控制策略时有两种倾向:一是武断控制,如"坚持己见,不让步""据理力争""不听取意见的话就辞职不干";二是温和控制,如"尽量说服""提供事例逐步影响对方""不正面发生冲突,应迂回行动"等。

(3)折中策略。即中等程度的合作,中等程度的坚持。例如"沟通讨论,各退一步""寻求一个中间指标""要求从轻处理"等。

(4)回避策略。即不坚持也不合作。例如"不必介入对抗""随便怎样做都行""除非万不得已,不同对方发生矛盾""事情很为难,还是上级出面为好"等。

(5)顺从策略。采用顺从策略有两种情况:一是认为对方正确而服从,如"服从外方管理规范""改变传统习惯与观念"等;二是为了达成统一意见或因为对方构成某种威胁而有保留地服从对方,如"为了与外方更协调地工作""还是将就行事"等。

(6)上级裁决或集体决策策略。在解决与同级的冲突时,把问题交给上级裁决;在解决分歧时,倾向于让高层管理部门或职工大会讨论;在处理与外方的冲突时,提出由董事会决定或由工会出面解决,大多数运用这一策略的人都具有很高的回避倾向。因此,可视为回避策略表现。

(7)权变策略。在冲突解决中并不是简单采用某一种策略,而是基于对冲突问题和情景特征的分析,分别或先后采取不同的策略。其基本特征是:策略受情景因素的影响,并随冲突解决中问题的发展而变化,典型的表现为"如果……,我会……;如果……,我会……"。

(8)多重策略。为了达到多种目的,在冲突解决中同时采用多个策略。例如态度上不让步(控制策略),具体办法可商量(折中策略);表面上服从对方(顺从策略),暗中和对方较劲(控制策略);用强硬的办法(控制策略)引起对方重视和认真协商(整合策略)等。

企业的中、高层管理人员在冲突管理的过程中,策略使用频次从高到低依次为顺从策略、控制策略、整合策略、折中策略、回避策略。大多数人使用了单一策略,有相当数量的管理人员在冲突解决过程中使用了权变策略,也有采用多重策略。

11.3.2 冲突管理思路

从解决冲突问题的过程来分析,冲突管理过程大体有以下阶段:

首先,对冲突问题进行分析,包括发生冲突的原因、冲突的大小、复杂程度和紧要程度,甚至包括该冲突在项目团队中的普遍程度。

其次,对整个情景及其变化做出分析,主要包括:

(1) 对冲突各方的正确性与合理性进行判断;

(2) 对双方之间的关系进行判断,尤其是考虑对方的级别,如上级、同级还是下级,以及是中方还是外方,双方个人关系以及对于关系的影响;

(3) 对冲突解决结果做出预期,如解决方案是否合理,结果是否对发展有利,决策将引起对方的行为反应等;

(4) 对方采取的策略,是否改变自己的策略等。

研究表明,管理人员在选择冲突解决策略时主要遵循以下几种思路:

(1) 问题解决思路。集中于冲突问题本身,如项目施工中技术冲突问题的解决。

(2) 关系思路。从关系冲突解决对双方关系的影响入手,如认为不因为工作中的某些事情而影响个人之间的关系。

(3) 权力思路。从双方(或自己所处的)权力地位入手思考,如认为施工方应该服从业主方、工程监理方和工程设计方。

(4) 结果思路。从结果的利弊角度思考,更多地从冲突问题的直接后果对于建筑企业声誉或个人利益的影响的角度考虑问题。

(5) 规则思路。从寻求判断双方的正误(谁更有理)角度思考,往往理性地对双方观点或做法做出权衡,如果对方更正确,就会采用顺从策略;如果认为自己更有理,就会导致竞争或控制的策略。

(6) 程序思路。从过程周全(妥善解决)的角度思考,往往要把冲突问题先弄清楚,同时注意考虑各方观点,认真协商做出选择,一般都具有多种目标或动机,而且不容易单纯采用控制策略。

从总体情况来看,管理人员在冲突解决过程中的思路主要集中在考虑如何更好地解决问题(问题解决思路)、冲突双方是什么样的关系(权力思路)、谁可能更正确一些(规则思路),关系思路和程序思路则运用较少。当冲突问题涉及人事决策情景时,关系思路就有了相对明显的表现。

11.3.3 具体的冲突管理策略

1) 文化冲突管理策略

就概念而言,冲突是指不同事物、不同因素之间的相互对立和相互排斥,而融合则是指不同事物、不同因素之间的相互结合和吸引。因此,所谓"文化冲突"也就是指不同形态的文化或者其文化因素之间相互排斥、相互对立的过程。所谓"文化融合"则是指不同形态的文化或者其文化因素之间的相互结合、相互吸收的过程。在此过程中,各种文化彼此改造、塑造对方,互为表里,最终融成一体。需要指出的是,处于冲突和融合中的文化,既可能是文化的整体,也可能是整个文化架构中的一部分或一些因素,而且即使是文化整体之间的冲突和融合,也是通过其文化的各个部分和个别因素之间的冲突和融合来体现的。

不同的文化背景导致了人们行为方式的差别。在国际工程中,要了解一个国家的特征,不仅要懂得其语言,还要理解相关的手势或举止。例如,当一个日本人说"是",你可能会认为他是同意你,但他真正的意思是,他能理解你所说的,仅此而已;一名印度人摇头,你可能认为他的意思是"不同意",但他的真正意思是"同意"。合作方真正的意图可能会有不同的表达方式,这很大程度上取决于他来自哪里,这也要求参与国际工程的人员应该去仔细体会。沟通中的冲突往往由于文化的差异而产生,因此解决了文化冲突也就很大程度上减少了沟通上的冲突。具体的解决策略分为:

(1) 提高认识,承认文化差异

首先,承认文化差异是跨文化管理的基础。中方员工要提高认识,做好面对文化冲突的准备,注意不同文化间的包容,在项目部提倡"相互尊重,人格平等"的人文环境,最大限度地释放尊重诚意。其次,对项目部做出相应调整。项目部应秉承尊重理念,对东道国文化的诸要素,如宗教信仰、价值观念、人文法律等进行系统的调查和比较,找出与母国文化的差异与契合点,从而有针对性地解决。

例如,日本的 Mitsui 公司和美国的 ADC 公司在建设某一化工厂房的过程中,在项目早期,由于日本和美国文化关于项目管理实践和价值方面存在诸多差异,这两类不同的项目管理模式的冲突导致了整个项目工期的推延。Mitsui 公司的项目经理要求 ADC 公司的项目经理经常举行会议来更新项目计划,每天最多举行 4 次会议。过多的时间花费在整理报告中以至于项目进展缓慢,并且整个项目在工期和成本方面远远地超出了预期的计划。为了促使项目重新回归到正常轨道上,这两个公司相互理解各自的文化,吸收对方有利的文化,进行文化整合,实现双方满意,最终形成了包含这两类项目管理特点的管理模式,从而保证了整个项目按计划执行。

(2) 转变思路,冲破文化冲突

在认识和理解文化差异后,要进一步认识母国文化与东道国文化究竟存在多大差异及其外在表现,以便对项目的经营管理做出相应调整。

一方面,转变中方员工工作思路。针对部分国内施工技术人员欠缺项目所在国劳动法知识以及外语水平、合同管理水平不高的特点,重点加强这些方面的学习,并特别注重提高他们参与和监督工会组织等团体的意识,改变传统管理思路。另一方面,创新班组管理方式。项目部可转变思路,组建劳务队,聘任表现良好、技能水平高的当地工人担任队长/班组长,即劳务队的管理层,通过加强对劳务队长/班组长的管理,能够有效解决因文化冲突导致的劳务管理难题。

(3) 入乡随俗,消除文化冲突

项目部为了持久发展,应号召全体职工入乡随俗,学习当地语言,了解并消除文化差异。一是通过语言学习,让大部分职工特别是施工部负责人可以与现场监理进行基本的交流和沟通,有效促进现场的施工协调工作。二是通过与当地各类具有相当专业知识的工程师的磨合,并通过他们加强与当地雇员的沟通和了解,提高内部管理运作效率。三是邀请业主、监理及外籍员工参加项目部举办的节日宴会及活动,为项目部与业主、监理以及外籍员工的进一步融合提供交流平台,从而加强沟通,增进感情和友谊。四是项目部建立和业主保持经常沟通的渠道,实行项目回访制度、满意度调查制度,主动加强与业主、监理的沟通,听取和收集意见,积极协调解决问题和投诉,维护客户权益,为今后友好合作、实现双赢创造有利条件。

(4) 加强策划,推行属地化战略

一是要加强属地法律及文化研究。项目部需在调研的基础上,认真做好属地化策划和宣传工作。应让工程项目积极融入当地文化和生活,认真研究当地法律法规及标准,深入推行"劳务属地化"战略,为当地劳动力积极拓宽就业渠道、增加就业机会。二是要积极推行属地化发展战略,即人力资源本土化。主要策略包括:在项目所在国招聘优秀的行政人员和技术人员;普通劳工尽可能在项目所在国招聘;聘请当地联邦警察常驻工地,进行现场的维稳和治安;为当地员工单独建立生活区,定期发放劳保用品,维持良好的生产生活秩序;了解当地的节日文化,针对当地重要节日严格执行休假和加班奖励制度。

人力资源本土化应注意的环节:当地雇员必须由可靠的人员进行担保并经过至少三个月试用后方可签订正式合同;当地雇员的工作内容必须在合同中明确;项目部应为聘用的当地雇员制作 ID 卡,并给正式签订合同的人员制作统一的工作服;解聘当地雇员需提前一个月通知本人,并先收回工作服和 ID 卡,然后再结算工资;如果雇员自行离岗,需找担保人协商处理并收回项目部配发的公用物品。

中国在尼日利亚某工程中,雇用当地人员的工资标准符合尼日利亚的有关法律并参考当地中国公司的惯例,如包括基本工资、交通费、相应的补助费(如加班费)、节假日及税费等。由于尼日利亚的各种节日比较多,需在合同中明确哪些假日是公共休假日,如一般性的穆斯林假日不允许基督徒休假,门卫不安排统一休假日等。

(5) 加强协调,履行社会责任

国际工程项目面临的环境非常复杂,为了使自己拥有宽松的发展环境,应非常注重对外关系的建设与协调。这些关系包括与当地政府、社团、供应商等关系。项目部应积极开展公关事务活动,与工程所在国政府部门广泛接触,通过座谈会、恳谈会、娱乐活动、比赛活动、联谊活动等形式,表达项目部的观点,让政府及其职能部门的官员了解、理解并支持项目发展,消除政治壁垒,达到沟通协调的目的。同时,为了实现特定的经营目标,必须与当地企业建立密切的合作关系。

选择当地政府和民众关注度高、对提升企业知名度影响较大和投入较低的公益项目来做。通过履行社会责任,赢得当地政府部门和民众的好评,促进双方的交流和了解,做到与当地居民和谐共建,和睦相处,为在遇到突发事件时规避风险奠定坚实的基础。

2) 谈判冲突管理策略

谈判冲突贯穿国际工程项目的各个阶段,并且冲突又必须通过谈判来加以解决,这正是谈判的独特性和重要性之所在。谈判是解决冲突的重要途径,例如,在过程冲突中,履约和工程变更冲突往往需要双方进行谈判来加以解决,因此,谈判是冲突管理的一个极为重要的方面。谈判分为四个阶段:

(1) 调查准备阶段。这是最重要的谈判步骤之一,需要收集问题与方案的事实信息,了解对方的谈判风格、动机、个性与目标,分析其基本背景。

(2) 方案表达阶段。这个阶段包括提出最初要价、表达我方需求。这时,表达能力与沟通能力十分重要,文化差异在这一阶段体现得比较明显。

(3) 讨价还价阶段。这时,管理人员运用各种公关手段、沟通技能与谈判策略,以便达成一致意见。

(4) 达成一致阶段。这一阶段,处于谈判的尾声,通过讨论达成一致意见或协议。

谈判是一个过程,存在一些较为普遍的错误。例如,非理性地加大承诺,一方得利、一方受损,过分自信等。常用的解决策略是运用多种能力,形成处理方案。谈判的主要能力包括:

(1) 创造性能力:用多重角度看待问题。

(2) 灵活性能力：能够提出快速思维。
(3) 控制能力：对于当前状况，拟对各个环节进行控制。
(4) 激励能力：主要要求了解自己，关注比较各类其他活动。
(5) 否决的能力。

随着国际间贸易的增加和世界经济一体化进程的加快，来自不同国家和文化背景的人们之间的谈判，也在随之增加。为了成功地进行跨文化谈判，商务人员需要了解并懂得如何去影响来自其他文化背景的人，并与之交流、沟通，最终达成彼此间的商务协议。

当谈判各方属于不同的文化体系，从而具有不相同的思维、认识、情感和行为方式时，谈判就具有了跨文化的特点。例如，在国际工程项目上，中国公司同美国公司、德国公司的商务谈判就是跨文化谈判。在进行跨文化谈判时，文化的差异致使有效的沟通更为困难。但在另一方面，沟通与交流的难度比较大，反而可能使创造出互利的方案变得更为容易。跨文化沟通与交流的差异，也可能成为找到互利方案、协同化协议的重要源泉。

谈判是一个人或群体试图说服另一个人或群体，让其改变主张或行为的过程，是持有不同需要和观点的双方为其共同利益而试图达成一些一致意见的过程。因此，人员选择的好坏对谈判的成败起着决定性的作用。对于优秀的谈判者应该具有的素质，不同的文化有不同的答案，如表 11-2 所示。

表 11-2　优秀谈判者的基本素质

国外公司人员	中国公司人员
计划的能力	韧性和果断性
在压力下思考的能力	赢得尊重和信任的能力
判断力和智慧	准备和计划的能力
口头表达能力	产品知识
产品认识	有吸引力
认识和反应	判断力和智慧
正直	认识和反应

3) 技术标准冲突管理策略

建设工程的实施、检查、验收标准是一个纯技术的问题。在上述过程冲突中，项目要素的冲突亦往往是由于参与方参照的标准不同所导致的。它解决得好坏直接影响工程成本的高低、施工进度的快慢、施工操作的难易程度等。下面提出三种解决技术标准冲突的策略。

(1) 设计方为现场施工技术标准问题提供解决依据

在外资、合资项目中，设计单位一般都会现场办公，设计团队同施工方、业主、工程监理团队共同组成项目团队，直接服务现场工程建设，这无疑对工程的建设是一个巨大的利好。设计方是工程技术的支持者，一切的施工问题，设计方都必须做出合理的解释和判断，并对工程问题的实施做现场指导。设计修改、设计变更、技术澄清等问题的处理都由设计方来完成。因此工程技术冲突发生后，设计方理所当然地成为技术负责的主体，提供现场技术问题的议决是其职责。经过设计方的面对面沟通，现场技术冲突会很快解决。

（2）业主方技术标准作为主体标准

项目实行以东道主国家的标准、规范作参照的管理模式。在这种模式下，承包商必须与东道主国家相应机构协调，工程建设的一切活动由业主控制，各种建设活动在东道主国家的规则下执行。项目启动时，承包商对建设人员进行相应的职位能力培训，培训合格后才能上岗工作。项目标准、规范的单一性使业主国家的标准、规范得以顺利执行，从而使工程顺利进行。

（3）两国标准结合形成项目标准

两种标准、规范相结合，进而形成新的项目标准的操作模式。这是一种非常好的项目管理模式，成都摩托罗拉项目曾经采用这种模式。在这种模式下，现场施工作业人员经过培训，经考核合格后上岗，全然执行项目标准，工程施工顺利，冲突少。

总之，在项目实施前，确定项目标准是顺利进行工程建设关键的一环。对业主来说，项目两套技术标准、规范并行，冲突时采用高标准。这种高标准对业主最好，因为工程质量更高。相反，对施工单位来说，这种操作模式难度更大，投入更多。整合两国技术标准、规范，从而形成项目的执行标准，这无疑是最好的，但是，此标准的编制需要时间、需要投资，在很少项目上才能实现。因此，项目采取何种操作模式，需要项目高级管理人员经过谈判而确定。

4）目标冲突管理策略

对于一个跨国项目而言，管理层较多，不同参与方之间存在目标上的不一致是正常现象，甚至在组织内部也会存在大大小小的目标分歧。在这种情况下，中国企业应当采取"缓和"与"妥协"的解决方式解决目标冲突问题，运用"多重管理策略"来进行目标冲突管理。

首先，采取顺从策略，合理设置工程建设项目的整体目标。例如，成都市与美国某公司在成都高新区共同建设一个项目。在该项目二期的墙体抹灰工程中，因抹灰空鼓率没有一个明确的规定，每次检查均发现有空鼓现象，要求返工整改。整个整改来回进行了8次才基本符合要求。

其次，采取控制策略，在整体目标的约束下，合理设置工程的进度目标。一般在国际工程项目中，项目会被人为划分为几个工程包，各工程包单独发包，这样操作的目的在于各施工单位互相牵制，工程进度较快。但是，它的缺点在于经常存在上游施工单位的工程未施工完成，下游施工单位按合同要求必须进行下道工序施工，从而导致进度目标冲突。

例如，在某国际项目的二期工程中，在东连廊施工时，下部工程为中铁十八局承建，上部结构为德国公司总承包，中建四局承担施工任务。由于下部结构施工时，因地质原因拖延施工作业时间，在上部施工方按计划进行施工时，下部施工单位未能提供施工作业条件，导致施工索赔。控制施工进度目标，既是控制目标冲突的重要条件，又是施工方创造收益的最好时机。

第三，严格执行目标管理体系。在建设各方经过磋商形成目标网络后，各建设主体必须认真执行，施工单位在执行中必须采取控制策略，对提高目标标准的做法决不让步，以争取自身的最大利益。

11.4 国际工程合作体系

（1）树立共同体整体开发建设思维

国际工程管理应有全球化思维和国际化行动，要注意总结和吸纳国际先进技术和经验。同时，与国际优秀同行进行互利共赢合作。双边与区域一体化及多边国际化是互补性竞争关系,对于双边及多边国际工程,应有共同体整体开发建设思维。共同体整体开发,首先要坚决推动"一带一路"建设,其次要注意单点突破。总之,当前国际工程管理既要有整体思维,也应有局部和区域开发思维。

(2) 建立"中国+东道国+发达国家"联营体

当前,共享经济、分享经济发展迅猛,虽然中国企业能够独立承担某些工程,但为了更好地避免经贸摩擦,应主动寻求与发达国家合作。一方面,向国际同行学习先进的经营管理经验,另一方面,积极与东道国进行更深入全面的经贸合作。联营体的组成,可以首先成立国内同类企业的联营体,然后再对外联合发达国家跨国企业或者东道国有实力的企业。例如,尼日利亚蒙贝拉水电站项目由葛洲坝、中国水利水电建设集团国际工程有限公司、中地海外集团有限公司以联营体模式中标。这既避免了葛洲坝和中水电的恶性竞争,同时也加强了与项目业主尼日利亚联邦电力、工程和住建部门的合作。

(3) 夯实属地化可持续发展机制

近年来,我国企业"走出去"获得了巨大的发展,我国对外投资势头迅猛,实现了质和量的双重飞跃,但同时属地化发展亟待加强。一要有市场领土的战略意识。在不断获得工程项目的同时,要增强我国在世界各地的经济存在感。二要融入当地社会发展。坚持建立人类命运共同体的立场,不仅要推进企业与当地政府、企业、人民的和谐相处,而且要促进与当地其他外国企业的合作,从而为当地的和平稳定做出贡献,为企业进一步发展创造良好环境,为建立人类命运共同体做出贡献。同时,要有共同发展的社会责任,力所能及地为当地就业、教育、医疗等公共公益事业提供帮助,力争多为当地政府和人民排忧解难,从而获得当地人的尊重和支持。三要实现融资属地化。当前,我国企业"走出去"投资受到监管限制,项目需要取得发展改革委、商务部和外汇管理局的3个批件。因此,"走出去"企业要加强与国外实体经济、金融、法律、会计、咨询等机构合作,借用它们的技术、资金、渠道和商业模式,开展多元化融资,从而促进中国产业资本与国际金融资本的有效结合。

(4) 健全高质量经济运行架构

中国特色社会主义进入了新时代,推动高质量发展是当前和今后一个时期确定发展思路、制定经济政策、实施宏观调控的根本要求。推动高质量发展,就是由原先的高速低效转向中速高效,国际工程承包必须加快形成促进高质量发展的指标体系、政策体系、标准体系、统计体系、评价体系、考核体系,创建和完善制度环境,推动我国经济在实现高质量发展上不断取得新进展。

11.5 国际工程合作与冲突管理案例分析

11.5.1 伊朗塔里干水利枢纽工程项目

1) 项目简介

伊朗塔里干水利枢纽工程是由中国水利水电建设集团国际工程公司利用中国进出口银行买方信贷方式提供融资85%、伊朗能源部所属德黑兰水利组织出资15%共同建设的项目。该项目为EPC/T交钥匙工程总承包项目,合同总额约1.43亿美元,由中国水利水电建设集团国际工程公司委托水电十局承担该项目的建安主体工程。工程于2002年3月15日正式开工,2006年8月31日竣工。最终总价约为1.49亿美元,其中包括约2030万美元的机电设备、金属结构、大坝观测仪器和试验设备供货等。

2) 冲突管理分析

(1) 过程(汇率)冲突

冲突:不同国家汇率波动会带来工程完工风险。

对策:为了避免汇率波动的风险,该公司委托国内专业银行做了保值处理,并且要求出资部分和还款均以美元支付。

(2) 组织(政治)冲突

冲突:伊朗国家的政治不稳定性对项目完工存在较多风险威胁。

对策:在工程实施过程中,对一些不可预见的风险,该公司通过在保险公司投保工程一切险,有效避免了工程实施过程中的不可预见风险,并且在投标报价中考虑了合同额的6%作为不可预见费。

(3) 过程(物流)冲突

冲突:国际工程在设备材料跨国运输时,由于一些国家规定,会对物流准时到达产生影响,最后影响工程进度。

对策:聘用专门的物流人员,做到设备材料一到港就可以得到清关,并能很快地应用在工程中,从而降低了设备材料仓储费用。

(4) 文化(标准)冲突

冲突:两国参考的施工合同示范文本不一样,伊朗采取国际FIDIC合同,而中国则是对中国施工合同示范文本较为熟悉,从而导致合同实施过程中的一些问题。

对策:该项目的合同采取FIDIC的EPC合同范本,项目的质量管理和控制主要依照该合同,并严格按照合同框架下的施工程序来操作和施工。

11.5.2 老挝南欧江梯级水电站项目

1) 项目简介

老挝南欧江梯级水电站项目是中国电建集团在海外推进全产业链一体化战略实施的第一个投资项目,也是中资公司在老挝唯一获得全流域整体规划和投资开发的水电项目。项目按"一库七级"分两期开发,总装机容量达127.2万kW,总投资约28亿美元,特许经营期29年。南欧江项目一期(二、五、六级)电站,共9台机组,总装机容量540 MW。主体工程于2012年10月1日动工,2015年11月29日首台机组发电,2015年成功实现了"一年三投"的建设目标;2016年2月二级2号、六级2号机组并网发电,4月份二级3号、五级2号3号、六级3号机组投产发电,高效实现南欧江一期电站全部机组的投产发电。南欧江项目一期让中国电建全产业链一体化优势在国际竞争中得到了充分展现,成为中国"一带一路"沿线项目亮点,有力诠释"中国速度"唱响"中国强音",成为中老电力能源合作新典范。

2) 冲突管理分析

(1) 文化(环境)冲突

冲突:该项目涉及生态环境影响重大。

对策：中国电建集团海外投资有限公司（以下简称"电建海投"）加强与国际组织例如国际河流组织的沟通对接，提出"一库七级"的南欧江水电站建设方案，遵循"保护优先、预防为主、综合治理、损害担责"的原则要求，严格执行国际环保标准，并成立环保水保管理委员会，做好各项环保工作。

（2）文化（政治）冲突

冲突：两国不同的电价收取政策，进而产生因电力消纳不足导致电费回收困难的问题，影响稳定的电费收入。

对策：电建海投与老挝国家电力公司签署购电协议，由其统一购买上网电量。

（3）组织（移民）冲突

冲突：南欧江项目横跨老挝北部两省10县，搬迁移民共计2 300余户，安置人口12 600多人。为支持移民新村及当地社会经济发展，电建海投需要解决当地居民迁移及工作等生活问题。

对策：一方面提供了8 000余个工作岗位，另一方面支持当地农业生产，帮助修建机耕道路，引进先进的种植技术，使当地从传统手工农业转型成为"科技农业、设施农业"，提高农业生产率和经济效益。

（4）过程（财务）冲突

冲突：由于海外项目易受当地政治局势、宏观政策、市场环境等波动的影响，不确定性较大，易造成项目现金流不稳定甚至资金断裂，无法偿还银行相关款项。

对策：购买中国出口信用保险公司保险，为银行提供最后一道防线。中信保的海外投资保险不仅为银行发放的美元贷款承担风险，而且为电建海投投入的项目资本金提供了保障，这也是项目顺利实现融资关闭的重要原因。

（5）过程（汇率）冲突

冲突：汇率风险属于海外项目面临的重大风险，即使项目本身盈利，也可能因货币汇率波动导致巨额损失。

对策：为规避汇兑风险，电建海投在整个项目投资建设运营中使用美元为主要货币，一方面自有资金为美元出资，国内银行提供美元贷款，至工程竣工结算均使用美元为计价货币；另一方面运营收入采用以美元为主、当地货币为辅的计价方式，其中美元收入用于偿还美元贷款，当地货币收入用于支付项目日常经营开销、税费等，并探索使用货币互换等金融工具提前锁定汇率，足额还贷。

11.5.3 印度尼西亚巨港150 MW GFCC电站项目

1）项目简介

印度尼西亚巨港150 MW GFCC电站项目，位于印尼苏门答腊岛南部南苏省，是一座装机容量为150 MW的燃气联合循环电厂，工程总投资9 800万美元。该项目界区范围内所有工程项目的设计、采购、施工及试运行的全部工作均由中国成达工程公司以总承包方式承担，开环发电合同工期为18个月。该项目是中国成达工程公司自成立以来承担的首个海外总承包项目。中国化学工程总公司、中国成达工程公司与印尼公司、美国公司共同组成项目业主。本项目的贷款期为10年（含2年宽限期）。还款担保方式是分别与印尼国营电力公司 PLN 和国营油气公司 PERTAMINA 签订上网售电和供气购气协议,相当于政府为燃料供应和产品销售提供担保,从而保证投资回收和创造效益。

2) 冲突管理分析

(1) 沟通(认知失调)冲突

冲突:初步接触阶段,中方一直与印尼方的业主洽谈,但并不了解美方业主的真实想法,甚至印尼的业主对此也做出了错误的估计。因此在中方与印尼方业主就项目转让等事宜达成原则一致后,迟迟不能签署协议。在印尼方业主无能为力的情况下,这造成了中方直接与美方业主面对面谈判的局面。

对策:事先出具印尼国营电力公司 PLN 的履约协议,依靠 PLN 在中方与美方之间协调。

(2) 文化(政策)冲突

冲突:当地环境保护标准要求项目做到清洁生产。

对策:在生产过程中,采用燃气-蒸汽联合循环的先进工艺技术,工厂的热效率达到42%,最大限度地把燃料转化为高品位的电能产品,把污染消灭在审查过程中。同时,加强生产管理,根据生产负荷变化,不断改进操作和运营方式。根据原项目公司得到批准的环境影响评价,项目主要采用足够高度的烟囱排放烟气来满足允许排放标准和浓度控制标准要求。

(3) 过程(财务)冲突

冲突:可能存在债务和税务纠纷。

对策:担保海外投资险;聘请了当地的律师和会计师,用超过半年的时间对项目公司的财务状况进行审查和审计,最大限度地得到了可靠的第一手材料。

(4) 过程(汇率)冲突

冲突:根据合同中规定的电价计算公式,电价只与当期汇率有关。同时,结合该项目的财务特点(贷款期 10 年,投资回收期 6~7 年,还款期 6~7 年),预计美元兑人民币汇率风险的风险期为 6~7 年。

对策:印尼现行外汇自由兑换政策,中方提请印尼政府支持项目建设,同时投保海外投资险。

参 考 文 献

[1] 李启明,申立银.1997年度国际工程设计与承包市场综述[J].建筑经济,1998(12):30-35.

[2] 黄聪,申立银,李启明.1998年世界最大225家国际承包商的市场分析[J].建筑经济,1999(12):31-35.

[3] 程烈海,郑燕鸣,李启明.1999年度国际市场最大225家承包商的市场分析[J].建筑经济,2000(12):27-29.

[4] 李启明,程烈海.1999年度国际市场最大200家设计承包商的市场分析[J].建筑经济,2001(1):24-26.

[5] 李启明,万源,吴德华.2000年度国际市场最大225家承包商和200家设计公司市场分析[J].建筑经济,2001(11):36-39.

[6] 杨洁,余健,李启明.2001年度国际市场最大225家承包商和200家设计公司市场分析[J].建筑经济,2003(2):18-22.

[7] 张飙,袁翠华,李启明.2002年度全球最大225家承包商和200家设计公司国际市场分析(上)[J].建筑经济,2003(10):3-6.

[8] 张飙,袁翠华,李启明.2002年度全球最大225家承包商和200家设计公司国际市场分析(下)[J].建筑经济,2003(11):8-12.

[9] 谢琼,张丽,李启明.2003年度国际市场最大225家承包商和200家设计公司市场分析[J].建筑经济,2004(12):5-16.

[10] 赵同良,李亚琴,李启明.2004年度国际市场最大225家承包商市场分析[J].建筑经济,2005(11):36-42.

[11] 李亚琴,赵同良,李启明.2004年度国际市场最大200家设计公司市场分析[J].建筑经济,2005(12):36-40.

[12] 王超,邓小鹏,李启明.2005年度国际市场最大225家承包商市场分析[J].建筑经济,2007(1):25-29.

[13] 黄辉,李启明,邓小鹏,等.2005年度国际市场最大200家设计公司市场分析[J].建筑经济,2007(2):9-12.

[14] 黎平,李启明,蔡园.2006年度国际市场最大225家承包商市场分析[J].建筑经济,2007(12):9-14.

[15] 朱卜荣,华建革,李启明,等.2006年度国际市场最大200家设计公司市场分析[J].建筑经济,2008(1):5-9.

[16] 黎平,邓小鹏,李启明,等.国际工程承包市场十年回顾:1997—2006[J].建筑经济,2008(3):19-24.

[17] 黎平,邓小鹏,李启明.国际工程设计市场十年回顾:1997—2006[J].建筑经济,2008

(5): 5-8.

[18] 莫智,王志如,李启明,等.2007年度国际市场最大225家承包商市场分析[J].建筑经济,2008(12):10-14.

[19] 姚玉蓉,郑彦璐,李启明,等.2007年度国际市场最大200家设计公司市场分析[J].建筑经济,2009(1):21-25.

[20] 熊伟,柯佳佳,邓小鹏,等.2008年度国际市场最大225家承包商市场分析[J].建筑经济,2010(1):29-33.

[21] 王潇潇,朱瑁,李启明,等.2008年度国际市场最大200家设计公司市场分析[J].建筑经济,2010(2):26-28.

[22] 刘贵文,梁新宁.欧美大型承包商人才管理的特点及启示[J].国际经济合作,2009(5):59-63.

[23] 杨金林,陈传,王守清.顶级国际承包商的业务特征和发展模式[J].建筑经济,2008(1):129-132.

[24] 刘玉峰.全球前六家工程承包商经营战略要素分析[J].建筑经济,2003(9):12-15.

[25] 徐陈华.技术创新管理的一面镜子——国际工程公司技术创新管理实践及启示[J].施工企业管理,2009(6):118-120.

[26] 何伯森.培养国际工程管理人才:思路与途径[J].国际经济合作,2007(1):45-49.

[27] 吕文学,刘学姣,赖俊蓉.建筑业的国际创新趋势及我国建筑业的应对策略[J].建筑经济,2009(3):20-23.

[28] 戴霞.市场准入法律制度研究[D].重庆:西南政法大学,2004.

[29] 中华人民共和国国务院.中华人民共和国认证认可条例(中华人民共和国国务院令第390号)[A].2003.

[30] 孙杰.建设工程契约信用制度与体系[D].大连:东北财经大学,2007.

[31] 欧志伟,萧维,等.中国资信评级制度建设方略[M].上海:上海财经大学出版社,2005.

[32] 全河.建筑市场监管与信用体系建设的理论探索[J].建筑经济,2007(6):11-15.

[33] 李建峰,杨海欧.基于博弈理论对建筑市场信用机理分析及体系的构建[J].建筑经济,2006(12):8-10.

[34] 陶建明.建设行业执业资格制度的国际比较研究[J].建筑经济,2002(10):19-23.

[35] 鲁篱.行业协会经济自治权研究[M].北京:法律出版社,2003.

[36] 张扬.我国建筑业企业资质和执业资格管理制度研究[J].山西建筑,2007(10):219-221.

[37] 东南大学建设与房地产研究所.WTO主要成员国家和地区建筑市场准入制度和技术性壁垒分析与对策研究[R].2002.

[38] 东南大学建设与房地产研究所.中外建筑市场准入比较研究[R].2009.

[39] 赵玉荣.美国建筑市场准入规范[J].上海建材,2006(1):37-40.

[40] 贺震川.西方各国建设工程保险比较研究[J].城市道桥与防洪,2007(7):170-173.

[41] 丁健.日韩建筑保险探析[J].外国经济与管理,1999(3):40-42.

[42] 郭振华,郑迎飞,庄贺铭,等.我国实施强制工程质量保险制度的法与经济分析[J].建筑经济,2007(2):56-60.

[43] 王孟钧.建筑市场信用机制与制度建设研究[D].长沙：中南大学,2004.
[44] 王凡俊.中国工程勘察设计市场准入制度改革研究[D].天津：天津大学,2005.
[45] 邓小鹏.PPP项目风险分担及对策研究[D].南京：东南大学,2007(10).
[46] 王守清.国际工程项目风险管理案例分析[J].施工企业管理,2008(2)：20-23.
[47] 肖利民.国际工程承包项目风险预警研究[D].上海：同济大学,2006.
[48] 李启明,申立银.风险管理中的风险效应——行为决策模型及分析[J].系统工程理论与实践,2001(10)：1-8.
[49] 邓晓梅,田芊.国际工程保证担保制度特征的研究[J].清华大学学报(哲学社会科学版),2003(2)：65-71.
[50] 邓晓梅,王春阳.业主支付担保制度的试行效果及发展前景分析——基于对深圳、厦门工程担保制度的试点调查[J].建筑经济,2006(11)：5-8.
[51] 李先光.基于风险控制的建筑供应链优化设计研究[D].南京：东南大学,2009.
[52] 刘济浔.国际工程项目采购模式的选择及案例分析[J].经贸务实,2006(7)：52-54.
[53] 于滨.三峡工程机电设备国际招标实践[J].水力发电,2000(6)：24-27.
[54] 陈娟.企业跨文化冲突管理——基于国际工程承包国有企业[D].武汉：武汉理工大学,2008.
[55] 胡浩.国际工程项目管理中文化冲突问题探究[J].上海企业,2009(3)：56-57.
[56] 刘静,成虎.我国建筑业HSE管理体系分析[J].建筑管理现代化,2007,21(2)：1-4.
[57] 刘强,江涌鑫,齐玉宏,等.境外石化工程项目中健康、安全与环境风险管理与案例分析[J].现代化工,2009,29(10)：80-85.
[58] 彭永铭,王建峰,肖一兵.国际工程中的安全管理——浅谈安全管理在巴贡电站工程施工中的应用[J].四川水力发电,2007,26(1)：52-54.
[59] 宋振.苏丹电站项目的HSE风险管理[J].安全、健康和环境,2007(9)：9-12.
[60] 孙耀奇.建筑材料采购流程的信息化实践[J].建筑,2003(8)：70-72.
[61] 武琼.对海外工程项目跨文化管理问题的探讨[J].国际经济合作,2008(6)：65-70.
[62] 杨庆前.健康、安全与环境管理体系在国际工程建设中的应用实践[J].施工企业管理,2003(12)：34-37.
[63] 张安军.国际工程项目现场管理理论初探[J].中国住宅设施,2009(10)：17-19.
[64] 张连营,马添翼,程建.国际工程承包安全管理状况及启示[J].国际经济合作,2007(4)：64-67.
[65] 张学进,李木子.国际工程安全管理初探[J].重庆工商大学学报(自然科学版),2009,26(5)：500-503.
[66] 周亨六.国际工程承包合约程序和组织管理——统包巴基斯坦山达克铜金工程实录[M].北京：冶金工业出版社,1996.
[67] 庄云娇,邵军义,黄海涌.建筑施工项目HSE管理体系建设研究[J].建筑管理现代化,2009,23(5)：390-394.
[68] 雷胜强.国际工程承包经营管理策略[M].北京：煤炭工业出版社,1992.
[69] 李启明,等.国际工程承包与项目管理[M].南京：江苏科学技术出版社,1994.
[70] 汤礼智.国际工程承包实务[M].北京：中国对外经济贸易出版社,1990.

[71] 杜训.国际工程估价[M].北京：中国建筑工业出版社,1996.

[72] 中华人民共和国财政部.土建工程国内竞争性招标文件[M].北京：清华大学出版社,1997.

[73] 汤礼智.国际工程承包总论[M].北京：中国建筑工业出版社,1997.

[74] 中国工程咨询协会.FIDIC招标程序[M].北京：中国市场出版社,1998.

[75] 乔林.建筑工程施工风险与保险[M].上海：上海科学技术文献出版社,1998.

[76] 中华人民共和国财政部.货物采购国际竞争性招标文件[M].北京：清华大学出版社,1998.

[77] 王雪青.国际工程项目管理[M].北京：中国建筑工业出版社,2000.

[78] 郝生跃.国际工程管理[M].北京：北方交通大学出版社,2003.

[79] 邓晓梅.中国工程保证担保制度研究[M].北京：中国建筑工业出版社,2003.

[80] 成虎.工程项目管理[M].北京：高等教育出版社,2004.

[81] 郭振华,熊华,苏燕.工程项目保险[M].北京：经济科学出版社,2004.

[82] 陈伟珂,黄艳敏.工程风险与工程保险[M].天津：天津大学出版社,2005.

[83] 王和.工程保险——工程风险评估理论与实务[M].北京：中国金融出版社,2005.

[84] 龙卫洋,龙玉国.工程保险理论与实务[M].上海：复旦大学出版社,2005.

[85] 申立银,叶堃辉,邓小鹏.建筑企业竞争力[M].北京：中国建筑工业出版社,2006.

[86] 王卓甫,简迎辉.工程项目管理：模式及其创新[M].北京：中国水利水电出版社,2006.

[87] 刘尔烈,等.国际工程投标报价[M].北京：化学工业出版社,2006.

[88] 郭振杰.现代工程保险经营管理国际化通用手册[M].北京：北京管理科学出版社,2006.

[89] 雷胜强.国际工程风险管理与保险[M].2版.北京：中国建筑工业出版社,2007.

[90] 周锐,周盛廉.工程担保操作实务[M].北京：中国建筑工业出版社,2007.

[91] 李德全.工程建设监管[M].北京：中国发展出版社,2007.

[92] 陈津生.建设工程保险实务与风险管理[M].北京：中国建筑工业出版社,2008.

[93] 蒋煜华.国际工程投标报价研究[D].成都：西南交通大学,2007.

[94] 游庆磊,刘学姣,李建斌.国际工程计量工作探析[J].国际经济合作,2009(7)：65-67.

[95] 徐杰.国际工程项目投标决策研究[D].济南：山东大学,2006.

[96] 谢爱娟.国际工程投标报价策略和方法研究[D].天津：天津大学,2003.

[97] 谭华,吴刚龙.尼泊尔波迪·科西国际工程质量管理及控制[J].水力发电,2002(5)：5-7.

[98] 欧翔.简述刚果(布)OBO公路项目安全管理[J].云南科技管理,2011(4)：131-132.

[99] 尹国梁.中国石油公司海外工程中的安全管理——以中石油中亚天然气管道(哈国段)工程为例[J].石油化工建设,2013,35(4)：49-51.

[100] 王廷春,徐峰,陈亮.基于沙特PET-II改造项目HSE管理模式的研究与应用[J].中国安全生产科学技术,2014(5)：192-196.

[101] 陈圣喜.土耳其AY高铁项目物资采购合同管理研究[D].北京：北京交通大学,2017.

[102] 龚艺腾. 大型跨国 I 项目中的冲突管理研究[D]. 成都：电子科技大学，2006.
[103] 周家义. 构建新时代新战略下国际工程合作创新体系[J]. 宏观经济管理，2018(6)：58-63.
[104] 国学. 国际工程承包中的冲突管理及策略[J]. 基建管理优化，2012(2)：14-17.
[105] 姚先成. 国际工程管理过程中的合作伙伴关系[J]. 国际经济合作，2004(8)：52-55.
[106] 田威. 国际工程项目合作面面观[J]. 建筑，2009(3)：30-34.
[107] 李明双. 合作竞争理论下的国际工程承包企业合作战略[J]. 国际经济合作，2013(10)：20-23.
[108] 盛玉明. 海外 BOT 项目全生命周期管控模式——以老挝南欧江流域梯级水电开发项目为例[J]. 施工企业管理，2017(9)：49-50.
[109] 杨云铠. 基于关系交换理论的国际工程项目冲突管理研究[D]. 天津：天津大学，2017.
[110] 胡浩. 国际工程项目管理中文化冲突问题探究[J]. 上海企业，2009(3)：56-57.
[111] 何新华，胡文发. 国际环境下的项目政治风险评价模型[J]. 同济大学学报：自然科学版，2007，35(11)：1572-1577.
[112] 陈勇强，朱星宇，石慧，等. FIDIC 2017 版与 1999 版施工合同条件比较分析[J]. 国际经济合作，2018(4).
[113] 张玲，陈勇强，朱星宇. FIDIC 2017 版系列合同条件中索赔程序及相关问题分析[J]. 国际经济合作，2018(9).
[114] 朱星宇，陈勇强，张玲，等. FIDIC 2017 版系列合同条件中索赔条款分析[J]. 国际经济合作，2018(9).
[115] Dagostino F R, Feigenbaum L. 建筑工程估价[M]. 5 版. 北京：清华大学出版社，2004.
[116] Egan J. Rethinking Construction [R]. London：Department of the Environment, Transport and Regions, 1998.
[117] Trachtman J P. Trade in Financial Services under GATS, NAFTA and the EC：A Regulatory Jurisdiction Analysis [J]. Columbia Journal of Transnational Law, 1996, 34(1)：37-122.
[118] Australian Construction Association (ACA). Guidelines for Tendering [S]. 2006.
[119] McKim R A. Risk Management—Back to the Basic [J]. Cost Engineering, 1992, 34(12).
[120] Gratte L B. Risk Analysis or Risk Assessment：A Proposal for Consistent Definitions [M]. New York：Plenum, 1987.
[121] Hartman F, Snelgrove P, Ashrafi R. Effective Wording to Improve Risk Allocation in Lump Sum Contracts[J]. Journal of Construction Engineering and Management, 1997, 123(4)：379-387.
[122] Rahman M M, Kumaraswamy M M. Joint Risk Management through Transactionally Efficient Relational Contracting[J]. Construction Management and Economics, 2002(20)：45-54.

[123] Haynes J. Risk as an Economic Factor[J]. Quarterly Journal of Economics, 1895 (9): 409-449.

[124] Clough R H. Construction Contracting[M]. 5th ed. Canada: John Wiley & Sons Canada, Limited, 1994.

[125] Shafer T H. Introduction to Bonds, Liens and Insurance [M]. New York: ASCE, 1982.

[126] Remmen A. The Contract Bond Book[M]. Cincinnati, Ohio.: The National Underwriters Co., 1977.

[127] Hammond D. Granting Credit to Contractors[M]. New York: Touche Ross and Co., 1982.

[128] Russell J. Surety Bonds for Construction Contracts[M]. ASCE, 2000.

[129] Russell J S. Construction Contract Bonds[J]. Journal of Management in Engineering, 1991(3): 299-313.

[130] Deng X M, Ding S Z, Tian Q, et al. Reasons Underlying a Mandatory High Penalty Construction Contract Bonding System[J]. Journal of Construction Engineering and Management, 2004(1): 67-74.

[131] Hadikusumot B H W, Petchpong S, Charoenngam C. Construction Material Procurement Using Internet-based Agent System[J]. Automation in Construction, 2005,14(6): 736-749.

[132] Levy S M. Project Management in Construction [M]. New York: McGraw-Hill, 2006.

[133] Li H, Kong C W, Pang Y C, et al. Internet-Based Geographical Information Systems System for E-Commerce Application in Construction Material Procurement [J]. Journal of Construction Engineering and Management, 2003,129(6): 689-697.

[134] The World Bank. Standard Bidding Documents: Procurement of Goods[S]. 2004.

[135] Yeo K T, Ning J H. Integrating Supply Chain and Critical Chain Concepts in Engineer-Procure-Construct (EPC) Projects [J]. International Journal of Project Management, 2002,20(4): 253-262.

[136] Griffith A, Watson P. Construction Management Principles and Practice [M]. New York: Palgrave Macmillan Houndmills, 2004.

[137] Fewings P. Construction Project Management——An Integrated Approach [M]. London, New York: Taylor & Francis, 2005.

[138] Khattab A A, Anchor J, Davies E. Managerial perceptions of political risk in international projects [J]. International Journal of Project Management, 2007, 25 (7): 734-743.

[139] Alon I, Herbert T. A stranger in a strange land: Micro political risk and the multinational firm [J]. Business Horizons, 2009, 52(2): 127-137.

[140] Alon I, Martin M A. Normative model of macro political risk Assessment [J]. Multinational Business Review, 1998, 6(2): 10-19.

[141] Agarwal J, Feils D. Political risk and the internationalization of firms: An empirical study of Canadian-based export and FDI firms [J]. Canadian Journal of Administrative Sciences, 2007, 24(3): 165-181.

[142] Ashley D, Bonner J. Political risks in international construction [J]. Journal of Construction Engineering and Management, 1987, 113(3): 447-467.

[143] Baloi D, Price A D F. Modeling global risk factors affecting construction cost performance [J]. International Journal of Project Management, 2003, 21(4): 261-269.

[144] Birch G W, Mcevoy M A. Risk analysis for information systems [J]. Journal of Information Technology, 1992, 7(1): 44-53.

[145] Cutter S L, Mitchell J T, Scott M S. Revealing the vulnerability of people and places: A case study of Georgetown County, South Carolina [J]. Annals of the Association of American Geographers, 2000, 90(4): 731-737.

[146] Deng X, Low S P. Understanding critical variables political risks affecting the level of political risks in international construction projects [J]. KSCE Journal of Civil Engineering, 2013, 17(5): 895-907.

[147] Deng X, Low S P. Exploring Critical Variables That Affect Political Risk Level in International Construction Projects [J]. Journal of Professional Issues in Engineering Education and Practice, 2013, 140(1): 04013002.

[148] Deng X, Low S P, Zhao X B. Developing competitive advantages in political risk management for international construction enterprise [J]. Journal of Construction Engineering and Management, 2014, 140(9): 758-782.

[149] Globerman S, Shapiro D. Economic and strategic considerations surrounding Chinese FDI in the United States [J]. Asia Pacific Journal of Management, 2009, 26(1): 163-183.

[150] Hamada J, Haugerudbraaten H, Hickman A, et al. Country and political risk: practical insights for global finance [M]. London: Risk Books, 2004.

[151] Haner F T. Rating investment risks abroad [J]. Business Horizons, 1979, 22(2): 18-23.

[152] Howell L D, Chaddick B. Models of political risk for foreign investment and trade [J]. The Columbia Journal of World Business, 1994, 29(3): 70-90.

[153] Iankova E, Katz J. Strategies for political risk mediation by international firms in transition economies: The case of Bulgaria [J]. Journal of World Business, 2003, 38(3): 182-203.

[154] Kennedy C R. Political risk management: A portfolio planning model [J]. Business Horizons, 1998, 31(6): 26-33.

[155] Kesternich I, Monika S. Who is afraid of political risk? Multinational firms and their choice of capital structure [J]. Journal of International Economics, 2010, 82(2): 208-218.

[156] Kobrin S J. Political risk: A review and reconsideration [J]. Journal of International

Business Studies, 1979, 10(1): 67-80.

[157] Li T M. Compromising power: development, culture, and rule in Indonesia [J]. Cultural Anthropology, 1999, 14(3): 295-322.

[158] Lensink R, Hermes N, Murinde V. Capital flight and political risk [J]. Journal of International Money and Finance, 2002, 19(1): 73-92.

[159] Ozorhon B, Arditi D, Dikmen I, et al. Performance of International Joint Ventures in Construction [J]. Journal of Management in Engineering, 2010, 26 (4): 209-222.

[160] Quer D, Claver E, Rienda L. Political risk, cultural distance, and outward foreign direct investment: empirical evidence from large Chinese firms [J]. Asia Pacific Journal of Management, 2012, 29(4): 1089-1104.

[161] Ramamurti R. The obsolescing bargaining model? MNC-host developing country relations revisited [J]. Journal of International Business Studies, 2001, 32(1): 23-39.

[162] Robock S H. Political risk: Identification and assessment [J]. Columbia Journal of World Business, 1971, 6(4): 6-20.

[163] Root E. Analyzing political risks in international business [J]. The multinational enterprise in transition, 1972: 345-365.

[164] Ring P, Lenway S, Govekar M. Management of the political imperative in international business [J]. Strategic Management, 1990, 11(2): 141-151.

[165] Simon J D. Political Risk Assessment: Past Trend and Future Prospects [J]. Columbia of World Business, 1982, 17(3): 2-71.

[166] Ting W. Multinational risk assessment and management [J]. New York: Quorum Books, 1988.

[167] Torre J, Neckar D H. Forecasting political risks for international operations [J]. International Journal of Forecasting, 1988, 4(2): 221-241.

[168] Wenlee T. Multinational Risk Assessment and Management: Strategy for Investment and Marketing Decisions [M]. New York: Quorum Books, 1988.

[169] Zhang W, Alon I. A guide to the top 100 companies in China [M]. Singapore: World Scientific Publishing Press, 2010.

[170] Gladwin T N, Walter I. How multinationals can manage social and political forces [J]. Journal of Business Strategy, 1980, 1(1): 54-68.